Dados Internacionais de Catalogação na Publicação (CIP)
(Câmara Brasileira do Livro, SP, Brasil)

A Época Moderna / organização: André de Melo Araújo... [et al.]. – Petrópolis, RJ: Vozes, 2024.

Vários autores
Outros organizadores: Andréa Doré, Luís Filipe Silvério Lima, Marília de Azambuja Ribeiro Machel, Rui Luis Rodrigues.

ISBN 978-85-326-6994-0

1. Cultura 2. História 3. História moderna 4. Modernidade 5. Revoluções – História I. Araújo, André de Melo. II. Doré, Andréa. III. Lima, Luís Filipe Silvério. IV. Machel, Marília de Azambuja Ribeiro. V. Rodrigues, Rui Luis.

24-214915 CDD-909.08

Índices para catálogo sistemático:
1. História moderna e contemporânea 909.08

Eliane de Freitas Leite – Bibliotecária – CRB 8/8415

# A ÉPOCA MODERNA

# A ÉPOCA MODERNA

ORGANIZADORES

**André de Melo Araújo**
**Andréa Doré**
**Luís Filipe Silvério Lima**
**Marília de Azambuja Ribeiro Machel**
**Rui Luis Rodrigues**

EDITORA VOZES

Petrópolis

Rua Frei Luís, 100
25689-900 Petrópolis, RJ
www.vozes.com.br
Brasil



*Editoração*: Mariana Perlati
*Diagramação*: Editora Vozes
*Revisão gráfica*: André de Melo Araújo | Marina Bezzi
*Capa*: Rafael Machado
*Imagem de capa*: Crispijn van de Passe (I) – "Cartucho para um mapa", 1574-1637 – Tinta e lápis sobre papel, 387 mm × 296 mm.
Imagem cedida gentilmente pelo Rijksmuseum, Amsterdã.

ISBN 978-85-326-6994-0

Este livro foi composto e impresso pela Editora Vozes Ltda.

# Sumário

## Parte II – Espaços e circulações globais

## Parte III – Transformações culturais

# A Época Moderna

## Uma introdução

*André de Melo Araújo*
*Andréa Doré*
*Luís Filipe Silvério Lima*
*Marília de Azambuja Ribeiro Machel*
*Rui Luis Rodrigues*

O que entendemos por Época Moderna? Tentar responder a essa pergunta implica discutir uma operação central da historiografia: a periodização. Conceitos como aquele que intitula este livro, a Época Moderna, têm uma função investigativa e, desse modo, são elementos estruturantes da compreensão histórica. Delimitar conceitual e cronologicamente uma época é um esforço necessário na busca pela compreensão do passado e de atribuição de sentido à ação dos agentes históricos, à força de sujeitos coletivos e ao peso das instituições[1]. Nos termos de uma operação de valor discursivo, a periodização não é passível de ser operacionalizada fora do âmbito da sua enunciação; isto é, ao se nomear e, assim, conferir particularidade a uma porção da história da humanidade, expõe-se imediatamente a fragilidade da linguagem em dar conta do sentido latente do que é delimitado pelo conceito. Dessa maneira, esta introdução, além de apresentar os capítulos integrantes deste volume dedicado à Época Moderna, objetiva também discutir o significado de fazer a história de uma época chamada de moderna desde o Brasil. Para tanto, é preciso inicialmente esclarecer que "Época Moderna", "História Moderna", "Primeira Modernidade" e "Período Moderno" são expressões utilizadas como sinônimos funcionais na historiografia e no ensino escolar e universitário em nosso país. Todavia, essas expressões advêm de tradições historiográficas distintas e, assim, refletem estratégias de periodização nem sempre coincidentes.

---

1. Assis, Arthur Alfaix. *Plural Pasts. Historiography between Events and Structures*. Cambridge: Cambridge University Press, 2023, p. 6-9.

## Historiografias das épocas modernas

Entre as muitas historiografias nacionais, há várias maneiras de se chamar o intervalo de tempo que, *grosso modo*, vai do século XV ao século XVIII. Mais do que uma questão de mera tradução de termos entre línguas diferentes, os recortes cronológicos mudam conforme a terminologia. Enquanto nas línguas neolatinas as expressões *Época Moderna*, *Époque Moderne*, *Età Moderna* e *Edad Moderna* abarcam aqueles séculos, nos países de língua inglesa e alemã o termo utilizado para designar o período aponta para a primeira parte de um todo maior. As expressões *Frühe Neuzeit* e *Early Modern* são compostas de tal forma que as primeiras palavras nas expressões em alemão e em inglês qualificam como precoce, inicial ou primeiro (possíveis traduções de *Frühe* e *Early*) os respectivos *Neuzeit* (literalmente, "tempo novo") e *Modern* (literalmente, "moderno"). *Frühe Neuzeit* e *Early Modern* designam, portanto, a primeira etapa de um período mais amplo. E, como ocorre com toda proposta de periodização da história, também esses dois conceitos respondem a um problema histórico.

Ao longo do século XX, na historiografia de língua inglesa, começou-se a propor uma distinção interna àquele período alargado ao longo do qual, desde o Renascimento, a Europa estaria num progressivo caminho para a Modernidade. Os eventos trágicos das grandes guerras, em particular da Segunda Guerra Mundial, e o forte impacto das mudanças tecnológicas nas sociedades ocidentais do Pós-Guerra fizeram com que fosse revista a partição da história em três grandes eras (Antiga, Medieval e Moderna) e se questionasse a tese de uma corrida inexorável rumo aos "Tempos Modernos". Em uma ponta, propôs-se uma nova divisão que desse conta do mundo atual, uma Idade ou Época Contemporânea, tal como designada em língua portuguesa, que se estenderia até a constante expansão do tempo presente. Na outra ponta, aquela que nos interessa mais diretamente, subdividiu-se o que se chamava de período moderno em dois períodos, a "Modernidade Tardia" (*Late Modern*, ou simplesmente *Modern*), por um lado, e a "Primeira Modernidade" (*Early Modern*), designada no Brasil, em geral, de Idade ou Época Moderna, por outro. Apesar desse câmbio terminológico ter sido proposto, em alguns casos, já na primeira metade do século XX, a nova periodização levou algum tempo para ser adotada de maneira hegemônica, tendo encontrado em alguns campos uma maior resistência, como foi o caso de áreas mais próximas aos estudos literários, nos quais o campo semântico em torno de "Moderno" designa, em geral, movimentos contemporâneos.

Em alemão, o termo tornou-se mais amplamente aceito apenas a partir da década de 1970, quando se designou uma cátedra, pela primeira vez na cena universitária alemã, pelo termo *Geschichte der Frühen Neuzeit*, ou História da Época Moderna[2]. No mundo acadêmico de língua inglesa, os debates em torno do conceito de *Early Modern History* passaram a ser mais consensuais alguns anos à frente, prova de que a periodização não é apenas uma operação central, mas também sensível da historiografia. Até hoje, não se estabeleceu um consenso absoluto no que diz respeito aos marcos cronológicos dessa época[3]. *Early Modern* pode qualificar um período que se inicia desde o século XIV (sobretudo no caso de análises interessadas na região euroasiática) ou somente a partir de finais do século XV (como em perspectivas mais preocupadas com o impacto do chamado "Novo Mundo" na Europa). De modo análogo, o início do período designado como *Late Modern*, ou simplesmente *Modern*, costuma ser marcado em dois momentos: meados do século XVIII, seja com o Iluminismo ou, mais tardiamente, com os acontecimentos e consequências da Revolução Francesa, entendidos em geral como o pilar político e intelectual da Modernidade; na virada do século XVIII para o século XIX, ainda com a primeira Revolução Industrial e o começo da guinada hegemônica do capitalismo, focando, assim, nas transformações socioeconômicas; ou somente após as primeiras décadas do século XIX, quando já se anunciavam as feições políticas dos Estados-nação e as garras do imperialismo, ou quando os resquícios do regime feudal desapareciam de fato.

Como se pode ver, a variedade de termos e balizas cronológicas na criação de um período é resultado de uma operação historiográfica que convida historiadores e historiadoras, leitores e leitoras a investigar o vigor ou a tibieza do passado histórico na definição do tempo presente. Nesse sentido, cabe lançar as seguintes perguntas: como nós, pensando a Época Moderna a partir do Brasil, posicionamo-nos diante dessas periodizações? São periodizações operativas para compreendermos o que foi esse período histórico?

No Brasil, a adoção da nomenclatura proveniente dessa discussão historiográfica anglo-saxã pode gerar ambiguidades, tendo em vista que os nossos livros escolares e currículos universitários foram concebidos a partir de outra lógica, de matriz francesa, pela qual a Época Contemporânea teria início com a Revolução Francesa, ao fim do século XVIII. Devemos observar que a periodização francófona que marcou o desenho dos cursos concebia a

---

2. Schwerhoff, Gerd. *Frühe Neuzeit – Zum Profil einer Epoche*. Institut für Geschichte, Philosophische Fakultät, Technische Universität Dresden, 2001, p. 4.

3. Wiesner-Hanks, Merry E. *What is Early Modern History?* Cambridge: Polity, 2020. (Introduction).

história, originalmente, como uma sequência de civilizações que se sucediam. Até meados do século XX, as disciplinas e as cátedras existentes nos cursos universitários eram, muitas vezes, intituladas História da Civilização Antiga, História da Civilização Medieval, História da Civilização Moderna, História da Civilização Brasileira, História da Civilização Americana, e assim por diante. O pressuposto analítico, expresso nessa nomenclatura, era de que a categoria *civilização*, de cariz eurocêntrico, era tanto o objetivo quanto o eixo organizador da ação humana no tempo, e que, para entender o tempo presente, era preciso compreender o modo de funcionamento das civilizações anteriores. Para além disso, embora o marco fundador da Revolução Francesa operasse, de partida, como um divisor de águas, muitos cursos eram marcados pela indistinção temporal de suas fronteiras. Tal indefinição pode ser vista como reflexo da porosidade dos parâmetros cronológicos associados aos interesses de ensino e pesquisa das antigas cátedras. Docentes, catedráticos e assistentes ensinavam cursos de História da Civilização Moderna e História da Civilização Contemporânea dentro da concepção de que esses cursos faziam parte de um conjunto maior conhecido pelo termo "Tempos Modernos".

Em 1937, contratado para assumir a Cátedra de História da Civilização na recém-fundada Universidade de São Paulo (1934), o então jovem historiador francês Fernand Braudel (1902-1985) propunha seguir a divisão das três grandes eras: "O ciclo de estudos é [...] de três anos: o primeiro, consagrado à Antiguidade. O segundo à Idade Média e o terceiro aos Tempos Modernos"[4]. Essa divisão se manteve até a década de 1940, quando a cátedra se desdobrou em duas, uma de Civilização Antiga e Medieval e outra de Civilização Moderna e Contemporânea, de modo a remeter, nessa junção, à unidade dos "Tempos Modernos". Na mesma época, desenhou-se um projeto encampado pelo movimento da Escola Nova varguista, inicialmente voltado para a criação da Universidade do Rio de Janeiro, que nunca saiu do papel de fato, e foi depois transportado para a fundação da Universidade do Distrito Federal, inaugurada logo após a Universidade de São Paulo, em 1935. Nesse projeto, mantinha-se a ideia francesa de civilização, mas propunha-se a divisão dos cursos entre "História das Civilizações Medieval e Moderna", por um lado, e "História Contemporânea", por outro. A esta última cabia abrir as portas para se compreender os "problemas sociais contemporâneos"[5].

---

4. Braudel, Fernand. Cátedra de história da civilização: o ensino de história e suas diretrizes. *Revista de História*, n. 146, 2002, p. 66.

5. Exposição dos Motivos e Anteprojeto [...] apresentados ao Conselho Universitário, em sessão de 20 de junho do corrente ano. *In*: Fávero, Maria de Lourdes de A. *Universidade do Brasil. Das Origens à Construção*. Rio de Janeiro: Editora UFRJ, 2010, p. 141, 146.

Também na Universidade do Distrito Federal, assim como ocorrera em São Paulo, procurou-se atrair professores estrangeiros para lecionar no Brasil. Entre eles, destaca-se a figura do historiador econômico, também francês, Henri Hauser (1866-1946). Hauser propôs mudanças no plano inicial do curso de História ao sugerir a criação de uma cátedra de História Moderna. A função de assistente dessa cátedra coube ao historiador brasileiro Sérgio Buarque de Holanda (1902-1982). Ocorre que a Universidade do Distrito Federal teve uma vida curta, ao ser fechada por pressão de setores conservadores. Todavia, seus princípios organizadores foram parcialmente incorporados no projeto de Anísio Teixeira (1900-1971) e Gustavo Capanema (1900-1985) para a Universidade do Brasil, criada em 1939, de tal modo que a proposta de Hauser permaneceu parcialmente na estrutura curricular da nova universidade. Nela, preservou-se o plano de deixar o ensino de "História Moderna" separadamente de "História da Antiguidade e da Idade Média" e de "História Contemporânea", mas não se manteve o financiamento a uma cátedra exclusiva, como queria Hauser. De qualquer forma, foi esse modelo da Universidade do Brasil que acabou sendo encampado pelos cursos de História que, à época, também se dedicavam ao estudo da Geografia. O percurso foi longo para que essas disciplinas fossem institucionalizadas como campos autônomos de ensino e pesquisa no Brasil[6].

No meio da década de 1950, ocorreu a separação da formação de licenciados em História e em Geografia, o que implicou readequar vários cursos nas universidades e faculdades. Entretanto, foi com a Lei de Diretrizes e Bases (LDB) de 1961 que o quadro institucional se definiu e um novo projeto de universidade e formação de professores foi posto em discussão. Como resultado da LDB, criou-se o Conselho Federal de Educação, órgão responsável por definir os currículos mínimos dos cursos universitários em todo o país. Foi essa a ocasião em que a discussão sobre os parâmetros curriculares – dentre eles, o conteúdo da disciplina de História Moderna – voltou novamente à pauta. Enquadrados por essa reformulação do ensino superior, realizou-se o primeiro simpósio da Associação de Professores Universitários de História (hoje denominada Associação Nacional de História, ANPUH), buscando, entre outros tópicos, repassar todas as cadeiras nas quais estavam organizados

6. *Ibid.*, p. 46-62; Nascimento, Thiago Rodrigues. A formação do professor de História no Brasil: percurso histórico e periodização. *Revista História Hoje*, v. 2, n. 4, 2013, p. 269-271; Ferreira, Marieta de Moraes Ferreira. O ensino da história na Faculdade Nacional de Filosofia da Universidade do Brasil. *História, Ciências, Saúde-Manguinhos*, v. 19, n. 2, 2012, p. 611-636. Disponível em: https://doi.org/10.1590/S0104-59702012000200014.

os cursos e departamentos de História[7]. Na segunda sessão do simpósio, dedicada ao ensino de História Moderna e Contemporânea, discutia-se se era mesmo necessário separar as cátedras de História Moderna e História Contemporânea para formar docentes para o ensino básico. Naquela sessão, a disputa também envolvia em que medida a História *do* Brasil deveria ser – ou não – o guia para se pensar a História *no* Brasil, e qual modelo de universidade deveria ser adotado para se ensinar História.

O relator da sessão, Eduardo D'Oliveira França, catedrático de História Moderna e Contemporânea da Universidade de São Paulo, aluno de Fernand Braudel, propunha que se deveria seguir o modelo, consagrado desde a Universidade do Brasil, de um ano para o ensino de História Moderna e outro para o ensino da História Contemporânea, no caso das licenciaturas, mas ressaltava que os professores responsáveis por essas disciplinas não deveriam ser pautados pela especialização. Assim, cabia aos docentes a prerrogativa da liberdade de ministrar seus cursos sobre qualquer assunto ou período. França defendia, ainda, que se deveria prezar pela indistinção cronológica na delimitação dos objetos de ensino e pesquisa das cátedras, uma vez que o importante era fomentar o pensamento histórico, sem obrigatoriamente deslocar a História do Brasil do centro da reflexão. Nesses termos, segundo o relator, o ensino de História Moderna deveria promover a "compreensão das grandes linhas da evolução contemporânea", de modo a localizar a Época Moderna no "processo da unidade histórica no mundo contemporâneo" e pensá-la para "corresponder às realidades socioculturais" do Brasil[8]. Entretanto, as ideias postuladas por França não foram recebidas sem crítica e de forma unânime.

Ligada ao grupo de Anísio Teixeira, formador da Universidade do Brasil, que posteriormente daria origem à Universidade Federal do Rio de Janeiro, Maria Yedda Leite Linhares discordava do relator. A catedrática de História Moderna e Contemporânea na Universidade Federal do Rio de Janeiro contrapôs-se tanto à subordinação do ensino da "História Mundial" ao ensino da História do Brasil quanto à indefinição dos perfis acadêmicos das cátedras. Maria Yedda Leite Linhares defendia um outro modelo de universidade, em parte inspirado nos *colleges* estadunidenses, que conhecera de perto, em parte nas experiências escolanovistas da Universidade de Brasília, pelas quais

7. Nascimento, Thiago Rodrigues. A formação do professor de História no Brasil. *Op. cit.*, p. 273-277.

8. I Simpósio de Professores de História do Ensino Superior, 1961, Marília. *Anais* [...]. Marília: Faculdade de Filosofia, Ciências e Letras de Marília, 1962, p. 105-106.

militava. Nesses modelos, haveria "plasticidade" entre as áreas, mas não se perderia de vista a especialização da pesquisa. Diversos colegas ecoaram a crítica de Linhares à defesa de França da centralidade da História do Brasil no estudo da história e chamaram atenção para o perigo de se cair num "provincianismo estreito". Outras vozes críticas ainda postulavam pela delimitação mais precisa do que se compreende pelos termos Época Moderna e Época Contemporânea. Aqui, surge a proposta segundo a qual a Época Contemporânea deveria se restringir apenas à discussão da história mais recente, a começar, talvez, com o início da Primeira Guerra Mundial[9].

As proposições do relator, as intervenções da audiência, as réplicas e as tréplicas não versavam, porém, tanto sobre as fronteiras cronológicas de períodos históricos distintos, mas sim sobre a articulação – ou a subordinação – entre a "História Geral" e a "História do Brasil". Igualmente em causa encontrava-se a forma de organização da carreira acadêmica e da estrutura universitária que melhor permitiria dar conta dos distintos modelos de articulação do conhecimento histórico postos em debate. Nessas discussões, percebe-se um descolamento entre a organização do plano de ensino que prezava pela delimitação entre as disciplinas História Moderna e Contemporânea, tal como previsto no modelo da Universidade do Brasil, e como se pensava a formação e a pesquisa de docentes universitários. Para uma parte da audiência, os docentes não precisavam ser especialistas na área em que ensinavam e, para quase a totalidade, não se punha em questão se o docente que ministrava a disciplina de História Moderna poderia ser um professor ou professora focado no período mais contemporâneo. Tanto que, nas "Conclusões" do Simpósio, foi encaminhado pela Comissão Executiva, de maneira aparentemente consensual, que: "Não há, no momento, necessidade de divisão da Cadeira de História Moderna e Contemporânea"[10]. Isso contrastava com outras áreas que defenderam a separação das cadeiras, como Antiga e Medieval. Os docentes daquelas cadeiras então unificadas submeteram à votação do plenário e lograram a aprovação de que, dali em diante, História Antiga e História Medieval seriam ministradas por diferentes profissionais, especializados individualmente em um dos períodos históricos. É como se a Época Moderna e a Época Contemporânea permanecessem unidas sob a etiqueta braudeliana de "Tempos Modernos", mesmo que nas grades dos cursos fossem duas disciplinas diferentes.

9. *Ibid.*, p. 110-111, 117.

10. *Ibid.*, p. 302.

Essas conclusões do I Simpósio da ANPUH não tinham efeito legal, mas buscavam, por meio de moções públicas e ação política posterior, gerar pressão sobre o Ministério da Educação e Cultura e outras instâncias governamentais para que aceitassem os encaminhamentos da Associação. De certa maneira, foi o que ocorreu quando a estrutura curricular de duas disciplinas obrigatórias e distintas de História Moderna e História Contemporânea foi sacramentada pelo Conselho Federal de Educação, em 1962. Por meio desse currículo mínimo, regulamentou-se os cursos universitários de História no Brasil e promoveu-se a criação de novos institutos e faculdades voltados para a formação de professores[11]. Pode-se dizer que, desde então, independentemente das diversas mudanças operadas nos currículos federais mínimos dos cursos de licenciatura em História (e mesmo do abandono forçado da visão proposta pela LDB de 1961, por conta do golpe militar de 1964 e da tentativa de se impor a licenciatura em Estudos Sociais pela Ditadura Civil-Militar), essa divisão disciplinar vingou. O campo de estudo da História Moderna aparece, em programas de ensino, frequentemente delimitado cronologicamente pela passagem do século XV para o século XVI, por um lado, e pelo século XVIII, por outro. Entretanto, seguindo a proposta de não separar a cadeira de História Moderna e Contemporânea, a construção de um campo historiográfico dedicado à produção de conhecimento sobre a Época Moderna é algo bastante recente no Brasil. Vale lembrar que, até hoje, a Época Moderna está incluída na subárea "História Moderna e Contemporânea" segundo a classificação da Coordenação de Aperfeiçoamento do Pessoal de Nível Superior (CAPES) e do Conselho Nacional de Desenvolvimento Científico e Tecnológico (CNPq)[12].

Foi apenas com a consolidação do Sistema Nacional de Pós-Graduação, ao fim da década de 1990, e sobretudo com a expansão do ensino superior nos anos 2000, que a transformação desse campo historiográfico se tornou mais expressiva. Isso se explica, em linhas gerais, por dois motivos principais. Em primeiro lugar, ampliaram-se as condições de se formar quadros de

---

11. Nascimento, Thiago Rodrigues. A formação do professor de História no Brasil. *Op. cit.*, p. 278-281.

12. CAPES. Tabela de Áreas de Conhecimento/Avaliação. Disponível em: https://www.gov.br/capes/pt-br/acesso-a-informacao/acoes-e-programas/avaliacao/instrumentos/documentos-de-apoio/tabela-de-areas-de-conhecimento-avaliacao. Acesso em: 21 mar. 2024. CNPq. Árvore do Conhecimento. Disponível em: https://lattes.cnpq.br/web/dgp/arvore-do-conhecimento. Acesso em: 21 mar. 2024.

especialistas em História Moderna, assim como também de absorvê-los nos departamentos de História das universidades públicas, de modo a abrir espaço para que novas linhas de pesquisas sobre a Época Moderna fossem implementadas. Até então, os concursos, em sua maioria, recrutavam docentes para História Moderna *e* Contemporânea e suas pesquisas frequentemente seguiam o programa proposto por Eduardo D'Oliveira França na década de 1960, isto é, eram pesquisas que majoritariamente pensavam a Época Moderna somente na medida em que o período pudesse explicar a História do Brasil e a História Contemporânea. Em segundo lugar, vivia-se um novo processo de globalização acadêmica na historiografia mundial, impulsionado por uma "geopolítica do conhecimento gestada a partir [...] do Norte Global" e pelo acesso a recursos e contatos que as redes e as Tecnologias de Informação e Comunicação proporcionavam a historiadores e historiadoras do Sul Global. A criação de uma "massa crítica", constituída por essas pesquisadoras e por esses pesquisadores formados a partir da década de 1990, foi "capaz não só de estabelecer [...] a área de História Moderna no Brasil, mas também de reformular a reflexão a respeito da nossa história colonial, extrapolando, numa chave imperial, as meras questões clássicas relativas à formação do Brasil contemporâneo"[13]. Este livro é, portanto, resultado desse processo de expansão e consolidação da área de estudos de História Moderna no Brasil.

As páginas seguintes propõem discutir, nessa chave, o que se pode chamar de Época Moderna a partir das pesquisas realizadas no Brasil e dos cursos universitários também aqui ofertados. Todavia, a obra procura evitar a postura acadêmica que ficou conhecida pela expressão "nacionalismo metodológico", isto é, os capítulos reunidos neste volume evitam refletir sobre a Época Moderna predominante ou exclusivamente através de lentes que encontram foco apenas ao observarem o processo de formação da nação, tal como concebido no século XIX. Partimos, sim, da cronologia que vai do século XV ao século XVIII, já bem estabelecida nas instituições de ensino nacionais, para definirmos os nossos objetos de estudo. Entretanto, como se depreende da leitura dos mais diversos capítulos, esses limites temporais são frequentemente tensionados ou revistos em função dos objetos e problemas enfrentados. Desse modo, infere-se que o conceito de Época Moderna aglutina elementos definidores de uma época histórica para além da dimensão

---

13. Lima, Luís Filipe Silvério; Machel, Marília de Azambuja Ribeiro. Apresentação. *In*: *Id*. *Cultura letrada no espaço euro-atlântico (Sécs. XVI-XVIII)*. Recife: Ed. UFPE, 2022, p. 12-16.

didática e legal definida nos currículos. A especificidade desses elementos, porém, precisa ser pensada e testada conforme se executa aquela mesma operação central do ofício de historiadoras e historiadores aqui já mencionada: a periodização. As implicações dessa operação podem ser exploradas ao se observar como os conceitos de "moderno" e, posteriormente, de "Modernidade" foram significados e mobilizados por distintos agentes históricos ao longo das épocas moderna e contemporânea. Consequentemente os problemas relativos à construção da ideia de Época Moderna extrapolam, em muito, a dimensão dessa periodização definida com fins didáticos a partir do momento em que a História se estabeleceu como disciplina acadêmica, primeiro na Europa, depois no Ocidente como um todo, ao longo dos séculos XIX e XX.

## Moderno e Modernidade

A segmentação tripartite da História em um período antigo, um período medieval e uma nova época remonta ao século XIV e está associada ao projeto dos primeiros humanistas de promover uma renovação da cultura letrada a partir do retorno aos modelos atribuídos à Antiguidade clássica. À medida que se foi afirmando a percepção de que uma renovação – ou um renascimento – encontrava-se em curso, instaurou-se a crença de que os povos europeus viviam em uma nova época histórica. Para eles, essa nova época representava o fim do interlúdio de "séculos obscuros" que havia separado o presente da Antiguidade.

Foi nesse contexto letrado que expressões latinas como *media aetas* e *media tempestas* (literalmente: tempos médios) passaram a ser utilizadas com o objetivo de designar o período, de contornos temporais nem sempre bem definidos, que se seguiu à Antiguidade clássica. Para marcar distância da *media aetas*, as obras historiográficas de autores como Georgius Hormius (1620-1670)[14] e Christoph Cellarius (1638-1707) adotam a expressão "história nova". No caso particular da obra de Cellarius, trata-se de uma expressão que figura no título mais extenso dado ao terceiro volume de uma história universal assim composta: *Historia Antiqua*, *Historia Medii Aevi* e *Historia Nova* (1696)[15]. No momento em que a obra de Cellarius circulou, a expressão

14. Hormius, Georgius. *Georgi Horni orbis politicus imperiorum, regnorum, principatuum, rerum publicarum: cum memorabilium historicis & geographia veteri ac recenti*. Wesel: Andreae ab Hoogenhuysen, 1669, p. 47.

15. Cellarius, Christoph. *Christophori Cellarii historia nova, hoc est XVI et XVII saecvlorum: qva eivsdem avctoris historiae, Antiqva et Medii Aevi, ad nostra tempora continenti ordine profervntvr, cvm notis perpetvis et indice rervm*. Jena: Bielkius; Halle (Saale): Henckelius, 1696.

*Historia Nova* designava os acontecimentos históricos ocorridos entre os séculos XVI e XVII, de modo a abarcar o tempo presente. As expressões latinas, usadas como sinônimos, *tempus novum* (literalmente, tempo novo) e *tempus modernum* (literalmente, tempo moderno) são de emprego mais recente e podem ser encontradas na grande obra enciclopédica editada por Johann Heinrich Zedler em meados do século XVIII. No volume publicado em 1749, Zedler define *tempus novum*, ou *tempus modernum*, como o tempo presente[16]. Lembremos que, em língua alemã, o substantivo *Neuzeit*, que remete a *tempus novum*, em latim, indica o conjunto maior do qual faz parte o menor conjunto designado pelo termo Época Moderna, ou *Frühe Neuzeit*.

As consequências históricas e historiográficas dessa operação conceitual ganham, hoje, contornos mais claros. Por mais que a *Historia Nova* tenha sido pensada pelos humanistas como dotada de um valor positivo, é sobretudo em função das transformações lexicais introduzidas no século XVIII, na qual moderno era o que projetava o atual e o novo, que os termos qualificadores de uma nova época passam a ser evidência de uma mudança ainda mais significativa: a Filosofia da História. Baseada em uma interpretação evolutivo-racionalista das sociedades dispostas ao longo do tempo, a Filosofia da História permitiu que se entendesse a Época Moderna como uma etapa decisiva do desenvolvimento da humanidade. Para além da visada filosófico-especulativa do curso da história, pensadores do início do século XIX, como Auguste Comte, John Stuart Mill e Karl Marx, "procuraram identificar o que havia de 'moderno' em suas sociedades e como elas haviam assim se tornado"[17]. Desse modo, não demora para que, "no início do século XX, com o trabalho de Émile Durkheim e Max Weber, o problema das origens do mundo moderno" também tenha se tornado "o problema central da sociologia"[18].

A partir de meados do século XX, entretanto, os diversos diagnósticos operados ao longo da história sobre essa experiência caracterizada como "moderna" passaram a ser vistos não mais por uma positividade inerente ao progresso humano, mas sob o prisma de um estado de crise social e, consequentemente, de crise do edifício racionalista sobre o qual a leitura da Época Moderna

---

16. Zedler, Johann Heinrich. *Grosses vollständiges Universal-Lexikon aller Wissenschaften und Künste*... Leipzig; Halle: Johann Heinrich Zedler, 1749, v. 61, col. 797.

17. Goldstone, Jack. The problem of the "Early Modern" world. *Journal of the Economic and Social History of the Orient*, v. 41, n. 3, 1998, p. 249-284, aqui p. 250.

18. *Ibid.*

feita nos séculos XVIII e XIX se assentara. As armadilhas carregadas pela interpretação iluminista da Modernidade eram criticadas pela Escola de Frankfurt desde os anos 1930, mas ganharam maior proporção com a irracionalidade dos horrores perpetrados pelo Nazismo na Alemanha e a crescente instrumentalização da racionalidade impingida pelas técnicas capitalistas nos Estados Unidos. Essas críticas se intensificaram ainda mais a partir da década de 1980, quando se passou a falar no "fim da Modernidade" e na instauração de uma condição pós-moderna marcada pelo colapso definitivo das grandes narrativas fundadas nos ideais de racionalização e de progresso[19]. Somada a essas perspectivas que contestavam visões focadas em grandes estruturas explicativas, as críticas pós-coloniais e decoloniais aos apagamentos perpetrados contra as sociedades não europeias, suas perspectivas e narrativas, reclamam a tomada de consciência de que a ideia de Modernidade, forjada no século XIX, estava na base da construção de um discurso de superioridade que legitimou as ações imperialistas e colonialistas da política europeia[20].

O estatuto da História Moderna, como uma disciplina acadêmica, deve, portanto, levar em consideração todos os ganhos acumulados por esse longo processo de crítica e autocrítica do passado, de forma a incluir a necessidade de se pensar esse período da história em termos de "múltiplas modernidades", não mais limitadas à experiência e à autocompreensão das sociedades europeias[21]. Afinal, foi nesse momento da história que as então chamadas "quatro partes do mundo", África, América, Ásia e Europa, passaram a experimentar contatos e trocas numa dimensão inédita. A Época Moderna é o momento da eclosão de uma compreensão do mundo que, doravante, não poderia mais deixar de acontecer senão em termos globais, pelo menos intercontinentais e transoceânicos.

Diante disso, pensar a Época Moderna hoje significa, sobretudo, compreender a natureza dos processos intraeuropeus e extraeuropeus a partir

---

19. Jameson, Frederic. *Pós-modernismo: a lógica cultural do capitalismo tardio*. São Paulo: Ática, 1997, cap. 1-2.

20. Faustino, Deivison Mendes. *A disputa em torno de Frantz Fanon*. São Paulo: Intermeios, 2020; Lander, Edgardo (org.). *La colonialidad del saber: eurocentrismo y ciencias sociales: perspectivas latino-americanas*. Buenos Aires: Clacso, 2000 (especialmente os seguintes capítulos: Dussel, Enrique. Europa, modernidad y eurocentrismo, p. 41-53; Mignolo, Walter. La colonialidad a lo largo y a lo ancho: el hemisferio occidental en el horizonte colonial de la modernidad, p. 55-85).

21. Eisenstadt, Shmuel N. Múltiplas modernidades na era da globalização. *GEPOLIS: revista de filosofia e cidadania*, v. 6, 1999, p. 39-49; Cf. Knöbl, Wolfgang. Max Weber, as múltiplas modernidades e a reorientação da teoria sociológica. *Dados*, v. 49, n. 3, 2006, p. 483-509.

da pluralidade dos agentes históricos neles envolvidos. Deve-se fazer isso, entretanto, sem velar as desigualdades que caracterizavam as relações sociais e sem omitir a violência que igualmente caracterizava aquelas sociedades, os projetos coloniais e a formação de redes globais de contato e comércio. Tais redes não podem ser mais pensadas na chave de uma mera "expansão" da Europa para as demais partes do mundo, mas sim como uma evidência inequívoca da imposição de lógicas produtivas e dinâmicas de mercado por meios das quais o execrável sistema escravista moderno pôde se estabelecer e consolidar[22]. Foi a partir dessa proposta de compreensão da Época Moderna que diversos capítulos deste livro construíram seus argumentos, tendo em vista dois movimentos complementares.

Ao se analisar processos históricos identificados como particularmente europeus, verifica-se que os tempos assumem velocidades diferentes na constituição da Modernidade e mesmo do que se entende por moderno. A partir do horizonte da História da Religião, a Cristandade transformada pelas Reformas caracterizou a Época Moderna. Mas, ao mesmo tempo, foi o movimento de ruptura com práticas religiosas que ajuda a explicar o que se chama de Modernidade [↗O papel estruturante da religião] [↗Reformas religiosas]. Esse mesmo movimento de ruptura ganha outro sentido quando observado pelas lentes de "uma história global do conhecimento" que deixam transparecer as distorções presentes no conceito de "Revolução Científica" de cariz europeu [↗A nova ciência]. Tópico clássico na História Política, a disjuntiva entre centralização e pluralismo do Estado Moderno assume novos ritmos, se abandonado o desejo de entender os arranjos e as disputas políticas modernas como anúncios do Estado weberiano [↗Sistemas políticos e estruturas de poder]. Numa visada mais econômica, o mundo agrário, no qual estava imersa a imensa maioria da população, borra os limites entre o Medievo e a Modernidade com seus ciclos de retração e expansão. Todavia, ao se observar as dinâmicas do capital, verifica-se uma outra lógica que reorganiza não apenas a vida rural europeia, mas também as relações globais que produziram o mundo moderno e contemporâneo [↗Agricultura e sociedade rural] [↗Capitalismo]. Esses temas fundamentais da historiografia sobre o período passam aqui a ser olhados, portanto, a partir de perspectivas diversas, de modo a prescindir de uma linha analítica unificadora que, no limite,

---

22. Wallerstein, Emmanuel. Eurocentrismo e seus avatares: os dilemas das ciências sociais. *In*: *Id. O fim do mundo como o concebemos. Ciência social para o século XXI*. Rio de Janeiro: Revan, 2003, p. 215-218.

guarda no horizonte a formação das nações europeias. Ou seja, pensar o que foi a Europa moderna desde o Brasil implica "provincializá-la" ou entender a partir de múltiplas perspectivas os conceitos de Época Moderna e de Modernidade, de modo a expor os limites explicativos dos respectivos conceitos para as mais diversas experiências humanas[23], das quais também faz parte a história das sociedades europeias.

De um ponto de vista externo à Europa, a Modernidade ocidental é por vezes aqui entendida como a "autoimagem produzida pelo Ocidente". E da desconstrução crítica dessa autoimagem dependem o reconhecimento e a construção de modernidades alternativas, de que são exemplo as narrativas ameríndias e afrocentradas [↗Trajetórias indígenas] [↗O Atlântico e as modernidades alternativas]. Note-se que, nesses espaços, "os conceitos de 'moderno', 'Modernidade' e 'modernização' têm significados e implicações distintas" [↗África atlântica e Europa moderna]. Ocorre que a Modernidade também "resulta dos compartilhamentos próprios das experiências humanas cada vez mais conectadas, e deve, por isso, ser abordada em escala global" [↗Modernidade islâmica]. Ao estudar espaços e circulações globais neste volume, porém, não se nega que "algo específico ocorreu na virada da Modernidade, algo que diz respeito à própria relação que as pessoas naquela época passaram a estabelecer com o espaço, com as trocas, com o tempo e com as distâncias" [↗O Leste Asiático]. Antes, é com o olhar dirigido para outros continentes, e a partir deles, que a observação das transformações particulares de uma época contribui para o entendimento de muitos fenômenos vividos na Europa.

Eis o motivo pelo qual adotamos, nesta obra coletiva intitulada *A Época Moderna*, um movimento alternado. Por um lado, os capítulos mantêm um foco mais fechado no espaço europeu, no qual tem origem a discussão sobre o início de um novo tempo, de uma história nova. Por outro, abrem-se para perspectivas locais de outros espaços e perspectivas globais. Vistos em conjunto, os textos aqui reunidos contribuem para delinear as múltiplas modernidades das várias periodizações possíveis da Época Moderna, sem deixar de enfrentar questões centrais da historiografia. Esse desenho ficará mais evidente ao apresentarmos as partes e os capítulos que integram *A Época Moderna*.

23. Chakrabarty, Dipesh. *Provincializing Europe. Postcolonial Thought and Historical Difference.* 2. ed. Princeton: Princeton University Press, 2007, p. 12.

## Partes e capítulos da Época Moderna

Motivados pelas reflexões até aqui apresentadas, os integrantes da Rede Brasileira de Estudos em História Moderna (h_moderna)[24], criada em 2019, envolveram-se em um trabalho coletivo inédito no Brasil na área de História Moderna. Reunidos em duplas e um trio, 35 autores e autoras enfrentaram os debates apresentados nos 21 capítulos distribuídos entre as quatro partes que integram este livro.

A primeira parte, intitulada "Aspectos estruturais", trata de questões clássicas de História Moderna, recorrentes na historiografia e, de certa maneira, incontornáveis aos estudos acadêmicos sobre o período, especialmente quando se tem em vista a configuração do continente europeu. Entretanto, procura fazê-lo sob duas perspectivas particulares. Por um lado, os capítulos colocam em diálogo as referências mais difundidas nos cursos de História e a produção historiográfica mais recente que, não raro, contesta ou põe em causa aquelas leituras anteriores. Por outro, tensiona as periodizações recorrentes, ao discutir quais recortes temporais são mais apropriados para explicar os fenômenos analisados em cada capítulo, fazendo-nos sair de um olhar estático sobre o que seria a Primeira Modernidade e compreender os processos históricos de forma a escapar de armadilhas teleológicas.

Nessa direção, o capítulo "Agricultura e sociedade rural", que abre a primeira parte da obra, opera com um arco temporal mais alargado, com o objetivo de enquadrar as dinâmicas do mundo agrário e a revolução ocorrida na produção agrícola da Época Moderna. Mais que isso, os autores do capítulo, Maximiliano Mac Menz e Wolfgang Lenk, demonstram a centralidade do campo na vida social e produtiva da Europa, em comparação ao globo, entre os séculos XIV e XIX – algo importante de ser destacado a partir de um mundo como o nosso, marcado pelo domínio da cidade sobre o campo.

O capítulo "O papel estruturante da religião", de Adone Agnolin e Rui Luis Rodrigues, realiza um movimento semelhante ao pensar o papel do cristianismo na vida europeia desde a Idade Média até os inícios da Época Contemporânea, considerando-se a periodização mais recorrente. Os autores retraçam a junção entre os princípios civis romanos e aqueles da fé cristã na montagem de uma "república" universal que, ao longo da Época Moderna, foi sacudida pelas Reformas para, ao fim, ser contestada e

24. Rede Brasileira de Estudos em História Moderna. Disponível em: https://modernistas.hypotheses.org. Acesso em: 21 mar. 2024.

substituída por outros arranjos civilizacionais com os quais se inaugura a contemporaneidade. Para entender os fenômenos da Europa moderna em seus próprios termos, seria preciso, portanto, tomar a religião cristã como lente hermenêutica e perceber suas variantes e disputas entre os séculos XV e XVIII. É preciso, contudo, usar essa lente tendo em vista as diferenças entre a concepção medieval de religião e a "superação das confissões religiosas cristãs" nos termos de uma "chave capaz de explicar e organizar a realidade" no mundo contemporâneo.

Partindo de uma abordagem mais historiográfica para discutir os "Sistemas políticos e [as] estruturas de poder" na Época Moderna, Bruno Kawai Souto Maior de Melo e Marília de Azambuja Ribeiro Machel traçam, no terceiro capítulo, a genealogia de duas categorias analíticas recorrentes nos trabalhos sobre o período: Estado Moderno e Absolutismo. A dupla de autores busca, com isso, mostrar os limites dessas definições, concebidas para se pensar menos os Estados modernos e mais para explicar o surgimento dos Estados-nação europeus no século XIX. Ao remontar esse percurso historiográfico à luz das contribuições desde a virada linguística e a crítica ao paradigma estadualista de fins do século XX, indicam-se caminhos para refletirmos sobre as várias formas políticas que existiram entre os séculos XV e XVIII.

Fechando a primeira parte, Leonardo Marques e Maximiliano Mac Menz ampliam as fronteiras geográficas do espaço até então estudado para discutir a formação do "Capitalismo" (título do quarto capítulo) na Europa Moderna. Evitando, porém, uma abordagem eurocêntrica, os autores analisam o capitalismo como "forma histórica específica cujas consequências sistêmicas foram se aprofundando e se complexificando" [↗Capitalismo] ao longo da Época Moderna. Para tanto, compreendem tanto as transformações das economias europeias em termos globais quanto sua dimensão colonialista e sua estreita relação com a escravidão africana. Nesse sentido, se os capítulos iniciais deste livro, ao abordarem "Aspectos estruturais" dados por temas clássicos da historiografia sobre a Época Moderna, fecharam-se num recorte sobretudo europeu, o último capítulo abre a discussão para uma perspectiva mais global e crítica que será aprofundada na parte seguinte.

Pesquisas produzidas nas últimas décadas destacam que a Primeira Modernidade tem uma relação de interdependência com a chamada primeira globalização. A presença de atores europeus em diferentes partes do globo alterou a natureza dos espaços a que chegaram e a dinâmica de suas próprias culturas, bem como da cultura dos povos com os quais entraram em contato. Em função disso, na segunda parte desta obra, intitulada "Espaços e circulações globais", entram em cena diferentes regiões do globo que, pela primeira vez – e, a partir de então, de forma definitiva –, viram-se conectadas. As mudanças nas concepções geográficas que caracterizam esse momento são o tema central do capítulo "Uma nova geografia", de autoria de Andréa Doré e Marina Bezzi. Se o Humanismo se ancorava em grande medida em modelos clássicos, a circulação pelos oceanos Atlântico e Índico, muito além do que tinham feito e descrito os antigos, levou a importantes correções na maneira de se enxergar e compreender o mundo. Terras habitadas ao sul da zona tórrida e a chegada dos europeus a uma quarta parte do mundo, desconhecida dos autores clássicos e que seria batizada de América, colocaram em cena o saber que resulta da experiência. As autoras exploram essas questões em diálogo com a historiografia que tem destacado a importância da dimensão espacial para a compreensão histórica, de forma abrangente, e da Época Moderna, em particular.

Os principais momentos da historiografia sobre o mundo atlântico abrem o capítulo "O Atlântico e as modernidades alternativas", de José Carlos Vilardaga e Rodrigo Faustinoni Bonciani, destacando as perspectivas mais recentes que exploram a história afro-americana e a historiografia indigenista. O Atlântico, antes de "fundar a Modernidade ocidental", era o Mar Tenebroso. Essa concepção que marca o período medieval europeu é discutida nesse capítulo para que se possa compreender o que a superação dessa imagem representou para os diferentes povos às margens do Oceano. Os autores fazem amplas conexões com tradições ameríndias e africanas, apresentam a produção crítica recente sobre a relação entre o Atlântico e a formação do capitalismo e destacam a navegação atlântica e seus desdobramentos para o interior dos continentes africano e americano.

José Rivair Macedo e Mônica Lima e Souza partem de questões historiográficas relativas às escalas, aos enfoques e às abordagens da história da África para desenvolver o capítulo "África atlântica e Europa moderna". A perspectiva adotada no texto incorpora críticas a pressupostos eurocêntricos presentes nos estudos sobre a África, ao mesmo tempo em que observa, "na escala de uma história global", os processos nos quais as mulheres e os homens africanos "efetivamente tomaram parte, independentemente de qual tenha sido a condição" [↗África atlântica e Europa moderna]. Em um segundo momento, são destacadas três personagens da diáspora, visando acessar a diversidade das trajetórias de vida, seus limites e as possibilidades que se apresentavam aos indivíduos.

No capítulo "Modernidade islâmica", de Otávio Luiz Vieira Pinto e Thiago Henrique Mota, a escala é igualmente um elemento fundamental. Os autores defendem a necessidade de se abordar a Modernidade a partir de uma perspectiva global e enfatizam que, mais do que o produto de ações europeias em outras partes, esse conceito resulta do compartilhamento de experiências humanas. O capítulo, então, dedica-se a explorar "como as sociedades muçulmanas participaram da construção do que convencionamos chamar de Primeira Modernidade" [↗Modernidade islâmica]. Trazendo para o proscênio as sociedades no lugar dos grandes impérios, diferentes dimensões das experiências islâmicas são desenvolvidas ao longo do texto.

Após uma introdução na qual são retomadas concepções historiográficas clássicas, Andréa Doré e Patrícia Souza de Faria discorrem sobre aspectos centrais das sociedades asiáticas no contexto da chegada dos portugueses aos portos da Índia no capítulo intitulado "O espaço índico". Nele, destacam-se as dinâmicas redes mercantis, lideradas por muçulmanos, que ligavam a Península Arábica à China e pelas quais circulava uma imensa variedade de produtos e de pessoas. O capítulo apresenta um breve panorama da organização social vinculada à religião bramânica, a que chamamos de "sociedade de castas". Em seguida, aborda a chegada dos portugueses, o impacto então causado nas redes de comércio e o papel desempenhado pela missionação católica, geradora de uma vasta documentação. Ao fim do capítulo, explora-se o Sudeste Asiático, região na qual a circulação de mercadorias e as relações entre europeus e as sociedades asiáticas ganharam outra conformação, distinta da portuguesa, com a ação dos holandeses e as companhias de comércio.

A ênfase conferida às relações e às conexões entre o local, o regional e o global resulta da abordagem adotada por Bruna Soalheiro e Célia Tavares no capítulo "O Leste Asiático". As autoras retomam os vínculos linguísticos e religiosos que caracterizam a vasta região que hoje compreende os territórios da China, do Japão, da Coreia do Norte, da Coreia do Sul e de Taiwan e se apoiam, inicialmente, nos marcos cronológicos dados pelas dinastias reinantes na Época Moderna. As conexões e as redes culturais e de comércio são aqui também elementos fundamentais que impulsionam a compreensão das dinâmicas locais e de sua inserção em âmbitos de circulação globais.

O capítulo "Trajetórias indígenas" fecha a segunda parte desta obra. No cruzamento da Nova História Indígena, da História das Mulheres e das relações de gênero, Elisa Frühauf Garcia e Suelen Siqueira Julio abordam o papel dos ameríndios na construção da Modernidade. "Os silêncios, os estereótipos e a permanência por muito tempo de uma agenda colonial na historiografia" [↗Trajetórias indígenas] levam as autoras a se debruçarem sobre as ações e trajetórias de mulheres nativas das Américas. De algumas dessas mulheres conhecemos os nomes – Pocahontas, Malinche, Catarina Paraguaçu –, mas a maior parte delas, citadas como "mulheres" e "moças", vêm ganhando espaço na historiografia mais recente a partir da análise de vestígios mais ou menos explícitos deixados na documentação do período. Dessa análise, resulta um panorama mais plural e multifacetado.

Após o alargamento dos horizontes geográficos desenvolvido na segunda parte, a terceira parte deste livro investiga as "Transformações culturais" fundamentais da Época Moderna. No capítulo intitulado "Renascimento e Humanismo", Marília de Azambuja Ribeiro Machel e Rui Luis Rodrigues examinam historiográfica e conceitualmente a noção de Renascimento. Parte-se das abordagens firmadas no século XIX segundo as quais o termo designa uma época histórica já encerrada. "Essa leitura de caráter historicista do Renascimento encontrava suas bases na grande narrativa construída um século antes pelos iluministas apoiados nas ideias de razão, Modernidade e progresso" [↗Renascimento e Humanismo]. Distanciando-se dessa perspectiva, a dupla de autores elege, como foco de análise, "o impacto que o Renascimento literário-filosófico" – também chamado de Humanismo – "teve sobre o método histórico e a cultura escrita e política" na Época Moderna. Ao investigar um programa erudito que remonta ao século XIV, destaca-se o esforço filológico feito por humanistas do período. Esse esforço teve como consequência "um progressivo e significativo alargamento dos textos disponíveis" para a comunidade letrada, sobretudo em função da redescoberta de antigos manuscritos e das inúmeras traduções de textos clássicos.

À diversidade crescente de manuscritos e sobretudo de impressos produzidos na Época Moderna dedicam-se André de Melo Araújo e Verônica Calsoni Lima no capítulo "O mundo dos impressos". Os autores argumentam que a expansão vertiginosa da produção impressa não se deveu exclusivamente à inovação operada por Gutenberg com a prensa de tipos móveis. Antes, a originalidade da imprensa europeia quinhentista "pode ser identificada não apenas no padrão de produção dos artefatos impressos, mas sobretudo no modelo de distribuição" dos seus produtos [↗O mundo dos impressos]. A isso se soma o fato de que o grande volume de capital envolvido na produção de obras extensas e eruditas, como aquelas valorizadas pelos humanistas,

> frequentemente obrigava que as oficinas de impressão interrompessem um longo trabalho em curso levado à prensa para obter lucro mais rápido com peças de menor prestígio. Esse era o tempo não apenas das disputas pelas melhores edições das obras celebradas pela tradição letrada, mas também era o tempo da produção vertiginosa de impressos efêmeros [↗O mundo dos impressos].

Após apresentar um competente balanço historiográfico e terminológico do conceito de "Reformas religiosas", Jacqueline Hermann e Ronaldo Vainfas chamam atenção para a circulação crescente de um tipo de impresso efêmero com o qual se ocupavam as mais diversas oficinas de impressão no período, inclusive aquela de Gutenberg: as cartas de indulgência. Para a dupla de autores, a renovação da venda de indulgências explica, parcialmente, o avanço da marcha da Reforma Luterana que "se irradiou pela Europa ao longo da década de 1520, com variações teológicas derivadas das convicções dos líderes religiosos, da receptividade das populações e da configuração política das diversas regiões" [↗Reformas religiosas]. Em seguida, o capítulo enfrenta a explosão de revoltas populares, segundo Hermann e Vainfas, como

> uma das consequências não programadas da Reforma. A cisão da Cristandade combinada às mudanças políticas, econômicas e sociais em toda a Europa ocidental produziram reinterpretações inusitadas dos textos sagrados e das práticas religiosas em transformação [↗Reformas religiosas].

No capítulo intitulado "A nova ciência", Andréa Doré e Thomás A. S. Haddad apresentam um debate historiográfico em torno da "característica distintiva da Época Moderna europeia", para além do Renascimento e do Humanismo ou das Reformas religiosas. Aqui, entra em cena a grande dimensão que a aproximação entre os conceitos de ciência e Modernidade assumiu na historiografia europeia e estadunidense desde meados do século XX. Colocada em perspectiva historiográfica, essa aproximação é examinada pela dupla de autores em dois planos. Em primeiro lugar, parte-se da classificação do conhecimento operada em uma biblioteca da Época Moderna para afirmar que "uma história das ciências na Época Moderna precisa confrontar, já de partida, o problema de que seu objeto mais óbvio [...] não possui, para os próprios atores históricos do período, contornos familiares para nós hoje em dia" [↗A nova ciência]. Em seguida, ainda se apresenta a tendência mais contemporânea da história do conhecimento com o objetivo de sinalizar que se, por um lado, a ideia de história do conhecimento – e não da ciência – "poderia descaracterizar o seu objeto" de análise, por outro, essa mesma tendência aponta potencialmente para a produção do conhecimento histórico menos marcada por uma narrativa eurocêntrica.

Um descentramento semelhante é operado por Anadir dos Reis Miranda, Beatriz Polidori Zechlinski e Cristine Tedesco no capítulo "Mulheres, gênero e cultura letrada". Nele, as autoras se perguntam de que modo as mulheres – em detrimento de figuras predominantemente masculinas – podem ser situadas em transformações sociais e culturais associadas à amplificação do letramento e da valorização dos saberes em curso na Época Moderna. As trajetórias individuais de Artemisia Gentileschi, Madeleine de Scudéry, Mary Wollstonecraft, Mary Hays e Mary Robinson, que viveram na Península Itálica, na França e na Inglaterra entre os séculos XVI e XVIII, são perseguidas pelas autoras com o objetivo de investigar "as estratégias que as mulheres utilizaram para superar os limites e as imposições de gênero" [↗Mulheres, gênero e cultura letrada] nos respectivos períodos em que viveram.

Um dos propósitos de André de Melo Araújo e João de Azevedo e Dias Duarte no capítulo intitulado "O Iluminismo" é sinalizar uma ampliação historiográfica com a qual se procura

> ultrapassar o círculo restrito dos filósofos mais vocais, com o objetivo de incluir as vozes de homens e mulheres menos conhecidos da crescente produção literária setecentista e dar destaque ao papel igualmente central ocupado por artesãos, mercadores, viajantes, impressores e livreiros como agentes ativos na produção e na difusão de ideais iluministas [↗O Iluminismo].

Dessa maneira, os autores partem tanto do presente – ao discutir a proposta de apresentação do passado em um museu contemporâneo – quanto de estudos históricos mais recentes para apresentar o Iluminismo, simultaneamente, como uma "época da história europeia integrada a diversas partes do mundo e que se estende até o fim do século XVIII" e como "um projeto que deita raízes nas décadas finais do século XVII, mas cujos efeitos alcançam o tempo presente em espaços para além da Europa contemporânea" [↗O Iluminismo].

A quarta parte desta obra é dedicada aos conflitos, às revoltas e às revoluções que marcaram a história do Ocidente durante os séculos XVII e XVIII. Trata-se de um tema-chave da reflexão historiográfica sobre a Época Moderna produzida ao longo dos séculos XIX e XX que, nos últimos cinquenta anos, tem sido revisto sob o prisma de novos paradigmas interpretativos. Nesse sentido, os quatro capítulos que compõem essa parte têm como intuito difundir entre o público brasileiro o estado da arte das pesquisas mais recentes sobre a temática do conflito e da resistência política no contexto do chamado Antigo Regime. E aqui, o movimento que privilegia o espaço europeu nos primeiros capítulos dessa parte, ao discutir as revoltas da primeira metade do século XVII, vai se abrindo para pensar o que seriam as revoluções ocorridas ao fim do século XVIII em perspectiva global.

O capítulo "Guerra dos Trinta Anos e revoltas nos domínios Habsburgos", escrito por Daniel Pimenta Oliveira de Carvalho e Antônio David, trata dos confrontos armados que tiveram lugar, entre os anos de 1618 e 1648, nos territórios imperiais e hispânicos sob domínio dos Habsburgo, começando pelos conflitos que deram início à chamada Guerra dos Trinta Anos, mas também por outros eventos bélicos que tiveram relação direta ou indireta com esse conflito maior. Esse é o caso da Guerra dos Oitenta Anos (entre os Países Baixos do Norte e a Monarquia Hispânica), das rebeliões autonomistas na Catalunha e em Portugal e das convulsões nas possessões italianas da Coroa espanhola. Nesse contexto, tais acontecimentos são integrados ao debate sobre uma crise geral do século XVII que, em larga medida, servirá de pano de fundo para as análises apresentadas nos dois capítulos seguintes.

Iniciando com uma reconstrução do debate historiográfico acerca do problema das revoltas e das revoluções na Época Moderna, o capítulo "Monarquia bourbônica e revoltas da Fronda", de Daniel Pimenta Oliveira de Carvalho e Silvia Patuzzi, retoma a discussão sobre os levantes políticos na Europa do século XVII iniciado no capítulo anterior. No entanto, essa discussão é pensada agora no âmbito dos territórios controlados pela monarquia francesa. Por meio de uma reconstrução narrativa dos complexos eventos que caracterizam as revoltas da Fronda (1648-1653), os autores atualizam a interpretação historiográfica sobre esse levante, marcado pela atuação política popular, pelos embates entre facções nobiliárquicas e pelo recurso à violência como um meio de garantir liberdades e direitos. Em seguida, dedicam as páginas finais do texto ao processo de consolidação do poder monárquico durante o reinado de Luís XIV, que conduziria a um progressivo controle das forças políticas centrífugas e à redução das autonomias no reino da França.

Já o capítulo "Ilhas Britânicas e revoluções do século XVII", de Luís Filipe Silvério Lima e Verônica Calsoni Lima, volta-se ao "século das revoluções" inglesas, ou seja, ao período da história britânica em que tiveram lugar a

Revolução Inglesa ou Revolução Puritana (1640), em função da qual se instaurou uma república de curta duração, e a Revolução Gloriosa (1688), que lançou as bases para a monarquia parlamentar existente até os dias de hoje no Reino Unido. Partindo de uma interpretação hegemônica do século XVII inglês na historiografia até a década de 1970, os autores explicam os desdobramentos historiográficos da "onda revisionista" que passou a recusar a categoria de revolução como artifício interpretativo para esse período da história britânica. Após uma reconstrução minuciosa dos eventos revolucionários, a dupla de autores aponta como a ideia de revolução tem sido retomada pela historiografia mais recente, graças a um novo olhar sobre a cultura política da época.

No último capítulo da quarta parte, intitulado "Revoluções atlânticas: Estados Unidos e França", com o qual este livro se encerra, Daniel Gomes de Carvalho e Marcos Sorrilha Pinheiro elegem essas duas grandes revoluções como fio condutor da narrativa para colocar em discussão a chamada "Era das Revoluções" a partir de uma perspectiva atlântica e global. Após uma breve apresentação do debate historiográfico, os autores exploram os eventos ocorridos em solo francês e norte-americano para constantemente investigar seus entrelaçamentos com outros processos revolucionários do mesmo período, como aqueles ocorridos nos Países Baixos, na Polônia e no Haiti.

Ao longo dos anos durante os quais o projeto de concepção e redação de uma obra dedicada à Época Moderna foi desenvolvido, intensificou-se, na equipe editorial, a convicção de que o trabalho coletivo traz resultados promissores para a atividade historiadora no presente. Essa convicção nos orientou quanto à decisão de que cada capítulo fosse escrito por uma dupla de autores, tratando-se sempre de especialistas nos temas abordados. A experiência foi gratificante e esperamos que o resultado dessa iniciativa seja proveitoso para as leitoras e os leitores deste volume. Desse modo, os nossos agradecimentos se dirigem, em primeiro lugar, aos autores que fizeram o trabalho com perícia, ao mesmo tempo em que se mostraram abertos e compreensivos no que diz respeito às questões de ordem editorial. Como organizadores do volume intitulado *A Época Moderna*, e em nome do conjunto de autoras e autores dos capítulos, agradecemos aos nossos estudantes pelos questionamentos que expressam nas salas de aula e nos impulsionam ao trabalho. Em larga medida, este livro foi concebido para incentivar os debates historiográficos levados adiante no contexto universitário brasileiro. Também deixamos registrada nossa gratidão à Editora Vozes, por acreditar desde o início neste projeto.

# Parte I
# Aspectos estruturais

# 1
# Agricultura e sociedade rural

*Maximiliano Mac Menz*
*Wolfgang Lenk*

Um dos elementos definitivos e distintivos da formação do mundo contemporâneo foi o crescimento explosivo da população mundial que teve início entre 1700 e 1750. Até meados do século XVIII, é possível estimar que o número de seres humanos tenha dobrado uma vez a cada mil anos, ou algo perto disso. Nos últimos trezentos anos, porém, a população já dobrou pelo menos três vezes: de um para dois bilhões de pessoas até o início do século XX; de dois para quatro até meados de 1970; de quatro para oito desde então. Para o bem ou para o mal, a vida alterou-se de alto a baixo: a longevidade, as relações intergeracionais, as estruturas familiares, a maneira como pensamos e vivemos a infância, a reprodução e a morte.

As raízes desse processo são indissociáveis da transformação ocorrida na agricultura e na sociedade rural entre os séculos XVI e XIX, que englobam a Época Moderna e que será foco deste capítulo. Primeiro, porque a revolução demográfica foi alimentada pela Revolução Agrícola: os incrementos de produtividade, de eficiência no trabalho humano e de aproveitamento da superfície cultivada. Segundo, porque a crise das agriculturas tradicionais e a dissolução de economias familiares de tipo camponesa arrancaram essas populações pela raiz e as lançaram pelo mundo, do campo para a cidade, de um país para o outro.

Em sua totalidade, trata-se de um processo de múltiplas faces, com grande complexidade e diversidade regional. Cada “civilização”, como sugere Fernand

Braudel, teve o seu desenvolvimento agrário, com seu tempo, alcance e especificidades, até o choque com a agricultura capitalista. Como é impossível fazer um balanço universal de todas essas trajetórias, buscaremos aqui apenas recuperar as interpretações mais clássicas que, entretanto, gravitam em torno da história agrária do continente europeu. Isso se justifica pela posição dessa agricultura na gênese do capitalismo agrário, de consequências gerais, mas não nos exime da necessidade de buscar uma leitura global do processo, seguindo a territorialidade expansiva da "fronteira da mercadoria", da mercantilização da agricultura e da riqueza em geral, para além das vicissitudes estritamente europeias.

A temporalidade também é elusiva, pois essa história não se encaixa perfeitamente na época que denominamos de moderna [↗A Época Moderna: uma introdução]. De um ponto de vista técnico, a cronologia da Revolução Agrícola não se distingue tão claramente como a cronologia da Revolução Industrial: muito desses saberes já existiam há centenas ou milhares de anos, e muitos só foram adotados no século XX, mesmo em regiões como a França. Além disso, até o século XVIII é difícil dizer que era *moderno* o ritmo dessa agricultura, com longos ciclos de crescimento e crise populacional, expansão e refluxo do cultivo, melhoria e decadência das condições de vida. Mesmo no norte da Europa, onde se organizou a agricultura mais avançada do Ocidente europeu, diferentes relações sociais de produção e propriedade conviveram lado a lado, sem que se possa dizer que tenham sido completamente superadas ou substituídas. Isso posto, vamos introduzir um conjunto de temas essenciais para uma primeira abordagem à questão: uma apresentação breve da formação e dos ciclos principais das agriculturas europeias (suas fases de expansão e retração), as características da recuperação agrícola após a crise do século XIV e os conflitos sociais particulares desse contexto. Assim, poderemos analisar o crescimento agrícola do século XVI, a Revolução Agrícola moderna, a agricultura colonial e o debate sobre o capitalismo agrário em suas formas originárias.

Por fim, é importante notar de antemão que o entendimento do tema pressupõe atenção para duas dimensões fundamentais dos acontecimentos, que o materialismo histórico chama de *desenvolvimento das forças produtivas*, por um lado, e de *relações sociais de produção e propriedade*, por outro[1]. Para a história agrária, essas duas dimensões e seu entrelaçamento podem ser

1. Marx, Karl. *Formações econômicas pré-capitalistas*. 6. ed. São Paulo: Paz e Terra, 1991.

compreendidos, como propõem Marcel Mazoyer e Laurence Roudart, pela forma como se compõe um *sistema agrário*: ao mesmo tempo, um *ecossistema cultivado* (campos, hortas, pastagens, florestas), baseado em um conjunto articulado de técnicas de produção e renovação da fertilidade, e um *sistema social produtivo*, composto de relações de trabalho e arrendamento, posse e propriedade, da terra e seu produto[2]. Disso decorre a importância de se observar que o termo agrário tem significado mais amplo e social que a palavra agrícola. Ou seja, a agricultura e a sociedade rural precisam ser entendidas historicamente, em mútua determinação.

## Agricultura europeia e o ciclo agrário

Com exceção do Delta do Nilo, as margens do Mediterrâneo foram relativamente tardias em desenvolver um sistema agrário capaz de sustentar populações comparáveis a dos vales irrigados ou da rizicultura asiática. No início da Era Cristã, a base da atividade agrícola nessa região era o cultivo do trigo, sempre associado a outros cereais (aveia, cevada, centeio etc.), nos terrenos mais férteis, mais o pastoreio nos campos menos produtivos e áreas comuns.

Em qualquer sociedade agrícola, a progressiva domesticação do ecossistema e o crescimento da população humana podem resultar em desmatamento, esgotamento e desertificação. Sendo assim, os sistemas agrários se desenvolveram, de uma forma ou de outra, a partir de mecanismos de recuperação da biomassa na área cultivada e renovação da fertilidade do solo. Na civilização mediterrânea do trigo, esse papel era cumprido principalmente pela pecuária. Conforme os rebanhos pastavam nas áreas marginais e defecavam na área cultivada, transferia-se matéria orgânica em favor desta, de forma a nutrir o solo e sustentar a produtividade ao longo dos anos. Tal sistema pressupunha, portanto, alguma forma de rotação entre cultivo e alqueive (terra lavrada, mas não semeada). Note-se que o termo "pousio" não é adequado neste caso: a parcela não semeada não era abandonada, mas demandava o trabalho constante de reviragem do esterco e combate de adventícias (ervas daninhas) para garantir uma boa colheita após a rotação[3]. Nas palavras de B. Slicher van Bath, o gado representava para a família camponesa muito

2. Mazoyer, Marcel; Roudart, Laurence. *Histórias das agriculturas no mundo*: *do neolítico à crise contemporânea*. São Paulo: Unesp, 2010.

3. *Ibid*., cap. 6.

mais uma fonte de esterco para o cultivo do que de carne ou leite para a alimentação[4].

Ao longo dos séculos, porém, o campesinato mediterrâneo esteve mal equipado para o melhoramento agrícola. Os arados não revolviam bem a terra, o alqueive dependia de trabalho intenso com pá ou enxada, o transporte animal carregava pouco e em pequenas distâncias. Ao norte do Mediterrâneo, a vegetação e o clima impunham dificuldades ainda maiores: o inverno reduzia o tempo de cultivo e dificultava a lavração do solo, embora com parcial compensação pela maior riqueza da caça e da coleta nas reservas florestais.

A agricultura europeia medieval definiu-se mais particularmente a partir do século XI, e muito lentamente, com o advento de um sistema baseado em técnicas e ferramentas antigas, mas pouco conhecidas. O alfanje (ou gadanha, uma foice de grande porte) permitiu ceifar e secar o feno ao sol, como alimento para o gado estabulado. A melhoria no arreamento de bois e cavalos deu maior tração para carroças, permitindo o transporte de esterco ao alqueive, e para arados diversos, principalmente de tipo charrua (que rasga o solo com mais profundidade), expondo as partes mais úmidas e ricas em nutrientes. Um sistema de manejo difícil e custo elevado em equipamento, mas que permitia a rotação trienal e, portanto, o aumento da área cultivada: em vez de reservar metade do espaço para o alqueive em cada estação, na rotação trienal isso era reduzido a um terço[5].

Ainda que sua difusão tenha sido muito lenta, sempre convivendo com outras formas de exploração do solo, tal revolução agrícola medieval foi a base para dois séculos de crescimento populacional e comercial, formação de aglomerados urbanos e para a expansão europeia para o leste. Entre os séculos XI e XIII, a população do continente europeu talvez tenha crescido de 30 para 70 milhões de pessoas, e grande parte de suas cidades fundou-se nesse período. Contudo, o crescimento populacional se reverteu por volta de 1315.

Na atividade agrícola, é comum que se alternem boas e más colheitas, o que a literatura veio a chamar de "ciclos curtos"; mas a esses movimentos se sobrepunham ciclos mais longos. O aumento da produção, o gradual esgotamento da terra e a extensão para zonas marginais, com solo de pior qualidade, ampliavam a frequência dos anos ruins. No século XIV, a população

---

4. van Bath, Bernard Hendrik Slicher. *História agrária da Europa Ocidental (500-1850)*. Lisboa: Presença, 1984, p. 281.

5. Mazoyer, Marcel; Roudart, Laurence. *Histórias das agriculturas no mundo*. *Op. cit.*, cap. 7.

europeia sofreu com períodos de escassez que continuaram por aproximadamente cem anos. A fome derrubava a saúde e a resistência imunológica, com o que ocorreram as epidemias de peste bubônica dos anos 1347 a 1351. Só nessa ocasião, a Europa perdeu um quarto de sua população, e em algumas cidades até 70% dos habitantes pereceram. Na França, a população caiu de aproximadamente 20 milhões em 1328 para a metade disso em 1450[6].

Esse regime longo de fluxo e refluxo agrícola, crescimento e crise demográfica, configurou o que Emmanuel Le Roy Ladurie resumiu como o grande *ciclo agrário* da Europa pré-industrial: uma primeira fase de crescimento, ou "fase A" (na expressão de François Simiand) entre 1150 e 1300, seguida de retração, ou "fase B", até c.1450. O período entre 1450 e 1600, aproximadamente, marca uma nova fase A, seguida de outra fase B até c.1715[7].

Na fase A, a produção agrícola aumentava até o limite de suas características estruturais. O crescimento populacional promovia o arroteamento de terras e a expansão da área cultivada, o que significa solos menos produtivos e terrenos mais distantes. Reduzia-se gradualmente o espaço das pastagens e a disponibilidade de esterco, com o que a produtividade por hectare tendia a diminuir. O crescimento populacional era, portanto, mais rápido que o crescimento da produção de cereais. Como regra geral, o preço do trigo subia mais que o preço de outros cereais, que subiam mais que os preços de outros produtos, e estes mais que os salários. É claro, os mercados urbanos também eram atingidos pela carestia.

A partir de certo ponto, a tendência populacional se invertia em uma fase B. A dificuldade em conseguir novas terras significava casamentos mais tardios e redução da natalidade. Nos momentos mais agudos, a carestia causava fome, doença e aumento da mortalidade. Em algumas regiões, apareciam aldeias e povoados desertos, inteiramente abandonados (*Wüstungen*)[8]. Com isso, a crise demográfica gradualmente produzia as condições da recuperação agrícola. A redução populacional causava a desocupação de terras marginais e o refluxo para as áreas mais produtivas. O cultivo de cereais dava mais espaço para a criação de gado, principalmente para a produção de lã, mas também

6. Ladurie, Emmanuel le Roy. *História dos camponeses franceses: da Peste Negra à Revolução*. Rio de Janeiro: Civilização Brasileira, 2007, v. 1, p. 27.

7. Ladurie, Emmanuel le Roy. *História dos camponeses franceses. Op. cit.*, p. 10, 27.

8. Bois, Guy. *The Crisis of Feudalism: Economy and Society in Eastern Normandy, c.1350-1550*. Paris: Maisons des Sciences de l'Homme, 1984.

de carne e laticínios. Com isso, era maior a disponibilidade de esterco para recuperar o solo. Na fase B, era o trigo que ficava gradualmente mais barato em relação aos outros cereais, e estes em relação aos outros produtos, com o que também se expandia o cultivo de plantas comerciais (*cash crops*), como linho, garança, cânhamo, lúpulo, oleaginosas e vinhas. Consequentemente, os salários reais também tendiam a subir[9].

As relações sociais passavam igualmente por transformações durante os séculos de crescimento e os de crise. Entre os séculos XII e XIII, prestações em serviço e gêneros tenderam a ser convertidas em capitações em dinheiro, em detrimento do regime dominial "clássico" (de pagamento de corveias, trabalho servil em parcelas de terra do senhor). Este, aliás, não chegou a ocupar a maior parte da Europa Ocidental. De toda forma, a oneração do campesinato dificultava o melhoramento da agricultura, já que os senhores podiam se apropriar das benfeitorias ou do incremento na produção com exações de todos os tipos: mão-morta, portagens, taxas de mercado, caça, pesca, banalidades (monopólio de moinhos, lagares), uso de bosques, etc[10].

A imposição de tributos por parte da nobreza convivia com tipos variados de arrendamento, pagos pelo camponês ao senhor da terra. O mais arcaico era a *enfiteuse*, arrendamento permanente e hereditário com pagamento de rendas fixas em produto ou dinheiro, e era a base do regime senhorial. No entanto, a *enfiteuse* tendeu a perder importância gradualmente e durante todo o período. Quando a tendência era de elevação dos preços dos cereais, as rendas permanentes pré-fixadas perdiam valor e a imposição de arrendamentos temporários tornava-se mais vantajosa para a nobreza. Na fase B, porém, a desocupação e a disponibilidade de terras facilitavam que o campesinato encontrasse outros campos para morar e trabalhar, em prejuízo da capacidade da nobreza de cobrar direitos feudais ou impor os termos dos arrendamentos.

No arrendamento parcial (*share-cropping*), o senhor recebia uma cota fixa das colheitas. Em português, usa-se os termos "parceiro" ou "meeiro" para o arrendatário nessa condição. Em geral, as parcerias eram ruins para o progresso da agricultura, pois o arrendatário não era bem recompensado pelo seu trabalho em melhorias. O desenvolvimento agrícola foi maior onde a terra foi arrendada para camponeses mais ricos, com seu equipamento e

9. van Bath, Bernard Hendrik Slicher. *História agrária da Europa Ocidental (500-1850). Op. cit.*, p. 101-147.

10. *Ibid.*, p. 43-56.

rebanho próprios, em contratos de prazo mais curto, mediante pagamento de aluguéis. Quanto maior a pobreza do campesinato, piores eram as condições do arrendamento – no limite, o camponês trabalhava como um assalariado ou jornaleiro, sobretudo como trabalho complementar em momentos como a colheita[11].

Além dos limites da área parcelada e arrendada, ocupada pelo cultivo, mantinham-se razões variáveis de campos, pastagens e reservas florestais como bens comunais. Em algumas regiões, a maior parte da terra era propriedade da comuna rural. Seu usufruto era garantido aos habitantes de uma paróquia ou vassalos de um feudo como um todo, em caráter "indiviso", "oneroso ou gratuito", como "patrimônio inalienável e perpétuo"[12]. Os bosques serviam a finalidades diversas: caça, coleta, extração de madeira, criação de porcos (que comiam bolotas de azinheira, por exemplo). Muitas vezes, eram incorporados aos domínios senhoriais sem impedir certos direitos de exploração por parte das comunidades camponesas. As pastagens (*pâturages*, *pastures*) eram campos de vegetação espontânea, abertos a rebanhos de particulares, sujeitos a direitos coletivos de tipos diversos. Já os prados mais produtivos (*prés*, *meadows*) mantiveram-se como propriedade particular, usados na produção de feno, geralmente de venda ou arrendamento até mais caro que terras de cultivo de cereal[13].

A força do coletivismo em comunidades camponesas era muito grande em algumas regiões, mas praticamente inexistente em outras. Como propõe Marc Bloch, a organização fundamental da comuna rural era a aldeia, predominante no norte e nordeste francês, com o parcelamento em campos abertos regulares, diferente dos povoados do oeste e do centro, de terras cercadas e agricultura menos fértil. A vida na aldeia significava um conjunto de dispositivos que submetia o camponês a uma gestão coletiva da agricultura. Por ela passava a distribuição de parcelas entre famílias, a alocação de cultivos e alqueives e o uso do equipamento comum. Mesmo o casamento não era sempre uma decisão individual e dependia da disponibilidade de terra

11. *Ibid.*, p. 148-154; Mazoyer, Marcel; Roudart, Laurence. *Histórias das agriculturas no mundo. Op. cit.*, p. 378; Kriedte, Peter. *Peasants, Landlords and Merchant Capitalists: Europe and the World Economy, 1500-1800*. Cambridge: Cambridge University Press, 1983, p. 41.

12. Saes, Laurent de. Coletivismo agrário e tendências individualistas na França pré-revolucionária. *Revista de História*, n. 161, 2009, p. 275-299.

13. van Bath, Bernard Hendrik Slicher. *História agrária da Europa Ocidental (500-1850). Op. cit.*, p. 75.

para formar uma nova família habitante da aldeia[14]. A propriedade comum também vinha acompanhada de formas diversas de solidariedade (direito de respiga, debulha e manutenção de estradas etc.) ou de seguridade social, na forma de apoio a viúvas, órfãos e famílias mais pobres, dado que podiam sobreviver pela exploração de bosques e campos comuns[15].

Todas essas relações de produção e propriedade estiveram permeadas de conflito, e a reversão do crescimento populacional e a crise do século XIV provocaram o seu acirramento na maior parte da Europa. A redução populacional derrubou as rendas senhoriais, e a nobreza reagiu pela cobrança de direitos e taxas, para o desespero das vítimas da fome. A época foi marcada por grandes revoltas camponesas: a *Jacquerie* na França (1358), a revolta de Wat Tyler na Inglaterra (1381), a revolta dos hussitas na Boêmia (1420-1434), a revolta dos *remensas* na Catalunha (1462-1486), entre outras. O resultado dos conflitos variou muito de região para região, mas, em geral, a servidão caiu em desuso e a nobreza foi levada a limitar as exações sobre o campesinato. Em contrapartida, ela conseguiu, com poucas exceções, aumentar o controle sobre a terra apoderando-se de campos abandonados, áreas de pastagem ou bosques e açudes que não dependiam do emprego de muita mão de obra.

Ao mesmo tempo, a comuna rural também não era propriamente igualitária e esteve permeada de contradições, hierarquias tradicionais e patriarcalismo. Mesmo no interior do núcleo familiar existiam variações de *status* e de distribuição do produto que poderiam considerar a idade, a primogenitura e a diferença entre os membros casados e solteiros. Direitos comuns também poderiam favorecer grupos particulares de camponeses, como o livre-pastejo favorecia aqueles que tinham o maior rebanho particular, e assim o benefício não era compartilhado por igual entre todos.

A revolução agrícola medieval implicava necessária capitalização e mercantilização considerável da agricultura: celeiros, estábulos, animais de tiro, equipamentos de metal (alfanjes, arados charrua etc.). Por conseguinte, a Baixa Idade Média também foi época de crescente desigualdade entre camponeses ricos e pobres, algo que foi objeto de atenção da historiografia

14. Bloch, Marc. *La historia rural francesa: caracteres originales*. Barcelona: Crítica, 1978, p. 419-440; *Id. A terra e seus homens*. Bauru: Edusc, 2001, p. 232.

15. Mazoyer, Marcel; Roudart, Laurence. *Histórias das agriculturas no mundo. Op. cit.*, p. 377-388.

marxista desde Friedrich Engels, Vladimir Lenin e Karl Kautsky[16]. Na Inglaterra e no Noroeste Europeu, por exemplo, falava-se já no século XIII de uma "aristocracia entre servos", de grandes estabelecimentos agrícolas de alta produtividade e terras preparadas com marga[17]. Contudo, o patrimônio da família camponesa tendia a se fragmentar no momento da herança, bem como permanecia sujeito a confiscos senhoriais, além da vulnerabilidade do campesinato ao endividamento e à má sorte. Para uma agricultura dependente de um grau elevado de capitalização conseguir maior produtividade por hectare, reforçavam-se a efemeridade dos estabelecimentos mais produtivos e a lentidão no desenvolvimento agrário de forma geral.

## Revolução Agrícola moderna e capitalismo agrário

Após a crise do século XIV, o crescimento populacional foi mais rápido em comparação com a fase A anterior. As áreas abandonadas abriam espaço para a difusão do sistema agrário de rotação trienal, da expansão agrícola medieval. O subpovoamento e a força de trabalho insuficiente em regiões mais férteis (planícies siltosas, vales aluviais) atraíam a população de áreas marginais (planaltos e vales elevados, calcários, terrenos arenosos). Disso resultavam termos mais favoráveis ao campesinato no ato do arrendamento e oportunidade para a formação de novas famílias; portanto, a taxa de natalidade aumentava. A taxa de mortalidade também se reduziu com a oferta maior de alimentos. A partir de 1450 e até 1550, observou-se na Europa uma tendência geral de rápido crescimento vegetativo da população. Com isso, a tendência se inverteu novamente: os preços agrícolas voltaram a subir, a terra tornou-se escassa e uma nova crise ocorreria no século XVII[18].

Naturalmente, cada região seguiu uma trajetória específica. Nas margens do Mediterrâneo, os avanços da agricultura medieval tiveram pouca difusão, e a maioria da Europa meridional continuou usando sistemas de rotação bienal. A Península Ibérica, particularmente, era uma região de agricultura difícil.

16. Akram-Lodhi, A. Haroon; Kay, Cristobal. Back to the future? Marx, modes of production and the agrarian question. *In*: Mohanty, B. B. (ed.). *Critical Perspectives on Agrarian Transition*. Nova Delhi: Routledge India, 2016, p. 43-66.

17. van Bath, Bernard Hendrik Slicher. *História agrária da Europa Ocidental (500-1850)*. *Op. cit.*, p. 139; Mazoyer, Marcel; Roudart, Laurence. *Histórias das agriculturas no mundo*. *Op. cit.*, p. 330.

18. Kriedte, Peter. *Peasants, Landlords and Merchant Capitalists*. *Op. cit.*, p. 31; Mazoyer, Marcel; Roudart, Laurence. *Histórias das agriculturas no mundo*. *Op. cit.*, p. 342.

Desde cedo, o abastecimento de cereais a essa região dependeu de cultivos comerciais, como o azeite de oliva e o vinho, com o que se comprava o trigo de outras regiões. A criação de ovelhas e a exportação de lã tiveram grande importância, entre os séculos XIV e XVI, também em detrimento da produção de cereais. Em geral, Espanha e Portugal dividiram-se entre um norte de propriedades camponesas fragmentadas e de baixa produtividade e um sul mais dinâmico, dominado por grandes domínios senhoriais, integrados aos mercados marítimos em expansão[19].

Onde o campesinato havia sido mais bem-sucedido em resistir à pressão senhorial era maior a participação de pequenos proprietários na área cultivada, bem como a autonomia das comunidades rurais. É o caso dos cantões suíços e de algumas áreas no litoral do Mar do Norte, como a Frísia e a Dinamarca. Na Renânia, o campesinato conseguiu garantir o registro de seus direitos coletivos e regulamentação dos bens comunais por meio de documentos legais, os *Weistümer*[20].

No sul alemão, esse campesinato proprietário foi a base social da Reforma radical e de líderes religiosos como Thomas Müntzer [↗Reformas religiosas]. Sob esse ponto de vista, a Reforma Protestante significava uma oportunidade de tomar as terras dos mosteiros e acabar com o pagamento de dízimos. No início do XVI, a região já sofria com a pressão populacional sobre a produtividade agrícola, o que se manifestava em insatisfação com os direitos senhoriais e disputa com os grandes domínios rurais, sobretudo por seu avanço sobre terras comunais. Da fronteira com a Suíça, a revolta se expandiu em direção à Alsácia e à Turíngia, mas foi interrompida pelos massacres da guerra de 1525[21].

Em geral, o século XVI favoreceu o aumento do poder senhorial e o retrocesso dos direitos coletivos em função da expansão dos domínios (muitas vezes com produção voltada aos mercados) e do crescimento demográfico. Isso ocorreu com particular nitidez no Leste Europeu, uma região de baixa densidade demográfica cuja agricultura se desenvolveu, do século XI ao XIII,

---

19. Kriedte, Peter. *Peasants, Landlords and Merchant Capitalists. Op. cit.*, p. 43; van Bath, Bernard Hendrik Slicher. *História agrária da Europa Ocidental (500-1850). Op. cit.*, p. 169.

20. Aston, Trevor Henry; Philpin, Charles Harding English. *The Brenner Debate: Agrarian Class Structure and Economic Development in Pre-Industrial Europe*. Cambridge: Cambridge University Press, 1985, p. 41.

21. van Bath, Bernard Hendrik Slicher. *História agrária da Europa Ocidental (500-1850). Op. cit.*, p. 193-197.

já voltada à exportação – a Prússia Oriental já fornecia cereais para a Europa ocidental em 1250. Nos séculos XVI e XVII, esse movimento de expansão continuou, agora pelas mãos de camponeses da Polônia católica e da Rússia ortodoxa, para o sul e para o leste, em prejuízo de populações islâmicas de base pastoril. A fronteira avançava, particularmente, em busca do *chernozem*, o solo negro de fertilidade alta existente na Ucrânia, Rússia central e meridional (a bacia do Don) e Sibéria[22].

Nessas terras, surgiram grandes propriedades rurais e uma alta nobreza de magnatas, em condições de expandir suas propriedades em detrimento da baixa nobreza e de impor termos cada vez piores ao campesinato. Os encargos senhoriais aumentaram gradativamente e as condições de renovação dos arrendamentos de terra pioraram. A partir do século XIV, introduziu-se a prestação de serviços e limitações à movimentação de servos. Na Hungria, por exemplo, isso ocorreu como punição aos camponeses após a revolta de 1514, liderada por György Dózsa. A partir do fim do século XVI, as corveias tornaram-se cada vez mais predominantes, tanto que, no século XVIII, tomavam seis dias da semana, em geral, restando apenas um para o trabalho do camponês em sua parcela. A essa altura, era possível inclusive comprar e vender servos como escravizados. Esse processo de "refeudalização" foi chamado por Friedrich Engels de Segunda Servidão. A diferença para os grandes domínios senhoriais medievais estava no caráter exportador dessa agricultura, "um tipo de empresa-plantação" que levou o historiador Fernand Braudel a falar da região como uma "América europeia"[23].

Enquanto isso, o Noroeste Europeu foi o centro de irradiação do que se convencionou chamar de Revolução Agrícola moderna. A origem desse processo, nos Países Baixos do século XIV, foram as tentativas de se eliminar o alqueive para aumentar a área cultivada. Em algumas regiões, o uso de adubo comercial, comprado de áreas litorâneas ou montanhosas, permitiu reduzir a proporção entre alqueive e área total para um quarto ou até um quinto. Em outras, buscou-se revezar área de cultivo com pastagem (sistemas de "acoplamento" ou "alternância") ou com plantas comerciais. O passo decisivo foi a substituição do alqueive por prados artificiais de leguminosas forrageiras

---

22. *Ibid*., p. 158; Kriedte, Peter. *Peasants, Landlords and Merchant Capitalists. Op. cit*., p. 46.

23. Kula, Witold. *Problemas y métodos de la historia económica*. Barcelona: Península, 1973; Braudel, Fernand. *Civilização material, economia e capitalismo: Séculos XV-XVIII*. São Paulo: Martins Fontes, 1996, v. 2, p. 231.

(como trevo, alfafa, sanfeno e ervilhaca, que fixam nitrogênio no solo) ou plantas de cultivo mondado (*plantes sarclées*, como o nabo, cuja cultura envolve a limpeza do terreno de ervas adventícias). Por exemplo, é possível observar já em 1328, em Bourbourg, Flandres, uma área em rotação quadrienal, sem alqueive, alternando trigo, aveia, feijão e gramíneas forrageiras[24].

Os cultivos mondados e de gramíneas forrageiras serviam à alimentação do gado, com o que aumentava a produção de esterco e a força para tração. Além disso, e principalmente, reduziam a erosão do solo, pois plantas como o nabo têm raízes que puxam nutrientes de camadas mais profundas do solo. Por fim, as forrageiras serviam como adubo verde, às vezes até mais eficiente na fertilização que o esterco (assim, mais importante em regiões com rebanhos limitados) e produziam uma camada crescente de húmus, com melhor capacidade de armazenar água, nutrientes e micro-organismos[25].

Ao mesmo tempo, a Revolução Agrícola moderna estava atrelada ao agravamento dos conflitos em torno dos bens comunais. Para os grandes arrendatários e o campesinato mais bem equipado, os novos métodos conferiam uma vantagem crescente em se manter o rebanho dentro da propriedade e renovar a fertilidade do solo sem depender das pastagens comuns. Portanto, essas passaram a representar um obstáculo à expansão dos estabelecimentos da "nova agricultura". O mesmo ocorria com o regime de campos abertos, comum na rotação trienal. Com isso, aumentaram as iniciativas de cercamento (*enclosure*) das parcelas e sua transformação em propriedade alodial, livre de outros vínculos ou obrigações, como forma de proteger o capital investido. Nos termos de Marc Bloch, a Revolução Agrícola moderna significou o "triunfo do individualismo agrário"[26].

Como a Inglaterra esteve entre as regiões pioneiras desse processo, e dada a sua posição no advento da Revolução Industrial e da economia internacional no século XIX, é compreensível que a agricultura e sociedade britânicas da época tenham recebido maior atenção da historiografia [↗Capitalismo]. Ali, a conjuntura de preços baixos dos cereais, no século XV, também promoveu a conversão de campos de cultivo em pastagens, principalmente para

---

24. van Bath, Bernard Hendrik Slicher. *História agrária da Europa Ocidental (500-1850). Op. cit.*, p. 181-182.

25. Mazoyer, Marcel; Roudart, Laurence. *Histórias das agriculturas no mundo. Op. cit.*, p. 356-392.

26. Bloch, Marc. *A terra e seus homens. Op. cit.*; Kriedte, Peter. *Peasants, Landlords and Merchant Capitalists. Op. cit.*, p. 25-38.

a produção de lã – motivo da famosa alegoria de Thomas More sobre ovelhas devorando pessoas. O campesinato conseguiu termos mais favoráveis de arrendamento após a revolta de 1381, mas a nobreza compensou a queda nas rendas com a apropriação de áreas de cultivo abandonadas e de baldios comunitários (*common waste*), desocupadas pela queda populacional. Os camponeses mais bem equipados (*yeomen*) também foram favorecidos pela conversão de campos abertos (*open fields*) em blocos cercados[27].

A expansão mercantil europeia do século XVI e a produção de tecidos de lã nos Países Baixos mantiveram o crescimento na criação de ovelhas por algum tempo, mesmo quando a recuperação demográfica já puxava o aumento relativo no preço do trigo. Conforme os cereais ficavam mais caros, reverteu-se o processo e as pastagens foram convertidas em áreas de cultivo. Nesse momento, entretanto, dada a conjuntura política na ilha (o que incluiu, por exemplo, o confisco de terras da Igreja pela dinastia Tudor), a nobreza britânica se viu na condição de ajustar arbitrariamente as taxas de transferência da posse (*entry fines*) no ato do arrendamento. Com isso, o senhorio pôde negociar com arrendatários dispostos a pagar mais. Em alguns casos, a posse poderia ser cancelada (e o arrendatário despejado) em caso de cercamento ou, por exemplo, caso fossem descobertos minerais na propriedade. Havia também o risco de cercamento de pastagens comunais vizinhas, das quais o arrendatário camponês dependia para fertilizar o solo. Por sua vez, os pequenos proprietários (*freeholders*), entre eles uma camada média de *yeomen*, mesmo que fossem uma parte muito pequena da população, pressionavam os campos em comum, procurando consolidar e ampliar o perímetro de suas propriedades[28].

Para Robert Brenner, a concentração fundiária e os termos do arrendamento resultavam na insegurança da posse da terra pelo campesinato e significavam que a agricultura era governada não apenas pelo mercado de produtos agrícolas, mas também pelo mercado de terras, o que colocava arrendatários em concorrência entre si. Aqueles com melhor técnica e equipamento eram beneficiados, com a nobreza fundiária, enquanto os demais se viam sob risco de despejo ou despossuídos e obrigados a buscar trabalho nos

27. van Bath, Bernard Hendrik Slicher. *História agrária da Europa Ocidental (500-1850). Op. cit.*, p. 167-169.

28. Tawney, Richard Henry. *The Agrarian Problem in the Sixteenth Century*. Londres: Longmans, Green and Company, 1912; Whittle, Jane (org.). *Landlords and Tenants in Britain, 1440-1660: Tawney's Agrarian Problem Revisited*. Woodbridge: Boydell & Brewer, 2013.

estabelecimentos maiores. Esse processo daria origem a uma estrutura característica do meio rural britânico, composta de aristocracia fundiária, arrendatários capitalistas e trabalhadores assalariados. Essa análise da formação de um capitalismo agrário, ainda em seus primeiros passos e com características incipientes, é uma das interpretações mais conhecidas da história econômica da Europa moderna, sobretudo no debate marxista[29].

Como contraprova, Brenner interpreta a França da Época Moderna como presa a uma tendência oposta. Ali, o meio rural emergiu da crise do século XIV com o predomínio da pequena e média unidade camponesa independente. A aldeia também manteve o seu protagonismo na organização e defesa dos direitos consuetudinários. O recuo dos domínios senhoriais significou autonomia crescente do campesinato, com arrendamentos e taxas de transferência modestos. Por outro lado, a nobreza procurou se manter com a cobrança de direitos feudais, inclusive sobre o uso de bens comunais, ou por sua apropriação e cercamento propriamente ditos[30]. Para Brenner, as propriedades menores dependiam de intensificação de trabalho e aumento da produtividade por hectare, o que era adequado para hortas e culturas comerciais, mas não era suficiente para concorrer com os latifúndios no mercado de cereais. Além disso, e principalmente, a permanência de exações "extraeconômicas" – imposições de taxas e tributos por parte da nobreza – desestimulava o progresso agrícola. A monarquia francesa (bem como alguns principados alemães) atuava em defesa do campesinato contra os abusos da classe senhorial, mas com o objetivo de garantir para si a capacidade da agricultura de pagar impostos e sustentar exércitos. O resultado era o mesmo: a oneração da atividade produtiva por cobranças diversas. O progresso da agricultura não era impossível, mas não havia o mesmo imperativo mercantil para o aumento da produtividade como na Inglaterra. Em vez de um conflito pela privatização e exploração da terra, a disputa girava em torno da cobrança de impostos e das conjunturas fiscais[31].

Como destacou Rodney Hilton, a ênfase dessa interpretação recai sobre a dimensão sociopolítica dos conflitos feudais – em outras palavras, mais no

29. Aston, Trevor Henry; Philpin, Charles Harding English. *The Brenner Debate*. *Op. cit.*; Wood, Ellen Meiksins. *A origem do capitalismo*. Rio de Janeiro: Jorge Zahar, 2001.

30. Mazoyer, Marcel; Roudart, Laurence. *Histórias das agriculturas no mundo*. *Op. cit.*, p. 384; Saes, Laurent de. Coletivismo agrário e tendências individualistas na França pré-revolucionária. *Op. cit.*

31. Aston, Trevor Henry; Philpin, Charles Harding English. *The Brenner Debate*. *Op. cit.*

campo das "relações sociais de produção" do que no "desenvolvimento das forças produtivas". O foco está nos cercamentos e na formação do mercado de terras, sob um direito de propriedade predominantemente privado. Entretanto, tais mudanças são incompreensíveis fora do contexto geral de desenvolvimento comercial e mercantilização da vida econômica, característicos da Época Moderna [↗Capitalismo][32].

Deve-se observar que o mero cercamento da parcela ou privatização da área comunal não eram suficientes para desencadear a transformação da sociedade rural. O berço da Revolução Agrícola moderna, nos Países Baixos, era um território de maior densidade demográfica e mercantil desde a crise do século XIV, em grande medida devido à posição geográfica e ao papel da pesca e do transporte fluvial e marítimo nas atividades da região. No século XVI, parte substancial do trigo já era importado do Leste Europeu, e a produção local (principalmente mais ao norte, na província de Holanda) encontrava mercado para uma diversidade de novos métodos e culturas, inclusive de produtos de luxo, como a manteiga. Ao mesmo tempo, o crescimento nos preços dos cereais promoveu ali uma onda de construção de pôlderes, diques e canais, de forma a expandir a área cultivável e combater as inundações e o excesso de umidade no solo. As vantagens do cultivo alternado de cereais e forrageiras eram de conhecimento antigo, mas só essa conjuntura de desenvolvimento comercial foi suficiente para produzir a eliminação dos alqueives[33].

Um dos elementos que pode ser destacado aqui é a importância crescente da comercialização de fertilizantes para o desenvolvimento da agricultura capitalista, desde sua origem. Slicher van Bath examinou três estabelecimentos, em regiões e em períodos distintos (séculos XV, XVI e XVII), com rendimentos excepcionalmente elevados, comuns na Europa apenas no fim do século XVIII. Em todos, uma boa parte do adubo utilizado era adquirido comercialmente, uma variedade de bagaços, cinzas e estrume. Em várias cidades de Flandres, no século XVIII, desenvolveu-se redes de comercialização de esgoto urbano, excrementos de pomba, bagaço de óleo de colza, cinza comum e cinza lixiviada. Em 1820, há registro até de grandes

---

32. Ormrod, David. Agrarian Capitalism and Merchant Capitalism: Tawney, Dobb, Brenner and Beyond. *In*: Whittle, Jane (org.). *Landlords and Tenants in Britain, 1440-1660. Op. cit.*

33. Kriedte, Peter. *Peasants, Landlords and Merchant Capitalists. Op. cit.*, p. 35; van Bath, Bernard Hendrik Slicher. *História agrária da Europa Ocidental (500-1850). Op. cit.*, p. 163, 239, 263, 286.

armazéns de estrume na embocadura do Rio Escalda, para onde se transportava a matéria fecal das cidades holandesas. Até mesmo o limo retirado dos canais de Amsterdã era vendido. Naturalmente, a renovação do solo por fertilizantes comerciais só pode ser adotada por uma agricultura mercantil, particularmente pelos estabelecimentos mais ricos. O campesinato de menor capital podia no máximo adquirir torrões de terra com húmus, de charnecas ou prados, com efeito muito inferior[34]. Assim, o triunfo do "individualismo agrário" não é apenas o resultado natural da utilização de novas técnicas agrícolas, tampouco das disputas e transformações no direito de propriedade. Ele esteve intrinsecamente ligado à urbanização e ao desenvolvimento comercial[35].

De todo modo, as transformações agrárias da Revolução Agrícola moderna difundiram-se muito gradativamente. Mesmo a rotação trienal com o alqueive e as técnicas do sistema agrário articulado na Baixa Idade Média tiveram que esperar o século XVIII para completar sua difusão, puxada pelo rápido crescimento econômico, urbano e comercial que culminaria na Revolução Industrial. De um lado, havia que se superar os limites institucionais e consuetudinários à propriedade alodial: direitos comunais, exações feudais, restrições de empreendimento e circulação etc. De outro, a transformação dependia de uma dinâmica comercial que só foi possível no contexto da expansão ultramarina e da colonização do Novo Mundo [↗Uma nova geografia].

Nesse sentido, é possível colocar o tema em uma perspectiva mais abrangente do que a análise de regiões e situações particulares do continente europeu. Fernand Braudel vê a origem do capitalismo agrário como um "capitalismo em casa alheia", a intrusão do dinheiro dos grandes negócios e da alta finança na vida rural. E até certo ponto, absorvido por ela, seja pela inércia e miséria da vida camponesa, ou pelo poder e atavismo do regime senhorial. Cada vez mais, no entanto, esse capitalismo era capaz de lhe ditar os termos e impor mudanças à distância, "segurando a garrafa pelo gargalo da distribuição"[36].

---

34. *Ibid.*, p. 177, 254, 279; de Graef, Pieter. Food from country to city, waste from city to country: an environmental symbiosis? Fertiliser improvement in eighteenth-century Flanders. *Journal for the History of Environment and Society*, v. 2, 2017, p. 25-61.

35. Kriedte, *Peter. Peasants, Landlords and Merchant Capitalists. Op. cit.*; Mazoyer, Marcel; Roudart, Laurence. *Histórias das agriculturas no mundo. Op. cit.*, p. 377-380.

36. Braudel, Fernand. *Civilização material, economia e capitalismo: Séculos XV-XVIII. Op. cit.*, p. 231.

Assim, por exemplo, ele interpreta a Segunda Servidão em contraponto à interpretação clássica de Witold Kula. O historiador polonês observou nos magnatas do Leste Europeu uma ausência completa de cálculo capitalista ou racionalidade empresarial. Efetivamente, trata-se de um regime de cativeiro da população camponesa em latifúndios isolados e autárquicos. Para Braudel, porém, a dimensão capitalista estava na subordinação ao crédito comercial: a Segunda Servidão era governada de fora, a serviço do dinheiro "em Amsterdã ou outro lugar", por meio dos intermediários em Gdansk. Sua existência era condicionada pelo sistema mercantil e financeiro que articulava economicamente uma "divisão europeia do trabalho"[37].

Em nenhum lugar, entretanto, esse processo ocorreu com mais intensidade que na colonização da América. As grandes navegações, por si só, representam um marco fundamental na história agrária de várias sociedades humanas e na história natural de uma infinidade de espécies [↗O Atlântico e as modernidades alternativas]. O movimento estabelecido em escala mundial não foi apenas de humanos, mas de vegetais, animais e micro-organismos – um processo que convencionou-se denominar de "intercâmbio colombiano"[38]. Por exemplo, não existiam no continente americano a varíola, o sarampo, a caxumba, o tifo, porcos, galinhas, cavalos, o trigo, o arroz e a uva. Por outro lado, não existiam no Velho Mundo a sífilis, o peru, o milho, o tomate e o abacate. Principalmente, o milho, a batata, a batata-doce e a mandioca saíram da América para ter efeito decisivo em agriculturas da Ásia, África e Europa [↗Capitalismo].

A colonização americana e o intercâmbio colombiano significaram um espaço inédito para experiências de cultivo e exploração comercial. A formação do capitalismo passou por mudanças tanto no consumo como na produção, e entre tantas espécies que estiveram à frente desse processo – como o tabaco, o café, o algodão e o cacau – talvez nenhuma seja mais representativa que a cana-de-açúcar. Esse adoçante, dotado de enorme capacidade de causar dependência química no usuário, é de origem asiática e já era conhecido na Europa, mas como uma iguaria que se encontrava apenas em festas e mesas mais ricas. A instalação de seu cultivo nas ilhas do

37. *Ibid.*, p. 235; Wallerstein, Immanuel. *The Modern World-System.* Nova York: Academic, 1974.

38. Crosby Jr., Alfred Worcester. *The Columbian Exchange: Biological and Cultural Consequences of 1492.* Nova York: Bloomsbury, 2003.

Atlântico e no litoral brasileiro rapidamente multiplicou a oferta do produto – em 1600, os portugueses já produziam ali uma quantidade trinta vezes maior do que os venezianos tiravam da Sicília em 1470. Após a expansão açucareira para o Caribe, no século XVII, iniciou-se a massificação do seu consumo, com o que a sacarose ocupou seu lugar na dieta da população trabalhadora[39].

Que outra forma de capitalismo agrário, na Época Moderna, é mais clara que a *plantation* colonial? Uma organização produtiva de técnica claramente industrial subordinada a operações comerciais e financeiras realizadas nas principais praças europeias por grandes mercadores e seus parceiros menores, inclusive nas colônias: crédito, transporte, seguros, beneficiamento, reexportação etc. Que agricultura se baseava num ritmo tão intenso de exploração do trabalho? As jornadas chegavam a 18 horas por dia, praticamente ao longo de todo o ano, parando apenas na estação mais chuvosa. O trabalhador rural era consumido como uma mercadoria, produzida pela escravização de populações africanas – em si, um grande negócio. A *plantation* era uma "máquina de criar riqueza", nas palavras de Fernand Braudel, e os lucros do comércio colonial foram a plataforma de lançamento de inúmeras casas comerciais, bancos e manufaturas na Europa[40].

Do ponto de vista social, a condição colonial significava caminho livre para a destruição de agriculturas locais e de obstáculos jurídicos e institucionais ao capitalismo agrário. A despeito do recurso a dispositivos legais de origem europeia (como a sesmaria, no caso brasileiro), não se transferia para a América a mesma rede de relações tradicionais entre monarquia, senhores e camponeses. Tampouco era necessário o enfrentamento a tradições diversas de coletivismo agrário ou a privatização de bens comunais. "A estruturação da propriedade do solo em termos de grande exploração esteve vinculada às conveniências da produção colonial", e a sociedade rural formou-se não sobre reminiscências de um passado feudal ou arcaico,

39. Mintz, Sidney Wilfred. *Sweetness and Power: The Place of Sugar in Modern History*. Nova York: Viking, 1985; Vries, Jan de. *The Industrious Revolution*. Cambridge: Cambridge University Press, 2008; Lenk, Wolfgang. *Guerra e pacto colonial: a Bahia contra o Brasil Holandês*. São Paulo: Alameda, 2013, p. 302.

40. Braudel, Fernand. *Civilização material, economia e capitalismo: Séculos XV-XVIII. Op. cit.*, p. 242; Menz, Maximiliano Mac; Lenk, Wolfgang. Escravidão, escravismo e tráfico de escravos. *In*: Pesavento, Fábio; Lima, Fernando Carlos de Cerqueira (orgs.). *História econômica do Brasil Colônia*. São Paulo: Hucitec, 2022, p. 129-165; Ferlini, Vera. *Terra, trabalho e poder: o mundo dos engenhos no nordeste colonial*. 2. ed. Bauru: Edusc, 2003.

mas a partir das relações entre grandes estabelecimentos, pequenos arrendatários e trabalhadores escravizados[41].

Do ponto de vista produtivo, a agricultura colonial era um sistema agrário baseado na conquista e ocupação do território, exploração intensiva, esgotamento ecológico e busca de novas terras. As populações locais e suas formas de agricultura encontradas pelo caminho eram destruídas, conforme a colonização desarranjava suas estruturas. No Peru, por exemplo, a dominação política e o abandono do sistema de irrigação causou a crise alimentar que explica a vulnerabilidade às doenças do Velho Mundo. Sua população colapsou, de 10 milhões em 1530, para apenas 1,4 milhão em 1590, possivelmente exportando a crise demográfica para regiões vizinhas, como a bacia amazônica[42]. Abria-se, assim, o espaço para a colonização, de forma a desobrigar a agricultura colonial de devolver matéria orgânica aos terrenos ocupados e sustentar sua produtividade no longo prazo. Dessa forma, o crescimento populacional e econômico no centro era alimentado pela drenagem de energia e nutrientes de uma periferia em expansão, o que define uma "ecologia-mundo"[43]. No entanto, vale a pena notar, como faz Jason Moore, que esse caráter fronteiriço não está simplesmente no esgotamento do solo e na degradação ambiental pela agricultura colonial, mas, antes, na maneira como ela se combina com a escravização e a exploração do trabalho "para produzir lucros", e, portanto, foram governadas pelo ritmo incessante da acumulação de capital, de modo a deflagrar um processo geograficamente expansivo e contínuo de reprodução e reabertura de uma "fronteira sem fim"[44].

---

41. Silva, Lígia Maria Osório. *Terras devolutas e latifúndio: efeitos da lei de 1850*. 2. ed. Campinas: Unicamp, 2008, p. 52; Prado Jr., Caio da Silva. *A questão agrária no Brasil*. 4. ed. São Paulo: Brasiliense, 1979.

42. Mazoyer, Marcel; Roudart, Laurence. *Histórias das agriculturas no mundo*. *Op. cit*., cap. 5.

43. Simmons, Ian Gordon. *Global Environmental History: 10,000 BC to AD 2000*. Edimburgo: Edinburgh University Press, 2008, p. 74; Evans, Sterling. Agricultural production and environmental history. *In*: Pilcher, Jeffrey (org.). *The Oxford Handbook of Food History*. Oxford: Oxford University Press, 2012, p. 220.

44. Moore, Jason W. Capitalismo, classe e a fronteira da mercadoria: em defesa da dialética, contra a aritmética verde (prólogo). *In*: Marques, Leonardo; Gebara, Alexsander (orgs.). *História das mercadorias: trabalho, meio ambiente e capitalismo mundial (séculos XVI-XIX)*. São Leopoldo: Casa Leiria, 2023, p. 21-40; Richards, John F. *The Unending Frontier: An Environmental History of the Early Modern World*. Los Angeles: University of California Press, 2003.

## A crise do século XVII e a proletarização do campesinato europeu

Antes, porém, que o capitalismo agrário se tornasse predominante na Europa, o continente passaria por mais uma “fase B”. O primeiro sinal de inversão do ciclo foi a inflação do século XVI, conhecida como a “revolução dos preços”, puxada pela elevação inédita no preço dos cereais. Entre c.1510 e c.1610, é possível encontrar registros de aumento no preço dos cereais de mais de duas vezes na Alemanha e na Áustria, mais de três vezes nos Países Baixos e Espanha, mais de quatro vezes na Inglaterra e na Polônia e mais de seis vezes na França[45].

A primeira explicação para esse fato baseou-se no influxo da prata extraída pela colonização americana. A ideia ainda hoje tem alguma popularidade: o aumento da quantidade de moeda circulante teria provocado o aumento de preços. Contudo, a tese não se sustenta bem: os preços já aumentavam antes do influxo da prata americana, em ritmos regionalmente diferentes, sobretudo os preços agrícolas, que subiam muito mais rapidamente que os preços não agrícolas, principalmente os salários. Em média, os salários reais na Europa Ocidental em 1600 eram aproximadamente um terço do que haviam sido em 1450. Autoras como Ingrid Hammarström mostraram que o aumento de preços é mais bem explicado pelo crescimento populacional – vale dizer, pelo ciclo agrário europeu[46]. A partir de meados do século XVI, a produção agrícola estagnou e, depois de 1570, as crises de carestia e a fome pioraram, particularmente nas penínsulas ibérica e italiana. A crise demográfica tornou-se crise social. A manutenção dos Estados modernos exigiu o aumento relativo da carga tributária. A queda dos salários reais favoreceu a concentração fundiária e a desigualdade no campesinato[47].

Essa conjuntura levaria a uma reversão abrupta do crescimento populacional, aquilo que ficou conhecido como a “Crise Geral do Século XVII”. A Europa Central perdeu algo em torno de 40% da população rural e 30% da população urbana, particularmente em decorrência da Guerra dos Trinta Anos (1618-1648) [↗Guerra dos Trinta Anos e revoltas nos domínios Habsburgos]. A Polônia, por exemplo, com mais de 3,8 milhões de habitantes no início do século, caiu para 2,85 milhões no fim da Grande Guerra do Norte

45. Kriedte, Peter. *Peasants, Landlords and Merchant Capitalists. Op. cit.*, p. 48.

46. Hammarström, Ingrid. The “price revolution” of the sixteenth century: Some Swedish evidence. *Scandinavian Economic History Review*, v. 5, n. 2, 1957, p. 118-154.

47. Kriedte, Peter. *Peasants, Landlords and Merchant Capitalists. Op. cit.*, p. 18, 50-53.

(1700-1721). A Espanha perdeu um terço da população na primeira metade do século. Nas outras regiões, o impacto não foi tão grande, mas, em geral, o crescimento populacional desacelerou[48].

A crise agravou, sobretudo, a situação do campesinato europeu. Se é possível dizer que nas revoltas camponesas do século XIV foi possível arrancar concessões da aristocracia fundiária, o mesmo não vale para os séculos XVI e XVII. De um ponto de vista político-militar, as rebeliões passaram a encontrar diante de si dispositivos repressivos cada vez mais desenvolvidos e disciplinados. A guerra dos camponeses alemães de 1525 foi vencida pela infantaria dos *Landsknechte*, e os movimentos coletivistas do campesinato britânico foram derrotados com o motim do *New Model Army*, em 1649 [↗Ilhas Britânicas e revoluções do século XVII]. Sobrava a emigração, o assalariamento rural ou, para os mais remediados, o melhoramento agrícola[49].

Além disso, quando os preços agrícolas voltaram a cair em torno de 40% entre 1620 e 1680, ampliou-se a pressão econômica sobre o coletivismo agrário. O volume de grãos exportado pelo Leste Europeu caiu em dois terços, entre 1640 e 1710. Áreas inteiras foram abandonadas pela agricultura, particularmente em regiões da Europa Central (mais atingida pela guerra), mas também no Languedoc, em Castela e na Campagna romana, por exemplo. A "fase B" novamente favoreceu a pecuária (principalmente nos Alpes e na Espanha) e as culturas comerciais, como o linho (Flandres, Brabante, Frísia), o tabaco (Holanda, em concorrência com o tabaco colonial) ou o vinho (em regiões da França e da Espanha). Com isso, aumentava o interesse na revogação de direitos comuns. Ao mesmo tempo, a consolidação política das monarquias implicou aumento da carga tributária – na França, por exemplo, ela triplicou entre 1588 e 1683 –, o que impunha ao campesinato a necessidade de vender a produção para pagar impostos em moeda[50].

Na Inglaterra, a conjuntura produziu a aceleração das transformações iniciadas no século anterior. A revolução de 1640 derrubou os obstáculos institucionais ao cercamento de terras, ao mesmo tempo que abriu o caminho para a sua imposição por meio de atos do Parlamento, em favor dos interesses

48. *Ibid.*, p. 61; Parker, Geoffrey; Smith, Lesley M. *The General Crisis of the Seventeenth Century*. Londres: Routledge, 2005.

49. Hill, Christopher. *O mundo de ponta-cabeça: ideias radicais durante a revolução inglesa de 1640*. São Paulo: Companhia das Letras, 1987.

50. Kriedte, Peter. *Peasants, Landlords and Merchant Capitalists*. *Op. cit.*, p. 65, 91; van Bath, Bernard Hendrik Slicher. *História agrária da Europa Ocidental (500-1850)*. *Op. cit.*, p. 208.

da aristocracia fundiária e da alta *gentry* [↗Ilhas Britânicas e revoluções do século XVII]. Até então, o *enclosure* dependia mais de acordo entre os envolvidos. Mesmo pequenos e médios proprietários (*freeholders*) acabariam desapropriados, ao longo do tempo, em favor dos grandes latifúndios[51].

Em conjunto, a queda dos preços agrícolas, a pressão dos senhores de terra, o aumento da tributação, as guerras e revoltas significaram um "colapso da economia rural" na Europa do século XVII[52]. Ameaçada de pauperização, desocupação e desapropriação, a família camponesa procurou sustento em outras atividades, de forma a oferecer trabalho barato em fazendas comerciais ou em atividades não agrícolas, em benefício dos novos comerciantes de tecido. Assim, a indústria doméstica rural, particularmente em têxteis de lã, teve seu auge nesse período. Ela funcionava por um sistema patrão-intermediário (*putting-out system*, ou *Verlagssystem*): o comerciante fornecia a lã e comprava o fio do camponês, ou fornecia o fio e comprava o tecido. O negócio era vantajoso para o comerciante, que aproveitava a mão de obra rural, mais barata, e contornava os produtores urbanos, provocando assim a crise das corporações de tecelagem. Da mesma forma, agravou-se a decadência econômica da Espanha e Itália, que perderam os mercados têxteis no Mediterrâneo e no Ultramar. Em algumas regiões, a indústria doméstica rural foi uma resposta do campesinato ao empobrecimento; em outras, foi um meio de complementar a renda, com perda de tempo livre, para conseguir comprar produtos exóticos do mundo ultramarino, como descreveu Jan de Vries[53].

Nesse sentido, a crise do século XVII acelerou a mercantilização da agricultura e a proletarização do campesinato, definindo os termos que produziram o crescimento econômico no século XVIII e que provocaram, finalmente, a Revolução Industrial. A Revolução Agrícola moderna popularizou-se como o "sistema Norfolk", baseado nos avanços produzidos nessa região durante o século XVII, vinculados à produção local de lã. Em Norfolk, aliás, o desenvolvimento dependeu de fertilizantes e corretivos agrícolas comerciais (gesso, conchas, algas marinhas, terra calcinada, lodo, ossos de peixe,

51. Hill, Christopher. *A revolução inglesa de 1640*. Lisboa: Presença, 1977; Hill, Christopher. *The Century of Revolution, 1603-1714*. Londres: Routledge, 2001.

52. Kriedte, Peter. *Peasants, Landlords and Merchant Capitalists*. *Op. cit.*, p. 94.

53. *Ibid.*, p. 70; Steffen, Anka. Spinning and weaving for the slave trade: proto-industry in eighteenth century Silesia. *In*: Brahm, Felix; Rosenhaft, Eve (orgs.). *Slavery Hinterland*: *Transatlantic Slavery and Continental Europe, 1680-1850*. Woodbridge: Boydell & Brewer, 2016, v. 7; Vries, Jan de. *The Industrious Revolution*. *Op. cit.*

entre outros). Outro sistema que se difundiu foi a *Koppelwirtschaft*, uma agricultura articulada com criação de gado leiteiro, originada em latifúndios de Schleswig-Holstein no século XVII, de onde se expandiria para Dinamarca, Mecklenburgo e Brandenburgo[54]. O progresso agrícola também foi intenso em muitas regiões: Suffolk, Essex, Palatinado, Renânia, Baden, Alsácia, Nassau, Erfurt, Augsburg, Artois. Flandres e o Brabante, porém, continuavam "a Meca da *new husbandry*" e dos novos agrônomos. A despeito disso, deve-se lembrar que a "distância entre teoria e prática" continuava grande. Havia muitas experiências, mas também muita continuidade de sistemas tradicionais, inclusive o regresso de áreas mais desenvolvidas para a rotação trienal[55].

No entanto, a inovação mais decisiva foi o cultivo da batata americana. Natural dos Andes, começou a ser cultivada na Europa no século XVI como uma curiosidade botânica, depois como ração animal, mas foi só em meados do século XVIII, na Irlanda, que passou a ser consumida por europeus. Seu consumo, então, se massificou rapidamente, tornando-se um dos principais alimentos da população mais pobre, até a expansão da produção de cereais nos Estados Unidos e na Rússia, após 1860. A batata era melhor que o nabo para o cultivo mondado, portanto, favorecia a substituição dos alqueives. Mas se encontrava sujeita a doenças como a que grassou o cultivo entre 1845 e 1848, causando a grande fome irlandesa – aliás, a ocasião foi usada pelo Império Britânico para desmontar pequenas propriedades e abrir caminho para latifúndios exportadores de carne[56].

O século XVIII, portanto, foi de crescimento econômico acelerado. Na Europa Central, devastada no século anterior, a população cresceu mais rapidamente. A Inglaterra manteve-se entre as regiões de crescimento populacional mais elevado. França, Itália e Ibéria cresceram menos. Para além da recuperação da agricultura, a indústria doméstica rural facilitava o casamento e a expansão das famílias. Um observador registrou, em 1792:

---

54. Kriedte, Peter. *Peasants, Landlords and Merchant Capitalists. Op. cit.*, p. 108; Mazoyer, Marcel; Roudart, Laurence. *Histórias das agriculturas no mundo. Op. cit.*, p. 362; Rasmussen, Carsten Porskrog. Innovative Feudalism. The development of dairy farming and Koppelwirtschaft on manors in Schleswig-Holstein in the seventeenth and eighteenth centuries. *Agricultural History Review*, v. 58, n. 2, 2010, p. 172-190.

55. van Bath, Bernard Hendrik Slicher. *História agrária da Europa Ocidental (500-1850). Op. cit.*, p. 239-244.

56. *Ibid.*, p. 265.

> a oportunidade de se conseguir uma renda com a tecelagem e a produção de fios tornou o casamento muito mais fácil e encheu o campo de pessoas, coisa que antigamente foi limitada pela agricultura e pela ausência de qualquer atividade além dos produtos mais essenciais[57].

O crescimento populacional e a expansão colonial formaram um "sistema de alta pressão demográfica e econômica". O avanço da protoindustrialização transformou o meio rural de várias regiões em um misto agrícola-manufatureiro. Ramos diferentes de atividade, como cerâmica e vidraria, com estabelecimentos empregando grande número de trabalhadores (crianças, inclusive), puxavam a conurbação e escapavam da regulação corporativa do trabalho urbano. No setor têxtil, como se sabe, esse processo gerou a Primeira Revolução Industrial e a urbanização do Noroeste Inglês, entre Manchester e Liverpool[58].

Essa conjuntura de crescimento produziu a ascensão social de algumas famílias rurais e ampliou o acesso a bens de consumo, especialmente têxteis e produtos coloniais; mas, em geral, as condições de vida e trabalho no campo continuaram a piorar. Em primeiro lugar, porque o progresso técnico na agricultura implicava intensificação do trabalho agrícola. O cultivo em sistema de rotação trienal já significava acúmulo de tarefas que precisavam ser cumpridas em calendário estreito: lavração, escarificação, fenação, colheita. O gado no estábulo também é de criação mais trabalhosa que nas pastagens comuns. A substituição dos alqueives por forrageiras e cultivos mondados só acrescentou trabalho a um calendário agrícola sobrecarregado. O aumento da produtividade por dia trabalhado não deve ser confundido com economia de trabalho. Pelo contrário, as novas técnicas permitiam ampliar a produção de alimentos por área cultivada ao custo do uso mais intensivo da força de trabalho[59].

Em segundo lugar, os ganhos da Revolução Agrícola moderna não acarretaram aumento da renda do trabalhador e a pauperização da população rural avançou a passos largos. Entre 1755 e 1817, os preços dos alimentos voltaram a subir mais que os salários. Segundo o cálculo de Ernst Labrousse, o cereal necessário para alimentar uma família de cinco pessoas

57. *Apud* Kriedte, Peter. *Peasants, Landlords and Merchant Capitalists. Op. cit.*, p. 103.

58. *Ibid.*, p. 133-146.

59. Mazoyer, Marcel; Roudart, Laurence. *Histórias das agriculturas no mundo. Op. cit.*, p. 367, 399.

tomava 45% de um salário médio em 1726 e 88% em 1789. Pesquisas diferentes indicam a piora na alimentação, em gramas ou em calorias. Em um estabelecimento em Lancashire, Inglaterra, o consumo médio diário da força de trabalho era pouco mais de 1.500 calorias. Para Peter Kriedte, o padrão nutricional europeu atingiu seu nível mais baixo na passagem do século XVIII para o século XIX[60].

Na França, a situação miserável do campesinato às vésperas da Revolução é um dos temas clássicos da historiografia [↗Revoluções atlânticas: Estados Unidos e França]. A carga tributária, a permanência de direitos feudais e a fragmentação das propriedades dificultavam a difusão de técnicas como o cultivo da batata. Mesmo pequenos proprietários buscavam renda complementar como jornaleiros ou com atividades manufatureiras. As exações feudais foram abolidas logo no calor de agosto de 1789, e, ao longo do período revolucionário, cairiam também os direitos de pastagem comum, abrindo caminho para a consolidação das pequenas propriedades. No entanto, apenas os burgueses e camponeses mais ricos tiveram o capital necessário para ganhar com o desmantelamento das propriedades da Igreja e dos nobres emigrados, a formação do mercado de terras e a especulação imobiliária que se seguiu. Os resultados disso foram definidores das características do desenvolvimento econômico francês no século XIX[61].

No Leste Europeu, a Segunda Servidão balançou sob impacto da Revolução Francesa e das guerras napoleônicas. O Império Habsburgo decretou o fim da servidão em 1789, que logo foi revogado e postergado. A Prússia encerrou a servidão em 1799 e regulamentou o trabalho rural em 1807, mas manteve-se o *Vorwerk*, que vinculava pequenas parcelas às grandes propriedades. Esse seria a base da "via prussiana" de reforma agrária, a partir de 1812, como um processo de modernização conservadora conduzido por uma classe de latifundiários, os *Junkers*. A depressão agrícola após 1815 e a expansão da pecuária favoreceram uma emancipação mais jurídica do que efetiva[62].

---

60. van Bath, Bernard Hendrik Slicher. *História agrária da Europa Ocidental (500-1850). Op. cit.*, p. 91, 221; Labrousse, Ernest. *Fluctuaciones económicas e historia social.* Madri: Tecnos, 1980; Kriedte, Peter. *Peasants, Landlords and Merchant Capitalists. Op. cit.*, p. 148.

61. Lefebvre, Georges. *O grande medo de 1789.* Rio de Janeiro: Campus, 1979; Mazoyer, Marcel; Roudart, Laurence. *Histórias das agriculturas no mundo. Op. cit.*, p. 381; Kemp, Tom. *Industrialization in Nineteenth Century Europe.* Londres: Longman, 1969, cap. 3.

62. Kriedte, Peter. *Peasants, Landlords and Merchant Capitalists. Op. cit.*, p. 112; van Bath, Bernard Hendrik Slicher. *História agrária da Europa Ocidental (500-1850). Op. cit.*, p. 322.

Já na Rússia, a expansão da fronteira agrícola ocorreu em cima do agravamento das condições de servidão, sem paralelo na Europa Central e Oriental, por meio da cobrança de corveias (*barshchina*) em vez de pagamentos em dinheiro (*obrok*). A emancipação dos servos teve de esperar até 1861, e ocorreu ainda em condições prejudiciais ao campesinato, de forma que a questão agrária continuaria grave durante boa parte do século XX[63].

Independentemente da diversidade de agriculturas e sociedades rurais existentes no início do século XIX, todas seriam confrontadas e transformadas pelo avanço do capitalismo agrário propriamente dito. A partir da industrialização, a construção de canais, a engenharia naval e, principalmente, a estrada de ferro marcaram uma revolução dos transportes, com grande impacto sobre a produção e os mercados agrícolas. Abriu-se uma enorme parcela do globo terrestre para o avanço da agricultura comercial em regiões ainda pouco exploradas: Estados Unidos, Canadá, Argentina, África Meridional, Austrália e Nova Zelândia. Não só o produto agrícola pôde viajar uma distância muito maior até o mercado consumidor, como também se viabilizou o comércio de grande escala em fertilizantes, corretivos e insumos agrícolas.

Produziu-se, a partir de então, a Revolução Agrícola da Época Contemporânea: em termos gerais, a indústria química, a mecanização e a motorização, a especialização produtiva e a "revolução verde". Desde o fim do século XIX, são transformações que resultam na superprodução de alimentos e, ao mesmo tempo, na concentração da fome e da pobreza no meio rural, dada a crise das agriculturas "tradicionais" e a proletarização progressiva dos campesinatos. Naturalmente, cada região tem sido confrontada por essa realidade histórica de forma diversa, em momentos diferentes. Agora, no início do século XXI, o peso e as características técnicas do capitalismo agrário colocam-no no centro da crise climática e ecológica que pende sobre nossa época. A história agrária, portanto, encontra-se no cerne da formação do mundo contemporâneo. Uma transição iniciada no século XVI, mas ainda em andamento e com o futuro em aberto.

---

63. Retish, Aaron B. *Russia's Peasants in Revolution and Civil War*. Cambridge: Cambridge University Press, 2008.

## Bibliografia comentada

Abramovay, Ricardo. *Paradigmas do capitalismo agrário em questão*. 2. ed. São Paulo: Hucitec; Campinas: Editora da Unicamp, 1998.

> As discussões teóricas em torno da economia camponesa têm uma vasta linhagem na historiografia de inspiração marxista. Esse livro de Ricardo Abramovay oferece um ótimo resumo do debate.

Aston, Trevor Henry; Philpin, Charles Harding English. *The Brenner Debate: Agrarian Class Structure and Economic Development in Pre-Industrial Europe*. Cambridge: Cambridge University Press, 1985.

> Para as interpretações no campo do marxismo britânico, destaque-se esse compêndio do "debate Brenner" organizado por Trevor Aston e C. H. Philpin, com introdução de Rodney Hilton, ainda sem tradução para o português.

Blackburn, Robín. *A construção do escravismo no Novo Mundo*. Rio de Janeiro: Record, 2003.

> O livro oferece uma interpretação mais recente da agricultura colonial, com interessantes comparações entre as diferentes colônias europeias.

Bloch, Marc. *La historia rural francesa: caracteres originales*. Trad. de Alejandro Pérez. Barcelona: Crítica, 1978.

> Marc Bloch é o principal nome entre os autores franceses que formularam os termos atuais do debate em história agrária. Entretanto, ele próprio nunca produziu uma obra central sobre o tema. Essa é uma seleção de seus textos, realizada por Robert Dauvergne e traduzida para o castelhano. Há uma tradução para o português de Antônio Fontoura (2023).

Bloch, Marc. *A terra e seus homens*. Trad. de Ilka S. Cohen. Bauru: Edusc, 2001.

> Essa é uma segunda seleção de textos de Marc Bloch que se dedicam à história agrária, traduzida para o português.

Cardoso, Ciro Flamarion. *Agricultura, escravidão e capitalismo*. 2. ed. Petrópolis: Vozes, 1982.

> De interpretação distinta do clássico de Caio Prado, mas igualmente importante para o entendimento da agricultura colonial, é essa a coletânea de textos de Ciro Flamarion Cardoso.

Kriedte, Peter. *Camponeses, senhores e mercadores: a Europa e a economia mundial (1500-1800)*. Lisboa: Teorema, 1992.

> Esse pequeno livro do historiador alemão Peter Kriedte é um dos melhores balanços da formação do capitalismo até a Revolução Industrial, o que inclui uma base sólida na história agraria europeia do período.

Kula, Witold. *Teoria económica del sistema feudal*. Buenos Aires: Siglo XXI, 1974.

> Importante e influente trabalho sobre a agricultura dos grandes domínios senhoriais da Europa Oriental. Uma referência nos debates sobre a Segunda Servidão.

Ladurie, Emmanuel le Roy. *História dos camponeses franceses: da Peste Negra à Revolução*. Trad. de Marcos de Castro. Rio de Janeiro: Civilização Brasileira, 2007. 2 v.

> Do vasto campo da história agrária francesa, destaque-se aqui a obra magna de Emmanuel le Roy Ladurie, de grande importância para o entendimento da vida camponesa e da sociedade rural ao longo de todo o período que foi aqui trabalhado.

Marques, Leonardo; Gebara, Alexsander (orgs.). *História das mercadorias: trabalho, meio ambiente e capitalismo mundial (séculos XVI-XIX)*. São Leopoldo: Casa Leiria, 2023.

> Nessa coletânea, com textos de vários autores, pode-se encontrar um balanço dos debates mais atuais em história agraria e história ambiental, com ênfase para seu papel na formação do capitalismo.

Mazoyer, Marcel; Roudart, Laurence. *Histórias das agriculturas no mundo: do neolítico à crise contemporânea*. Trad. de Cláudia Falluh. São Paulo: Unesp, 2010.

> Felizmente, há tradução para a língua portuguesa do manual (no melhor sentido do termo) dos agrônomos Marcel Mazoyer e Laurence Roudart, de ampla capacidade crítica e analítica das sociedades rurais, e que inclui um amplo trabalho de síntese de boa parte da historiografia clássica no tema.

Mintz, Sidney Wilfred. *Sweetness and Power: The Place of Sugar in Modern History*. Nova York: Viking, 1985.

> Esse é um clássico sobre a agricultura do açúcar e seu impacto geral sobre a formação do mundo contemporâneo, infelizmente sem tradução para o português.

Prado Jr., Caio da Silva. *A questão agrária no Brasil*. 4. ed. São Paulo: Brasiliense, 1979.

> Para uma perspectiva brasileira da agricultura colonial, veja-se esse livro de Caio Prado Jr., que enquadra o tema em sua interpretação geral do "sentido da colonização".

Skazkin, S. D. *et al. La segunda servidumbre en Europa central y oriental*. Trad. de Carlos Taibo. Madri: Akal editor, 1980.

> Essa coletânea oferece subsídios para o entendimento da Segunda Servidão.

Tawney, Richard Henry. *The Agrarian Problem in the Sixteenth Century*. Londres: Longmans, Green and Company, 1912.

> Para a história agrária do Reino Unido, a obra que deu origem ao debate atual (e influenciou a maior parte de suas interpretações) é a de R. H. Tawney, também no início do século XX. Não há tradução para a língua portuguesa.

Whittle, Jane (org.). *Landlords and Tenants in Britain, 1440-1660: Tawney's Agrarian Problem Revisited*. Woodbridge: Boydell & Brewer, 2013.

> Esse volume oferece um balanço da atualidade da obra de R. H. Tawney, em vista das pesquisas realizadas nas últimas décadas.

van Bath, Bernard Hendrik Slicher. *História agrária da Europa Ocidental (500-1850)*. Trad. de Luís Crespo Fabião. Lisboa: Presença, 1984.

> Com ênfase na história agrária dos Países Baixos e clara influência de Henri Pirenne, a obra de Slicher van Bath é importante não apenas por estar traduzida para o português, mas pela densidade na reconstituição da atividade agrícola.

Wood, Ellen Meiksins. *A origem do capitalismo*. Trad. de Vera Ribeiro. Rio de Janeiro: Jorge Zahar, 2001.

> Esse pequeno livro oferece uma leitura resumida da interpretação de Robert Brenner, com grande utilidade pedagógica e traduzida para o português.

# 2
# O papel estruturante da religião

*Adone Agnolin*
*Rui Luis Rodrigues*

No que diz respeito à Época Moderna ocidental, a religião cristã tem um papel estruturante que precisa ser compreendido. Entende-se aqui a religião não do ponto de vista teológico, como objeto transcendente, mas em uma perspectiva histórica, como construção humana e social. Indicar esse seu papel estruturante significa assumir que a religião, no período que nos interessa, era um instrumento na construção de uma ordem social (e do indivíduo, no interior dela) e, portanto, nos permite entender melhor essa formação social do ponto de vista histórico. Essa instrumentalidade da religião não deve ser compreendida segundo as categorias contemporâneas de instrumentalização ou aparelhamento O diferencial está em que, para que a religião pudesse exercer tais funções na edificação do indivíduo e da sociedade na Época Moderna (e no Medievo), era fundamental, por parte dos sujeitos históricos, a adesão ao objeto religioso pela crença e pelas práticas rituais que determinavam uma administração sacramental que produzia o direito (*jus*) na época.

Para pensar as características que a religião assume na Época Moderna, teremos de partir das bases sobre as quais se articulou o fenômeno religioso no interior do universalismo da Igreja medieval. Foi nesse contexto que, agindo de forma contrária aos modos que eram próprios da Antiguidade grega e romana, o cristianismo realizou, ao longo da Antiguidade tardia e do período medieval, uma cisão entre Deus e a figura política do governante no processo de tornar-se religião supranacional e universal. Na Antiguidade romana, o culto da deusa Roma e dos imperadores foi um meio político eficaz para unir diferentes povos a partir de um vínculo religioso que indicava fidelidade e devoção para com a cidade romana (*civitas*)[1]. O culto era confiado aos magistrados civis, tornando evidente que sua celebração representava somente o cumprimento de um dever civil. Logo, a dimensão religiosa era percebida, naquele contexto, em estreita função do vínculo social que o culto representava. Esse foi o contexto de cunhagem do termo *religio*, que em sua origem carregava os sentidos de dever, obrigação moral e senso do que é correto do ponto de vista da república. A novidade do cristianismo encontra-se em seu inédito e unívoco conceito de verdade, pelo qual o arranjo civil anterior, respeitador das inúmeras diversidades culturais e de culto (a *varietas rerum*, "variedade das coisas", como nos lembra Anthony Pagden)[2], tornava-se impossível. Vem daí a característica ímpar do cristianismo de tornar conhecida a sua mensagem – evangélica e revelada –, rejeitando fortemente, a princípio, qualquer forma de sincretismo.

A pretensão de unicidade e universalidade da nova religião do Deus único levou o cristianismo a colidir, inicialmente, com o Império Romano, único modelo de universalidade histórica até então conhecido. Todavia, uma vez adquirida autonomia, unicidade e universalidade de "verdadeira religião" no contexto do Império, o cristianismo herdou deste o princípio da universalidade da própria *civitas*, a cidade romana: esta é a profunda transformação significada pela *civitas Dei* de Agostinho[3]. Essa noção de religião, portanto, se propõe de forma estritamente entrelaçada àquela de civilização. Não deve ser entendida em sua acepção contemporânea (cuja existência não é anterior ao século XVIII), mas enquanto civilidade (*civilitas*), que prevê e mesmo exige sua extensão a todos os demais povos colocados para além da cidade. Assim, todas as vezes que o Ocidente interpretou a alteridade do ponto de vista da religião, realizou, explícita ou implicitamente, uma hierarquização dos graus civilizacionais, lançando a perspectiva da realização de um processo civilizador que cabia a ele conduzir[4]. Um dos objetivos deste capítulo é indicar como, na Época Moderna, era impossível ao Ocidente lançar outro olhar sobre si mesmo – e sobre quaisquer outros – que não fosse mediado pela perspectiva religiosa.

---

1. Fayer, Carla. *Il culto della dea Roma. Origine e diffusione nell'Impero*. Pescara: Editrice Trimestre, 1976; Pagden, Anthony. *Lords of all the World. Ideologies of Empire in Spain, Britain and France, c.1500-c.1800*. New Haven/Londres: Yale University Press, 1995.

2. Pagden, Anthony. *The Fall of Natural Men: The American Indian and the Origins of Comparative Ethnology*. Cambridge: Cambridge University Press, 1982.

3. Agostinho. *A cidade de Deus*. Lisboa: Fundação Calouste Gulbenkian, 1991-1993. 3 v.

4. Elias, Norbert. *O processo civilizador*. Rio de Janeiro: Zahar, 1994. 2 v.

## O universalismo da Igreja medieval e a dimensão civil da Modernidade

A civilização medieval estruturava-se segundo os códigos jurídicos da lei eterna (*lex aeterna*), que constitui a razão de Deus a ordenar e governar o mundo da natureza e dos homens; da lei natural (*lex naturalis*), a saber, aquilo que a razão humana pode compreender da lei eterna (como, por exemplo, a distinção entre bem e mal); e da lei positiva (*lex positiva*), feita pelo ser humano, mas que não pode se afastar da lei natural que, por sua vez, não pode se afastar da eterna. O cidadão permanecia sempre como sujeito do direito, mas a condição do sujeito medieval era, em primeiro lugar, aquela de um ser espiritual (lei eterna), sucessivamente de um ser moral (lei natural) e somente depois aquela de um cidadão, obrigado a desobedecer à lei positiva quando essa estivesse em contraste com a lei divina. Portanto, com relação à Antiguidade e ao Renascimento, a Idade do Meio também tem a sua *civitas* e a consequente *civilitas* (entendida como arte e forma de governo da cidade, em oposição à *silva*, à existência selvagem); mas *civitas* e *civilitas* são pensadas unicamente no interior de um arcabouço teológico[5].

Se no fim da Idade Média a estrutura jurídica e institucional é subordinada a Deus, assim como a lei positiva é subordinada à lei natural, criada por Deus, e, portanto, à lei eterna, a estreita correspondência que existia entre *civitas* e *populus* mostra como o vocabulário da *civitas* era ainda aquele do próprio Cícero, ainda que mediado por Agostinho. A ordem político-jurídica, mesmo que distinta da teológica, é dela dependente, seja por ser subordinada à criação, seja por ser preordenada para fins ultraterrenos. Isso se verifica exemplarmente em Dante (1265-1321)[6]. A *Divina Comédia* (escrita entre 1304 e 1321) acompanha, certamente, os modos característicos da literatura e estilo medievais: isto é, a inspiração religiosa e a finalidade moral com uma linguagem (não por acaso utilizando a língua vulgar florentina) e um estilo baseados na percepção visual e imediata das coisas. Torna-se, entretanto, profundamente inovativa, pois é fundada em uma representação ampla e dramática da realidade. Uma nova aderência à realidade é apresentada no poema, mas uma aderência que permanece sempre ligada a uma dimensão moral, ultraterrena.

---

5. Le Goff, Jacques. *L'Immaginario Medievale*. Roma-Bari: Laterza, 1988.

6. Römheld, Armin. *Ursprung und Entwicklung des Begriffs der "Civiltà" in Italien*. Colônia; Stuttgart: Petrarca Haus, 1940; Romeo, Rosario. *Le Scoperte Americane nella coscienza italiana del Cinquecento*. Roma; Bari: Laterza, 1989.

Foi a distinção entre o *religioso* e o *civil* que permitiu ao Ocidente pensar nas competências específicas de cada esfera, da secular e da religiosa. Em contextos nos quais essa separação foi menos nítida, como no caso da civilização bizantina, a dualidade de esferas tendeu a não se estabelecer[7]. Percebe-se que a onipresença do fator teológico não equivale a nublar as relações entre as esferas. O poder já não pode ser considerado monolítico pela identificação do soberano com a divindade ou com um ordenamento moral do cosmos[8]. Nesse contexto, o aspecto religioso constituía o que podemos chamar de "lente hermenêutica" da realidade: era por esse ângulo que, sem prejuízo da dualidade de esferas, os sujeitos históricos miravam o mundo e procuravam interpretá-lo.

No sistema que se articula a partir de Agostinho[9] (e até Dante), a existência selvagem estaria para civilidade como o selvagem (*silvaticus*) estaria para o cidadão de Deus (*civis Dei*) ou povo de Deus (*populus Dei*). Com base nessa correlação, a evangelização medieval destacava-se como instrumento necessário e suficiente para passar de um estado de natureza para o estado divino que é, também, civil[10]. Na emergência dessa imediata correlação entre a esfera do sagrado e do civil, poder-se-ia colher outra importante orientação de análise da sociedade medieval, proposta por Michel Senellart:

> [...] em vez de apresentar o cristianismo como a *negação* da política, seja em que sentido for, em nome do primado do espiritual, será que não se deve considerá-lo como o agente de uma lenta, mas poderosa *transformação* da economia temporal, de que resultou, por volta da metade do segundo milênio, em uma figura absolutamente nova de governo? Será que não se deve postular uma *produtividade* do cristianismo, mesmo através de suas formas mais negadoras, para tentar compreender, em termos de *interação* e não mais simplesmente de oposição, as relações entre as esferas "estatal" e religiosa? Trata-se da possibilidade de uma genealogia do Estado moderno[11].

---

7. Schilling, Heinz. *Early Modern European Civilization and its Political and Cultural Dynamism*. Lebanon: University Press of New England, 2008.

8. Prodi, Paolo. *Uma história da justiça: do pluralismo dos foros ao dualismo moderno entre consciência e direito*. São Paulo: Martins Fontes, 2005.

9. Gasbarro, Nicola. La Religio di Agostino. *Studi e Materiali di Storia delle Religioni*, v. 57, n. 1/2, 1991.

10. Agnolin, Adone. *História das religiões: perspectiva histórico-comparativa*. São Paulo: Paulinas, 2013.

11. Senellart, Michel. *As artes de governar: do* regimen *medieval ao conceito de governo*. São Paulo: Editora 34, 2006.

A partir desses elementos, a autocompreensão do Ocidente exprimiu-se por vários séculos na noção de república cristã (*respublica christiana*). O termo indica com precisão a síntese conceitual cuja operação viemos descrevendo e que recebeu formulação emblemática no convite do Papa Gregório Magno (pontífice entre 590 e 604) dirigido aos povos bárbaros para que se unissem à "*sancta respublica*". O amálgama entre a tradição cívica latina e a cristã se fez, como procuramos indicar, pela substituição do nexo cívico-moral, típico da Antiguidade romana, pelo nexo religioso: do novo conceito de religião cristã. A transformação operada no conceito de *religio* é digna de nota: originalmente nascido para caracterizar a devoção à *civitas* romana, quando permeado pela noção cristã, unívoca, de verdade, o termo permitiu realizar no plano religioso o mesmo corte operado no plano civil pela distinção entre cidadão e selvagem ou bárbaro. A tarefa evangelizadora veio a significar, então, a extensão das dinâmicas cívico-políticas, que caracterizavam o Ocidente, aos que estão fora dos limites da *respublica*; mas não deixará nunca de incluir a extensão da fé cristã a esses *outsiders*[12].

Entretanto, essa dimensão civilizatória, intrínseca ao universalismo da *civitas* medieval, ganhou contornos específicos na Época Moderna. O mundo "moderno" nasce de sua invenção literária (filológica) [↗Renascimento e Humanismo]. Essa invenção preparou a progressiva fragilização do sistema medieval e, com ela, uma transição ou ruptura em direção à "Modernidade", com o retorno humanístico e clássico da *civitas*[13]. Foi na base dessa perspectiva que o significante "Estado" começa por traduzir e ressignificar a *civitas* (antiga), produzindo o Renascimento da consciência civil do Ocidente[14]. Foi o momento em que, confrontando-se com o mundo antigo, a nova cultura civil descobre a história política antiga (Maquiavel) e formaliza uma nova teoria do Estado (de Bodin, por meio do poderoso instrumento de seu conceito de soberania, a Hobbes e até Rousseau)[15].

---

12. Rodrigues, Rui Luis. *Entre o dito e o maldito: Humanismo erasmiano, ortodoxia e heresia nos processos de confessionalização do Ocidente (1530-1685)*. Tese (Doutorado em História Social) – Faculdade de Filosofia, Letras e Ciências Humanas, Universidade de São Paulo, São Paulo, 2012; *Id*. "Orbis minima pars est Europa": Humanismo erasmiano, *respublica christiana* e as raízes não europeias da Europa. *História: Questões & Debates*, v. 69, n. 2, 2021.

13. Florenzano, Modesto. Tradição e ruptura no Renascimento e na primeira Modernidade. *In: Id. Lições de História Moderna*. São Paulo: Intermeios, 2021.

14. Garin, Eugênio. *L'Umanesimo Italiano: filosofia e vita civile nel Rinascimento*. Bari: Laterza, 1965.

15. Agnolin, Adone. *História das religiões. Op. cit.*, cap. 6.

A esse respeito, há, todavia, uma diferença decisiva entre o Estado da Época Moderna e o Estado "moderno" dos séculos XIX-XX. A diferença reside no poder territorial fragmentado (não centralizado) e na concorrência complexa de diferentes fontes de legitimação do poder, no bojo de uma concepção organológica de sociedade. São elementos que persistiram ao longo da Época Moderna, paralelamente com (e malgrado) as diferentes formas de centralização de poder territorial que foram se processando e afirmando [↗Sistemas políticos e estruturas de poder][16].

O Estado, entendido como poder centrípeto, encontrava obstáculos para a centralização de sua autoridade na malha de jurisdições e na diferença de condições jurídicas inerentes ao ordenamento fragmentado e hierarquizado da sociedade moderna[17]. É essa a gênese "do pluralismo dos foros ao dualismo moderno entre consciência e direito" do qual fala Paolo Prodi. Antes da Revolução Francesa, não existia o princípio de uma "lei igual para todos": oligarquias, corporações urbanas, estamentos nobiliárquicos e eclesiásticos podiam invocar imunidades, privilégios, direitos consuetudinários[18].

Entre esses diferentes corpos políticos encontrava-se a própria Igreja como instituição. É fato que, com o estilhaçamento da Cristandade em confissões religiosas rivais [↗Reformas religiosas], o poderio institucional da Igreja Romana tornou-se menos consistente nos territórios onde triunfaram movimentos religiosos que se separaram de Roma. Contudo, isso não significou uma fragilização do papel desempenhado pela religião como "lente hermenêutica" da realidade. Esse papel persistiu, em todos os campos confessionais, ao longo do primeiro século da chamada "época confessional" (entre 1530, ano da primeira confissão de fé luterana, a Confissão de Augsburgo, e 1648, marco final da Guerra dos Trinta Anos). No mundo católico, em que também se experimentou uma tendência à "confessionalização" a partir do

16. Oestreich, Gerhard. Problemas estruturais do absolutismo europeu; Hespanha, Antônio Manuel. Para uma teoria da história institucional do Antigo Regime. *In*: Hespanha, Antônio Manuel (org.). *Poder e instituições na Europa do Antigo Regime*: *colectânea de textos*. Lisboa: Fundação Calouste Gulbenkian, 1984.

17. Elliott, John. A Europe of composite monarchies. *Past and Present*, n. 137, 1992, p. 48-71; *Id*. "Constitucionalismo antiguo y moderno y la continuidad de España". *Cuadernos de Alzate*, n. 33, 2005; Beik, William. *Absolutism and society in Seventeenth-Century France. State Power and Provincial Aristocracy in Languedoc*. Cambridge: Cambridge University Press, 1985.

18. Shennan, Joseph Hugh. *The Origins of the Modern European State (1450-1725)*. Londres: Hutchinson University Library, 1974; Rotelli, Ettore; Schiera, Pierangelo (orgs.). *Lo Stato Moderno*. Bolonha: Il Mulino, 1971-1974. 3 v.

Concílio de Trento (1545-1563) e seus dispositivos canônicos, a intromissão papal manifestou-se de forma muito mais determinante sobre os Estados italianos, mas basta lembrar que nem mesmo grandes e poderosas monarquias como aquelas de França e Espanha puderam fugir de confrontos e choques com Roma[19].

## Configurações da dimensão religiosa na Época Moderna

Nessa fase da Época Moderna, as confissões religiosas assumiram a função de uma identidade coletiva estatal na qual emerge, de fato, uma nova figura que se estende entre o âmbito religioso e aquele político: aquela do "súdito-fiel". E, paradoxalmente, é o papado que, nesse caso, unindo à função de comando (*praeceptio*) também a função de educador do indivíduo (*instructio*), torna-se uma espécie de protótipo do Estado Moderno e de uma nova política que, cada vez mais, tende a formar e a controlar os sujeitos[20]. É esse processo da Época Moderna que permite compreender não só o sentido das guerras de religião e da repressão das heresias, mas também as raízes do disciplinamento moderno, do controle da vida cotidiana do indivíduo[21].

Reconfiguram-se, a partir dessa nova dinâmica, antigas instituições. As Inquisições foram fundamentais para o exercício desse disciplinamento no âmbito católico; ao lado delas, e sobretudo após as reformas introduzidas por Trento, temos as visitas episcopais como expressão de um renovado zelo pastoral[22]. Também se criam instrumentos: no âmbito das igrejas reformadas (ou calvinistas), o zelo pelo controle disciplinador, manifesto pelos consistórios das igrejas locais, levou à criação de verdadeiras microrredes de poder, nas quais os leigos municiavam os anciãos, encarregados de garantir a saúde e pureza do rebanho, com informações detalhadas sobre o estado espiritual

---

19. Prosperi, Adriano. *Tribunais da consciência*: *inquisidores, confessores, missionários*. São Paulo: Edusp, 2013; Rodrigues, Rui Luis. Os processos de confessionalização e sua importância para a compreensão da história do Ocidente na primeira Modernidade (1530-1650). *Revista Tempo*, v. 23, n. 1, 2017, p. 1-21.

20. Prodi, Paolo. *Il Sovrano Pontefice*: *un corpo e due anime. La monarchia papale nella prima età moderna*. Bolonha: Il Mulino, 1982.

21. Reinhard, Wolfgang. *Geschichte der Staatsgewalt*. Munique: C. H. Beck, 1999; Reinhard, Wolfgang. *Glaube und Macht*: *Kirche und Politik im Zeitalter der Konfessionalisierung*. Friburgo: Herder, 2004.

22. Bethencourt, Francisco. *História das inquisições. Portugal, Espanha e Itália, Séculos XV--XIX*. São Paulo: Companhia das Letras, 2000; Po-Chia Hsia, Ronald. *The World of Catholic Renewal, 1540-1770*. Cambridge: Cambridge University Press, 1998.

dos fiéis[23]. Nesse quadro pode ser inserida, também, a novidade da missionação católica como lugar da nova pastoral e ação missionária. Preocupada simultaneamente com a catequese dos pagãos, com a inclusão nas dinâmicas da *respublica christiana* e com a normalização de seus modos de vida, ocupada, ainda, com o desafio representado pelas "Índias de lá" e pelas "Índias de cá" (ou seja, os desafios da evangelização tanto no além-mar como no interior da própria Europa, percebida, cada vez mais, como insuficientemente catequizada), essa nova missionação se diferenciará em relação aos esforços evangelizadores anteriores[24].

A partir daqui, por um lado, a ideologia religiosa realizou seu ingresso na política e lhe forneceu sua base modelar que mudaria, no limite, seu estatuto. Realizou isso ampliando, cada vez mais, sua esfera de atuação para setores da vida nos quais antes não entrava, integrando-os a um discurso sobre a política[25]. Por outro, o percurso se configurou como o começo de uma reavaliação do direito que corroeria a função da lei eterna como código referencial prioritário. Essa reavaliação foi repensada em sua função cívica com o conceito de "direito natural": seu novo fundamento será racional e filosófico (não mais de ordem teológica, nem fundado na fé), humano e natural (não mais sobrenatural e divino). A reaquisição do sentido estruturante da *civitas* permitirá fazer com que a filosofia do Estado e aquela do Direito caminhem juntas: e isso, porque elas reencontram, progressivamente, a capacidade de repensar o mundo da natureza e dos homens independentemente da *religio* cristã.

Embora paradoxal na aparência, essa profunda transformação pode ser percebida na própria cultura religiosa da época. É nesse sentido que se pode

---

23. Schilling, Heinz. *Early Modern European Civilization and its Political and Cultural Dynamism. Op. cit.*; Burnett, Amy Nelson. Basel's Rural Pastors as Mediators of Confessional and Social Discipline. *Central European History*, v. 33, n. 1, 2000.

24. Agnolin, Adone. *Jesuítas e selvagens: a negociação da fé no encontro catequético-ritual americano-tupi (sécs. XVI-XVII)*. São Paulo: Humanitas/Fapesp, 2007; *Id. O amplexo político dos costumes de um jesuíta brâmane na Índia. A acomodação de Roberto de' Nobili em Madurai e a polêmica do Malabar (séc. XVII)*. Niterói: EdUFF; São Paulo: Fapesp, 2021; Pompa, Cristina. *Religião como tradução: missionários, tupi e tapuia no Brasil colonial*. Bauru: Edusc, 2003; Prosperi, Adriano. *Tribunais da consciência: inquisidores, confessores, missionários. Op. cit.*; *Id.* O missionário. *In*: Villari, Rosario (org.). *O homem barroco*. Lisboa: Presença, 1995; Gasbarro, Nicola. A Modernidade ocidental e a generalização de "religião" e "civilização": o agir comunicativo das missões. *In*: Almeida, Néri de Barros; Silva, Eliane Moura da (orgs.). *Missão e pregação. A comunicação religiosa entre a história da Igreja e a história das religiões*. São Paulo: Fap-Unifesp, 2014.

25. Prodi, Paolo. *Disciplina dell'Anima, Disciplina del Corpo e Disciplina della Società tra Medioevo e Età Moderna*. Bolonha: Il Mulino, 1994.

entender como a própria Reforma vem a fazer parte da Modernidade, com todas as diferenças no seu interior. É para contrastar o neopaganismo renascentista[26], que contaminara a Igreja institucional, que o agostiniano Martinho Lutero (1483-1546) conjuga *civitas* e *religio*, repensando a religião cristã com a *sola fide* (apenas a fé) e negando, portanto, o livre-arbítrio [↗Reformas religiosas]. Essa operação se contrapõe aos pressupostos renascentistas de um livre-arbítrio erasmiano. Negando este, Lutero negava, por consequência, tudo aquilo que se inspirava no Direito, que, com a novidade de sua proposta teológica, era reabsorvido pela totalidade da Graça. Mesmo na reforma culturalmente mais marcada pela tradição latina expressa por João Calvino (1509-1564), na qual se distinguia a fé religiosa do poder civil, separáveis como a alma e o corpo no ser humano, acabou-se dando uma forte prioridade ao elemento espiritual.

No entanto, apesar desse contraste, tanto os reformadores da religião como os filósofos e historiadores da política e do direito realizaram, mesmo que em modo distinto, uma nova e radical separação entre o civil e o religioso. É a novidade dessa perspectiva que marca a Época Moderna, na medida em que nela emergem dois diferentes sentidos de poder, civil e religioso, que ordenam a todos os outros códigos culturais. A oposição é evidente, mas a perspectiva de autonomização dos dois poderes é idêntica e, aliás, reforçada justamente no conflito entre essas duas distintas orientações. O crescimento progressivo da força sistematizadora da *civitas* tornou esta, e não mais a *religio*, o fator capaz não apenas de organizar de forma hierárquica os outros códigos culturais, como anteriormente, mas também de determiná-los sob novas formas e mesmo negá-los como autônomos, legitimando-os tão somente como expressão e produtos da *civilização*[27]. Esse será, no âmbito da cultura ocidental moderna, o périplo realizado pela religião cristã, de "lente hermenêutica" da realidade a acessório cultural, um dos itens civilizadores na bagagem do imperialismo oitocentista.

Com sua valorização da *sola fide* em detrimento dos esforços humanos, a Reforma recolocou em cena – tanto na cena religiosa quanto na política – a ação de Deus, que reduzia substancialmente aquela do ser humano. Apesar disso, da Reforma emergiu "uma nova concepção de Deus, do homem, da Igreja, da hierarquia e do ordenamento temporal nos primeiros anos da Idade Moderna"[28].

---

26. Warburg, Aby. *A renovação da Antiguidade pagã: contribuições científico-culturais para a história do Renascimento europeu*. Rio de Janeiro: Contraponto, 2013.

27. Agnolin, Adone. *História das religiões*. *Op. cit.*

28. Oberman, Heiko. *The Impact of the Reformation: Essays*. Edimburgo: T. & T. Clark, 1994.

Era por meio da administração dos sacramentos que a Igreja Romana, no medievo e ao longo da Época Moderna, regia os momentos mais significativos da vida social e religiosa: desde a administração do batismo, passando pelo sacramento matrimonial, até a extrema unção. Encontramos, assim, sob a égide da Igreja, a administração de todas as fases da existência social humana: nascimento e ingresso na comunidade cristã, estruturação e controle das relações parentais com o casamento, administração do destino *post mortem*. Além disso, desde o medievo tardio havia sido retomado com nova força o culto dos santos, assim como as procissões, peregrinações, doações e ofertas à Igreja: instrumentos rituais centrais que reafirmavam a exigência e a possibilidade de o ser humano se salvar com suas próprias forças e por meio de suas ações. Dentre esses instrumentos e nessa direção, a venda de indulgências (tradicionalmente considerada a motivação do protesto de Lutero) representava uma questão teológica marginal que, todavia, revelava concretos e importantes reflexos na prática devocional tardo-medieval.

Nesse contexto, o momento ritual da penitência (a confissão) recebeu especial destaque. Tornou-se central no âmbito católico, que a administrou no interior dos "tribunais da consciência", tanto em fórum interno (a confissão), quanto em fórum externo (a Inquisição)[29]. Segundo Delumeau, tratava-se de elemento ansiógeno para os crentes escrupulosos. Não poucos viram na Reforma Luterana uma proposta de libertação da consciência em relação ao jugo do confessionário[30].

Para Lutero, a acusação dirigida aos teólogos escolásticos se concentrava na questão central da penitência; é ela que se encontra no âmago de suas *95 Teses*. Podemos sintetizar o núcleo desse escrito segundo a tese forte de que a penitência não se limita a um ato específico da vida (as indulgências, por exemplo), mas deve constituir a substância da vida inteira (1ª Tese). Logo, a vida inteira se configura como penitência.

Foi justamente da Carta paulina aos *Romanos* que Lutero obteve sua ideia do movimento por meio do qual a justiça de Deus entra no ser humano.

---

29. Prosperi, Adriano. *Tribunais da consciência: inquisidores, confessores, missionários. Op. cit.*

30. Delumeau, Jean. *Le Péché et la peur: la culpabilisation en Occident – XIIIe-XVIIIe siècles*. Paris: Fayard, 1983; Delumeau, Jean. *A confissão e o perdão: a confissão católica, séculos XIII a XVIII*. São Paulo: Companhia das Letras, 1991; Ozment, Steven. *The Age of Reform, 1250-1550: An Intellectual and Religious History of Late Medieval and Reformation Europe*. New Haven: Yale University Press, 1980; Agnolin, Adone. Do Evangelho segundo Lutero – a Reforma Religiosa: paradoxos e origens da Modernidade. *Fronteiras: Revista de História*, v. 19, n. 34, 2017, p. 13-48.

Conforme destacou Prosperi, "havia duas palavras que o atormentavam: [...] 'justo' (*iustus*) e 'justiça' (*iustitia*). [...] A ideia de um Deus justo o levava a temer a Deus: é justo, logo pune as nossas culpas"[31].

"No Evangelho se revela a justiça de Deus": foi nesse passo central da *Carta aos Romanos* (1,17) que o frade agostiniano começou a entrever uma saída do desespero que a reflexão sobre o pecado constitutivo da natureza do ser humano lhe despertara. Lutero interpretava as Escrituras por meio delas mesmas, segundo um método exegético que perseguirá por toda a vida e que tão profundamente caracteriza suas obras. Como exegeta, começou a compreender que é a justiça doada por Deus aquela por meio da qual o justo vive e por meio da qual se tem fé. Trata-se do resultado imediato da exegese luterana decorrente das palavras do apóstolo Paulo segundo as quais "[...] o justo viverá por fé"; Deus "justifica", isto é, considera como justos e perdoa os pecadores que acreditam em seu amor, graças a Jesus Cristo. Nesse sentido, ele mesmo aponta como "o Evangelho nos revela não a justiça de Deus, mas a justiça passiva, por meio da qual Deus, em sua misericórdia, nos justifica mediante a fé"[32].

Foi a partir desse momento que, à sua primeira "teologia da humildade" – aquela convicção juvenil de que, perante o abismo da santidade de Deus, o ser humano aparecia inevitavelmente como pecador –, ele veio contrapondo a "teologia da justificação por fé", a qual cancelava toda a doutrina das boas obras e dos méritos na perspectiva da conquista da salvação. Trata-se de uma mudança extraordinária e fundamental com relação à Igreja da época enraizada em suas bases tomista e escolástica e que teve consequências imensas sobre o cristianismo ocidental. Essas consequências, todavia, não eram previstas pelo reformador alemão: de fato, Lutero não falou de sua obra como uma reforma da Igreja. Pelo contrário, tratava-se para ele de um restabelecimento da verdade evangélica e de um retorno à comunidade cristã vivente do Evangelho.

A novidade interpretativa dessa premissa teológica colocou em discussão toda a construção salvífica da Igreja, e isso com todas as decorrentes consequências econômicas e políticas do contexto alemão no qual a doutrina luterana se construía [↗Reformas religiosas]. Somente os sacramentos expressamente instituídos por Cristo, isto é, o batismo e a última Ceia, sobreviveriam à revolução teológica luterana: permanecerá, também, o sentido profundo

31. Prosperi, Adriano. *Lutero: Gli anni della fede e della libertà*. Milão: Mondadori, 2017.

32. Miegge, Giovanni. *Lutero Giovane*. Milão: Feltrinelli, 1964.

da utilidade da confissão privada, mesmo depois de sua ruptura com Roma (contra as tendências mais radicais de quem queria substituí-la pela absolvição coletiva distribuída do altar), mas para ele o arrependimento e a confissão não representavam mais a saída do estado de pecado, senão apenas o primeiro passo em direção à penitência. Portanto, se todas as tradicionais obras humanas destinadas, sob patrocínio eclesiástico, à salvação eram derrubadas de uma vez, as obras que o ser humano podia celebrar para honrar a Deus e para ajudar o próximo se constituíam, no novo cenário, somente como uma *consequência da fé*. Uma aspiração comum dos reformadores é que eles não pretendiam criar algo, mas permanecer fiéis aos fatos revelados pelas Escrituras; aspiração decorrente da (re)descoberta de uma mesma verdade[33].

## As reformas religiosas em chave teológico-política

A análise conduzida até aqui demonstra como o universalismo católico no Quinhentos despedaçou-se, não somente pelo impulso político dos Estados territoriais, mas também, porque foram dadas respostas teológicas a difundidas e bem perceptíveis exigências culturais e sociais. Dentre as mais significativas, podemos destacar: o direito dos leigos a ter acesso ao instrumento de cultura religiosa por excelência, a Bíblia; a rejeição do predomínio de uma ordem privilegiada como o clero; a exigência de reorganizar as igrejas na base do princípio do "bem comum", abrindo acesso aos recursos colocados à disposição pela caridade cristã. Essas respostas teológicas atendiam a exigências interiores, sentidas pelos fiéis, como o tormento das consciências frente a pecados que, na realidade, acabariam por não se revelar como tais (por exemplo, a violação de ordenamentos da Igreja – votos e preceitos eclesiásticos – que sujeitariam os homens, mas não seriam desejados por Deus).

No século XVI, portanto, manifestavam-se as características emblemáticas de uma transformação teológica que era destinada a modificar a história; e isso, com certeza, mesmo que, do ponto de vista social e político, o movimento da Reforma tenha colocado em ação muito mais do que aquilo que seus próprios iniciadores tinham intenção de fazer.

O problema da continuidade e descontinuidade com a Idade Média tem que ser visto à luz daquilo que os próprios reformadores acreditavam. A esse respeito, resulta evidente que, pelo menos no começo de sua proposta

33. Strohl, Henri. *O pensamento da Reforma*. São Paulo: ASTE, 1963.

"reformadora", os protagonistas desses movimentos não queriam uma rebelião, uma mudança eversiva (coisa que acontecerá, por exemplo, a partir das instâncias emergentes dos grupos radicais, como veremos abaixo). Os protagonistas dos movimentos reformadores queriam, sobretudo, a restauração do Evangelho. Isso, para eles, significava uma oposição ao poder e às riquezas da Igreja, às missas e às indulgências para os defuntos, à veneração dos santos, enfim, a tudo aquilo que foi se instituindo e firmando na e pela tradição (medieval e escolástica) e que fazia parte da doutrina da Igreja e da devoção popular, mas que não se encontra nos textos evangélicos. Foi assim que aquilo que se configurava como um passo para trás (o resgate de uma Igreja fundamentada na Sagrada Escritura e na primeira Patrística cristã, por oposição à escolástica de Tomás de Aquino e à tradição doutrinária das ordens monásticas da Idade Média tardia) significou, então, também uma virada e uma consequente ruptura. Nessa perspectiva, enfim, podemos e devemos identificar uma pluralidade de (e bem diferentes) reformas [↗Reformas religiosas].

Em função disso, justifica-se considerar o tratamento dado pelos diferentes movimentos de reforma ao tema das relações com o poder civil. Nos territórios germânicos, o luteranismo configurou uma virada que imergiu suas raízes no passado, isto é, no sistema do "conciliarismo" do século anterior que se contrapôs à política de supremacia dos pontífices. Essa solução conciliarista mergulhava, ela mesma, na antiga lógica dos "múltiplos corpos", ao refletir sobre a sinodalidade (as contribuições efetivas dos bispos, reunidos em concílio) para o governo da Igreja.

O direito de oposição a qualquer poder que desejasse se sobrepor aos privilégios e prerrogativas dos diferentes corpos que constituíam o organismo social era ponto pacífico no âmbito dessa lógica já longeva. Em Lutero, a novidade foi a articulação de uma peculiar concepção jurídica do direito à oposição que, ao fim e ao cabo, beneficiou a ideia de Igreja territorial, unida em torno da autoridade principesca e à revelia do poder imperial. Para isso, Lutero partiu de uma recusa à ideia medieval dos "dois gládios", segundo a qual poder civil e poder sagrado correspondiam a esferas distintas e na qual o predomínio, em última análise, do poder sagrado correspondia à esfera mais elevada de sua atuação. A doutrina luterana dos "dois reinos" (*zwei Reiche*) partia da distinção radical entre realidade da graça e realidade do pecado, com o poder secular, realidade caída e pecadora, pertencendo a este último, não ao primeiro. Em consequência disso, a própria Igreja é submetida ao poder secular, no que diz respeito à sua "esfera externa"[34]. A "esfera interna", radicalmente distinta da esfera externa, é aquela da consciência do cristão, na qual ele vive os embates de sua fé; o Evangelho diz respeito tão somente a essa esfera interna, enquanto toda a vida externa e social encontra-se sob o governo da lei[35].

A longo prazo, essa concepção teria importantes reflexos, tanto na formação de uma "consciência moderna" do indivíduo como em termos mais diretamente políticos, com o fortalecimento das prerrogativas principescas em relação à autoridade do imperador. No entanto, na decisão dos príncipes germânicos que apoiaram Lutero não temos apenas a percepção de uma possibilidade de aumento do seu próprio poder; temos também o exercício dessas prerrogativas corporativas, ponto de partida para a reivindicação dos príncipes em opor-se ao imperador. Aos elementos da tradição, assim, Lutero adicionou alguns importantes e significativos germes inovadores.

No contexto dos cantões suíços e de algumas cidades dotadas de autonomia no âmbito do Império, a reforma ampliou um movimento tipicamente urbano e tardo-medieval de oposição à jurisdição eclesiástica e de emancipação de grupos urbanos em relação ao clero e à Igreja, fortemente criticados do ponto de vista espiritual. Nesse contexto, reformadores como Huldrych Zwinglio (1484-1531) forneceram exemplo concreto para a doutrina do sacerdócio dos crentes, investindo os conselhos das cidades na tarefa de reformar a Igreja. Em Zurique, Zwinglio subordinou o governo da Igreja aos magistrados civis, mas sem reproduzir a distinção operada por Lutero entre as esferas "interna" e "externa". Era uma dinâmica cesaropapista que se diferenciava daquela observada nos territórios alemães por não guardar o distanciamento pedido pela doutrina dos "dois reinos". Nas reformas cantonais, ambos os reinos se fundiam e a cidade era entendida como projeto teológico-político coeso. Ao contrário da separação defendida pela doutrina dos "dois reinos", temos uma perspectiva monista de sociedade: a fusão entre as magistraturas civil e religiosa impedia a constituição de duas esferas de atribuições autônomas, a sagrada e a secular.

Já em Genebra, que estava inicialmente inserida nesse contexto das reformas cantonais, encontraremos um desenvolvimento desses pressupostos na direção de uma maior clareza. Para Calvino, magistratura civil e magistratura

34. Prodi, Paolo. *Uma história da justiça*. *Op. cit.*

35. Lutero, Martinho. Da autoridade secular, até que ponto se lhe deve obedecer. *In*: *Id*. *Obras Selecionadas*. São Leopoldo: Sinodal, 1987. v. 6.

religiosa colaboram de forma igual e orgânica; a disciplina externa pertence ao magistrado público, mas essa magistratura civil não pode intervir nas questões internas de fé e da Igreja. Esta, por sua vez, por meio de seus ministros, assume o papel de conselheira moral do poder civil. Com isso, na prática os magistrados eclesiásticos (os pastores e anciãos reunidos em conjunto na inovadora instituição do *Consistório*) orientam os princípios de convivência social.

Ao instituírem os quatro corpos constitutivos da organização da nova Igreja: os Pastores, responsáveis pela pregação pública das Escrituras; os Doutores, encarregados do ensino civil e teológico; os Anciãos ou leigos, investidos de autoridade para governar, e os Diáconos, leigos encarregados da supervisão da caridade pública, as "Ordenações de 1541" deram forma ao projeto institucional calvinista de fazer de Genebra uma "cidade de santos". Calvino conseguiu realizar a emancipação das burguesias urbanas da Igreja institucional, recuperando uma ideologia republicana (característica das "cidades livres" do território suíço) sob as vestes de sua específica reforma religiosa. Com essa base, o calvinismo se tornou um movimento "internacional", graças aos seus ordenamentos eclesiásticos, que podiam ser aplicados no mundo inteiro[36]. E, por fim, a característica doutrina da predestinação tornou-se, com o calvinismo, uma força de coesão e de resistência para todos aqueles que, na Europa e na América, constituíram igrejas de perseguidos.

Finalmente, precisamos levar em consideração aquela reforma tradicionalmente definida como "reforma radical". A comum rejeição do "mundo" por parte de anabatistas e espiritualistas aproximava-os das heresias medievais. Estamos diante, na verdade, de uma enorme pluralidade de expectativas religiosas mais antigas e que fundiram aspirações místicas com desenvolvimentos de movimentos religiosos tardo-medievais frequentes nos Países Baixos ou na Península Ibérica. Um exemplo é a obra de Juan de Valdés, que tanto influenciou o espiritualismo italiano logo antes e ao redor das primeiras fases do Concílio de Trento[37]. O fato desses movimentos emergirem

36. Calvino, João. Ecclesiastical Ordinances of Geneva (1541). *In*: Hillerbrand, Hans J. (ed.). *The Protestant Reformation*. Nova York: Harper, 2009; Calvino, João. Do poder civil. *In*: *Id*. *A Instituição da Religião Cristã*. São Paulo: Editora da Unesp, 2009, livro IV, cap. XX.

37. Cohn, Norman. *The Pursuit of Millennium: Revolutionary Millenarians and Mystical Anarchists of the Middle Ages*. Nova York: Oxford University Press, 1970; Post, Regnerus Richardus. *The Modern Devotion: Confrontation with Reformation and Humanism*. Leiden: E. J. Brill, 1968. Firpo, Massimo; Maifreda, Germano. *L'eretico che salvò la Chiesa. Il cardinale Giovanni Morone e le origini della Controriforma*. Turim: Einaudi, 2019, cap. V.

das igrejas institucionalizadas (no fim das contas tratou-se da afirmação de um "radicalismo evangélico") fazia deles uma espécie de heréticos modernos, tanto aos olhos dos católicos quanto dos protestantes[38].

Se, para os radicais, o Espírito que permeava o crente encontrava-se acima também da Sagrada Escritura, a Igreja não podia ser considerada a partir dos vínculos tradicionalmente pensados pela lógica da *respublica christiana* (e que foram reproduzidos pelos diferentes grupos, ao se confessionalizarem), segundo a qual se era membro da Igreja na qual se nascia. O pertencimento à Igreja, operado pelo batismo infantil, equivalia ao pertencimento à sociedade. Para esses radicais, a verdadeira Igreja era aquela na qual se entrava por fé; e isso, eventualmente, sem que esse ingresso fosse caracterizado e efetivado por algo de institucional e formal. Era nessa "igreja espiritual" que o fiel devia ser conduzido a uma perfeita vida cristã, separada das dinâmicas civis da república. A dimensão profundamente comunitária, sobretudo da experiência anabatista, a vigorosa reivindicação de uma total autonomia da esfera religiosa em relação àquela política e, enfim, a reivindicação do direito a existir no interior de uma Europa cada vez mais dividida em confissões institucionalizadas, colocaram elementos que, afinal, levariam também essa Reforma para além de seus pressupostos medievais.

Do ponto de vista da "solução católico-tridentina"[39], a Igreja Romana acabou por assumir as características de uma sociedade soberana, por meio da reprodução de formas e expressões que estavam se desenhando no âmbito das monarquias em vias de centralização. Isso fica claro quando consideramos a relação pós-tridentina entre o papa e o episcopado: a sucessão apostólica dos bispos (e, portanto, sua autoridade em relação aos sacerdotes) é reafirmada, mas essa estrutura episcopal é subordinada à decretação dos papas, que reservavam para si tanto o direito de nomear os bispos como delegados da Sé apostólica, quanto a possibilidade de, eventualmente, dispensar os bispos da obrigação de residir em suas dioceses. Trata-se de uma afirmação da soberania pontifícia que ocorre em paralelo ao movimento que, no campo político, visava afirmar a soberania do príncipe frente aos direitos e privilégios tradicionais. Ao mesmo tempo, foi um golpe fatal nas pretensões conciliaristas do século anterior, as quais estavam tão intimamente ligadas às dinâmicas de uma política corporativa.

---

38. Williams, George Huntston. *La Reforma radical*. México: Fondo de Cultura Económica, 1983.

39. Prodi, Paolo. *Uma história da justiça*. *Op. cit.*

A esse reforço da soberania da Igreja Romana, contudo, correspondeu um movimento de recolhimento no que diz respeito à relação da instituição eclesiástica com os príncipes. Em Trento, chegou-se a uma solução na qual o papado deixou de exigir dos príncipes a profissão de fé católica a fim de legitimá-los para o exercício do poder político. Para além de uma articulação mais acabada da soberania em nível interno, a Igreja Romana procurava reforçar sua soberania no que diz respeito ao controle das consciências, por meio de uma dimensão normativa capaz de se furtar à autoridade positiva dos príncipes. É a dimensão da *cura animarum*, a "cura das almas": uma resposta aos sentimentos religiosos do período tardo-medieval, quando se clamava por uma atuação pastoral mais intensa por parte do clero; mas também a constituição de uma nova forma de jurisdição. Diante de uma dificuldade cada vez maior para regular juridicamente a totalidade da vida social – a exceção será o casamento, que continuará sob autoridade eclesiástica ainda por muito tempo –, a Igreja Romana concentrou-se no controle dos comportamentos, não mais no plano do direito, mas no plano da ética[40].

Em relação ao poder principesco, a Igreja Romana desistirá de condená-lhe a soberania; diante do complexo quadro que se apresenta à Europa da segunda metade do século XVI, a Igreja procurará assinalar, para o governante, a conveniência oferecida pela disciplina cristã. Todavia, quando a Igreja Romana julgava necessário lembrar os príncipes de seus deveres, não raro isso foi feito por meio do recurso ao antigo vocabulário político corporativo, o qual insistia no dever dos príncipes de respeitar os costumes e os direitos adquiridos, como se depreende dos argumentos relacionados pelo jesuíta Juan de Mariana (1536-1624) em defesa da rebelião contra um soberano ímpio, no seu tratado *De rege et regis institutione* (*Sobre o rei e a educação do rei*), de 1598. Seja como for, a grande tendência na Igreja Romana a partir dos últimos anos do século XVI foi no sentido de distanciar-se dos ordenamentos cívicos, de forma a validar seu poder indireto em outro plano: o cuidado com as consciências e o enaltecimento de seu próprio papel na história, na cultura e na moldagem dos comportamentos coletivos.

Uma pujante historiografia, primeiramente alemã, procurou nas últimas décadas sublinhar o quanto a centralidade da religião e das disputas ao seu redor por parte de todos esses movimentos de reforma não pode ser considerada, historicamente, como tendência antimoderna: afirmando-se

40. Prodi, Paolo. *Uma história da justiça. Op. cit.*

a religião como força originária e tornando-se a fé uma concreta força histórica e operativa, ter-se-ia realizado, de fato, o aviamento e a afirmação da Modernidade[41]. A percepção de que esse foi o encaminhamento final do processo, contudo, não deve nos roubar o discernimento de que, nesse preciso momento, a consciência ocidental ainda se deixava conduzir pelo elemento religioso como a "lente hermenêutica" da realidade. Será apenas na Época Moderna tardia, passados os traumas das guerras religiosas cujo coroamento foi o conjunto de disputas nomeado como Guerra dos Trinta Anos (1618-1648) [↗Guerra dos Trinta Anos e revoltas nos domínios Habsburgos], e no decorrer de um "longo século XVIII" cujo início pode ser encontrado nas últimas décadas do século anterior, que as sociedades ocidentais chegarão a destituir a religião desse papel central. Como essa lógica hermenêutica estava imbricada com a *respublica christiana* como autocompreensão efetiva dessas sociedades, não será de se estranhar o fato de que também nesse período essa construção ideológica se desintegrará.

## O ocaso da religião cristã como lente hermenêutica

Embora continuasse presente na sociedade ocidental, foi a partir do século XVIII que a religião cristã deixou de ocupar o lugar de lente interpretativa prioritária do mundo e da vida. A importância primordial da lei eterna cedeu diante da pluralidade de vozes religiosas no interior da própria Cristandade e da necessidade, premente, de impedir que essa polifonia de vozes continuasse a disputar a primazia sobre a totalidade do corpo social. Na predominância política dos motivos de ordem religiosa, Hobbes havia identificado a própria causa da guerra civil. Sinal de que a univocidade da verdade – característica do feitio dado à noção cristã de *religio*, mas impossível no novo cenário em que vozes diferentes afirmavam direitos sobre a mesma herança cristã – não poderia ocupar mais o cerne do sistema[42]. À noção de *respublica christiana* sucedeu, no devido tempo, a própria noção de Ocidente; à religião cristã, que havia substituído o antigo nexo civil da *respublica* romana, sucedeu o evangelho secularizado da civilização ilustrada[43].

41. Schilling, Heinz. *Martin Luther: Rebell in einer Zeit des Umbruchs*. Munique: C. H. Beck, 2012.

42. Hobbes, Thomas. *Elements of Law*. II, 7, 2; Hobbes, Thomas. *De cive*, 12, 1; Koselleck, Reinhart. *Crítica e crise: uma contribuição à patogênese do mundo burguês*. Rio de Janeiro: Eduerj; Contraponto, 1999.

43. Rodrigues, Rui Luis. "Orbis minima pars est Europa". *Op. cit.*

Essa passagem da religião cristã, de código hermenêutico central para uma posição secundária recebeu múltiplas interpretações desde o século XIX. Por força de características bastante peculiares à historiografia alemã, lugar onde essa reflexão se deu de forma mais sistemática, as interpretações ganharam frequentemente contornos processuais, familiares a uma história de corte sociológico. Escreveu-se, assim, sobre esse "processo de secularização" mediante o qual a religião cristã teria perdido seu lugar prioritário[44]. A Modernidade tardia (a partir, sobretudo, da segunda metade do século XVII) começou a ser pensada como *locus* de um processo de "desencantamento do mundo" (*Entzauberung der Welt*) que, em última análise, derivou forças das transformações religiosas introduzidas pelo protestantismo, em especial da "ascese intramundana" que Max Weber discerniu no puritanismo inglês do século XVII: uma configuração da piedade cristã que via o presente mundo e suas ocupações como compatíveis com a devoção religiosa e mesmo como o campo em que a própria legitimidade da fé poderia ser colocada à prova[45].

Ao diminuir a distância entre o sagrado e o profano, ao tornar equivalente a santidade do trabalho àquela da vida no claustro, a piedade puritana teria dado um passo decisivo para a superação das antigas lógicas religiosas da *respublica christiana*; as transformações ocorridas na religião cristã durante a Época Moderna, com a emergência de novas formas de devoção, teriam cooperado para a formação da fisionomia moderna da sociedade ocidental, com maior abertura para a inovação e menor dependência das antigas tradições. Ao mesmo tempo, a oposição sistemática da fé reformada aos elementos considerados supersticiosos teria colaborado para uma concepção de mundo cada vez menos "encantada".

Na necessidade, experimentada pelo poder soberano a partir de meados do século XVII, de confinar à esfera do foro privado as perquirições da consciência dirigida pela religião, a fim de controlar a violência religiosa, Reinhart Koselleck entreviu um fator importante nesse processo de "subalternização" da religião cristã. Segundo ele, a par dessa ação restritiva operada pelo poder, um aspecto central na cosmovisão cristã – a expectativa escatológica – foi significativamente enfraquecido na passagem do século XVII para o século

44. Marramao, Giacomo. *Poder e secularização: as categorias do tempo*. São Paulo: Editora da Unesp, 1995; Catroga, Fernando. *Entre deuses e césares: secularização, laicidade e religião civil*. Coimbra: Almedina, 2006.

45. Weber, Max. *A ética protestante e o "espírito" do capitalismo*. São Paulo: Companhia das Letras, 2004.

XVIII. A predição profética cedeu lugar aos prognósticos, a noção de um futuro escatológico conhecido e projetado desde o início como recuperação do passado perdido foi substituída pela perspectiva de um futuro aberto[46].

Ecoando essas lógicas, Oestreich falou em "desteologização da política": a necessidade de esvaziar a política de categorias teológicas, de forma a impedir que as diferenças confessionais continuassem a fomentar a discórdia civil. O diferencial da abordagem de Oestreich foi sublinhar o papel desempenhado, nesse contexto, pela filosofia neoestóica: ela teria fornecido os elementos indispensáveis para a produção de um disciplinamento social em bases não religiosas [↗Sistemas políticos e estruturas de poder][47].

É preciso notar que, enquanto a análise de Weber não atribui diretamente qualquer papel negativo à religião cristã, mesmo frisando que as mudanças na direção da moderna sociedade ocidental se deram pela *superação* de aspectos presentes nas concepções religiosas tradicionais, as análises de Koselleck e de Oestreich apontam no elemento religioso, maximizado pela situação confessional, algo fundamentalmente disfuncional; perspectiva muito própria da história social alemã de meados do século XX. A essa ideia de disfuncionalidade da religião cristã na Época Moderna, a partir da década de 1970, a historiografia alemã alinhada com o chamado "paradigma da confessionalização" opôs a ênfase na importância da religião ao longo do século XVII como fator mesmo de introdução de aportes "modernizadores". Para essa abordagem, longe de desempenhar um papel disfuncional, a religião teria representado uma contribuição significativa para a criação das principais estruturas que configuraram a Modernidade ocidental[48].

O próprio processo de centralização política, assim, recebeu legitimação teológica: em muitas mentes do século XVII, o soberano que procurava fazer avançar sua autoridade por sobre as prerrogativas dos corpos políticos constituídos encontrava sua contrapartida na noção de uma

46. Koselleck, Reinhart. *Crítica e crise: uma contribuição à patogênese do mundo burguês. Op. cit.*; *Id. Futuro passado: contribuição à semântica dos tempos modernos.* Rio de Janeiro: Contraponto; Ed. PUC-Rio, 2006.

47. Oestreich, Gerhard. Problemas estruturais do absolutismo europeu. *In*: António Manuel Hespanha (org.). *Poder e instituições na Europa do Antigo Regime. Op. cit.*, p. 179-200; Oestreich, Gerhard. *Neostoicism & the Early Modern State.* Cambridge: Cambridge University Press, 1982.

48. Schmitt, Carl. *Teologia Política.* Belo Horizonte: Del Rey, 2006; Rodrigues, Rui Luis. Os processos de confessionalização e sua importância para a compreensão da História do Ocidente na primeira Modernidade (1530-1650). *Op. cit.*; Schilling, Heinz. *Early Modern European Civilization and its Political and Cultural Dynamism. Op. cit.*

soberania divina que também estaria *legibus solutus* ("livre de suas próprias leis")[49]. Essa perspectiva recusa nos processos decisivos que levaram à configuração da Modernidade ocidental e a esse grande construto chamado Estado Moderno a necessidade de uma "desteologização da política"; ao contrário, o principal elemento de Modernidade na construção da ideia de Estado – a lenta, mas decisiva, supremacia do poder centralizado sobre os "poderes intermediários" (Oestreich) ou "múltiplos foros de autoridade" – teria sido possível graças à incorporação de elementos teológicos; em vez de "desteologização da política", o século XVII teria conhecido, então, o surgimento de uma nova teologia política.

Tal percepção historiográfica dá conta, com maior propriedade, do caráter ambíguo do próprio século XVII, em que intuições radicalmente novas ainda conviviam com permanências longevas. Tratava-se de um século no qual as confissões de fé ainda representavam uma força dominante na própria política externa das nações europeias; no qual as inquietações apocalípticas ainda eram matéria subjacente a considerações políticas, o que explica a presença dessas perquirições em panfletos de polêmica política e em documentos de natureza diplomática; no qual a crença na ação do diabo, maximizada pela proximidade do desenlace escatológico, ganhava corpo nas execuções dos acusados de bruxaria e nas convulsões dos suspeitos de possessão demoníaca[50].

Contudo, esse século XVII foi, também, campo de mudanças importantes. Foi a lenta consciência da impossibilidade de continuar a se valer da *religio* como vínculo social que corroeu, a partir de dentro, a *respublica christiana*. Agindo em nome do rei da França, o cardeal Richelieu (1585-1642) fez repetidas vezes alianças com poderes protestantes, inclusive no contexto da Guerra dos Trinta Anos, ao mesmo tempo em que, tendo em vista suas

49. Wyduckel, Dieter. *Princeps Legibus Solutus: Eine Untersuchung zur Frühmodernen Rechts- und Staatslehre*. Berlim: Duncker & Humblot, 1979.

50. Schilling, Heinz. *Early Modern European Civilization and its Political and Cultural Dynamism*. *Op. cit.*; Pohlig, Matthias. Konfessionelle Deutungsmuster internationaler Konflikte um 1600 – Kreuzzug, Antichrist, Tausendjähriges Reich. *Archiv für Reformationsgeschichte*, v. 93, 2002; Popkin, Richard H. *The Third Force in Seventeenth-Century Thought*. Leiden: Brill, 1992; Clark, Stuart. *Pensando com demônios: a ideia de bruxaria no princípio da Europa moderna*. São Paulo: Edusp, 2006; Certeau, Michel de. *La possession de Loudun présentée par Michel de Certeau*. Paris: Gallimard; Julliard, 1980; Sartin, Philippe Delfino. *Possessão demoníaca e exorcismos em Portugal (1690-1760)*. Tese (Doutorado em História Social) – Faculdade de Filosofia, Letras e Ciências Humanas, Universidade de São Paulo, São Paulo, 2018.

pretensões centralizadoras, procurava controlar os huguenotes no interior do reino (como mostra o cerco à cidade e fortaleza militar protestante de La Rochelle, 1627-1628). Richelieu se justificava: teria preferido antes se aliar ao reino católico da Espanha do que aos protestantes, mas era impedido pela política antifrancesa da Espanha. De seu lado, as Províncias Unidas dos Países Baixos do Norte, calvinistas e em guerra contra a Espanha por sua independência, ofereceram suporte marítimo à França, sua aliada, para o cerco de La Rochelle[51]. O aluguel dos navios à França suscitou um debate no Conselho Municipal de Amsterdã: permitir-se-ia aos franceses celebrar missa no interior desses navios? O Conselho considerou inadmissíveis tais celebrações, mas não se opôs ao aluguel dos barcos para transporte de tropas que combateriam seus próprios correligionários calvinistas.

A religião cristã ainda era importante. Lutava-se e morria-se por ela, nas suas diferentes expressões confessionais. Porém, se percebia que a realidade, cada vez mais complexa e atravessada por ligações políticas, culturais e econômicas que não respeitavam os arranjos confessionais, tornava impossível continuar a considerar o vínculo confessional como delimitador das relações sociais. Escrevendo na década de 1640, no escopo de uma obra teológica, o teólogo e jurista batavo Hugo Grócio expressou-se assim: "Também a gentileza do esforço dos cristãos para a paz está nisso, em demolir os dogmas que perturbam a paz civil. É mais importante ser bom cidadão do que bom cristão"[52].

A declaração de Grócio não é uma negação da fé cristã. Todavia, no contexto de uma Europa abalada por décadas de guerras religiosas, essa frase era sinal dos tempos que mudavam. No seio das ortodoxias confessionais, a necessidade de jurar adesão às explícitas formulações começava a gerar, em não poucos eruditos e professores universitários, reservas de consciência. Mesmo entre ministros religiosos, obrigados a subscrever suas confissões de fé, persistiam as divergências no foro íntimo. Não é difícil perceber como a própria pluralidade de confissões tinha o potencial de se tornar sementeira de dúvidas: entre tantas e tão diversas formulações, onde está a verdade?

51. Schilling, Heinz. *Early Modern European Civilization and its Political and Cultural Dynamism. Op. cit.*; Parker, Geoffrey. *The Thirty Years' War*. Abingdon: Routledge and Kegan Paul, 1984; Sturdy, D. J. *Fractured Europe, 1600-1721. Blackwell History of Europe*. Hoboken: Wiley-Blackwell, 2002.

52. Grócio, Hugo. *Operum theologicorum*. Basileae: E. & J. R. Thurnisius, fratres, 1733. v. 4, p. 701b.

Reservas de consciência, dúvida, crítica: há que se lembrar da importância dessa palavra para Pierre Bayle (1647-1706)[53].

Como o trabalho de Popkin destacou[54], a recuperação do ceticismo clássico desempenhou um papel importante nas mudanças intelectuais desse período, por chamar a atenção para os limites do que poderia ser demonstrado racionalmente. Para Bayle, assim como para Montaigne, esse ceticismo assumiria tons fideístas: em matéria de religião e de moral, a impossibilidade de certeza racional seria suprida pela aceitação obediente dos postulados da fé. A atitude cética, contudo, colocava ampla margem para o questionamento, como a leitura das obras desses autores deixa claro.

Cada um a seu modo, Francis Bacon, René Descartes e Baruch de Espinosa procuraram responder ao desafio colocado pelo ceticismo. É a hipótese cética que Descartes assume, em sua primeira *Meditação*, para confrontá-la e superá-la; e Jonathan Israel foi bastante enfático ao sublinhar a importância de Descartes e de Espinosa no assentamento das bases das Ilustrações setecentistas[55]. Bacon ainda colocaria no frontispício de seu *Novum Organum* um versículo bíblico tomado do profeta Daniel (e Paolo Rossi insiste na relação peculiar de Bacon com a Bíblia); embora recebido por muitos coetâneos como fomentador de ateísmo e apostasia, o sistema cartesiano repousava sobre a ideia de Deus como garante do conhecimento racional. Entretanto, havia diferenças: o Deus do sistema cartesiano não se parecia com o Deus "de Abraão, Isaque e Jacó"; tornava-se um "princípio abstrato", o Deus que "é causa primeira do movimento", não mais o Deus do cristianismo, que governa o universo e interfere em sua ordem. Espinosa, heterodoxo tanto para os judeus como para qualquer confissão cristã, operou, com seu conceito de *Deus sive natura* (Deus ou natureza), um movimento radical da transcendência para a imanência que, sem abrir mão da ideia de Deus, passou a identificá-lo

---

53. Hazard, Paul. *A crise da consciência europeia, 1680-1715*. Rio de Janeiro: Editora da UFRJ, 2015; Labrousse, Elisabeth. *Pierre Bayle*. La Haye: Martinus Nijhoff, 1963-1964. 2 v.; Popkin, Richard Henry. *The History of Scepticism, from Savonarola to Bayle*. Nova York: Oxford University Press, 2003; Bayle, Pierre. *Dictionnaire historique et critique*. Rotterdam: Reinier Leers, 1702. 3 v.

54. Popkin, Richard Henry. *The History of Scepticism, from Savonarola to Bayle*. Nova York: Oxford University Press, 2003.

55. Rossi, Paolo. *A ciência e a filosofia dos modernos: aspectos da Revolução Científica*. São Paulo: Editora da Unesp, 1992 – sobre Bacon, cf. especialmente os capítulos 3 e 6; Popkin, Richard Henry. *The History of Scepticism, from Savonarola to Bayle*. Nova York: Oxford University Press, 2003; Israel, Jonathan. *Iluminismo radical. A filosofia e a construção da Modernidade, 1650-1750*. São Paulo: Madras, 2009.

com um rígido encadeamento de determinações naturais. Abriam-se, lentamente, amplos espaços para o questionamento das antigas certezas; e a crítica bíblica, levada a efeito tanto por Espinosa como pelo padre oratoriano francês Richard Simon, desempenharia nesse quadro um papel decisivo[56].

Essa atitude questionadora recebera influxo de uma dinâmica mais longeva: o impacto do contato com a diversidade cultural a que a Europa foi submetida desde o século XV. Por força da missionação, os jesuítas foram pioneiros na abordagem dessa diversidade – e em sentir seus efeitos. O "Novo Mundo" muda radicalmente o mundo antigo ao impor às reflexões filosófica e teológica questões nunca antes consideradas[57]. A possibilidade de uma moral totalmente desprovida de qualquer noção de transcendência, com a qual os missionários jesuítas entraram em contato na China, ocuparia longamente os ilustrados europeus do século XVIII[58]. É fato que esses ilustrados não tenham compreendido adequadamente os meandros da visão de mundo chinesa sobre a qual refletiam, mas a maneira como leram e interpretaram esses dados na direção de uma não identificação entre ateísmo e perversão moral é o ponto que nos interessa – e ao qual só foi possível chegar após alguns séculos de profundas inquietações provocadas pelo contato com a diversidade cultural.

O papel das chamadas "revoluções científicas" [↗A nova ciência] já foi inflacionado, no passado, na tentativa de se explicar esse abandono progressivo da religião cristã pelo Ocidente. A historiografia mais recente relativizou esse quadro, assinalando que, mais do que rupturas súbitas, houve mudanças operadas a partir de dentro do antigo paradigma epistemológico. Stuart Clark mostrou o quanto a própria dinâmica das transformações que teriam dado origem ao pensamento científico moderno foi potencializada por indivíduos ligados às antigas formas de compreensão: teólogos, muitos deles ocupados em produzir o que, depois, nomearíamos como tratados demonológicos,

---

56. Hazard, Paul. *A crise da consciência europeia, 1680-1715*. Rio de Janeiro: Editora da UFRJ, 2015.

57. Gasbarro, Nicola. A Modernidade ocidental e a generalização de "religião" e "civilização": o agir comunicativo das missões. *In*: Almeida, Néri de Barros; Silva, Eliane Moura da (orgs.). *Missão e pregação. Op. cit.*

58. Agnolin, Adone. *O amplexo político dos costumes de um jesuíta brâmane na Índia. A acomodação de Roberto de' Nobili em Madurai e a polêmica do Malabar (séc. XVII)*. Niterói: EdUFF; São Paulo: Fapesp, 2021; Mazzoleni, Gilberto. *O planeta cultural: para uma antropologia histórica*. São Paulo: Editora da Universidade de São Paulo; Instituto Cultural Ítalo-Brasileiro, 1992.

médicos ainda aferrados aos postulados galênicos e hipocráticos, juristas e praticantes da magia natural[59].

Feitas as devidas relativizações, é preciso ter em mente que a investigação acurada do mundo natural, ainda que praticada por homens que, não raro, desejavam identificar as possibilidades e limites da ação diabólica, teve repercussões significativas. No mínimo, operou importantes transformações categoriais, com consequências decisivas para o pensamento religioso ocidental[60].

O problema era: como categorizar os fenômenos atribuídos à operação diabólica sobre bruxos e feiticeiros? O âmbito do *milagre* era, por consenso, exclusivo da atuação divina. Sem possibilidade de operar milagres, ao diabo restava apenas a produção de enganos (*praestigiae*), servindo-se para tanto de modos rigorosamente naturais, mas ainda desconhecidos, pertencentes àquela dimensão-limite da natureza conhecida então como *preternatural*. A investigação intensa, promovida por indivíduos interessados em fixar bem as fronteiras entre esses diferentes campos, e que levou a resultados surpreendentes nas áreas da física e da ótica, forçou as demarcações entre o que era considerado "natural" e o que era considerado "preternatural"; cada vez mais instâncias preternaturais passaram a ser explicadas em termos naturais[61]. O mundo se desencantava.

Não há um processo único que explique a superação das confissões religiosas cristãs como chave capaz de explicar e organizar a realidade. Diversos fatores produziram esse resultado. O século XVIII acomodou tanto o ateísmo materialista de um Diderot e de um barão d'Holbach como o deísmo de um Voltaire ou de um Rousseau[62]. No limite, o século XVIII sonhou com a supressão total da religião cristã: é esse o credo que encontramos nas obras do

59. Clark, Stuart. *Pensando com demônios: a ideia de bruxaria no princípio da Europa moderna*. São Paulo: Edusp, 2006; Kuhn, Thomas Samuel. *A estrutura das revoluções científicas*. 5. ed. São Paulo: Perspectiva, 1998; Shapin, Steven. *A Social History of Truth: Civility and Science in Seventeenth-Century England*. Chicago; Londres: University of Chicago Press, 1994.

60. von Leyden, Wolfgang. *Seventeenth-Century Metaphysics: An Examination of Some Main Concepts and Theories*. Londres: Duckworth, 1968.

61. Clark, Stuart. *Vanities of the Eye: Vision in Early Modern European Culture*. Oxford: Oxford University Press, 2007; Shapin, Steven; Schaffer, Simon. *Leviathan and the Air-Pump: Hobbes, Boyle, and the Experimental Life*. Princeton: Princeton University Press, 1985.

62. Badinter, Elisabeth. *As paixões intelectuais*. Rio de Janeiro: Civilização Brasileira, 2009, 3 v.; Rousseau, Jean-Jacques. Profissão de fé do vigário saboiano. *In*: *Id*. *Emílio ou Da Educação*. 3. ed. Rio de Janeiro: Bertrand Brasil, 1995.

Marquês de Sade e que ganhou sua expressão maior na tentativa de "descristianizar" a França revolucionária[63].

Contudo, antes que houvesse uma tentativa de descristianização revolucionária, houve uma profunda cristianização da França. Para Jean Delumeau, o século XVIII assistiu nos territórios franceses a uma expansão sem precedentes da fé católica, com impacto na catequese e na vida devocional das populações. Segundo esse historiador, as mudanças de atitude diante da morte, lidas por Vovelle como sinal de descristianização, podem ser atribuídas a uma profunda interiorização da piedade que teria tornado o catolicismo francês menos dependente de cerimônias e para a qual a forte presença do jansenismo desde o século XVII teria sido seminal[64]. No auge das tentativas de descristianização, durante o Terror revolucionário (1793-1794), assembleias clandestinas realizavam "missas brancas": diante da escassez de padres, eram presididas por leigos que, sem condições de celebrar a Eucaristia, limitavam-se a ler a liturgia para os fiéis reunidos. Vários desses encontros aconteciam graças ao protagonismo das mulheres, elas também responsáveis por grande resistência às mudanças toponímicas e de calendário ensejadas pelas autoridades revolucionárias. No século XIX, com a restauração monárquica na França, diversos lugares que haviam sido palco de festas revolucionárias descristianizadoras testemunharam a execução de cerimônias religiosas de "reconsagração"[65]. O fim da religião cristã como lente hermenêutica da realidade não significou, de modo algum, a superação do cristianismo em suas diversas formas.

---

63. Sade, Marquês de. Français, encore un effort si vous voulez être républicains. *In*: *Id*. *La Philosophie dans le boudoir ou Les instituteurs immoraux*. Paris: Maxi-Livres, 2001; Santos Jr., Ronaldo Francisco dos. *As utopias revolucionárias e a Revolução libertina. Sade e sua apropriação da linguagem revolucionária*: *Atuação política e crítica ao governo republicano (1792-1795)*. Dissertação (Mestrado em História) – Instituto de Filosofia e Ciências Humanas, Unicamp, Campinas, 2022; Ozouf, Mona. Descristianização. *In*: Furet, François; Ozouf, Mona (eds.). *Dicionário crítico da Revolução Francesa*. Rio de Janeiro: Nova Fronteira, 1989; Vovelle, Michel. *Piété Baroque et déchristianisation*: *les attitudes devant la mort en Provence au XVIII^e siècle*. Paris: Plon, 1971; Vovelle, Michel. *A Revolução Francesa contra a Igreja*: *da razão ao ser supremo*. Rio de Janeiro: Zahar, 1989.

64. Delumeau, Jean. L'histoire de la christianisation. *In*: *Id*. *Un chemin d'histoire*: *Chrétienté et Christianisation*. Paris: Fayard, 1981; *Id*. *O que sobrou do paraíso?* São Paulo: Companhia das Letras, 2003.

65. Bordet, Gaston. *La Grande Mission de Besançon – janvier-février 1825 – Une fête contre-révolutionnaire, néo-baroque ou ordinaire?* Paris: Cerf, 1998.

## Bibliografia comentada

Bethencourt, Francisco. *História das inquisições. Portugal, Espanha e Itália. Séculos XV-XIX*. São Paulo: Companhia das Letras, 2000.

Síntese importante, ocupa-se de forma abrangente das Inquisições modernas nas três configurações assumidas nesse período: a romana (com todos os seus desdobramentos), a espanhola e a portuguesa.

Chabod, Federico. *Escritos sobre el Renacimiento*. Cidade do México: Fondo de Cultura Económica, 1990.

O historiador italiano procura elucidar o conceito de "Renascimento" por meio da análise das obras de Francesco Guicciardini, Paolo Giovio, Giovanni Botero e Paolo Sarpi. Chabod se concentra, de forma especial, sobre as origens renascentistas do Estado Moderno e sobre seus limites. No contexto do estudo da religiosidade dessa época, são relevantes os capítulos sobre Giovio, Botero e Sarpi.

Febvre, Lucien. *O problema da incredulidade no século XVI. A religião de Rabelais*. São Paulo: Companhia das Letras, 2009.

O livro analisa uma ausência: aquela da noção de descrença (incredulidade). O ponto de partida desse estudo é constituído por um outro publicado em 1924, por Abel Lefranc, para o qual o escritor François Rabelais teria sido "ateu militante". O já clássico estudo de Febvre refuta essa ideia, demonstrando que Rabelais não poderia ter sido ateu pela simples (mas, na verdade, complexa) razão de que o século XVI desconhecia o conceito de descrença. A confusão nasce de uma percepção distorcida: eruditos como Lefranc tomaram como "ateísmo" em Rabelais o que, na realidade, correspondia a críticas em relação às instituições eclesiásticas e à multiplicação supersticiosa dos milagres. Ao nos mostrar como a crítica rabelaisiana procurava de fato uma reorientação no sentido dos preceitos evangélicos, Lucien Febvre aponta de forma decidida para a característica "religiosidade profunda da maior parte dos criadores do mundo moderno".

Hazard, Paul. *A crise da consciência europeia, 1680-1715*. Trad. de Maria de Fátima Oliva do Coutto. Rio de Janeiro: Editora da UFRJ, 2015.

Texto seminal para se refletir sobre as transformações experimentadas pelas sociedades europeias na passagem do século XVII para o século XVIII. Aborda a mudança do eixo cultural europeu, do sul mediterrânico para o norte e as transformações no plano da cultura e do pensamento, com o primado da crítica e da dúvida.

Israel, Jonathan I. *Iluminismo radical: a filosofia e a construção da Modernidade, 1650-1750*. Trad. de Claudio Blanc. São Paulo: Madras, 2009.

Numa abordagem que segue de perto as percepções seminais de Paul Hazard, mas com recuo de sua periodização em trinta anos, Israel produziu um levantamento detalhado e extensamente documentado sobre as transformações intelectuais europeias entre 1650 e 1750. Seu foco está no papel desempenhado por Descartes e Espinoza nesse panorama.

Marcocci, Giuseppe; Paiva, José Pedro. *História da Inquisição Portuguesa (1536-1821)*. Lisboa: Esfera dos Livros, 2013.

Síntese brilhante da complexa história da Inquisição portuguesa, feita por dois dos maiores especialistas no tema.

Pagden, Anthony. *Lords of all the World. Ideologies of Empire in Spain, Britain and France, c.1500-c.1800*. New Haven; Londres: Yale University Press, 1995.

A partir da pretensão imperial da Roma antiga de ser "senhora de todo o mundo", a obra descreve como os governantes das grandes potências coloniais de Espanha, Grã-Bretanha e França adotaram a perspectiva imperial – bem como diferentes linguagens políticas para expressá-la – a fim de legitimar o confisco das terras do além-mar e a submissão de suas populações. O trabalho de Pagden acompanha a mudança radical dessas perspectivas, daquela espanhola, inicialmente baseada na importância da evangelização e da glória militar, até os argumentos de contestação dos franceses e dos ingleses, cada vez mais centrados em argumentos ligados ao lucro do comércio e da agricultura.

Po-Chia Hsia, Ronald. *The World of Catholic Renewal, 1540-1770*. Cambridge: Cambridge University Press, 1998.

Uma síntese abrangente, preparada meticulosamente, sobre as reformas empreendidas no âmbito da Igreja Católica latina.

Prodi, Paolo. *Uma história da justiça: do pluralismo dos foros ao dualismo moderno entre consciência e direito*. Trad. de Karina Jannini. São Paulo: Martins Fontes, 2005.

Ao procurar produzir uma história da passagem de um regime de múltiplos foros ao regime marcado pela dualidade entre consciência e direito, Paolo Prodi fez mais do que escrever "uma história da justiça" no âmbito do mundo ocidental; seu texto nos mostra com clareza como uma prática jurídico-teológico-política transformou-se tanto pela laicização da justiça quanto pela concentração da Igreja no foro da consciência.

Prosperi, Adriano. *Tribunais da consciência: inquisidores, confessores, missionários*. Trad. de Homero Freitas de Andrade. São Paulo: Edusp, 2013.

O livro oferece uma importante contribuição aos estudos sobre a história da Reforma e da Contrarreforma, da Inquisição na Itália, do trabalho missionário na Época Moderna e do papel da confissão como instrumento privilegiado de conversão. A presença da Igreja na Itália Moderna é a tese central do livro, analisada não somente do ponto de vista do poder estritamente político, como também em termos de conquista das consciências. Em suas três partes, a obra analisa, na linguagem clara que caracteriza os textos desse importante historiador italiano, a complexidade das relações e as transformações pelas quais passaram essas instituições no período.

Prosperi, Adriano. *Dar a Alma. História de um infanticídio*. São Paulo: Companhia das Letras, 2010.

O próprio título revela o objetivo geral do livro que, partindo de um caso concreto, no qual o desafio historiográfico encontra estímulo e provocação, procura reconstruir uma "história da alma", isto é, de sua concepção ao longo da história do cristianismo. Um estudo-relato que não perde de vista as problemáticas levantadas pela análise do fato (espécie de micro-história), mas que não se resolve e não pode encontrar solução apenas nele, estimulando uma reflexão historiográfica mais abrangente que, inclusive, leva à reflexão sobre algumas problemáticas, novas e complexas, dos dias de hoje. Vida e morte: eis o problema inquietante lançado por essa história. A vida de uma jovem que se entrelaça com a do filho por ela concebido, gerado e morto; isto é, ao qual ela deu e do qual tirou a própria alma. O livro coloca, com uma clareza lapidar, o quanto a religião cristã ainda desempenhava, em inícios do século XVIII, um papel central na sociedade europeia.

Schilling, Heinz. *Early Modern European Civilization and its Political and Cultural Dynamism*. Lebanon: University Press of New England, 2008.

Escrito por um dos principais proponentes do "paradigma da confessionalização", esse texto sintético permite acompanhar alguns dos desdobramentos mais interessantes dos processos de confessionalização ao longo dos séculos XVI e XVII.

Trevor-Roper, Hugh. *A crise do século XVII: religião, a reforma e mudança social.* Rio de Janeiro: Topbooks, 2007.

> Os ensaios reunidos por Trevor-Roper nesse volume continuam merecendo o adjetivo "clássicos". O autor dialoga criticamente com teses que ainda apresentavam grande fôlego em fins da década de 1960, como as propostas de Max Weber, R. H. Tawney e Werner Sombart sobre as relações entre religião e surgimento do capitalismo.

Williams, George Huntston. *La Reforma Radical.* Cidade do México: Fondo de Cultura Económica, 1983.

> O trabalho de Williams, apesar de cinquentenário, continua sendo uma referência incontornável no estudo da chamada "reforma radical", tanto pela amplitude das fontes pesquisadas como pelo rigor metodológico adotado.

# 3
# Sistemas políticos e estruturas de poder

*Bruno Kawai Souto Maior de Melo*
*Marilia de Azambuja Ribeiro Machel*

## O Estado Moderno como problema historiográfico

A reflexão sobre a formação do Estado na Europa encontra-se na origem do próprio interesse historiográfico pelas instituições políticas dos séculos XV a XVIII. Leopold von Ranke (1785-1886), um dos fundadores da História como disciplina acadêmica, já se demonstrava interessado na reconstrução da história das nações europeias e de seus processos de formação estatal. Ranke foi, de fato, um dos primeiros a pensar os Estados da Época Moderna como antecessores dos Estados-nação do século XIX e a fornecer uma leitura teleológica para a experiência política das sociedades do Antigo Regime.

Foi no contexto de nacionalismo em ascensão, que caracterizou a primeira metade dos Oitocentos nos territórios alemães, que Ranke e seus colegas da Escola Histórica Prussiana[1] se deixaram influenciar profundamente pela Filosofia da História de Georg Wilhelm Friedrich Hegel (1770-1831), convertendo-se nos principais difusores, no campo historiográfico, de sua interpretação evolutivo-racionalista da história e de sua visão sobre o Estado.

---

1. Bentivoglio, Júlio. Cultura política e historiografia alemã no século XIX: a Escola Histórica Prussiana e a Historische Zeitschrift. *Revista de Teoria da História*, Goiânia, v. 3, n. 1, 2014, p. 20-58.

Hegel concebia o Estado como uma realidade político-institucional que, entre o século XV e o século XIX, teria se constituído no Ocidente europeu como superação dos vínculos de caráter pessoal, característicos da Época Medieval. Essa interpretação processual da formação dos estados na Europa, desde o Congresso de Viena, transformou-se em um dos principais instrumentos de reconhecimento e legitimação do Reino da Prússia e do Império Alemão (1871-1918).

Nessa mesma época, fora da Alemanha, outras tradições nacionais também se propunham a pensar e legitimar as políticas de seus novos estados constitucionalistas a partir de leituras progressivas da história de matriz iluminista [↗O Iluminismo]. Na França, por exemplo, a tradição liberal representada por François Guizot (1787-1874), preocupada em construir um governo representativo estável e em conciliar os episódios Revolução de 1789 com o sentido seguido pela história até o fim do Antigo Regime, utilizou a categoria universalista de civilização (*civilisation*) com o intuito de sublinhar a centralidade da França, nação produtora dos mais importantes ideais e princípios, no processo de desenvolvimento da sociedade ocidental.

A mesma preocupação em conciliação do presente pós-revolucionário (progresso) com o passado monárquico (ordem), também se encontra na base da elaboração da teoria positivista sobre a evolução da sociedade na história proposta por Auguste Comte (1798-1857), na década de 1830. Com ela, Comte dá impulso ao desenvolvimento de uma nova disciplina, a Sociologia, que será responsável pela elaboração de ideias fundamentais sobre o Estado e sobre o seu papel no desenvolvimento das classes sociais. Dentre essas, e entre os historiadores do século XX, as concepções de Karl Marx (1818-1883) e Max Weber (1864-1920) seriam particularmente influentes.

Ao contrário de seu colaborador Friedrich Engels (1820-1895), que escreveu uma obra abrangente dedicada à formação histórica do Estado – *Origens da família, da propriedade e do Estado* (1884) –, Marx não produziu nenhuma obra dedicada especificamente ao problema do Estado, mas sua teoria política deve ser extraída a partir do conjunto dos seus escritos. Neles, expõe uma posição antitética à visão do Estado hegeliano e propõe que a organização do Estado era determinada pelas relações de produção e trabalho. Para Marx, a base das instituições políticas seriam as condições materiais da vida social. Entretanto, por conta do aprofundamento da divisão de trabalho e da apropriação privada do público com as mudanças na economia a partir do século XVI, o Estado teria cada vez mais passado a representar as necessidades e interesses das classes dominantes, nomeadamente, da classe burguesa [↗Capitalismo][2]. A consequência dessa interpretação negativa do Estado é o deslocamento do foco de interesse da reflexão marxista, das formas institucionais de domínio, meramente aparentes – representadas nas estruturas do Estado –, para as formas concretas de dominação, que têm suas raízes na base real da sociedade, isto é, nas relações de produção. Por essa razão, as principais linhas da pesquisa histórica marxista, desenvolvidas ao longo do século XX, deixariam de lado a análise dos temas ligados à história das instituições e da política.

Ainda assim, a análise marxista do sistema econômico capitalista, em suas diferentes fases, impactaria profundamente a imagem do Estado, como poderemos verificar na obra de Max Weber. Ao adotar uma visão racionalista e mais positiva do Estado, Weber acabou fornecendo a teoria sociológica mais relevante para o estabelecimento do que poderíamos chamar de "a concepção clássica de Estado" pelos historiadores europeus do pós-guerra[3]. Influenciado pelas ideias do jurista Georg Jellinek (1851-1911), concebeu o Estado como uma forma de controlar um determinado território alicerçada nas relações entre os homens que mandam e aqueles que obedecem. Primeiramente, descreve o Estado como uma comunidade humana que alcança, com sucesso, o uso exclusivo da coação legítima. Mais tarde, a imagem da comunidade humana é substituída pela imagem da associação política, entendida a partir daí como uma relação social de dominação que, dentro de um determinado território, tem sua continuidade garantida por um quadro administrativo e é legitimada pelo consenso dos sujeitos[4].

Esse deslocamento conceitual ocorre porque a questão do Estado, para Weber, é apenas um capítulo de sua sociologia da dominação. Por essa razão, sua reflexão se concentra, sobretudo, na questão do poder e de sua legitimação. Para Weber, o poder (*Macht*) significa somente a possibilidade de impor a própria vontade numa relação social, enquanto a dominação (*Herrschaft*), que seria um caso específico de poder, é o que se dá quando uma ou várias pessoas se encontram na condição efetiva de mandar em outras, exercendo o monopólio da força, entendida aqui como parte essencial do processo político e do próprio funcionamento das instituições. Desse modo,

2. Marx, Karl; Engels, Friederich. *A ideologia alemã*. São Paulo: Martins Fontes, 2007.

3. Benigno, Francesco. Lo stato moderno come topos storiografico. *In*: Barletta, Luigi; Galasso, Giuseppe (eds.). *Lo stato moderno di Ancien Régime*. San Marino: Aiep editore, 2007, p. 17-38.

4. Bianchi, Alvaro. O conceito de Estado em Max Weber. *Lua Nova*, n. 92, 2014, p. 79-104.

para Weber, toda dominação se manifesta como administração, ou seja, para se viabilizar, ela necessita de um círculo de pessoas especializadas, dispostas a obedecer às ordens dos dirigentes e capazes de se encarregar das funções indispensáveis para a manutenção/expansão do aparelho burocrático necessário para permitir a continuidade da empresa estatal. A definição de Estado como empresa estabelecia um paralelo entre a atividade política e a atividade econômica, fundamental, por sua vez, para a sua definição de Estado Moderno: aquele cujo quadro administrativo-jurídico se encontra burocrática e racionalmente organizado.

Partindo de uma visão teleológica das instituições estatais já presente em Hegel e Ranke, Weber será o primeiro a utilizar a designação "Estado Moderno" para se referir à realidade político-institucional que teria caracterizado a Modernidade europeia, dos Estados do Renascimento aos Estados constitucionais do século XIX. Entretanto, faz um uso ambíguo dessa expressão, na medida em que caracteriza o Estado Moderno a partir das propriedades que esse Estado só adquiriria no século XIX, ao fim do longo processo de formação estatal que teria caracterizado a Europa Moderna.

Isso ocorre pois, para Weber, assim como para os marxistas, o Estado da Época Moderna (isto é, as formações estatais dos séculos XV a XVIII) interessa somente como momento de transição, ou seja, como antecedente do Estado Moderno por excelência: o Estado do século XIX. Na obra weberiana, efetivamente, ele aparece apenas como o lugar do florescimento do capitalismo e de desenvolvimento das estruturas institucionais do Estado. Além disso, associando o progresso da economia ao progresso da política, Weber considera que a racionalidade da empresa estatal e a racionalidade da empresa econômica capitalista seriam uma prerrogativa da Modernidade ocidental, pois o empreendimento capitalista necessitava, para prosperar, que o Estado repousasse sobre um funcionalismo especializado e um direito racional. Isso não teria existido no Oriente e nem no Ocidente nas épocas Antiga e Medieval, quando as formas de organização estatal, segundo o autor alemão, careceriam da objetividade administrativa e jurídica do Estado Moderno.

A questão fundamental desse progresso era separação dos funcionários dos meios administrativos – análoga à expropriação do trabalhador dos meios de produção – necessária para o estabelecimento de administração impessoal da ordem pública. Assim, a associação política moderna se diferenciaria da associação política estamental, pois, nesta última, os meios administrativos estavam parcial ou totalmente nas mãos do quadro administrativo. O encerramento desses meios na esfera privada dos administradores e a subordinação do seu uso aos interesses privados inviabilizaria uma administração racional, capaz de dar conta das tarefas crescentemente complexas e abrangentes relacionadas com a manutenção da ordem, como a manutenção da paz ou a realização da guerra. Assim, na visão weberiana, o desenvolvimento do Estado Moderno era resultado da paulatina centralização da administração civil e militar por meio da apropriação, por parte da administração estatal, da coleta de impostos e da organização dos exércitos.

É sob o influxo dessas ideias que, na década de 1930, Otto Hintze (1861-1940) escreveu suas reflexões sobre o Estado Moderno. Para ele, em chave weberiana, a essência do processo de nacionalização das formas de organização feudal da sociedade se caracterizava pela progressiva intensificação, racionalização e individualização de todas as funções e formas de gestão da vida pública. Durante esse processo, Hintze identificou a formação de uma sociedade burguesa estruturada de maneira individual e voluntariamente sujeita às regras de direito privado e a um poder soberano (absoluto); a mesma sociedade burguesa que posteriormente iria, em grande parte, emancipar-se dessa submissão, com o estabelecimento do Estado liberal no século XIX[5].

Retomando a contraposição entre o Estado feudal (aristocrático) e o Estado liberal (burguês), já presente no idealismo hegeliano e no materialismo marxiano, Hintze identificou três fases de desenvolvimento do Estado Moderno: uma fase preparatória, associada ao Estado da Época Moderna, que terminaria com a Revolução Francesa, uma fase madura, nacional-burguesa, que abrangeria o século XIX e uma terceira fase, a do Estado Total, caracterizado pela definitiva incorporação de toda a esfera não estatal da sociedade burguesa pelo Estado. Renovava-se, assim, na discussão histórica travada na Alemanha ao fim da Primeira Guerra Mundial, a ideia, já estabelecida pelo pensamento historicista do século XIX, de que a Época Moderna, isto é, o período que vai do século XV ao século XVIII, era, antes de mais nada, uma época de transição para uma segunda e mais efetiva Modernidade, por sua vez marcada pelo aumento progressivo do poder soberano das grandes monarquias nacionais, graças a um duplo processo de autonomização: um processo externo, em oposição às pretensões universalizantes do Papado e do

5. Cf. Benigno, Francesco. Stato moderno. *In*: *Id*. *Parole nel tempo*: *un lessico per pensare la storia*. Roma: Viella, 2013, p. 163-184.

Império, e outro interno, em detrimento das forças resistentes e concorrentes, identificadas nos poderes feudais, nas cidades e nas assembleias parlamentares. A relevância histórica deste duplo processo advinha, justamente, do estabelecimento do Absolutismo monárquico como etapa ineludível do percurso civilizatório da sociedade europeia.

Segundo essa interpretação, graças à submissão do poder eclesiástico e à centralização em torno do soberano, da função legislativa, do exercício da justiça e da organização do exército nacional, teria lugar o desenvolvimento de um corpo burocrático fiel ao soberano absoluto e livre das obrigações de lealdade típicas da sociedade feudal. Esse corpo estaria pronto para se converter em funcionalismo estatal quando a soberania dos reis absolutistas se transformasse na soberania do povo nos Estados nacionais do século XIX.

## O Antigo Regime como Era do Absolutismo

Na época de Hintze, essa interpretação sobre o Absolutismo não era, porém, algo novo. O neologismo *Absolutisme* (Absolutismo) havia aparecido, na língua francesa, na última década do século XVIII, como integrante do mesmo campo semântico que despotismo. Esse novo vocábulo, cunhado no debate da França revolucionária, foi incorporado no debate político-historiográfico nacional sobre a Revolução Francesa no início do século XIX. Nas obras de Guizot e Edgar Quinet (1803-1875), por exemplo, foi utilizado seja para caracterizar a centralização monárquica dos séculos XVII e XVIII, seja para designar o (condenável) governo precedente à Revolução, quase como um sinônimo de Antigo Regime[6].

Nesse mesmo período, sempre com valor negativo, o termo se propagou para fora da França, passando a ser adotado na arena política europeia partir da década de 1820. Na Espanha, por exemplo, foi empregado pela imprensa para debater os méritos e os deméritos da restauração de Fernando VII, no período de 1814 a 1833. Na Inglaterra, é rapidamente integrado à linguagem dos liberais, como sinônimo de poder ilimitado e despótico, e incluído no léxico da narrativa *whig* acerca da excepcionalidade inglesa[7].

---

6. Sanfilippo, Matteo. Alcune note sul concetto di assolutismo nella storiografia europea. *In*: Platania, Gaetano (org.). *L'Europa di Giovanni Sobieski. cultura, politica, mercatura e società*. Roma: Sette città, 2005, p. 475-503.

7. Black, Jeremy. El papel de la monarquía en la Inglaterra del siglo XVIII. *Manuscrits: Revista d'història moderna*, n. 23, 2005, p. 151-162.

Somente na Alemanha, graças ao grande êxito da Filosofia da História hegeliana, essa perspectiva aparece invertida. Ainda que Hegel em nenhum momento utilize o termo "Absolutismo" em sua obra, em seus escritos que tratam da transição do feudalismo para a Modernidade, avalia-se como positivo o Estado centralizado e dominado pela vontade do soberano, que, a seu ver, preparava o caminho para o surgimento do Estado Moderno, tendo em vista a sua capacidade de contrastar os poderes de natureza aristocrático-feudal.

Essa visão positiva do Absolutismo reapareceria, ainda nos anos 30 do século XIX, na obra de Eduard Gans (1797-1839) que, na esteira do pensamento hegeliano, considera Frederico II da Prússia (1712-1786) – para Hegel, o primeiro a derrotar as pretensões autonomistas da antiga aristocracia – e Luís XIV (1638-1715) como os dois monarcas absolutos por excelência. Entretanto, inaugurando uma contraposição entre a França e a Prússia destinada a se tornar elemento fundamental da cultura política da segunda metade do século XIX, Gans busca evidenciar a incompletude da experiência política da França católica e sublinhar o papel da Alemanha protestante na condução do Ocidente à Modernidade por meio da divisão do processo histórico de modernização do Estado em duas fases – uma primeira, francesa, em que teria tido lugar a superação dos poderes feudais; e uma segunda, prussiana, que teria preparado a transição para o Estado nacional.

A interpretação de Gans será, no geral, aceita pelos hegelianos da Escola Histórica Prussiana. Seus ecos podem ser percebidos na *História alemã na Era da Reforma*, publicada por Ranke entre 1839 e 1847, e no renovado debate sobre formas do Absolutismo que teve lugar na Alemanha a partir da obra de Wilhelm Roscher (1817-1894). Enquanto na França do século XIX o Absolutismo ainda era visto como um regime uniforme desde a época de Clóvis, na Alemanha, a discussão histórica estava preocupada em melhor compreender os séculos de transição entre o Estado feudal e o Estado Moderno, por meio de uma definição mais clara das fases da evolução do Estado entre os séculos XVI e XVIII, num esforço que conduz também à análise de outros espaços políticos, como o austríaco e o russo.

Roscher será o primeiro a utilizar a expressão "Absolutismo Esclarecido" para se referir aos monarcas do século XVIII influenciados pelo Iluminismo, como Frederico II e José II da Áustria (1741-1790). Além disso, adicionou uma terceira fase na bipartição proposta por Gans: antes do Absolutismo representado pela Versalhes de Luís XIV, identificou uma nova fase no processo de formação do Estado Moderno, a do "Absolutismo Confessional", que teria tido lugar entre o reinado de Filipe II de Espanha (1527-1598) e o império de seu primo Fernando II (1578-1637). Roscher concebeu, assim, um esquema tripartite (Absolutismo Confessional, Absolutismo de Corte e Absolutismo Esclarecido), depois retomado por Heinrich von Treitschke (1834-1896) e Reinhold Koser (1852-1914), que se manteria válido como modelo para a discussão sobre as formas do Estado da Época Moderna, na Alemanha, até as últimas décadas do século XIX.

Essas discussões certamente serviram de pano de fundo para a formulação do modelo de organização social elaborado por Hintze para explicar, na década de 1930, a primeira fase de evolução do Estado Moderno. Entretanto, em sua obra, o conceito de Absolutismo perde seu caráter nacionalista defendido por todos esses autores do século XIX. Diante da derrota alemã na Primeira Guerra Mundial, a pretensa superioridade da Alemanha sobre a França e a Europa católica caía por terra. Com Hintze, o Absolutismo se torna sinônimo do processo de derrocada do aparato hierárquico-feudal da Idade Média. Sua tese retomava a ideia difundida da historiografia alemã desde os escritos de Ranke: a pressão militar externa, causada pelos conflitos em que estiveram envolvidos os estados europeus a partir do século XVI, teria sido o principal motor do Absolutismo, ao favorecer o desenvolvimento de um aparato de poder capaz de conduzir a guerra e a diplomacia sob a liderança unificada dos reis. Contudo, esta não teve grande impacto entre os historiadores da Alemanha do período entreguerras.

Nesse mesmo ínterim, na França, os estudiosos, particularmente aqueles ligados à história do direito, continuavam a sustentar que a tradição absolutista francesa tinha origens medievais e que o conceito que melhor caracterizaria o Estado da Era Moderna seria o de Antigo Regime. A historiografia anglo-saxã, por sua vez, continuava limitada à reafirmação de que a tradição política inglesa sempre havia rejeitado qualquer forma de Absolutismo. Assim, conquanto no âmbito do *IV Congresso Internacional de Ciências Históricas* (Oslo, 1928) o tema do "despotismo esclarecido" tenha ainda incitado o debate historiográfico, às vésperas do início da Segunda Guerra Mundial o conceito de Absolutismo parecia rumo ao ocaso.

Foi somente no Pós-Guerra, após a ruína do nazifascismo, que o conceito voltaria a ser debatido, graças à associação então estabelecida entre as monarquias absolutas da Época Moderna e os regimes totalitários do século XX. Na década de 1950, muitos intelectuais alemães fugidos para os Estados Unidos, considerando a influência do militarismo prussiano no Terceiro Reich, passaram a se interrogar se o Absolutismo teria sido uma premissa para o Totalitarismo. Na esteira da obra de Mircea Eliade (1907-1986), são concebidas interpretações em que o Absolutismo era considerado um fenômeno cíclico e eternamente recorrente no curso da história da humanidade.

É nesse contexto que no *X Congresso Internacional de Ciências Históricas* (Roma, 1955), Fritz Hartung (1883-1976) e Roland Mousnier (1907-1993) apresentaram a sua famosa exposição sobre o Absolutismo[8]. Acomunados por uma visão etapista da História, em que o Absolutismo é visto como fator civilizatório, passagem ineludível para o Estado representativo de direito, e pela leitura weberiana-hintziana de que o Absolutismo era fruto de um processo progressivo de centralização de poder, os dois autores tinham, porém, diferentes preocupações acerca do Estado, oriundas de suas tradições intelectuais de origem.

Hartung, crítico à teoria dualística alemã sobre as origens do Estado, sistematizada pelo historiador suíço Werner Näf (1894-1959), opunha-se à identificação da monarquia limitada pelos Estados Gerais (sistema estamental) dos séculos XIV e XV como uma fase de formação do Estado Moderno e considerava apenas o Principado dos séculos XVI a XVIII como parte desse processo. Mousnier, por sua vez, estava preocupado em defender a visão tradicional do Estado absolutista francês como propício ao desenvolvimento da burguesia, pela venalidade dos cargos e da criação de uma nobreza togada (*noblesse de robe*). Afastando-se da tese de Hintze, sustentava, ademais, que teriam sido os conflitos sociais internos à França, culminantes na Fronda, a origem da orientação absolutista dada à ação governamental a partir do Cardeal de Richelieu (1585-1642).

O impacto desse relatório foi imenso. Pela primeira vez, um conjunto de ideias mais ou menos compartilhadas permitiria o surgimento de um amplo debate internacional sobre as monarquias absolutas da Época Moderna. Entre 1955 e 1975, o discurso sobre o Absolutismo seria regenerado e substancialmente transformado. Ainda que ele continuasse sendo pensado como elemento de modernização dos Estados, graças à emergência de uma efetiva historicização das realidades históricas concretas, fruto de novas e mais aprofundadas

---

8. Mousnier, Roland; Hartung, Fritz. Quelques problèmes concernant la monarchie absolue. *In*: X Congresso Internazionale di Scienze Storiche: Storia moderna. *Relazioni del [...]*. Florença: Sansoni, 1955, p. 3-55. v. 4.

pesquisas de arquivo, os limites constitucionais e estruturais do modelo interpretativo proposto pela tradição idealista começariam a ser revelados.

Foi só então que a França se tornou o principal centro da discussão sobre o Absolutismo histórico. A possibilidade de que Frederico II da Prússia pudesse estar de algum modo ligado à ascensão de Hitler garantiu a Luís XIV, considerado dentre os monarcas absolutos o que tinha a descendência menos abominável, uma centralidade nos estudos sobre o Absolutismo que duraria por mais duas décadas. Dessa estação de estudos, a obra de Mousnier seria uma das principais representantes[9].

Mousnier é um dos primeiros a falar sobre a coexistência de dois modelos em confronto dentro do processo de evolução do Estado: o Estado absolutista e aquele que ainda vê os estamentos numa posição dominante. A seu ver, ainda que os dois modelos fossem incompatíveis, eles teriam permanecidos interligados durante muito tempo, uma vez que os soberanos da Época Moderna não teriam conseguido, efetivamente, pôr fim às formas de resistência ao seu poder. A mesma percepção é reiterada por Robert Mandrou (1921-1984) no amplo retrato que faz da Europa absolutista[10]. Para ele, apesar de os Bourbon terem inspirado a criação de um modelo teórico de poder absoluto, nem mesmo o Rei-Sol teria sido capaz de controlar totalmente o território de seu reino.

Na década de 1960, Gehrard Oestreich (1910-1978), aluno de Hartung, efetivamente já apontava o que as pesquisas de arquivo mais recentes vinham evidenciando, cada vez mais, a presença de "elementos não absolutistas do Absolutismo"[11]. Crítico à tradição em que havia se formado, também assinala os limites da centralização posta em ato pelas instituições monárquicas dos séculos XVII e XVIII e identifica dentro Absolutismo a sobrevivência de um poder nobiliárquico pensado na chave fundiária (*Grundherrshaft*) proposta por Otto Brunner (1898-1982) na década de 1930[12].

---

9. Mousnier, Roland. *Les institutions de la France sous la monarchie absolue (1598-1789)*. Paris: Presses universitaires de France, 1974-1980. 2 v.

10. Mandrou, Robert. *L'Europe "absolutiste". Raison et raison d'État (1649-1775)*. Paris: Fayard, 1977.

11. Oestreich, Gerhard. Problemas estruturais do absolutismo europeu. *In*: Hespanha, António Manuel (org.). *Poder e instituições na Europa do Antigo Regime*. Lisboa: Fundação Calouste Gulbenkian, 1984, p. 179-200.

12. Brunner, Otto. *Land and Lordship Structures of Governance in Medieval Austria*. Filadélfia: University of Pennsylvania Press, 1984.

Não acreditando na racionalização das instituições burocráticas, como elemento de estruturação do poder estatal, Oestreich propunha em seu lugar um processo de desteologização da política, baseado no triunfo da razão de Estado e no esvaziamento da política de seus antigos referenciais teológicos[13]. Dessa forma, ele invertia a interpretação proposta Reinhard Koselleck (1923-2006) na década de 1950, para quem, partindo da ideia de Teologia Política de Carl Schmitt (1888-1985)[14], a Modernidade teria se caracterizado uma teologização da política, fruto da incorporação pelo campo político de certos *arcana* provindos do campo teológico [↗O papel estruturante da religião].

As teses tradicionais da historiografia alemã, entretanto, continuariam a ser renovadas, particularmente entre os historiadores soviéticos e ingleses de orientação marxista, preocupados em definir as características de uma fase absolutista na transição entre o feudalismo e o capitalismo[15]. Alexandra Lublinskaya (1902-1980), por exemplo, retoma a divisão do Absolutismo as duas fases: o Absolutismo francês de século XVII e o esclarecido do século XVIII. Já a ideia rankiana-hintziana de que a pressão militar externa estaria nas origens do Absolutismo foi recuperada, na década de 1970, por Perry Anderson (1938-)[16].

Para essa historiografia, era central o debate sobre a relação entre o Estado absolutista e os grupos sociais do Antigo Regime, sem que houvesse entre eles, entretanto, uma posição unívoca sobre esse problema. O historiador soviético D. S. Skaskin, em sua intervenção no *X Congresso Internacional de Ciências Históricas*, em 1955, filiando-se à tese clássica, também defendida por Mousnier, via na classe burguesa o principal apoio do soberano absoluto em sua luta contra os poderes feudais. Mesma posição de Lublinskaya, que sublinhava o suporte oferecido à monarquia francesa pelas cidades e por suas elites contra a forças centrífugas nobiliárquicas[17].

---

13. Rodrigues, Rui Luis. Os processos de confessionalização e sua importância para a compreensão da História do Ocidente na primeira Modernidade (1530-1650). *Op. cit.*

14. Koselleck, Reinhart. *Crítica e crise: uma contribuição à patogênese do mundo burguês. Op. cit.*

15. Molnár, Erik. Les fondaments économiques et sociaux de l'absolutisme. *In*: XII Congrès International des Sciences Historiques, 29 ago.-5 set., 1965, Viena. *Actes du* [...]. Horn: Ferdinand Berger & Söhne, 1965, p. 155-169. v. 5. Sweezy, Paul Malor *et al. Do feudalismo ao capitalismo*. São Paulo: Martins Fontes, 1977.

16. Anderson, Perry. *Linhagens do Estado Absolutista*. São Paulo: Brasiliense, 1985.

17. Lublinskaya, Alexandra Dimitrievna. *French Absolutism: The Crucial Phase, 1620-1629*. Cambridge: Cambridge University Press, 1968.

Por outro lado, para Boris Porschnev (1905-1972), estudioso das revoltas populares do século XVII[18], o Absolutismo, ao contrário, seria uma formação estatal feudal dominada pelo estamento nobiliárquico. Anderson, na esteira de Porschnev, defenderia a natureza aristocrático-feudal do Estado do Antigo Regime, entendendo o Absolutismo como um novo e mais sofisticado instrumento de domínio da nobreza. O marxista inglês acreditava, todavia, que o Estado absolutista, ainda que não fosse capaz de suplantar o papel político da nobreza, dispunha de uma força coercitiva capaz de disciplíná-la. Para ele, o papel progressivo do Estado absolutista na história europeia era atrelado à sua determinação pelo desenvolvimento estrutural do capitalismo, capaz de garantir que os interesses das classes mercantis e manufatureiras fossem atendidos por esse mesmo Estado constituído para proteger os privilégios da aristocracia.

A tese de Anderson teria grande impacto nas Américas. Nos Estados Unidos, influenciou diretamente a obra do americano Charles Tilly (1929-2008)[19], representante da sociologia histórica, preocupado com o processo de urbanização e os processos sociopolíticos de formação dos Estados nacionais na Europa[20]. No Brasil, graças à grande difusão nos ambientes acadêmicos nacionais das teorias marxistas, o livro de Anderson, depois de sua publicação na década de 1980, tornou-se leitura de base em praticamente todos os cursos de História Moderna das universidades do país.

Único texto de todo esse debate historiográfico do pós-guerra a ser traduzido para português, a obra de Anderson acabou sendo lida em nosso país, muitas vezes, desconectada do contexto em que fora produzida. Em um universo acadêmico em que os estudos sobre a Época Moderna se atinham à História do Brasil Colônia e, em especial, ao problema da dependência econômica do Brasil em relação ao capitalismo mercantil europeu em expansão, eram as estruturas econômicas e a natureza comercial da relação colônia-metrópole que estavam em pauta[21].

Apesar da importância que as ideias weberianas tiveram para a reflexão de Raimundo Faoro (1925-2003) sobre a formação sociopolítica do Brasil e

18. Porchnev, Boris. *Les Soulèvements populaires en France de 1623 à 1648*. Paris: S.E.V.P.E.N, 1963.

19. Souza, Laura de Mello. As formas do Estado. *Folha de São Paulo*, 12 jul. 1996.

20. Tilly, Charles (ed.). *The Formation of National States in Western Europe*. Princeton: Princeton University Press, 1975.

21. Schwartz, Stuart. A historiografia dos primeiros tempos do Brasil moderno: tendências e desafios das duas últimas décadas. *História: Questões & Debates*, Curitiba, n. 50, 2009, p. 175-216.

as importantes renovações historiográficas trazidas pela História Social, Cultural e Econômica feitas no Brasil a partir de meados da década de 1980, até o início dos anos 2000, nosso conhecimento do debate acerca do problema do Estado na Época Moderna permaneceria substancialmente fragmentário, apesar da tradução de novos textos de autores ligados à Escola dos Annales, como Emmanuel Le Roy Ladurie (1919-2023)[22], ou à tradição marxista, como o próprio Tilly[23].

Foi somente na virada do século, com o florescimento de uma história administrativa do Brasil colonial, que os debates sobre o problema do Estado travados na Europa desde o Pós-Guerra passariam a nos interessar mais diretamente. Sob a influência das ideias do historiador do direito português António Manuel Hespanha (1945-2019) e do grupo de pesquisadores portugueses preocupados com a História do Estado português na Época Moderna a ele ligado, essa nova historiografia rompeu com a tradição teórica do modelo colônia *versus* metrópole. Passou-se a destacar o papel das elites locais no sistema de governo do império português, tendo como base o novo olhar sobre o processo de estruturação do poder nas sociedades de Antigo Regime que foi se estabelecendo na Europa nas últimas décadas do século XX.

## A ascensão do Estado Corporativo

Como vimos, desde o fim da década de 1960, dentro da própria historiografia que sustentava a ideia de um Estado Moderno marcado por um progressivo fortalecimento do poder absoluto, emergia a percepção da persistência na Época Moderna de estruturas que tinham suas origens atreladas ao pluralismo político-jurídico do período medieval. Eram essas estruturas os "elementos não absolutistas do Absolutismo" de que então falava Oestreich: as assembleias regionais, os senhorios jurisdicionais, as cidades.

No fim da década seguinte, a força com que esses "poderes intermediários" com seus múltiplos níveis de autoridade emergia das pesquisas de arquivo começou a colocar em xeque a ideia de Estado centralizado e a expor os limites do conceito de Absolutismo como um instrumento de análise eficaz para se compreender as estruturas do poder das sociedades de Antigo Regime. Por consequência, o interesse da historiografia europeia pela discussão marxista sobre o

22. Le Roy Ladurie, Emmanuel. *O Estado Monárquico. França, 1460-1610*. São Paulo: Companhia das Letras, 1994.

23. Tilly, Charles. *Coerção, capital e Estados europeus (990-1992)*. São Paulo: Edusp, 1996.

Estado absolutista e suas discussões correlatas, como a transição do feudalismo para o capitalismo – tão em voga nas Américas –, esgotou-se[24].

Nos anos 1970, começava a haver uma percepção, cada vez mais compartilhada, de que os fundamentos teóricos do Absolutismo nunca se concretizaram na realidade histórica e de que o poder da realeza precisava ser entendido como parte de uma estrutura político-jurisdicional plural e multifacetada. Isso somente se intensificaria na década de 1980, em decorrência do colapso das grandes narrativas fundadas nos ideais iluministas de racionalização e de progresso que caracterizou a Pós-modernidade. Nesse contexto, ficou evidente o quanto a historiografia sobre o Antigo Regime havia se constituído, desde suas origens, atrelada a essas narrativas e, consequentemente, encontrava-se comprometida por elas. O idealismo alemão, empenhado no esforço de legitimação do novo regime social e político, havia desfigurado a imagem do Antigo Regime pela transposição para a análise do passado de categorias e valores advindos do Estado-nação. Já a interpretação marxista, preocupada com o advento futuro da revolução proletária, havia reduzido o Estado a mero instrumento de preservação e reprodução dos interesses das classes dominantes, eludindo completamente o seu papel de entidade ordenadora da sociedade civil.

Tais interpretações oitocentistas e as que delas derivaram ao longo do século XX – ainda hoje dominantes em nossos manuais escolares – tinham em comum o fato de conceberem os estados da Época Moderna a partir dos problemas colocados pela contemporaneidade. Hoje agrupadas sob a alcunha de "paradigma estadualista", passaram a partir da década 1980 a ser postas em causa por uma nova historiografia institucional e política, preocupada com a especificidade e a alteridade das formas de poder das sociedades de Antigo Regime – não mais pensado como uma "etapa" no processo de formação do Estado Moderno.

Diante disso, categorias como centralização e modernização perderam espaço nas análises sobre os Estados do Antigo Regime e os estudos sobre o Absolutismo passaram a ser, sobretudo, centrados na historicização do próprio conceito[25]. A visão de um Estado absolutista que se desenvolve a partir de um contínuo impulso de reformas emanadas do centro, de cima para baixo, comum nas interpretações de importantes representantes da historiografia do

---

24. Beningo, Francesco. *Mirrors of Revolution: Conflict and Political Identity in Early Modern Europe*. Turnhout: Brepols, 2010.

25. Bonney, Richard. *L'Absolutisme, Que sais-je?* Paris: P.U.F., 1989; Henshall, Nicholas. *The Myth of Absolutism: Change and Continuity in Early Modern European Monarchy*. Londres; Nova York: Longman, 1992; Thireau, Jean-Louis. L'absolutisme monarchique a-t-il existé? *Revue Française d'Histoire des Idées Politiques*, n. 6, 1997, p. 291-309 ; Cosandey, Fanny; Descimon, Robert. *L'Absolutisme en France. Histoire et historiographie*. Paris: Seuil, 2002.

Pós-guerra, como Mousnier, Geoffrey Elton (1921-1994)[26] e Hugh Trevor-Roper (1914-2003)[27], foi sendo substituída pela imagem de um poder régio que se afirma por meio das alianças estabelecidas com os poderes intermédios dos territórios sob seu domínio.

Segundo Hespanha, o Estado do Antigo Regime deve ser entendido fundamentalmente como um Estado Corporativo, uma vez que era concebido, pelos próprios juristas da Época Moderna, como um corpo político composto pela associação dos poderes dos diversos corpos sociais que formavam a organização política, em cuja cabeça estava o monarca[28]. O poder nesse sistema seria, por natureza, repartido, sendo garantido a cada componente um certo grau de autonomia política, jurídica e fiscal. A função do rei, como centro do corpo social, não seria então suprimir a autonomia das partes, mas preservar o equilibro entre elas, uma vez que era a união desses mesmos corpos sociais a dar sustentação ao edifício da monarquia[29]. Ademais, Hespanha, Bartolomé Clavero (1947-2022)[30] e Paolo Grossi (1933-2022)[31], partindo de análise da literatura jurídica produzida na Época Moderna, defendiam a existência de uma fundamental, mas não imóvel, continuidade entre os sistemas de governo forjados na Idade Média (Estado estamental-jurisdicional) e os sistemas vigentes na Europa durante o período moderno[32]. Esses autores deslocaram, assim, o desaparecimento dessa forma de organização política para depois da Revolução Francesa – transformada em verdadeiro marco divisório na história do Ocidente, caracterizado pela institucionalização de uma forma de Estado diferente, baseado em novos pressupostos hobbesianos-iluministas – e antecipavam o seu início para os séculos finais da Idade Média.

---

26. Elton, Geoffrey. *The Tudor Revolution in Government: Administrative Changes in the Reign of Henry VIII*. Cambridge: Cambridge University Press, 1953.

27. Trevor-Roper, Hugh. *A crise do século XVII: religião, a reforma e mudança social*. Rio de Janeiro: Topbooks, 2007.

28. Hespanha, António Manuel. *Às vésperas do Leviathan: instituição e poder político em Portugal – séc. XVII*. São Paulo: Almedina, 1994; Hespanha, António Manuel. *Caleidoscópio do Antigo Regime*. São Paulo: Alameda, 2012.

29. Subtil, José. Os poderes do centro. *In*: Mattoso, José; Hespanha, Antônio Manuel (org.). *História de Portugal: o Antigo Regime (1620-1807)*. Lisboa: Estampa, 1993, p. 239-256.

30. Clavero, Bartolomé. *Tantas personas como Estados: por una antropología politica de la historia europea*. Madri: Tecnos, 1986.

31. Grossi, Paolo. *A ordem jurídica medieval*. São Paulo: Martins Fontes, 2014; *Id. O direito entre poder e ordenamento*. Belo Horizonte: Del Rey, 2010.

32. Fioravante, Maurizio (ed.). *El Estado Moderno en Europa. Instituciones y Derecho*. Madri: Trotta, 2004.

Tal deslocamento levou ao florescimento de uma estação de estudos inovadores sobre os Estados europeus dos séculos XIVe XV[33], enquanto se renovaram as pesquisas sobre o Antigo Regime nos séculos XVI, XVII e XVIII. A partir de uma visão mais descentrada das relações de poder, marcada pelo protagonismo da nobreza, do clero, dos conselhos regionais, das autoridades urbanas e da sociedade política em geral, desenvolve-se uma historiografia em que a agência dos sujeitos e dos grupos sociais passa a ocupar um lugar destaque, seja em âmbito local, seja nos níveis superiores do governo e da administração.

Além disso, a emergência dessa concepção pluralista de Estado, favoreceu a consolidação historiográfica da percepção de que as monarquias europeias da Época Moderna tratavam-se sempre, em maior ou menor grau, de Estados compósitos (*composite states*), isto é, Estados formados a partir da união de reinos, senhorios jurisdicionais e cidades que, em sua maioria, haviam tido uma experiência prévia de autogoverno e que, ao serem absorvidos sob a jurisdição real, mantiveram, em algum grau, suas tradições jurídicas, seus privilégios e suas autonomias[34]. Essa perspectiva recolocava no mapa da história dos Estados europeus espaços antes excluídos desse debate, como a Península Itálica, os Países Baixos e o Sacro Império Romano-Germânico, e modificava profundamente as bases da reflexão sobre o poder monárquico na Grã-Bretanha, na França e na Península Ibérica. Reinos e cidades que, segundo a tradicional visão do Estado absolutista, teriam sido submetidos pelas grandes monarquias da Época Moderna – e, por isso, muitas vezes considerados objetos de estudos pouco relevantes – passaram a ser objeto de um renovado olhar historiográfico graças a uma reflexão mais ampla sobre os poderes intermédios do Antigo Regime.

33. Coleman, Christopher; Starkey, David. *Revolution Reassessed: Revisions in the History of Tudor Government and Administration*. Oxford: Clarendon Press, 1986; Reinhard, Wolfgang (ed.). *Power Elites and State Building*. Oxford: Oxford University Press, 1996; Gamberini, Andrea; Lazzarini, Isabella (eds.). *The Italian Renaissance State*. Cambridge: University Press, 2012; Fletcher, Christopher; Genet, Jean-Philippe; Watts, John (ed.). *Government and Political Life in England and France, c.1300-c.1500*. Cambridge: Cambridge University Press, 2015.

34. Koenigsberger, Helmut Georg. Dominium regale or Dominium politicum et regale. *In*: *Id. Politicians and Virtuosi: Essays on Early Modern History*. Londres: Hambledon, 1986, p. 1-26; Elliott, John H. Una Europa de monarquías compuestas. *In*: *Id. España, Europa y el Mundo de Ultramar (1500-1800)*. Madri: Taurus, 2010, p. 29-54; Russell, Conrad; Andrés-Gallego, José. *Las Monarquías del antiguo régimen: ¿monarquías compuestas?* Madri: Complutense, 1996.

As comunidades urbanas criadas no processo de formação dos impérios coloniais ultramarinos europeus também foram incluídas nesse debate[35]. A renovação da reflexão sobre a ordem política do Antigo Regime permitiu contemplar com novas perspectivas os impérios modernos. Na esteira dos trabalhos seminais de John Pocock (1924-2023)[36] e Anthony Pagden (1945-)[37], os impérios passariam a ser pensados a partir do ideário e dos discursos que suportavam suas aspirações[38] ou por meio de perspectivas mais atentas à efetiva realidade do poder e às interações entre os espaços euro-atlânticos[39], emergindo, assim, como tema-chave da nova história político-administrativa da Época Moderna[40].

## A corte régia e as elites do poder

Por trás dessa renovação da história dos impérios, também podemos identificar a ruptura com a tradicional história das instituições – que pensava a burocracia régia como uma estrutura monolítica abstrata que representava em si todos os sujeitos que ocupavam cargos administrativos e de governo –, que resultou do abandono da perspectiva que buscava resolver o problema do poder na chave da progressiva modernização do Estado Moderno.

O deslocamento do interesse historiográfico para as formas do poder e de política e, em última análise, para as formas de organização da sociedade do Antigo Regime, também levaria à paulatina superação da tradicional leitura que entendia a corte como um fenômeno antitético do Estado, o epicentro de um universo pessoal e patrimonial (lugar da intriga privada da sociedade

35. Greene, Jack P. *Negotiated Authorities: Essays in Colonial Political and Constitutional History*. Virginia: University Press of Virginia, 1994.

36. Pocock, John Greville-Agard. *La ricostruzione di un impero. Sovranità britannica e federalismo americano*. Roma: Piero Lacaita, 1996.

37. Pagden, Anthony. *Lords of all the World. Ideologies of Empire in Spain, Britain and France (c.1500-c.1800)*. New Haven: Yale University Press, 1995.

38. Armitage, David. *The Ideological Origins of the British Empire*. Cambridge: Cambridge University Press, 2000; Thomaz, Luís Filipe. A ideia imperial manuelina. *In*: Doré, Andrea; Lima, Luís Filipe Silvério; Silva, Luiz Geraldo (orgs.). *Facetas do Império na História: conceitos e métodos*. São Paulo: Hucitec, 2008, p. 39-104.

39. Bicalho, Maria Fernanda; Fragoso, João; Gouvêa, Maria de Fátima (orgs.). *O Antigo Regime nos Trópicos: a dinâmica imperial portuguesa (séculos XVI-XVIII)*. Rio de Janeiro: Civilização Brasileira, 2001; Elliott, John H. *Imperios del mundo atlántico. España y Gran Bretaña en América (1492-1830)*. Madri: Taurus, 2006.

40. Fernández Albaladejo, Pablo. Imperio e identidad: consideraciones historiográficas sobre el momento imperial español. *Sémata: Ciencias Sociais e Humanidades*, v. 23, 2011, p. 131-148.

feudal em declínio) em oposição ao nascente mundo impessoal e burocrático do Estado Moderno[41].

Tal movimento foi favorecido pela recuperação das obras de Ernst Kantorowicz (1895-1963)[42] e de Norbert Elias (1897-1990)[43] que contribuíram significativamente para a reorientação dos estudos sobre a corte: o primeiro devido à centralidade que atribui à linguagem política do cerimonial e dos aparelhos simbólicos como mecanismos criadores de consenso social; o segundo graças à interpretação do espaço cortesão como lugar de distinção social e de interdependência entre o rei e a nobreza.

Profundamente atrelada à ideia de que a corte representava um elemento essencial do disciplinamento social impulsionado pelos processos de centralização estatal, a obra de Elias hoje parece, porém, inadequada para explicar a corte como ela tem sido prospectada pela nova historiografia política: centro de organização e de exercício do poder, lugar social onde se exprimem as ambições e se definem os papéis dos grupos dominantes da sociedade, pensados agora mais em termos de elites do que em termos de estamentos[44].

Convertida em principal lugar de residência do monarca e sede das instituições que centralizavam o despacho dos assuntos governativos, a corte era um espaço marcado por regras cerimoniais e rituais. Nela, o poder estava ligado ao funcionamento dos órgãos do aparato central de governo somente de forma complementar, estando, porém, diretamente vinculado às relações de caráter pessoal da elite – a qual se articulava entre si – e com o restante da sociedade política por meio de laços afetivos, redes clientelares e facções.

Nos domínios católicos, parte conspícua dessa elite cortesã era formada por pessoas do clero. Esses sujeitos muitas vezes desempenhavam um papel proeminente na administração ou na política, ocupando cargos de destaque nos conselhos reais e nas secretarias de Estado e chegando mesmo a se tornarem favoritos do rei (*privados* e *validos*), como no caso paradigmático

---

41. Mozzarelli, Cesare; Giuseppe, Olmi (eds.). *La corte nella cultura e nella storiografia. Immagini e posizioni tra Otto e Novecento.* Roma: Bulzoni, 1983.

42. Kantorowicz, Ernst. *Os dois corpos do rei*: *um estudo sobre teologia política medieval.* São Paulo: Companhia das Letras, 1998.

43. Elias, Norbert. *O processo civilizador.* Rio de Janeiro: Jorge Zahar, 1993-1994. 2 v.; *Id. A sociedade de corte.* Rio de Janeiro: Jorge Zahar, 2001.

44. Reinhard, Wolfgang (ed.). *Power Elites and State Building. Op. cit.*

de Cardeal de Richelieu[45]. Encontramos eclesiásticos como enviados diplomáticos e como parte das comitivas que acompanhavam os embaixadores leigos em suas missões internacionais. Dotados de maior letramento que a população civil, quase todos os clérigos eram, de algum modo, ligados às elites leigas por relações familiares, de clientela ou de patrocínio.

Isso certamente se explica pelo fato de que a Igreja era o mais poderoso dos poderes com quem os reis concorriam e colaboravam. Seu estatuto político-institucional lhe permitia um conjunto de isenções em relação ao direto comum dos reinos, autonomia jurisdicional no que dizia respeito à sua disciplina interna e prerrogativas jurisdicionais em matérias não espirituais ou disciplinares, regulados por um ordenamento próprio, o direito canônico. O lugar central ocupado pela religião nas sociedades de Antigo Regime, certamente, também colaborava para isso. Mesmos nos domínios protestantes, não faltavam leigos que representassem os interesses de suas profissões de fé junto aos monarcas e nos cargos de Estado.

Nas interpretações tradicionais, a posição muitas vezes ambígua desses sujeitos no quadro das tensões políticas entre os interesses da Igreja e do Estado e no contexto das disputas internas às próprias igrejas territoriais não havia sido foco de grande interesse. A Igreja, como a burocracia, era também vista como um bloco monolítico. Os autores do paradigma estadualista se dividiam em dois grupos: aqueles para quem a Igreja e a religião eram vistas como freios para o fortalecimento do Estado, o qual só adviria por um progressivo processo de laicização característico do Absolutismo (como Oestreich) e aqueles que, por outro lado, consideravam a religião como algo positivo e não disfuncional ao Estado (como Weber[46] e Trevor-Roper).

Compartilhando dessa segunda visão, Wolfgang Reinhard (1937-)[47] e Heinz Schilling (1942-)[48], em meados da década de 1970, reapropriaram-se e modificaram a ideia de disciplinamento social proposta por Oestreich, passando a considerar a confessionalização da sociedade – caracterizada pela identificação

---

45. Elliott, John H. *Richelieu y Olivares*. Barcelona: Critica, 2017.

46. Weber, Max. *A ética protestante e o espírito do capitalismo*. São Paulo: Companhia das Letras, 2004.

47. Reinhard, Wolfgang. Pressures towards confessionalization? Prolegomena to a theory of the confessional age. *In*: Dixon, C. Scott (ed.). *The German Reformation*. Oxford: Blackwell, 1999, p. 169-192.

48. Schilling, Heinz. *Religion, Political Culture and the Emergence of Early Modern Society: Essays in German and Dutch History*. Leiden: Brill, 1992.

dos sujeitos e dos grupos sociais com suas confissões de fé – como elemento central na modernização das estruturas sociais da Europa moderna e no processo do fortalecimento do Estado (séculos XIV-XVIII). Sua teoria, mesmo estando ainda presa à interpretação estadualista, teria grande impacto entre os pesquisadores nas décadas sucessivas, tendo em vista que era capaz de oferecer uma leitura que aproximava os mundos católico e protestante e permitia repensar o problema da relação entre Igreja e o Estado numa chave colaborativa[49].

As igrejas tinham um poder capilarizado, presente em todos os níveis da sociedade, na qual o clero católico ou os pastores protestantes buscavam assegurar o exercício de suas funções de supervisão moral e religiosa. Os bispos, os párocos e mesmo os membros das ordens regulares, ao exercer sua jurisdição eclesiástica, tornavam-se, em alguma medida, autoridades políticas em âmbito local. Em alguns reinos, como a França, por exemplo, as freguesias chegavam a ser usadas pela monarquia como base administrativa e distrito fiscal. Por essa razão, para os eclesiásticos, a corte estava longe de ser o único lugar onde era possível ocupar uma posição social proeminente, uma vez que o controle dos postos eclesiásticos e dos benefícios a eles atrelados, assim como das rendas advindas das propriedades da Igreja, também ofereciam ao clero a possibilidade de pertencer às elites em nível local.

O provimento dos mais prestigiosos cargos eclesiásticos católicos, aqueles aos quais eram atrelados às rendas mais elevadas, capazes de atrair os filhos da nobreza, entretanto, dependia de uma indicação real (a ser depois confirmada pelo Papado). Por essa razão, os eclesiásticos que aspiravam às carreiras episcopais e aos altos postos da Inquisição, quando distantes do centro do poder, precisavam estar ligados à corte por meio de laços clientelares capazes de representar seus interesses políticos. O atrativo para o alto clero secular e regular obter esses cargos ia, entretanto, além do prestígio e das rendas a eles associados.

Uma vez empossados, eles mesmos poderiam prover os cargos mais baixos, garantindo seu próprio lugar nas redes que ligavam os eclesiásticos ao poder central. Todavia, nem todos os espaços de poder junto à corte eram

49. Prodi, Paolo (ed.). *Disciplina dell'anima, disciplina del corpo e disciplina della società tra medioevo ed etá moderna*. Bolonha: Il Mulino, 1994; Palomo, Federico. "Disciplina Christiana": apuntes historiográficos en torno a la disciplina y el disciplinamiento social como categorías de la historia religiosa de la alta edad moderna. *Cuadernos de Historia Moderna*, n. 18, 1997, p. 119-138; Po-Chia Hsia, Ronald. Disciplina social y catolicismo en la Europa de los siglos XVI y XVII. Manuscrits. *Revista d'història moderna*, n. 25, 2007, p. 29-43.

ligados a cargos específicos no âmbito das instituições eclesiásticas. Muitos deles estavam ligados a funções de caráter familiar – preceptores e confessores de membros da família real, oradores na capela palatina – ou, ainda, de caráter público-privado – membros do Conselho Real. Todos esses cargos, extremamente relevantes politicamente, uma vez que permitiam acesso à intimidade da pessoa do monarca, também dependiam da chancela deste para serem ocupados.

Esses mecanismos de nomeação e de concessão de rendas, não a coerção, eram o principal instrumento régio de cooptação do clero e fortalecimento da coesão em torno da monarquia. Algo semelhante acontecia com a nobreza e o restante da sociedade política, que se ligavam aos monarcas por meio de uma relação baseada na ideia de serviço e remuneração, estratégia de reconhecimento honorífico e de promoção social e material utilizada pelos sujeitos de acordo com a sua condição e seus interesses, denominada na historiografia portuguesa pela expressão "economia das mercês"[50].

A cultura de serviço representa uma das principais formas de mobilidade social nas sociedades do Antigo Regime. Por meio dela, a Coroa concentrava em si a capacidade de fortalecer e/ou reconstruir as hierarquias sociais, consolidando suas próprias redes clientelares. No entanto, a busca por mercês também representava um limitador do poder régio, uma vez que os monarcas se encontravam sujeitos aos constrangimentos e contingências da cultura de favores, sendo pressionados pelos demais corpos sociais que consideravam certas retribuições régias como obrigatórias[51].

A obtenção de mercês dependia, além do conhecimento dos procedimentos institucionais, do mesmo tipo de alianças clientelares junto à corte que o provimento de cargos eclesiásticos. Os complexos vínculos familiares e de fidelidades que se sobrepunham à base fundiária eram elemento constituinte do poder de um grupo social que atrelava o seu valor às ideias de linhagem e de serviço. Durante a Época Moderna, a curialização da nobreza (isto é, a multiplicação dos laços de dependência entre essa e o rei) era diretamente ligada ao fato de que a remuneração de serviços advinda dos monarcas se tornou particularmente importante para a grande nobreza, como quase indispensável complemento dos proventos que advinham de seus bens fundiários.

---

50. Olival, Fernanda. *As ordens militares e o Estado Moderno. Honra, mercê e venalidade em Portugal (1641-1789)*. Lisboa: Estar, 2001; Davis, Natalie Zemon. *The Gift in Sixteenth-Century France*. Madison: University of Wisconsin Press, 2000.

51. Xavier, Ângela Barreto; Hespanha; António Manuel. As redes clientelares. *In*: Mattoso, José; Hespanha; António Manuel (orgs.). *História de Portugal: o Antigo Regime (1620-1807)*. *Op. cit.*, p. 380-393. v. 4.

Esses serviços podiam estar associados a cargos prestigiosos como as embaixadas no estrangeiro ou o governo de territórios ultramarinos (quando esses existiam), sendo, porém, sobretudo, atrelados à prestação de serviços militares. Os Conselhos de Guerra e os cargos de alta patente nos regimentos (companhias) mantinham-se uma prerrogativa da nobreza. Ademais, nas monarquias europeias do Antigo Regime, as concessões públicas de leva (ordenanças) e os contratos privados de alistamento de homens sem obrigação de serviço militar estavam, com frequência, nas mãos de representantes de casas nobiliárquicas[52].

Ainda, a esse grupo social era destinada a maior parte das cadeiras nos conselhos régios e dos cargos familiares da corte. Nesse espaço, sofriam a concorrência dos eclesiásticos (às vezes eles mesmos advindos de ramos colaterais da nobreza) e dos letrados (juristas). Esses últimos eram, em geral, provenientes das elites urbanas, que graças à especificidade de seus saberes engrossavam as filas do oficialato régio, ocupando postos nos conselhos, tribunais e juntas (cada qual com sua jurisdição, competência própria), que caracterizavam o regime sinodal por meio do qual as monarquias de Antigo Regime governavam seus reinos e impérios.

Uma das principais características dos sistemas políticos do Antigo Regime era essa dinâmica, por vezes colaborativa, por vezes competitiva, entre os representantes do clero, da nobreza e dos letrados. Graças aos processos de nobilitação e ao enriquecimento de derivados dessa economia das mercês, os letrados constituiriam uma pequena nobreza ligada aos patriciados urbanos, algo que se tornaria um dos elementos sociais mais importantes na composição dos Estados da Época Moderna.

## O renascimento das cidades

Os contornos delineados nos mapas para demarcar os limites dos Estados da Época Moderna – ou seja, a extensão da autoridade régia em matéria fiscal[53] – por muito tempo velaram aos olhos dos historiadores a diversidade de jurisdições locais neles encoberta: das grandes propriedades nobiliárquicas e

52. Anderson, Mathew Smith. *War and Society in Europe of the Old Regime (1618-1789)*. Leicester: Leicester University Press, 1998. Tallet, Frank. *War and Society in Early-Modern Europe (1495-1715)*. Londres: Routledge, 1992.

53. Genet, Jean-Philippe. La genèse de l'État modern. *Actes de la recherche en sciences sociales*, v. 118, n. 1, 1997, p. 3-18.

eclesiásticas que, conservando isenções, imunidades e banalidades de origem medieval, caracterizam boa parte do mundo rural europeu [↗Agricultura e sociedade rural], às autonomias citadinas, governadas por classes dirigentes cuja base da riqueza era uma mistura de posse e cultivo de terras, atividade mercantil, arrendamento de impostos, remuneração por serviço à Coroa e corrupção.

Esses patriciados se tornaram o principal objeto de estudo da história político-administrativa do Antigo Regime. Efetivamente, ao longo das últimas décadas do século XX, as cidades foram se demonstrando importantes polos de poder no contexto das monarquias da Época Moderna e, com isso, adquirindo o mesmo prestígio que as cidades medievais (em particular as comunas italianas)[54] tiveram na historiografia europeia das décadas precedentes. Tornava-se evidente que o protagonismo régio se limitava à gestão da corte e à condução da política externa do Estado centrada nas questões relativas à diplomacia e à guerra, e que o governo dos territórios dos reinos (e, ainda mais, das colônias ultramarinas) era feito, na verdade, pelas assembleias citadinas, com a colaboração de um oficialato régio, não poucas vezes cooptado pelos interesses das lógicas locais.

Graças a uma grande quantidade de fontes disponíveis e à utilização do método prosopográfico[55], essas elites políticas e suas clientelas puderam ser largamente estudadas, renovando profundamente a imagem da estrutura da política do Estado e da própria composição social desses grupos políticos que estavam à frente de comunidades urbanas, nas quais as principais solidariedades se localizavam em nível familiar e local (corporações de ofício, confrarias e irmandades), não em nível central[56]. A maioria dos súditos, de fato, nunca teria acesso direto ao rei, ou mesmo à corte. Era somente por meio das instituições jurídico-administrativas citadinas que as pessoas eram integradas ao corpo político coletivo.

A maioria desses poderes locais era, em princípio, avesso a grandes intromissões por parte do poder central, mas, evidentemente, nem todas as

54. Zorzi, Andrea (ed.). La civiltà comunale italiana nella storiografia internazionale. *In*: Convegno Internazionale di Studi, 9-10 abr. 2005, Pistoia. *Atti del* [...]. Florença: Firenze University Press, 2008.

55. Stone, Lawrence. Prosopografia. *Revista de Sociologia e Política*, v. 19, n. 39, 2011, p. 115-137.

56. Cardim, Pedro. Centralização política e Estado na recente historiografia sobre o Portugal do antigo regime. *Revista Nação e Defesa*, v. 2, n. 87, 1998, p. 129-158.

cidades que compunham os reinos e repúblicas tinham a mesma força política e mantinham os graus de autonomia no mesmo nível. Isso dependia de múltiplos fatores, como a capacidade de integração das próprias elites urbanas, a força das tradições jurisdicionais preexistentes, o potencial econômico dessas comunidades e sua convergência com interesses mercantis da Coroa. Em todo caso, não há dúvidas de que as cidades funcionavam como importante elemento de contraponto para o poder das monarquias do Antigo Regime que em âmbito local parecem se estabelecer, sobretudo, como poder arbitral superior a quem se recorria quando necessário.

As monarquias da Época Moderna, diferentemente do que se acreditava anteriormente, não buscavam centralizar o poder, mas sim fortalecer suas dinastias por meio da imposição do princípio da autoridade em matéria judicial e fiscal. Utilizavam-se para tanto de uma de conduta de colaboração e negociação, baseada na tolerância às resistências e às distorções das regras promovidas pelas classes dirigentes locais. O fortalecimento do Estado, uma tendência que caracterizaria a Época Moderna, estaria, portanto, muito mais ligado à satisfação das elites locais (ou de parte delas) com as reformas administrativas promovidas pelos monarcas do que à coerção e ao exercício da força[57]. Ao contrário, as práticas efetivamente coercitivas que ainda puderam ser encontradas, durante esse grande escrutínio a que o Estado do Antigo Regime foi submetido nas últimas décadas, como a taxação excessiva, a conscrição militar e a perseguição religiosa, parecem ter sido exatamente os pontos que mais colocavam em perigo o pacto estabelecido entre os reis e as sociedades políticas que governavam[58].

Essas situações em que esse equilíbrio de forças entre corpos sociais é rompido são, aliás, os limites dessa historiografia. Inúmeros são os fatores que podem levar à ruptura do pacto de regime entre as cidades e os governos centrais. A Guerra dos Trinta Anos (1618-1648), por exemplo, é marcada por dezenas de episódios de conflito político, dos quais a Defenestração de Praga (1618) é somente o mais paradigmático. A insatisfação das classes dirigentes citadinas e da população urbana, de um modo geral, de tempos em tempos

57. Pujol, Francisco Xavier Gil. Centralismo e Localismo? Sobre as relações políticas e culturais entre capital e territórios nas monarquias europeias nos séculos XVI e XVII. *Penélope: revista de História e ciências sociais*, n. 6, 1991, p. 119-144.

58. Schaub, Jean-Frederic. *Le Portugal au temps du comte-duc d'Olivares (1621-1640): Le conflit de juridictions comme exercice de la politique*. Madri: Casa de Velázquez, 2001; Trevor-Roper, Hugh. A crise geral do século XVII. *In*: *Id. A crise do século XVII: religião, a reforma e mudança social. Op. cit.*, p. 85-144.

eclodia em revoltas que dificilmente poderiam ser enquadradas como uma mera questão de disputa entre autonomias locais e o governo central. Ao pensar o Estado a partir de um viés mais administrativo que político, como já fazia Weber, essa historiografia oferece poucos instrumentos para pensar os conflitos internos às próprias cidades, ligados a disputas entre grupos religiosos ou facções políticas, ou os confrontos entre diferentes corpos sociais dentro dos territórios da monarquia. Talvez por essa razão, uma nova onda historiográfica dos anos 2000 para cá tem voltado a falar em revolta, violência e conflito[59].

Menos suporte ainda ela oferece quanto aos elementos para pensar o Estado fora do Estado, ou seja, para pensar as relações diplomáticas e as guerras que tanto marcaram a história do Ocidente na Época Moderna. Atualmente, há um descolamento muito grande entre a história da diplomacia, a história militar e a história administrativa do Estado. Nas duas primeiras, o protagonismo dos reis e dos seus conselhos nunca desapareceu, mesmo se, nos últimos tempos, tenham também em muito alargado a gama de agentes considerados no desenrolar dos eventos e repensado seus recortes cronológicos tradicionais. Sobretudo, o que parece mais grave, é que a história administrativa parece não se preocupar com o fato de que as negociações diplomáticas e os conflitos entre as nações tinham como efeito a instabilidade territorial dos Estados e dos impérios e, consequentemente, da própria jurisdição régia. Considere-se aqui o caso das cidades na fronteira da França com o Sacro Império Romano-Germânico que eventualmente eram ocupadas por tropas inimigas, passando, do dia para a noite, a fazer parte de outro corpo estatal; ou o caso dos conjuntos de municipalidades que, em algum momento, se subtraíram definitivamente ao poder monárquico como os Países Baixos e os Estados Unidos.

Por fim, é importante dizer que esse novo paradigma, como seu anterior, tem sua aplicação limitada aos estados europeus e a seus domínios ultramarinos. Ainda que, pelos menos desde Perry Anderson, a historiografia europeia tenha utilizado o termo Estado para pensar outros espaços do globo[60], ainda são insuficientes os estudos comparativos que poderiam realmente permitir a globalização do debate sobre os sistemas políticos da Época Moderna.

59. Pujol, Xavier Gil. Más sobre las rebeliones y revoluciones del siglo XVII y sobre su ausencia. *Tiempo de política*, Barcelona: Universitat de Barcelona, 2010, p. 355-395.

60. Genet, Jean-Philippe. La genèse de l'État moderne et le cas ottoman: table ronde d'Istambul, *Varia Turcica*, n. 26, 1994. Alam, Muzaffar; Subrahmanyam, Sanjay (orgs.). *The Mughal State (1526-1750)*. Oxford: Oxford University Press, 2000.

## A virada linguística e o retorno do político

As transformações historiográficas acima descritas precisam, entretanto, ser compreendidas como resultado de transformações na relação que os estudiosos da Época Moderna estabeleceram com suas fontes. Durante muito tempo, uma tradição hermenêutica derivada da filosofia política e da filosofia do direito conduziu os historiadores a construírem a história das instituições a partir da história das doutrinas político-jurídicas que lhe era anterior.

Em parte pelo limitado acesso à documentação arquivística, os historiadores das instituições do século XIX buscaram compreender as instituições políticas modernas a partir das obras de mais fácil acesso dos autores elegidos pelo cânone filosófico sobre a questão do Estado. Sustentados por uma concepção historicista que considerava a tratadística de época como produto do espírito do tempo (*Zeitgeist*), constituíram uma visão dos sistemas políticos da Europa moderna a partir de uma interpretação normativo-positivista do direito público e de uma leitura essencialista de um grupo limitado de autores: Nicolau Maquiavel (1469-1527), para o Estado do Renascimento, Jean Bodin (1529-1569) e Thomas Hobbes (1588-1679), para o Estado absolutista, John Locke (1632-1704), para a monarquia parlamentar, Montesquieu (1689-1755), para o Estado limitado, e assim por diante[61].

Foi com base nessa tradição interpretativa que a ideia de Estado absolutista se forjou no século XIX, graças ao entendimento de que a ideia de soberania indivisível e de poder absoluto – expressos nos postulados jurídicos latinos *rex a legibus solutus* (o rei está livre da lei) e *rex non superiorem recongnoscens* (o rei não reconhece nenhum poder acima do seu) – propostos por Bodin em *Os seis livros da República* (*1576*), podiam ser considerados a representação de uma realidade histórica efetiva.

Os limites dessa interpretação, como já apontamos, começaram a ficar evidentes a partir da década de 1950, graças a um maior acesso a fundos arquivísticos e ao alargamento das pesquisas acadêmicas que permitiram o conhecimento de realidades históricas concretas não condizentes com as doutrinas absolutistas. Paralelamente, com o desmoronamento dos pressupostos que haviam orientado as análises da história do pensamento político

61. Bobbio, Noberto. Estado. *In*: Romano, Ruggiero (dir.). *Enciclopédia Einaudi*. Lisboa: Imprensa Nacional-Casa da Moeda, 1989, p. 215-273. v. 14: Estado-Guerra.

até então[62], esse campo de estudo sofreria ele mesmo uma profunda renovação metodológica que deslocaria a ênfase das análises "das ideias" para o âmbito dos discursos e das linguagens políticas[63].

A virada linguística foi central para renovação dos estudos sobre os sistemas políticos da Época Moderna. Isso se deu, sobretudo, a partir da década de 1970, quando os historiadores passam, cada vez mais, a reconhecer a importância da linguagem como um agente estruturador do conhecimento e se deixam influenciar pelos debates advindos do pós-estruturalismo de Jacques Derrida (1930-2004) e Michel Foucault (1926-1984).

A lição de Foucault foi particularmente importante, na medida em que com a sua *Microfísica do poder* (*1979*) deslocou o conceito de poder, antes identificado com o Estado, as classes dominantes ou o sistema social, para o âmbito dos micro-poderes no nível dos indivíduos. Com base nessa leitura teve origem uma nova história social interessada na pluralidade dos grupos (facções, clientelas) e dos atores políticos, vistos a partir daí como dotados de agência e de poderes que podiam consciente e estrategicamente utilizar em suas realidades político-sociais.

Ademais, a percepção foucaultiana de que não há apenas uma única narrativa histórica, mas várias narrativas (discursos) conflitantes e não raramente autoexcludentes, produzidas por grupos ou indivíduos que disputam a legitimidade que os permitiria impor sua visão mundo, resultou num significativo alargamento dos textos utilizados como fontes para a pesquisa histórica, agora não mais limitada à tratadística filosófico-política. Sem essa expansão seria impossível de pensar os estudos sobre cultura política realizados pela nova história cultural, ou mesmo a renovação da história do direito (e da administração) capitaneada por Grossi, Clavero e Hespanha.

Esses últimos utilizaram justamente a análise do léxico político do Antigo Regime para reiterar as teses de Brunner sobre a importância que os conceitos como propriedade (*proprietas*) e domínio (*dominium*) mantiveram ao longo da Época Moderna. Esse segundo termo era, por exemplo, utilizado por Maquiavel como sinônimo de "Estado": neologismo que surgiu no vernáculo italiano nos séculos finais da Idade Média que graças à grande fortuna

---

62. Skinner, Quentin. Meaning and understanding in the history of ideas. *In*: *Id. Visions of Politics. Regarding Method.* Cambridge: Cambridge University Press, 2002, p 57-89. v. 1.

63. Pocock, John Greville-Agard. O estado da arte. *In*: *Id. Linguagens do ideário político*. São Paulo: Edusp, 2003.

d'*O Príncipe* passaria a compor, juntamente a termos advindos da tradição greco-romana tais como *res publica* (Estado, república), *regna* (reinos), *civitates* (comunidades urbanas), *imperium* (império, domínio, jurisdição), a linguagem política com que os autores e autoras da Época Moderna expressaram suas ideias e princípios.

Fruto desse novo olhar, não foi só, porém, a compreensão historizada do léxico utilizado no debate político, mas também a percepção de que existia uma variedade de linguagens com que esse debate se desdobrou. Além disso, foi de cabal importância a transformação dos autores dos discursos em atores sociais e políticos que reagiam uns aos outros em contextos históricos específicos. Por meio dessa percepção, os textos políticos-jurídicos clássicos passam a ser reinseridos na especificidade dos debates em que foram gestados.

A obra de Hobbes, por exemplo, passou a ser pensada como parte do amplo debate sobre o Estado e seus poderes que teve lugar na Inglaterra a partir dos finais do século XVI. O confronto de suas ideias com outros discursos regalistas e anti-regalistas produzidas no âmbito das conturbações políticas que caracterizaram o século XVII inglês levou a um redimensionamento do lugar ocupado por seus escritos no contexto dessa prolífera produção textual que foi importante para o repensamento dos limites do Absolutismo como categoria de análise das formas monárquicas de poder no Antigo Regime.

Por outro lado, a ascensão do Estado Corporativo como modelo interpretativo mais apropriado para a compreensão o Estado da Época Moderna foi simultâneo à atração dos estudiosos pelos escritos que saíam em defesa do governo misto[64], capazes de oferecer um discurso teórico a favor dos direitos dos poderes intermédios frente aos monarcas. Da mesma forma, o desenvolvimento de uma historiografia largamente interessada na vida política das cidades e nos patriciados urbanos foi paralela a um exponencial aumento do interesse pelas tradições republicanas de matriz tardo-medieval e seus desdobramentos na Época Moderna[65].

Foi se configurando assim, nas últimas décadas do século passado, uma nova percepção das relações entre as ideias e as práticas políticas que

64. Costa, Pietro. *Poucos, muitos, todos: lições de história da Democracia*. Curitiba: Editora da UFPR, 2012.

65. Skinner, Quentin. *As fundações do pensamento político*. São Paulo: Companhia das Letras, 1996; Pocock, John Greville-Agard. *O momento maquiaveliano: o pensamento político florentino e a tradição atlântica*. Rio de Janeiro: Eduff, 2021.

transcendia a dimensão prescritivo-normativa que havia caracterizado a historiografia anterior. A partir de uma enorme variedade de fontes, que vão de pinturas a panfletos impressos, e da ideia de cultura política[66], entendida como elemento que permeia as diversas formas do poder e os diversos espaços de atuação da sociedade do Antigo Regime, uma nova história política, interessada na natureza discursiva e simbólica das relações sociais, tem reescrito a história de uma Época Moderna sem mais vínculos teleológicos com o presente.

## Bibliografia comentada

Anderson, Perry. *Linhagens do Estado absolutista*. São Paulo: Brasiliense, 1985.

> Publicada em 1974, essa obra defende a natureza aristocrático-feudal do Estado do Antigo Regime, entendendo o Absolutismo como um novo e mais sofisticado instrumento de domínio da nobreza. No Brasil, graças à grande difusão nos ambientes acadêmicos nacionais das teorias marxistas, o livro de Anderson, traduzido em 1985, tornou-se leitura de base em praticamente todos os cursos de História Moderna das universidades do país.

Asch, Ronald; Duchhardt, Heinz. *El Absolutismo (1550-1700), ¿un mito? Revisión de un concepto historiográfico clave*. Barcelona: Idea Books, 2000.

> Essa obra apresenta uma importante síntese historiográfica sobre o Absolutismo. Com linguagem bastante acessível, questiona sua tradicional definição e indica as novas perspectivas historiográficas que vêm se desenvolvendo nos últimos anos.

Clavero, Bartolome. *Tantas personas como Estados. Por uma antropología política de la historia europea*. Madri: Tecnos, 1986.

> A partir de uma densa discussão sobre o conceito de Estado, ancorada numa refinada análise das instituições políticas e do direito, essa obra busca escrutinar as características do Estado Moderno.

Elias, Norbert. *A sociedade de corte*. Rio de Janeiro: Zahar, 2001.

> Escrito originalmente como tese universitária na Alemanha dos anos 30, a obra de Elias só viria a ser publicada na Inglaterra em 1969. Centrada em análise sociológica, foi responsável pela redescoberta da corte como objeto historiográfico. Destacou a estrutura e as dinâmicas de poder da corte francesa durante o reinado de Luís XIV, chamando a atenção para aspectos que naquela altura eram pouco convencionais, como habitação e etiqueta.

---

66. Gil Pujol, Xavier. *Tiempo de política. Perspectivas historiográficas sobre la Europa moderna*. Barcelona: Publicacions i Edicions de la Universitat de Barcelona, 2007.

Elias, Norbert. *O processo civilizador*. Trad. de Ruy Jungman. Rio de Janeiro: Zahar, 1994. 2 v.

> No segundo volume, Norbert Elias examina as condições sociais, econômicas e políticas que provocaram mudanças na sociedade europeia, desde os tempos de Carlos Magno até o século atual. Baseado em grande volume de dados históricos, sociológicos e psicológicos, essa parte da investigação formula uma originalíssima teoria sobre a formação do Estado.

Fragoso, João; Bicalho, Maria Fernanda; Gouvêa, Maria de Fátima. (orgs.). *O Antigo Regime nos trópicos: a dinâmica imperial portuguesa (séculos XVI- XVIII)*. Rio de Janeiro: Civilização Brasileira, 2001.

> Amplamente influenciada pelos escritos de Antônio Manuel Hespanha, essa coletânea passou a representar uma verdadeira virada interpretativa na historiografia brasileira. Os(as) autores(as) – importantes pesquisadores(as) lotados(as) nas mais destacadas universidades do Brasil – buscaram apresentar o Império Português como uma rede de relações econômicas, políticas, jurídicas e sociais, na qual os poderes locais e autônomos atuavam a partir de uma dimensão de colaboração, enfretamento e negociação.

Hespanha, Antônio Manuel. *Às vésperas do Leviathan: instituição e poder político em Portugal - séc. XVII*. Coimbra: Almedina, 1994.

> Preocupado em entender a organização do poder na sociedade de Antigo Regime, em especial o contexto português do século XVII, o livro de Hespanha, embora não representasse uma visão isolada, inovou em inúmeros aspectos, sendo uma referência para o debate sobre a constituição corporativa dos Estados Modernos. Para mais, destacou o pluralismo político do Portugal moderno, além de chamar atenção para a redução das funções da Coroa a uma administração passiva.

Koselleck, Reinhart. *Crítica e crise: uma contribuição à patogênese do mundo burguês*. Trad. de Luciana Villas-Boas Castelo-Branco. Rio de Janeiro: EdUerj/Contraponto, 1999.

> Koselleck se propõe a analisar a transformação semântica dos conceitos da linguagem político-social que tem lugar na Europa a partir da crise revolucionária do século XVII. Para tanto, estabelece Absolutismo-Iluminismo-Revolução como uma tríade de conceitos históricos que servem para descrever o processo que produz a crise do Estado absoluto, entendido como unidade política soberana.

Olival, Fernanda. *As ordens militares e o Estado Moderno. Honra, mercê e venalidade em Portugal (1641-1789)*. Lisboa: Estar, 2001.

> Importante estudo dedicado a entender a centralidade do papel social e mesmo político das ordens militares na estruturação do Estado Moderno em Portugal. O conceito central deste trabalho é o de economia das mercês, usado para compreender como as retribuições régias eram realizadas.

Reinhard, Wolfgang. *Las élites del poder y la construcción del Estado*. México: Fondo de Cultura Económica, 1997.

> Obra coletiva publicada em 1997, seu principal objetivo é refletir sobre o papel exercido pelas elites de poder na construção do Estado Moderno, em especial a elite cortesã: classes governantes, funcionários régios, nobres, clérigos, burgueses, militares etc.

Senellart, Michel. *As artes de governar: do* regimen *medieval ao conceito de governo*. São Paulo, Editora 34, 2006.

> Nesse estudo, Michel Senellart traça a história do conceito de governo no Ocidente, desde suas origens no século VI até o Estado Moderno. O autor examina tanto os discursos do poder acerca de sua própria natureza, quanto as concepções de sociedade e de mundo que eles transmitem.

Schilling, Heinz. *Religion, Political Culture and the Emergence of Early Modern Society: Essays in German and Dutch History*. Leiden: Brill, 1992.

> Esse importante trabalho apresenta a confessionalização como elemento fundamental para o processo de mudança social na sociedade europeia do Antigo Regime, além de apontar a "era confessional" como uma fase decisiva no início da Modernidade.

Weber, Max. *Economia e sociedade*. Brasília: UnB, 2009. 2 v.

> Publicada postumamente, essa obra serviu como ponto de partida para inúmeras gerações de historiadores e sociólogos interessados em entender a formação do Estado na Europa. Nela, Weber utiliza, amparado em uma análise jurídico-institucional, a designação "Estado Moderno" – Estado racional – para definir o tipo de Estado cujo quadro administrativo encontra-se organizado burocraticamente.

# 4
# Capitalismo

*Leonardo Marques*
*Maximiliano Mac Menz*

## Definições

Os debates sobre a natureza e a história do capitalismo são inúmeros. Nunca teremos a obra definitiva, pois as definições mostram-se insuficientes diante dos desenvolvimentos imprevistos de um sistema que continua a vigorar em nossos dias. Ainda assim, aproximações são possíveis e necessárias, como mostram as diferentes interpretações em torno dessa história. Nas perspectivas de inspiração neoclássica, o conceito de capitalismo refere-se a um processo constante de transformação social e crescimento econômico produzido pela ação dos mercados, em que a maior parte dos recursos é explorada pela iniciativa privada e a mobilidade dos fatores de produção são generalizados. Nessas leituras, o capitalismo costuma ser tratado como sinônimo de mercado e sua livre operação é vista como o elemento essencial do crescimento econômico. A unidade de análise, aqui, é a sociedade, que pode ser mais ou menos capitalista de acordo com a presença ou ausência de impeditivos de caráter cultural, político e religioso à plena exploração privada do trabalho, do meio ambiente e da riqueza[1]. Vertentes do neoinstitucionalismo seguem caminhos semelhantes, detectando princípios de explicação institucional para o crescimento econômico (como direitos de propriedade

1. Williamson, Jeffrey G.; Neal, Larry (orgs.). *The Cambridge History of Capitalism.* Cambridge: Cambridge University Press, 2014.

bem definidos) e localizando sociedades em que tais instituições estariam mais bem desenvolvidas, com a Inglaterra da Época Moderna ocupando um lugar privilegiado[2].

No marxismo, a discussão sobre modos de produção também tomou a sociedade como a sua unidade de análise por excelência e elencou a relação entre capital e trabalho assalariado como o elemento distintivo do capitalismo. Nesse sentido, a forma de extração de trabalho passa a ser decisiva na classificação de sociedades específicas como capitalistas, não raro se aproximando das narrativas institucionalistas que pensam o capitalismo como um processo eminentemente nacional e cujo berço teria sido a Inglaterra (ou, em algumas variações, os Países Baixos)[3]. A maior parte da Europa entre 1500 e 1800, contudo, como notam vários desses mesmos autores, foi marcada por uma realidade cotidiana distinta, nas quais conexões familiares, relações de dominação, direitos e costumes tradicionais amarravam indivíduos, comunidades, recursos ecológicos e bens móveis e imóveis. Tais circunstâncias levaram muitos autores marxistas a proclamarem o caráter feudal da sociedade europeia nesse período. Para os adeptos da continuidade feudal/senhorial, a existência de mercadores e a presença de investimentos mercantis, especialmente nos pequenos núcleos urbanos, não alterava a essência daquela sociedade. O capital gerado a partir de especulações comerciais vivia da lógica da escassez e da mínima integração dos mercados; a ordem era comprar barato e vender caro, sem interferir na produção, que seguia os ritmos milenares da vida material. Apenas com a transformação na agricultura, pelo gradual desaparecimento do campesinato e o decorrente surgimento da propriedade privada da terra e de trabalhadores despossuídos dispostos a se assalariar, é que seriam lançadas as bases do desenvolvimento capitalista [↗Agricultura e sociedade rural]. Foi principalmente em torno dessa dicotomia que se desenrolou o famoso debate a respeito da transição do feudalismo para o capitalismo. A polêmica, vale dizer, apareceu nos anos de ouro do capitalismo (entre, aproximadamente, 1945 e 1973), em que existia, tanto à direita quanto

2. North, Douglass Cecil; Thomas, Robert Paul. *The Rise of the Western World: A New Economic History*. Cambridge: Cambridge University Press, 1973; Acemoglu, Daron; Robinzon, James. *Por que as nações fracassam: as origens do poder, da prosperidade e da pobreza*. Rio de Janeiro: Elsevier, 2012.

3. Dobb, Maurice Herbert. *A evolução do capitalismo*. Rio de Janeiro: Zahar, 1965; Aston, Trevor Henry; Philpin, Charles Harding English. *The Brenner Debate: Agrarian Class Structure and Economic Development in Pre-Industrial Europe*. Cambridge: Cambridge University Press, 1985.

à esquerda, uma crença generalizada no progresso. O futuro era vislumbrado como uma era de crescimento industrial constante e de ampliação do proletariado fabril, uma utopia que misturava Le Corbusier a pôsteres soviéticos.

Pesquisadores do comércio internacional e do colonialismo, por sua vez, inspirados pelo argumento de Marx de que "o comércio e o mercado mundiais inauguram, no século XVI, a história moderna do capital", preferiram falar em um "capitalismo mercantil", como forma de diferenciar a Época Moderna do período que se seguiu à Revolução Industrial. Mais atentos às mudanças que ocorriam fora da Europa, alguns estudiosos enfatizaram o papel transformador do comércio e dos grandes capitalistas no surgimento e na consolidação do capitalismo, bem como do papel das riquezas ultramarinas na transformação da própria Europa, contribuindo para o debate sobre as relações entre capitalismo e escravidão. Nos acirrados debates marxistas dos anos 1970, tais autores eram frequentemente classificados como "circulacionistas" em função da ênfase que davam ao papel do comércio, mas uma leitura mais cuidadosa mostra que ao menos parte desses trabalhos buscou transcender a separação entre produção, circulação, distribuição e consumo, tratando esses elementos como partes de um todo contraditório[4]. Outros, contudo, estavam preocupados com a transição em um contexto nacional, marcado pelas controvérsias políticas da época. Para superar os impasses teóricos das décadas de 1960-1970, a unidade de análise precisou ser ampliada para implodir o nacionalismo metodológico reinante em torno da história do capitalismo[5].

Finalmente, a partir da década de 1990, um grupo de especialistas em Ásia reviveu os debates sobre as relações entre escravidão e capitalismo (ou, para sermos mais precisos, crescimento econômico) a partir dos pressupostos neoinstitucionalistas, que se tornaram paradigmáticos na academia anglo-americana. Tomando como ponto de referência a comparação formal entre partes da Europa (em especial a Inglaterra) e da Ásia (em alguns casos o Delta do Yangtzé, na China, em outros, regiões da Índia como a costa de Coromandel), tais pesquisadores demonstraram que a maioria dos fatores elencados como essenciais à industrialização da Grã-Bretanha, tais como

4. Braudel, Fernand. *A dinâmica do capitalismo*. Rio de Janeiro: Rocco, 1987; Wallerstein, Immanuel Maurice. *Capitalismo histórico e civilização capitalista*. Rio de Janeiro: Contraponto, 2001.

5. Marques, Leonardo. Slavery and Capitalism. *In*: Skeggs, Beverly *et al.* (orgs.). *The Sage Handbook of Marxism*. Thousand Oaks: Sage, 2022.

novas formas de organização familiar ou padrões de consumo e trabalho, podiam ser encontrados com tanto ou mais dinamismo em determinadas partes da Ásia. O que explicaria o fato de apenas a Grã-Bretanha ter realizado o salto para a industrialização na virada para o século XIX? Na famosa resposta de Kenneth Pomeranz, carvão e colônias. Foram as grandes reservas de carvão mineral e os recursos oferecidos pelas colônias do Novo Mundo que forneceram as condições de industrialização e descolamento da Europa em relação ao resto do mundo. Assim, o argumento reabria o debate em torno das contribuições da escravidão para o desenvolvimento europeu. Nessas discussões, contudo, as especificidades do capitalismo como sistema histórico são ignoradas; o foco específico está no crescimento econômico sustentado que surgiu da Revolução Industrial. O conceito de capitalismo, na verdade, passou a ser denunciado como mais uma invenção eurocêntrica, o que levou muitos historiadores a descartarem o conceito ou generalizá-lo a realidades mais amplas e antigas do que a Europa moderna. Uma das conclusões mais influentes surgidas desse debate é a de que o mundo anterior a 1800 era policêntrico: o dinamismo econômico asiático era tão ou mais poderoso que o europeu e a projeção do poder europeu para além de suas fronteiras não passaria de uma ficção, perspectiva que teria sido reproduzida por uma historiografia de natureza eurocêntrica[6].

Este capítulo combina elementos dessas diferentes abordagens. Nossa definição de capital inspira-se em uma oferecida por Marx, qual seja, a de valor que se valoriza, um valor que aumenta constantemente e permanece preso em uma espécie de eterno devir. Transformação, destruição, reconstrução, crescimento e mudança, enfim, são elementos inerentes ao capital. A famosa fórmula de Marx busca sintetizar esse processo e dar conta de seu predomínio no mundo moderno: da forma de circulação simples, em que mercadorias (M) são trocadas por dinheiro (D) para ser trocado por outras mercadorias (M-D-M), passamos para a sua inversão, na qual o dinheiro é trocado por mercadorias com o intuito de produzir mais dinheiro (D-M-D'). Se na primeira o valor se extingue no consumo da própria mercadoria, na segunda torna-se um fim em si mesmo[7]. A conversão da fórmula acima pode

6. Pomeranz, Kenneth. *A grande divergência: a China, a Europa e a formação da economia mundial moderna*. Lisboa: Edições 70, 2013; *Id*. Putting Modernity in its place(s): reflections on Jack Goody's "The theft of History". *Theory, Culture & Society*, v. 26, n. 7-8, 2009, p. 32-51.

7. Marx, Karl. *O capital: crítica da economia política. Livro 1: o processo de produção do capital*. São Paulo: Boitempo, 2013.

ser pensada como a essência do próprio capitalismo, um sistema histórico regido pela lei do valor. Ao contrário do que afirma parte da historiografia, o capitalismo não se resumiria a um fenômeno contemporâneo e sua história antes do século XIX não seria apenas a pré-história da Revolução Industrial inglesa.

Para apreendermos como o capitalismo se manifesta historicamente, no entanto, é importante proceder com certa flexibilidade no movimento entre teorização e reconstrução histórica, de modo a apreender a complexidade do sistema e seu desenvolvimento no tempo e no espaço. Evitaremos o procedimento de elencar um único traço concreto como elemento distintivo do sistema, compreendendo, em vez disso, o surgimento de novas formas de dinheiro e instrumentos financeiros, a formação de uma economia mundial, a articulação entre diferentes formas de trabalho, novos padrões de consumo, a apropriação da natureza e o entrelaçamento com a política como parte dessa totalidade contraditória chamada capitalismo. De nossa posição atual, vivendo sob o regime de acumulação do "capitalismo tardio", no qual a desindustrialização generalizada convive com o ressurgimento do trabalho compulsório em zonas centrais do capitalismo e um colapso ambiental em curso, nossa visão sobre o passado, bem como sobre o futuro, não pode continuar a se basear nos sonhos de crescimento infinito que fomentaram teorias desenvolvimentistas de diferentes espectros políticos no século XX.

## Raízes mediterrâneas

A historiografia sobre as origens e características das transformações econômicas da Europa após o fim do Mundo Antigo é vasta e raramente convergente. Alguns historiadores destacam transformações técnicas na agricultura, outros o processo de crescimento demográfico, outros, ainda, a influência do comércio de longa distância, das cidades, dentre outros fatores. Como bem nota Fernand Braudel, tais explicações devem ser somadas e tratadas conjuntamente:

> foi necessário que simultaneamente aumentasse o número de pessoas, se aperfeiçoassem as técnicas agrícolas, renascesse o comércio e a indústria tivesse seu primeiro crescimento artesanal para que finalmente se criasse em todo o espaço europeu uma rede urbana, uma superestrutura urbana, ligações de cidade com cidade envolvendo as atividades subjacentes[8].

8. Braudel, Fernand. *Civilização material, economia e capitalismo: Séculos XV-XVIII*. São Paulo: Martins Fontes, 2009, p. 82. v. 3.

Foi como parte desse processo que, em torno do Mediterrâneo, zona mais próspera da Europa, se desenvolveram cidades mercantis como Veneza e Gênova, intermediadoras do comércio entre o continente e as civilizações islâmicas no Oriente Próximo e Norte da África. Desfavorecidos pelas terras limítrofes, pouco propícias à produção de cereais, os moradores desses burgos buscaram nas águas a sua sobrevivência. Traziam ouro da África, pessoas escravizadas do Mar Negro, seda, têxteis de algodão e, principalmente, especiarias por meio das comunidades mercantis gregas e muçulmanas de Constantinopla que atuavam no Índico. Mercadores aventureiros da Itália também começaram a penetrar nos mercados asiáticos, desenvolvendo para tanto novas técnicas mercantis. Entre elas estavam a *commenda*, uma associação limitada que permitia que um dos sócios se deslocasse com mercadorias para uma região distante, e letras de câmbio, que permitiam transações com moedas estrangeiras e a transferência de fundos imobilizados em outros países e impérios[9].

Essas cidades tiravam sua força também das atividades agrárias do conjunto da Europa: importavam grãos, comercializavam madeira, panos de lã e vinho das redondezas rurais da Itália e do Mediterrâneo francês. Os comerciantes traziam mercadorias do Norte da Europa, o que acabou levando a uma articulação entre as duas zonas e a formação de uma economia-mundo europeia. O termo foi popularizado por Braudel, em contraposição à noção de economia mundial, para descrever realidades econômicas que não abarcam todo o mundo, mas que não deixam de formar uma totalidade, geralmente transcendendo fronteiras políticas convencionais. As cidades mercantis da liga Hanseática, autônomas no interior do Sacro Império Romano-Germânico, transacionavam grãos, madeira, lã e linho, unindo os rios Reno e Elba aos mares Báltico e do Norte. Nos séculos XIV e XV, a integração mercantil dos campos de criação de ovinos na Inglaterra às zonas artesanais e mais urbanizadas de Flandres estimulou a produção de têxteis capazes de rivalizar com o produto de Florença. Entretanto, é importante lembrar que esse tipo de florescência econômica não era um "milagre europeu", pois em amplas regiões da Ásia ocorreram processos similares em torno da mesma época, como na região do Gujarat na Índia e no vale do Yang-Tsé na China[10].

9. *Ibid.*, v. 2.

10. Pomeranz, Kenneth. *A grande divergência. Op. cit.*; Yazdani, Kaveh. *India, Modernity and the Great Divergence: Mysore and Gujarat (17th to 19th C.)*. Leiden: Brill, 2017.

Como resultado de sua posição estratégica nas trocas que articulavam essa economia-mundo europeia e as conectavam ao resto do mundo, as cidades italianas foram sendo transformadas por atividades associadas ao acabamento dos produtos importados/exportados e à própria infraestrutura de transportes, como a construção naval. No arsenal de Veneza, mais de 3 mil trabalhadores eram empregados na construção de grandes naus mercantis. Em Florença, menos dependente do mar, desenvolveu-se uma importante indústria de têxteis de lã. Essas e outras artes, como a produção de vidros, empregavam um grande número de pessoas, a maior parte organizada por corporações de ofício que supervisionavam o processo de trabalho e que eram capazes de influenciar o governo da cidade. Para além dessa mão de obra artesã, encontravam-se milhares de plebeus que viviam majoritariamente de trabalho não especializado, formando um proletariado de diaristas, carregadores, galés, escravizados e domésticas. Braudel calcula que essa população seria de quase 1/3 dos 150 mil habitantes de Veneza em 1586[11]. O capital mercantil italiano também organizou a produção de cana e o refino do açúcar em várias ilhas do Mediterrâneo, utilizando majoritariamente mão de obra camponesa no cultivo e trabalhadores escravizados no beneficiamento[12].

Apesar da intensa mercantilização de algumas cidades-Estado italianas, a agricultura europeia permaneceu majoritariamente camponesa até o século XIX. Mesmo com as inovações técnicas trazidas pela exploração que associava pequenos lotes a campos coletivos, o crescimento do produto agrícola era extremamente lento. Guy de Bois, a partir de dados demográficos, estimou essa taxa em 0,4%/ano entre os séculos XI e XIV[13]. Esse número contrasta vivamente com os grandes interesses que acompanhavam o comércio de longa distância e os juros do dinheiro; na Veneza do século XV, levava-se 20% em empréstimos privados[14]. Assim, durante três séculos a população havia aumentado, mas isso se dava cada vez mais pela ocupação das terras de menor produtividade (de pior qualidade, mais distantes do núcleo da aldeia). Com a população, as rendas senhoriais, assim como os preços dos cereais e

---

11. Braudel, Fernand. *Civilização material, economia e capitalismo: Séculos XV-XVIII. Op. cit.*, p. 118. v. 3.

12. Galloway, John Herbert. Traditions and innovation in the American Sugar Industry, c.1500-1800: An explanation. *Annals of the Association of American Geographers*, v. 75, n. 3, 1985.

13. Bois, Guy. *La Gran Depresión Medieval: el precedente de una crisis sistémica*. Valência: Universitat de València, 2001, p. 18.

14. Braudel, Fernand. *Civilização material, economia e capitalismo: Séculos XV-XVIII. Op. cit.*, p. 465. v. 2.

dos manufaturados, seguiam aumentando, mas à custa da pauperização no campo e na cidade. O crescimento demográfico e do produto bruto agrícola, no entanto, interromperam-se na segunda metade do século XIV. A quebra de colheitas e as fomes foram sucedidas pelo flagelo da peste. À mortalidade epidêmica combinou-se o aumento na idade para os casamentos e a decorrente queda na fecundidade. A produção manufatureira foi fortemente afetada pela redução da demanda, principalmente entre as classes senhoriais, que sofreram com a diminuição no número de seus tributários. Trata-se do que a historiografia chamou de crise do século XIV[15].

Enfrentando a estreiteza dos mercados e a queda nas receitas, as cidades mercantis italianas recorreram constantemente à força para controlar rotas e dominar os territórios ultramarinos. O mar Adriático e o Mediterrâneo tornaram-se o palco de quatro longas guerras que opuseram Gênova e Veneza e se arrastaram do século XIII ao fim do século XIV. Outras cidades mercantis, como Florença e Pisa, foram engolidas por conflitos externos e internos. A necessidade crescente de recrutar soldados, pagar os soldos e abastecer as tropas aumentou a complexidade financeira da atividade militar. Os governos municipais dependiam cada vez mais de contratadores terceirizados que se especializaram em formar exércitos privados. Com isso, também aumentou a pressão fiscal sobre os cidadãos: estancos foram criados, assim como novas taxas sobre a propriedade[16]. O mais importante, contudo, foi a prática crescente de tomar emprestado ao público. Tanto em Veneza como em Gênova se desenvolveram as primeiras experiências de um sistema de dívida pública; a municipalidade oferecia na praça títulos de valores para serem comprados pelas pessoas. Esses títulos eram resgatados pelo governo, com o seu valor sendo pago ao titular depois de uma espera relativamente longa. Enquanto aguardava-se o resgate, o comprador aferia um juro ou revendia o papel no mercado. Para garantir o pagamento dos juros e o resgate da soma, costumava-se adscrever o empréstimo a alguma receita ou imposto municipal[17].

---

15. Kriedte, Peter. *Camponeses, senhores e mercadores: a Europa e a economia mundial (1500-1800)*. Lisboa: Teorema, 1992, introdução. Ladurie, Emmanuel Le Roy. *História dos camponeses franceses*. Rio de Janeiro: Civilização Brasileira, 2007, p. 21-125. v. 1.

16. McNeill, William Hardy. *The Pursuit of Power: Technology, Armed Force, and Society since A.D. 1000*. Oxford: Basil Blackwell, 1983.

17. Braudel, Fernand. *Civilização material, economia e capitalismo: Séculos XV-XVIII. Op. cit.*, p. 465. v. 2; Wee, Herman van der. Monetary, credit and banking system. *In*: Rich, Edwin Ernest; Wilson, Charles Henry (orgs.). *The Cambridge Economic History of Europe*. Cambridge: Cambridge University Press, 1977, p. 363. v. 5.

Do ponto de vista do capital financeiro – que começa a se autonomizar em relação ao capital mercantil – observa-se um ciclo virtuoso em que as dívidas dos estados estimulavam o crescimento da tributação. Esta era quase sempre arrendada a capitalistas, que também podiam operar nos empréstimos às autoridades, tornando-se outra fonte de ganhos seguros às oligarquias financeiras italianas. Como nota Giovanni Arrighi, a competição e a compressão dos ganhos levaram uma parte importante dos capitais gerados em atividades produtivas e comerciais a migrar para a financeirização. Desse modo, os empréstimos aos estados e autoridades públicas tornaram-se uma fonte segura de rendimentos. Os riscos de bancarrotas e calotes, mais ou menos comuns antes da Revolução Financeira do século XVIII, eram menores do que aventurar-se a investir no comércio ou na produção[18].

Dessas primeiras experiências financeiras em nível local, era natural que surgissem novas e mais ousadas especulações com rendas e dívidas dos grandes estados territoriais, que dos séculos XV ao XVII aumentaram constantemente os seus gastos militares. Ficaram célebres os fabulosos empréstimos que os Médici de Florença adiantaram aos reis da Inglaterra e da França durante o século XV. Os Fugger eram outra famosa família de banqueiros, responsável por administrar as receitas e as dívidas do papado e por financiar as aventuras dos Habsburgo na Alemanha e fora dela. Com o desenvolvimento das dívidas soberanas, crescia a integração dos vários mercados financeiros da Europa, graças à formação de feiras, que antecipavam as atividades dos bancos, compensando dívidas e ajustando as trocas cambiais. Era nessas feiras que as grandes famílias de financistas recrutavam investidores para as suas grandes operações de crédito entre uma miríade de mercadores e homens de negócio de toda a Europa[19].

## Estado, guerra e capital na formação de um mercado mundial

Uma vez ultrapassada a crise do século XIV, o produto agrícola europeu voltou a se recuperar [↗Agricultura e sociedade rural], assim como as rendas senhoriais. As monarquias do sul da Europa, recuperadas dos anos difíceis da Peste Negra e empoderadas pelo desenvolvimento das novas técnicas

18. Arrighi, Giovanni. *O longo século XX: dinheiro, poder e as origens de nosso tempo*. Rio de Janeiro; São Paulo: Contraponto, 2006, p. 103.

19. Wee, Herman van der. Monetary, credit and banking system. *In*: Rich, Edwin Ernest; Wilson, Charles Henry (orgs). *The Cambridge Economic History of Europe*. *Op. cit*., v. 5.

financeiras, passaram a empurrar os reinos islâmicos para fora da Península Ibérica, expandindo sua influência para o norte da África, onde conquistaram alguns enclaves. Algumas características dessa expansão, como a criação de senhorios e a migração de famílias, levaram Robin Blackburn a falar de uma "fórmula feudal de colonização", mas a importância do capital comercial e financeiro foi decisiva[20]. Em viagens licenciadas pelos monarcas e financiadas por mercadores ibéricos e italianos, a fachada atlântica da África era explorada, descobrindo-se novos mercados. Na região depois conhecida como Costa da Mina eram fornecidos panos vermelhos e azuis, lenços, manilhas de latão, coral, contas azuis, conchas vermelhas e cauris em troca do ouro em pó. Os portugueses também começaram a adquirir escravizados no Benin; alguns deles eram vendidos na própria costa da África, outros eram enviados para a Península Ibérica, onde trabalhavam em atividades urbanas. As ilhas do Atlântico tornaram-se outro destino importante, pois, conforme a cana-de-açúcar substituía o trigo, especialmente na Madeira, africanos escravizados tornavam-se um componente cada vez mais central da força de trabalho. De uma perspectiva ambiental, como nota Jason Moore, as transformações radicais da paisagem pela produção açucareira na Ilha da Madeira sinalizavam para o fato de que algo novo estava em ação, nomeadamente a acumulação sem fim do capitalismo. Ao contrário da produção camponesa de cereais no continente, sujeita a limites técnicos e ecológicos mais ou menos estritos, a agricultura açucareira em terras coloniais – cuja origem está nas ilhas atlânticas – expandiu constantemente durante toda a Época Moderna[21].

Uma simbiose particular entre capital e Estado foi (e continua sendo) uma das marcas absolutamente decisivas da história do capitalismo. Durante o século XVI, várias atividades ligadas ao setor exportador foram estimuladas pelos capitais gerados no comércio colonial, mas ainda era comum que a oferta crescesse mais rapidamente que a demanda[22]. Por conseguinte, os ganhos eram reinvestidos na própria expansão ultramarina, na carreira que

---

20. Blackburn, Robin. *A construção do escravismo no Novo Mundo*: *do barroco ao moderno, 1492-1800*. Rio de Janeiro: Record, 2003.

21. Moore, Jason W. Madeira, sugar, and the conquest of nature in the "first" Sixteenth Century: Part I: from "Island of Timber" to Sugar Revolution, 1420-1506. *Review (Fernand Braudel Center)*, v. 32, n. 4, 2009, p. 345-390; Magalhães, Joaquim Romero. O açúcar nas ilhas portuguesas do Atlântico. *Varia História*, v. 25, n. 41, 2009, p. 151-175; Godinho, Vitorino Magalhães. *Os descobrimentos e a economia mundial*. 2. ed. Lisboa: Presença, 1991, p. 169. v. 1.

22. Brenner, Robert. *Merchants and Revolution*: *Commercial Change, Political Conflict, and London's Overseas Traders, 1550-1653*. Londres: Verso, 2003, p. 54.

ia do Atlântico ao Índico, pela conquista de novos territórios e pela abertura de mercados, ou eram repatriados e gastos em obras de arte e em compras de propriedades urbanas e rurais. A alternativa era a financeirização: o investimento no arrendamento de impostos, nos empréstimos ao Estado e no fornecimento de crédito aos aventureiros que desejassem descobrir novas Américas. A dívida pública, portanto, permanecia como a "renda mínima do capital", mesmo em um contexto de lucros fáceis em outras atividades.

À medida que se conquistavam novos territórios, os europeus transportavam consigo as novas técnicas financeiras e criavam fontes de receitas para os Estados, que eram exploradas pelo capital financeiro metropolitano. Era o caso dos famosos *asientos de negros*, contratos feitos entre a Coroa espanhola e grupos de mercadores que davam a estes o direito de vender licenças aos traficantes para fornecer escravizados à América Hispânica. O Estado espanhol caucionava padrões de juro – espécie de título da dívida pública – à renda gerada pela venda de licenças para resgatar escravizados, cobrindo os gastos de curto prazo com dívidas de longo prazo[23]. Os europeus também traziam às suas colônias e feitorias o seu modo particular de fazer a guerra. A engenharia financeira italiana e as rivalidades internas da Europa favoreceram o fenômeno que ficou conhecido na historiografia como Revolução Militar. A partir do século XV, o uso de armas de fogo aumentou consideravelmente, bem como a constituição de exércitos permanentes e o aperfeiçoamento na utilização de canhões de campanha e artilharia naval. Além disso, como as populações nativas da América, África e das ilhas do Pacífico logo descobririam, "os homens brancos lutavam sujo e (o que era pior) lutavam para matar"[24].

No Índico, onde os portugueses foram buscar especiarias mais baratas, evitando os custos de transação e de intermediação que carregavam consideravelmente o preço dos temperos, os intrusos estavam em desvantagem econômica. A agricultura da Índia e da China, baseada no cultivo do arroz, era bem mais produtiva do que a europeia; alimentos mais baratos permitiam que os salários dos trabalhadores orientais fossem mais baixos. Consequentemente, a maior parte dos produtos asiáticos intensivos em mão de obra eram mais competitivos

23. Rodrigues, Miguel Geraldes. *Between West Africa and America: The Angolan Slave Trade in the Portuguese and Spanish Atlantic Empires, 1560-1641*. Tese (Doutorado em História e Civilização) – European University Institute, Florença, 2019, p. 220.

24. Parker, Geoffrey. Europe and the wider world, 1500-1700: the military balance. *In*: Tracy, James D. (org.). *The Political Economy of Merchant Empires*. Cambridge: Cambridge University Press, 1991, p. 161.

que os europeus. Mesmo assim, as várias armadas enviadas a partir de Vasco da Gama (1497) fizeram valer a superioridade naval europeia no Oriente. Nessa região vigia o princípio de que o oceano era um espaço neutro e que "nenhuma comunidade mercadora [...] comerciava com espada na mão"[25]. Os portugueses, com poucas mercadorias que pudessem interessar aos mercadores locais, capturaram algumas praças mercantis e impuseram um sistema de venda de passaportes (os cartazes) pelo qual obrigavam a compra de licenças às embarcações que navegassem no Índico. Rapidamente, os poderes locais adaptaram-se à incômoda presença europeia. As autoridades nativas foram capazes de reforçar as defesas das cidades e aumentar a resistência naval aos invasores. No médio prazo, a superioridade marítima dos intrusos não resultou em domínio territorial ou hegemonia econômica. Consequentemente, a posição portuguesa evoluiu para uma situação de compromisso com parte das elites políticas e militares nativas. Para manter a ligação pelo Cabo da Boa Esperança e obter a pimenta e outras especiarias, os europeus não podiam contar apenas com a força bruta. Era necessário oferecer bens e mercadorias que interessassem às populações do Índico [↗O espaço índico].

Para a sorte dos empreendimentos ocidentais na Ásia, os espanhóis haviam aberto em 1492 uma outra frente de conquista, investimento e colonização do outro lado do Atlântico, no continente americano. Quando os espanhóis desembarcaram no Caribe, trouxeram consigo, assim como os portugueses na Índia, o modo europeu de fazer e financiar a guerra. Enquanto a monarquia criava tributos e monopólios nas terras conquistadas, gerando contratos que eram explorados pelos grandes capitalistas europeus, os conquistadores enriquecidos em território colonial formavam companhias para operações de guerra. Hernán Cortés (1485-1547), conquistador do México, organizou a expedição de 1519 que terminaria com a tomada de Tenochtitlán levantando capitais em Cuba. O financiamento da operação foi dividido em três; um terço foi fornecido pelo próprio Cortés, usando seus recursos e créditos tomados, um terço foi obtido com o governador local e o resto, ao que parece, foi vendido em partes ao público geral[26]. Também trouxeram consigo uma "biota portátil", a fauna e a flora europeia, espécies invasoras que, na interação com a ação humana, com as armas de fogo e com as técnicas fi-

25. Chauduri, Kirti. O estabelecimento no Oriente. *In*: Bethencourt, Francisco; Chauduri, Kirti (orgs.). *História da Expansão Portuguesa*. Lisboa: Círculo de Leitores, 1998, p. 169. v. 2.

26. Thomas, Hugh. *Conquest: Cortes, Montezuma, and the Fall of Old Mexico*. Nova York: Simon & Schuster, 1998.

nanceiras modernas, favoreceram a destruição de formas de vida indígena e a sua conquista. Os patógenos trazidos pelos conquistadores foram fundamentais para o seu sucesso contra os impérios indígenas na Mesoamérica e nos Andes[27]. Aproveitando-se das estruturas de poder preexistentes, a Coroa espanhola criou o vice-reinado da Nova Espanha (1535) e o vice-reinado do Peru (1542) e estabeleceu diversas formas de trabalho forçado – *repartimiento, encomienda, mita* – para a exploração de jazidas de metais preciosos descobertas nas duas regiões, em especial a prata.

Uma vez ultrapassado o choque epidemiológico, responsável por uma diminuição na ordem de 90% da população indígena, um processo de crescimento econômico estimulado pela urbanização e pelo aumento da divisão social do trabalho sustentou-se nos três séculos seguintes. As zonas mineradoras da Nova Espanha e Peru eram o grande motor dessas transformações, com uma força de trabalho formada majoritariamente por indígenas e mestiços, em diferentes arranjos de trabalho. Ainda assim, africanos escravizados permaneceram fundamentais para o conjunto de atividades geradas pela mineração, naquilo que Carlos Sempat Assadourian descreve como "espaço econômico"[28]. Mercados internos, polarizados pelas gigantescas operações mineradoras, demandavam tecidos grosseiros, vinho e aguardente de produção local, erva mate, animais de tiro, além de alimentos. Assim, africanos seguiram sendo coercivamente trazidos para a América em bom número durante todo o século XVII, em grande parte, graças à comercialização de letras de risco na Europa, que permitiam atrair investimentos de um público bastante amplo. Esses investidores aceitavam assumir grandes riscos para obter uma remuneração superior (50%-60%) a de outros empreendimentos. Uma vez na América espanhola, os africanos ficavam encarregados de serviços domésticos, do trabalho artesanal urbano, de atividades de beneficiamento, de transportes, dentre outras atividades. As minas atraíam a produção de um conjunto bastante diverso de aldeias indígenas, fazendas, chácaras e *obrajes*, onde se misturavam trabalhadores assalariados, camponeses e escravizados. Em 1610, pouco mais de 50 anos depois de sua fundação, a vila mineira de

27. Crosby, Alfred W. *Imperialismo ecológico: a expansão biológica da Europa, 900-1900*. São Paulo: Companhia das Letras, 2000; Conrad, Geoffrey W.; Demarest, Arthur Andrew. *Religión e imperio: dinámica del expansionismo azteca e inca*. Madri: Alianza, 1988.

28. Sempat Assadourian, Carlos. *El Sistema de la economía colonial: el mercado interior: regiones y espacio económico*. México: Nueva Imagen, 1983.

Potosí tinha 160 mil habitantes[29]. O Norte do México, por sua vez, foi radicalmente transformado pela mineração, em especial com o *boom* da segunda metade do século XVIII[30]. O caso brasileiro, com as descobertas auríferas da primeira metade do Setecentos, foi parte desse mesmo movimento, com a fundação de diversas cidades no interior e o desenvolvimento de um amplo conjunto de atividades que transformaram o espaço colonial.

A expansão colonial europeia e a injeção de metais preciosos em volume inaudito nos circuitos globais de trocas estimularam vários setores da economia mundial. Na Ásia, tais fluxos permitiram que os circuitos comerciais anteriormente descritos fossem consolidados, com a dinamização de diferentes indústrias locais[31]. Na Europa, a demanda das colônias contribuiu para ampliar a produção dos latifúndios dedicados ao azeite e ao vinho na Península Ibérica e uma miríade de atividades artesanais urbanas por todo o Mediterrâneo. Ainda mais revolucionário foi o efeito sobre as zonas manufatureiras de Flandres, que gradualmente deixavam as antigas regiões laníferas da Itália para trás. Os têxteis de lã mais baratos eram demandados por um público burguês em ascensão e pelos novos-ricos coloniais, que começavam a pegar gosto pelo consumo de luxos exóticos oriundos dos quatro cantos do mundo. Eventualmente, tais transformações se estenderam por outras partes do Noroeste Europeu. Ao mesmo tempo, transformações financeiras profundas foram possibilitadas pelos fluxos de metais preciosos, que não apenas dinamizaram trocas, mas ofereceram a base para a formação de estoques monetários e o surgimento de diferentes capitais financeiras, como Antuérpia, Amsterdã e Londres. A prata, em especial, foi importante também para o comércio no Báltico, como discutido adiante, o que implicou a expansão de fronteiras como a da madeira (com crescente desmatamento em diferentes partes da Escandinávia e Leste Europeu) e dos cereais (com a expansão da chamada Segunda Servidão)[32].

---

29. Grespan, Jorge. Urbanização e economia mineradora na América: o caso de Potosí. *In*: Azevedo, Francisca L. Nogueira de; Monteiro, John M. *Raízes da América Latina*. São Paulo: Edusp, 1992, p. 303-316. v. 5.

30. Tutino, John. *Making a New World: Founding Capitalism in the Bajío and Spanish North America*. Durham: Duke University Press, 2011.

31. Braudel, Fernand; Spooner, Frank. Prices in Europe from 1450 to 1750. *In*: Rich, Edwin Ernest; Wilson, Charles Henry (orgs.). *The Cambridge Economic History of Europe*. Cambridge: Cambridge University Press, 1967, p. 374-486. v. 4; Yazdani, Kaveh. *India, Modernity and the Great Divergence*. *Op. cit.*

32. Moore, Jason W. Amsterdam is standing on Norway. Part II: the global North Atlantic in the ecological revolution of the long Seventeenth Century. *Journal of Agrarian Change*, v. 10, n. 2, 2010, p. 188-227.

No caso da África Atlântica, o saldo do primeiro século de globalização é mais controverso. A troca de ouro por mercadorias era, como nota Toby Green, um intercâmbio entre "moedas duras", universalmente aceitas, por "moedas moles", utilizadas exclusivamente nos mercados locais e que perdiam o seu valor rapidamente. Por sua vez, a exportação de trabalhadores resultava na perda líquida de força de trabalho, a única mercadoria, segundo Marx, capaz de produzir mais valor[33]. Tudo isso teria graves consequências no longo prazo. De imediato, porém, para as autoridades que conseguiram controlar os mercados de escravizados, os resultados foram claramente positivos. Velhas e novas monarquias, como aconteceu com os reis do Congo e do Ndongo na África Centro Ocidental, aumentaram o poder sobre os seus súditos graças às trocas com os recém-chegados. Além disso, alguns ramos de atividades ligadas à deportação de pessoas também cresceram no período. A própria produção de têxteis locais não chegou a ser eliminada pela importação substancial de panos estrangeiros. Nos mercados de Angola, os tecidos feitos de ráfia do Loango seguiam sendo utilizados como moeda até a segunda metade do século XVII. Em várias regiões da África, as roupas importadas eram combinadas com vestimentas tecidas por produtores africanos, o que pode ter estimulado uma maior integração nos mercados interiores e o aumento na divisão social do trabalho e da urbanização[34].

Seja como for, do ponto de vista do capital é irrelevante que o comércio global produza destruição demográfica e ambiental – e subdesenvolvimento – em algumas zonas do globo, desde que isso seja compensado pela expansão da fronteira para novas regiões. Na verdade, a gênese do processo de globalização deu-se pela destruição de populações nativas na África e na América.

## A *plantation* escravista: máquina capitalista de produzir riqueza e miséria

A *plantation* escravista foi um dos produtos mais bem acabados da expansão do capitalismo na Época Moderna. Na América Portuguesa, a colonização avançou apenas depois de 1540, quando se instalaram os primeiros engenhos de açúcar, com investimentos italianos e do Norte da Europa.

33. Green, Toby. *A Fistful of Shells*: *West Africa from the Rise of the Slave Trade to the Age of Revolution*. Chicago: University of Chicago Press, 2019, p. 14-15.

34. Kobayashi, Kazuo. Tecendo redes imperiais: uma dimensão asiática do comércio britânico de escravos no Atlântico no século XVIII. *Afro-Ásia*, n. 63, 2021, p. 11-39.

No início, a mão de obra era majoritariamente de escravizados indígenas, obtidos pelo comércio de "índios de corda" ou em expedições de captura que deveriam se organizar como empreendimentos, com sociedade e venda de partes, assim como a de Hernán Cortés. As fazendas açucareiras instaladas no Brasil replicavam em alguns aspectos as experiências do Mediterrâneo e das ilhas do Atlântico: a mão de obra era mista e o processo de moenda era complicado e dispendioso, utilizando maquinário adaptado do fabrico do azeite. Contudo, como destaca Galloway, no Brasil as propriedades eram maiores e mais produtivas graças à fertilidade das terras e à abundância de chuvas. Desse modo, era possível empregar um maior número de braços e era desnecessária a utilização de adubos e de irrigação[35]. A potencialidade de crescimento da produção açucareira estava limitada por três fatores. Primeiro, era grande a irregularidade na oferta de trabalhadores indígenas, pois existiam restrições legais à escravização e nem sempre as comunidades Tupinambá da costa estavam dispostas a vender os seus cativos de guerra. Segundo, a tecnologia do beneficiamento era custosa e pouco eficiente; mesmo que se ampliasse o cultivo, gerava-se um gargalo na moenda. Terceiro, os mercados de consumo na Europa ainda eram muito restritos e o açúcar era uma mercadoria de luxo[36].

A engenharia social que se processava na América hispânica e na África e a crescente integração entre Atlântico e Índico tiveram efeitos colaterais sobre a economia açucareira. Na mesma medida em que se ampliava a voracidade por prata no Oriente e por trabalhadores africanos nos domínios coloniais espanhóis, buscavam-se novas fronteiras para investimentos e, consequentemente, novos territórios para conquistas. No interior da Corte portuguesa deu-se partida para o plano de conquista do território ao sul do reino do Congo, projetando-se sobre as terras do Ndongo. Logo depois, seria fundada a colônia de Angola, na Baía de Luanda, e criado um tributo sobre a exportação de pessoas, que passaria a ser arrendado a capitalistas de Lisboa a partir de 1587. A ambição ilimitada dos invasores por escravizados e a resistência das autoridades locais à presença lusitana provocaram uma sequência quase ininterrupta de guerras de escravização. As operações eram financiadas a partir da Península Ibérica, de onde grandes capitalistas emprestavam

35. Galloway, John Herbert. *The Sugar Cane Industry: An Historical Geography from its Origins to 1914*. Cambridge: Cambridge University Press, 1989, p. 338.

36. Mintz, Sidney. *Dulzura y poder: el lugar del azúcar en la Historia moderna*. Mexico: Siglo XXI, 1996; Ferlini, Vera. *Terra, trabalho e poder*. São Paulo: Brasiliense, 1988; Blackburn, Robin. *A construção do escravismo no Novo Mundo*. *Op. cit.*

dinheiro aos comandantes de expedições e organizavam o pagamento das tropas[37]. Entre 1590 e 1630, o afluxo de prisioneiros de Luanda resultou numa verdadeira "onda angolana" no tráfico de escravizados, alterando a própria demografia afro-americana, que, até então, era dominada pela presença das pessoas resgatadas na Senegâmbia[38]. No longo prazo, o desbarate do rei do Ndongo produziu fragmentação política e as autoridades remanescentes seriam incapazes ou não estariam interessadas em colocar limites ao tráfico de pessoas. Luanda se tornaria o maior porto escravista da Época Moderna.

A abundância de terras e a fonte de trabalhadores escravizados criada pela entrada portuguesa em Angola foi complementada por inovações técnicas, em especial a transferência da moenda de entrosas da mineração peruana para os engenhos de açúcar do Brasil. Sua eficiência produziu efeitos de encadeamento que chegaram às atividades de transporte, ampliando o uso de grandes embarcações, urcas e naus, de maneira a diminuir os custos. Com os ganhos de produtividade e a lenta diminuição nos preços decorrentes da expansão açucareira, o produto era capaz de vencer as barreiras da estreita demanda europeia, chegando a grupos e classes sociais que até então não o consumiam. A partir do número de engenhos que existiam na colônia, Buescu estima que a economia açucareira teria crescido de 1,0 a 6,7% ao ano entre 1545 e 1612[39].

No entanto, foi justamente na primeira metade do século XVII que se interrompeu a fase secular de crescimento iniciada em 1450. As relações de produção nos campos europeus haviam se alterado pouco. Voltavam-se a repetir os padrões do que Emmanuel Le Roy Ladurie chamou de "grande ciclo agrário" [↗Agricultura e sociedade rural]. O aumento do produto agrícola, das rendas senhoriais e do preço dos cereais eram provocados pelo crescimento populacional, puxado por casamentos mais precoces, que voltaram a ser comuns depois da Europa atravessar a depressão do fim do Medievo. O crescimento, apesar de estimular a urbanização e a ampliação dos mercados, não produziu inovações importantes no setor de produção de cereais e

---

37. Menz, Maximiliano Mac. *Senhor da Morte* (Hucitec, no prelo), cap. 1; Miller, Joseph. C. *Way of Death*: *Merchant Capitalism and the Angolan Slave Trade, 1730-1830*. Wisconsin: The University of Wisconsin Press, 1988.

38. Wheat, David. *Atlantic Africa and the Spanish Caribbean, 1570-1640*. Chapel Hill: University of North Carolina Press, 2016, p. 78-80.

39. *Apud* Johnson, Harold. A indústria do açúcar. *In*: Serrão, Joel; Marques, Antônio Henrique (orgs.). *Nova história da expansão portuguesa*. Lisboa: Estampa, 1986, p. 244. v. 6.

ocorreu às custas da ocupação de terras menos produtivas e da queda da produtividade. À medida que iam se esgotando os recursos ecológicos, as colheitas tornavam-se mais irregulares e episódios de fome eram mais frequentes. O problema parece ter se generalizado na Eurásia, pois a China sofreu um colapso demográfico na ordem de um terço da população[40].

A crise que começou a se desenhar no início do século XVII foi seguramente potencializada pela chamada Pequena Era do Gelo, o esfriamento geral do planeta que teria ocorrido entre os séculos XVI e XIX. As temperaturas teriam alcançado o seu ponto mínimo na primeira metade do século XVII. Existem múltiplas explicações para o fenômeno, algumas independentes da ação humana, como a diminuição da radiação solar, a maior atividade de vulcões e a alteração na circulação dos oceanos. Todavia, um número crescente de autores argumenta que um fator decisivo na redução da temperatura durante o século XVII foi a diminuição da emissão de gases produtores de efeito estufa, e a causa para isso foi fundamentalmente a enorme engenharia social produzida pelo capitalismo globalizado: a destruição das populações ameríndias teria permitido a recuperação das matas e o crescimento de árvores, que consumiram o dióxido de carbono[41].

A crise alcançou o complexo açucareiro ibérico. O efeito da relativa redução na demanda europeia por açúcar talvez tivesse sido passageiro se as convulsões sociais e políticas do século não tivessem alterado completamente os mercados e a distribuição da produção de cana. Durante um século a Europa foi sacudida por revoltas populares, guerras civis e conflitos generalizados, vários deles de caráter confessional [↗Conflitos, revoltas e revoluções]. Do ponto de vista da história do desenvolvimento do sistema de *plantation*, o mais importante deles foi a guerra que opôs a Espanha às Províncias Unidas, conflito que durou quase 80 anos e que resultou na independência dos Países Baixos. Durante o século XVI, o norte da Europa passou pelo mesmo tipo de crescimento econômico do mundo mediterrânico. Nesse contexto, os Países Baixos, cuja soberania estava em mãos espanholas, eram a zona mais comercial e urbanizada, sua riqueza se sustentava na produção de têxteis

---

40. Parker, Geoffrey. *Global Crisis: War, Climate Change and Catastrophe in the Seventeenth Century*. New Haven: Yale University Press, 2013.

41. Koch, Alexander *et al.* Earth system impacts of the European arrival and Great Dying in the Americas after 1492. *Quaternary Science Reviews*, v. 207, 2019, p. 13-36; Headrick, Daniel R. *Humans versus Nature: A Global Environmental History*. Nova York: Oxford University Press, 2020.

para a exportação, na pesca e indústria naval e em uma agricultura altamente comercializável. Capitais holandeses já estavam presentes em diversos setores da economia colonial americana, particularmente no transporte do açúcar[42]. Porém, o avanço da Reforma Protestante naquelas regiões opôs as oligarquias urbanas e a maior parte da pequena e média nobreza contra o rei católico. A guerra começou em 1568, com a tentativa de Felipe II fazer valer a Contrarreforma nos Países Baixos. Por outro lado, a intenção das autoridades Habsburgo de criar um regime de exclusivo de navegação colonial (1591 e 1605), pelo qual se procurava excluir as populações rebeldes do comércio ultramarino, atraiu de vez a atenção dos capitalistas e armadores do Norte para os domínios ibéricos no além-mar. Nas primeiras décadas do século XVII, foram criadas a Companhia das Índias Orientais (1602) e a Companhia das Índias Ocidentais (1621), com o objetivo expresso de embaraçar a navegação e tomar territórios coloniais de Espanha e Portugal, que estavam unidos sob o mesmo rei desde 1580.

Até aquele momento, as grandes companhias mercantis, como a companhia dos Mercadores Aventureiros de Londres (1407), funcionavam como guildas mercantis, nas quais os membros mantinham seu negócio privado independente, ainda que sujeitos a um estatuto no interior da corporação. As companhias holandesas, por sua vez, possuíam uma estrutura de negócios unificada, em que os investidores privados compravam participações que davam direito aos lucros. Eram modernas sociedades por ações, o que significava que essas participações poderiam ser compradas e vendidas em um mercado secundário. Combinadas com o desenvolvimento de práticas financeiras herdadas das cidades italianas, especialmente da comercialização dos juros da dívida pública, tais empresas estimularam o desenvolvimento de um verdadeiro mercado financeiro em Amsterdã. Para lá, passaram a acorrer capitais de toda a Europa e da América para especular e aferir rendimentos de forma segura.

Em contrapartida, as guerras tiveram um efeito catastrófico sobre a Península Ibérica, não apenas pela destruição de colheitas, epidemias e mortes produzidas pelas operações dos exércitos, mas fundamentalmente pela desordem nas finanças do Estado. Os Habsburgo deixaram de pagar os seus credores por várias vezes, diminuindo a confiança e dificultando a aquisição de novos

42. Stols, Eddy. The Expansion of the Sugar Market in Western Europe. *In*: Schwartz, Stuart B. (org.). *Tropical Babylons: Sugar and the Making of the Atlantic World, 1450-1680*. Chapel Hill: University of North Carolina Press, 2004, p. 237-287.

empréstimos. Em consequência, tiveram de fazer amplo uso de confiscos e empréstimos forçados; combinados com a perseguição religiosa aos capitalistas cristãos novos, tais atos criavam um ambiente institucional desfavorável aos negócios. A emissão de moedas de cobre, com fortes efeitos inflacionários, e o crescimento da pressão fiscal sobre as populações plebeias pressionavam uma agricultura esgotada. Durante o século XVII, as populações de Portugal e Espanha (particularmente Castela) se reduziram significativamente[43].

A intervenção da Companhia das Índias Ocidentais no norte do Brasil e na costa da África desestabilizou completamente o comércio do açúcar. Apesar de os portugueses lograrem expulsar os invasores depois de uma longa e custosa guerra, a destruição e as disputas judiciais em torno das propriedades em Pernambuco, o crescimento da produção de cana em outras regiões do Império português e o aumento da carga fiscal dificultavam a recuperação econômica. O problema decisivo, porém, foram as ondas de transferência dos cultivos, da tecnologia e do *know-how* açucareiro para zonas do Caribe inglês e francês ao longo do século XVII[44].

A abertura de uma nova fronteira agrícola, com terras virgens no Caribe, favoreceu o crescimento constante da oferta do açúcar com queda de preços, o que permitia que o adoçante chegasse a um público cada vez maior. A revolução na produção de bens coloniais de consumo, iniciada no Atlântico Sul e consolidada no Caribe, facilitou o acesso aos luxos exóticos pela população europeia. Assim, famílias de trabalhadores braçais, artesãos e pessoas comuns sacrificavam divertimento e tempo livre e aumentavam o engajamento de mulheres e crianças em atividades para o mercado, para consumir açúcar, tabaco e outros produtos das colônias[45].

No século XVIII, as fazendas de açúcar inglesas já se diferenciavam dos engenhos brasileiros pela maior concentração: os plantéis de escravizados eram maiores, o uso da terra mais intensivo e a produção era bem menos

43. Helleiner, Karl. The population of Europe from the Black Death to the Eve of the Vital Revolution. *In*: Rich, Edwin Ernest; Wilson, Charles Henry (orgs.). *The Cambridge Economic History of Europe*. Cambridge: Cambridge University Press, 1967, p. 49-50. v. 4.

44. Canabrava, Alice Piffer. A influência do Brasil na técnica do fabrico de açúcar nas Antilhas francesas e inglesas no meado do século XVII. *In*: *Id*. *História econômica*: *estudos e pesquisas*. São Paulo: Hucitec/ABPHE/Unesp, 2005; Klooster, William. *The Dutch Moment*: *War, Trade, and Settlement in the Seventeenth-Century Atlantic World*. Ithaca: Cornell University Press, 2016.

45. Blackburn, Robin. *The American Crucible*: *Slavery, Emancipation and Human Rights*. Londres: Verso, 2011.

dispersa do que no Brasil. Esse processo se aprofundou com o início do cultivo de cana em Saint Domingue[46]. Isso provavelmente se deu porque as terras mais próximas do litoral na América Portuguesa estavam exauridas e sofriam para competir com as zonas mais novas. A menor lucratividade limitava novos investimentos, ao passo que as propriedades se fragmentavam pela divisão de heranças. Muitos produtores portugueses abandonaram a produção de açúcar, dedicando-se à cachaça e ao cultivo de alimentos, retornando ao adoçante apenas quando a conjuntura internacional era favorável. Tornou-se um tema comum na historiografia opor traços feudais e decadentes da colonização portuguesa ao capitalismo da expansão marítima do Noroeste Europeu. Contudo, muitos desses traços são, na verdade, manifestações das contradições reais do capitalismo. A dinâmica do açúcar no século XVIII podia ser observada de modo distinto de acordo com zonas específicas, no argumento precursor de Barros de Castro: havia uma zona pioneira ou "superdotada" (Saint Domingue), uma região de produção "madura" (Barbados e, secundariamente, Jamaica) e uma zona "residual" (o Brasil)[47].

## As transformações europeias em perspectiva global

Por volta de 1650, eram notáveis os feitos do capitalismo no Mediterrâneo. Dali surgiram a maior parte dos instrumentos modernos das finanças, o comércio para além da Europa, a conquista de novas terras e velhos mercados, a expansão da produção de metais amoedáveis a níveis inéditos e a criação de um sistema de *plantation* em terras distantes com enorme potencial de crescimento. No entanto, naquele momento, o Sul da Europa e as suas colônias ultramarinas passavam por grandes dificuldades econômicas, sociais e políticas. As colônias ibéricas pagavam o preço do seu pioneirismo, do esgotamento das terras mais férteis e da entrada de novos concorrentes no mercado, que exploravam territórios ainda pouco aproveitados. Como mostrou Slicher van Bath, na segunda metade do século XVII a produtividade agrícola no setor cerealífero nas regiões do Mediterrâneo manteve-se estagnada, enquanto cresceu

46. Dunn, Richard S. *Sugar and Slaves: The Rise of the Planter Class in the English West Indies, 1624-1713*. Nova York: Norton, 1973; Blackburn, Robin. *A construção do escravismo no Novo Mundo. Op. cit.*

47. Castro, Antônio Barros de. As mãos e os pés do senhor de engenho: dinâmica do escravismo colonial. *In*: Pinheiro, Paulo Sérgio (org.). *Trabalho escravo, economia e sociedade: conferência sobre História e Ciências Sociais, Unicamp*. Rio de Janeiro: Paz e Terra, 1983.

nos Países Baixos e na Inglaterra[48]. A estagnação agrícola no Sul explica-se pela própria dinâmica da produção camponesa, agravada, em alguns casos, pela pressão senhorial. Já o crescimento da produtividade agrícola no Norte foi o resultado da adoção de novas técnicas de cultivo, especialmente na produção de cereais. Dessas técnicas, destacam-se o manejo do solo e a associação entre cultivos agrícolas e pecuária.

Na zona marítima do norte dos Países Baixos, durante o medievo, um processo de colonização transformou os pântanos e lagos da região em terras aráveis. No entanto, de acordo com Robert Brenner, o cultivo dessas áreas resultou na oxidação das terras, ao passo que o aumento no nível do mar provocou inundações constantes a partir de 1350. O território tornou-se muito úmido para o seu aproveitamento na produção arável de cereais. As modificações ambientais forçaram a especialização dos produtores da região no cultivo de grãos de verão, particularmente cevada, e na pecuária voltada à produção de leite e derivados. O processo de transição foi facilitado pela maior urbanização dos Países Baixos e pelo desenvolvimento da manufatura urbana: produção da cerveja, acabamento de têxteis e indústria naval e pesqueira[49]. A emergência de Amsterdã como capital financeira da Europa coroou o processo. Absolutamente central para tais transformações foi o chamado "comércio mãe" no Báltico, de onde vinham os cereais que alimentavam essa população crescentemente especializada. Nesse sentido, a Segunda Servidão [↗Agricultura e sociedade rural] foi parte constitutiva dos processos de transformação do Noroeste Europeu. Do Báltico também vinha a madeira que tornou possível a construção da poderosa marinha holandesa e a sua expansão global no longo século XVII. Uma das mercadorias-chave nesse comércio era a prata, majoritariamente extraída de Potosí naquele período, que era usada, também, na aquisição do produto agrário do Leste Europeu. A ascensão holandesa mobilizou diferentes formas de trabalho em diferentes

48. van Bath, Bernard Hendrik Slicher. Agriculture in the Vital Revolution. *In*: Rich, Edwin Ernest; Wilson, Charles Henry (orgs.). *The Cambridge Economic History of Europe*. Cambridge: Cambridge University Press, 1977, p. 81. v. 5.

49. Mendels, Franklin. Agricultura e industria rural en el Flandes del siglo XVIII. *In*: Kriedte, Peterç Medick, Hansç Schlumbohm, Jorgen. *Industrialización antes de la industrialización*. Barcelona: Critica, 1986, p. 241-265; van Bavel, B. Early proto-industrialization in the low countries? The importance and nature of market-oriented non-agricultural activities on the countryside in Flanders and Holland, c.1250-1570. *Revue belge de philologie et d'histoire*, v. 81, n. 4, 2003, p. 1109-1165. Brenner, Robert P. The Low Countries in the Transition to Capitalism. *Journal of Agrarian Change*, v. 1, n. 2, 2001, p. 169-241.

regiões da economia-mundo capitalista, com efeitos humanos e ambientais que excediam significativamente o espaço dos Países Baixos[50].

Ao longo daquele mesmo período, a Inglaterra passou por transformações mais radicais, algumas delas sob a influência direta das mudanças na outra margem do Mar do Norte, a começar pelo setor agrícola, com o virtual desaparecimento do campesinato da paisagem inglesa. No longo prazo, as aldeias camponesas foram substituídas por grandes propriedades exploradas pela tríade proprietário, arrendatário e trabalhador assalariado ou, alternativamente, por pequenos e médios produtores, uma transformação iniciada no século XIV. No colapso demográfico que sucedeu à Grande Peste, as terras e aldeias abandonadas foram apropriadas e concentradas principalmente pela pequena nobreza rural. Com os preços dos cereais em contração, muitos desses terrenos foram transformados em pastagens. Posteriormente, no contexto de crescimento populacional e da chamada Revolução dos Preços do século XVI, as pastagens passaram a competir com uma agricultura de alimentos em recuperação. A Inglaterra fornecia a lã em bruto para Flandres, onde era transformada em fio e tecidos, o que estimulou a precoce mercantilização das terras regida por um mercado de arrendamentos. Cresceu também a pressão para os cercamentos das terras comuns. Isso levou à concentração das parcelas de campos abertos em terrenos compactos, à conversão da terra de agricultura em prados e ampliação das propriedades dos grandes proprietários e dos poderosos das aldeias (*yeomen*) em detrimento dos terrenos comunais. As pressões do mercado de terras obrigavam os arrendatários ingleses a aumentarem a produtividade, de maneira que as técnicas de agricultura intensiva desenvolvidas nos Países Baixos foram importadas pelos grandes fazendeiros e rapidamente se difundiram no século XVIII.

O processo dos cercamentos e de melhoramento agrícola afetou a população rural pobre e os pequenos artesãos rurais na Inglaterra. As pastagens coletivas eram uma fonte de receita para aquelas pessoas que podiam manter algum gado nos campos coletivos da aldeia e colher lenha nos bosques adjacentes. A população, privada do acesso a parte de seus meios de subsistência, envolveu-se no trabalho agrícola em expansão. O aumento da importância

50. Wallerstein, Immanuel. Hegemonia holandesa no sistema-mundo. *In*: *O sistema mundial moderno. Vol. II*: *O mercantilismo e a consolidação da economia-mundo europeia, 1600-1750*. Porto: Afrontamento, 1974 (Biblioteca das ciências do homem/História); Moore, Jason W. Amsterdam is standing on Norway. Part II: the global North Atlantic in the ecological revolution of the long Seventeenth Century. *Journal of Agrarian Change*, v. 10, n. 2, 2010, p. 188-227.

para a população comum das receitas em dinheiro para comprar alimentos, roupas e fontes de aquecimento no mercado combinada com a transformação dos camponeses pobres em proletariado rural foi fundamental para a formação de um mercado interno. Comparativamente falando, as grandes fazendas inglesas e os seus trabalhadores estavam muito mais envolvidos pelo mercado do que os fazendeiros holandeses, que ainda dedicavam parte de seu tempo a atividades de subsistência[51].

O processo de revolução agrícola que acontecia nas Ilhas Britânicas ocorria em articulação com a revolução açucareira no Caribe. Das inovações técnicas da *plantation* inglesa, derivada de práticas metropolitanas de melhoramento agrícola, até o repatriamento de capitais ultramarinos nos cercamentos das *highlands* escocesas, foram várias as ligações entre os dois processos. Novos padrões de consumo surgiram entre parcelas cada vez mais amplas da população em função do barateamento de mercadorias como tabaco e açúcar, produto da expansão e intensificação da escravidão caribenha, como vimos. A produção agrícola colonial, por sua vez, não concorria com a da pátria-mãe e os domínios ultramarinos importavam quase todos os produtos manufaturados das Ilhas Britânicas[52]. De fato, assim como nos Países Baixos, no século XVII havia se desenvolvido na Inglaterra uma indústria rural como alternativa de emprego aos camponeses pobres que não possuíam terras (*cottagers*). Uma parte dessa indústria rural dedicou-se a produzir tecidos leves que alcançavam ampla aceitação nos mercados ultramarinos, tanto no próprio Império, como nos domínios ibéricos para onde eram reexportados. Essa protoindústria era muitas vezes financiada por negociantes que atuavam no comércio com a América e a África e conheciam muito bem esses mercados, influenciando os padrões estéticos da produção[53]. Ao mesmo tempo, os grandes mercadores aumentaram consideravelmente a sua influência sobre o Estado inglês a partir da Revolução Inglesa [↗Ilhas Britânicas e revoluções do século XVII][54].

51. Wood, Ellen Meiksins. *A origem do capitalismo*. Rio de Janeiro: Jorge Zahar, 2001.

52. Blackburn, Robin. *A construção do escravismo no Novo Mundo*. *Op. cit.*, p. 315. Mackinnon, Ian; Mackillop, Andrew. Plantation slavery and landownership in the west Highlands and Islands: legacies and lessons. *Community Land Scotland*, 2021. Disponível em https://ehs.org.uk/plantation-slavery-and-landownership-in-the-west-highlands-and-islands-legacies-and-lessons/. Acesso em: 15 jan. 2024.

53. Inikori, Joseph. E. *Africans and the Industrial revolution in England: A Study in International Trade and Economic Development*. Cambridge: Cambridge University Press, 2002.

54. Brenner, Robert. *Merchants and Revolution: Commercial Change, Political Conflict, and London's Overseas Traders, 1550-1653*. *Op. cit.*, 1985.

Por conseguinte, conquistou-se uma grande parte desses mercados mais pela eficiência da marinha de guerra inglesa do que pelos preços e qualidade dos produtos. Formou-se uma densa malha que unia as áreas portuárias das grandes cidades (Londres, Liverpool, Glasgow, Bristol) com as pequenas vilas e zonas rurais, articulando a infraestrutura mercantil, do transporte e as atividades de acabamento com as indústrias rurais. Coroando todas essas transformações estava a emergência de Londres como capital financeira da economia-mundo, processo igualmente global em suas raízes e efeitos. Os grandes fluxos de ouro do Brasil (extraído por africanos escravizados do outro lado do Atlântico) tiveram papel fundamental na criação de um ambiente financeiro estável na Inglaterra, com o desenvolvimento de novos instrumentos de crédito e a expansão de investimentos produtivos nos dois lados do Atlântico. Toda essa infraestrutura foi fundamental para o processo que desencadeou a primeira Revolução Industrial durante a segunda metade do século XVIII[55].

Os estímulos para o desenvolvimento de uma indústria do algodão também vieram do mundo ultramarino. A importação de têxteis produzidos na Índia e a sua utilização na Europa e, principalmente, nas colônias tropicais só havia crescido, tornando-se uma verdadeira "febre" no século XVII. A concorrência do produto com a seda e lã manufaturadas na Inglaterra, no entanto, gerou um incômodo crescente entre produtores locais, que deram início a uma campanha pela proibição daqueles panos. Em 1701, uma lei vedou a importação dos calicôs estampados, mas o produto cru, não tingido, seguiu sendo trazido e comercializado livremente. Como a Inglaterra já tinha uma grande experiência no tingimento e acabamento de têxteis, fossem os de lã, linho ou mistos, desenvolveu-se uma manufatura de estamparia no país, que terminava de preparar o produto indiano. Em 1722, os fabricantes de lã voltaram à carga e conseguiram do Parlamento inglês a proibição do consumo de qualquer tipo de têxtil de algodão indiano; seu uso deveria ser restrito exclusivamente ao comércio de reexportações. A proibição teve como resultado o desenvolvimento de uma manufatura inglesa de algodão, a partir das atividades de estamparia. Sendo assim, segundo Joseph Inikori, a primeira Revolução Industrial inglesa seria o primeiro caso bem-sucedido de industrialização por substituição de importações.

55. Marques, Leonardo; Marquese, Rafael de Bivar. Ouro, café e escravos: o Brasil e a assim chamada "acumulação primitiva". *In*: Marquese, Rafael de Bivar (org.). *Os tempos plurais da escravidão no Brasil*: *ensaios de história e historiografia*. São Paulo: Intermeios, 2020, p. 105-132.

## Conclusão

Como vimos na abertura do presente capítulo, algumas das posições mais recentes na historiografia descartaram o conceito de capitalismo como uma invenção eurocêntrica e postularam um mundo policêntrico antes do século XIX. Os europeus, de fato, não tinham poder sobre a China ou a Índia, dentre outros espaços asiáticos, que permaneceram autônomos ao longo da Época Moderna. Entretanto, o domínio de técnicas financeiras e de guerra permitiram a projeção de poder efetiva da Europa no continente americano – e secundariamente na África – com o estabelecimento de enclaves mercantis e sistemas produtivos e extrativos. Foi a partir daí que a presença europeia na Ásia se tornou sustentável no longo prazo. Consequentemente, a formação de uma economia mundial e a expansão dos circuitos globais de troca foi produto da conquista e destruição das populações indígenas e africanas.

A novidade da expansão europeia não foi a criação de impérios, o estabelecimento de colônias e a utilização do trabalho escravo, fenômenos muito mais antigos e abrangentes na história humana, mas o fato de que tais processos se desenrolaram e se viabilizaram pela valorização do valor. Se impérios, colônias e escravizados não foram exatamente invenções do capitalismo, ainda assim a expansão deste reveste de outros significados tais elementos e os embute de uma boa dose de inovação. O colonialismo e a escravidão desenvolveram-se junto aos novos padrões de consumo que acompanharam a expansão do trabalho assalariado e a agricultura mais eficientes do Noroeste Europeu. Diferentes formas de trabalho estiveram (e ainda estão) conectadas no desenvolvimento do sistema capitalista. O capitalismo é, portanto, muito mais do que um conceito eurocêntrico. É uma forma histórica específica cujas consequências sistêmicas foram se aprofundando e se complexificando com o tempo. Esse não foi, evidentemente, um processo inexorável, isento de contradições, mas heterogêneo e marcado pela sincronia de diferentes tempos.

## Bibliografia comentada

Arrighi, Giovanni. *O longo século XX*. São Paulo: Contraponto, 2007.

> A síntese mais elegante da história do capitalismo surgida dos estudos inspirados pela perspectiva de sistemas-mundo, desenvolvida ao longo de décadas no *Fernand Braudel Center*, na Universidade de Binghamton, NY. Arrighi radicaliza a interpretação de Braudel a respeito da flexibilidade do capitalismo e a recoloca em um modelo de persistências e mudanças por meio do que chama de ciclos sistêmicos de acumulação.

Aston, T. H.; Philpin, Charles Harding English. *The Brenner Debate: Agrarian Class Structure and Economic Development in Pre-Industrial Europe*. Cambridge; Nova York: Cambridge University Press, 1985. (Existe tradução em espanhol).

> Nessa coletânea encontram-se os principais textos em torno do "debate Brenner", produzido pela publicação de um artigo do historiador Robert Brenner sobre as origens agrárias (e exclusivamente inglesas) do capitalismo.

Blackburn, Robin. *A Construção do Escravismo no Novo Mundo*. Rio de Janeiro: Record, 2003.

> Livro que trata principalmente do papel da escravidão e da colonização na formação do capitalismo. É uma obra ainda influenciada pela interpretação de Robert Brenner e, portanto, mais preocupada com as transformações na Inglaterra e suas colônias. Ainda assim, é um texto que oferece um amplo panorama da história da escravidão e aborda as experiências colonizadoras ibéricas.

Braudel, Fernand. *Civilização material economia e capitalismo: Séculos XV-XVIII*. São Paulo: Martins Fontes, 1995. 3 v.

> Trilogia monumental deste que foi um dos maiores historiadores do século XX. Diferentemente de sua discussão sobre a *longue durée*, a sua interpretação extremamente original do que foi a história do capitalismo permanece subexplorada nas Ciências Sociais. São três volumes obrigatórios que exploram as múltiplas camadas do mundo moderno e o papel do capitalismo em sua transformação. Dos impactos sobre os ritmos milenares da vida material à formação de comerciantes e seu papel em desenvolvimentos globais, trata-se de uma das obras mais abrangentes já escritas sobre o capitalismo como um processo histórico.

Dobb, Maurice. *A evolução do capitalismo*. São Paulo: Nova Cultural, 1988.

> Uma das principais referências no debate marxista europeu em torno da "transição do feudalismo para o capitalismo". Apesar de ser uma obra dos anos 1940, ainda contém raciocínios e argumentos importantes.

Kriedte, Peter. *Camponeses, senhores e mercadores. A Europa e a economia mundial (1500-1800)*. Lisboa: Teorema, 1992.

> Texto importante por introduzir o conceito de protoindústria no debate marxista sobre a transição. É uma obra que procura equacionar tanto as transformações no campo, quanto na cidade, e que dá alguma atenção à expansão mercantil e ao colonialismo.

Marx, Karl. *O Capital: O processo de produção de capital.* São Paulo: Abril Cultural, 1984 [1867]. Livro I. 2 v.

> *O Capital*, de Karl Marx, continua sendo uma obra fundamental para interpretar o capitalismo no presente e no passado. O famoso capítulo XXIV, sobre "a assim chamada acumulação primitiva", permanece sendo uma fonte de inspiração relevante para compreender a história do capitalismo.

Pomeranz, Kenneth. *A grande divergência: a China, a Europa e a construção da economia mundial Moderna.* Lisboa: Edições 70, 2013.

> Trabalho importante que procurou colocar o problema do crescimento econômico e do "milagre Ocidental" numa perspectiva global a partir de uma comparação entre Europa e Ásia. Apesar de o autor preferir falar em crescimento econômico, abdicando da categoria "capitalismo" (muito mais "política"), trata-se de um livro crítico às interpretações fundadas exclusivamente na Europa e que teve um impacto muito grande na historiografia recente.

Tomich, Dale W. *Pelo prisma da escravidão: trabalho, capital e economia mundial.* São Paulo: Edusp, 2011.

> Tal como *O Longo Século XX* de Giovanni Arrighi, trata-se de uma das melhores obras surgidas a partir dos debates no *Fernand Braudel Center.* Tomich trava um diálogo crítico com a perspectiva de sistemas-mundo e oferece *insights* extremamente ricos para se pensar a história do capitalismo e o lugar da escravidão nela.

Wallerstein, Immanuel Maurice. *The Modern-World System.* Berkeley: University of California Press, 2011. 4 v.

> Quatro volumes magistrais sobre a história do capitalismo desse sociólogo norte-americano. Trata-se de um trabalho de ampla síntese historiográfica, o que inevitavelmente resulta em ocasionais erros empíricos, mas cuja interpretação geral é brilhante. Comprometido com as principais questões de sua época, Wallerstein oferece, ao mesmo tempo, uma interpretação da história do capitalismo e uma crítica das metodologias predominantes nas Ciências Sociais, incluindo a História. Na linha do melhor marxismo, o método é objeto de escrutínio tão cuidadoso quanto o objeto.

Wood, Ellen Meiksins. *A origem do capitalismo.* Rio de Janeiro: Jorge Zahar, 2001.

> Divulgadora da obra de Brenner, traz uma boa síntese dos debates no interior do marxismo europeu.

# Parte II
# Espaços e circulações globais

# 5
# Uma nova geografia

*Andréa Doré*
*Marina Bezzi*

O mapa-múndi *Mapa da Antiga Geografia*, que integra a obra do cartógrafo holandês Abraham Ortelius (1527-1598), *Parergon*, publicado pela primeira vez em de 1579, visava representar os limites do mundo conhecido pelos antigos em comparação ao mundo alargado pelas viagens marítimas dos portugueses e castelhanos (Fig. 5.1). O cartógrafo demonstra que, do ponto de vista europeu, alterava-se significativamente o conhecimento sobre o formato da Terra, suas partes e a relação entre elas.

A nova geografia, que este capítulo explora, compõe um conjunto de saberes produzidos em um duplo contexto: o das leituras renascentistas e humanistas de obras de geografia clássicas e o dos encontros dos europeus com diferentes sociedades e espaços nas Américas, na Ásia e na África. Após uma breve introdução sobre abordagens historiográficas recentes sobre o tema, são apresentados os principais processos de ruptura e continuidade envolvendo a descrição do mundo na Época Moderna frente à conjugação entre autoridade clássica, fontes cristãs e experiência. Acompanhando evidências documentais, são destacados fenômenos e acontecimentos específicos que os próprios contemporâneos identificaram como causadores de profundas mudanças nas formas de conceber e habitar o mundo.

## Entre a virada espacial e a história do conhecimento

As concepções geográficas na Época Moderna são objeto de estudo que tem recebido ampla renovação nas últimas décadas, tanto no âmbito da história quanto no da geografia. Essas novas abordagens vêm do crescente interesse pela dimensão espacial dos fenômenos históricos, de um lado, e da

**Figura 5.1 – Aevi veteris typus geographicus**

Fonte: Ortelius, Abraham. *Aevi veteris typus geographicus*.
Londres: John Norton e John Bill, c.1608.

ênfase histórica e social dos estudos sobre o espaço, de outro, possibilitando a análise dos artefatos geográficos como produtos culturais feitos com funções específicas e variáveis ao longo do tempo[1]. Exemplos desses novos estudos incluem a investigação do espaço geográfico em diferentes escalas (rios, portos, rotas marítimas, ilhas, paisagens, montanhas etc.); do espaço urbano (diferentes formações europeias, asiáticas, atlânticas, pacíficas, nativo-americanas e africanas); de espaços de reclusão (escolares, prisionais, fortificados, conventuais); e de espaços de disputa (fronteiras políticas, rotas comerciais, áreas de exploração, conquista, escravização e servidão). Nos anos 1990, surgiu uma expressão para agrupar esses novos interesses: virada espacial, ou *spatial turn*. No âmbito específico dos estudos históricos, destacam-se duas áreas: o estudo da cartografia e o da paisagem[2]. Ambos passaram a ser investigados como produções sociais, portanto historicizáveis, e não como descrições neutras do espaço. O foco passou a estar na compreensão dos usos e sentidos que um texto ou artefato geográfico tinha para os grupos que o produziu.

Já a partir da história do conhecimento, a geografia é entendida como composta de saberes locais, nativos, ou híbridos, com atenção para a circulação e a tradução no lugar da difusão unidirecional de um conjunto de saberes[3]. Assim como as pessoas e as coisas, os saberes "viajavam", passando, a uma só vez, por transformações e permanências. Estudos recentes também têm enfatizado a importância da materialidade dos artefatos históricos, incluindo aqueles da geografia, como mapas avulsos e atlas, tratados, relatos e coleções de viagem impressos e manuscritos, globos, instrumentos de navegação etc., esclarecendo que as dimensões físicas e materiais implicavam diferentes sentidos e usos sociais ao longo do tempo[4].

---

1. Edney, Matthew H. *History of Cartography*. Oxford: Oxford University Press (Oxford Bibliographies), 2017. Disponível em: https://www.oxfordbibliographies.com/display/document/obo-9780199874002/obo-9780199874002-0032.xml

2. Torre, Angelo. A "spatial turn" in history? Landscapes, visions, resources. *Annales, Histoires, Sciences Sociales*, v. 63, n. 5, 2008; Low, Martina. O *spatial turn*: para uma sociologia do espaço. *Tempo social. Revista de sociologia da USP*, v. 25, n. 2, 2013, p. 17-34; Withers, Charles W. J. Place and the "spatial turn" in geography and in history. *Journal of the History of Ideas*, v. 70, n. 4, 2009, p. 637-658.

3. Sarasin, Philipp. More than just another specialty: on the prospects for the History of Knowledge. *Journal for the History of Knowledge*, v. 1, n. 1, 2020, p. 3.

4. Klein, Bernhard. Maps and Material Culture. *In*: Richardson, Catherine; Hamling, Tara; Gaimster, David (orgs.). *The Routledge Handbook of Material Culture in Early Modern Europe*. Londres: Routledge, 2016.

## Dos mapas esquemáticos à geografia de Ptolomeu

Atualmente, o termo "geografia" designa, em linhas gerais, o estudo científico da superfície terrestre, incluindo a atmosfera, os solos e os sistemas sociais e culturais nelas desenvolvidos[5], ou, como definiu Milton Santos, a disciplina da Geografia deve se debruçar sobre "o conjunto indissociável de sistemas de objetos e sistemas de ação que formam o espaço"[6]. Contudo, na Europa da Época Moderna, a geografia fazia parte do conhecimento cosmográfico e era definida como uma descrição do conjunto do mundo conhecido; um sistema de desenho ou escrita (*grafe*, em latim) sobre a Terra (*ge*). Diferentes termos eram, então, utilizados para designar a Terra, indicando imprecisão tanto semântica quanto lexical: *terra, sphaera, orbis, orbis terrarum* (tradução latina do grego *oikoumenê*), *terra habitabilis, mundus*[7]. O saber geográfico abrigava questões que hoje pertencem à antropologia, à astronomia, à astrologia, à meteorologia, assim como à teologia. Possuía, também, um sentido menos fixo, uma vez que as formas de conhecimento não eram rigidamente delimitadas em disciplinas, possibilitando, assim, a circulação e a fusão entre diferentes ideias, técnicas, bem como disputas políticas, religiosas e sociais sobre o sentido e o uso do espaço.

Mesclando informações sobre a natureza e costumes humanos, a perspectiva geográfica na Baixa Idade Média estava presente em gêneros muito diversos, como crônicas, enciclopédias, relatos de peregrinação e mapas esquemáticos. A representação de mapa-múndi mais frequente trazia a divisão tripartite do orbe, correspondendo aos três continentes conhecidos: Ásia, Europa e África, também chamada de Etiópia ou Líbia. Conhecidos como mapas T-O, o "T" representava o mar Mediterrâneo e os rios Dom, na Rússia, conhecido como Tanaïs pelos antigos e que marcava os limites entre a Ásia e a Europa, e Nilo. A faixa de água que circundava a massa de terra habitada correspondia à letra "O". Em algumas versões, era também grafado o nome de um dos filhos de Noé como povoador de cada continente: Sem, para a Ásia; Cam, para a África; e Japhet, para a Europa. Mais alegóricos do que geográficos, os mapas T-O localizavam o centro do mundo em Jerusalém,

5. Matthews, John A.; Herbert, David T. *Geography: A Very Short Introduction*. Oxford: Oxford University Press, 2008, p. 8.

6. Santos, Milton. *Natureza do espaço*. 4. ed. São Paulo: Edusp, 2006, p. 39.

7. Besse, Jean-Marc. *Les grandeurs de la Terre. Aspects du savoir géographique à la Renaissance*. Lyon: ENS, 2003, p. 34.

fortalecendo a cosmovisão da Cristandade latina. Um outro tipo de mapa esquemático tinha, como base, a filosofia natural greco-romana. A Terra era, então, dividida em zonas climáticas (frias, temperadas e tórrida), divisão esta que Ortelius retoma em seu mapa, corrigindo-a. A zona tórrida, que corresponde à zona tropical, era considerada inabitável pelos antigos: "*inabitabilis credita*", como repete Ortelius em seu mapa (Fig. 5.1). Esses mapas, que não circulavam de forma independente, mas inseridos nas páginas de textos dos livros, conviviam com as cartas-portulano, que nasceram da experiência de navegação no Mediterrâneo e tinham fins práticos. Os portulanos são caracterizados pelos topônimos ao longo das costas, indicando portos, rios, ilhas e outros acidentes geográficos que pudessem servir como pontos de referência para navegação, a rosa dos ventos e as linhas de rumo, sendo raras as informações sobre o interior do continente[8].

Na Europa do século XV, dois processos históricos marcaram as principais mudanças no saber geográfico: o interesse humanista por obras clássicas sobre geografia e o contato entre europeus e diferentes sociedades africanas, asiáticas e ameríndias na expansão marítima europeia. Uma das principais obras clássicas a serem valorizadas foi *Geographia*, do geógrafo e astrônomo grego Cláudio Ptolomeu (c.90-168 d.C.). Dividida em oito livros, ela pretendia ser um manual cartográfico acerca da superfície terrestre, incluindo o sistema de latitude e longitude, articulados a uma lista de oito mil localidades, e instruções para o mapeamento do mundo conhecido pelos gregos em sua totalidade e em suas partes[9].

Sua circulação pela Europa foi fundamental para a organização e a ampliação do conhecimento geográfico na Época Moderna. Apesar de o texto ser conhecido desde, pelo menos, o século IX no mundo islâmico em sua tradução para o árabe, o interesse pela obra cresceu a partir do século XIV, com a série de 27 mapas feita pelo monge bizantino Maximus Planudes com base nas indicações ptolomaicas. De Constantinopla, o texto chegou à Península Itálica por meio de uma tradução do grego para o latim feita pelo humanista florentino Jacobus Angelus, ofertada ao Papa Gregório XII e depois a Alexandre V, em

8. Woodward, David. Medieval Mappaemundi. *In*: Harley, John Brian; Woodward, David (orgs.). *The History of Cartography*. Chicago; Londres: The University of Chicago Press, 1987, p. 286-370. v. 1; Randles, William Graham Lister. *Da Terra plana ao globo terrestre. Uma rápida mutação epistemológica*. Lisboa: Gradiva, 1990, p. 27-35.

9. Grafton, Anthony; Most, Glenn W.; Settis, Salvatore. Ptolemy. *In*: *Id.*(orgs.). *The Classical Tradition*. Cambridge: Harvard University Press, 2010, p. 789-792.

1406. A primeira edição impressa e com mapas da obra de Ptolomeu foi feita em Bolonha, em 1477. Posteriormente, foram sendo adicionados novos mapas à obra à medida que viajantes davam notícias de espaços que, como vemos no mapa de Ortelius, ampliavam o mundo conhecido pelos antigos[10]. O impacto de *Geographia* não significou, contudo, uma completa ruptura entre as concepções medieval e moderna sobre a Terra. Como se verá mais à frente, os cosmógrafos fundiram elementos clássicos e cristãos para a compreensão do mundo. As diversas edições e correções feitas a *Geographia* ao longo dos séculos XVI e XVII indicam a interação, nem sempre a concordância, entre o conteúdo da obra de Ptolomeu e as novas informações geográficas relatadas em primeira, segunda ou muitas mãos pelos viajantes europeus[11].

Nesse mesmo período, verifica-se uma ampliação dos gêneros em que o conteúdo geográfico se manifesta, variando entre uma representação mais gráfica ou mais narrativa do espaço. Entre os gêneros de produção e circulação do saber geográfico, estão os mapas-múndi, portulanos e roteiros para navegação, vistas de cidade, mapas corográficos, topografias, atlas, relatos avulsos e coleções de viagem, globos, cosmografias, histórias e crônicas. Na sua forma gráfica, normalmente como mapas, elas seguiam uma determinada escala, isto é, uma relação numérica entre distâncias e dimensões reais de um objeto (como uma vila) e sua representação no mapa. A menor escala entre as principais formas de descrição do espaço em imagem e/ou texto eram a cosmografia e a geografia, tratando dos corpos celestes e da Terra, respectivamente. Da menor para a maior escala, nas obras de geografia e cosmografia, apareciam também a topografia e a corografia, abarcando recortes menores, como regiões e locais. Por fim, na maior escala, estavam os portulanos e itinerários, que privilegiavam rotas marítimas e terrestres, respectivamente. A geografia era parte, portanto, da cosmografia.

Cosmografia era o termo geralmente utilizado para se referir ao estudo de todo o universo, o que incluía a superfície e a atmosfera terrestre compostas pelos quatro elementos (terra, fogo, ar e água, que circundava a massa de

10. Randles, William Graham Lister. A geografia de Ptolomeu. *In*: Randles, William Graham Lister. *Op. cit.*, p. 27-35; Manso Porto, Carmem. La influencia de Ptolomeu en la cartografia de los descubrimientos. *In*: Marcos, Jesús Valera. *Juan de la Cosa: la cartografia histórica de los descobrimientos españoles*. Sevilla: Universidad Internacional de Andalucía, 2011.

11. Grafton, Anthony; Shelford, April; Siraisi, Nancy G. *New Worlds, Ancient Texts. The Power of Tradition and the Shock of Discovery*. Cambridge: Belknap Press of Harvard University Press, 1992, p. 54-58.

terra como nos mapas T-O), os planetas e as estrelas segundo o pensamento aristotélico corrente à época (Fig. 5.2)[12]. Incluía, portanto, a astronomia e a geografia, ou, como se encontra em vários textos, o mundo celeste, "reluzente, separado & livre de toda variação, alteração & corrupção" e o mundo terreno, "máquina baixa, elementar & corruptível"[13].

**Figura 5.2 – O mundo elementar e celeste**

Fonte: Rosaccio, Giuseppe. *Mondo elementare, et celeste…* Treviso: Evangelista Deuchino, 1604.

A obra mais célebre a ilustrar essa diferenciação entre a terra e os céus é *Cosmographicus liber*, do humanista alemão Petrus Apianus (1501-1552). Uma das primeiras cosmografias do século XVI, a obra teve dez edições entre 1529 e 1584. Na analogia utilizada pelo autor, a geografia seria a descrição de

12. Vogel, Klaus A. Cosmography. *In*: Daston, Lorraine; Park, Katharine (orgs.). *The Cambridge History of Science. Volume 3*: *Early Modern Science*. Nova York: Cambridge University Press, 2006, p. 470.

13. A primeira citação é de Medina, Pedro de. "Que coisa é o mundo". *In*: *Id*. *L'Art de naviguer de maistre Pierre de Medine… traduit de castillan en Françoys*. Lyon: Guillaume Roville, 1554, 1 v. A segunda citação é de Darinel. *La Sphere des deux mondes*. Anvers: IE. Richart, 1555, p. 2.

toda a Terra a partir de grandes elementos como montanhas, mares e rios, equivalendo-se, por analogia, à pintura de uma cabeça. Já a corografia ou topografia consideraria apenas alguns lugares particulares, como cidades, aldeias e portos, ecoando, assim a definição ptolomaica[14]. Ao fim do século XVI, o gênero cosmográfico perdeu popularidade, e a geografia e a astronomia começaram a ser entendidas como diferentes campos de conhecimento, ainda que o termo "cosmógrafo" tenha se mantido como um ofício letrado de geógrafos em governos e cortes[15].

Uma das razões da popularidade da obra de Ptolomeu foi sua aplicabilidade: ela ensinava a fazer mapas[16]. Para exemplificar como isso se dava na prática, vejamos as orientações elaboradas por dois mestres, ou professores, da *Casa de Contratación* de Sevilha. O mestre García de Palacio explica como preparar o suporte sobre o qual se desenharia o mapa:

> Tomará vossa mercê um pergaminho ou papel [...] e nele fará duas linhas, uma perpendicular, que vai ao longo do pergaminho ou papel, Leste Oeste, e a outra na largura, que será Norte Sul, de maneira que façam ângulos retos, com tinta preta, este ponto será o centro de um círculo que se divide em 32 partes iguais, os ventos, apenas os 8 ventos principais em tinta preta, os 8 ventos médios em cor verde e os que estão no meio, que são chamados quartos, serão em vermelho[17].

Alonso de Chaves, em sua obra *Quatri partitu en cosmografia pratica*, conhecido simplesmente como *Espejo de navegantes*, c.1537 ensinava que, em seguida, a largura de toda a folha deveria ser dividida em: "trezentas e sessenta partes, por meio de uma linha ou paralelo reto, cujas partes se chamam graus de longitude a dar a entender os 360 graus que todo o âmbito do universo tem em sua redondez e escritos com seus números"[18].

---

14. Rosaccio, Giuseppe. *Teatro del Mondo e sue parti*. Trevigi: Presso Evangelista Deuchino, 1604 [1. ed., 1595], p. 6. Apianus, Petrus. *Cosmographicus liber a Petro Apiano mathematico studiose collectus*. Landshut: Johann Weißenburger, 1524, f. 5r.

15. Lestringant, Frank. *A oficina do cosmógrafo: ou a imagem do mundo no Renascimento*. Rio de Janeiro: Civilização Brasileira, 2009.

16. Vega, Alejandra. *Los Andes y el territorio de Chile en el siglo XVI. Descripción, reconocimiento e invención*. Santiago: Dibam; Centro de Investigaciones Diego Barros Arana, 2014, p. 28.

17. García de Palacio, Diego. *Instrucción Náutica, para el buen uso y regimiento de las Naos su traça y gobierno conforme a la altura de México*. México: Pedro Ocharte, 1587; Madri: Naval, 1993, p. 192. Nieto Olarte, Maurício. *Las máquinas del imperio y el reino de Dios*. Bogotá: Universidad de los Andes, 2013, p. 191-194.

18. Chaves, Alonso de. Quatri Partitu en Cosmographia pratica. *In*: Castañeda, Paulino; Cuesta Domingo, Mariano; Hernández Aparicio, Pilar (eds.). *Espejo de Navegantes*, [*1518-1538*]. Madri: Instituto de Historia y Cultura Naval, 1983, p. 111. Sánchez Martínez, Antonio. Practical Cosmography in Early Modern Iberia Alonso de Chaves and his Espejo de Navegantes. *JEMS-Journal of Early Modern Studies*, v. 12, 2023, p. 97-126.

Continuava-se com a produção de linhas paralelas à linha central, isto é, à Linha do Equador. Chaves indica que deveriam ser inseridas até 90 linhas, ou até onde se alcançar, porque, nos mapas, explica, "não se costuma chegar até os polos, mas somente até as partes de que se tinha notícias"[19]. Com cada linha correspondendo a um grau, o espectro contemplado pela carta atingia, ao sul e ao norte, 45º de latitude.

Passava-se em seguida ao desenho da Terra, que poderia ser feito a partir da cópia de outro mapa, de descrições literárias, dos dados de Ptolomeu ou de "testemunho de vista e experiência"[20]. Após localizar, sobre o mapa, um ponto cujas coordenadas bem se conhecia, inseria-se outro ponto próximo e um terceiro ponto de referência – e assim sucessivamente –, a fim de traçar a linha costeira que os unia. Dessa maneira, a partir das latitudes e longitudes de lugares notáveis, eram desenhados e localizados no mapa o traçado das linhas costeiras, portos, rios, promontórios, baías. O próximo passo era nomeá-los, utilizando cores e diferentes tipos de letras para identificar os lugares mais importantes. Devia-se, ainda, desenhar rosas dos ventos com 32 pontas e inserir os nomes dos mares, regiões e províncias. Tratava-se do ensino de uma técnica de fazer mapas a partir de princípios matemáticos e geométricos. As listas alfanuméricas de Ptolomeu, indicando latitudes e longitudes, permitiram, então, transformar as imagens em uma sequência de letras e números que seriam transmitidas sem a distorção dos desenhos[21].

## Geografia descritiva e literatura de viagem

Essa perspectiva matemática atrelada à circulação da obra ptolomaica não foi a única mudança na geografia na Europa Moderna. Desenvolveram-se perspectivas descritivas igualmente baseadas nos antigos. Em diálogo com o gênero da história, uma delas trazia uma interpretação descritiva do ser humano e de suas ações na superfície da Terra, que independia da matemática e da astronomia. A obra do geógrafo e historiador grego Estrabão (63 a.C.-c.24 d.C.) foi a principal referência dessa tradição. Intitulada

---

19. Chaves, Alonso de. Quatri Partitu en Cosmographia pratica. *In*: Castañeda, Paulino; Cuesta Domingo, Mariano; Hernández Aparicio, Pilar (eds.). *Op. cit.*, p. 112.

20. *Ibid.*, p. 113.

21. Bloom, Jonathan M. Lost and translation: gridded plans and maps along the Silk Road. *In*: Fort, Philippe; Klapony, Andreas (ed.). *Journey of Maps and Images on the Silk Road*. Leiden: Brill, 2008, p. 90.

*Geographica* e produzida entre 7 a.C e 18 d.C., ela não incluía mapas, mas trazia descrições detalhadas de províncias e cidades.

A obra de Estrabão foi traduzida do grego para o latim em 1458, por Guarino, em Verona, e teve sua primeira impressão em 1469[22]. Nessa mesma tradição literária, estão os textos dos romanos Pomponius Mela, Plínio, o Velho – com sua influente *História Natural* – e Solino. Suas obras privilegiavam a qualidade dos lugares descritos, aspectos históricos, arquitetônicos, políticos e o que chamaríamos hoje de culturais ou etnográficos, como vestimentas, dieta e costumes, destacando as singularidades e revestindo-se de um caráter enciclopédico[23].

O interesse pela geografia humana foi renovado, no século XVI, também por meio de crônicas, histórias e relatos de viagem. A atenção a aspectos etnográficos ou antropológicos se expandiu nas narrativas sobre povos considerados exóticos e distantes da Europa no sentido espacial e cultural. Cartas e diários de viagem manuscritos, além de relatos orais das viagens de Cristóvão Colombo, Américo Vespucci, Vasco da Gama, entre outros, mesclavam expectativas de conquista comercial e missionária com experiência e descrição de sociedades ameríndias, africanas e asiáticas e passaram a ser objeto de interesse das oficinas de impressão na Península Ibérica, nas cidades italianas, sobretudo Veneza, e em dinâmicos centros editores, como Basileia, Paris, Lyon, Antuérpia e Amsterdã.

Três grandes coleções impressas tiveram imensa repercussão e se propunham a manter os meios letrados atualizados sobre as descobertas dos viajantes, capazes de oferecer testemunhos de vista. Esses textos, assim como as cosmografias e descrições universais, prometiam apresentar e resumir o conhecimento do mundo, sem esforço, sem perigo e sem gastos[24]. A primeira recolha de relatos publicada deve-se a Fracanzano da Montalboddo, autor de *Paesi novamente retrovati* [*Lugares recentemente encontrados*], editada em 1507, em Vicenza. Entre as mais célebres coleções de viagem estão *Navigationi e Viaggi* [*Navegações e viagens*], do veneziano Giambattista Ramusio

22. Cf. Dainville, François. *La géographie des humanistes*. Paris: Beauchesne et ses fils, 1940, p. 75s; Portuondo, Maria. *Secret Science: Spanish Cosmography and the New World*. Chicago: University of Chicago Press, 2009, p. 21-57; Harley, John Brian. *Maps and the Columbian Encounter*. Milwaukee: The Golda Meir Library, 1990, p. 37.

23. Lestringant, Frank. *A oficina do cosmógrafo. Ou a imagem do mundo no Renascimento. Op. cit.*, p. 71-74.

24. Doré, Andréa. Vendre le monde: les préfaces des cosmographies à la Renaissance. *Margini. Giornalle della Dedica e Altro*, n. 11, 2017, p. 3-16.

(1550-1559), *The Principal Navigations* [*As principais navegações*] (1589, 1598-1600), do inglês Richard Haklyut, e as obras ilustradas *Voyages* [*Viagens*] e *Grands Voyages* [*Grandes Viagens*] (1590-1634), do flamengo Théodore De Bry e seus herdeiros. Essas coleções iriam suplantar as cosmografias como uma nova forma de organizar o saber sobre o mundo a partir de relatos antes avulsos de viagem, agora compilados segundo rotas de expansão comercial e colonial europeia.

A primeira edição da coletânea *The Principal Navigations* (1589) visava compilar as viagens marítimas dos ingleses e promover uma política de expansão imperial à imagem dos concorrentes espanhóis e portugueses. Na dedicatória a Francis Walsingham, secretário geral da rainha Elisabete I, da Inglaterra, Hakluyt sintetizou vários dos temas que vimos até agora sobre a geografia, o impacto das viagens ultramarinas e o novo ímpeto editorial que priorizava as descrições geográficas na forma literária e cartográfica. Nela, o autor inglês descreve uma visita ao escritório de seu tio homônimo em Londres e seu contato com diferentes fontes geográficas valorizadas à época:

> encontrei colocados em seu escritório certos livros de Cosmografia, com um mapa universal: ao me ver curioso diante daquilo, ele começou a instruir minha ignorância, mostrando-me a divisão da Terra em três partes a partir do relato antigo, e depois, de acordo com o relato e divisão novos e melhores e em mais partes: ele apontou com sua varinha para todos os mares conhecidos, golfos, baías, estreitos, cabos, rios, impérios, reinos, ducados e territórios de cada parte, com a informação também de suas mercadorias especiais e demandas particulares, que, graças ao tráfico e entrada do comércio, são abundantemente fornecidos. Do mapa, ele me levou à Bíblia, e voltando-se ao Salmo 107, dirigiu-me aos versículos 23 e 24, onde li que aqueles que vão ao mar em navios e ocupam as grandes águas veem as obras do Senhor e suas maravilhas com profundidade etc. Estas palavras do Profeta junto ao discurso de meu primo (coisas de alto e raro deleite para minha jovem natureza) me causaram uma impressão tão profunda, que eu rapidamente resolvi que, se alguma vez fosse chamado pela Universidade, onde há melhor tempo e espaço para minha formação nestes estudos [de geografia], eu, com a ajuda de Deus, buscaria esse conhecimento e tipo de literatura. Estas portas foram tão alegremente abertas diante de mim[25].

---

25. Tradução livre de Hakluyt, Richard. Epistle dedicatory to Sir Francis Walsingham in The Principall Navigations (1589): "To the Right Honorable Sir Francis Walsingham Knight, Principall Secretarie to her Majestie, Chancellor of the Duchie of Lancaster, and one of her Majesties most honourable Privie Councell". *In*: Taylor, Eva Germaine Rimington (org.). *The original writings & correspondence of the two Richard Hakluyts*. Londres: Hakluyt Society, 1935, p. 396-401. v. 2.

Dessa citação podemos destacar dois aspectos. Em primeiro lugar, a varinha com a qual o tio apresenta ao sobrinho as diferentes partes do mundo é uma esclarecedora metáfora do papel exercido por essas coleções de relatos e cosmografias na construção de imagens sobre o mundo fora da Europa. Especialmente em relação ao Novo Mundo, um número reduzido de textos, referentes às primeiras viagens, foi responsável pela disseminação de determinadas concepções sobre a natureza e os habitantes que se cristalizaram como lugares comuns ao longo das décadas seguintes, inúmeras vezes repetidas como narrativas e traduzidas na forma de mapas[26].

O segundo aspecto diz respeito à síntese que então se promoveu envolvendo o saber clássico, as novas experiências das viagens e a cosmovisão cristã. Como os *Mirroirs du monde* [Espelhos do mundo] produzidos no período medieval, os livros e os mapas deveriam servir, em primeiro lugar, para conhecer e exaltar a criação divina. Na sua representação de todo o mundo, Giuseppe Rosaccio realizou uma dessas sínteses entre o saber ptolomaico-aristotélico e a tradição judaico-cristã. No centro do mundo, estaria o Inferno, como afirmara Santo Agostinho, seguido do purgatório ou limbo, depois o seio de Abraão, lugar de descanso eterno na linguagem judaica, ou o próprio paraíso. Só depois viriam a terra e os outros três elementos (Fig. 5.2).

## A valorização da experiência

O fim do século XVI é marcado, assim, pela convivência e frequente articulação entre diferentes concepções de geografia. Enquanto as cosmografias ainda construíam "a unidade divina do mundo", as coleções de viagem eram "relatos de conquistadores-descobridores" e se referiam à divisão deste mundo entre as potências concorrentes da Europa. Se as cosmografias eram a Enciclopédia das coisas ditas sobre o mundo, as coleções de viagem eram, segundo Defert, "a Enciclopédia das coisas vistas". O caráter único da experiência lhes assegurava a publicação e sua circulação. Os relatos impressos serviam, por sua vez, de modelo para outros relatos orais quando do retorno de futuras viagens. Eram usados como parâmetros de técnicas mnemônicas para os viajantes que neles encontravam os gêneros e as convenções narrativas necessárias às anotações que deveriam fazer sobre suas experiências.

26. Martinez, Carolina. On the translation of founding narratives into cartographic images: America in Le Testu's Cosmographie Universelle (1556). *Culture & History Digital Journal*, v. 10, n. 2, 2021, p. 1-17.

As companhias de comércio distribuíam esses livros aos viajantes "para que os homens aprendessem a ver", e as gravuras tinham função semelhante[27].

Da concepção de mundo-espelho, herdada do período anterior, se passaria à concepção de "singularidades" subjetivas, compreendidas como "toda experiência individual do mundo". Na singularização da experiência que afeta a literatura cartográfica – gênero que reúne textos com tensões do espaço e da figuração –, o historiador Tom Conley identifica o início da etnografia que parece ser o efeito imediato da cosmografia na década de 1550. O relato do viajante alemão Hans Staden sobre seu período de cativeiro entre os tupinambás, publicado pela primeira vez em 1557, ou o relato de Jean de Léry, *História de uma viagem às terras do Brasil*, publicado em 1578, sobre sua estada na costa do Brasil representa bem essa nova perspectiva enunciada por Conley. Assim, a incapacidade das cosmografias de explicar o mundo teria dado origem a uma "produtiva fragmentação" que autorizava várias formas de registrar a diferença[28].

Contudo, a geografia foi marcada tanto pela difusão da obra de Ptolomeu e sua técnica quanto pela superação do saber clássico. Os dois autores que, no século XIX, voltaram-se para esse período e transformaram o que passou a se chamar de Renascimento em uma categoria histórica, destacaram a nova geografia como elemento fundamental. Jules Michelet (1798-1874), na introdução de um volume dedicado ao século XVI, escreve um texto intitulado "A agonia da Idade Média" e destaca ali "duas coisas" que pertencem à época da Renascença: "a descoberta do mundo" e "a descoberta do homem"[29]. Da mesma forma, Jacob Burckhardt (1818-1897), em *A cultura do Renascimento na Itália*, dedica um capítulo à "Descoberta do homem e do mundo"[30]. A partir dessas obras, as viagens dos europeus em busca de expansão comercial e de uma rota para Ásia, seguida da busca pela conquista espiritual e jurídica da colonização, firmam-se como um tema recorrente na historiografia sobre a Época Moderna.

---

27. Defert, Daniel. Collections et nations au XVI$^{e}$ siècle. *In*: Duchet, Michèle (org.). *L'Amérique de Théodore de Bry. Une collection de voyages protestantes du XVIe siècle*. Paris: CNRS, 1987, p. 48-51.

28. Conley, Tom. *The Self-Made Map*. Minneapolis; Londres: University of Minnesota Press, 1997, p. 169.

29. Michelet, Jules. *A agonia da Idade Média*. São Paulo: PUC/Imaginário, 1992, p. 19.

30. Burckhardt, Jacob. *A cultura do renascimento na Itália. Um ensaio*. São Paulo: Companhia das Letras, 2003 [1860].

As primeiras expedições europeias mesclando esses objetivos foram empreendidas sob a patronagem da Coroa portuguesa ao longo da costa ocidental africana. No fim do século XV, a monarquia hispânica e a Coroa portuguesa disputavam o apoio papal sobre essas conquistas iniciais no espaço atlântico ainda em busca de uma passagem para a Ásia, a exemplo das viagens capitaneadas pelo genovês Cristóvão Colombo entre 1492 e 1508 e a expedição de circum-navegação de 1519 a 1522, capitaneadas pelo português Fernão de Magalhães e o basco Juan Sebastián Elcano[31]. Nesse contexto de crescente competição interimperial ao longo do século XVI, expedições a partir da Inglaterra e da França buscaram emular e enfraquecer as feitorias, os fortes e o protagonismo ibérico nas rotas comerciais, incluindo de pessoas escravizadas.

A expansão diplomática, comercial e religiosa de Portugal, Espanha, de comunidades da Península Itálica e, posteriormente, da França, da Inglaterra e dos Países Baixos articulou-se a uma renovação técnica e letrada para apoiar as viagens por meio da cartografia e, ao mesmo tempo, representá-las por meio da literatura de viagem. As viagens dos portugueses pela costa ocidental africana até a expedição de Bartolomeu Dias, em 1488, e em seguida a viagem de Vasco da Gama, em 1498, evidenciaram, para os europeus, a existência de povos para além da zona tórrida, a imaginação mais realista sobre as dimensões da África (também chamada de Líbia ou Etiópia) e resultaram numa nova rota entre o Mediterrâneo e o Índico, ou entre a Europa e as Índias. A reformulação do conhecimento geográfico de matriz ptolomaica a partir da experiência das navegações se deu também por meio das observações celestes de Galileu Galilei que resultaram em provas concretas do erro do sistema aristotélico-ptolomaico segundo o qual a Terra estaria no centro do universo.

A experiência cotidiana dos novos espaços foi paulatinamente se refletindo nas novas representações do mundo. Os eventos de exploração marítima eram percebidos pelos próprios contemporâneos como impactantes e indicativos de um novo momento histórico. Apesar de nunca ter estado nas Américas, o cronista espanhol Francisco Lopez de Gómara, secretário de Juan Cortez, escreve na dedicatória de sua obra ao Imperador Carlos V que "a maior coisa depois da criação mundo, excetuando a encarnação e morte daquele que o criou, é o descobrimento das Índias, e assim a chamam de Novo Mundo"[32].

31. Fernández-Armesto, Felipe. Exploration and Navigation. *In*: Scott, Hamish (org.). *The Oxford Handbook of Early Modern European History, 1350-1750. Volume II: Cultures and Power.* Oxford: Oxford University Press, 2015, p. 179-181. v. 2.

32. López de Gomara, Francisco. A Don Carlos, Emperador de Romanos, Rey de España, Señor de las Indias y Nuevo Mundo. *In*: *Id. Historia General de las Indias.* Caracas: Biblioteca Ayacucho, 1979, p. 7.

Essas grandes frases precisam ser interpretadas pelo que contribuíram para a construção de uma narrativa triunfalista dos grandes feitos das descobertas marítimas europeias desde a Primeira Modernidade até, pelo menos, o século XX. Colombo teria descoberto as Índias, assim como a viagem de circum-navegação capitaneada por Fernão de Magalhães e concluída por Sebastián Elcano teria superado os feitos dos antigos, como escreveu Maximilianus Transilvanus, ao mesmo Carlos V, de quem era secretário. Os meios letrados rapidamente interpretaram esses eventos como grandes mudanças, enquanto os impactos sociais, econômicos e políticos foram sendo sentidos ao longo do tempo na Europa, com a chegada de produtos exóticos nos mercados, a inserção massiva de metais extraídos nas nascentes colônias e a proliferação oral e escrita de notícias de todo tipo circulando pelos portos e pelas cidades do interior da Europa.

A ampliação dos contatos entre sociedades ao redor do globo é mensurável pela emergência de duas novas rotas oceânicas entre a Europa e a Ásia: as rotas criadas por Bartolomeu Dias e Vasco da Gama, contornando a África e chegando a Calicute em 1498, e a de Magalhães e Elcano, na direção contrária, cruzando o Atlântico e o Pacífico, em viagem concluída em 1522. Essas rotas passaram a ser frequentadas num espaço de apenas 22 anos[33]. Anteriormente, a ligação entre partes da Europa e o Leste Asiático se dava pela Península Arábica desde os tempos de Alexandre, o Grande, pelo Mar Vermelho, Golfo Pérsico ou rotas terrestres da Ásia Central no período medieval, com os missionários franciscanos e mercadores italianos. Poucas décadas depois, passou a se frequentar, ainda, o percurso pelo Atlântico Central, cruzando a América até Acapulco e de lá a Manila, no arquipélago que receberá o nome de Filipinas, iniciando o Galeão de Manila, em 1565.

A experiência das navegações e as consequentes relações entre europeus, americanos, asiáticos e africanos se articularam a mudanças no saber geográfico, não só no questionamento paulatino do sistema ptolomaico, mas também na relação entre geografia e filosofia natural de matriz aristotélica, que investigava o estado e o movimento das coisas naturais, e entre geografia e medicina. Segundo a tradição aristotélica, tudo na superfície terrestre, incluindo a terra, era composto por quatro elementos: terra, água, fogo e ar.

33. Doré, Andréa. Dos estreitos de Malaca ao estreito de Magalhães: a viagem de Magalhães-Elcano na perspectiva asiática. *In*: Kalil, Luís Guilherme Assis; Fernandes, Luiz Estevam de Oliveira (orgs.). *1519*: *circulação, conquistas e conexões na Primeira Modernidade*. Jundiaí: Paco, 2021, p. 99.

Isso incluía os corpos humanos e, portanto, de acordo com a medicina da época, cada elemento equivalia a um humor dentro do corpo: bílis negra, bílis amarela, fleuma e sangue. Cada humor combinava duas características (seco, quente, frio e molhado) que, por sua vez, influenciavam na compleição e personalidade ou "temperamento" de cada pessoa: colérica, melancólica, fleumática e sanguínea[34]. A localização espacial e as características físicas de uma pessoa, ou de um grupo de pessoas, articulavam ideias sobre medicina, geografia e clima. Não eram apenas os limites físicos do mundo habitável que compunham e mudavam nos mapas na Europa da Primeira Modernidade, mas os próprios limites da humanidade, pois a variedade climática e geográfica global pressupunha a realidade de seres híbridos ou monstruosos. Mais que isso, essa variedade inventa e, ao mesmo tempo, explica a diferenciação cultural entre distintas sociedades, então descritas na geografia e localizáveis nos mapas.

As transformações que permitem falar de uma *nova geografia* se deram no âmbito humano – no microcosmo – e abarcaram também uma nova compreensão do céu, mais especificamente no campo da cartografia lunar ou selenografia. Assim como o gênero cosmográfico vive sua ascensão e queda ao longo do século XVI, a Lua torna-se e "desaparece" como objeto de conhecimento ao longo do século XVII, ao fim do qual se tinha uma nova linguagem visual e padrão toponímico para sua representação. Desenvolvem-se também duas formas gerais de produção de conhecimento sobre a Lua: a cartográfica – representada usualmente em fase cheia e cujas partes da superfície serão nomeadas, como nos trabalhos do cartógrafo inglês Thomas Hariott – e a astronômica, focada na observação de seus relevos sob iluminação oblíqua, como na obra de Galileu. À "conquista intelectual" da Lua a partir do começo do século XVII relaciona-se a concorrência entre impérios na Europa, pois se acreditava que a cartografia lunar ajudaria a desenvolver métodos práticos para a determinação de longitudes, impulsionando, assim, a navegação de longa distância[35].

---

34. Cook, Harold J. Medicine. *In*: Daston, Lorraine; Park, Katharine (orgs.). *The Cambridge History of Science. Volume 3*: *Early Modern Science. Op. cit.*, p. 409-410.

35. Haddad, Thomás A. S. Um império de outro mundo: a Lua dos Áustrias e a Lua dos astrônomos. *In*: Gesteira, Heloísa M.; Carolino, Luís Miguel; Marinho, Pedro (orgs.). *Formas do Império*: *ciência, tecnologia e política em Portugal e no Brasil. Séculos XVI ao XIX*. Rio de Janeiro: Civilização Brasileira, 2014, p. 121-140.

## Considerações finais

O saber geográfico passou por decisivas transformações entre os séculos XIV e XVII na Europa, destacando-se a crescente circulação seguida da crítica ao modelo ptolomaico e a tensão entre autoridade letrada (clássica, medieva e bíblica) e a experiência da expansão marítima, comercial e colonial a partir da Europa. Ganhou, porém, uma dimensão que ultrapassava a função de provar a sabedoria divina e tornou-se, como afirma Descendre, "o novo reservatório das experiências das quais deve nutrir-se o pensamento político"[36].

O argumento que defende um forte elo entre expansão ultramarina europeia e o desenvolvimento de novo saber geográfico, presente na historiografia desde pelo menos meados do século XIX como um traço distintivo do movimento renascentista italiano, vem passando por reformulações. Desde o começo do século XXI, o debate sobre as disputas entre conhecer por meio da autoridade clássica e por meio da experiência das navegações tem sido abordado a partir do conceito de renascimento global. Não mais restritas a poucas chancelarias, ateliês e cortes na Europa entre os séculos XIV e XVI, as transformações culturais e artísticas do Renascimento vêm sendo analisadas como parte de uma rede de trocas materiais e intelectuais num recorte geográfico mais alargado, incluindo, além da Península Itálica, o Egito mameluco, a Espanha muçulmana, a Turquia otomana, a Pérsia, a rota terrestre comercial entre China e Europa e as Américas.

Um dos principais impactos dessa perspectiva macrorregional ou transcontinental sobre a história da nova geografia foi não apenas ressaltar a agência histórica de grupos das regiões para além da Europa nas transformações do Renascimento, mas também mostrar a circulação de novas ideias e textos geográficos da Europa para o leste, como Damasco e Bagdá, incluindo a revisão da obra ptolomaica a partir da experiência da navegação. Em 1513, o almirante da marinha otomana, Piri Reis, produziu um mapa-múndi que mesclava os mapas ptolomaicos, novos mapas da China e do Oceano Índico, "um mapa árabe da Índia, quatro novos mapas portugueses desenhados segundo os métodos geográficos da Índia e da China e um mapa das terras ocidentais desenhado por Colombo", indicando que a "descoberta do mundo", para usar a expressão de Jacob Burckhardt, não foi uma prerrogativa do Ocidente cristão e incluía múltiplas narrativas de diferentes regiões da Terra[37].

---

36. Descendre, Romain. *Do olho da história ao olho da política: sobre o nascimento da geografia política no século XVI (Ramusio e Botero). A politização do mundo.* Campinas: Editora da Unicamp, 2015, p. 32.

37. Brotton, Jerry. *The Renaissance. A Very Short Introduction.* Oxford: Oxford University Press, 2006, p. 86-87.

## Bibliografia comentada

Broc, Numa. *La géographie de la Renaissance, 1420-1620*. Paris: CTHS, 1986.

> História do conhecimento geográfico na França da Primeira Modernidade que critica a narrativa histórica celebratória das "Grandes Descobertas" como ruptura com o mundo medieval e causa principal da criação de uma nova geografia moderna. Propõe que as mudanças no pensamento geográfico e os debates em torno da representação do planeta por zonas, climas, mares, continentes, rios, montanhas, plantas e populações antecedem as viagens ultramarinas europeias de exploração.

Chicangana-Bayona, Yobenj Aucardo. *Imagens de canibais e selvagens do Novo Mundo. Do maravilhoso medieval ao exótico colonial (séculos XV-XVII)*. Trad. de Marcia Aguiar Coelho. São Paulo: Editora Unicamp, 2017.

> Estudo minucioso das imagens que circularam por impressos europeus representando os indígenas da América do Sul, visando recuperar as influências estéticas e históricas de sua construção.

Descendre, Romain. *A politização do mundo*. Campinas: Editora da Unicamp, 2015.

> Coletânea de artigos que abordam as relações entre política e geografia no século XVI e início do século XVII. São analisadas as dimensões geopolíticas de autores, editores e embaixadores das cidades italianas: Giovani Battista Ramusio, Giovanni Botero, Américo Vespúcio, Paolo Sarpi e Pietro Duodo.

Doré, Andréa. *Cartografia da promessa. Potosi e o Brasil em um continente chamado Peruana*. São Paulo: Intermeios, 2020.

> A partir de mapas, cosmografias e relatos de viagem é analisado o papel desempenhado pela montanha de Potosi na construção de um saber geográfico sobre a América do Sul, estendendo para todo o continente as expectativas de exploração de riquezas minerais. Em diálogo com o capítulo "Um outro Peru", de Sérgio Buarque de Holanda, o livro investiga de forma específica a influência da montanha de prata na representação e nos projetos de exploração das terras do Brasil.

Dubois, Claude-Gilbert. *O Imaginário da Renascença*. Brasília: Editora da UnB, 1995.

> O livro aborda elementos do imaginário – definido como "o resultado visível de uma energia psíquica formalizada individual e coletivamente" – da Época Moderna influenciados, sobretudo, pelo pensamento da Antiguidade. Destaca-se a análise do Cosmo e Crono, como práticas do espaço e do tempo.

Fernández-Armesto, Felipe. *Américo: o homem que deu seu nome ao continente*. São Paulo: Companhia das Letras, 2011.

> Analisa a trajetória de Américo Vespúcio, recupera por meio da análise de vasta bibliografia e de fontes primárias a complexa história das cartas que escreveu sobre suas viagens e as que lhes foram atribuídas.

Lestringant, Frank. *A oficina do cosmógrafo: ou a imagem do mundo no Renascimento*. Rio de Janeiro: Civilização Brasileira, 2009.

> Estudo da história literária sobre a obra de André Thevet (1516-1592), geógrafo e cosmógrafo que serviu à dinastia dos Valois no Reino da França, conhecido principalmente pela obra *As singularidades da França Antártica*, sobre a natureza e as populações indígenas do sul do Brasil. Destaca a visão cosmográfica de Thevet de que uma civilização é avaliada por seus mapas.

O'Gorman, Edmundo. *A invenção da América. Reflexão a respeito da estrutura histórica do Novo Mundo e do sentido do seu devir*. Trad. de Anna Maria Martinez Corrêa e Manoel Lelo Bellotto. São Paulo: Unesp, 1992.

> Estudo pioneiro, publicado originalmente em 1958, por demonstrar que a América não foi descoberta, mas inventada conceitualmente em escritos de letrados espanhóis ao longo do século XVI, a partir de uma perspectiva humanista sobre passado, presente e futuro.

Padrón, Ricardo. *The Spacious Word: Cartography, Literature, and Empire in Early Modern Spain*. Chicago: University of Chicago Press, 2004.

> Estudo sobre a relação entre as primeiras ideias espanholas de mundo e as origens do colonialismo europeu. Defende que mapas do Novo Mundo, cartas de exploradores de civilizações indígenas e poemas que dramatizam a conquista de terras distantes ajudaram a Espanha a, então, redefinir-se tanto geográfica como imaginativamente como um império atlântico e até global.

Randles, William Graham Lister. *Da Terra plana ao globo terrestre. Uma rápida mutação epistemológica*. Lisboa: Gradiva, 1990.

> Obra introdutória que apresenta diferentes concepções da Terra no Ocidente, da visão bíblica à descoberta da América. Entre os temas abordados estão a filosofia natural aristotélica, a questão dos antípodas, as representações do mundo no período medieval, a redescoberta da obra de Ptolomeu e diferentes explicações para acomodar o Novo Mundo nas concepções pré-existentes.

Tatsch, Flavia Galli; Gomes, René Lommez. De selvagens canibais a pacíficos comerciantes: a invenção da iconografia dos ameríndios na Europa renascente, 1492-1555. *In*: Cañizares-Esguerra, Jorge; Fernandes, Luiz Estevam de Oliveira; Martins, Maria Cristina Bohn (orgs.). *As Américas na Primeira Modernidade (1492-1750)*. Vitória: Milfontes, 2020, p. 313-400. v. 3.

> Esse longo capítulo privilegia fontes imagéticas – mapas, gravuras e pinturas – e analisa a formação e a fixação das representações dos índios americanos entre 1492 e 1555.

Villas Bôas, Luciana. *Encontros escritos. Semântica histórica do Brasil no século XVI*. Rio de Janeiro: Editora UFRJ, 2019.

> O tema das terras e habitantes do Brasil no século XVI é abordado nesse livro por meio da literatura, do papel desempenhado pela imprensa, pelas formas de registrar diferentes aspectos do Novo Mundo e sua circulação.

Woodward, David (org.). *The History of Cartography*. Volume 3: Cartography in the European Renaissance. Chicago: University of Chicago Press, 2007. 2 v.

> Volume interdisciplinar, multiautoral e introdutório à história da cartografia europeia nos séculos XVI-XVII, das primeiras edições impressas de Ptolomeu até o fim da Guerra dos Trinta Anos. Sintetiza e introduz ao público não especialista tópicos como: tradições cartográficas medievais, cartas estelares, cosmografias, globos, projeções, além das relações entre cartografia e literatura, governos, administração, educação e guerra.

# 6
# O Atlântico e as modernidades alternativas

*José Carlos Vilardaga*
*Rodrigo Faustinoni Bonciani*

O Atlântico funda a Modernidade ocidental, reorientando a expansão marítima europeia e as relações político-econômicas do Mediterrâneo, de um "sistema circulatório fechado", com suas conexões milenares com a África do Norte e a Ásia[1], para a imensidão do Mar Oceano, que interligava a África subsaariana, as Américas e novas vias para a Índia e a Ásia Oriental. A geopolítica dessa expansão definiu-se pela perspectiva de constituição de uma república universal cristã, com sede em Roma. A espada temporal seria empunhada pelos reinos católicos europeus, na luta contra os muçulmanos, outros inimigos da fé e os povos pagãos. Os súditos do reino cristão do Preste João, vagamente localizado entre a Índia e a África Oriental, e os povos inclinados a um deus único eram potenciais aliados[2]. O reino lusitano abriu uma via para essa propagação, navegando pela costa africana, colonizando os arquipélagos da Madeira, de Cabo Verde e de São Tomé. O ouro da Mina e o tráfico de escravizados eram os meios para a realização dessa geopolítica[3]. Com a participação do reino de Castela, no fim do século XV, um novo caminho se abriu e as duas rotas se tornaram complementares: uma contornando a África e a outra pela via do Ocidente [↗Uma nova geografia].

---

1. Braudel, Fernand. *El Mediterráneo y el mundo mediterráneo en la época de Felipe II*. Cidade do México: Fondo de Cultura Económica, 1987 [1949], p. 752. 2 v.

2. Bonciani, Rodrigo Faustinoni. Um "outro mundo" e um "novo mundo": geopolíticas europeias no alvorecer da Modernidade. *In*: Kalil, Luís Guilherme Assis; Fernandes, Luiz Estevam de Oliveira (orgs.). *1519*: *Circulação, conquistas e conexões na Primeira Modernidade*. Jundiaí: Paco, 2021, p. 39-46.

3. Godinho, Vitorino Magalhães. Création et dynamisme économique du monde atlantique (1420-1670). *Annales. Économies, Sociétés, Civilisations*, v. 5, n. 1, 1950, p. 33-36.

A historiografia abordou a expansão europeia a partir do Atlântico de diferentes formas, mas se orientou por duas referências principais. A primeira, da tradição francesa da Escola dos *Annales*, estabeleceu uma abordagem geo-histórica, primordialmente econômica e de longa duração, fundada por Fernand Braudel e seu *Mediterrâneo*, que também impactou os estudos sobre o Oceano Índico [↗O espaço índico]. A outra, entremeando uma história política e social, constituiu um novo espaço de análise, o Atlântico Sul, a partir de uma perspectiva geopolítica oriunda do Império inglês, estabelecida por Charles R. Boxer[4]. Ambas surgiram no contexto do pós-Segunda Guerra Mundial, que também foi um período decisivo para a institucionalização acadêmica da História em universidades americanas.

Nos anos 1960 e 1970, o debate historiográfico foi marcado principalmente por diferentes correntes marxistas, com uma abordagem predominantemente estrutural e econômica, que entendeu o escravismo e o tráfico de escravizados como motor do capitalismo moderno[5]. Outra geração de historiadoras/es, a partir do fim dos anos 1970, acompanhando os processos de democratização na América Latina e de independência na África, promoveu uma inflexão para o campo das histórias social e cultural, em um período de incremento da produção acadêmica nesses continentes. Nos Estados Unidos e na Europa, a historiografia africanista resgatou o papel das agências africanas na história atlântica[6]. Além disso, constituiu-se um campo historiográfico próprio, da *Atlantic History*, definido fundamentalmente pela produção norte-americana[7].

Os prismas, essencialmente eurocêntricos, foram confrontados com os contradiscursos decoloniais apenas muito recentemente, exigindo transformações radicais da abordagem historiográfica. Essas outras narrativas se acumularam ao longo do colonialismo, denunciando, resistindo e mantendo vivas, em transformação, outras cosmo-histórias, epistemologicamente distintas da mitologia ou da historiografia ocidental[8].

---

4. Boxer, Charles Ralph. *Salvador de Sá e a luta pelo Brasil e Angola*. São Paulo: Edusp, 1973 [1952].

5. Gorender, Jacob. *O escravismo colonial*. São Paulo: Fundação Perseu Abramo, 2010 [1978]; Novais, Fernando Antônio. *Portugal e o Brasil na Crise do Antigo Sistema Colonial (1777-1808)*. São Paulo: Hucitec, 1981.

6. Miller, Joseph. *Way of Death: Merchant Capitalism and the Angolan Slave Trade, 1730-1830*. Madison: University of Wisconsin, 1988.

7. Bailyn, Bernard. The idea of Atlantic history. *Itinerario*, v. 20, n. 1, 1996, p. 19-44.

8. Navarrete, Federico. Las historias de América y las historias del mundo: una propuesta de cosmohistoria. *Anales del Instituto Japonés de Estudios Latinoamericanos*, v. 36, 2016, p. 1-36.

Havia uma longa tradição ensaística e, em seguida, nas ciências humanas, com autoras e autores pretas/os, que destacaram elementos da história afro-americana, com temas variados sobre a diáspora, as sociedades nacionais e as (r)existências negras[9]. O pensamento negro, colocado à margem das histórias intelectuais nacionais, estabelece, propriamente, uma tradição atlântica, oriunda da experiência da diáspora forçada e a do racismo cotidiano transformadas em potência, chamada por William Du Bois de "dupla consciência"[10].

Por sua vez, o pensamento ameríndio, das múltiplas consciências, foi apagado pela tradição folclórica nacional, que transformou cosmologias em mitologias infantilizadas. A historiografia indigenista e a antropologia procuram resgatar o lugar dos indígenas como sujeitos da história e autores indígenas, como Davi Kopenawa e Ailton Krenak, e dão elementos para se repensar a história do relacionamento com os brancos na Modernidade e nos tempos atuais[11]. Em obras representativas do século XXI, os protagonismos pretos e ameríndios trouxeram à tona debates sobre as estruturas coloniais na contemporaneidade, presentes nos campos da linguagem e das epistemologias da cientificidade ocidental[12].

Navegar pelo Mar Oceano é conhecer essas escritas da história, das historiografias da tradição ocidental, mas ir além, encontrando as marés e correntes das águas de Ñanderu, de Olokum e Yemanjá, que transformaram o Mar Tenebroso do tráfico de escravizados no encontro dos malungos na Kalunga Grande.

---

9. Querino, Manuel. O colono preto como fator da civilização brasileira. *Afro-Ásia*, n. 13, 1980 [1918], p. 143-158; Guerrero Ramos, Alberto. Patologia social do branco brasileiro. *In*: *Id*. *Introdução crítica à sociologia brasileira*. Rio de Janeiro: Andes, 1957; Moura, Clóvis. *Rebeliões da senzala: quilombos, insurreições, guerrilhas*. São Paulo: Anita Garibaldi, 2020; Carneiro, Edison. *O quilombo dos Palmares*. São Paulo: Companhia Editora Nacional, 1988; Du Bois, William Edward Burghardt. *The Souls of Black Folk*. Chicago: Dover, 1994 [1903].

10. Gilroy, Paul. *O Atlântico negro*: *Modernidade e dupla consciência*. São Paulo: Editora 34, 2001.

11. Carneiro da Cunha, Manuela; Viveiros de Castro, Eduardo. Vingança e temporalidade: os Tupinambá. *Journal de la Société des Américanistes*, v. 71, 1985, p. 191-208; Viveiros de Castro, Eduardo. *A inconstância da alma selvagem e outros ensaios de antropologia*. São Paulo: Cosac & Naify, 2002, p. 181-264. Kopenawa, Davi; Albert, Bruce. *A queda do céu*: *palavras de um xamã yanomami*. Companhia das Letras: São Paulo, 2010; Krenak, Ailton. *Futuro ancestral*. São Paulo: Companhia das Letras, 2022.

12. Kilomba, Grada. *Memórias da plantação*: *episódios de racismo cotidiano*. Rio de Janeiro: Cobogó, 2019; Wilderson III, Frank B. *Afropessimismo*. São Paulo: Todavia, 2021.

## O fascínio do Mar Tenebroso

O mar punitivo e adverso do dilúvio bíblico, que a todos afoga em suas águas purificadoras. O mar que apaga o incêndio destruidor de Ñanderu, apaziguando a terra devastada dos Guarani. A origem das águas das enchentes de Olokum, enviadas depois de seu aborrecimento com a incapacidade dos homens de entenderem os desejos dos deuses iorubás. Três cosmovisões de um mundo banhado pelas águas do oceano que se convencionou, na narrativa ocidental, chamar-se Atlântico. Três narrativas nas quais o mar destrói e renova. Esse movimento ondulatório, gerador de medo, mas também de fascínio e curiosidade, é que atraiu os seres humanos mar adentro. Ondas necessárias para novos ciclos.

O grande mar, lugar de profundezas nunca visitadas, despertou sentimentos e mobilizou imaginários comuns em espaços banhados por suas águas. Ponto de partida de toda criação judaico-cristã, o mar foi, igualmente, a forma mais bem-acabada do caos, do imprevisível e do incomensurável. Parecia fazer contraste com a terra, o espaço criativo das divindades. Na lógica bíblica, os oceanos são quase um vestígio do dilúvio, que puniu e depois, regredido, apartou os homens. Lugar também de almas lúgubres e espíritos de afogados na escuridão do mar profundo que exigiram oferendas em formas de flores ou penas, demandaram exorcismos, sacrifícios e outras estratégias pacificadoras das furiosas tempestades e ondas avassaladoras[13].

Nessa imensidão marítima, um mar ganha destaque para nós: o *Mar Oceano*, palco do filho de Urano e Gaia (*Õkeanós*); também chamado de Atlântico, de onde o titã Atlas sustentava o céu em seu castigo infinito, aliviado de seu enorme peso, em parte, pela ajuda das colunas de Hércules, o Estreito de Gibraltar, num de seus doze trabalhos. Colunas que anunciavam o *finisterrae*, os confins do mundo conhecido. Dali em diante, aos navegadores incautos, entrava-se no ignoto. Era a marca, portanto, da consciência necessária de que ir além daquelas majestosas colunas era desafiar aos deuses e navegar nas ondas arriscadas das punições aos que desafiavam os egos divinos. Ulisses avançou pelos mares, enfrentou ninfas, sereias, ciclopes e todo tipo de ameaça, numa viagem iniciática e transformadora. Uma *paideia*. Só sua sabedoria, testada no movimento ameaçador das águas e do caos, o levou de volta para casa e a um porto seguro[14]. O Ulisses de Dante

13. Corbin, Alain. *O território do vazio. A praia e o imaginário ocidental.* São Paulo: Companhia das Letras, 1989.

14. Giucci, Guilhermo. *Viajantes do maravilhoso: o Novo Mundo.* São Paulo: Companhia das Letras, 1992.

Alighieri (1265-1321), vários séculos depois, não teria a mesma sorte. Seria tragado pelas águas infernais e punido por sua curiosidade.

Na tradição greco-romana, o Mar Oceano era o fim da civilização, lugar onde o Sol se põe, regido pela escuridão. Mesmo bastante navegado em suas franjas por cartagineses, que viam no Atlântico um abismo; ou por fenícios e gregos, foi para os romanos que o Atlântico se tornou uma das fronteiras do império. Nas demarcações do imaginário, da política e dos marcos civilizatórios sempre autorreferenciais, esse mar exterior, cenário das tradições gregas, de ninfas, sereias e ciclopes, foi também controlado profanamente em suas margens pelos romanos[15]. Fora das franjas, esse Mar Atlântico, ainda ecoando os feitos de Ulisses e Hércules, reunia o imaginário da inacessibilidade e da barbárie, com as Ilhas Afortunadas e os Campos Elísios, descanso dos heróis. Para Rufo Avieno (?-375), um mar sacudido por "bestas [que] nadam violentamente em todos os lugares e um pânico intenso mora nestas águas por causa dos monstros"[16]. Um mar oscilante em seu imaginário, mas único em sua geografia imaginada. Por muito tempo ainda depois dos romanos, o Ocidente acreditaria num mar único que envolvia toda a terra. De Ocidente a Oriente, como presente nos mapas T-O [↗Uma nova geografia][17].

No medievo europeu, esse mar ainda uno, que rodeava o mundo terrestre, foi se tornando cada vez mais *Tenebrarum*, um Mar Tenebroso. Isidoro de Sevilha (1265-1321), em suas *Etimologias*, obra marcante no imaginário ocidental sobre a geografia do mundo, reiterou o caráter circundante do Mar Oceano, "assim chamado pelos gregos e latinos, porque, como um círculo, rodeia o orbe"[18], e o adjetivou em sua tempestuosidade e perigo. Acompanhava a visão cristã, bíblica, que tornava os mares adversos, lugares dos dilúvios punitivos, das tempestades, doenças e da morte fria.

No oposto complementar cristão, na geografia de um império islâmico que conhecia bem o litoral atlântico marroquino e as Ilhas Canárias e a Ilha

15. Mantas, Vasco Gil Soares. O Atlântico e o Império Romano. *Revista Portuguesa de História*, v. 2, n. 36, 2002-2003, p. 445-467.

16. Avieno, Rufo. *Ora Marítima*: *descriptio orbis terrae*: *phaenomena*. Madri: J. Mangas y D. Placido (eds.), 1994. (Tradução livre).

17. Neto, José Maria Gomes de Souza. Para além das colunas de Hércules: o Atlântico na Antiguidade. *In*: Silva, Francisco Carlos Teixeira da; Leão, Karl Schurster de Sousa; Almeida, Francisco Eduardo Alves de. *Atlântico. A história de um oceano*. Rio de Janeiro: Civilização Brasileira, 2013.

18. Sevilha, Isidoro de *apud* Fonseca, Luis Adão. O imaginário dos navegantes portugueses dos séculos 15 e 16. *Estudos Avançados*, v. 6, n. 16, 1992, p. 35-51, aqui p. 41.

da Madeira, Al-Masudi (século X) e Al-Idrisi (século XII), concordaram num oceano de ondas gigantes, tempestades violentas e ventos fortíssimos. Povoado de monstros, o Atlântico, às vezes chamado de Mar Verde, configurou um "mar das trevas" junto aos geógrafos e viajantes muçulmanos[19].

Na reunião das tradições maravilhosas sobre ilhas paradisíacas, com as visões celtas, contrariamente positivas em relação ao Atlântico, surgiu uma das narrativas mais espetaculares desse Atlântico europeu medieval, que se espalhou no rastro de pólvora da lenda popular. Da insular Irlanda partiria o abade de Clonfert, Brandán, ou São Brandão, no século V, com catorze monges apertados num barco típico irlandês (*currach*), com mantimentos para quarenta penitenciais dias mar adentro. Depois de enfrentar perigos diversos, presenciar milagres e vislumbrar o paraíso terreal e o jardim das delícias, retornaria à sua terra noventa dias depois. A viagem de São Brandão, que deslocou o paraíso do Oriente ao Ocidente, teria vida próspera no imaginário europeu nos séculos vindouros, especialmente nas demandas pela Ilha de São Brandão, Ilhas Afortunadas e a afamada Ilha Brasil[20]. "Antes de ser descoberto, o Atlântico foi imaginado"[21], um oceano que atravessou uma das maiores transformações geográficas da Modernidade ao se transmutar de um mar envolvente a um mar distintivo[22].

A navegação que o modificou foi purgativa. Já em fins da Idade Média europeia, o purgatório como nova possibilidade salvacionista tornou as viagens marítimas uma experiência eventualmente redentora. Só a nau da Igreja, nesse alegórico confinamento em meio à tempestade, poderia representar a salvação. Numa reinvenção de Ulisses, os navegantes peregrinaram nos mares em busca de redenção e, sobretudo, de um paraíso terreal. Contudo, nessa mistura de tradição e experiência, trazida à tona pelo eco dos navegadores, os

---

19. Kimble, George Herbert. *A geografia na Idade Média*. Londrina: Eduel, 2013; Coelho, Amanda Fabiana Santos. *O imaginário das ilhas atlânticas no universo medieval islâmico-cristão*. Dissertação (Mestrado em História do Mediterrâneo Islâmico e Medieval) – Universidade de Lisboa, Lisboa, 2015.

20. Donnard, Ana. O outro mundo dos celtas atlânticos e a mítica Brasil, ilha dos afortunados: primeiras abordagens. *Nuntius antiquus*, n. 3, 2009, p. 14-28.

21. Fonseca, Luis Adão. O imaginário dos navegantes portugueses dos séculos 15 e 16. *Op. cit.*, p. 17.

22. Lois, Carla; Garcia, João Carlos. Do oceano dos clássicos aos mares dos impérios: transformações cartográficas do Atlântico Sul. *Anais do Museu Paulista: História e Cultura Material*, v. 17, n. 2, 2009, p. 15-37.

relatos das viagens que se intensificaram no século XV ainda carregavam as tintas do imaginário. O real e o imaginário não se contradizem, se ajustam[23].

No entanto, como dizia Gomes Eanes de Zurara (1410-1474), cronista do reino português, espelhando a visão diluviana, o oceano havia separado os homens. Os portugueses os juntariam? Para o bem e para o mal, ao longo dos séculos XV e XVI, anunciando a Modernidade ocidental, os confins do mundo foram ultrapassados. E não estavam mais no Gibraltar, mas no Bojador: "Isto é claro, diziam os mareantes, que depois deste cabo (Bojador) não há gente nem povoação alguma [...]"[24]. O Mar Tenebroso encontraria o Paranaguassú, Okun, Kalunga e tantos outros nomes e identidades de um mesmo mar.

## A navegação atlântica entre técnicas e tratados

Caramuru regia as ondas: era o peixe moreia que, com seu formato alongado, movimentava o mar. Caramuru foi também um nome atribuído pelos tupinambás aos portugueses e suas armas de fogo, que passaram a frequentar partes da costa atlântica da América do Sul no alvorecer do século XVI. O salgado do mar, resultado das cinzas da terra queimada e apagada pelas águas, a mando de Monã[25], poderia ser também as lágrimas de Portugal, como cantou o poeta luso Fernando Pessoa (1888-1935)[26]. O fato é que caramuru chegou em ondas às vastas terras novas pelos mares e buscou reunir o que havia sido separado.

O Atlântico foi o grande caminho para isso. Por ele, os ibéricos chegaram em levas e, como o monstro *Ipupiara* – narrado por José de Anchieta –, colecionaram corpos e almas de povos invadidos e escravizados nessa conexão forçada entre os continentes até então apartados[27].

---

23. Greenblatt, Stephen. *Possessões maravilhosas*. São Paulo: Edusp, 1996; Holanda, Sérgio Buarque de. *Visão do paraíso. Os motivos edênicos no descobrimento e colonização do Brasil*. São Paulo: Brasiliense, 1992.

24. Azurara, Gomes Eannes de. *Chronica do descobrimento e conquista de Guiné*. Paris: Ed. Visconde de Carreira, 1841, p. 51-52.

25. Thevet, André. *Singularidades da França Antártica*. Belo Horizonte: Edusp/Itatiaia, 1978; Métraux, Alfred. *A religião dos Tupinambás*. São Paulo: Ed. Nacional; Editora da Universidade de São Paulo, 1979. (Série Brasiliana, v. 267).

26. Pessoa, Fernando. Mar português. *In*: *Id. Mensagem*. São Paulo: Todavia, 2022 [1934].

27. Camenietzki, Carlos Ziller; Zeron, Carlos Alberto. Quem conta um conto aumenta um ponto: o mito do Ipupiara, a natureza americana e as narrativas da colonização do Brasil. *Revista de Indias*, v. 60, n. 218, 2000, p. 111-134.

Segundo oceano mais extenso, com quase 100 milhões de quilômetros quadrados, o Atlântico tem como maior distância leste-oeste, 7.000 quilômetros, e a menor, 3.000. As correntes marítimas abaixo do Estreito de Gibraltar empurram ao sul da América, mas, acima do estreito, conduzem ao norte da Inglaterra e da Europa[28].

Em 1415, os portugueses iniciaram sua experiência ultramarina rumo às partes meridionais do globo. Mobilizados pelos feitos da literatura de cavalaria, fidalgos de várias estirpes, inclusive a real, desembarcaram em Ceuta, do outro lado do Gibraltar, para mover-se em batalhas cruzadísticas contra o Islã. Buscavam pressionar a sobrevivência islâmica em Granada, combater os navios mouros, aliviar pressões internas do reino e abocanhar riquezas. O próprio filho do rei, D. Henrique (1394-1460), foi nomeado cavaleiro em meio às batalhas contra os mouros. O cavalo do português, contudo, seria outro: as embarcações. Com elas, gradativamente, o que começou em Ceuta foi se replicando em outras terras e mares, num misto de prepotência civilizatória com interesses mercantis – e com apuro técnico. Os carvalhos dos bosques reais portugueses forneceram a madeira que deu impulso a uma empresa naval aparelhada na arte náutica. Da barca, modelo nórdico, migrou-se ao *barinel*, depois às naus e, finalmente, à caravela, "essa pequena joia ibérica", adaptada com dois mastros e vela latina. Canibalizaram-se saberes, especialmente do inimigo mouro: a agulha de marear, o astrolábio, o quadrante, a vela latina... aprenderam a navegar longe da costa, orientados pelo Sol e pelas estrelas. Apropriaram-se dos ritmos dos ventos e marés. Importaram astrônomos, pilotos e cartógrafos[29]. Já no século XVI podia-se falar numa arte de navegar, instruída por mapas, impressos, manuais e instituições[30].

As ilhas vieram na sequência. Entre 1418 e 1427, as desafortunadas Canárias – habitadas pelos nativos *guanches*, rapidamente dizimados –, a Madeira e os Açores entraram na ordem do dia e na cartografia ibérica [↗ Uma nova geografia]. Cumpririam papel fundamental nas rotas oceânicas, nas emulativas formas de exploração colonial e nas redes comerciais. Em 1434, Gil Eanes ultrapassou o Bojador, mesmo temendo o abismo e as águas ferventes. Entre

28. Zayas Fernandéz, Belén; Vías Martinez, Jesús. El Atlántico a través de su representación cartográfica. *Transatlantic Studies Network*, n. 1, 2016, p. 6-20.

29. Domingues, Francisco Contente. Arte e técnica nas navegações portuguesas: das primeiras viagens à armada de Cabral. *In*: Novaes, Adauto. *A descoberta do homem e do mundo*. São Paulo: Companhia das Letras, 1998, p. 209-227; Boxer, Charles Ralph. *O império marítimo português, 1415-1825*. São Paulo: Companhia das Letras, 2002.

30. García Redondo, José María. Los libros que construyeron el Oceáno: las artes de marear en los siglos XVI y XVII. *In*: Padrón Reyes, Lilyam; Pajuelo Moreno, Vicente (eds.). *Dominar los oceános. Ciencia y navegación en los siglos XVI-XVIII*. Madri: Sílex, 2023, p. 57-97.

1434 e 1447 foram documentadas 23 expedições portuguesas que contabilizaram 63 caravelas rumo à África Ocidental, verdadeiro lócus pioneiro da fracassada experiência de alteridade europeia. Em 1444, os portugueses chegaram a Cabo Verde e, em 1445, no Senegal, e ultrapassaram, portanto, a enorme faixa do Saara ao sul. Iniciaram quase que imediatamente o infame comércio que, até Colombo chegar à América, em 1492, envolveu, de modo estimado, cerca de 80.000 pessoas escravizadas somente para a Europa[31]. O que o deus judaico-cristão parecia ter separado, foi reunido à base de guerra, dor e escravização.

Quem primeiro orientou o Ocidente foi o Oriente. Depois da tomada de Constantinopla pelos turcos, em 1453, o Atlântico ficou urgente. Daí uma sucessão: Serra Leoa, em 1460, Costa da Guiné e São Tomé e Príncipe, em 1470. Entre 1474 e 1475, cruzaram o Equador. A estrela Polar deu lugar ao Cruzeiro do Sul. Batismos e ritos iniciáticos seriam praticados pelos tripulantes nessa passagem de paralelos, conforme fontes europeias dos séculos XVII e XVIII[32]. Nesse mundo de embarcações, avançando por lugares cada vez mais distantes, a precária, porém, rigidamente regrada e hierarquizada, vida a bordo[33] gerava medo, curiosidade e matéria literária. A literatura de naufrágio virou moda nos séculos vindouros[34]. Dizia um ditado popular na Península Ibérica, "se queres aprender a rezar, vai para o mar".

A navegação de cabotagem, aquela que se faz ao longo da costa, não foi uma experiência somente portuguesa. Apesar do pouco interesse da costa atlântica para os potentados políticos africanos, mais interiorizados, as populações litorâneas possuíam a sapiência da navegação por aqueles mares, costas e deltas fluviais. Ali havia pesca, produção de sal e extração de conchas. Suas *almadias* podiam avançar de três a quatro léguas mar adentro. Colaboraram e confrontaram com os portugueses. Para os *bijagós*, povo que habita o arquipélago do mesmo nome, na costa da Guiné-Bissau, o "mar não tem rei"[35].

---

31. Russell-Wood, Anthony John. *Histórias do Atlântico português*. São Paulo: Editora Unesp, 2014.

32. Rodrigues, Jaime. Um mundo novo no Atlântico: marinheiros e ritos de passagem na linha do equador, séculos XV-XX. *Revista Brasileira de História*, v. 33, n. 65, 2013, p. 235-276.

33. Doré, Andréa. A fortaleza e o navio: espaços de reclusão. *In*: *Id*. *Sitiados*: *os cercos às fortalezas portuguesas na Índia (1498-1622)*. São Paulo: Alameda, 2010, p. 211-225; Micelli, Paulo. *O ponto onde estamos, viagem e viajantes na história da expansão e da conquista (Portugal – séculos XV e XVI)*. São Paulo: Scritta, 1994.

34. Brito, Bernardo Gomes de. *História trágico-marítima*. Porto: Tip. Diário do Porto, 1936.

35. Santos, Maria Emília Madeira. Os africanos e o mar: conhecimento e prática à época da chegada dos portugueses. *África*: *Revista do Centro de Estudos Africanos da USP*, v. 1, n. 20/21, 1997/1998, p. 80; Thornton, John. *A África e os africanos na formação do mundo Atlântico, 1400-1800*. São Paulo: Campus, 2004.

Contudo, a costa ocidental africana não bastaria à ânsia lusitana. Imagina-se que foi com D. João II (1455-1495) que o projeto "oriental" ganhou destaque[36]. Agora era a hora de contrariar Ptolomeu (90-168), o ressuscitado geógrafo grego do século II que não previu uma passagem oceânica ao Índico. Essa tarefa seria concluída com êxito depois dos avanços de Diogo Cão entre 1482 e 1486, no Congo, e a viagem de Bartolomeu Dias, entre 1488 e 1489, que completou o périplo africano. O sonho do Oriente dourado, das riquezas, parecia se abrir. O cabo, contornado com motins e perigos de naufrágios, virou da Boa Esperança, mas foi também das Tormentas. Novamente a oscilação das marés. O Atlântico encontrava o Índico, e Vasco da Gama, a Índia, em 1498[37] [↗O espaço índico].

Contudo, em 1498 os tempos já eram outros. Em 1492, Cristóvão Colombo (1446-1506) comprovou que era possível navegar a oeste e chegar às Índias – outras, não as orientais –, mas ele ainda não o sabia. Porém, na navegação, mais importante que ir é conseguir voltar. E ele o fez não uma, mas quatro vezes, tendo sucesso, porque aprendeu com a navegação portuguesa a domar os ventos e correntes atlânticas na costa africana. Pierre D'Ally (1350-1420), no seu *Imago Mundi*, já previa a possibilidade do Oeste. A carta de Toscanelli, de 1474, conhecida de Colombo, também propunha a chegada ao Oriente pelo oeste atlântico e até projetava a distância: 4.500 milhas náuticas. No meio do caminho, as fabulosas e míticas *Antillas*. Colombo casou-se com Filipa Moniz, a filha do descobridor da Madeira, e circulou pelo mundo da marinharia portuguesa, mas terminou em Castela, capitulando com os reis católicos a sua jornada e seu legado. Medieval e moderno – moderno, porque era um pouco medieval. Entre a cruzada e a mercadoria moveu-se o "descobridor" da América, terra inventada com o nome de outro, o Américo Vespúcio, habilidoso nas letras, nos rapapés e na marinharia. Este tornou-se "*piloto mayor*" do Reino de Castela[38].

---

36. Costa, João Paulo de Oliveira. *Portugal y Oriente*: *el proyecto indiano del Rey Juan*. Madri: MAPFRE, 1992.

37. Subrahmanyam, Sanjay. *A Carreira e a lenda de Vasco da Gama*. Lisboa: CNCDP, 1998; Velho, Álvaro. *Roteiro da Primeira Viagem de Vasco da Gama à Índia (1497-1499)*. Lisboa: Agência Geral das Colônias – Divisão de Publicações e Biblioteca, 1940. (Prefácio, notas e anexos por Fontoura da Costa); Doré, Andréa. *Sitiados*: *os cercos às fortalezas portuguesas na Índia (1498-1622)*. *Op. cit.*

38. Todorov, Tzvetan. *A conquista da América*. São Paulo: Martins Fontes, 1991; Fernández--Armesto, Felipe. *1492*: *o ano em que o mundo começou*. São Paulo: Companhia das Letras, 2017; *Id. Américo, o homem que deu seu nome ao continente*. São Paulo: Companhia das Letras, 2011; Colombo, Cristóvão. *Diários da descoberta da América*. Porto Alegre: L&PM, 1998.

Castela sempre esteve no encalço dos lusitanos e parecia destinada a compartilhar e rivalizar fronteiras ibéricas, marítimas e americanas, em uma espécie de "expansionismo preventivo", no qual o movimento das peças buscava antecipar o do adversário[39]. Em 1479, os reinos ibéricos costuraram o Tratado de Alcaçovas. Nele, as Canárias ficaram com Castela e, em troca, renunciaram às suas pretensões africanas. Em 1494, numa nova extraordinária abstração geopolítica, costurou-se o Tratado de Tordesilhas. Naquela pequena vila à beira do Rio Douro, na *raya*, ambos os reinos estabeleceram novas águas fronteiriças, agora no Atlântico. O Oceano tornava-se fronteira entre reinos europeus e, nos séculos seguintes, alvo de disputas jurisdicionais[40]. A linha imaginada, situada a 370 léguas do arquipélago de Cabo Verde, reservava uma ponta de uma América Meridional, ainda não conhecida, e quase todo o Oceano aos portugueses. Um dia o tratado seria colocado à prova mas, naquele momento, só garantiu uma primeira partilha de uma geografia abstrata do mundo e de povos partilhados sem consulta prévia. As bulas papais dariam o respaldo "divino" e missionário às pretensões ibéricas[41].

Em 1500, Pedro Álvares Cabral chegou à costa brasileira[42]. Primeiro a costa vista como ilha, na típica obsessão insular, mas depois tornou-se terra, consagrada primeiro à Cruz e depois à tinta vermelha. Entretanto, o interesse lusitano era oriental. Aquelas terras foram espiadas de longe, esperando a viragem atlântica do reino português que só se iniciou em meados do século XVI. Entre 1492 e 1530, uma quantidade enorme de etnias, tribos, cidades, comunidades e gentes variadas que habitavam a Pindorama tupinambá, o Tawantisuyu incaico, o Abya Yala dos kuna se incorporou ao mundo reunido novamente pelos ibéricos. Assim como para os africanos, o convite com jeito de intimação não foi agradável.

39. Alencastro, Luiz Felipe. A economia política dos descobrimentos portugueses. *In*: Novaes, Adauto. *A descoberta do homem e do mundo*. *Op. cit.*, p. 193-208.

40. Serna Vallejo, Margarita. El océano Atlántico: de marca o espacio fronterizo a territorio dividido y sujeto a distintas jurisdicciones. *In*: Truchuelo, Susana; Reitano, Emir (eds.). *Las fronteras en el mundo atlántico (siglos XVI-XIX)*. La Plata: Universidad Nacional de La Plata (HisMundI; 1), 2017.

41. Almeida, António Augusto Marques de. Ler o mundo e imaginar o possível. Conhecimento e representação do mundo no tempo de Tordesilhas. *Revista USP*, n. 45, 2000, p. 6-15; Magalhães, Joaquim Romero. Fronteras y espacios: Portugal y Castilla. *In*: Torres, Ana Maria Carabias (org.). *Las relaciones entre Portugal y Castilla en la época de los descubrimientos y la expansion colonial*. Salamanca: Ediciones Universidad de Salamanca, 1994, p. 91-101; García y García, Antonio. Las donaciones pontifícias de territórios y su repercusión en las relaciones entre Castilla y Portugal. *In*: Torres, Ana Maria Carabias (org.). *Las relaciones entre Portugal y Castilla en la época de los descubrimientos y la expansion colonial*. *Op. cit.*, p. 293-310.

42. Fonseca, Luís Adão da. *De Vasco a Cabral: Oriente e Ocidente nas navegações oceânicas*. Bauru: Edusc, 2001.

De todo modo, o fato é que o Oriente continuou a mobilizar o Atlântico. Se os portugueses chegaram pelo périplo africano, por que os castelhanos não poderiam chegar pelo périplo americano? A busca de uma passagem ao sul da América mobilizou expedições variadas no início do século XVI. Uma delas terminou no Rio da Prata, imaginado ainda como caminho do Oriente. Quase todos os seus tripulantes foram devorados. Os que sobraram, ajudaram a contar a história de degredados, náufragos e lançados da experiência marítima. Um conhecimento, útil aos que os encontravam e produzido à revelia, na dor do abandono e da radical alteridade[43].

Coube a um português navegando a serviço da Espanha, por despeito ou dívida, não se sabe, chamado Fernão de Magalhães (1480-1521), chegar às Molucas, em 1520, pelo leste, e pelo estreito que ficou conhecido pelo sobrenome do navegador[44]. Dessa vez, o Ocidente orientou o Oriente. Pelo Atlântico, dois mundos novos se abriram à curiosidade e à sanha europeia. Dois estreitos, um a leste e outro a oeste, articularam o mundo aos olhos daquele Ocidente em expansão. Inaugurou-se uma nova geopolítica de escala global e uma nova *pasaje mundo*[45]. Reuniram-se os fragmentos dos espaços até então conhecidos e o Oceano Atlântico, como os demais, foi um espaço de cruzamentos e hibridismos, mais ou menos violentos, entre culturas e entre seres humanos e a natureza. Cristo foi parar na África e na América. Iemanjá veio parar no Brasil. A deusa vudú Mami Wata em Cuba. E Caramuru, cheio de onda, resolveu ficar por aqui.

## O Atlântico e as modernidades

As projeções coloniais do Ocidente, a começar pelos portugueses e espanhóis, em direção ao mundo e seus reflexos internos produziram narrativas – acadêmicas e culturais – segmentadas e totalizantes sobre as diferentes territorialidades e povos das "quatro partes do mundo"[46]. Essa produção imagética e escrita transformou uma visão particular e provinciana – a euro-ocidental – em

---

43. Gandini, María Juliana. *¿Quiénes construyeron el Río de la Plata? Exploradores y conquistadores europeos en el lugar donde se acababa el mundo*. Buenos Aires: Siglo XXI, 2022.

44. Pigafetta, Antonio. *A primeira viagem ao redor do mundo*: *o diário da expedição de Fernão de Magalhães*. 2. ed. Porto Alegre: L&PM, 2019.

45. Onetto Pavez, Mauricio. *História de un Pasaje-mundo. El estrecho de Magallanes en el siglo de su descubrimiento*. Santiago: Universidad Autonoma de Chile; Biblioteca Nacional de Chile; Centro de Investigaciones Diego Barros Arana, 2018.

46. Gruzinski, Serge. *As quatro partes do mundo*: *história de uma mundialização*. Belo Horizonte; São Paulo: Ed. UFMG; Edusp, 2014 [2004].

uma fantasia com pretensão universal[47]. Essa fantasia, a autoimagem produzida pelo Ocidente, é o que chamamos de Modernidade ocidental. O reconhecimento e a construção de modernidades alternativas dependem, portanto, da desconstrução crítica dessa autoimagem e da abertura para a escuta e o conhecimento das narrativas ameríndias, afrocentradas e de outras sociedades silenciadas e apagadas ao longo da história.

Em primeiro lugar, é necessário repensar e (re)dimensionar o processo de colonização no Atlântico, revendo os mitos do descobrimento e da colonização europeia. As sociedades e as civilizações existentes nas Américas e na África, antes que os europeus pisassem nessas partes, viviam aí havia milhares de anos. Tinham história e consciências históricas! A simples chegada desses alienígenas não imprimiu nenhuma mudança significativa imediata, sequer foram notadas como excepcionais.

Quem iniciou a invasão foram as bactérias e os vírus[48], as "fumaças de epidemia" dos brancos[49]. Em seguida, desembarcaram as espingardas, dando início à invasão bárbara e genocida, o "frenesi da morte": o massacre do Templo Maior, no México; a matança de Cajamarca, no Peru; ou o costume de se contarem os mortos pelos narizes dos soldados cortados na guerra contra o *ngola*, na África Centro-Ocidental. Os europeus apresentaram uma nova forma de se fazer guerra, a do terror, como comedores de terra e de corpos, inimigos ou aliados ferozes, que não respeitavam nada: deuses, cerimônias, velhos ou crianças.

Ainda assim, aquela gente estrangeira era diminuta e ocupava um espaço muito limitado na imensidão daqueles continentes. A maior parte do interior dos continentes americano e africano continuou sem ter nenhuma, ou pouca, notícia de gente branca. O que eram os Estados Unidos em 1776? Doze pontos de colonização na costa leste. A ocupação territorial, a transformação produtiva e cosmológica desses territórios foi muito mais lenta do que costumamos imaginar. A conquista do Oeste, nos Estados Unidos ou no Brasil, foi um fenômeno da segunda metade do século XIX, acelerado no século XX. A conquista é um fenômeno de longuíssima duração e o genocídio continua[50].

47. Amin, Samir. *El Eurocentrismo: crítica de una ideología*. México: Siglo XXI, 1989 [1988], p. 121, 137.

48. Crosby, Alfred. *Ecological Imperialism: The Biological Expansion of Europe, 900-1900*. Cambridge: Cambridge University Press, 2004 [1986], p. 175-192.

49. Kopenawa, Davi; Albert, Bruce. *A queda do céu. Op. cit.*

50. Cf. o depoimento de Ailton Krenak no seguinte documentário: Guerras do Brasil. Episódio 1 – As guerras da conquista (26 min). Direção e roteiro: Luiz Bolognesi. Fotografia: Carlos Baliú. Montagem: Ricardo Farias. São Paulo: Buriti Filmes, 2019. 5 episódios (130 min.).

Entender a conquista na longuíssima duração significa que ela não pode ser compreendida como um evento isolado, mas sim como um processo histórico associado a um conjunto de estratégias e mecanismos que perduram e se transformam ao longo da história. Os europeus alimentaram as disputas tradicionais, interétnicas, instrumentalizaram a guerra; ofereceram uma nova religião; favoreceram a consolidação de uma elite nativa – oferecendo discursos e insígnias de poder – que não reconhecia a pessoa comum e a tornava passível de escravização, estimulada por uma demanda negreira que parecia não ter limites.

Em segundo lugar, é importante entender que as agências – culturais, institucionais e pessoais – ao longo da Modernidade são plurais e têm diferentes vias e sentidos. Uma longa tradição política e de pensamento negro e ameríndio revela a agência permanente dessas pessoas e suas formas de organização na história, ao ponto de recolocar a pergunta: quem colonizou as Américas? Manuel Querino diz que também foi o "colono preto"[51].

A história social destacou a importância dessas agências, em abordagens micro-históricas e biográficas de mulheres e homens negros. Para os séculos XVI e XVII, a história social tem dado novos frutos, em trabalhos como os de David Wheat, Charlotte de Castelnau-L'Estoile, entre outros[52]. Wheat demonstra que a colonização do Caribe foi, em grande medida, realizada por pessoas negras[53]. Já a história indigenista, tardiamente desenvolvida no Brasil, teve na obra coletiva organizada por Manuela Carneiro da Cunha um marco inaugural potente. Foi seguida pelos trabalhos de John Monteiro, Maria Celestino de Almeida, entre outros[54].

Outro ramo historiográfico a inverter a narrativa eurocêntrica da história atlântica foi o africanista. John Thornton, Linda Heywood, Anne Hilton, Beatrix Heintze, Joseph Miller, entre outros, analisaram a constituição do

---

51. Querino, Manuel. *O colono preto como fator da civilização brasileira. Op. cit.*

52. Castelnau L'Estoile, Charlotte de. *Páscoa Vieira diante da inquisição: uma escrava entre Angola, Brasil e Portugal no século XVII.* Rio de Janeiro: Bazar do Tempo, 2020; Wheat, David. *Atlantic Africa and the Spanish Caribbean, 1570-1640.* Williamsburg: University of North Carolina Press, 2016, p. 253-266.

53. *Ibid.*, p. 153-166.

54. Cunha, Manuela Carneiro da (org.). *História dos índios no Brasil.* São Paulo: Companhia das Letras, Secretaria Municipal de Cultura, Fapesp, 1992; Monteiro, John Manuel. *Negros da terra: índios e bandeirantes nas origens de São Paulo.* São Paulo: Companhia das Letras, 1994; Almeida, Maria Regina Celestino de. *Metamorfoses Indígenas: identidade e cultura nas aldeias coloniais do Rio de Janeiro.* Rio de Janeiro: Arquivo Nacional, 2003.

Atlântico por meio das políticas e agências africanas[55]. Roquinaldo Ferreira, por sua vez, conjuminou a abordagem em história social e micro-história brasileira aos debates norte-americanos sobre a história da África e do Atlântico[56].

Não obstante, essas abordagens historiográficas, que privilegiaram a história cultural e social, rejeitaram as discussões associadas à economia atlântica e a reflexão do escravismo e do colonialismo como sistema político-econômico que se configura por meio do capitalismo europeu[57]. Além disso, ainda não levaram em conta a crítica radical dos pensamentos negro e indígena que reconstitui uma tradição intelectual que se desenvolveu ao longo de todo o processo colonial e neo-colonial[58]. A historiografia atlântica, em sentido amplo, continua sendo construída principalmente por autoras e autores brancas/os, com base em epistemologias ainda eurocêntricas, ou seja, as agências pretas e ameríndias ainda estão representadas pela tutela e dominação brancas.

Existe uma história atlântica muito mais radical a ser construída, aquela que, partindo do ponto de vista periférico, preto e ameríndio, revela o acúmulo único de ruínas e corpos que a barbárie ocidental produz, ao mesmo tempo em que constrói, na conexão da ancestralidade com o futurismo, modernidades alternativas que podem resgatar, e até mesmo salvar, a humanidade[59].

---

55. Thornton, John. *A África e os africanos na formação do mundo atlântico (1400-1800). Op. cit.*; Heywood, Linda Marinda. *Jinga de Angola, a rainha guerreira da África*. São Paulo: Todavia, 2019; Hilton, Anne. *The Kingdom of Kongo*. Oxford: Clarendon Press, 1985. Heintze, Beatrix. *Angola nos séculos XVI e XVII: estudos sobre fontes, métodos e história*. Luanda: Kilombelombe, 2007; Miller, Joseph. A dimensão histórica da África no Atlântico: açúcar, escravos e plantações. *In*: *Id. A dimensão Atlântica da África: II Reunião Internacional de História de África*. Rio de Janeiro, 1996, p. 21-40.

56. Ferreira, Roquinaldo. *Cross-Cultural Exchange in the Atlantic World*. Cambridge: Cambridge University Press, 2012, p. 242-248.

57. Cf. Marquese, Rafael de Bivar. As desventuras de um conceito: capitalismo histórico e a historiografia sobre a escravidão brasileira. *Revista de História*, n. 169, 2013, p. 223-253; *Id.* A história global da escravidão atlântica: balanços e perspectivas. *Esboços*, v. 26, 2019, p. 14-41.

58. Guerreiro Ramos, Alberto. Patologia social do branco brasileiro. *In*: *Id. Introdução crítica à sociologia brasileira*. Rio de Janeiro: Andes, 1957; Gilroy, Paul. *O Atlântico Negro. Modernidade e dupla consciência. Op. cit.*; Ribeiro, Djamila. *O que é lugar de fala?* Belo Horizonte: Letramento, 2017.

59. Essa perspectiva constitui um dos aspectos distintivos da filosofia afro-americana por meio do conceito de "dupla consciência", de Du Bois, William Edward Burghardt, *The Souls of Black Folk. Op. cit.*; Gilroy, Paul. *O Atlântico negro: Modernidade e dupla consciência. Op. cit.* Cf. também os trabalhos de dois historiadores negros de Trinidad e Tobago: James, Cyril Lionel Robert. *Os jacobinos negros: Touissant L'Ouverture e a revolução de São Domingos*. São Paulo: Boitempo, 2000 [1938]; Williams, Eric. *Capitalismo e escravidão*. São Paulo: Companhia das Letras, 2012 [1944].

Se as abordagens de história social e cultural valorizaram a micro-história e as agências africanas, afro-americanas e indígenas, a história econômica do Atlântico favoreceu as interpretações macroestruturais, as dinâmicas comerciais e do capital, em que as agências humanas tinham pouco significado interpretativo. Esses estudos destacaram a contradição aparente entre o desenvolvimento do trabalho assalariado na Europa e o do escravismo Atlântico no processo de formação do capitalismo [↗Capitalismo].

Foram poucos os trabalhos que reconciliaram as histórias político-social e econômica. O exemplo mais bem-acabado aparece no trabalho de Luiz Felipe de Alencastro, *O trato dos viventes*, que combina micro e macro história, apropriando-se e debatendo a contribuição de diferentes campos historiográficos. Do lado da história econômica, é importante que a análise das estruturas, do capitalismo financeiro e mercantil, não se apresente como *deus ex machina* que anula a possibilidade de agência humana. Por outro lado, é preciso estar atento à diluição do processo colonial estabelecido pela micro-história social[60].

## O mar e os sertões: complementaridades

A história do Atlântico envolve, assim, simultaneamente, impérios e regiões. O Oceano é também as águas dos rios. Não se pode pensar o Atlântico sem levar em conta suas margens e suas complementaridades interiores. As redes transatlânticas se complementam às redes transregionais, e estas percorrem caminhos terrestres e fluviais até chegar ao porto, ou dali partir terra adentro.

Uma dessas vias foi o Rio da Prata. A parte final do Rio Paraná, adensado pelas águas do Rio Paraguai, Uruguai e muitos outros, foi inicialmente interpretada pelos navegadores como o acesso ao Pacífico. Primeiro engano. Da primeira expedição conhecida, de Juan Diaz de Solís, entre 1515 e 1516, conhecemos o eco de seu sacrifício antropofágico, com alguns de seus tripulantes. Um destes, sobrevivente, mas náufrago, habitante da ilha batizada de Santa Catarina, adentrou o continente desde o litoral rumo ao interior. O segundo engano o animava. O mito do minério argento, que rebatizou o rio de Solís para Prata. Em busca dela, vieram primeiro Sebastião Caboto, em 1526 e finalmente Pedro de Mendonza, dez anos depois – este já com 2.000 homens em sua companhia. As levas eram sucessivas. Fundou um forte que

60. Marquese, Rafael de Bivar. *A história global da escravidão atlântica: balanços e perspectivas. Op. cit.*, p. 30.

chamou Buenos Aires, ponto de ligação do mar com o interior. Aos querandíes e guaranis não lhes apeteceu aquele monte de homem branco exigindo comida, mulheres e tributo. O lugar não teve vida fácil e, depois de abandonado em 1542, voltou a viver em 1580, já como ponto final de uma teia de cidades e caminhos que desembocava no Mar Oceano[61].

O Caminho Real que ligava Potosí, a verdadeira montanha de prata, ao porto atlântico, percorria os contrafortes andinos e depois os pampas, passando por cidades, estâncias e *pueblos*. Por ali circulavam gêneros da terra, como farinhas, couro, erva-mate e açúcar, mas também prata, tecidos, vinhos, ferro, manufaturados e pessoas escravizadas. Animava um espaço mercantil que articulava mercados regionais com o mercado atlântico. Cerca de 250.000 escravizados negros entraram por Buenos Aires entre 1580 e 1830, de maneira legal ou ilegal. Uma grande parte dos escravizados vinha intermediada pela praça do Rio de Janeiro, na América Portuguesa, configurando um circuito transatlântico que trazia, desde África, escravizados, e do Rio de Janeiro a Buenos Aires seguiam em viagem transimperial de cabotagem. A farinha, os couros e especialmente a prata, financiavam o tráfico e o tráfego[62]. As ligações atlânticas entre a cidade portenha e as partes do Brasil, integradas à Angola, constituíram um dos traços marcantes do comércio e intercâmbio dessas zonas meridionais[63].

Subindo pela costa meridional da América, nesses pontos de litígio entre portugueses e castelhanos desde o nunca demarcado *in situ* Tordesilhas, chegava-se a São Vicente, vila invadida por espanhóis, piratas ingleses e pelo

61. Gandini, María Juliana. *¿Quiénes construyeron el Río de la Plata?. Op. cit.*; El Jaber, Loreley. *Un país malsano*: *la conquista del espacio en las crónicas del Río de la Plata*: *siglos XVI y XVII*. Rosario: Beatriz Viterbo Editora; Universidad Nacional de Rosario, 2011; Relatos dessa aproximação inicial: Kalil, Luís Guilherme Assis; Martins, Maria Cristina Bohn; Obermeier, Franz. *Ulrico Schmidl e sua crônica quinhentista*. Jundiaí: Paco, 2020. Guzmán, Ruy Díaz; Tieffemberg, Silvia. *Argentina*: *historia del descubrimiento y conquista del Río de la Plata de Ruy Díaz de Guzmán*. Buenos Aires: Editorial de la Facultad de Filosofía y Letras Universidad de Buenos Aires, 2012.

62. Lebrero, Rodolfo González. *La pequeña aldea. Sociedad y economía en Buenos Aires (1580-1640)*. Buenos Aires: Biblos, 2002; Moutoukias, Zacarias. *Contrabando y Control Colonial en el Siglo XVII*. Buenos Aires: Centro Editor de América Latina, 1988; Borucki, Alex. 250 años de tráfico de esclavos hacia el Río de la Plata. De la fundación de Buenos Aires a los "colonos" africanos de Montevideo, 1585-1835. *Claves, Revista de Historia*, v. 7, n. 12, 2021, p. 255-290.

63. Canabrava, Alice Piffer. *O comércio português no rio da Prata (1580-1640)*. Belo Horizonte: Itatiaia; São Paulo: Edusp, 1984; Helmer, Marie. Comércio e contrabando entre a Bahia e Potosí no século XVI. *Revista de História*, v. 7, n. 15, 1953, p. 196-212.

mar, em maremoto atlântico de 1541, pouco conhecido. Serra acima, numa planície conhecida como campos de Piratininga, espraiam-se vários rios, dentre eles o Anhembi, que corre para o interior, até encontrar o Paraná. Aquele litoral, aquela serra e aquele rio formavam um *continuum* que seria percorrido por tupis e guaranis, espanhóis e portugueses, padres e pícaros[64]. Os rios daqueles *sertões* serviriam de caminhos para as "bandeiras", expedições de morte e cativeiro, e para as monções, articulando produções agrícolas, escravização e demanda mineral do século XVI ao XVIII[65]. Tudo era feito em pirogas ou batelões de peroba, tecnologias desses exímios tupis canoeiros de rios e mares, pois os tupiniquins e tupinambás circulavam pela recortada geografia do litoral brasileiro – cheio de baías, lagunas, estuários e angras – com maestria. Em canoas ou jangadas, pescavam e guerreavam[66]. No norte da América Portuguesa, as jangadas indígenas, as *piperis*, vão se apropriar da vela latina e depois conquistar o mar profundo[67].

Ainda no Norte, açucareiro e escravista, atlântico e exportador, o interior – o *desertão* que se abreviou *sertão*, quase sempre esquecido – também gerou uma economia que rumava para o além-mar. Baseada na pecuária, na carne e no couro, essa produção juntava o sertão com a zona da mata e o litoral. Como em Piratininga, refutava o vaticínio de Frei Vicente de Salvador que acusava os portugueses de arranharem a costa como "caranguejos"[68]. No entanto, o *sertão* está em toda parte, e há vários sertões[69]. Ele não se define

64. Vilardaga, José Carlos. Na bagagem dos peruleros: mercadoria de contrabando e o caminho proibido de São Paulo ao Paraguai na primeira metade do século XVII. *Anais do Museu Paulista*, v. 25, n. 1, 2017, p. 127-147.

65. Vilardaga, José Carlos. No fluxo do Anhembi-tietê: o rio e a colonização da capitania de São Vicente nos séculos XVI e XVII. *Nuevo Mundo Mundos Nuevos*, 2020. (*On-line*). Disponível em: http://journals.openedition.org/nuevomundo/82993; Carvalho, Francismar Alex Lopes de. *Entre rios e impérios. A navegação fluvial na América do Sul*. São Paulo: Unifesp, 2019; Holanda, Sérgio Buarque de; Mello e Souza, Laura de; Cerqueira, André Sekkel (orgs.). *Monções e capítulos de expansão paulista*. São Paulo: Companhia das Letras, 2014; Monteiro, John Manuel. *Negros da terra. Op. cit.*

66. Wagner, Gustavo; Foster Silva, Jefferson. Navegação indígena nas águas de Morpion. *Revista de Arqueologia*, v. 35, n. 2, 2022, p. 121-135; Miranda, Fernando Márquez. La navegación primitiva y las canoas monóxilas (contribución a su estudio). *Revista Museo la Plata*, v. 33, 1932, p. 6-87.

67. Câmara-Cascudo, Luís da. *Jangada: uma pesquisa etnográfica*. São Paulo: Global, 2002 [1954].

68. Salvador, Frei Vicente do. *História do Brasil*. Brasília: Senado Federal, 2010 [1627].

69. Vainfas, Ronaldo. O sertão e os sertões na história luso-brasileira. *Revista de História da Sociedade e da Cultura*, v. 19, 2019, p. 225-245; Wanderley, Kalina. *Nas solidões vastas e assustadoras: a conquista do sertão de Pernambuco pelas vilas açucareiras nos séculos XVII e XVIII*. Recife: Companhia Editora de Pernambuco, 2010; Schwartz, Stuart. *Segredos internos: engenhos e escravos na sociedade colonial*. São Paulo: Companhia das Letras, 1998.

pela paisagem ou pelo peculiar clima e relevo: é o "coração das terras", "região afastada do mar e, por todas as partes, metida entre terras"[70], às vezes oculto e selvagem. Quase sempre impreciso. É lugar dos perigos e das promessas. Como o mar, tem suas sereias a atrair os incautos: as serras de prata, os Sabarabuçus, as minas resplandecentes de ouro.

Ainda, há também os sertões amazônicos, percorridos por seus rios. Na Amazônia, todos os caminhos eram fluviais. No século XVII, quando Portugal se "atlantiza" definitivamente, as drogas do sertão, como o cravo de casca, a salsaparrilha, o cacau e a copaíba, também animam um circuito transamazônico – centrado no Grão-Pará e Maranhão e dependente das redes ameríndias –, com as rotas atlânticas, que fazem chegar às mesas e farmácias de Nantes, Hamburgo, Roterdã e Londres os produtos desse sertão[71].

No Delta do Orinoco, populações majoritariamente caribes, historicamente articuladas às Antilhas, entraram em contato com espanhóis já em 1498, sendo alvo de incursões escravistas para Cuba e Santo Domingo. A partir de 1530, o rio serviria de eixo de interiorização colonial na demanda fantasiosa do *El Dorado*[72]. Na América Central, em 1513, Vasco Nunez de Balboa cruzou o estreito do atual Panamá pelos rios Chucunaque e Tuira, em aliança com os indígenas cueva e, desde o Atlântico, vislumbrou o outro oceano, ainda não chamado Pacífico. Por esses meandros fluviais, a prata do Peru faria o caminho inverso: desde o Pacífico até o Atlântico, para seguir em galeões abarrotados e escoltados em frotas rumo a Sevilha, na Espanha. Frotas cobiçadas no Atlântico pelos piratas e corsários, ingleses, franceses e holandeses, sempre atrevidos e atocaiados em ilhotas e santuários caribenhos. Essas frotas também levavam ouro mexicano e produtos orientais. Na Nova Espanha, caminhos *carreteros* cruzavam de um oceano a outro. De Acapulco, no Pacífico, à Vera Cruz, no Atlântico, transitavam, nessa "bioceanidade", mercadorias como seda, porcelana, prata, cravo, vinho, tecidos, escravizados africanos e orientais, como japoneses, chineses e malaios. Esses cruzamentos por terra prosperaram mais para conectar o Atlântico com o Pacífico do que o

70. Bluteau, Raphael. *Vocabulário Portuguez e Latino*. Coimbra: Colégio das Artes, 1728.

71. Pizarro, Ana. *Amazônia: as vozes do rio: imaginário e modernização*. Belo Horizonte: Editora da UFMG, 2012; Chambouleyron, Rafael. O "cravo do Maranhão" e a Amazônia global (séculos XVII-XVIII). *Revista de Indias*, v. 82, n. 285, 2022, p. 329-361.

72. Tiapa, Francisco. *Del Caribe al Orinoco: alianzas y redes indígenas como respuesta al capitalismo colonial*. Caracas: Editorial La Estrella Roja, 2014.

estreito de Magalhães, custoso e difícil[73]. Ademais, já em fins do século XVI, os Mares do Sul foram cenário de renhida disputa, especialmente entre espanhóis e ingleses. Nesse palco, a costa brasileira, incorporada ao patrimônio Habsburgo espanhol desde 1580, serviu de anteparo e defesa atlântica para as investidas de outros possíveis interessados na prata potosina. Dezenas de fortalezas litorâneas construídas ou reformadas nesse tempo o comprovam.

No Atlântico Norte, o Rio Mississipi, primeiro chamado de Espírito Santo por Hernando de Soto, em 1541, conectava, por meio de excelente navegação, o Golfo do México até o Canadá, ao prolongar-se pelo Rio Missouri. Ali, os franceses se estabeleceram de uma ponta a outra, do Canadá, passando por Saint Louis até chegar a Nova Orleans. A chamada Louisiana se fez na aliança e guerra dos franceses com povos algonquinos, como os illinois, e com os sioux, que chamavam o rio de Mississipi, traduzido como "pai das águas", e o navegavam em canoas de bétula. Aqueles sertões se articularam ao Atlântico pela pesca, extração de madeira e do comércio de pele, especialmente de castores e bisões[74].

Cruzando o Atlântico, na Península Ibérica, os rios também desovam as terras interiores. No Porto, cidade mercantil portuguesa, o Rio Douro fazia bem a complementaridade entre as águas fluviais e marítimas – e muito vinho por lá escorreu[75]. A partir do Algarve, desde o século XIV, produtos como couros, vinhos e frutas secas se somavam aos pescados num comércio atlântico intenso com o norte da Europa[76]. Mais ao sul, o Tejo, rio de enorme calado, banhou Olisipo, a depois Lisboa, e foi sempre uma "estrada" que ligou a cidade litorânea ao interior. Dizia-se cidade fundada por Ulisses e

---

73. Dominguez-Dominguez, Citlalli. Uniendo el comercio de la mar del norte y la mar del sur: La bioceanidad en el Caribe vista a través del eje Veracruz-Acapulco, en la segunda mitad del siglo XVI. *In*: Padrón Reyes, Lilyam; Domínguez-Domínguez, Citlalli (orgs.). El Caribe en el espacio atlántico, siglos XVI-XIX. *Iberoamérica Social*: *Revista-red de estudios sociales*, n. 2, 2018, p. 10-26; Apestegui, Cruz. *Los ladrones del mar*: *piratas en el Caribe, corsarios, filibusteros y bucaneros (1493-1700)*. Madri: Lunwerg, 2000; Serrano Mangas, Fernando. Las flotas de la plata. *In*: *El oro y la plata de las Indias en la época de los Austrias*. Fundación ICO, 1999, p. 323-332.

74. Weeks, Charles; Pinnen, Christian. *Colonial Mississippi*: *a Borrowed Land*. Jackson: University Press of Mississippi, 2021; Roy, Gabriel. O comércio de peles na Nova França. *In*: V Simpósio Nacional dos Professores Universitários de História. *Anais* [...]. XXXV Coleção da Revista de História, São Paulo, 1971; Gutiérrez Escudero, Antonio. La colonización francesa en Norteamérica, 1700-1763. *Historia de las Américas*, v. 3, 1991, p. 249-286.

75. Peres, Damião. *História da cidade do Porto*. Porto: Portucalense Editora, 1962-1965.

76. Magalhães, Joaquim Antero Romero. *Algarve econômico durante o século XVI, 1600-1773*. Lisboa: Cosmos, 1970.

serviu de porto intermediário entre o Norte da Europa e o Mediterrâneo. Foi a grande metrópole do Atlântico ao longo dos séculos XVI ao XVIII, século este que assistiu à sua quase total destruição depois de um grande terremoto marítimo seguido de um maremoto avassalador no ano de 1755[77]. O oceano cumpria seu destino de ser fonte de vida e de morte. Já em terras espanholas, no canto atlântico que lhe coube, o complexo portuário de Cádiz, San Lúcar e Sevilha, articulado pelo Rio Guadalquivir, foi peça chave no sistema mercantil monopolista organizado pelo Império Espanhol. Sevilha, único porto marítimo que fica distante 80 km do mar, foi eleita cidade sede da Casa de Contratação, em 1503. Dizia-se que oito rios corriam até Sevilha: os rios de água, os de vinho, os de azeite, os de leite, os de mel e os de açúcar, os de ouro e os de prata.

No continente africano, em sua face ocidental, atlântica, os rios também cumpriram papel fundamental na articulação dos interiores com a costa. Os rios da Guiné, como o Cacheu e o Geba, e o Senegal eram percorridos por almadias e assistiam a trocas regulares de mercadorias como tecidos, conchas e pescados. A chegada dos portugueses, que se assentaram em Cabo Verde, onde fizeram entreposto, alterou em parte a dinâmica regional. Já em 1460 a Coroa portuguesa distribuiu direitos aos que entrassem pelos rios da Guiné em busca de ouro e escravizados. Em fins do século XVI, dali partiria marfim, tecidos e escravizados rumo aos portos espanhóis do Caribe e de Cartagena das Índias. No século XVIII, o que dará o tom será a bilateralidade entre a Guiné e o Grão-Pará, e entre Guiné e o Maranhão[78]. Contudo, os tratos e a navegação entre a Ilha de Santiago do Cabo Verde, entreposto português, e a Guiné quase sempre ficaram sob controle dos povos bijagós[79].

Mais ao sul, Diogo Cão chegou ao Rio Congo, em 1483. Conheceu o reino do Congo e o seu rei, o manicongo, se converteu ao cristianismo

---

77. Araújo, Carlos. *Lisboa e os descobrimentos. 1415-1580: a invenção do mundo pelos navegadores portugueses*. Lisboa: Terramar, 1980.

78. Chambouleyron, Rafael. Escravos do Atlântico equatorial: tráfico negreiro para o Estado do Maranhão e Pará (século XVII e início do século XVIII). *Revista Brasileira de História*, v. 26, n. 52, 2006, p. 79-114.

79. Person, Yves. Os povos da costa: primeiros contatos com os portugueses de Casamance. *In*: Niani, Djibril Tamsil (org.). *História Geral da África – A África do século XII ao século XVI*. São Paulo: Ática/Unesco, 2010, p. 337-359. v. 4; Santana Pérez, Germán. El África Atlántica: la construcción de la historia atlántica desde la aportación africana. *Vegueta: Anuario de la Facultad de Geografía e Historia*, n. 14, 2014, p. 11-25.

em 1491, dando forma a um catolicismo africano peculiar. Na cosmovisão banto, o mundo era dividido entre o dos mortos e o dos vivos, separados pelo mar. Aos poucos, os portugueses se estabeleceram em Angola e, com o entreposto insular de São Tomé e Príncipe, articularam vínculos com o mundo continental, especialmente na demanda por escravizados, marfim e ouro[80]. Pelo Rio Cuanza, fundaram Massagano em 1583. Buscavam adentrar um interior até então só percorrido por tumbeiros e por tangomanos degredados ou lançados, à semelhança do que aconteceu no Rio da Prata, que aprendiam o modo de viver e falar de onde ficavam. Representam uma das faces atlânticas desses personagens fundamentais para compreender o mundo ultramarino[81], pois esses tangomanos africanos avançavam pelo interior, se aliançaram com lideranças (*sobas*) e participaram desse comércio de escravizados que desembocava no Atlântico e nas suas franjas americanas[82]. Nesse tráfico e tráfego humano que ligou África às Américas, a cachaça, o fumo "baiano" e a mandioca cumpriram papel-chave como intermediadores das trocas.

A mandioca, raiz fundamental para a alimentação da América Meridional, dominada e processada por mulheres indígenas, cruzou o Atlântico para se estabelecer na África, onde foi trocada, cultivada e consumida em profusão. Todavia, não cruzou só para ser trocada, mas como alimento básico e barato dos escravizados transportados ao longo do Kalunga Grande e também para alimentar marinheiros e tripulantes das embarcações[83]. Daí, chegou ao Pacífico e ao Índico, sendo, em certa medida, multioceânica. Entretanto, partiu dos interiores e sertões da América, e pode-se dizer que ela expressa um circuito de trocas atlântico, composto por pessoas, plantas e mercadorias e que realizou seu percurso pelas águas, fluviais e oceânicas.

80. Wheat, David; Schultz, Kara. El temprano comercio de esclavos desde Angola hacia Hispanoamérica y Brasil, 1575-1595. *Anuario de Estudios Americanos*, v. 79, n. 2, 2022, p. 487-514; Souza, Marina de Mello e. *Além do visível: poder e catolicismo e comércio no Congo e em Angola (séculos XVI e XVII)*. São Paulo: Edusp, 2018.

81. Coates, Thimoty. *Degredados e órfãs: colonização dirigida pela Coroa no império português. 1550-1755*. Lisboa: CNCDP, 1998.

82. Silva, Alberto da Costa e. Os Lançados. *In*: *Id. A Manilha e Libambo*. Rio de Janeiro: Nova Fronteira, 2002, p. 229-279.

83. Rodrigues, Jaime. "De farinha, bendito seja Deus, estamos por agora muito bem": uma história da mandioca em perspectiva atlântica. *Revista Brasileira de História*, v. 37, n. 75, 2017, p. 69-95.

## Considerações finais: as escalas do Atlântico

Quando Fernand Braudel apresentou o Mediterrâneo historiográfico ao mundo, abriu-se uma oportunidade[84]: a de pensar a história e a passagem do tempo mediadas pelas questões sociais e, acima de tudo, pelas lógicas geográficas e pelo espaço. Esboçava-se uma geo-história que oscilou na preferência e abordagem dos historiadores como as ondas e as marés. Todavia, o próprio Braudel anteviu as analogias possíveis com outros mares, como o Índico, mas também com o Atlântico. Aos poucos, como a própria economia-mundo europeia, esse oceano foi ganhando proeminência na formação do chamado mundo moderno, de cunho ocidental, deslocando-se para além das Colunas de Hércules, as quais o próprio Braudel preferiu não cruzar.

Mais ou menos no mesmo contexto do historiador francês, sacudidos pelas tensões colocadas pela ameaça nazista e o sangrento conflito mundial resultante dela, cientistas sociais norte-americanos construíram a noção de um oceano Atlântico, em sua dimensão setentrional, que havia sido fundante de uma civilização euro-americana comum[85]. Já virtuosamente desnacionalizante em parte, mas, desafortunadamente, pleiteante de um Ocidente europeu e seu extremo americano, aproximados em sua cultura e "raça" pelas águas dos mares atlânticos. Naquela militância solidária entre caucasianos para combater arianos, o que se fez foi submergir nas profundezas das águas toda uma América não branca, meridional, não anglo-saxônica, assim como um continente africano inteiro.

De todo modo, o Atlântico entrava em cena como elemento conectivo entre mundos – dois, no caso. Com o tempo, contudo, abandonou-se a ideia de que ao longo e ao largo desse oceano teria surgido uma civilização *sui generis*, ou que ali tivesse surgido um sistema único. O Atlântico foi se tornando múltiplo. John Elliott propôs ao menos três: o do Norte, o do Caribe espanhol e o da América do Sul português, articulado à África ocidental. Porém, propôs que se analisassem os três de modo conectado e comparado[86]. Esse eminente historiador inglês gostava da lição de Braudel, mas dizia que o Mediterrâneo configurara uma unidade artificial. E qual não é, um

---

84. Braudel, Fernand. *El Mediterráneo y el mundo mediterráneo en la época de Felipe II. Op. cit.*

85. Bailyn, Bernard. *Atlantic History: Concepts and Contours*. Cambridge: Harvard University Press, 2005; Armitage, David. Tres conceptos de historia atlántica. *Revista de Occidente*, n. 281, 2004, p. 7-28.

86. Elliott, John Huxtable. En búsqueda de la Historia Atlántica. *In*: XIV Coloquio de Historia Americana, Las Palmas de la Gran Canaria, Cabildo Insular de Gran Canaria, 2001, p. 20-36.

pouco, aos olhos do investigador? Na verdade, pensar o Atlântico como um conjunto também carrega em si algo de artificialidade, visto que ele é uma construção puramente europeia. Assim o é porque foram os europeus que conectaram as partes desse mundo atlântico a partir das navegações e porque tornaram aquele oceano um espaço de projeção. Deram um sentido, seja ele qual for, em parte comum, aos três continentes banhados por suas águas. Ainda, foi um constructo intelectual europeu[87], mas ali também não ficou, ou não deveria ficar. Urge escapar das amarras de Hércules e do destino de Ulisses, de somente voltar para casa. Pouco vale, numa história dos impérios coloniais modernos que se pretende conectiva e ampliada, assentada numa visão espacial atlântica, reforçar nacionalismos como o Atlântico português, o Atlântico espanhol ou o Atlântico inglês[88].

O grande sentido do mundo atlântico, qual não seja o de erguer uma civilização, foi o movimento e a mobilidade. O que o formou foi uma história de interações, influências recíprocas e de trocas, na grande maioria das vezes assimétricas[89]. A Europa afetou a América e a África, mas também foi afetada por elas. Teimar em fazer uma história europeia desapegada das marcas e influências do mundo africano e americano é persistir em um eurocentrismo anacrônico e arrogantemente centralizador. Todavia, se ao contrário de sua proposta inicial, a história do Atlântico hoje pode ajudar a "desprovincializar"[90] a história, a relativizar a força dos impérios europeus e também a desnacionalizá-la, as assimetrias não podem ser esquecidas. Há hierarquias. Há violência. O Atlântico passou a ser um dos cenários preferenciais da monarquia católica, pretensamente universal, militante, num primeiro esboço de mundialização[91] feito sobretudo na mobilidade de agentes dos impérios, clérigos, soldados, mas também dos indesejáveis de Europa, ciganos, judeus e

87. Morgan, Philip Morgan; Greene, Jack. The present state of Atlantic history. *In*: *Id.* (eds.). *Atlantic History. A Critical Appraisal.* Nova York: Oxford University Press, 2008; Yun-Casalilla, Bartolomé. *Historia global, historia transnacional e historia de los imperios. El Atlántico, América y Europa (siglos XVI-XVIII).* Zaragoza: Institución Fernando el Catolico, 2019.

88. Cañizares-Esguerra, Jorge. Hybrid Atlantics: future directions for the history of the Atlantic world. *History Compass*, v. 11, n. 8, 2013, p. 597-609.

89. Russell-Wood, Anthony John. *Histórias do Atlântico português. Op. cit.*; Elliott, John Huxtable. En búsqueda de la Historia Atlántica. *In*: *XIV Coloquio de Historia Americana. Las Palmas de la Gran Canaria, Cabildo Insular de Gran Canaria*, 2001, p. 20-36.

90. Chakrabarty, Dipesh. *Al margen de Europa. Pensamiento poscolonial y diferencia histórica.* Barcelona: TusQuets Editores, 2008.

91. Gruzinski, Serge. *As quatro partes do mundo. Op. cit.*

remediados. No entanto, foi sobretudo uma mobilidade feita na diáspora, na migração forçada de populações escravizadas, pois a mobilidade é também violência. A história atlântica, em nome das transculturações e das trocas, humanas, vegetais, animais, microbianas, alimentares, culturais, não deve eximir o poder europeu de responsabilidades. As costas de Atlas pesam.

De todo modo, foi por essas águas que palavras como "mestiçagem", "hibridização" e "crioulização" foram incorporadas ao vocábulo dos historiadores. Um Atlântico Negro ganhou força[92] e, abandonado o Atlântico Norte como zona exclusiva de interesse, os olhares se expandiram para o mundo americano do Sul. De novo, foi Elliott quem nos cobrou uma abordagem que comparasse, e conectasse, as experiências coloniais do Norte e do Sul das Américas[93]. Mas a história Atlântica também incorporou cada vez mais a África, e não só em sua dimensão escravista. Uma história, portanto, que poderia ser tanto Norte-Sul, quanto Sul-Sul. Alencastro propôs três "idades" a esse Atlântico Sul articulado historicamente, geopoliticamente e em termos náuticos, pelas correntes e marés. O primeiro período nos interessou aqui: 1500-1850. O que lhe deu sentido foi o tráfico, mas também uma globalização de biomas e um universo de trocas e identidades descentradas[94]. Porém, se engana quem pensa que a História Atlântica tende a se fechar em seus limites (de) estreitos. Global que também pode ser, porque isso é só potência, incorpora em suas águas as águas dos outros mares do globo. No entanto, o global tem o ponto de vista do observador – e, aqui, ele foi Atlântico.

Uma última ponderação sobre John Elliott é que ele aponta ainda que o francês Fernand Braudel teria patinado em certo determinismo geográfico, um terreno perigoso e difícil, do historiador incorporando o espaço como seu objeto e, por isso mesmo, tão pouco trilhado. David Armitage ensinou que um dos grandes atrativos da chamada Nova História Atlântica – sim, porque ela também já se renovou –, é, além da cronologia bem definida (1492-início do século XIX), exatamente a incorporação do mundo natural como elemento de análise[95]. As marés, as correntes, as baías, os rochedos, as tempestades. Há uma vida do mar, expressa ou não numa fascinante história marítima, que é inescapável.

---

92. Gilroy, Paul. *O Atlântico Negro. Modernidade e dupla consciência. Op. cit.*

93. Elliott, John Huxtable. *Impérios del mundo atlántico: España y Gran Bretaña en América (1492-1830)*. Madri: Taurus, 2006.

94. Alencastro, Luiz Felipe. As três eras do Atlântico Sul. *Revista USP*, v. 123, 2019, p. 13-28.

95. Armitage, David. Tres conceptos de historia atlántica. *Revista de Occidente*, n. 281, 2004, p. 7-28.

Como fazer uma história atlântica sem suas águas e os seres que as habitam?[96] E como fazer uma história atlântica sem os trabalhadores do mar?[97]

Mas afinal, o que a História Atlântica traz de novo? Como o oceano para os portugueses, que o viram mais como oportunidade do que como obstáculo, a agenda de pesquisa desse quase modismo que se tornou a abordagem atlântica nos últimos anos abre muitas portas. As correntes promovem deslocamentos importantes do olhar e das análises. O fundamental é ir para além das margens e avançar pelos entornos e interiores. Ela permite a fuga de modelos consolidados: de uma história imperial, nacional, institucional, política, unitariamente sistêmica. Porém, sem negá-los. Eles podem ser articulados e integrados e, sobretudo, pode-se pensar em horizontes de descentralizações. Histórias híbridas, negociadas, em rede, identitariamente misturadas, transnacionais e transimperiais. Velhos hábitos em novas roupagens. Como o tabaco, planta americana, ritual e recreativa, espalhada pelo mundo por mercadores e marinheiros, tornou-se onipresente em África, também como moeda, para o consumo, para uso ritualístico e recreativo. Na Europa, virou medicina e rapé. Cruzou mundos pelas águas do Atlântico.

## Bibliografia comentada

Alencastro, Luiz Felipe de. *O Trato dos Viventes: formação do Brasil no Atlântico Sul*. São Paulo: Companhia das Letras, 2000.

> O livro apresenta a formação brasileira por meio da complementaridade com a África, em particular Angola, fundada no escravismo moderno, entre os séculos XVI e XVII. Faz micro e macro-história, utilizando uma documentação robusta e desenvolvendo diferentes debates historiográficos sobre a história colonial.

Boxer, Charles R. *Salvador de Sá e a luta pelo Brasil e Angola*. São Paulo: Edusp, 1973 [1952].

> A biografia de Salvador Correia de Sá é uma viagem para as relações profundas entre as duas margens do Atlântico, o Brasil e Angola. O livro constitui uma visão que inaugura o Atlântico Sul, construído no escravismo e na atuação de personagens, um em particular, que construíram a ferro e fogo a história atlântica.

96. Brito, Cristina. *Os mamíferos marinhos nas viagens marítimas pelo Atlântico entre os séculos XV e XVIII: a evolução da ciência e do conhecimento*. Tese (Doutorado em História) – Universidade Nova de Lisboa, Lisboa, 2010; Schwartz, Stuart B. *Mar de tormentas: uma história dos furacões no Caribe, de Colombo ao Katrina*. São Paulo: Companhia das Letras, 2021.

97. Linebaugh, Peter; Rediker, Marcus. *A hidra de muitas cabeças: marinheiros, escravos, plebeus e a história oculta do Atlântico Revolucionário*. São Paulo: Companhia das Letras, 2008.

Braudel, Fernand. *El Mediterráneo y el mundo mediterráneo en la época de Felipe II*. Cidade do México: Fondo de Cultura Económica, 1987 [1949]. 2 v.

> Essa obra estabeleceu uma dimensão entre espaço e história que marcam a historiografia atlântica até a atualidade.

Cunha, Manuela Carneiro da (org.). *História dos índios no Brasil*. São Paulo: Companhia das Letras, Secretaria Municipal de Cultura, Fapesp, 1992.

> A obra se destaca por inaugurar, no Brasil, o debate sobre a história indígena, mais propriamente indigenista, em uma perspectiva de longuíssima duração, reunindo historiadores e antropólogos nessa que é a lacuna mais profunda da historiografia brasileira.

Elliott, John Huxtable. *Impérios del mundo atlántico: España y Gran Bretaña en América (1492-1830)*. Madrid: Taurus, 2006.

> Um extenso e erudito exercício de história comparada e, acima de tudo, de história conectada. O hispanista britânico busca analisar como espanhóis e ingleses construíram seus impérios coloniais na América entre os séculos XV e XIX.

Ferreira, Roquinaldo A. *Cross-cultural Exchange in the Atlantic world: Angola and Brazil During the Era of the Slave Trade*. Cambridge: Cambridge University Press, 2012.

> O livro faz uma ampla e profunda história social das relações entre a África Centro-Ocidental e o Brasil, centrada em Angola, reconstituindo a história de mulheres e homens que conectaram essas partes na constituição de "comunidades/contextos pluralistas" que definem a especificidade social do mundo atlântico.

Kilomba, Grada. *Memórias da plantação: episódios de racismo cotidiano*. Rio de Janeiro: Cobogó, 2019.

> A tese de Grada Kilomba desvela o escravismo, constitutivo da Modernidade ocidental, na experiência de vida de mulheres negras na atualidade. O livro apresenta questões sobre o racismo contemporâneo que não podem ser contornadas pelas teses historiográficas sobre a história da colonização e do Atlântico.

Miller, Joseph. A dimensão histórica da África no Atlântico: açúcar, escravos e plantações. *In*: *A dimensão atlântica da África: II Reunião Internacional de História de África*. Rio de Janeiro, 1996, p. 21-40.

> Joseph Miller é um dos autores que inaugurou a nova historiografia africanista. Nesse artigo, a história atlântica não pode ser vista como uma equação entre a história europeia e a americana, mas precisa reconstituir e entender as agências africanas em sua complexidade histórica.

Navarrete, Federico. Las historias de América y las historias del mundo: una propuesta de cosmohistoria. *Anales del Instituto Japonés de Estudios Latinoamericanos*, v. 36, 2016, p. 1-36.

O artigo do historiador mexicano Federico Navarrete procura caracterizar as diferentes abordagens eurocêntricas das historiografias europeia e americana em relação à história colonial. Valoriza e apresenta outras formas de se pensar a história, propondo um espaço de reflexão em que as diferentes cosmo-histórias possam se conhecer e se transformar.

Novaes, Adauto (org.). *A descoberta do homem e do mundo*. São Paulo: Companhia das Letras, 1998.

Livro que reúne uma grande variedade de textos que analisam as diversas facetas do complexo processo de expansão marítima europeia e suas consequências. Produzida no contexto dos "500 Anos", conta com capítulos escritos por Vitorino Magalhães Godinho, Luiz Felipe de Alencastro, entre outros.

Russell-Wood, Anthony John. *Histórias do Atlântico português*. São Paulo: Editora Unesp, 2014.

Coletânea de nove textos concebida originalmente pelo autor, marcada por uma diversidade de temas e pela unidade de análise do império português sob uma perspectiva atlântica (*Atlantic history*). Nela, sobressai um império marcado pelo fluxo de pessoas, ideias, mercadorias e espécies.

Silva, Francisco Carlos Teixeira da; Leão, Karl Schurster de Sousa; Almeida, Francisco Eduardo Alves de (orgs.). *Atlântico. A história de um oceano*. Rio de Janeiro: Civilização Brasileira, 2013.

Uma excelente introdução ao estudo do Oceano Atlântico, pois reúne diversos autores que abordam, na longa duração, a história do Atlântico e da sua gradativa hegemonia como eixo de circulação do mundo ocidental, desde a Antiguidade Clássica até o século XXI.

Thornton, John. *A África e os africanos na formação do mundo atlântico (1400-1800)*. Trad. de Marisa Rocha Mota. Rio de Janeiro: Elsevier, 2004.

A obra busca desconstruir a centralidade europeia e posicionar as sociedades africanas na formação do mundo atlântico. Analisa as relações entre África subsaariana, América e Europa e aborda tanto as complexas relações internas das sociedades africanas quanto os africanos na diáspora.

Wallerstein, Immanuel. *O sistema mundial moderno*. Porto: Edições Afrontamento, 1990 [1974]. 2 v.

> A obra é uma referência fundamental para se pensar uma história conectada e das complementaridades econômicas. Estabelece a ideia de economia-mundo para se pensar a história do capitalismo na Modernidade, que conecta as diferentes partes do globo para estabelecer uma divisão internacional do trabalho.

Wheat, David. *Atlantic Africa and the Spanish Caribbean, 1570-1640*. Williamsburg: University of North Carolina Press, 2016.

> Nesse livro, David Wheat pensa o Atlântico como um campo unificado de experiências coloniais que se forjou em diferentes partes das Américas e da África, particularmente luso-africanas. Revela que a construção do Atlântico foi o resultado de uma multiplicidade de agências, em que africanas e africanos desempenharam um papel fundamental.

# 7
# África atlântica e Europa moderna

*José Rivair Macedo*
*Mônica Lima e Souza*

Na introdução do primeiro volume do consagrado manual universitário *África negra: história e civilizações*, o cientista social congolês Elikia M'Bokolo enuncia de modo objetivo e direto a natureza dos conhecimentos históricos relativos às sociedades africanas. Na combinação de processos marcados por continuidades, adaptações e rupturas é que se exprimiu na África, como em qualquer outro lugar, o movimento da história. E, como em qualquer outra parte do mundo, os africanos atuaram e deram sentido aos seus destinos com autodeterminação ou mediante as condições que a eles vieram a ser impostas ao longo do tempo, cabendo as historiadores escolher quais objetos de estudo melhor se adequariam para dar conta daqueles processos. Sobre a opção quanto ao enfoque, pondera: "qual escala melhor conviria tratar estes objetos? Uma única, para a África, ou a múltipla, das Áfricas? Diria as duas ao mesmo tempo, uma revelando-se mais pertinente do que a outra conforme as épocas"[1].

## Escalas, enfoques e abordagens da história da África

As questões levantadas por M'Bokolo apontam várias possibilidades, de acordo com os interesses dos pesquisadores ou professores, sobre qual África estudar em diferentes períodos históricos, mediante distintos recortes temáticos ou variados enfoques e abordagens. Em relação ao período anterior ao século XIX, quando o continente passou gradualmente a ser vinculado aos

---

1. M'Bokolo, Elikia. *África negra: história e civilizações*. Salvador: EDUFBA; São Paulo: Casa das Áfricas, 2009, p. 12-13. t. I: até o século XVIII.

interesses político-econômicos europeus, o que se pode dizer é que a história das sociedades africanas ocidentais e orientais, do norte ao sul, e do litoral ao interior, foi marcada pela presença de diferentes formações políticas, sociais e culturais, ligadas ou não entre si por interesses comuns. No século XX, a "situação colonial" gerou processos de assimilação, modernização e transformação com certa margem de uniformidade e que, por consequência, produziu em maior grau a consciência de pertencimento das diversas sociedades a um continente cuja realidade tendeu a ser percebida de modo mais uniforme e genérico.

A maneira pela qual as sociedades africanas atlânticas interagiram com o Ocidente europeu a partir de meados do século XV apresenta particularidades que não devem nos fazer esquecer que, desde muitos séculos antes, a parte oriental do continente, banhada pelo Oceano Índico, e a parte norte, banhada pelo Mar Mediterrâneo, mantiveram as mais diversas interações com árabes, persas, indianos, chineses, turcos e europeus das Penínsulas Ibérica e Itálica[2]. O fato de que algumas sociedades do litoral atlântico tenham sido formadas – ou transformadas – pelos contatos com agentes comerciais ou políticos europeus em fortes e áreas de comércio litorâneo, entre os séculos XVI e XVIII, não implicou transformações estruturais no interior do continente. Sociedades litorâneas da Senegâmbia, do Golfo da Guiné e do litoral centro-africano, tornaram-se parte dos sistemas econômicos que deram origem ao capitalismo [↗ Capitalismo]. Isso não nos autoriza a pensar, porém, que os processos históricos ocorridos na Europa tenham tido efeitos similares na África como um todo, ou que nesse período tais processos tenham interferido de modo significativo na história africana.

Para demonstrar o argumento desenvolvido no parágrafo anterior, consideremos um exemplo obtido a partir da comparação entre pessoas e acontecimentos situados em períodos próximos na linha temporal que orienta a história europeia na Primeira Modernidade. O período histórico aproximado ao Humanismo europeu, entre os séculos XV e XVII, correspondeu na Bacia do Rio Níger, na África subsaariana, ao período de florescimento de uma importante cultura letrada afro-muçulmana nas escolas corânicas de Gao, Djenné e sobretudo nas escolas de Tombuctu, sem que se possa notar qualquer relação de causa e efeito entre os fatores que explicam ambos os

2. Devisse, Jean; Labib, Shubi. A África nas relações intercontinentais. *In*: Niane, Djibril Tamsir (ed.). *A África do século XII ao XVI (História Geral da África)*. Brasília: Unesco; MEC; Ufscar, 2010, p. 721-762. v. 4; Fauvelle, François Xavier. *Le rhinocéros d'or: histoires du Moyen Age africain*. Paris: Gallimard, 2013.

processos de constituição de culturas eruditas na Europa e na África ao sul do Saara. Admiráveis representantes desses processos, Giorgio Vasari (1511-1574) na Itália, René Descartes (1596-1650) na França e William Shakespeare (1564-1616) na Inglaterra, viveram praticamente no mesmo momento de celebrados mestres afro-muçulmanos subsaarianos como Mohammed Baghayogo (1523-1593), de Djenné, e principalmente de Ahmed Baba, de Tombuctu (1556-1627), cujo renome se estendia até o Egito e o Oriente Médio e que produziu mais de 56 livros[3]. Entretanto, as obras, enfoques e objetivos desses eruditos dos dois continentes não têm qualquer relação ou exerceram influência entre si.

O que, numa primeira leitura, pode causar estranhamento, encontra explicação quando deixamos de conceber a história africana atrelada aos marcos cronológicos da história eurocêntrica, nos termos do que o historiador Jean Chezneaux designou como "quadripartismo histórico", isto é, a ideia segundo a qual a história de toda a humanidade se confundiria com os períodos da Antiguidade, Idade Média, Idade Moderna e Idade Contemporânea – cujo sentido é orientado pela experiência histórica europeia[4]. O fato de que os contatos entre africanos e europeus tenham se intensificado a partir do litoral atlântico, durante a chamada Expansão Marítima Europeia, não afetou ou influenciou outras partes do continente, nem levou a alterações substantivas em suas estruturas econômicas ou sociais. A partir do século XVI, a África ocidental e central atlântica seriam gradualmente integradas ao sistema-mundo constituído a partir dos centros político-econômicos europeus; porém, as relações comerciais alimentadas desde muito tempo antes pelas caravanas que circulavam pelo deserto do Saara, ligando mercadores do Magrebe às elites locais da Bacia do Níger e do Lago Chade continuaram a funcionar regularmente, inclusive estendendo parcialmente suas atividades até o litoral da Alta e da Baixa Guiné[5].

Outras comparações semelhantes poderiam ser feitas, contudo, o que interessa sublinhar é que os conceitos de "moderno", "Modernidade" e "modernização" têm significados e implicações distintas na história europeia e na

---

3. Zouber, Mahmoud. *Ahmed Baba de Tombuctou (1556-1627): sa vie et son oeuvre*. Paris: Maisonneuve et Larose, 1977; Saad, Elias. *Social History of Timbuktu: The Role of Muslim Scholars and Notables, 1400-1900*. Cambridge: Cambridge University Press, 1983.

4. Chezneaux, Jean. *Devemos fazer tábula rasa do passado? Sobre a história e os historiadores*. São Paulo: Editora Ática, 1995, cap. 8, p. 92-93.

5. Silva, Alberto da Costa e. *A manilha e o libambo: a África e a escravidão, de 1500 a 1700*. Rio de Janeiro: Nova Fronteira, 2002, p. 163-167.

história africana. Por serem fenômenos constituídos a partir da Europa, nesse caso tais conceitos se confundem com fenômenos ali gerados e difundidos para outras partes do mundo. Para a África e os africanos, a Modernidade corresponde ao legado do mundo do "homem branco" gerado durante o período colonial, nos séculos XIX e XX, cujo pressuposto se assenta na ideia da superioridade dos modelos sociais, políticos e culturais metropolitanos a que os africanos deveriam recorrer para, deixando para trás seus próprios costumes e modos de vida, abraçar a "civilização", o "progresso", o "desenvolvimento", em um quadro mental estruturado a partir do par antitético tradição/Modernidade[6]. Por isso é que, para importantes teóricos do pensamento africano contemporâneo, a reestruturação das "humanidades africanas" depende do quanto, ao mesmo tempo, seja feita uma crítica à ideologia subjacente aos pressupostos da Modernidade ocidental e um reposicionamento da África no centro dos objetos que lhe digam respeito, de modo a restituir aos africanos seu "poder de definição"[7].

Contra as determinações do colonialismo europeu, no bojo do qual foram constituídas as linhas de rumo dos estudos africanos, é que se posicionaram de modo crítico e contundente importantes referências teóricas da historiografia africanista gestadas no continente. Na década de 1950, o senegalês Cheikh Anta Diop (1923-1986) desafiou o cânone acadêmico francês ao evidenciar, com argumentos bem fundamentados, a anterioridade africana na história "universal" pelo vínculo da África negra com a matriz civilizacional egípcia; nas décadas seguintes, um projeto internacional promovido pela Unesco, sob forte influência do historiador burquinense Joseph Ki-Zerbo (1922-2006), resultou na publicação nas décadas de 1970-1980 da prestigiada coleção *História Geral da África*, cuja perspectiva de abordagem se baseia nas dinâmicas e processos inerentes aos povos do continente em sua diversidade e em suas dinâmicas internas[8]. O interesse reside no estudo prioritário da história política dos

6. Ela, Jean-Marc. *Restituir a história às sociedades africanas – promover as Ciências Sociais na África*. Mangualde: Edições Pedagô; Luanda: Edições Mulemba, 2011, p. 49-50; Copans, Jean. *A longa marcha da Modernidade africana: saberes, intelectuais, democracia*. Mangualde: Edições Pedagô; Luanda: Edições Mulemba, 2012, p. 69-71.

7. Falola, Toyin. Nacionalizando a África, culturalizando o Ocidente e reformulando as humanidades na África. *In*: Lauer, Helen; Anyidoho, Kofi (eds.). *O resgate das Ciências Humanas e das Humanidades através de perspectivas africanas*. Brasília: Fundação Alexandre de Gusmão, 2016, p. 14; 123-125. v. 1.

8. Barbosa, Muryatan Santana. *A África por ela mesma: a perspectiva africana na História Geral da África*. Tese (Doutorado em História) – Faculdade de Filosofia, Letras e Ciências Humanas, Universidade de São Paulo, São Paulo, 2012.

Estados e grupos sociais dominantes das diversas regiões do continente, nas suas singularidades, originalidades e nas suas interações com atores e interesses extra africanos. O período situado entre os séculos XV e XVIII, fortemente influenciado pelo tráfico internacional de africanos escravizados, é qualificado por Ki-Zerbo como "séculos de reajustamento"[9].

Nessa coleção, que é referência para muitos estudos sobre a África, a periodização dos volumes não seguiu os marcos da história europeia, ainda que a eles faça referência. O período que se reconhece como recorte temporal da Época Moderna é tratado sobretudo no volume cinco, dirigido pelo historiador queniano Bethwell Allan Ogot. No capítulo que encerra esse volume, o editor apresenta algumas críticas às abordagens sobre essa fase que resumem a história africana como "a era do tráfico de escravizados", lembrando que o comércio de africanos escravizados se estendeu e foi particularmente intenso no século XIX, e que diversas regiões do continente não foram atingidas por ele. Para o autor, resumir a história da África nesse período às relações atlânticas pautadas pelo "infame comércio" – como mais tarde o denominam – é desconhecer e invisibilizar dinâmicas internas e fortalecer uma visão que retira dos africanos protagonismos e a capacidade de direcionar seu desenvolvimento para outras iniciativas e criações. Destaca, nesse sentido, as formações sociopolíticas no continente que se desenvolveram ao longo dessa época e a constituição de grupos étnicos que permaneceram nos séculos seguintes como identidades próprias para diversas populações locais[10].

Os rumos atuais da produção historiográfica feita por pesquisadores africanos indicam caminhos e interesses de alcance regional[11], mas a crítica às abordagens unilineares pautadas em pressupostos eurocentristas não impede que sejam observadas, na escala de uma história global, os grandes processos e contextos em que a África e os africanos efetivamente tomaram parte, independentemente de qual tenha sido a condição. Conforme defendido pelo cientista social camaronês Achille Mbembe, a defesa da "legalidade própria das sociedades africanas", baseada em suas próprias razões de ser, obriga a considerar que essas sociedades enraizaram suas experiências em uma multiplicidade de

9. Ki-Zerbo, Joseph. *História da África negra*. Mem Martins: Europa-América, 1989, p. 295. v. 1.

10. Ogot, Bethwell Allan. A história das sociedades africanas de 1500 a 1800: uma conclusão. *In*: *Id*. (ed.). *África do século XVI ao século XVIII*. Brasília: MEC; Unesco; Ufscar, 2010, p. 1057. (Coleção História Geral da África, v. 5).

11. Bah, Thierno Mouctar. *Historiographie africaine*: *Afrique de l'Ouest – Afrique Centrale*. Dakar: CODESRIA, 2015.

tempos, ritmos e racionalidades que, "ainda que particulares, e, às vezes, locais, não podem ser pensadas fora de um mundo que, por assim dizer, se dilatou". Nessa perspectiva, as referências modernas introduzidas pelo colonialismo não são rechaçadas, mas lidas a partir de suas interações com os modelos africanos de organização social, dos quais resultaram experiências ressignificadas, potencialmente novas em seus modos de expressão e de produção de sentido. Contudo, se a partir da Primeira Modernidade europeia deixa de haver uma "historicidade própria" das sociedades africanas, a compreensão do imbricamento entre forças internas e externas exige que se considere tanto as dinâmicas locais quanto "um mergulho crítico na própria história ocidental e nas teorias que pretendem interpretá-la"[12].

## Africanos e europeus na Primeira Modernidade

Conforme apontado acima, a Época Moderna não foi o tempo em que se inaugurou o contato da Europa com a África. No entanto, especialmente no que concerne à África ao sul do Saara, circulava na Europa antes da Modernidade um conjunto de imagens muitas vezes fantasioso, povoado por seres e situações trazidas por narrativas lendárias de viajantes e criadores de histórias, ancorado mais na imaginação do que na observação direta ou na experiência efetiva de contatos históricos[13]. Ainda assim, havia uma ideia sobre o continente que correspondia ao que mais despertava o interesse dos europeus: os produtos preciosos que poderiam ser obtidos por meio da atividade mercantil. O grande historiador francês Pierre Vilar afirmou, em sua clássica obra *Ouro e Moeda na História*, que "para os homens do século XV, igual que na Idade Média, o ouro era um produto da África"[14]. Além do ouro, o marfim, os temperos, o sal das minas do deserto e muitos outros produtos alimentavam o comércio das rotas caravaneiras que cruzavam o deserto em direção às riquezas da África subsaariana.

Ao que parece, a primeira notícia direta dada por alguém nascido na Europa sobre povos situados além do Deserto do Saara foi a carta escrita em

---

12. Mbembe, Achille. O tempo que se move. *Cadernos de Campo*, n. 24, 2015, p. 378-379.

13. Medeiros, François de. *L'Occident et l'Afrique, XIII^e^-XV^e^ siècles: images et representations.* Paris: Karthala, 1985; Oliva, Anderson Ribeiro. Da Aethiopia à Africa. As idéias de África, do Medievo europeu à Europa Moderna. *Fenix: Revista de História e Estudos Culturais*, v. 5, n. 4, 2008. Disponível em: www.revistafenix.pro.br. Acesso em: 10 mar. 2023.

14. Vilar, Pierre. *Oro y moneda en la historia, 1450-1920.* Barcelona: Ariel, 1974, p. 61.

latim no ano de 1447 por Antonio Malfante, um agente comercial da casa bancária dos Centurione, de Gênova, que começava a atuar nas rotas transaarianas comerciando produtos em troca de ouro. Ela foi enviada de Touat, comunidade situada em um oásis no centro-oeste da atual Argélia. Mesmo que não tenha atravessado até o outro lado do Saara, Malfante afirmava manter contatos com negociantes oriundos de Tombuctu, cidade localizada na fronteira entre o deserto e a Bacia do Níger[15]. Porém, seria preciso esperar os séculos XVIII e XIX para que os primeiros exploradores europeus, entre os quais o escocês Mungo Park, em 1795, o francês René Caillié, em 1827, e o germânico Heinrich Barth, em 1842, fornecessem testemunhos oculares sobre essas áreas do interior do continente até então desconhecidas para os europeus[16].

Contatos e negociações diretas euro-africanas ocorreram a partir das margens dos oceanos e mares. Pelo Mediterrâneo, Portugal e Espanha disputavam com os governantes do atual Magrebe e do Império turco-otomano a influência e o controle das cidades comerciais norte-africanas, que constituíam ponto de partida e de chegada das caravanas comerciais transaarianas. No Atlântico, a África foi alcançada a partir do litoral da região da Senegâmbia, em 1456, pelo navegador veneziano a serviço dos reis de Portugal, Alvise de Cadamosto. Décadas mais tarde, os portugueses estabeleciam relações comerciais com mercadores africanos de origem mandinga, os wangara, no Forte de São Jorge da Mina, fundado em 1482 em território sob domínio dos chefes dos povos eguafo e fetu, de língua akan, na Costa do Ouro, e no mesmo instante iniciaram negociações com os governantes do Antigo Benin, na atual Nigéria, e mais para o sul, com os governantes do Antigo Kongo. No fim desse mesmo século, em 1498, completada a circum-navegação do continente, aportaram pelo lado oriental na Antiga Abissínia, atual Etiópia, em 1498, e anos mais tarde, em 1505, atingiram Sofala, cidade portuária governada por uma elite comercial afro-muçulmana situada no litoral de Moçambique, no Oceano Índico[17].

15. Fauvelle, François Xavier. *Le rhinocéros d'or*. *Op. cit*., p. 315-317.

16. Surun, Isabelle. *Geographies de l'exploration*: *la carte, le terrain et le texte*: *Afrique occidentale, 1780-1880*. Tese (Doutorado em História) – École des Hautes Études en Sciences Sociales, EHESS, Paris, 2003.

17. Coquery-Vidrovich, Catherine (org.). *A descoberta da África*. Lisboa: Edições 70, 1981; Dias, Jill R. *África nas vésperas do mundo moderno*. Lisboa: Comissão Nacional para as Comemorações dos Descobrimentos Portugueses,1992.

Nesse tempo dos primeiros contatos diretos pela via dos oceanos, não predominava entre os europeus a visão de que os povos africanos seriam primitivos e atrasados. Havia um olhar de superioridade e, por vezes, condenatório que passava pela ausência do cristianismo ou a presença do Islã, porém, não passava por uma postura que os tratasse como inferiores por sua natureza. Em geral, reconheciam autoridades locais e qualidades nas pessoas e, apesar de lhes causar muita estranheza algumas práticas e costumes, isso não os fazia qualificar os africanos e africanas como humanos de menor valia. A subordinação a que submetiam os cativos e servos era própria do regime de extrema exploração do trabalho que caracterizava a vida social e econômica na Europa, e não era dirigida especialmente aos nativos do continente africano. Com o tempo, o estranhamento e a condenação religiosa foram constituindo bases na construção de justificativas para o desenvolvimento dos empreendimentos relacionados à escravização e ao tráfico, em face da dimensão demográfica e da desumanidade que os caracterizariam[18].

## Tráfico negreiro e escravidão atlântica

Os portugueses foram os primeiros a realizar tráfico de africanos escravizados pelo Oceano Atlântico. Eles começaram a estabelecer contatos comerciais com nativos da costa ocidental africana na primeira metade do século XV. Em meados de 1450, o tráfico atlântico enviava a Portugal uma média de 800 africanos cativos ao ano. Contratos firmados entre a Coroa portuguesa e os navegantes-mercadores estipulavam a obrigatoriedade de que estes avançassem na costa ocidental africana, conseguindo cada vez mais contatos comerciais. O medo da concorrência de outros grupos europeus levou a que tomassem providências: em 1482 começou a construção da fortaleza na Costa da Mina, no litoral da atual República de Gana e, em 1486, foi criada a Casa dos Escravos em Lisboa, como uma repartição da Casa Régia da Guiné, para controle e taxação desse comércio[19]. Essa fortaleza, batizada de São Jorge da Mina, se tornou muito importante no tráfico de africanos escravizados para o Brasil e passou, com o tempo, a identificar o grupo de procedência dos cativos exportados a partir dessa costa, chamados de "pretos mina". A região que

18. Médevielle, Nicholas. *La racialisation des africains: récits commerciaux, religieux, philosophiques et littéraires, 1480-1880*. Tese (Doutorado em francês e italiano) – Ohio State University, Ohio, 2006.

19. Vogt, John. The Lisbon Slave House and the African trade, 1486-1521. *Proceedings of the American Philosophical Society*, v. 117, n. 1, 1973, p. 1.

passou a ser conhecida como Costa da Mina poderia ser identificada como uma área que se estendia desde o litoral onde se encontra a fortaleza até o Delta do Níger[20].

Antes da arrancada do tráfico de africanos escravizados para o Brasil, entre 1526-1550, saíram da Guiné-Bissau e da Senegâmbia aproximadamente 1.000 cativos por ano, o que correspondia a 49% do total de africanos escravizados exportados do continente. Da região Congo-Angola (na África Centro-Ocidental) foram retirados outros 34%, e 13% tiveram como origem o Golfo da Guiné, em áreas próximas ao antigo reino do Benin[21].

No decurso dos séculos XVI e XVII, aos portugueses juntaram-se, em concorrência, navegadores e comerciantes franceses, holandeses e ingleses em diversas fortalezas construídas ao longo do extenso litoral dos dois lados do continente que funcionavam como estabelecimentos comerciais, mas sua presença e negociações dependiam sempre de autorização de reis e chefes locais. Todavia, progressivamente a disputa entre as potências europeias pelo domínio dos mares e dos mercados econômicos se intensificou, e os Estados africanos litorâneos, qualificados pelo historiador britânico John Iliffe como "Estados mercantis"[22], participavam ativamente desse mercado como consumidores e fornecedores. Consumiam mercadorias produzidas na Europa ou nas Américas, entre as quais tecidos, metais, bebidas alcóolicas (rum, jeribita), fumo e, sobretudo, armas de fogo. Como fornecedores, trabalhavam com marfim, temperos, azeite de dendê, amendoim, algodão e, acima de tudo, pessoas entregues em condição de cativeiro levadas em navios negreiros para a Europa e principalmente para os portos escravistas das cidades coloniais americanas[23].

A existência e a manutenção de diversas rotas de tráfico de escravizados no litoral do Oceano Índico, pelo Mar Vermelho, do Rio Nilo, das rotas transaarianas e sobretudo a partir do litoral Atlântico levou a que o volume anual de circulação de pessoas escravizadas produzisse o fenômeno mundial de dispersão de população africana para diversas partes do planeta conhecido como

---

20. Law, Robin. Etnias e africanos na diáspora: novas considerações sobre o sentido do termo "mina". *Tempo*, n. 20, 2006, p. 98-120.

21. *Transatlantic Slave Trade Database* [Comércio Transatlântico de escravos – Base de dados]. Slave Voyages, [*s. l.: s. n.*]. Disponível em: https://www.slavevoyages.org/assessment/estimates. Acesso em: 23 fev. 2023.

22. Iliffe, John. *Os africanos. História dum continente.* Lisboa: Terramar, 1999 [1993].

23. Thornton, John. *A África e os africanos na formação do mundo atlântico.* Rio de Janeiro: Editora 34, 2004.

"diáspora africana" ou diáspora negra. Os dados atuais de pesquisa indicam que no período situado entre os anos de 1501 e 1866 teriam sido traficados, em números absolutos, mais de 12,5 milhões de pessoas pelo Atlântico, em grande medida para as Américas, sobretudo para as ilhas do Caribe (cerca de 5 milhões), para Portugal/Brasil (cerca de 5,8 milhões) e, em muito menor proporção, para os Estados Unidos (cerca de 300 mil)[24].

Em todas as regiões da África onde se estabeleceram os negócios do tráfico, houve conflitos entre os europeus e os africanos. Muitas vezes, havia uma tenaz resistência local à escravização, o que nem sempre é destacado pela produção historiográfica. No relato de Gomes Eanes de Zurara (1410-1474), a conhecida *Crônica dos feitos da Guiné*, está registrada a dificuldade dos portugueses em vencer os africanos da Senegâmbia: "a gente dessa terra não é assim ligeira de pilhar como nós desejamos, que são homens muito fortes e avisados e percebidos em suas pelejas, e o que é pior, é que trazem suas setas empeçonhadas com erva mui perigosa"[25]. Na obra *Fighting the Slave Trade*, da reconhecida historiadora Sylviane Diouf, as muitas formas de combate e resistência ao tráfico escravista são apresentadas a partir da pesquisa histórica sobre diferentes regiões da África Ocidental, em perspectiva de longa duração, abarcando processos desde o século XVI[26], como os sistemas defensivos desenvolvidos frente às expedições de captura, na região ao sul do Lago Chade[27].

A escravidão no continente africano tinha longa existência prévia ao século XV, assim como em outros continentes, estando presente sob diversas modalidades. A existência e a legalidade da instituição favoreceram o surgimento das condições para que houvesse por séculos o tráfico de pessoas escravizadas ao longo do Rio Nilo, cruzando o deserto do Saara ou os oceanos Índico e Atlântico. As formas de tratamento, a transmissão da condição aos descendentes, as possibilidades de obtenção de integração à família e a liberdade – ou mesmo os direitos dos escravizados – variaram de região para região e ao longo do tempo. As religiões existentes na África também produziram regras diferentes para lidar com o processo de sujeição de pessoas ao

---

24. *Transatlantic Slave Trade Database*. *Op. cit.*

25. Zurara, Gomes Eanes de. *Crónica da Guiné. Segundo o ms. de Paris. Introdução, notas, novas considerações e glossário*. Barcelos: Civilização, 1973, p. 208.

26. Diouf, Sylviane (ed.). *Fighting the Slave Trade: West African Strategies*. Athens: Ohio University Press, 2003.

27. Bah, Thierno Mouctar. Slave-raiding and defensive systems south of Lake Chad from the sixteenth to the nineteenth century. *In*: Diouf, Sylviane (ed.). *Fighting the Slave Trade*. *Op. cit.*, p. 15-30.

cativeiro e sua comercialização, bem como formas distintas de se acessar a liberdade a partir dessa condição. A relação entre escravizados e seus senhores, ainda que estivesse inserida num universo familiar e pessoal, era conduzida por um ordenamento originado no costume e nas práticas comunitárias que, evidentemente, se transformavam ao longo do tempo.

A diversidade de experiências faz com que seja alimentado um longo debate sobre a pertinência ou não de nomear formas diferentes de exploração do trabalho de forma compulsória e a apropriação de seres humanos nas sociedades africanas como escravidão. O consenso a que se pode chegar é quanto à existência de diferentes tipos de escravidão na África, conforme contextos locais e temporais, e que o advento do tráfico transatlântico de africanos escravizados fez crescer exponencialmente as modalidades de escravização para atender à demanda estrangeira, que significava obter acesso a armamentos e mercadorias de luxo – insígnias de poder. A escravidão já existia na África, mas o tráfico atlântico de escravizados a fez crescer e assumir novos formatos e, sobretudo, uma outra dimensão, muito mais ampla em termos mundiais e mais profunda em termos continentais. O tráfico aprofundou divisões entre grupos locais e rivalidades se intensificaram. Elas já existiam, sim, mas assumiram formas novas muito mais radicais. O certo é que os povos africanos perderam muito nesse processo cuja duração e intensidade se estendeu por toda a Época Moderna e continuou, ainda com força, na primeira metade no século XIX. Ele produziu transformações na economia mundial e constituiu a base da formação das diferentes sociedades escravistas na América Colonial, algo demonstrado no livro *Capitalismo e escravidão*, publicado em 1944 pelo intelectual caribenho Eric Williams[28].

## Personagens da diáspora africana na Europa moderna

O fenômeno da diáspora negra, em curso durante a Primeira Modernidade, explica que a presença de população africana tenha sido observada tanto no continente americano quanto em diversas outras partes do mundo, inclusive na Europa. Em um primeiro relance pode-se afirmar que, ao contrário do que possa parecer à primeira vista, as relações entre africanos e europeus tenham ocorrido em diversos setores da sociedade europeia e em diferentes graus de intensidade, embora tal aspecto não seja enfatizado nos estudos históricos europeus, a não ser em data recente. O maior número de pessoas negras

28. Williams, Eric. *Capitalismo e escravidão*. São Paulo: Companhia das Letras, 2012 [1944].

era integrado por cativos levados sobretudo para cidades francesas, inglesas, das Penínsulas Ibérica e Itálica; mas também pode-se observar em muito menor proporção a presença de integrantes das elites africanas em atividades comerciais ou diplomáticas[29]. Na impossibilidade de recuperar individualmente perfis históricos de milhares de africanos anônimos na história ocidental, apresentaremos abaixo sínteses biográficas de três personagens daquele período de bruscas mudanças, o que permitirá perceber a diversidade de posições sociais, os limites e as possibilidades da agência e protagonismo de africanos em contextos marcados pelas profundas transformações aqui mencionadas.

A primeira personagem, lembrada na história pelo nome de Teresa Chikaba (1676-1748), nasceu em local incerto na África Ocidental, na região designada na sua biografia como Mina Baja del Oro, denominação espanhola para a Costa da Mina, na Baixa Guiné, e participou ativamente da espiritualidade do catolicismo barroco. Vendida como escrava ainda na infância, foi batizada cristã com o nome de Teresa Juliana. Ao ser levada para a Espanha, foi integrada como criada na casa de Mancera, em Madri, onde recebeu instrução formal para ser acompanhante de Juliana Teresa Portocarrero Meneses, Marquesa de Mancera. Depois da morte de sua senhora, conquistou a liberdade e o direito a uma pequena renda mensal. Em 1704 tornou-se monja no Convento da Penitência, em Salamanca, onde ficou conhecida como Sor Teresa Juliana de Santo Domingo, ou pelo apelido La negrita de la Peniténcia ou apenas La negrita. Ao fim da vida, escreveu um texto autobiográfico que serviu de base para a sua hagiografia, intitulada *Compendio de la vida ejemplar de la Venerable Madre Sor Teresa Juliana de Santo Domingo*, redigida por Juan Carlos Paniagua em 1752. Admirada e reverenciada por sua piedade e misticismo, conquistou lugar de destaque na espiritualidade cristã moderna[30].

A segunda personagem recebeu o nome de Esperança e chegou ainda criança ao forte inglês gerido pela Royal African Company, no Rio Gâmbia, nos anos

---

29. Northrup, David. *Africa's Discovery of Europe*: *1450-1850*. Oxford: Oxford University Press, 2014 [2002].

30. Lopes, Nei; Macedo, José Rivair. *Dicionário de história da África*: *séculos XVI-XIX*. Belo Horizonte: Autêntica, 2022, p. 176; Melina, Elvira. Chikaba, la primera monja negra en el sistema esclavista finisecular español del siglo XVII. *Hispania Sacra*, v. 64, n. 130, 2012; Rede Multidisciplinar de Estudos Africanos do Instituto Latino-Americano de Estudos Avançados da Universidade Federal do Rio Grande do Sul (ILEA-UFRGS); Departamento de Educação e Desenvolvimento Social da Pró-Reitoria de Extensão da Universidade Federal do Rio Grande do Sul (DEDS-PROREXT-UFRGS). *Biografias de Mulheres Africanas*: verbete "Teresa Chikaba", 2021. Disponível em: https://www.ufrgs.br/africanas/teresa-chikaba-1676-1748/. Acesso em: 10 mar. 2023.

iniciais da década de 1680. Os registros britânicos indicam como data aproximada de seu nascimento o ano de 1675, mas não se encontraram informações identificando se ela nasceu como cativa ou se foi escravizada. O que se sabe é que se tornou uma criança escrava de um dos encarregados do forte, de nome John Booker, e entre os ingleses que lá viviam passou a ser conhecida como Hope Booker. Seu proprietário a enviou para Londres a fim de que ela fosse alfabetizada em inglês e pudesse aprender o básico de aritmética, muito provavelmente para que se tornasse capaz de auxiliá-lo nos negócios. Quando de seu retorno ao território do Rio Gâmbia, voltou a servir como cativa de John Booker, ainda que recebendo um bom tratamento, segundo relatos de visitantes da fortaleza.

Após o falecimento de John Booker, Esperança ficou com a responsabilidade de executar seu testamento, recebendo também a alforria por meio desse mesmo documento. Herdou de seu senhor bens móveis, joias e cativos, tanto os de serviço doméstico como alguns que trabalhavam na fortaleza, e uma pensão para seu sustento. Na ocasião, tinha por volta de dezoito anos e sua herança e situação, além das qualidades e conhecimentos, certamente fizeram dela uma boa perspectiva de casamento. Quatro meses mais tarde, casou-se com um súdito britânico de nome William Heath, que havia chegado para substituir o falecido, numa cerimônia realizada com toda pompa no forte inglês, na presença de empregados da Royal African Company e militares que ali atuavam, com suas famílias. A partir de então, adotou o nome de Hope Heath.

Ela viveu na Inglaterra por um curto tempo e, tendo ficado logo viúva e perdido direito à herança do marido na justiça britânica por conta de um processo movido por um cunhado, casou-se novamente e voltou à região do Gâmbia. A partir desse retorno, Hope Heath iniciou uma trajetória de poder no local, atuando no comércio euro-africano e passando a ser conhecida como Madame Esperança[31]. O seu caso exemplifica a atuação de mulheres mercadoras conhecidas localmente como *signares*, *nharas* ou *donas*, pessoas poderosas e independentes que estavam à frente de grandes negócios na costa atlântica da África nos séculos XVII e XVIII[32].

---

31. Krieger, Colleen E. From child slave to Madam Esperance. One woman's career in the Anglo-African World, c.1675-1707. *In*: Candido, Mariana P.; Jones, Adam (eds.). *African Women in the Atlantic World. Property, Vulnerability and Mobility, 1660-1880*. Nova York: James Carrey, 2020, p. 171-189.

32. Havik, Philip J. Comerciantes e concubinas: sócios estratégicos no comércio atlântico da Costa da Guiné. *In*: *Id. A dimensão atlântica da África. II Reunião Internacional de História da África*, 1996, São Paulo. *Atas* [...]. São Paulo, CEA-USP/SDG-Marinha/CAPES, 1997. p. 161-179; Caldeira, Arlindo Manuel. *Mulheres, sexualidade e casamento em São Tomé e Príncipe, séculos XV a XVIII*. Lisboa: Cosmos, 1999; Capela, José. *Donas, senhores e escravos*. Porto: Afrontamento, 1995.

O terceiro personagem nasceu nas proximidades de Axim, na Costa do Ouro, provavelmente no ano de 1703, e fez parte do contexto do Iluminismo europeu. Aos sete anos foi levado como escravizado por negociantes holandeses para a Europa, tendo sido depois entregue pela Companhia das Índias Ocidentais ao Duque de Brunswick-Wolfenbüttel para ser acompanhante de seu filho na corte. Residiu primeiro na Holanda, em Amsterdã, e depois na atual Alemanha. Realizou os estudos sob a proteção do duque e ao ser batizado cristão adotou os nomes das pessoas a quem estava ligado, adicionando ao seu nome próprio, Amo, o primeiro nome do duque (Anton Ulrich), e do filho do Duque (Wilhelm Augustus), de onde o seu nome europeu: Anton Wilhelm Amo. Estudou filosofia e direito na Universidade de Brunswick e na Universidade de Halle e, em 1729, defendeu a tese de direito intitulada *De jure maurorum in Europa* [do direito dos mouros na Europa], na qual argumentou sobre a inexistência de base jurídica no Direito Romano para a escravidão dos negros africanos. A partir desse momento, deixou de usar o nome senhorial, passando a se autonomear Amo Guinea Afer, isto é, "Amo da Guiné, o Africano", na provável primeira reivindicação de uma identidade africana na Modernidade[33].

Em 1730, Amo aprofundou os estudos na Universidade de Wittenberg, onde obteve o título de Mestre em Filosofia e Artes, com uma dissertação escrita em latim a respeito dos reflexos da apatia (*apatheia*) na mente humana. Nos anos seguintes foi admitido como lente na própria Universidade de Wittenberg (1734-1737) e na Universidade de Jena (1739-1740), alcançando fama como filósofo e especialista em psicologia e parapsicologia, além de autor de um extenso tratado de lógica. Em 1740, foi indicado para ser conselheiro na corte do rei da Prússia, em Berlim. Anos mais tarde, em 1753, retornou para sua terra natal, sendo reverenciado como "o homem que conhece o futuro", devido aos seus conhecimentos de astrologia e astronomia. Passou os últimos anos em um forte holandês em Shama, onde faleceu provavelmente no ano de 1783[34].

Trata-se de biografias de pessoas singulares, usualmente empregadas para ilustrar trajetórias exemplares, excepcionais. O tráfico transcontinental de cativos oriundos da África ao sul do Saara, acionado desde a segunda metade do

---

33. Hountondji, Paulin. Un philosophe africain dans l'Allemagne du XVIII^e^ siècle. *In*: *Id. Sur la philosphie africaine*. Paris: Maspero, 1977, p. 139-170.

34. Lopes, Nei; Macedo, José Rivair. *Dicionário de história da África*. *Op. cit*., p. 59; Mougnol, Simon. *Amo Afer: un noir, professeur d'univerité en Allemagne au XVIII^e^ siècle*. Paris: L'Harmattan, 2010.

século XV, forçou o deslocamento de inúmeros indivíduos anônimos de ambos os sexos para as cidades europeias portuguesas, espanholas, francesas, inglesas, holandesas e italianas, para trabalhar em atividades braçais como condutores de carroças, porteiros, alfaiates, tintureiros, padeiros, serviçais domésticos, limpadores de ruas e, no caso de Veneza, como gondoleiros – atividade amplamente registrada nas obras pictóricas renascentistas e barrocas[35].

No outro extremo da sociedade, em posição de privilégio e de destaque, estiveram alguns indivíduos enviados como representantes de determinados estados africanos em atividade diplomática junto aos estados monárquicos ou ao Vaticano[36]. A pesquisadora norte-americana Andrea Felber Seligman estudou as condições em que foram estabelecidos os contatos, na Europa, de embaixadores provenientes dos Estados Fante, do Antigo Benin, da Etiópia e do reino do Kongo nos séculos XV-XVI. Um dos capítulos do seu trabalho dedica-se a examinar a recepção e acolhida de emissários africanos, com foco dirigido aos protocolos observados, procissões, cerimônias, alojamento e audiências públicas[37]. As informações ali contidas permitem perceber a maneira pela qual integrantes das elites africanas foram percebidos na Europa fora dos padrões de discriminação racial então em curso, que, não obstante, produzia formas depreciativas de conceber a presença negra no contexto renascentista e barroco[38].

No entanto, apesar da sangria humana provocada pelo tráfico durante os séculos iniciais da Modernidade europeia, em diversas regiões do continente as relações políticas e econômicas eram reguladas por costumes e tradições compartilhadas, o que permite supor a existência de relações interafricanas que envolviam questões de paz e de guerra, tratados e alianças, disputas de influência de determinados territórios, desenvolvimento e proteção do

---

35. Spicer, Joaneth. Free men and women of African ancestry in Renaissance Europe. *In*: Lowe, Kate (org.). *Revealing the African Presence in Renaissance Europe*. Baltimore: The Walters Art Museum, 2012, p. 81; *Id*. Visible lives: black gondoliers and other black Africans in Renaissance Venice. *Renaissance Quarterly*, v. 66, n. 2, 2013, p. 412-452.

36. Lowe, Kate. "Representing" Africa: ambassadors and princess from Christian Africa to Renaissance Italy and Portugal, 1402-1608. *Transactions of the Royal Historical Society*, v. 17, 2007, p. 101-128.

37. Seligman, Andrea Felber. *Ambassadors, Explorers, and Allies: A Study of African-European Diplomatic Relationships, 1400-1600*. Trabalho de Conclusão de Curso (Graduação em História) – University of Pennsylvania, Filadélfia, 2007.

38. Northrup, David. *Africa's Discovery of Europe*. *Op. cit*., p. 36-43; Tymowski, Michal. *Europeans and Africans: Mutual Discoveries and First Encounters*. Leiden; Boston: Brill, 2020, p. 273-292.

comércio, pagamento de tributos, entre outras. De modo geral, as funções de representação eram desempenhadas por familiares próximos dos governantes. Porém, nos estados maiores, com poder centralizado e dispondo de organização palaciana, as negociações diplomáticas eram realizadas por grupos especializados. Por exemplo, em Oyó, a mais influente organização política dos povos de língua yoruba dos séculos XVI a XVIII, as funções diplomáticas eram desempenhadas por escravizados palacianos chamados *ilari*, popularmente conhecidos como "meias-cabeças" devido ao costume de rasparem o cabelo de um lado da cabeça como sinal distintivo de sua posição eminente[39].

Foi igualmente durante o tempo da Modernidade europeia que as relações entre as sociedades africanas e americanas se iniciaram e se intensificaram. Os navios do tráfico, além de carregar escravizados, funcionavam também como correios, embaixadas e traziam gente da África que não estava escravizada. Havia todo um conjunto de pessoas que iam e vinham em viagens constantes, de uma margem a outra do oceano. Nas tripulações, além de fazerem parte da marujada, muitos africanos ocupavam postos-chave e desenvolviam funções técnicas indispensáveis. Entre esses marítimos escravizados, ainda que fosse incomum, houve também mulheres, como as africanas Joana, Maria Dias, Tomásia, Gênu, de nação Fula, Janabá, de nação Mandinga, Orangona, de nação Bijagó e Gênu, que trabalharam, desempenhando diferentes funções, em navios escravistas da Companhia Geral do Grão Pará e Maranhão no século XVIII[40].

Essas pessoas traziam e levavam notícias, mercadorias, conhecimentos, de um lado a outro do oceano, com repercussões nas diferentes margens. Houve também chefes africanos que mandavam seus filhos para viver no Brasil, a fim de aprender o idioma e fazer contatos. Outros exilaram por meio do tráfico os que desejavam afastar do seu território de domínio. A atividade que depois ficou conhecida como o "infame comércio" escravista da Época Moderna produziu uma história de dor e sofrimento que se iniciava em África e se estendia pela experiência da travessia e da escravidão, além de conectar de diferentes formas, e de maneira profunda, pessoas e sociedades africanas, europeias e americanas. É impossível pensar a Modernidade sem considerar essas relações e as dinâmicas internas ao continente africano que com elas dialogam.

---

39. Smith, Robert. Peace and Palaver: International Relations in Pre-Colonial West Africa. *Journal of African History*, v. 14, n. 4, 1973, p. 604.

40. Silva, Marley Antonia Silva da; Jacintho, Cristiane Pinheiro Santos. Trabalhadores do mar: marinheiras e marinheiros africanos nos navios da Companhia do Grão-Pará e Maranhão. *Revista Maracanan*, n. 29, 2022, p. 16-30.

## O Antigo Kongo entre o Atlântico e o Mediterrâneo: séculos XVI-XVII

Na impossibilidade de desenvolver todo o presente capítulo a partir de uma escala continental, ou mesmo regional, optamos por direcionar, nesta última parte, a abordagem com recorte espacial e temporal bem definidos. Neste caso específico, passamos a eleger como estudo de caso apenas algumas sociedades da África centro-ocidental, em particular aquelas da área cultural Kongo-Angola. O critério de escolha considerou as relações dessa grande região africana com a história brasileira. O que está sendo levado em conta é que as sociedades a partir daqui consideradas, pela sua localização ou por sua constituição social, têm vínculo mais direto com os africanos trazidos para o Brasil em condição de cativeiro. Há décadas, Nei Lopes sublinhou a contribuição fundamental dos povos do Kongo e de Angola, pertencentes ao grupo étnico-linguístico banto, na formação da sociedade brasileira, e mais recentemente pesquisadores estadunidenses, na esteira de Jan Vansina, demonstraram os vínculos históricos de continuidade das sociedades centro-africanas em diversas instâncias da experiência negra da América Latina e da América do Norte[41].

Fundada em data incerta, provavelmente no fim do século XIII ou início do século XIV, a formação englobante Kongo, criada pelos povos de língua kikongo situados na atual República Democrática do Kongo, República do Kongo e norte da República de Angola, exercia domínio direto sobre diversas unidades políticas menores, e os seus governantes, que detinham o título de *ntotila* ou de *manicongo*, gozavam de grande prestígio no momento a partir do qual, no fim do século XV, foram estabelecidos os primeiros contatos com os europeus, no caso, com agentes da monarquia portuguesa. Esses governantes, a partir de 1512, assumiram para si o título de reis do Kongo. Mais para o sul, nas proximidades do Rio Kwanza, no século XVI, o domínio político sobre povos de língua kimbundo e umbundo cabia aos governantes denominados *ngolas* e era exercido localmente por chefes comunitários qualificados como *sobas*. Mas a partir de 1575, com a fundação da fortaleza de São Paulo de Luanda, o território caiu gradualmente sob influência direta portuguesa, com capitães-gerais e depois

41. Lopes, Nei. *Bantos, malês e identidade negra*. Belo Horizonte: Autêntica, 2021 [1988]; Heywood, Linda (org.). *Diáspora negra no Brasil*. São Paulo: Contexto, 2009; Thompson, Robert Farris. A estrutura da recordação: a tradição visual Kongo no Novo Mundo. *19 & 20*, v. 15, n. 2, 2020. Disponível em: http://www.dezenovevinte.net/ha/rft_kongo.htm. Acesso em: 18 fev. 2023.

governadores designados a partir de Lisboa[42]. O Kongo, porém, permaneceu como entidade política autônoma até o ano de 1885, quando foi formalmente anexado aos domínios coloniais lusitanos sob o nome de "Congo português".

A posição de preeminência em âmbito regional levou a que, desde o período inicial dos contatos com os europeus, o Kongo atraísse atenção e passasse a ser objeto de variados registros históricos. Sobre a caracterização do amplo *corpus* documental dos séculos XV a XVII, cumpre salientar que praticamente todo ele se encontra em língua portuguesa, uma vez que os povos centro-africanos não dispunham de sistemas de escrita alfabética antes dos contatos com os europeus. Isso levanta de imediato uma questão metodológica: até que ponto elas seriam representativas das realidades históricas das sociedades africanas autóctones, e o quanto expressam de modo mais direto o mundo afro-europeu aberto pelos contatos ao longo do Atlântico – com inovações em relação ao cenário anterior à expansão marítima? Ao ler os registros contidos em correspondências, documentos administrativos, relatos de viagem e crônicas históricas, é necessário selecionar informações, pontos de vista e afirmações que resultem de interpretações ou juízos morais sobre os povos observados por marinheiros, missionários, mercadores e oficiais a serviço da Coroa portuguesa, cujas descrições constituem, antes, representações da realidade observada[43].

As conexões históricas do Kongo com o mundo atlântico constituem tema tradicional de reflexão e pesquisa entre estudiosos há bastante tempo. A posição dessa organização política como potência local desde o período anterior aos contatos com os europeus explica que, durante vários séculos, o Kongo tenha sido colocado em posição privilegiada nos contatos e negociações de caráter político, econômico e diplomático. Nesse sentido, pode-se dizer que, nas relações mantidas entre lideranças políticas conguesas e europeias ocorridas nos séculos XVI e XVII, podem-se observar três contextos sucessivos

42. Souza, Marina de Mello e. *Além do visível: poder, catolicismo e comércio no Congo e em Angola (séculos XVI e XVII)*. São Paulo: Edusp, 2018.

43. Hilton, Anne. European sources for the study of religious change in sixteenth and seventeenth century Kongo. *In*: Heintze, Beatrix; Jones, Adam (eds.). European sources for sub-Saharan Africa before 1900: use and abuse. *Paideuma*, v. 33, 1987, p. 289-312; Horta, José da Silva. Entre a História europeia e História africana, um objecto de charneira: as representações. *In*: Colóquio de Construção e ensino da História de África, 1994, Lisboa. *Atas* [...]. Lisboa: Fundação Calouste Gulbenkian, 1995, p. 189-200; Thornton, John. European documents and African history. *In*: Philips, John Edward (ed.). *Writing African History*. Rochester: University of Rochester Press, 2005, p. 254-265.

e complementares em que as iniciativas de ambos os lados oscilaram entre a aliança e a amizade, a concorrência velada e a disputa diplomática e militar.

No primeiro contexto, situado, *grosso modo*, no período entre 1490 e 1570, as relações bilaterais entre a monarquia conguesa e a monarquia portuguesa foram ao menos formalmente baseadas no princípio da reciprocidade e amizade entre chefes de Estado de ambos os reinos e de aparente solidariedade e fraternidade. Isso pode ser observado na correspondência mantida entre o Rei Mvemba-a-Nzinga, que governou no período de 1507 a 1543 e adotou o nome cristão de Afonso I, com os reis lusitanos Manuel I (1469-1521) e João III (1502-1557)[44]. Já nesses contatos iniciais, entretanto, percebe-se nas cartas do soberano conguês gradual aumento de reclamação em relação aos efeitos negativos do comércio de escravizados praticado por traficantes portugueses sediados na Ilha de São Tomé e seus intermediários locais no Porto de Mpinda, ao norte da capital do Kongo.

No segundo contexto, situado aproximadamente entre 1570 e 1622, observa-se o fortalecimento da presença europeia na área continental centro-ocidental-africana. Nele teve início a conquista militar do Estado do Ndongo e foi criada a província portuguesa de Angola a partir da cidade de São Paulo de Luanda, fundada pelo capitão Paulo Dias de Novais em 1575. Também ocorreu a transferência da sede do bispado em 1595, da Ilha de São Tomé para a cidade de Mbanza Kongo (São Salvador). Enquanto isso, na Europa, a partir de 1580, a Coroa portuguesa foi incorporada aos domínios do Império Espanhol sob o governo da dinastia dos Habsburgos, no período da União Ibérica.

No terceiro contexto, situado entre 1622 e 1665, o jogo de interesses que punha em conflito autoridades locais e agentes europeus (clérigos, oficiais da monarquia, negociantes) na área Kongo-Angola gerou transformações políticas significativas, entre as quais o aparecimento de negociações diplomáticas entre governantes congueses com os holandeses da Companhia das Índias Ocidentais; a ocupação de Luanda pelos holandeses no período de 1641 a 1648 e a subsequente reconquista portuguesa de Angola; disputas entre governadores de Angola e reis do Kongo, com seus respectivos dependentes e aliados, pelo controle na distribuição da moeda de troca local (zimbo); disputas pelo acesso e controle de áreas de exploração de ouro e prata, e gradual ruptura da via diplomática como meio de resolução dos conflitos. A crise

44. Ferronha, António Luís (ed.). *As cartas do "Rei" do Congo D. Afonso*. Lisboa: Grupo de Trabalho das Comemorações dos Descobrimentos Portugueses, 1992.

política levou à ruptura da via diplomática com Portugal e ao conflito militar na Batalha de Mbuíla (Ambuíla), ocorrida em 1665, com a derrota do Kongo[45].

Assim, pode-se dizer que nos séculos XVI e XVII os reis do Kongo lutaram, valendo-se de diversos meios, para garantir os seus interesses não apenas no cenário centro-africano, mas também junto às potências ibéricas de Lisboa e Madrid e mesmo junto a Roma, sede da liderança espiritual do catolicismo. Não obstante os reis portugueses e espanhóis terem assumido em diferentes momentos a posição de "protetores espirituais do Kongo" frente à Santa Sé, os interesses da Igreja em ampliar sua participação direta sobre as comunidades de fiéis da Europa e de outros continentes, sobretudo pelo estímulo à evangelização, abriu possibilidades de contato com o Kongo até então inexistentes[46].

No âmbito diplomático, os contatos entre monarcas portugueses e centro-africanos foram frequentes tanto na África quanto na Europa. Na sede e governo conguês, a cidade de Mbanza Kongo ou São Salvador, havia um representante permanente da monarquia lusitana para tratar dos assuntos relacionados aos europeus que atuavam no reino. Ao longo do século XVI, diversos integrantes da família real conguesa ou clérigos atuaram como embaixadores em Lisboa e, após 1578, em Madri, para tratar de assuntos que dissessem respeito aos direitos, garantias e privilégios dos reis do Kongo em questões econômicas (tributos, proteção comercial), políticas e religiosas (conflitos com bispos do Kongo e Angola e com os governadores portugueses de Angola). Reconhecia-se aqui a posição de árbitros dos monarcas ibéricos, que detinham sobre o Kongo posição superior em virtude da atribuição a eles, por parte da Igreja romana, do direito de Padroado[47].

O aumento gradual da presença europeia no litoral centro-africano ocorreu em paralelo ao incremento do tráfico de escravizados pelo Atlântico. No século XVII, os portos de Mpinda, Luanda e Benguela tornaram-se responsáveis

45. Vansina, Jan. *Les Anciens Royaumes de la Savanne. Les États des savanes meridionales de l'Afrique Centrale des origines à l'occupation coloniale.* Leopoldville: Institut de Recherches Economiques et Sociales, 1965, p. 100-110; Randless, William Graham Lister. *L'Ancien royaume du Congo – des origines à la fin du XIX<sup>e</sup> siècle.* Paris: Mouton, 1968, p. 129-134.

46. Bontinck, François. Répercussions du conflit entre le Saint-Siège et le "padroado" sur l'evangelisation de l'Ancien Royaume de Congo au XVII<sup>e</sup> siècle. *Archivum Historiae Pontificiae*, v. 4, 1966, p. 197-218; Mansour, Opher. Picturing global conversion: art and diplomacy at the court of Paul V (1605-1621). *Journal of Early Modern History*, n. 17, 2013, p. 525-555.

47. Jacques, Roland. Le padroado portugais d'Orient sous le règne de D. Manuel I (1495-1521). *In*: Larcher, Maria Madalena Oudinot; Matos, Paulo Teodoro de (orgs.). *Cristianismo e império: conceitos e historiografia*. Lisboa: CHAM – Centro de História d'Aquém e d'Além Mar, FCSH-UNL, 2016; López, Jose Luis Cortes. Felipe II, III y IV, reyes de Angola y protectores del reino do Congo (1580-1640). *Studia Historica – Historia Moderna*, v. 9, 1991, p. 223-246.

pela exportação da maior parte de cativos levados nos navios negreiros para as Américas. Conforme apontado pelos pesquisadores, entre os anos 1600 e 1800, mais de 3,1 milhões de pessoas escravizadas foram embarcadas naqueles portos rumo ao Caribe, à América Portuguesa e à Nova Inglaterra[48]. Visto na longa duração histórica, percebe-se que no primeiro século dos contatos os reis do Kongo detinham o controle das vias de acesso aos pontos de captura de cativos do interior do continente, mas a partir do século XVII essa situação foi se alterando devido ao surgimento de várias outras rotas criadas a partir de Luanda e devido ao surgimento de outros parceiros africanos do tráfico. Com o tempo, os próprios povos dos domínios do Kongo passaram a estar sujeitos à captura e à venda. No século XVIII, qualquer pessoa, inclusive pertencente às altas linhagens, podia vir a ser reduzida em cativeiro[49].

As reivindicações de autonomia e autodeterminação dos governantes congueses no plano intercontinental ganharam maior vulto na política externa mantida junto à Igreja romana. Ao adotar o catolicismo como religião oficial do reino no período de governo de Afonso I, o rei e seus sucessores tentaram por diversos meios obter o reconhecimento da Sé romana e se colocarem diretamente sob sua proteção. Isto foi tentado inicialmente por uma ativa correspondência com os papas e, a partir da década de 1580, por meio de embaixadas em Roma. A primeira delas foi conduzida pelo mercador Duarte Lopes, enviado como emissário a serviço do rei Álvaro I (1568-1587), que não teve o reconhecimento da Santa Sé, porém, serviu para divulgar na Europa a existência e a potencialidade do reino cristão centro-africano. A mais importante delas, liderada pelo embaixador Antonio Manuel, Marquês de Nfunta, representante de Álvaro II (1587-1614), foi enviada junto ao Papa Paulo V e veio a ser concretizada em janeiro de 1608, ainda que o emissário tenha chegado a Roma muito doente e falecido dias depois nas dependências do Palácio Apostólico Vaticano. Com o cumprimento dessa missão, o Kongo passou a ser formalmente considerado sob proteção direta do papado, assim permanecendo até a década de 1640[50].

48. Lovejoy, Paul. *A escravidão na África: uma história e suas transformações*. Rio de Janeiro: Civilização Brasileira, 2002, p. 98.

49. Heywood, Linda M. Slavery and its transformation in the Kingdom of Kongo: 1491-1800. *The Journal of African History*, v. 50, n. 1, 2009, p. 1-22.

50. Filesi, Teobaldo. *Le relazione tra il regno del Congo e la Sede Apostolica nel XVI secolo*. Como: Casa Editrice Pietro Cairoli, 1968 [Publicação do Istituto Italiano per l'Africa – *Quaderni d'Africa*, série 1, n. 10]; Ferrer, Luis Martinez; Nocca, Marco. "Coisas do outro Mundo": a missão em Roma de António Manuel, Príncipe de N'Funta, conhecido por "o Negrita" (1604-1608) na Roma de Paulo V. Cidade do Vaticano: Urbaniana University Press, 2003.

Alguns trabalhos desenvolvidos pelo pesquisador norte-americano John Thorton têm salientado o papel ativo do Kongo no jogo diplomático durante a primeira metade do século XVII, quando as disputas de hegemonia das potências marítimas europeia opunham o Império Espanhol dos Habsburgos aos holandeses, aos ingleses e à própria Igreja romana, com quem o Kongo manteve alinhamento permanente. Mesmo quando alianças foram estabelecidas entre o Rei Garcia II (1641-1663) com os holandeses contra os interesses imperiais luso-espanhóis, nas décadas de 1620-1640, a fidelidade conguesa ao catolicismo esteve sempre fora de questão, embora suas reivindicações encaminhadas aos papas deixassem evidente a percepção sobre o vínculo entre a influência jesuítica, o tráfico de escravizados e os interesses lusitanos. Por outro lado, o protagonismo dos governantes congueses, em particular Garcia II, foi decisivo para o sucesso das conquistas alcançadas pelos holandeses na América Portuguesa (Bahia e Pernambuco), na Ilha de São Tomé, em Elmina e na conquista de Angola[51].

Com a derrota do Rei António I na Batalha de Mbuila (Ambuíla), na qual as tropas portuguesas e seus aliados locais venceram as forças militares fiéis ao Kongo em 1665, a posição hegemônica do Kongo deixou de ser reconhecida pelos demais potentados centro-africanos. A influência portuguesa a partir de Luanda garantiu a intensificação das atividades comerciais nas feiras e mercados, impôs o pagamento de tributos aos chefes locais e assegurou os meios para a generalização do apresamento por guerras, saques e compra de cativos. Quando, na década de 1670, famílias reais do antigo Ndongo esboçaram uma reação, foram vencidos militarmente na Batalha de Pungo Andongo, o derradeiro marco da conquista portuguesa de Angola.

Nesse cenário conturbado é que se pode observar uma iniciativa de grande relevância para entender a agência africana na história do Atlântico e do Mediterrâneo. Após a derrota das altas linhagens do Ndongo, com o aprisionamento e o exílio de dezenas de integrantes de famílias para Portugal e para a América Portuguesa, o príncipe Lourenço da Silva Mendonça, herdeiro dos antigos governantes do Ndongo, foi enviado ao Brasil em 1671 para descobrir o paradeiro de alguns exilados e, a partir daí, em contato com representantes das irmandades de homens pretos de Salvador e depois de Lisboa, deslocou-se

51. Thornton, John. The kingdom of Kongo and the Counter Reformation. *Social Sciences and missions*, v. 26, 2013, p. 40-58; *Id*. The kingdom of Kongo and the Thirty Years' War. *Journal of World History*, v. 27, n. 2, 2016, p. 189-213.

até o Vaticano, onde denunciou publicamente as autoridades de Portugal e da Espanha em um processo judicial por crimes contra a humanidade produzidos pela prática da escravidão. Trata-se de uma iniciativa inédita, que recoloca em outros termos as discussões sobre o abolicionismo que se fariam na Inglaterra e França mais de um século depois e por outros motivos. Em uma pesquisa que demorou duas décadas para ser desenvolvida em mais de vinte arquivos, museus e bibliotecas de três continentes, o historiador guineense José Ligna Nafafé, da Universidade de Bristol, oferece uma contribuição substantiva para a compreensão do alcance do protagonismo africano na luta contra a exploração dos povos do continente de modo autônomo e original[52].

## Considerações finais

As sociedades africanas não inauguraram seu contato com a Europa na Modernidade. Tampouco o que aconteceu no continente nesse período foi mera consequência da presença mais frequente de navegantes e mercadores europeus no seu litoral atlântico. Uma série de transformações, em processos de longa duração, vinham ocorrendo no interior da África e deram surgimento a núcleos de poder centralizados, com fortalecimento de soberanos governando amplos territórios, por exemplo, os impérios de Songai, na região da curva do Rio Níger, e o Monomotapa, na parte austral do continente. Esses grandes e poderosos reinos tiveram suas origens no século XV em processos e movimentos internos relacionados ao controle da produção e do comércio de bens preciosos, bem como sobre rotas ligadas às atividades mercantis regionais e de longa distância, seja via o espaço transaariano ou em direção à costa do Índico. A existência desses estados africanos impactou, direta ou indiretamente, a maneira como os europeus tiveram que se relacionar com as sociedades locais nos diferentes momentos em que, na Época Moderna, com elas entraram em contato.

No entanto, não se pode subestimar a importância das consequências das novas relações produzidas, na Modernidade, pela chegada de navegantes europeus à costa atlântica do continente africano, do estabelecimento de feitorias e entrepostos comerciais e, sobretudo, do tráfico transoceânico de africanos escravizados. Essa atividade fez desenvolver o maior processo de migração forçada da história da humanidade, estruturou e alimentou as economias

52. Nafafé, José Lingna. *Lourenço da Silva Mendonça and the Black Atlantic Abolitionist Movement in the Seventeenth Century*. Cambridge: Cambridge University Press, 2022.

escravistas nas Américas e retirou da África, de forma violenta, milhões de pessoas, especialmente jovens. Os desdobramentos internos foram intensos e com resultados de longa duração. A destruição de cidades e aldeias, a separação de famílias, a quebra de cadeias de transmissão de poderes e saberes, a mortalidade provocada pelas razias de captura, e as formas de resistência a elas, produziram transformações profundas nas sociedades africanas. A formação de novas estruturas de poder e o surgimento de importantes cidades na costa atlântica, com seus soberanos e intermediários comerciais, bem como o surgimento de redes e rotas em direção às regiões do interior, ligadas ao tráfico, criaram novas configurações geopolíticas no período correspondente à Época Moderna na África. Nesses contextos, relações antes não existentes se formaram com as Américas e em especial com regiões do território onde havia a presença colonial portuguesa. Estreitos laços foram se formando entre as margens do Atlântico, por onde passaram a circular pessoas, mercadorias, tecnologias, conhecimentos, religiosidades, ideias e sentimentos oriundos das sociedades africanas.

A história da África e dos africanos entre os séculos XV e XVII se entrelaça com a história da Europa e das Américas, e essas articulações contribuem diretamente para as criações da Modernidade, impactando nesses diferentes espaços continentais. No entanto, como se trata da história de um continente com uma série de processos internos e de relações externas com outras partes do mundo além desses continentes, não se pode compreendê-la sem levar em conta as especificidades e as diversidades das trajetórias de suas sociedades a partir de uma perspectiva africana. Essa perspectiva, conforme há tempos já reivindicaram os organizadores e autores da coleção *História Geral da África*, considera as influências, os intercâmbios, os conflitos e as interações com as sociedades de diferentes partes do mundo, mas estabelece como ponto de partida os processos históricos vividos pelas sociedades africanas[53]. Conhecer dessa maneira a história da África na Modernidade nos permite olhar esse tempo desde outros pontos de vista e, assim, tornar mais complexa e mais completa nossa compreensão sobre a humanidade, rompendo com paradigmas eurocêntricos construídos sobre uma visão colonial e racista que tanto combatemos.

---

53. Ki-Zerbo, Joseph. Apresentação. *In*: *Id*. (ed.). *Metodologia e Pré-história*. Brasília: MEC; Unesco; Ufscar, 2010, p. 7. (Coleção História Geral da África, v. 1).

## Bibliografia comentada

Candido, Mariana P.; Jones, Adam (eds.). *African Women in the Atlantic World. Property, Vulnerability and Mobility, 1660-1880.* Nova York: James Carrey, 2020.

> Obra dedicada ao estudo de trajetórias e experiências de mulheres africanas no Atlântico, com destaque para aspectos socioeconômicos. Os dados dizem respeito a questões como direito à propriedade, violência, vulnerabilidade e possibilidades de mobilidade social em contextos africanos que se relacionam com o espaço de interações e enfrentamentos constituído pelas relações com a Europa e as Américas coloniais.

Coquery-Vidrovich, Catherine (org.). *A descoberta da África.* Lisboa: Edições 70, 1981.

> A obra contém variado repertório documental, com trechos de relatos de viajantes, cronistas e memorialistas europeus sobre os contatos com as sociedades africanas do litoral atlântico desde o século XV até as primeiras décadas do século XIX. Os trechos selecionados são precedidos de uma breve introdução e de uma contextualização, o que ajuda o leitor a enquadrar os elementos históricos extraídos das narrativas.

Costa e Silva, Alberto da. *A manilha e o libambo*: *a África e a escravidão, de 1500 a 1700.* Rio de Janeiro: Nova Fronteira, 2002.

> Obra de síntese e divulgação, com apresentação e descrição dos diferentes contextos em que se deram os contatos entre europeus e africanos no período inicial da inserção da África no sistema-mundo ocidental, com foco nas iniciativas e interesses dos atores envolvidos e na análise das consequências sociais e econômicas do tráfico transatlântico de escravizados.

Dias, Jill R. *África nas vésperas do mundo moderno.* Lisboa: Comissão Nacional para as Comemorações dos Descobrimentos Portugueses, 1992.

> Conjunto de estudos sobre a cultura material, os sistemas de valores e as interações culturais entre sociedades africanas no período situado entre os séculos XIV e XVIII, com ênfase no exame de rica e diversificada iconografia disponibilizada ao longo dos capítulos. A obra privilegia as sociedades africanas dos atuais países africanos de língua oficial portuguesa.

Diouf, Sylviane (ed.). *Fighting the Slave Trade*: *West African Strategies.* Athens: Ohio University Press, 2003.

> Obra coletiva com estudos sobre as estratégias que os africanos utilizaram para proteger e defender a si mesmos e suas comunidades dos ataques e ameaças do tráfico de escravizados, tanto na costa como no interior do continente. Tais estudos contribuem para superar o mito da passividade e cumplicidade geral das sociedades locais no tráfico transatlântico.

Ferrer, Luis Martinez; Nocca, Marco. "*Coisas do outro Mundo*": *a missão em Roma de António Manuel, Príncipe de N'Funta, conhecido por "o Negrita" (1604-1608) na Roma de Paulo V*. Vaticano: Urbaniana University Press, 2003.

> Estudo monográfico sobre a embaixada do Kongo enviada a Roma entre os anos de 1604 e 1608, com capítulo específico sobre o embaixador Antonio Manuel, análise da iconografia relativa a esse evento e transcrição de três cartas manuscritas que tratam da missão diplomática.

Ferronha, António Luís (ed.). *As cartas do "Rei" do Congo D. Afonso*. Lisboa: Grupo de Trabalho das Comemorações dos Descobrimentos Portugueses, 1992.

> Tradução, com anotações, das cartas enviadas por Afonso I aos reis de Portugal Manuel I e João III. Na publicação, a escrita da correspondência foi adaptada para o português moderno. Os documentos originais encontram-se no Arquivo Nacional da Torre do Tombo, em Lisboa.

Filesi, Teobaldo. Le relazione tra il regno del Congo e la Sede Apostolica nel XVI secolo. *Quaderni d'Africa*, v. 1, n. 10, 1968; Como: Casa Editrice Pietro Cairoli, 1968.

> Estudo monográfico baseado em farta documentação encontrada em Portugal e na Itália sobre os contatos diplomáticos entre os governantes do Kongo e os papas a partir de 1514, mediante cartas e tentativas de contato direto, por meio de embaixadores. A parte mais extensa diz respeito à embaixada de Duarte Lopes, ocorrida nos anos de 1584 a 1588.

Fromont, Cecile. *L'art de la conversion: culture visuelle chrétienne dans le royaume du Kongo*. Paris: Les Presses du Réel, 2018.

> Estudo sistemático da cultura visual produzida no Kongo entre os séculos XVI e XIX nos contextos de difusão do cristianismo. O foco analítico é o conceito de "espaços de correlação", que por sua vez se refere aos processos de criação cultural resultantes do amálgama de elementos e formas provenientes de domínios e ambientes diferentes articulados a um novo sistema de pensamento e de expressão.

Gonçalves, António Custódio. *A história revisitada do Kongo e Angola*. Lisboa: Estampa, 2005.

> Proposta de análise de caráter antropológico das estruturas sociais e dos sistemas simbólicos do antigo Kongo, na qual os processos históricos, continuidades e transformações são observados nas dinâmicas sociais e políticas internas, em perspectiva endógena.

Heywood, Linda. *Diáspora negra no Brasil*. São Paulo: Contexto, 2009.

> Coletânea de estudos de pesquisadores norte-americanos sobre as dinâmicas históricas das sociedades centro-africanas no período do tráfico transatlântico, bem como sobre os desdobramentos de suas instituições e suas formas de sociabilidade e de crenças na diáspora afro-brasileira.

Lowe, Kate (org.). *Revealing the African Presence in Renaissance Europe*. Baltimore: The Walters Art Museum, 2012.

> Coletânea de estudos acerca das condições históricas dos contatos de populações de origem africana na Europa nos séculos XV e XVI para dar subsídio à mostra de arte homônima exibida no *Walters Art Museum*. A obra apoia-se em farto material iconográfico e contém análises detalhadas da inserção dos africanos nos códigos visuais renascentistas e as implicações raciais daí decorrentes.

M'Bokolo, Elikia. *África negra: história e civilizações*. Salvador: EDUFBA; São Paulo: Casa das Áfricas, 2009. v. I: até o século XVIII.

> Primeira parte de influente manual universitário sobre a história da África subsaariana. A obra contém ampla revisão bibliográfica, na qual é proposta uma reavaliação crítica das interpretações colonialistas e eurocentristas e dos discursos nacionalistas da historiografia africanista.

Ogot, Bethel Alan (ed.). *A África do século XVI ao XVIII*. Brasília: Unesco; MEC; Ufscar, 2010. (Coleção História Geral da África, v. 5).

> Volume dedicado ao estudo da evolução política e social das formações africanas no período indicado, com capítulos específicos que examinam as condições de inserção do continente no comércio internacional e os processos de dispersão relacionados com a diáspora africana.

Sapede, Thiago Clemêncio. *Muana Congo, Muana Nambi Ampungu: poder e catolicismo no reino do Congo pós-restauração*. Dissertação (Mestrado em História) – Faculdade de Filosofia, Letras e Ciências Humanas, Universidade de São Paulo, 2012.

> Pesquisa original, com análise de relatos de missionários que atuaram no reino do Kongo durante o século XVIII. Sua leitura permite perceber a progressiva adaptação do cristianismo às condições locais e sua consequente africanização.

Souza, Marina de Mello e. *Além do visível: poder, catolicismo e comércio no Congo e em Angola (séculos XVI e XVII)*. São Paulo: Edusp, 2018.

> Conjunto de estudos sobre a evolução dos contatos entre portugueses e africanos na área Kongo-Angola, sobre os condicionamentos inerentes ao tráfico de escravizados e sobre a perspectiva africana do catolicismo desenvolvido no Kongo.

Thornton, John. *A África e os africanos na formação do mundo atlântico*. Rio de Janeiro: Editora 34, 2004.

> Obra de divulgação, com interpretações acerca do papel ativo de lideranças dos estados africanos do litoral Atlântico, da Senegâmbia ao Kongo, nos contatos abertos pelo tráfico de escravizados. Também são estudadas as continuidades, rupturas e inovações das sociedades africanas no Novo Mundo.

Vansina, Jan. *Les Anciens Royaumes de la Savanne. Les États des savanes meridionales de l'Afrique Centrale des origines à l'occupation coloniale*. Leopoldville: Institut de Recherches Economiques et Sociales, 1965.

> Trata-se de uma obra de síntese, com a primeira interpretação sistemática da evolução histórica das sociedades do Kongo, Angola e dos povos da região dos Grandes Lagos. As informações dizem respeito à evolução histórica dos reinos do Kongo, Ndongo, dos povos Luba e Lunda.

# 8
# Modernidade islâmica

*Otavio Luiz Vieira Pinto*
*Thiago Henrique Mota*

O Islã é uma religião que surgiu na Península Arábica, no século VII, a partir das pregações proféticas realizadas por Mohamed, ou Maomé (571-632), em português. Após a morte de Maomé, no ano de 632, seus quatro primeiros sucessores, ou *califas*, conduziram a recém-criada comunidade muçulmana, chamada *umma*. O último deles, Ali, encontrou forte resistência entre os setores administrativos da *umma* e, em 661, foi assassinado, no contexto da primeira guerra civil do mundo muçulmano (656-661). Devido a esse conflito, as portas do império recém-criado ficaram abertas a um clã da aristocracia mequense: os Omíadas.

Os Omíadas governaram entre 661 e 750. Durante o novo califado, houve um esforço pela centralização política do império, com a transformação do regime sacerdotal e patriarcal instituído por Maomé numa monarquia hereditária, garantindo, assim, a sucessão e continuidade das políticas implantadas. Sob a Dinastia Omíada, o Império Muçulmano se expandiu e abocanhou várias partes do já fragmentado Império Romano, a oeste, e Sassânida, a leste, expandindo a cultura árabe. O domínio muçulmano alcançou, então, dimensões continentais, ocupando partes da África, Ásia e Europa. No entanto, as intrigas pelo poder no interior de um império tão amplo e heterogêneo levaram o califado Omíada à queda. Outra poderosa família árabe, os Abássidas, ascendeu ao governo, perseguindo os últimos membros da família Omíada e transferindo a capital do império muçulmano de Damasco, na Síria, para Bagdá, no Iraque.

Foi sob os Abássidas que o império unificado viu seu apogeu e começou a se desagregar. Primeiro, com a emancipação do califado de Córdoba, na Península Ibérica, e com as conquistas de territórios por turcos seljúcidas e por mongóis, a leste. Em seguida, outras rupturas aconteceram. Na África, muçulmanos ortodoxos formaram o Império Almorávida, que se expandiu e chegou a dominar regiões que hoje correspondem aos países Mauritânia, Mali, Senegal, Marrocos, Argélia, Portugal e Espanha. Na Ásia, emirados iranianos, nominalmente submetidos a Bagdá, se expandiram pela Ásia Central, incluindo os atuais Irã, Afeganistão, Turcomenistão, Uzbequistão, Tajiquistão, Paquistão e Índia, dividindo o espaço com forças turcas muçulmanas, como os seljúcidas e os gasnévidas. O mundo islâmico tornava-se cada vez mais diversificado, tanto do ponto de vista político, quanto social e cultural.

Foi em meio ao processo de esfacelamento político do império unificado muçulmano que surgiu a pandemia da peste bubônica, a Grande Peste do século XIV. Se os séculos XIV e XV são reivindicados como o nascimento da Época Moderna, inaugurando uma nova forma de ser e estar no mundo a partir da Europa cristã, eles também foram o momento de grande retração nos espaços de influência islâmica. Ibn Khaldun, um historiador muçulmano nascido em Túnis, na atual Tunísia, em 1332, assim descreveu aquele momento de catástrofes para os povos do Islã, particularmente no Magrebe, que compreende a Tunísia, Argélia, Marrocos, mas também alhures, ao longo dos territórios muçulmanos na Ásia:

> A cultura do mundo e seu progresso fizeram uma parada, ameaçados de destruição, faltando-lhes aos homens; as cidades ficaram despovoadas, os prédios foram ao chão, os caminhos se apagaram, caíram os monumentos; enquanto as casas e os povoados ficaram sem habitantes, as nações e as tribos perderam sua fortaleza, propiciando uma notável mudança no aspecto da sociedade islâmica[1].

---

1. Khaldun, Ibn *apud* Bissio, Beatriz. *O mundo falava árabe*: *a civilização árabe-islâmica clássica através da obra de Ibn Khaldun e Ibn Battuta*. Rio de Janeiro: Civilização Brasileira, 2012, p. 79.

Como testemunha ocular, Ibn Khaldun observava que a civilização se movia do sul para o norte, com a paulatina fragmentação da comunidade islâmica, despovoamento de suas cidades e redução da urbanização, outrora pujante, contrabalanceada pelo crescimento do até então periférico mundo cristão. O Império Otomano e o Sultanato Mameluco do Cairo, no século XIV, eram exceções muçulmanas que Khaldun buscava acompanhar, mas sua impressão geral era de declínio, em parte causado pela divisão política e em parte devido aos efeitos duradouros da Grande Peste nas terras do Islã. Esses dois elementos são marcadores importantes da inserção das sociedades muçulmanas no período moderno.

Introduzimos a Época Moderna neste capítulo referenciando a fragmentação do império muçulmano e o impacto da peste bubônica sobre as regiões do mundo habitadas por seguidores do Islã porque entendemos que a ideia de Modernidade precisa ser abordada em escala global. A Modernidade não foi produto de vivências europeias que se espalharam para outras partes. Ao contrário, ela resulta dos compartilhamentos próprios das experiências humanas, cada vez mais conectadas, como o impacto da grande peste na África, Ásia e Europa demonstrou[2]. Foi nesse contexto que o Islã se tornou um fenômeno realmente global, conforme demonstra o mapa a seguir (Fig. 8.1). Ao mesmo tempo em que se diversificava politicamente, a religião se expandia pelo Velho Mundo. Esse processo foi acompanhado por sua inserção nas Américas, desde os primórdios dos Tempos Modernos.

Portanto, o que chamamos de Modernidade Islâmica nesse capítulo é o florescimento do Islã pelo mundo, de forma não limitada pelo controle político de impérios islâmicos. Dessa forma, pretendemos responder à seguinte questão: como as sociedades muçulmanas participaram da construção do que convencionamos chamar de Primeira Modernidade? Para isso, elegemos o período entre os séculos XIV e XVIII para analisar experiências muçulmanas em escala global. Nosso foco está nas *sociedades*, ainda que existentes fora da alçada de estados regidos pelo Islã. Abandonar a ideia de *impérios* como eixo delimitador do estudo do Islã amplia nosso campo de análise, permitindo alcançar dimensões das experiências muçulmanas que têm sido negligenciadas pela historiografia.

---

2. Para uma compreensão global da Grande Peste, cf. Benedictow, Ole J. *The Complete History of the Black Death*. Rochester: Boydell Press, 2021, p. 650, *et passim*; Green, Monica H. Putting Africa on the Black Death map: narratives from genetics and history. *Afriques*: *Débats, Méthodes et Terrains d'Histoire*, n. 9, 2018.

**Figura 8.1 – Impacto demográfico da expansão islâmica no mundo de hoje.**
**Distribuição da população muçulmana por país e território (são mostrados apenas países com mais de 1 milhão de muçulmanos)**

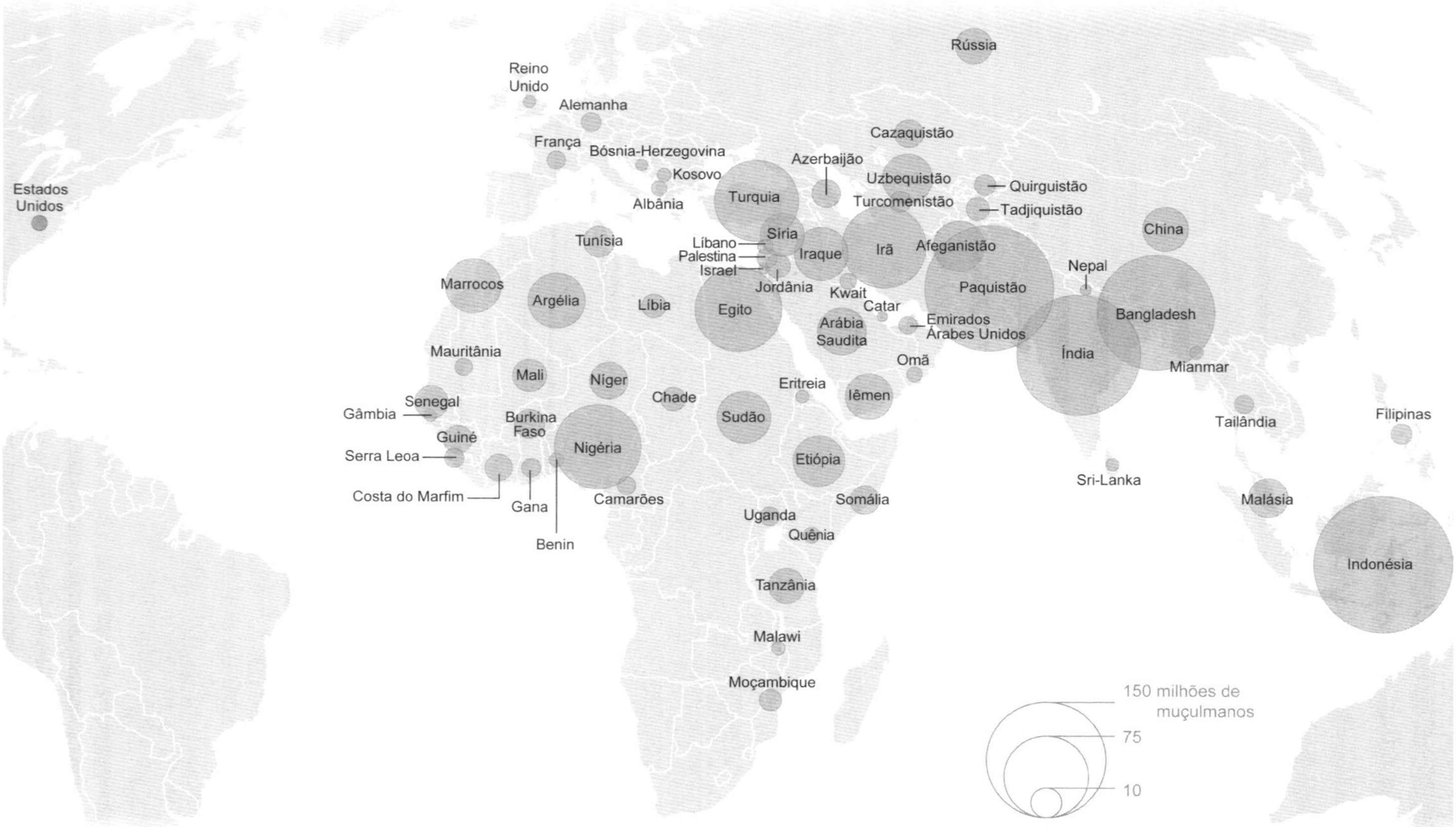


Fonte: Pew Research Center. *Mapping the global Muslim population: a report on the size and distribution of the world's Muslim population.* Washington: Pew Research Center, 2009, p. 3.

## Superando paradigmas: por um Islã local e global

Os estudos sobre as sociedades muçulmanas produzidos no Ocidente foram por muito tempo organizados em torno do que Edward Said nomeou como *Orientalismo*: um discurso produzido na Europa Ocidental e nos Estados Unidos com o objetivo de lidar com o então chamado Oriente, particularmente islâmico, produzindo ou corroborando informações a seu respeito, descrevendo-o, analisando-o, governando-o. Trata-se de estudos iniciados na Europa cristã entre os séculos XII e XIV e que persistem desde então. Seu objetivo é conceber "o que é o Islã" desde um ponto de vista ocidental a fim de dominá-lo. Tais investigações partem da ideia de que as sociedades islâmicas são ontologicamente diferentes daquelas ocidentais, consideradas a antítese destas e suas grandes rivais[3].

Para escapar desse reducionismo esquemático, consideramos o Islã como uma tradição discursiva de caráter histórico e relacional, conforme proposto por Talal Asad[4]. A condição de ser muçulmano não é homogênea ao longo do tempo e do espaço e, por isso, precisa ser compreendida em sua historicidade. Isso significa que, embora os muçulmanos pratiquem a mesma religião, eles o fazem a partir de diferentes culturas que devem ser compreendidas a partir de si mesmas, e não de sua relação com a cultura árabe, com a Europa ou o Ocidente. Essa perspectiva, marcada pela diversidade, permite compreender a participação do Islã na construção da Modernidade.

Por meio dessa abordagem, a análise é ampliada para conceber o Islã na Modernidade em escala global, abandonando a ideia generalista de "mundo islâmico", caracterizada por estereótipos orientalistas e arabistas. Conforme afirmou Asad, "mundo islâmico" é um conceito utilizado para organizar narrativas; não se trata de uma realidade que caracterize um agente coletivo[5]. Por isso, analisamos experiências muçulmanas na Europa, nas Américas, na África e na Ásia, em detrimento da centralidade dada ao leste do Mediterrâneo, o chamado Oriente Médio, e ao norte da África, regiões consideradas de cultura árabe e, assim, essencialmente islâmicas.

Essa escolha metodológica se baseia na recusa à abordagem concebida dentro dos "estudos de área". Pesquisas construídas a partir dessa perspectiva concebem as sociedades como entidades culturais limitadas pela geografia, aos

---

3. Said, Edward. *Orientalismo: o Oriente como invenção do Ocidente*. São Paulo: Companhia das Letras, 1990, p. 29, 85; Bissio, Beatriz. *O mundo falava árabe*. *Op. cit.*, p. 112.

4. Asad, Talal. *The Idea of an Anthropology of Islam*. Washington: Center for Contemporary Arab Studies, Georgetown, 1986, p. 7. (Série Occasional papers).

5. *Ibid.*, p. 11.

moldes dos estudos emergentes nos Estados Unidos, nos tempos da Guerra Fria. Conhecimentos produzidos nesses termos revigoraram estereótipos culturais sobre diferentes partes do globo, apresentadas como unidades. África, América Latina, Sudeste Asiático, Oriente Médio... cada espaço era descrito como portador de uma cultura, de uma essência, de uma identidade.

Nessa perspectiva, as sociedades muçulmanas ficavam restritas ao Norte da África e ao Oriente Médio, de onde surgiu o termo *MENA Studies* (Middle East and North Africa Studies), colocando a vivência da fé islâmica em outras regiões do globo em segundo plano. A abordagem baseada nos *area studies* limitou a compreensão da presença muçulmana africana na América Latina durante o período colonial, por exemplo, uma vez que o Islã seria característica apenas de regiões de cultura árabe. Assim, ao considerar a historicidade das experiências muçulmanas ao redor do globo, este capítulo permitirá reanalisar a participação dos muçulmanos, em sua diversidade, na construção da Modernidade[6].

A ideia de "islamicato", proposta por Marshall Hodgson, nos permite não apenas perceber as especificidades das sociedades islâmicas no tempo e no espaço, como concedem-lhes o devido caráter global[7]. O neologismo "islamicato" define o fenômeno de culturas específicas surgidas nos seios das variadas sociedades islâmicas que, mesmo informadas pela religião, não se restringem a ela. Essa reorientação metodológica – tomar os mundos islâmicos a partir de uma matriz cultural e não somente religiosa – abre espaço para novas maneiras de se historicizar os protagonismos muçulmanos de forma plural.

Já o conceito de "persianato", derivado de "islamicato", oferece um modelo de análise cosmopolita para as experiências sociais, culturais, religiosas e políticas dos muçulmanos em partes da Ásia – especialmente nos espaços considerados mais periféricos desse continente, como a Ásia Central. Como veremos, a ideia de persianato (*grosso modo*, o espaço de influência definido pela utilização do idioma persa e pela consequente formação de expressões letradas perso-islâmicas) impede que a História do Islã e dos muçulmanos seja essencializada somente em uma tradição árabe e abre espaço para a percepção de características variadas que poderiam nos ajudar a compreender qual o papel do Islã na Modernidade, ou, ainda, o que seria uma *Modernidade islâmica*.

---

6. Narbona, María Del Mar L.; Pinto, Paulo G.; Karam, John Tofik (eds.). *Crescent over Another Horizon: Islam in Latin America, the Caribbean, and Latino USA*. Austin: University of Texas Press, 2015, p. 3-7.

7. Hodgson, Marshall G. S. *The Venture of Islam: Conscience and History in World Civilization*. Chicago: The University of Chicago Press, 1977, p. 58. v. 1: The Classical Age of Islam.

## Experiências africanas: o missionarismo islâmico

No continente africano, houve diferentes formas de expansão da religião islâmica. No Norte, integrado à bacia mediterrânea, a conquista militar levada a cabo pelo califado Omíada a partir do século VIII, como apresentado acima, foi fundamental para a integração da região à *umma*. Na costa índica, a proximidade geográfica com a Península Arábica facilitou o contato entre povos e culturas, que ficou restrito a entrepostos comerciais costeiros e insulares, como Kilwa e Zanzibar, na atual Tanzânia. Já na África Ocidental, ao sul do Saara, a entrada do Islã se deu via rotas comerciais, com o trânsito mais intenso no sentido norte-sul, ou seja, comerciantes vindos do norte africano iam ao encontro dos mercados ao sul do Saara. Esse comércio já existia antes da emergência do Islã, mas ganhou intensidade a partir da integração da região na comunidade muçulmana. Pouco a pouco, alguns desses comerciantes foram estabelecendo-se ao sul do Saara, contribuindo para alargar o Islã.

O compartilhamento de um código moral de base religiosa foi fundamental às transações comerciais, sobretudo no que diz respeito à concessão de crédito para o comércio de longa distância e à resolução de questões jurídicas entre comerciantes[8]. Os parceiros mercantis dos muçulmanos ao sul do Saara rapidamente notaram a utilidade da conversão, seguidos por parte dos governantes, cuja riqueza originava-se do acesso a esses mercados. Foi nesse contexto que as elites ligadas aos grandes estados da África Ocidental, como o antigo Mali, Songai e o Kanem-Bornu, aderiram ao Islã. Em conjunto, esses estados antigos correspondem a regiões dos atuais países: Camarões, Chade, Gâmbia, Guiné, Guiné-Bissau, sul da Líbia, Mali, Mauritânia, Níger, Nigéria e Senegal.

Investigações arqueológicas em cemitérios da região identificaram estelas funerárias referentes a governantes islâmicos desde o século XI, aumentando ao longo do tempo[9]. Contudo, foi no século XIV que as ligações entre a África Ocidental e as terras do Islã cresceram. Em 1324, *mansa* Musa, um dos mais conhecidos governantes do antigo Mali, fez uma grande peregrinação a Meca, que entrou para os anais da história devido ao volume de ouro dispendido por ele, ao longo do percurso. Na volta para casa, mansa Musa

8. Lydon, Ghislaine. *On Trans-Sahara Trails: Islamic Law, Trade Network, and Crosscultural Exchage in Nineteenth Century Western Africa*. Cambridge: Cambridge University Press, 2009, p. 274, *et passim*.

9. Farias, Paulo Fernando de Moraes. *Arabic Medieval Inscriptions from the Republic of Mali: Epigraphy, Chronicles and Songhay-Tuareg History*. Nova York: Oxford University Press, 2003.

gastou vultuosas quantias na compra de livros que iriam subsidiar o grande florescimento intelectual em Tombuctu nos anos seguintes[10].

Já em 1440, uma carta do sultão do Egito sob o governo mameluco, al-Zahir Sayf ad-Din, a um soberano da África Ocidental corrobora a importância da peregrinação islâmica para a conexão do Sahel, a faixa entre o sul do deserto do Saara e a floresta tropical, com o Mediterrâneo muçulmano[11]. No fim do século XVI, outro muçulmano chamado Lamba, esse de origem étnica fula, partia da África Ocidental rumo a Meca, em busca de conhecimentos. Segundo ele mesmo declarou anos depois, sua peregrinação tinha como objetivo "aprender a ler e a escrever, e outras curiosidades que ali se ensinam"[12], mantendo firmes os laços dessa porção do continente com a *umma*. Tais conexões foram fulcrais para o estabelecimento de uma Modernidade islâmica global.

Além das relações entre estados, o Islã se expandiu entre as classes populares, por meio do ensino religioso, no período do século XV ao XVIII. Pavimentadas pelo comércio, as rotas que ligavam a África Ocidental ao norte passaram a ser percorridas por pregadores muçulmanos praticantes do *da'wa*, o missionarismo islâmico marcado por intensa divulgação da religião por meio de pregação itinerante e estabelecimento de escolas corânicas. Imbuídos de um dever religioso de anunciar a revelação corânica, esses pregadores foram importantes no ensino da religião. Sua atuação era marcada pelo pacifismo, conhecido na região como *suwarianismo*, em referência a Salim Suware, um divulgador do Islã lembrado em tradições orais oeste-africanas como um dos principais agentes da expansão religiosa ao sul do Saara[13], pela educação e pregação pacíficas.

Visto que o elemento central do Islã é o *Alcorão*, os ensinamentos produzidos por esses pregadores passavam necessariamente pelas habilidades de

---

10. Mota, Thiago Henrique. Sobre o Alcorão e por Maomé: Islã, produção intelectual e capital cultural na Senegâmbia (séculos XVI e XVII). *In*: Reis, Raissa Brescia dos; Resende, Taciana Almeida Garrido de; Mota, Thiago Henrique (orgs.). *Estudos sobre África Ocidental: dinâmicas culturais, diálogos atlânticos*. Curitiba: Prismas, 2016, p. 46.

11. Dewière, Rémi. Le sultan de papier. *Terrain*, n. 73, 2020.

12. Anônimo. Relacion y breve suma de las cosas del reino del Gran Fulo, y succeso del rey Lamba, que hoy es cristiano, por la misericordia de dios, cuyas noticias carecen de toda duda, c. 1600. *In*: Brásio, António (org.). *Monumenta Missionaria Africana (1685-1699). Suplemento aos séculos XV, XVI, XVII*. Lisboa: Centro de Estudos Africanos da Faculdade de Letras da Universidade de Lisboa, 2004, p. 617. v. 7.

13. Sanneh, Lamin. *Beyond Jihad: the Pacifist Tradition in West African Islam*. Nova York: Oxford University Press, 2016.

leitura e escrita em língua árabe. Tais recursos eram indispensáveis para o aprendizado e recitação da palavra sagrada. Assim, uma legião de pregadores muçulmanos africanos sul-saarianos foi formada. A eles coube a tarefa de difundir a religião junto às populações de suas regiões, o que implicou o uso generalizado do alfabeto árabe. Fontes escritas e orais africanas reconhecem a autoridade desses sujeitos, que desempenharam papel de destaque nas escolas corânicas: as instituições nas quais se ensinava o *Alcorão*, acompanhado das habilidades de ler e escrever. Esse passo foi determinante para a formação de coleções literárias africanas escritas em alfabeto árabe, em árabe ou em línguas locais.

Ao longo da Modernidade, as escolas corânicas multiplicaram-se na África. Um observador português, no início do século XVII, afirmou que, na região entre os rios Senegal e Gâmbia, havia "mesquitas e os mozes ou bexerins [os pregadores] põem escolas de ler e escrever letras arábicas"[14]. No fim do século XVII, um cronista francês acrescentou que "não há entre eles quem não saiba escrever e as letras arábicas servem a eles também para escrever sua língua natural"[15]. Já no século XVIII, um explorador escocês apontava os livros, pelos quais os muçulmanos acessavam as narrativas do *Alcorão* comuns ao cânone bíblico. Ele dizia que "através daqueles livros, muitos dos negros convertidos [ao Islã] adquiriram conhecimentos sobre alguns eventos memoráveis registrados no Antigo Testamento"[16] – na verdade, no *Alcorão*.

A intensa propagação das escolas corânicas como braço fundamental da expansão islâmica produziu um dinâmico cenário intelectual na África. Vários gêneros textuais foram desenvolvidos ao redor do continente. Alguns dos textos mais conhecidos procedem do século XVII, como os escritos de Ahmad Baba e Abderramene Es-Sadi, de Timbuctu. O primeiro autor realizou ampla produção, destacando-se o tratado sobre a escravização de pessoas negras, traficadas nas rotas comerciais gerenciadas por muçulmanos. Baba analisou as condições de legitimidade e ilegitimidade da prática a partir do

---

14. Álvares, Manuel. *Etiópia Menor e descrição geográfica da província da Serra Leoa* (composta pelo Padre Manuel Álvares da Companhia de Jesus, estando assistente na mesma província da Serra Leoa, que não concluiu nem pôs a limpo por causa do seu falecimento no ano de 1616. Copiada do próprio original que se conserva no Real Convento de São Francisco da Cidade de Lisboa). Manuscrito disponível na Sociedade de Geografia de Lisboa, Res.3 E-7, p. 11.

15. Courbe, Michel de la. *Premier voyage du Sieur de La Courbe fait à la costa d'Afrique en 1685*. Paris: Société de l'Histoire des Colonies Françaises, 1913, p. 191.

16. National Records Service. *National Archives of the Gambia* (NRS/NAG). Fundo: NGR 1/17, pasta: Islam and Paganism, p. 31.

Islã, argumentando que a raça era indiferente para a legalidade da escravidão, que se justificava pela dimensão religiosa: ser escravizado era condição dos infiéis[17]. Já Es-Sadi foi autor do *Tarikh al-Sudan*, ou *História do Sudão*, no qual as trajetórias dos antigos Mali e Songai são engenhosamente costuradas à conquista marroquina sobre o Songai, no fim do século XVI, de modo a garantir os lugares de poder da elite letrada muçulmana em um novo arranjo de forças políticas[18].

Portanto, o que se nota é que o Islã foi um elemento importante na conexão de regiões do continente africano com outras partes do globo. A religião atuou na produção de novos códigos, com a expansão da alfabetização, por meio do alfabeto árabe, e permitiu maior circulação de ideias ao redor do continente que culminaram em importantes processos políticos e revoluções sociais[19]. O *jihad* que estabeleceu o califado de Sokoto em 1804, no norte da atual Nigéria, por exemplo, foi produto desse arranjo de ideias baseado na expansão social do Islã e da cultura intelectual e escrita que o acompanhou[20]. Nesse sentido, importa compreender que o termo *jihad* designa todo esforço empreendido para divulgar a religião. No caso de Sokoto, a produção literária que se seguiu à conquista militar foi monumental, sendo parte constituinte desse esforço. Conforme afirmou o historiador Murray Last, o *jihad* que conduziu à emergência de Sokoto foi tão importante para a história oeste africana como a Revolução Francesa foi para a Europa[21].

## O Islã na Ásia: os Impérios da Pólvora e a cultura de Persianato

Em grande parte da Ásia, a prática religiosa do Islã e as expressões culturais de islamicato sofreram transformações consideráveis entre os séculos XIII e XV. Se a estrutura política califal já dava sinais de esgotamento na virada do milênio, as incursões mongóis do século XIII aceleraram esse processo, abrindo espaço para o florescimento de novas estruturas políticas e novos

17. Baba, Ahmad. *Tuhfatu-I-Fudala (Des Mérites des Ùlama-s)*. Ed. de Saïd Sami. Trad. de Mohamed Zniber. Rabat: Institut des Études Africaines (Université Mohammed V), 1992, 2000.

18. Farias, Paulo Fernando de Moraes. *Arabic Medieval Inscriptions from the Republic of Mali. Op. cit.*

19. M'Bokolo, Elikia. *África Negra: história e civilizações*. Salvador: EDUFBA; São Paulo: Casa das Áfricas, 2008, p. 459-461. t. I: até o século XVIII.

20. Lovejoy, Paul. *Jihad in West Africa during the Age of Revolutions*. Athens: Ohio University Press, 2016, p. 39-41.

21. Last, Murray. Reform in West Africa: the jihad movements of the nineteenth century. *In*: Ajayi, J. F. Ade; Crowder, Michael (eds.). *History of West Africa*. 3. ed. Londres: Longman, 1987, p. 1. v. 2.

modelos administrativos[22]. A figura potencialmente centralizadora do califa não exercia, num primeiro momento, grande fascínio nos nômades turcos e mongóis. Estes detinham domínio sobre partes da Ásia com uso da força militar – arqueiros montados em cavalos – e da lógica de liderança das estepes, calcada na soberania coletiva, isto é, na divisão de poder entre os filhos de um governante e na pulverização política entre confederações tribais menos centralizadas. A tendência desagregadora não foi exceção após a morte do líder mongol Genghis Khan em 1227, que havia moldado as bases de um império de forma meteórica no século XIII. O recém forjado império mongol foi dividido entre quatro de seus filhos, dando origem a quatro novos estados: o Ilcanato, na região do atual Irã, a Horda Dourada, no sudoeste da atual Rússia, o Chagatai, na Ásia Central, e a dinastia de Yuan, que ficou com o então Império da China.

Dentre os quatro estados sucessores, o Ilcanato em especial adentrou rapidamente o universo político do Islã, gerando, assim, um processo de acomodação política que uniu tanto o modelo dito nomádico quanto o mais tradicional modelo califal, presente nos espaços iranianos desde o século VII. Da união dessas diferentes realidades administrativas, inicia-se paulatinamente um processo de criação de novos formatos estatais que marcariam uma Modernidade islâmica em grande parte da Ásia. Esse processo envolveu o fomento de uma base cultural e identitária (parte da herança islâmica) e o patrocínio imperial de forças militares como ferramenta central de governo (parte da herança turco-mongol).

O historiador Marshall Hodgson entende que a união entre o islamicato e as práticas políticas turco-mongóis foi a condição necessária para o surgimento de uma *Modernidade islâmica* na Ásia, perceptível especialmente no campo da literatura, da cultura de forma ampla e da política. É nesse contexto, a partir do século XVI, que se edificam os chamados "Impérios da Pólvora": o Império Otomano, o Império Safávida e o Império Mogol.

O Império Otomano (originalmente *Osmānlı Devleti*, "Estado de Osman") havia sido fundado no fim do século XIII por turcos oguzes, mas no século XV atingiu uma real maturação do poder – especialmente com a conquista de Constantinopla por Mehmet II. Por volta de 1680, os otomanos dominavam os Bálcãs, a Ásia Menor, partes do Norte da África, do Cáucaso e das costas do Mar Vermelho, sendo, portanto, um dos principais estados da Afroeurásia nesse período.

---

22. Streusand, Douglas. *Islamic Gunpowder Empires*. Boulder: Westview Press, 2011, p. 11-28.

Já o Império Safávida (originalmente *Mamlekate Iran*, "reinado do Irã"), localizado no atual Irã e em partes do Cáucaso e da Ásia Central, surgiu no início do século XVI a partir de lideranças muçulmanas xiitas duodecimanas (o ramo mais popular do xiismo, baseado na crença da existência de doze líderes religiosos supremos conhecidos como imãs), especialmente Ismail I. A Dinastia Safávida, de maneira semelhante aos otomanos, ocupou um papel importante nos jogos de poder da Afroeurásia moderna, mas destacou-se pela particularidade do desenvolvimento de uma cultura letrada islamicata de forte influência xiita, e não sunita.

Por fim, o Império Mogol (originalmente *Hindustan*, "Terra do Indo") edificado sobre boa parte do sul da Ásia, surgiu também no século XVI, poucas décadas após a ascensão safávida. Os imperadores mogóis, autointitulados *padishahs*, "soberanos protetores", afirmavam ser descendentes de Genghis Khan por meio do grande conquistador Timur, conhecido em português como Tamerlão. Os mogóis, portanto, valorizavam seu pano de fundo bélico, mas isso não impediu que o império se tornasse um patrono das artes e da cultura letrada – tal qual os safávidas –, além de um protagonista no comércio e nas ligações afroeurasiáticas.

**Figura 8.2 – Os "Impérios da Pólvora" por volta de 1630**

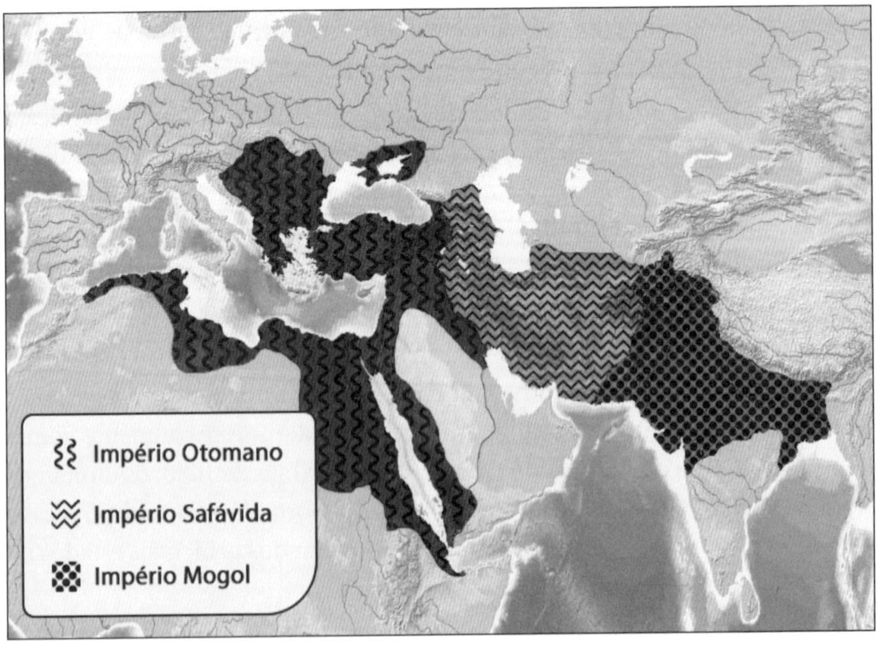


Fonte: Mapa produzido por Dee Smith e alterado pelos autores. Disponível em: https://www.deviantart.com/finnect/art/Gunpowder-Empires-572688973. Acesso em: 7 jan. 2023.

Otomanos, safávidas e mogóis foram os principais estados islâmicos da Ásia na Modernidade. O encontro entre elementos governativos turco-mongóis e as estruturas políticas e históricas islamicatas perso-árabes legou uma dinâmica estatal frutífera para esses três impérios. Eles compartilhavam um alto nível de centralização na figura do governante que, pelo patrocínio militar direto, se tornava uma figura carismática entre as forças bélicas. Na economia, compartilhavam também uma ênfase na produção agrícola, mas talvez fosse na sua expressão artística e religiosa que os três "Impérios da Pólvora" encontravam seu efetivo ponto de conexão.

Ainda que os governantes otomanos e mogóis fossem sunitas e os governantes safávidas fossem grandes patronos do xiismo, não foi a ênfase doutrinária islâmica que lhes deu coesão, mas sim o papel cultural - ou, como afirma Marshall Hodgson, "civilizacional" - do islamicato, que nesse contexto podemos chamar de *persianato*. Desde a fundação de Bagdá no século VIII, o emprego de aristocratas iranianos na máquina administrativa abássida deu início ao alçamento do idioma persa (chamado então de *farsi* ou *dari*) como uma língua da corte. O árabe ainda era, nessa época, o idioma do governo, da religião e da filosofia, mas o persa se tornou cada vez mais o idioma da burocracia e da literatura.

Quando a incursão dos turcos e mongóis alterou o panorama étnico da Ásia e fez surgir novos estados hibridizados entre o Islã e a tradição nômade, retomou-se a procura por administradores iranianos, agora chamados de *Tazikan*, ou tajiques, nome dado a muçulmanos não turcos que viviam sob domínio turco (termo que ecoa no nome do país moderno, Tajiquistão). Os tajiques traziam consigo a cultura perso-islâmica que vinha se maturando desde o início do califado abássida e que agora serviria como método de conexão entre diferentes estados.

Mesmo que ocupassem diferentes espaços do oeste, do centro e do sul da Ásia, otomanos, safávidas e mogóis possuíam uma origem direta ou indiretamente turca ou mesmo turco-mongol. Assim, o emprego de tajiques na burocracia centralizada de seus impérios fez da expressão artística iraniana e do idioma *farsi/dari* as *linguae francae* dos islamicatos asiáticos da Modernidade. É por esse motivo que podemos considerar os impérios otomano, safávida e mogol como persianatos: porque suas manifestações religiosas, artísticas e administrativas tinham grande ênfase formal e aristocrática e se apoiavam na língua persa como veículo cosmopolita e legitimador.

Em outras palavras, o persianato criava, de acordo com Richard Eaton, uma zona "civilizacional", uma Cosmópolis Persianata compartilhada entre os três grandes estados mencionados[23]. Segundo Saïd Arjomand, a definição de "persianato" deve estar intimamente relacionada à de "islamicato", de forma que seria possível falar de uma forma específica de *Islã de Persianato* praticada entre otomanos, safávidas e mogóis[24]. Esse modelo de Islã seria eminentemente cortês, ligado a administradores e burocratas que o aprendiam e praticavam não em escolas corânicas, mas em centros educacionais de língua persa, voltados para o preparo de quadros políticos. O Islã de Persianato carregava também forte influência sufista, mística e milenarista, ajudando a fomentar perspectivas político-religiosas que favoreciam a centralização do poder[25]. A esse respeito, o historiador persa Khvandamir (que viveu entre safávidas e mogóis) escreveu, em 1524, que as ordens sufistas iranianas buscavam unir o papel do dervixe (o praticante sufi) e do rei – ou seja, unificar uma espécie de "monarquia espiritual" com uma monarquia efetivamente temporal[26].

A capacidade de um novo Islã de persianato de conceder uma dimensão de liderança espiritual aos governantes – algo que não ocorria de maneira consistente nem mesmo com os antigos califas – não era exclusividade dos safávidas, mas se encontrava também entre otomanos e, especialmente, mogóis. Um exemplo pode ser visto com Abu'l-Fazl ibn Mubarak, historiador da corte do *padishah* mogol Akbar, que escreveu seu famoso *Akbarnama*, "o Livro de Akbar", na última década do século XVI. Nessa obra, ibn Mubarak narra a vida do governante de forma heroica e nota que a capacidade religiosa de Akbar era tanta que ele conciliou o Islã com as crenças indianas locais em um processo nomeado como *solh-e koll*, "paz universal"[27].

Portanto, se as estruturas ideológicas, culturais e religiosas do persianato (ou, mais precisamente, de um *Islã de persianato*) atingem sua maturação com o surgimento dos "Impérios da Pólvora", elas persistem como modelo

23. Eaton, Richard; Wagoner, Phillip. *Power, Memory, Architecture. Contested Sites on India's Deccan Plateau, 1300-1600*. Oxford: Oxford University Press, 2014.

24. Arjomand, Saïd. Persianate Islam and its Regional Spread. *In*: Michel, Patrick; Possamai, Adam; Turner, Bryan (eds.). *Religions, Nations, and Transnationalism in Multiple Modernities*. Londres: Palgrave, 2017, p. 77-78.

25. Cf. Moin, Azfar (ed.). *The Millennial Sovereign: Sacred Kingship and Sainthood in Islam*. Nova York: Columbia University Press, 2012.

26. Khwand Amir, Ghiyath al-Din. *Habib al-Siyar*. Teerã: Intisharat-i Markazi Khayyam Piruz, 1954, p. 357-359. v. 3.

27. 'Allami, Abu'l-Fadl. *Akbar Nama*. Trad. de Henry Beveridge. Calcutá: The Asiatic Society, 2010.

cosmopolita na Ásia islâmica até a interferência dos imperialismos europeu e russo do século XIX. O Império Russo e o Império Britânico, especialmente, funcionaram como grandes forças desagregadoras para a lógica de persianato, que se encerrou definitivamente no século XX com a expansão da URSS e a criação do Paquistão[28]. Dessa maneira, poderíamos definir o intervalo entre os séculos XVI e XIX como uma "Era dos Persianatos", o que por sua vez poderia ser entendido como um período de *Modernidade islâmica* na Ásia (ou ao menos nas porções da Ásia onde a prática do Islã e as sociedades islamicatas são preponderantes).

Como vimos, essa Modernidade islâmica é caracterizada pela reorganização das forças estatais no oeste, centro e sul asiático após o esfacelamento do modelo califal e as grandes incursões mongóis. Essas novas forças estatais, exemplificadas nos impérios Otomano, Safávida e Mogol, compartilhavam as características de centralização política, poderio bélico, produção agrária e grande protagonismo na economia e nas movimentações de longa distância na Afroeurásia. Porém, talvez de forma mais central, é o *Islã de persianato* que funciona como força de coesão, fomentando uma leitura espiritual de governo e atuando diretamente no florescimento de expressões artísticas – ou seja, um Islã que funciona como linguagem cosmopolita de política e cultura aristocrática.

## Europa Ocidental e as Américas: muçulmanos em condição colonial

A Época Moderna deu lugar à globalização do Islã. Na Europa Ocidental, especialmente na Península Ibérica, a intolerância religiosa católica levou à intensa perseguição dos muçulmanos que ali viviam havia séculos. Na Espanha, a conquista do reino islâmico de Granada em 1492 e a expulsão dos muçulmanos das terras governadas por Castela, em 1502, levou à intensa diáspora islâmica para o norte da África e para as Américas. Além disso, muitos praticantes da fé propagada por Maomé continuaram vivendo na condição de apóstatas, ou seja, negando a fé islâmica, convertendo-se ao catolicismo e assumindo a identidade de mouriscos – ou cristãos novos de "mouros". Outros, sobrevivendo diante das perseguições religiosas e buscando

28. Arjomand, Saïd. Persianate Islam and its Regional Spread. *In*: Michel, Patrick; Possamai, Adam; Turner, Bryan (eds.). *Religions, Nations, and Transnationalism in Multiple Modernities*. *Op. cit*., p. 80.

manter seu credo, mesmo com todas as limitações, tentaram manter viva a religião islâmica[29].

Antes da expulsão da Espanha, a intolerância religiosa portuguesa já havia obrigado, em 1496, os adeptos do Islã a abandonarem sua religião e a receberem o batismo, tornando-se católicos. No entanto, diferentemente da Espanha, a presença muçulmana em Portugal continuou a ser implementada em decorrência da expansão marítima. Pessoas muçulmanas eram recorrentemente escravizadas no norte da África, na África Ocidental, na Índia ou em capturas de navios ao longo do Mediterrâneo, e levadas para Portugal, onde eram vendidas como escravas. Apesar do implacável esforço da Inquisição portuguesa, muitas dessas pessoas permaneceram professando sua fé islâmica na Europa, graças à ampliação da mobilidade humana ao longo da Modernidade[30].

Já nas Américas de colonização ibérica, a presença de muçulmanos e mouriscos e suas práticas culturais e religiosas cotidianas eram incompatíveis com a ortodoxia católica. Isso colocava em xeque todo o edifício discursivo que sustentava a legitimidade do Império Espanhol: a identidade cristã e os direitos de conquista outorgados por bulas papais. Na Espanha, vários decretos foram editados para garantir que muçulmanos não chegassem ao Hemisfério Ocidental. No entanto, a insistência da legislação aponta apenas seu justo oposto, ou seja, a intensa presença islâmica nessas partes[31].

Muitos praticantes do Islã, ao serem expulsos de suas terras na Península Ibérica, viram as Américas como um local de novas oportunidades e, mesmo formalmente proibidos de aportar nesse continente, se imiscuíram na vida colonial hispano-americana. No entanto, a maior parte dos muçulmanos que viveram no continente americano durante o período colonial certamente veio da África[32]. Desde o início do século XVI, há notícias de praticantes do Islã no Caribe espanhol, depois nas terras continentais desde a América do Norte à do Sul. Em 1660, no Novo Reino de Granada, atual Colômbia, um

29. Cook, Karoline. *Forbidden Passages: Muslims and Moriscos in Colonial Spanish America*. Filadélfia: University of Pennsylvania Press, 2016.

30. Ribas, Rogério de Oliveira. *Filhos de Mafoma: mouriscos, criptoislamismo e Inquisição no Portugal Quinhentista*. Niterói: Eduff, 2022.

31. Mota, Thiago Henrique. Religiosidade islâmica e diáspora africana na América: muçulmanos jalofos em Cartagenas de Índias, século XVII. *In*: Carvalho, Marcelo Pagliosa (org.). *Estudos africanos, diálogos diaspóricos*. São Luís: EdUFMA, 2018.

32. Diouf, Sylviane. *Servants of Allah: African Muslims Enslaved in the Americas*. Nova York; Londres: New York University Press, 2013.

padre jesuíta afirmava que "para converter mouros [sentido *lato* de muçulmanos] à nossa santa fé, os sujeitos desta província não têm necessitado ir à África porque nas cidades de Cartagena e do Panamá têm-lhes sido oferecidas ocasiões pela divina Providência"[33].

Na primeira metade do século XVII, Cartagena de Índias, no então Novo Reino de Granada, abrigava um dos principais portos escravistas americanos. Lá, o padre jesuíta Alonso de Sandoval descreveu a intensa presença de muçulmanos africanos. Conforme narrou o inaciano:

> os Iolofos, Berbesies, Mandingas e Fulos podem de ordinário entender-se entre si, ainda que as línguas e castas sejam diversas, pela grande comunicação que têm à causa de haverem recebido comumente todas estas nações a maldita seita de Mafoma[34].

Eram africanos muçulmanos que, por meio da mobilidade atlântica e do tráfico de pessoas escravizadas, davam continuidade à fé islâmica no Novo Mundo, contribuindo para a formação da Modernidade islâmica em caráter global.

Nesse sentido, paradigmática é a história de Ayuba Suleiman Diallo, também conhecido como Job ben Solomon, um homem fula que, em 1731, foi raptado quando se dirigia do Bundu, um estado independente outrora existente no leste do atual Senegal, a portos comerciais do trato atlântico, ao longo do Rio Gâmbia. Escravizado, Ayuba Suleiman Diallo foi vendido nos Estados Unidos, onde permaneceu cativo por um ano, até fugir, ser preso e, na prisão, conhecer Thomas Bluett, um jurista inglês que ficou impressionado com as qualidades morais e intelectuais de Diallo e buscou ajudá-lo na conquista de sua liberdade, levando-o à Inglaterra. No relato elaborado por Bluett em 1734, concernente à trajetória de Diallo, fica evidente como ele era um devotado muçulmano.

Diallo estudou sob a tutela de seu pai, Salumen, um importante marabuto da região do Futa Toro, no leste do atual Senegal, onde estava localizado o Bundu. A Salumen foi confiada a educação do filho do governante daquele

33. Relación Annua de la província del Nuevo Reino de Granada desde el año de 1655 hasta el de 1660. *In*: Fajardo, José del Rey; Gutiérrez, Alberto. *Cartas anuas de la provincia del Nuevo Reino de Granada*: *años 1638 a 1660*. Bogotá: Editorial Pontificia Universidad Javeriana, Archivo Historico Javeriano, 2014, p. 354.

34. Sandoval, Alonso de. *De Instauranda Aethiopum Salute – Natvraleza, Policia Sagrada i Profana, Costvmbres i Ritos, Disciplina I Catechismo Evangelico de todos Etiopes, Por el Pe. Alonso de Sandoval natvral de Toledo, de la Compañia de Jesvs, Rector del Collegio de Cartagena de las Indias*. Sevilha: Francisco de Lira Impressor, 1627, p. 57.

estado, chamado Sambo. Sambo e Diallo tinham aproximadamente a mesma idade e foram companheiros na *daara*, ou escola corânica, conduzida por Salumen. Ambos se dedicaram a aprender o *Alcorão* e a língua árabe[35]. Entre os fulas, o estudo acontecia à noite. Conforme Diallo narrou, "as pessoas de melhor qualidade, que se dedicam ao estudo e à leitura, são obrigadas a ler noites inteiras juntas à luz do fogo"[36]. Foi nesse estudo intenso que ele memorizou o *Alcorão*. Bluett contou que "sua memória era extraordinária; quando ele tinha 15 anos, podia recitar todo o *Alcorão* de cor; e enquanto ele esteve na Inglaterra, ele escreveu três cópias desse livro sem a assistência de nenhuma outra cópia"[37].

Portanto, mesmo vivendo fora da administração de estados geridos pelos princípios islâmicos, pessoas muçulmanas de diversas origens continuaram praticando sua fé e sua cultura religiosa na Europa e nas Américas, então dominadas pela religião católica. Perceber a existência dessas pessoas, suas ideias e seu engajamento nas sociedades em que viveram auxilia-nos na percepção de uma ideia alternativa de Modernidade. A presença muçulmana nas Américas, nas África, na Ásia e na Europa moldou parte importante do missionarismo católico de outrora. As ideias presentes no *Alcorão* e que circulavam por vias escritas e orais mundo afora demonstram a impossibilidade de se conceber a Modernidade exclusivamente pelo prisma ocidental, sem a universalidade que lhe é devida.

## Considerações finais

Uma perspectiva mais arejada e global sobre o chamado "Mundo muçulmano" nos revela que o espalhamento e desenvolvimento histórico do Islã não criou blocos monolíticos e nem impediu o florescimento de particularidades políticas, sociais e culturais entre a vasta gama de grupos que praticaram (e ainda praticam) a fé islâmica. Como discutimos acima, a perspectiva generalizante lançada sobre grupos sociais muçulmanos é fruto, em grande medida, de correntes de análise orientalistas e eurocêntricas.

35. Bluett, Thomas. *Some Memoirs of the life of Job, the son of Solomon the High Priest of Boonda in Africa; Who was a Slave about two Years in Maryland; and afterwards being brought to England, was set free, and sent to his native Land in the Year 1734*. Londres: Richard Ford, 1734, p. 14-15.

36. *Ibid.*, p. 36.

37. *Ibid.*, p. 48.

Esse orientalismo, tão enraizado na tradição historiográfica europeia, tende a criar uma oposição essencial entre Oriente e Ocidente, de tal forma que qualquer fenômeno que possa ser atribuído ao período que entendemos como Modernidade acaba circunscrito à experiência histórica da Europa. Assim, enquanto o Ocidente seria um espaço coletivo de vanguarda e transformação, o "Mundo muçulmano" seguiria sendo um bloco genérico e apegado ao passado e às tradições[38].

A complexidade e globalidade das variadas sociedades praticantes do Islã evidenciam que o olhar eurocêntrico não se sustenta. Seja na formação de uma cultura de elite na Ásia, na popularização de escolas corânicas na África ou na formação de comunidades muçulmanas em espaços cristãos – como Europa e Américas –, as agências islâmicas foram múltiplas e variadas, o que faz delas elementos fundamentais para uma compreensão crítica da História Moderna. Afinal, o Islã esteve presente nas mobilidades culturais e nos conflitos que geraram sociedades persianatas; nos processos integrativos que aproximaram diversas regiões da África de espaços culturais no Atlântico e no Mediterrâneo; e na formação de resistentes comunidades muçulmanas nas Américas – fruto, muitas vezes, da diáspora forçada ocasionada pelo tráfico de pessoas escravizadas. Pensar a Modernidade é um exercício incompleto e enviesado se o Islã não for levado em devida consideração.

Poderíamos, então, falar de uma "Modernidade islâmica". Com maior ênfase a partir do século XVI, variados fenômenos históricos marcam transformações importantes nas sociedades asiáticas, africanas e americanas pelo Islã: o surgimento dos persianatos nas atuais Turquia, Irã e Índia; o fomento intelectual e pedagógico muçulmano na África Ocidental; e o estabelecimento de grupos muçulmanos nas Américas com a abertura do Atlântico. Tais processos, ainda que associados com séculos anteriores, devem ser vistos como aspectos fulcrais da Época Moderna – entendida, então, como um período propriamente global.

---

38. Diversas obras historiográficas, mais alinhadas com uma perspectiva eurocêntrica, colonizante e imperial, defendem e reforçam a perspectiva de que sociedades islâmicas são mais atrasadas ou menos criativas que as sociedades europeias cristãs, como por exemplo Ferguson, Niall. *Civilização: Ocidente x Oriente*. São Paulo: Crítica, 2021; Huntington, Samuel. *O choque de civilizações e a recomposição da ordem mundial*. São Paulo: Perspectiva, 1997; e Jones, Eric. *The European Miracle: Enviroments, Economies and Geopolitcs in the History of Europe and Asia*. Cambridge: Cambridge University Press, 2010.

## Bibliografia comentada

Cook, Karoline. *Forbidden Passages: Muslims and Moriscos in Colonial Spanish America*. Filadélfia: University of Pennsylvania Press, 2016.

> Estabelecendo conexões entre as experiências islâmicas vividas na Península Ibérica entre os séculos XV e XVII e aquelas de hispano-americanos, do mesmo período, Cook aborda os impactos da presença e dos discursos muçulmanos na produção da legitimidade do Império Espanhol no Novo Mundo.

Diouf, Sylviane. *Servants of Allah: African Muslims Enslaved in the Americas*. Nova York; Londres: New York University Press, 2013.

> Numa abordagem original, Diouf apresenta as sobrevivências da religião islâmica professada por africanos, nas Américas. Argumentando que o Islã não tem sido considerado pela historiografia como uma cultura vivida por africanos, a autora demonstra como essa religião esteve presente no cotidiano de pessoas escravizadas.

Frankopan, Peter. O Coração do Mundo: *uma nova história universal a partir da Rota da Seda e o encontro do Oriente com o Ocidente*. São Paulo: Crítica, 2019.

> Partindo de balizas cronológicas imensas, Frankopan propõe uma discussão acessível sobre o papel da chamada "Rota da Seda" em perspectiva global. Ainda que o foco seja a Ásia Central em diversos períodos, a obra desenvolve bem a importância dos "Impérios da Pólvora" no contexto da Modernidade.

Geertz, Clifford. *Observando o Islã: o desenvolvimento religioso no Marrocos e na Indonésia*. Rio de Janeiro: Jorge Zahar, 2004.

> Nesse clássico trabalho antropológico, Geertz compara as experiências islâmicas no Marrocos e na Indonésia, apontando o papel da narrativa clássica sobre a expansão da religião nesses lugares e o modo como o Islã interage com as culturas locais.

Mota, Thiago H. *Portugueses e Muçulmanos na Senegâmbia: história e representações do Islã na África*. Curitiba: Prismas, 2016.

> Mota estuda a expansão islâmica na costa atlântica africana e demonstra como os muçulmanos da região foram representados em textos portugueses da Época Moderna. Traz também os parâmetros locais para abordar as experiências religiosas conforme a percepção dos próprios muçulmanos africanos.

Overton, Keelan (org.). *Iran and the Deccan: Persianate Art, Culture, and Talent in Circulation, 1400-1700*. Bloomington: Indiana, 2020.

> Volume colaborativo que aborda as relações materiais e intelectuais entre o Irã e as regiões da Índia marcadas pelas sociedades de persianato.

Pinto, Paulo Gabriel Hilu da Rocha. *Islã: religião e civilização – uma abordagem antropológica*. Aparecida: Santuário, 2010.

> Uma rica síntese para iniciar os estudos sobre o Islã. Pinto apresenta elementos fundamentais da religião, seja do ponto de vista doutrinário ou histórico, permitindo compreender o Islã em sua diversidade.

Quataert, Donald. *O Império Otomano: das origens ao século XX*. São Paulo: Edições 70, 2008.

> Quataert apresenta uma grande síntese histórica do Império Otomano, indo desde a sua formação até sua dissolução no século XX. O livro é acessível e traz uma gama de anexos importantes, como genealogias, cronologias e mapas.

Ribas, Rogério de Oliveira. *Filhos de Mafoma: mouriscos, criptoislamismo e Inquisição no Portugal Quinhentista*. Niterói: Eduff, 2022.

> Com uma análise detalhada da documentação inquisitorial portuguesa do século XVI, Ribas apresenta uma outra história da Modernidade, destacando como o chamado "problema mourisco português" resultou de dinâmicas daquele tempo, como as navegações no Atlântico e no Índico e o tráfico de pessoas.

Robinson, David. *Muslim Societies in African History*. Nova York: Cambridge University Press, 2004.

> Robinson discute os fundamentos do Islã e os princípios da expansão da religião no continente africano. Com vários estudos de caso, o autor demonstra como contingências históricas e culturais influenciaram nas diferentes formas de recepção local da religião.

Streusand, Douglas. *Islamic Gunpowder Empires*. Boulder: Westview Press, 2011.

> Uma discussão atualizada e bem articulada sobre o contexto e sobre as questões historiográficas que cercam o estudo dos "Impérios da Pólvora". Streusand dedica uma seção do livro para cada sociedade e analisa ainda as heranças e dilemas que essas três estruturas políticas compartilham.

# 9
# O espaço índico

*Andréa Doré*
*Patrícia Souza de Faria*

Até a viagem de Bartolomeu Dias, que ultrapassou o extremo sul da África em 1488, o Oceano Índico era, para o Ocidente, um mar fechado [↗Uma nova geografia]. Essa era a visão que circulava nos mapas sob a influência da obra de Ptolomeu. A perspectiva asiática poderia ser diferente, como mostra a cópia de um mapa coreano produzido em 1402, o mapa Kangnido, no qual, além da centralidade atribuída à China e ao Índico, vê-se que a possibilidade de contornar o sul da África já era conhecida[1]. Para os europeus, porém, mesmo não sendo mais um espaço fechado, o Índico era ainda – e desde o século XIII – um lago muçulmano[2]. À geografia se associava um complexo cultural, religioso, político e econômico fundamentado no Islã [↗Modernidade islâmica].

Na Época Moderna, termos muito comuns para designar o imenso espaço banhado pelo Oceano Índico eram "Índia", "as Índias" e, depois da proclamada descoberta da América pelos europeus, "Índias Orientais". Adotavam-se também divisões herdadas da geografia medieval que considerava não uma, mas três Índias: a Índia Maior, ou Hindustão – o subcontinente indiano –, a Índia Menor – englobando as penínsulas da Ásia do Sudeste –, e uma terceira Índia – chamada de Índia Etiópica –, que compreendia o Leste da África[3].

Do ponto de vista da organização das sociedades e reinos asiáticos, desde muito cedo, o entendimento dos pensadores europeus sobre as Índias foi

---

1. Ledyard, Gari. Cartography in Korea. *In*: Harley, John Brian; Woodward, David (eds.). *The History of Cartography. Cartography in the Traditional East and Southeast Asian Societies*, 1994, p. 244. v. 2, livro 2.

2. Thomaz, Luís Filipe F. R. Os portugueses e a rota das especiarias. *In*: *Id. De Ceuta a Timor*. Lisboa: Difel, 1994, p. 174.

3. Fonseca, Luís Adão da. O imaginário dos navegantes portugueses dos séculos 15 e 16. *Estudos Avançados*, v. 6, n. 16, 1992, p. 35-51, aqui p. 37.

baseado em conceitos como o "despotismo oriental", fruto de uma longa tradição que começou com Aristóteles, ganhou força e fundamentação política com Pierre Bayle (*O despotismo*, 1704), amadureceu com Montesquieu (*O espírito das leis*, 1748) e foi reafirmada por Hegel (*Filosofia da história*, 1837) e Max Weber (*Economia e sociedade*, 1922). Para Montesquieu, as condições extremas do meio ambiente faziam nascer o despotismo no Oriente, espécie de governo em que "um só, sem lei e sem regra, impõe tudo por força de sua vontade e de seus caprichos"[4]. A essa chave explicativa se associou o "modo de produção asiático" desenvolvido por Karl Marx, no qual um aspecto fundamental da economia era o provimento de obras públicas pelo Estado. Também, as condições geográficas estariam na origem do uso intensivo de mão de obra, notadamente para a construção de grandes canais de irrigação. Outras características seriam a centralização estatal, agricultura e manufatura familiar e pequenos centros de comércio, resultando em um sistema de aldeias. Como consequência, haveria o já conhecido "despotismo oriental" e a vida "vegetativa e estagnada", agitada por sucessivas invasões estrangeiras[5]. É ainda ampla a discussão sobre essa elaboração de Marx, que inclui considerá-la eurocêntrica, quando enfatiza o dinamismo das sociedades europeias, ou baseada em dados equivocados, quando afirma, por exemplo, que não havia propriedade privada na Índia[6].

Paralelamente ao crescente questionamento desses conceitos, a partir da segunda metade do século XX, a preocupação de muitos historiadores foi a de superar o enquadramento de uma história nacional, logo imperial, se considerarmos as histórias dos países europeus envolvidos no colonialismo na Ásia: Portugal, Espanha e, em seguida, Países Baixos, Inglaterra e França. Nesse aspecto, a contribuição metodológica de Fernand Braudel para o estudo do espaço banhado pelo Oceano Índico foi significativa. Em diálogo com sua proposição de uma geo-história, desenvolvida nos anos 1940, período em que escreveu *O Mediterrâneo e o mundo mediterrâneo na época de Filipe II*, o espaço índico passou a ser abordado como uma região que permitia ultrapassar a escala nacional na análise historiográfica. Para Braudel, o que dá existência ao Mediterrâneo não é o mar, mas a rede de relações humanas – políticas, econômico-

4. Montesquieu. *O espírito das leis*. São Paulo: Martins Fontes, 2000. Livro 2, cap. 1.

5. Augusto, André Guimarães. Modo de produção asiático: considerações teóricas à luz do debate historiográfico. *História econômica & História de empresas*, v. 8, n. 1. 2015, p. 11.

6. Said, Edward. *Orientalismo: o Oriente como invenção do Ocidente*. São Paulo: Companhia das Letras, 1990 [1978], p. 161-165; Anderson, Perry. O "modo de produção asiático". *In*: *Id*. *Linhagens do Estado Absolutista*. 3. ed. São Paulo: Brasiliense, 1995 [1974], p. 462-494.

-sociais e culturais – que une as populações. Para o Índico, Kirti Chaudhuri produziu mais de uma obra seguindo a proposta braudeliana. Em *Trade and Civilization in the Indian Ocean*, de 1985, o autor enfatizou atividades de mercadores muçulmanos, portugueses, holandeses e ingleses, o espaço marítimo, as ligações entre a terra e a organização dos mercados de longa distância. Diferentemente do Mediterrâneo, no entanto, como destaca o autor, no Índico se verifica a coexistência de quatro grandes civilizações: a irano-arábica, a hindu, a indonésia e a chinesa[7]. O Oceano Índico seria, então, um "espaço geográfico comum", onde o comércio marítimo, associado às rotas caravaneiras da Ásia Central, dotou essas quatro civilizações "de um forte senso de unidade", o que permite aproximá-las do ponto de vista analítico[8]. A essas quatro civilizações se somou, a partir do fim do século XV, a cristã ocidental. O Índico passou a ser concebido como uma área de estudos na esteira do que Braudel pensou para o Mediterrâneo. Desde os anos 1990, revistas acadêmicas, como a *The Indian Ocean Review*, têm desenvolvido essa escala de análise.

Este capítulo visa apresentar alguns aspectos da complexidade do espaço índico no início da Época Moderna, de acordo com a cronologia europeia, até o estabelecimento do imperialismo britânico, nos anos 1750. O capítulo inicia com um panorama das redes mercantis envolvendo diferentes grupos religiosos, poderes políticos, mercadorias e locais de produção e consumo. Essas redes de longas distâncias ampliaram suas conexões com a chegada dos portugueses em um movimento que configuraria a chamada primeira globalização. Uma vez que outros capítulos desta parte do livro se dedicam às sociedades islâmicas [↗Modernidade islâmica] e às sociedades vinculadas à civilização chinesa [↗O Leste Asiático], fazemos uma verticalização ao apresentar elementos da sociedade indiana, com a qual os portugueses entraram em contato no início da Época Moderna, e o tema se estende para a seção seguinte, quando os aspectos da expansão do cristianismo na Índia são apresentados. A última seção é dedicada à Ásia do Sudeste, região caracterizada por um *patchwork*[9] de civilizações e onde se pode destacar a presença europeia em bases diferentes da que realizaram portugueses e espanhóis. Ali, o modelo das companhias de comércio, a começar pela holandesa, se instalou e se desenvolveu.

---

7. Chaudhuri, Kirti. *Trade and Civilization in the Indian Ocean. An Economic History from the Rise of Islam to 1750*. Nova York: Cambridge University Press, 1986, p. 21; Wong, R. Bin. Entre monde et nation: les régions braudéliennes en Asie. *Annales HSS*, n. 1, 2001, p. 10-14.

8. Chaudhuri, Kirti. *Trade and Civilization in the Indian Ocean. Op. cit.*, p. 21. Sankey, Ingrid. Teaching global history and geography using the Indian Ocean as a unit of analysis. *Angles. New Perspectives on the Anglophone World*, n. 9, 2019.

9. Wong, R. Bin. Entre monde et nation. *Op. cit.*, p. 13.

## As redes mercantis

Parece já dispensável insistir que a presença de europeus no Oceano Índico não se desenvolveu em um ambiente estático, de um lado, e que essa presença não alterou rápida e profundamente as dinâmicas locais, de outro. Entre 1500 e 1700, registrou-se algo como a duplicação da população da Ásia, que no início do período estaria entre 200 e 225 milhões. Grandes centros urbanos se consolidaram, como Delhi, Agra, Achém, Isfahan, Istambul e Quioto. Sanjay Subrahmanyam destaca uma tipologia seguida por muitos historiadores para classificar os estados na Ásia nesse período: os grandes estados imperiais de base agrária – como os Otomanos; os Safávidas; o reino hindu de Vijayanagar, no interior do Hindustão; os Mogores, ao norte; o Império Ming, na China; e Mataram, na Ilha de Java – e os pequenos estados, de base comercial – como Quíloa, na costa oriental da África; Ormuz, na entrada do Golfo Pérsico; Calicute, na costa da Índia; e Malaca, no estreito entre a Ilha de Sumatra e a Península Malaia (Fig. 9.1)[10]. Esses últimos, estados costeiros, representavam pontos-chave das rotas comerciais. Assim, haveria dois extremos: grandes estados agrários e pequenos estados mercantis. Essa divisão pode ser um bom ponto de partida, mas deve ser maleável. As rendas que sustentavam os estados costeiros provinham em muitos casos predominantemente da terra, enquanto os tributos alfandegários também compunham a receita dos grandes estados. No aspecto ideológico, essa separação levaria a pensar que os estados continentais não seriam resultado da interação com outros estados, enquanto os mercantis seriam caracterizados pelo ecletismo e influências externas. O autor destaca, para tornar mais complexo esse cenário, a ação do que chama de elites migratórias que circulavam por diferentes circuitos abarcando o vasto espaço asiático. A movimentação das elites, aliado a outros fatores como a circulação monetária e o envolvimento em atividades comerciais, fizeram com que, ao longo dos dois primeiros séculos de contatos entre os europeus e essas sociedades, as categorias de agrários e mercantis se aproximassem[11].

Um dinâmico sistema de trocas comerciais envolveu tanto estados do interior quanto costeiros e favoreceu os vínculos entre a África, o Oriente

10. Subrahmanyam, Sanjay. *O Império Asiático Português, 1500-1700.* Lisboa: Difel, 1995, p. 13-16.

11. *Ibid.*, p. 26-35.

Médio, o sul e o sudeste da Ásia e o Leste Asiático. Os mercadores europeus, a partir do século XVI, passaram a atuar como atravessadores ou tentaram inserir seus produtos por rotas nas quais já circulavam mercadorias variadas, tanto de luxo quanto para necessidades básicas, especialmente sal, açúcar, grãos e tecidos. Até então, a circulação de pessoas e produtos entre a Europa e os portos asiáticos era feita predominantemente por mercadores muçulmanos que, em Alexandria, no Egito, ou em Constantinopla, principais pontos de escoamento, encontravam-se com mercadores de cidades italianas. Sobretudo genoveses e venezianos, os mercadores viviam em bairros cristãos nessas cidades e eram os principais intermediários.

Ouro e marfim eram buscados na África Oriental, onde geralmente eram trocados por tecidos e artigos produzidos na Índia e no Oriente Médio. Em Adém e Ormuz, situados no Golfo Pérsico, eram comercializados bens oriundos do Oriente Médio, de outras regiões do Índico e da Europa. Os portos do Guzerate, no litoral norte da Índia, exportavam tecidos e salitre, ao passo que a pimenta era cultivada e distribuída nos portos do Malabar. A canela do Ceilão também era um produto bastante estimado nessas redes mercantis. Na Baía de Bengala, o Porto de Paliacate importava têxteis de Vijayanagar. O Porto de Achém, no extremo norte da Ilha de Sumatra, produzia pimenta e era ponto de troca de tecidos do Guzerate. Os tecidos mais baratos eram de algodão, cujas principais áreas de produção no século XVII eram o Guzerate, Coromandel e Bengala. A maioria da população das sociedades do Índico se vestia com esses tecidos, ao passo que as elites consumiam as refinadas sedas, cujas áreas de produção eram limitadas, concentradas especialmente na China, partes da Índia e Pérsia, atual Irã. Mais a leste, inseriam-se nessas rotas as Ilhas Molucas, fornecedoras de cravo e noz-moscada. Alimentos também eram comercializados nesses mercados de longa distância, do Guzerate a Goa, de Bengala a Malaca[12]. Malaca tornou-se um mercado em que se trocavam bens de várias regiões da Ásia, inclusive sedas e porcelanas da China, especiarias da Ásia do Sudeste, tecidos da Índia, além de produtos europeus. Por meio desse último circuito, os portos situados na China recebiam produtos para o seu mercado interno e funcionavam como entreposto para

12. Pearson, Michael N. The Indian Ocean and the Portuguese in the Sixteenth Century. *In*: Albuquerque, Luís (org.). II Seminário Internacional de História Indo-Portuguesa. *Atas* [...]. Lisboa: Instituto de Investigação Científica Tropical, 1985, p. 115.

exportar sedas e porcelanas locais[13]. Em todas essas regiões, o arroz com especiarias era alimento indispensável entre os aristocratas e em ocasiões festivas. A necessidade de terras irrigadas para sua produção levava à exportação de arroz da Índia para o Golfo Pérsico e o Mar Vermelho.

Chaudhuri destaca que, na circulação de longa distância, as demandas de cada região refletiam as diferenças culturais das práticas de consumo. O açúcar que os ingleses enviavam de Londres para a Pérsia não era apreciado pelos iranianos como o açúcar de Bengala. Os pesados tecidos europeus, sobretudo de lã, tinham uma pequena, mas constante, demanda concentrada no uso de roupas militares ou de famílias abastadas e eram utilizados para cobrir elefantes, cavalos ou para a construção de tendas cerimoniais. O clima e a umidade nas cidades da Índia não permitiam que fosse usado como roupas, à moda inglesa. No sentido inverso, o significado dos desenhos e cores das porcelanas e sedas chinesas não era facilmente compreendido por consumidores não chineses. A fim de atender ao gosto do mercado consumidor, a textura e os desenhos dos tecidos de algodão finos exportados da Índia foram adaptados para a atender aos consumidores do Oriente Médio, de um lado, e da Ásia do Sudeste, de outro[14].

A partir do século XVI, esse movimentado comércio ganhou dimensão planetária, caracterizando o que tem sido identificado como a primeira globalização. A expedição de Vasco da Gama chegou a Calicute, um reino "hindu" governado pelo Samorim, na costa ocidental indiana, em 20 de maio de 1498. Essa viagem e as que se sucederam foram registradas por cronistas portugueses e por viajantes italianos que integraram as expedições[15]. Nas décadas seguintes, obras de maior fôlego foram produzidas. João de Barros (1496-1570), cronista oficial da Coroa portuguesa que nunca esteve na Índia, foi o iniciador das *Décadas da Ásia*. Escreveu as *Décadas Primeira*, *Segunda* e *Terceira* entre os anos finais da década de 1530 e iniciais da seguinte. Gaspar Correia (1495-1561) viveu na Índia cerca de cinquenta anos, a partir de 1512

13. Pearson, Michael N. Mercados e comunidades mercantis no Oceano Índico: situar os portugueses. *In*: Bethencourt, Francisco; Curto, Diogo R. (orgs.). *A expansão marítima portuguesa, 1400-1800*. Lisboa: Edições 70, 2010, p. 93-114; Chaudhuri, Kirti. O estabelecimento no Oriente. *In*: Bethencourt, Francisco; Chaudhuri, Kirti (orgs.). *História da expansão portuguesa*. Navarra: Círculo de Leitores e Letras, 1998, p. 188. v. 1.

14. Chaudhuri, Kirti. *Trade and Civilization in the Indian Ocean*. *Op. cit*., p. 19-20.

15. Doré, Andréa. *Sitiados. Os cercos às fortalezas portuguesas na Índia, 1498-1622*. São Paulo: Alameda, 2010, p. 139-173.

e escreveu *Lendas da Índia*, finalizadas em 1563 e só publicadas no século XIX. Já Fernão Lopes de Castanheda (1500-1559), autor da *História do descobrimento & conquista da India pelos Portugueses*, era um frade dominicano que viveu na Índia entre 1528 e 1538 e teve sua obra publicada de 1552 a 1561[16]. Há relatos, escritos em árabe, sobre os contatos entre portugueses e muçulmanos. Um deles remete ao período entre 1498 e 1583 e se intitula *O presente dos Defensores da Fé*, escrito por Zinadím Benalí Benahmede[17]. O objetivo do texto, segundo Zinadím, era "incitar os crentes à guerra contra os adoradores da cruz"[18], que ele chama de *franges*, uma referência que data dos tempos das Cruzadas e deriva de *francos*.

Violentos conflitos com mercadores muçulmanos marcaram as primeiras tentativas portuguesas de se instalar no comércio do Índico. A Coroa portuguesa, por meio da autorização concedida a particulares, começou a praticar a denominada Carreira da Índia, roteiro marítimo de Lisboa a Goa (e vice-versa), que depois incluiria viagens também anuais que ligavam Goa e Cochim a Macau, Malaca e Japão. Uma viagem bem-sucedida de Lisboa a Goa durava entre 180 e 200 dias, partindo de Lisboa de meados de março a meados de abril e de retorno, partindo entre dezembro e março. Qualquer empreitada marítima devia considerar o regime das monções. Do árabe *mawsim* ou *mawsān*, significa estação ou época do ano em que decorrem atividades de caráter sazonal. As monções do Índico remetem a fenômenos meteorológicos e regimes de vento conhecidos como estação das chuvas ou estação seca. Segundo António Manuel Gonçalves, um piloto português teria dito que sair de Lisboa em fim de fevereiro era cedo, mas que sair em março já era tarde, ou seja, era fundamental considerar o regime das monções para que as viagens fossem bem-sucedidas[19].

---

16. Loureiro, Rui. Revisitando as décadas da Ásia: algumas observações sobre o projecto historiográfico de João de Barros. *e-Spania. Revue interdisciplinaire d'études hispaniques médiévales et modernes*, n. 30, 2018.

17. Kooria, Mahmood. Introduction. *In*: Kooria, Mahmood; Pearson, Michael Naylor (eds.). *Malabar in the Indian Ocean*: *Cosmopolitan in the Maritime Historical Region*. Oxford: University Press, 2018, p. 22; Oliveira, Priscila Ketlin Garcia. *O Malabar em disputa (séculos XVI- XVII)*: *uma análise das narrativas de Zinadím e Diogo Gonçalves*. Dissertação (Mestrado em História) – Universidade do Estado do Rio de Janeiro, São Gonçalo, p. 68-77; Lopes, Davi. Zinadím e a sua obra. *In*: Zinadím. *História dos portugueses no Malabar*. Lisboa: Antígona, 1998.

18. Zinadím. *História dos portugueses no Malabar*. *Op. cit*., p. 21.

19. Gonçalves, António Manuel. Índico. *In*: Domingues, Francisco Contente (ed.). *Dicionário da expansão portuguesa, 1415-1600*. Lisboa: Círculo dos Leitores, 2016, p. 565. v. 2.

Os portugueses, e depois outros agentes europeus, buscaram se inserir e explorar as tradicionais rotas comerciais do Oceano Índico, que envolviam mercadores de diferentes procedências, como árabes, guzerates e suaílis[20]. O tráfico do Oriente Médio pelo Mar Vermelho e pelo Golfo Pérsico coexistiu com o comércio conduzido pelos lusitanos via rota pelo Cabo[21]. Não apenas as rotas de longa distância eram relevantes, mas igualmente o comércio nos diversos roteiros interasiáticos, responsáveis pela circulação das mercadorias[22]. De modo geral, narrativas quinhentistas como as de Tomé Pires (*Suma Oriental*, 1512-1515) e de Duarte Barbosa (*O Livro de Duarte Barbosa*, 1517-1518) consideraram que o mundo comercial do Oceano Índico funcionava em três segmentos que interagiam. O primeiro era formado pelo Mar Vermelho, Golfo Pérsico, costa ocidental da Índia e África Oriental. O segundo englobava a Índia, Java, Sumatra, Birmânia (Pegu), Tailândia (Sião) e antigos reinos do Delta do Mecom (como Champa e Cochinchina). O terceiro correspondia à China, ao Japão e ao Sudeste Asiático (Fig. 9.1)[23].

Além dos bens que circulavam nas redes mercantis citadas, e intimamente ligados a elas, missionários e peregrinos deslocaram-se por diferentes regiões banhadas pelo Oceano Índico. Peregrinos budistas do Leste Asiático e do Sudeste Asiático visitavam lugares no norte da Índia associados à história de Buda. Muçulmanos da Península Arábica, do Guzerate e de Bengala deslocavam-se para a África Oriental e Ásia do Sudeste com o propósito de difundir a fé islâmica e, em sentido inverso, a peregrinação às cidades sagradas de Meca e Medina, obrigação que todo fiel deveria cumprir ao menos uma vez na vida, fazia circular produtos e pessoas[24]. Missionários católicos partiram para diferentes sociedades da África Oriental e da Ásia, com atuação em territórios coloniais ou em regiões afastadas de qualquer aparato de poder militar e administrativo europeu.

---

20. Bethencourt, Francisco. O alargamento do horizonte de experiências. *In*: Bethencourt, Francisco; Chaudhuri, Kirti (orgs.). *História da expansão portuguesa*. *Op. cit.*, p. 108. v. 1.

21. Chaudhuri, Kirti. O comércio asiático. *In*: Bethencourt, Francisco; Chaudhuri, Kirti (orgs.). *História da expansão portuguesa*. *Op. cit.*, p. 194. v. 2; Disney, Anthony. *A história de Portugal e do império português*. Lisboa: Guerra e Paz, 2011, p. 221.

22. Russell-Wood, Antony John R. *The Portuguese Empire, 1415 -1808. A World on the Move*. Baltimore; Londres: The Johns Hopkins University Press, 1998, p. 31-32.

23. Chaudhuri, Kirti. O estabelecimento no Oriente. *In*: Bethencourt, Francisco; Chaudhuri, Kirti (orgs.). *História da expansão portuguesa*. *Op. cit.*, p. 168-169. v. 1.

24. Pearson, Michael N. The Indian Ocean and the Portuguese in the Sixteenth Century. *In*: Albuquerque, Luís (org.). II Seminário Internacional de História Indo-Portuguesa. *Op. cit.*, p. 115.

## Sociedades da Índia

Motivados pela expectativa de encontrar cristãos e fazer comércio, os portugueses se depararam com uma configuração social muito distinta, tanto da cristã, quanto da muçulmana, com a qual estavam já familiarizados pelos contatos no norte da África e pela convivência de séculos na própria Península Ibérica.

Um dos fatores relacionados ao ordenamento social e à definição das hierarquias sociais na Índia era o sistema de castas. O vocábulo "casta" foi utilizado pelos portugueses, em substituição aos termos *varna* e *jāti*, para se referir às diferentes categorias de grupos endogâmicos estratificados que existiam na Índia[25]. *Grosso modo*, as castas se definem pelo nascimento e seus membros devem se casar entre si, exercer a mesma profissão, observar regras de comensalidade e seguir obrigações religiosas e rituais específicas, a fim de manter a "pureza" da respectiva casta.

No *Rig Veda*, texto da tradição védica que fundamenta a religião bramânica, há uma cosmogonia que narra a origem das *varnas* e, consequentemente, das divisões na sociedade. Em tempos primevos havia sido realizado o sacrifício do ser primordial (*Purusha*), de cujas partes surgiram as *varnas* e o ordenamento da sociedade (*Rig Veda*, X: 90). Os brâmanes teriam surgido da cabeça de *Purusha* e foram associados à prática do sacerdócio. Os *kshatriyas* teriam surgido dos braços e originaram os guerreiros. Provenientes das pernas, os *vaishyas* atuariam no comércio ou na agricultura, ao passo que os *sudras* – oriundos dos pés – seriam servos[26]. Tal explicação reforçava a ideia da preeminência ritual (e social) dos brâmanes, como se fossem detentores da pureza máxima, por oposição aos que estavam na base da sociedade[27].

Tais explicações baseavam-se em textos de tradições antigas dotados de forte caráter normativo, ou seja, que buscavam sancionar as inúmeras obrigações associadas às *varnas*. No contexto da elaboração dos *Dharma Shastra*, e até o fim do primeiro milênio da Era Cristã, outros textos demarcaram a crescente complexidade das hierarquias sociais, com a subdivisão das quatro *varnas* em unidades menores (*jāti*). Enquanto as *varnas* remetem ao citado esquema quádruplo de arquétipos morais idealizados, os *jāti* correspondem aos

25. Dirks, Nicholas B. *Castes of Mind: Colonialism and the Making of Modern India*. Princeton: Princeton University Press, 2001; Rubinoff, Janet Clare Ahn. *Casta and comunidade: the transformation of corporate agrarian structures in Goa, Índia*. Tese (Doutorado em Antropologia) – University of Toronto, Toronto, 1992, p. 306-307.

26. O'Flaherty, Wendy Doniger. *Textual Sources for the Study of Hinduism*. Chicago: University of Chicago Press, 1988.

27. Perez, Rosa Maria. *Reis e intocáveis: um estudo do sistema de castas no noroeste da Índia*. Oeiras: Celta, 1994, p. 10.

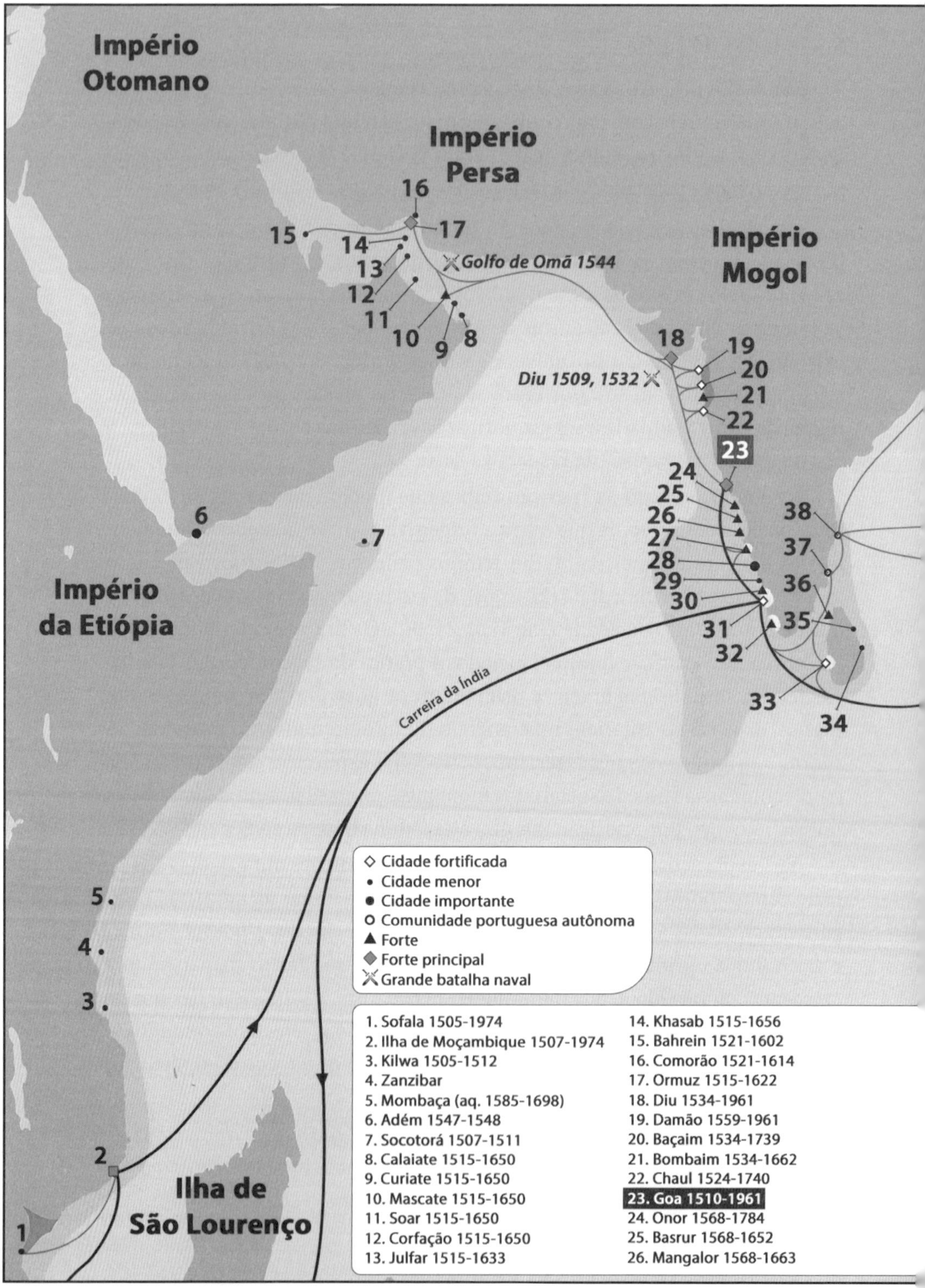


Figura 9.1 – Os portugueses na Ásia na Época Moderna

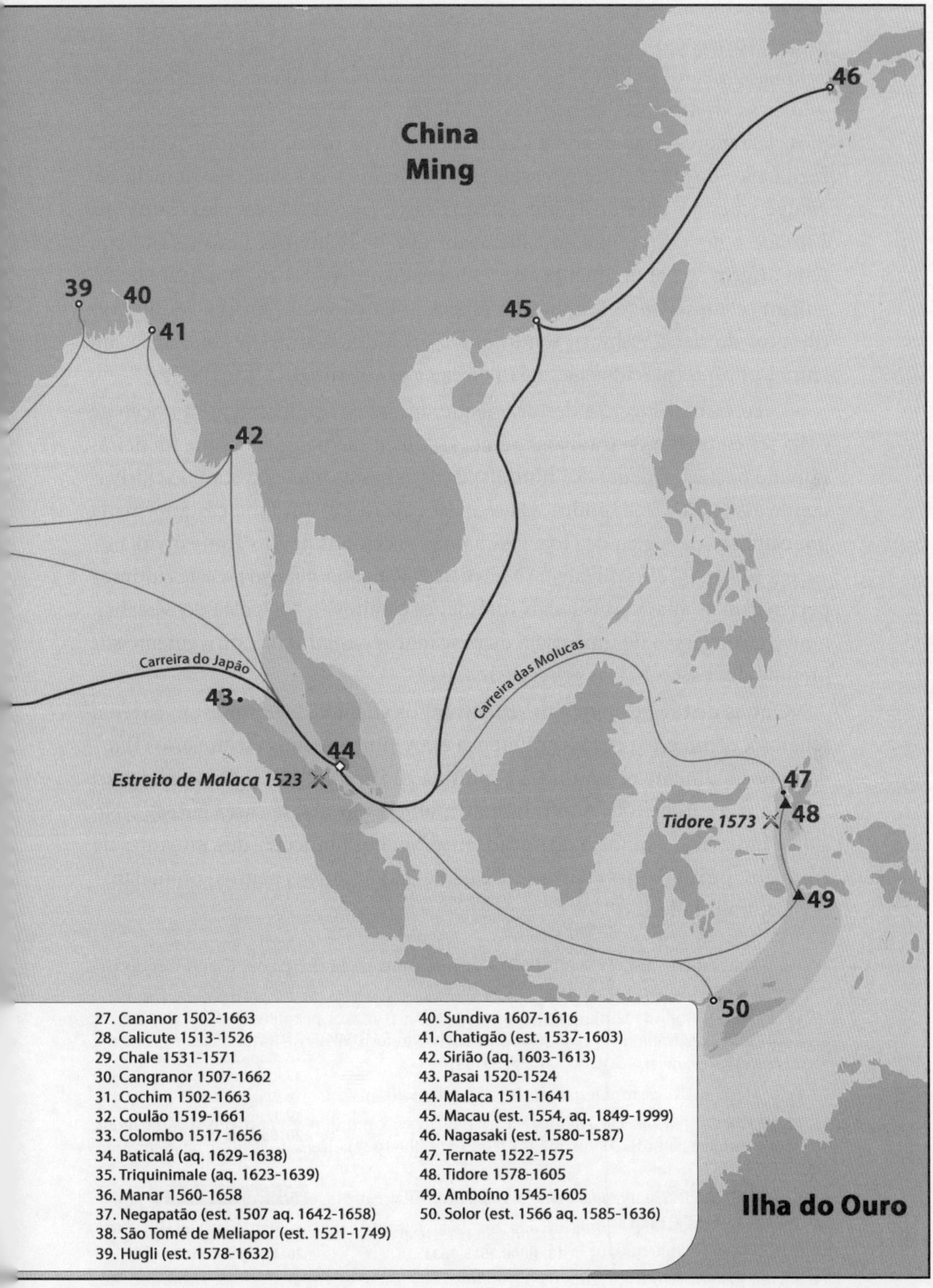
China
Ming
39
40
41
42
43
44
45
46
47
48
49
50
Carreira do Japão
Carreira das Molucas
Estreito de Malaca 1523
Tidore 1573
Ilha do Ouro
27. Cananor 1502-1663
28. Calicute 1513-1526
29. Chale 1531-1571
30. Cangranor 1507-1662
31. Cochim 1502-1663
32. Coulão 1519-1661
33. Colombo 1517-1656
34. Baticalá (aq. 1629-1638)
35. Triquinimale (aq. 1623-1639)
36. Manar 1560-1658
37. Negapatão (est. 1507 aq. 1642-1658)
38. São Tomé de Meliapor (est. 1521-1749)
39. Hugli (est. 1578-1632)
40. Sundiva 1607-1616
41. Chatigão (est. 1537-1603)
42. Sirião (aq. 1603-1613)
43. Pasai 1520-1524
44. Malaca 1511-1641
45. Macau (est. 1554, aq. 1849-1999)
46. Nagasaki (est. 1580-1587)
47. Ternate 1522-1575
48. Tidore 1578-1605
49. Amboíno 1545-1605
50. Solor (est. 1566 aq. 1585-1636)

grupos sociais em menor escala, cuja forma de existência seria determinada pelo nascimento. Em Goa, por exemplo, os *sudras* dividiam-se entre oleiros, salineiros, destiladores de bebidas, lavadores, dançarinos e servidores de templos, lavradores, trabalhadores agrícolas[28]. Além disso, existiram variações regionais e disputas entre as castas pela preeminência social. Havia inclusive competições no interior de uma mesma casta, caso dos brâmanes *chitpavan*, *karhade* e *deshastha*, que consideravam que os brâmanes *saraswats* teriam uma origem social desqualificada[29]. Os brâmanes *saraswats*, por sua vez, dividiam-se em *shivaítas* (cultuavam especialmente o deus Shiva) e *vaishinavas* (devotos do deus Vishnu), sendo que estes últimos ainda se diferenciavam entre *sasticares* (nascidos na região de Salcete) e *bardescares* (de Bardez)[30].

Logo, outro aspecto a destacar é que, apesar de originalmente a noção de casta ter emergido de tradições védicas – que estão na base do que foi denominado posteriormente de "hinduísmo" – as castas não estiveram exclusivamente associadas aos hindus. Os *chardós* consistiam em uma casta formada por católicos da região de Goa. Os chamados cristãos de São Tomé dividiam-se em sulistas (*Tekkumbhâgar*) e nortistas (*Vatakkumbhâgar*) – estes últimos pertenciam às altas castas locais (brâmanes e naires)[31]. Na Costa do Malabar, houve a conversão de uma casta de pescadores (*Anjuttikar*), proveniente sobretudo das castas baixas *ezhava* e *macua*[32].

Outras distinções também separavam os adeptos de um mesmo sistema religioso, como era o caso da diferença entre muçulmanos estrangeiros (*pardesis*, normalmente oriundos da Península Arábica, Pérsia, Egito) e *mappilas* (nascidos na Índia, que se uniram às mulheres locais de casta baixa)[33]. No sul da Índia, havia ainda a distinção entre "judeus brancos" (descendentes de europeus, provenientes da Turquia e da Pérsia) e "judeus negros" ou malabares (naturais da Índia)[34].

---

28. Feio, Mariano. *As castas hindus de Goa*. Lisboa: Junta de Investigações Científicas do Ultramar/Centro de Estudos de Antropologia, 1979.

29. O'Hanlon, Rosalind; Minkowski, Christopher. What makes people who they are? Pandit networks and the problem of livelihoods in Early Modern Western India. *Indian Economic Social History Review*, n. 45, n. 3, 2008, p. 381-416.

30. Feio, Mariano. *As castas hindus de Goa*. *Op. cit.*, p. 20.

31. Cunha, João Teles e. De Diamper a Mattanchery: caminhos e encruzilhadas da Igreja Malabar e católica na Índia. Os primeiros tempos (1599-1624). *Anais de História de Além-Mar*, v. 5, 2004, p. 283-368.

32. Aranha, Paolo. *Il cristianesimo latino in India nel XVI secolo*. Milão: FrancoAngeli, 2006, p. 99.

33. Bouchon, Géneviève. *L'Inde découverte, Inde retrouvée*. Lisboa; Paris: CNCDP/Centre Culturel Calouste Gulbenkian, 1999, p. 37-38.

34. Tavim, José Aberto Rodrigues da Silva. *Judeus e cristãos-novos de Cochim. História e Memória, 1500-1662*. Braga: Edições APPACDM Distrital de Braga, 2003.

Apesar da rígida estratificação social que o sistema de castas tende a consolidar, grupos sociais buscaram desafiar tal ordenamento social, conforme estudiosos que contestam o modelo de escalonamento hierárquico absoluto – pautado na oposição pureza e impureza – para interpretar o sistema de castas da Índia[35]. Em função da diversidade de sistemas políticos e culturais existentes, as convenções ligadas às castas foram moldadas, criticadas e reconstituídas de formas distintas ao longo do tempo e das regiões[36].

O cristianismo difundido a partir da presença portuguesa nos portos da Índia inseriu-se nesse sistema. Como aconteceu também na China, as primeiras conversões atraíram indivíduos de castas inferiores. Em Goa, os convertidos ao catolicismo passaram a compor uma nova casta, os *chardós*. Entre estes e os brâmanes convertidos houve expressivas rivalidades nos séculos XVII e XVIII[37].

## O cristianismo na Ásia

A expansão do cristianismo por meio da conversão dos habitantes visava cumprir a missão atribuída ao Padroado português e assegurar uma rede de solidariedade religiosa fundamental para o comércio. A tentativa de difusão do catolicismo na Ásia se deu por meio de diversos agentes e instituições: as ordens religiosas, o Padroado, a Propaganda Fide e o Tribunal da Inquisição. Criado em 1560, o Tribunal da Inquisição de Goa foi o único tribunal inquisitorial português estabelecido em espaço ultramarino. A atividade do Tribunal da Inquisição de Goa incidiu sobre cristãos novos, populações locais convertidas e mesmo sobre hindus e muçulmanos, isto é, não convertidos, quando suspeitos de persuadirem cristãos a abandonar a fé cristã ou impedirem a conversão ao catolicismo. Portugueses, mestiços e outros europeus também foram alvo da Inquisição de Goa. O tribunal asiático processou por culpas de judaísmo, islamismo, "gentilismo" (cerimônias e crenças locais), luteranismo, sodomia, bigamia, solicitação, entre outros delitos[38].

Acerca das ordens religiosas, dominicanos e franciscanos tiveram passagens circunstanciais pela Ásia entre as décadas de 1290 e em torno de

35. Perez, Rosa Maria. *Reis e intocáveis. Op. cit.*; Searle-Chatterjee, Mary; Sharma, Ursula (orgs.). *Contextualizing Caste*. Oxford: Blackwell, 1994.

36. Bayly, Susan. *Caste, Society and Politics in India from the Eighteenth Century to the Modern Age*. Cambridge: Cambridge University Press, 1999, p. 25-65.

37. Xavier, Ângela Barreto. *A invenção de Goa: poder imperial e conversões culturais nos séculos XVI e XVII*. Lisboa: ICS, 2008.

38. Tavares, Célia. *Jesuítas e inquisidores em Goa: a Cristandade insular (1540-1682)*. Lisboa: Roma, 2004; Bethencourt, Francisco. *História das inquisições: Portugal, Espanha e Itália – Séculos XV-XIX*. São Paulo: Companhia das Letras, 2000.

1350, visando contatos com o Império Mongol. A regularidade da presença de missionários católicos na Ásia ocorreu somente no contexto das viagens portuguesas. Franciscanos desembarcaram na Índia em 1500 e lá se fixaram a partir de 1517. Dominicanos aportaram no início do século XVI, mas se fixaram a partir de 1548. Os jesuítas ingressaram em 1542, ao passo que os agostinianos chegaram em 1572[39].

Sobre a ação dos missionários da Companhia de Jesus, destaca-se a forma de atuação do jesuíta Francisco Xavier, em função da quantidade de viagens com intuito de promover a evangelização que realizou em várias regiões da Índia (costa da Pescaria, Cochim, Meliapor), Molucas, Malaca e Japão, aproximando-se da China, onde faleceu. No âmbito desses contatos iniciais, foram mobilizados intérpretes nativos e promovidos batismos em massa. Progressivamente, graças às interações culturais entre missionários e populações locais convertidas, foram desenvolvidos catecismos, dicionários e gramáticas em línguas nativas para uso na evangelização.

Em regiões fora do controle da Coroa portuguesa, os missionários precisaram adaptar os procedimentos em busca das conversões. Na Costa da Pescaria, o jesuíta português Henrique Henriques preconizou a criação de igrejas diferentes para acolher separadamente os convertidos de castas distintas, ou seja, ajustou-se às formas de hierarquização e segregação do sistema de castas. Henriques também produziu catecismos, uma vida de santos, um manual de confessores e a primeira gramática na língua tâmil[40]. Um dos exemplos mais conhecidos dessa forma de adaptação, conhecida como *accomodatio*, foi conduzida pelo jesuíta italiano Roberto de Nobili no Madurai, no reino de Vijayanagar, onde buscou a conversão de membros das altas castas (brâmanes) e, para isso, dedicou-se ao aprendizado de línguas locais (telugu, tâmil e sânscrito), redigiu obras voltadas para o convencimento desse grupo e, ele próprio, passou a se vestir como um brâmane (com uso de um tufo de cabelo, cordão a tiracolo e aplicação de sândalo na testa), adotou a dieta vegetariana, evitou o convívio, em público, com portugueses (associados à "impureza" por estarem fora do sistema de castas)[41]. Essa forma de adaptação deu origem à Querela dos Ritos, que na Índia se tornou

39. Faria, Patricia Souza de. *A conquista das almas do Oriente. Franciscanos, catolicismo e poder colonial português em Goa (1540-1740)*. Rio de Janeiro: 7Letras, 2013.

40. Tavares, Célia Cristina da Silva. Missionação jesuítica na Índia Portuguesa. Abordagens de cristianização. *In*: Agnolin, Adone *et al.* (orgs.). *Contextos missionários*: *religião e poder no Império Português*. São Paulo: Hucitec, 2011, p. 266-289.

41. Manso, Maria de Jesus Beites. *História da Companhia de Jesus em Portugal*. Lisboa: Parsifal, 2016, p. 94-98.

conhecida como Ritos Malabares, de forma homóloga à Querela dos Ritos Chineses, associada ao modo de proceder de Matteo Ricci e seus sucessores na missão da China [↗Reformas religiosas]. As praças portuguesas foram não só o ponto de apoio e o foco de ação dos missionários, como porta de entrada para as tentativas de avanço do cristianismo em regiões sem a presença política da Coroa, como foram os casos na Costa da Pescaria, no Madurai e em Macau para os esforços de evangelizar os chineses.

A missionação era abrigada sob o Padroado português, instituição que se constituiu, progressivamente, com base em documentos pontifícios dos séculos XV e XVI e que concedia direitos e atribuições ao rei de Portugal na evangelização dos territórios ultramarinos[42]. Em 1455, a bula *Romanus Pontifex* concedeu ao rei de Portugal o direito de enviar missionários e estabelecer igrejas e mosteiros no ultramar. No ano seguinte, a bula *Inter coetera* confirmou o documento pontifício e concedeu a jurisdição espiritual do Padroado à Ordem de Cristo, cujo grão-mestre era o infante D. Henrique. Em 1551, a bula *Praeclara charissima* anexou os mestrados das três ordens militares (de Cristo, Avis e Santiago) à Coroa portuguesa[43], de maneira que o monarca conjugava a qualidade de rei e de prelado eclesiástico que era mestre ou administrador das ordens militares[44].

O Padroado permitia ao rei de Portugal coletar e administrar os dízimos, criar dioceses nas possessões ultramarinas e apresentar os candidatos para ocupar a função de bispos ou de outros benefícios eclesiásticos, o que favorecia a expansão da influência da Coroa lusa nas áreas administradas por prelados por ela apresentados. Em 1534, o bispado de Goa foi criado, com jurisdição espiritual sobre territórios situados desde a costa oriental africana até a China[45]. A Diocese de Macau foi instituída em 1575, com abrangência sobre a China e o Japão, o que vigorou até 1588, quando foi desmembrada e criado o bispado de Funai (situado no Japão). Em 1612, foi criada a prelatura de Moçambique e os bispados de Nanquim e Pequim em 1690[46].

---

42. Rego, António da Silva. *Documentação para a história das Missões do Padroado Português do Oriente*: *Índia*. Lisboa: Agência Geral das Colónias, 1947-1958. 12 v.

43. Gonçalves, Nuno da Silva. Padroado. *In*: Azevedo, Carlos Moreira. *Dicionário de História Religiosa de Portugal*. Lisboa: Círculo de Leitores, 2001, p. 364-368.

44. Xavier, Ângela Barreto; Olival, Fernanda. O Padroado da coroa de Portugal: fundamentos e práticas. *In*: Xavier, Ângela Barreto; Palomo, Federico; Stumpf, Roberta. *Monarquias ibéricas em perspectiva comparada (sécs. XVI-XVIII)*. Lisboa: ICS, 2018, p. 134-135.

45. Rego, António da Silva. *História do Padroado Português do Oriente*. Braga: Comissão Diocesana dos 5 Séculos de Evangelização e Cultura, 1993, p. 305. v. 1. (ed. fac-similada).

46. Sá, Isabel dos Guimarães. Estruturas eclesiásticas e acção religiosa. *In*: Bethencourt, Francisco; Curto, Diogo Ramada (eds.). *A expansão marítima portuguesa, 1400-1800*. *Op. cit.*, p. 265-292.

A conversão ao catolicismo das populações que viviam nesses contextos missionários tornava-as submetidas à jurisdição das autoridades eclesiásticas vinculadas ao Padroado português, o que fazia com que, em tese, tais populações se tornassem indiretamente súditas do rei de Portugal, mesmo se habitassem em territórios que não se encontravam formalmente submetidos à Coroa lusa[47]. Estavam também submetidas à ação do Tribunal do Santo Ofício. Na medida em que a Igreja incidia a sua influência sobre matérias que ultrapassavam as questões doutrinárias, como herança, sexualidade, família e várias dimensões das relações sociais, isso favoreceu a extensão da influência do rei de Portugal sobre milhares de pessoas que viviam inclusive distantes dos centros da administração portuguesa na Ásia, ampliando a dimensão conflituosa dessa presença[48].

Limitações à jurisdição do Padroado decorreram de iniciativas do Papado, como a que levou à criação da Sagrada Congregação da Propagação da Fé, ou *Propaganda Fide*, em 1622. Antes mesmo da formalização da *Propaganda Fide*, a bula *Apostolicae sedes* (1608) findava o monopólio da Coroa portuguesa em relação ao controle do envio dos missionários para a Ásia, que passaram a ser autorizados a viajar para o Oriente a partir de portos que não eram portugueses[49].

A *Propaganda Fide* visava coordenar e supervisionar as ações missionárias da Igreja Católica em todos os continentes. Afirmava que os direitos de padroado anteriormente concedidos pelos papas só poderiam ser exercidos em territórios efetivamente dominados pelo padroeiro, o que por um lado fragilizava o Padroado português do Oriente, pois parte das missões se encontrava fora dos domínios formais do império luso-asiático. Por outro lado, criava possibilidades para que o padroado da Coroa espanhola alargasse a influência para o Leste Asiático a partir das Filipinas[50].

47. Xavier, Ângela Barreto; Olival, Fernanda. O Padroado da coroa de Portugal: fundamentos e práticas. *In*: Xavier, Ângela Barreto; Palomo, Federico; Stumpf, Roberta. *Monarquias ibéricas em perspectiva comparada (sécs. XVI-XVIII). Op. cit.*, p. 146-147.

48. Newitt, Malyn. Formal and informal empire in the history of Portuguese expansion. *Portuguese Studies*, v. 17, n. 1, 2001, p. 2.

49. Xavier, Ângela Barreto; Olival, Fernanda. O Padroado da coroa de Portugal: fundamentos e práticas. *In*: Xavier, Ângela Barreto; Palomo, Federico; Stumpf, Roberta (orgs.). *Monarquias ibéricas em perspectiva comparada (sécs. XVI-XVIII). Op. cit.*, p. 138-139.

50. Vale, António Manuel Martins do. *Entre a cruz e o dragão: o padroado português na China no séc. XVIII.* Lisboa: Universidade Nova de Lisboa, 2000, p. 40-46.

Na sequência da Restauração portuguesa, foram suspensas as relações diplomáticas entre Portugal e a Santa Sé (1640-1688), momento em que houve o impacto do provimento das dioceses do Padroado[51]. Na década de 1660, foi criada a *Societè des Missions Étrangères* que, sob os auspícios da *Propaganda Fide*, enviaria missionários franceses para a Ásia, minando ainda mais a hegemonia do Padroado português[52].

Com o passar das décadas de atuação na Ásia, missionários elaboraram obras a respeito das sociedades e dos sistemas religiosos locais em busca de classificá-los e identificar o que entendiam como "idolatrias" a serem extirpadas. Apesar de os missionários tenderem a reconhecer os brâmanes como letrados, descreviam-nos como difusores de "erros" e das "falsas doutrinas" de sua "seita gentílica"[53]. Foram elaboradas obras como o *Tratado sobre o hinduísmo* (1616) pelo Padre Gonçalo Fernandes Trancoso, a *História do Malavar* (1615) por Diogo Gonçalves, o *Livro da Seita dos Índios Orientais* (1608) por Jácome Fenício, *Tratado dos deuses gentílicos de todo o Oriente* (1618) de Manuel Barradas. O filósofo Voltaire, no século XVIII, usava um desses textos produzidos por missionários jesuítas, o *Ezour-Vedam*, por erroneamente acreditar que se tratava de um autêntico *Veda* traduzido do sânscrito[54]. Mais do que curioso, o equívoco de Voltaire nos convida a refletir sobre o que as autoras Inês Županov e Ângela Xavier têm demonstrado: a relevância da produção de conhecimento sobre a Índia nos "impérios católicos", em particular no âmbito do império português e do Padroado[55] – contrapondo-se à ideia de que a produção de saberes sobre o Oriente estivesse associada apenas aos impérios posteriores (inglês, alemão, francês) e sobretudo aos contextos protestantes.

Missionários protestantes também produziram obras nas quais se buscava descrever as crenças religiosas da Ásia. Em 1651, o protestante holandês Abraham Rogerius teve a sua obra impressa em holandês e depois em francês (1670),

---

51. Paiva, José Pedro. *Os bispos de Portugal e do império (1495-1777)*. Coimbra: Imprensa da Universidade de Coimbra, 2006, p. 56.

52. Xavier, Ângela Barreto; Olival, Fernanda. O Padroado da coroa de Portugal: fundamentos e práticas. *In*: Xavier, Ângela Barreto; Palomo, Federico; Stumpf, Roberta (orgs.). *Monarquias ibéricas em perspectiva Comparada (sécs. XVI-XVIII)*. *Op. cit.*, p. 138-139; Melo, Carlos Mercês. *The Recruitment and Formation of the Native Clergy in India (16th-19th Century): an Historico-canonical Study*. Lisboa: Agência Geral do Ultramar, 1955.

53. Xavier, Ângela Barreto; Županov, Inês. *Catholic Orientalism. Portuguese Empire, Indian Knowledge (16th-18th Centuries)*. Nova Delhi: Oxford University Press, 2015, p. 146.

54. *Ibid.*, p. 142; Rubiès, Joan-Pau. The Jesuits and the Enlightenment. *In*: Županov, Inês. *The Oxford Handbook of the Jesuits*. Nova York: Oxford University Press, 2018.

55. Xavier, Ângela Barreto; Županov, Inês. *Catholic Orientalism*. *Op. cit.*

versão que se tornou mais conhecida: *La porte ouverte pour parvenir à la connaissance du paganisme caché* [A porta aberta para atingir o conhecimento do paganismo escondido]. A obra pretendeu desvelar o significado oculto da idolatria nesse tratado sobre as crenças religiosas dos "gentios" da Índia. Joan Pau Rubiès destaca as obras precedentes de natureza similar feitas por missionários católicos e situa a obra de Rogerius no contexto do século XVII, quando existia uma rede de missionários católicos atuando para além dos limites dos domínios portugueses na Ásia e os impérios ibéricos passavam por uma "crise" de hegemonia no continente[56]. Nesse contexto, os holandeses expandiram-se na região, disputaram mercados com os portugueses, puderam comercializar na Costa do Coromandel, primeira área de contato do missionário Abraham Rogerius com o "hinduísmo". Rogerius atuou por dez anos no assentamento holandês de Pulicat (Paliacate), perto da comunidade portuguesa de São Tomé de Meliapor. Tal como o jesuíta Roberto de Nobili, Rogerius obteve muito do seu conhecimento sobre as crenças locais por meio de informantes nativos, no caso, graças a um brâmane chamado Padmanaba[57].

Segundo Samuel Hugh Moffett, diferentemente dos missionários do Padroado que atuavam sob os auspícios das Coroas ibéricas, os missionários protestantes não eram controlados nem pelo governo da Holanda, nem pela Igreja Reformada holandesa. A Igreja Reformada nomeava os religiosos, mas eles partiam a serviço da Companhia das Índias Orientais holandesa. Em 1622, essa companhia de comércio financiou a criação do "Seminarium Indicum" (na Universidade de Leiden, na Holanda) para formação dos capelães que seriam enviados para as missões na Ásia[58].

O ministro protestante Philip Baldaeus atuou no Ceilão, onde formou uma rede de comunidades cristãs vinculadas à Igreja Reformada e estimulou o uso de catecismos em tâmil. O ritmo repressivo dos protestantes em busca da extirpação dos ritos budistas oscilou, em função de temores de governantes e mercadores holandeses em relação a retaliações no comércio local da canela. Católicos do Ceilão foram perseguidos, levados a se converter ao protestantismo, mas uma parcela deles encontrou refúgio no reino

56. Rubiès, Joan-Pau. *Travel and Ethnology in the Renaissance: South India through European Eyes, 1250-1625*. Cambridge: Cambridge University Press, 2000, p. 311-312.

57. *Ibid.*, p. 312.

58. Moffett, Samuel Hugh. *A History of Christianity in Asia*. Marynoll; Nova York: Orbis Book, 2005, p. 214-217.

de Cândia, que não se encontrava sob controle holandês. Havia também a atuação, de forma secreta, dos padres da Congregação do Oratório de Goa, formada por clérigos nascidos na Índia e da casta brâmane, dos quais o mais célebre foi José Vaz[59], canonizado em 2015.

As missões inglesas na Ásia começaram com a nomeação de capelães para atuar a serviço das companhias de comércio, como ocorrera com os protestantes holandeses. Segundo Moffett, os primeiros missionários protestantes organizados foram os enviados para a Índia pelo rei da Dinamarca, Frederico IV (missão Halle-Dinamarca). Foram enviados dois luteranos alemães, formados na Universidade de Halle, que aportaram em Tranquebar em 1706. Poucos meses depois, realizaram os primeiros batismos, de cinco escravizados que falavam português. Edificaram uma igreja, onde a pregação era feita em português, tâmil ou dinamarquês[60].

Na medida em que os missionários protestantes atuaram em regiões da Ásia que já tinham sido submetidas à evangelização por católicos portugueses ou em que existiam populações formadas por portugueses, seus descendentes e seus escravizados, entende-se por que razão a língua portuguesa foi utilizada em parte dos materiais catequéticos pelos protestantes holandeses, dinamarqueses ou germânicos em tais regiões. Sabe-se, por exemplo, que portugueses e muçulmanos, em fuga, buscaram abrigo em Tranquebar[61]. É elucidativa a impressão de um hinário em língua portuguesa, em Tranquebar, em 1713, iniciativa ligada aos missionários protestantes enviados pelo rei da Dinamarca[62]. Enquanto o missionário Heinrich Plütschau atuou na comunidade portuguesa, Bartolomäus Ziegenbalg concentrou-se na cultura tâmil[63].

## Ásia do Sudeste

Em 1967, foi criada a Associação de Nações do Sudeste Asiático (Asean), que compreende Filipinas, Tailândia, Indonésia, Malásia, Singapura, Vietnã, Laos, Brunei, Myanmar e Camboja. Muitos dos países haviam acabado de

---

59. *Ibid.*, p. 225-226.

60. Moffett, Samuel Hugh. *A History of Christianity in Asia. Op. cit.*, p. 238.

61. Freykenberg, Robert. *Christianity in India: From Beginnings to the Present*. Nova York: Oxford University Press, 2010, p. 146.

62. *Hymnologia sagrada. Isto he espirituaes cantigas, para excitaçaõ da Christaã devoçaõ, e para edificacaõ en fé a piedade*. Tranquebar: na estampa dos missionarios reaes de Dennemark, 1713.

63. Freykenberg, Robert. *Christianity in India. Op. cit.*, p. 147.

se tornar independentes e se uniam visando marcar uma posição frente à China, ao Japão e à Coreia de Sul. Considerando a especificidade do contexto político e econômico que motivou a criação do bloco no século XX, podemos nos perguntar se o espaço geográfico compreendido como Ásia do Sudeste já podia ser identificado no início da Época Moderna. Entre os historiadores que se debruçaram sobre o tema, Fernand Braudel também fez escola. A Ásia do Sudeste representaria, no interior do espaço índico, uma região comparável ao Mediterrâneo, tanto no âmbito espacial como no marítimo e comercial, e essa perspectiva foi explorada por autores como Anthony Reid e Denys Lombard[64].

Vale dizer, porém, que considerar a "Ásia do Sudeste" como uma área de estudos específica não é um tema livre de discussões. Como afirma van Schendel, "geralmente permanece vago quais laços culturais são realmente considerados decisivos na definição do Sudeste Asiático, embora civilizações, línguas e religiões sejam oferecidas como alternativas"[65]. Não sendo aqui o objetivo tomar posição nesse importante debate, adotamos o espaço da Ásia do Sudeste, ou Sudeste Asiático, para destacar o arquipélago indonésio e o que Denys Lombard chamou de *Carrefour javanais*, região que se inseriu em múltiplas escalas na Época Moderna[66].

Após passagens e registros rápidos de viajantes italianos como Marco Polo e Odorico de Pordenone, o contato sistemático entre europeus no arquipélago se deu com a presença portuguesa e a conquista da cidade de Malaca, na Península Malaia, em 1511, pelo então governador do Estado da Índia, Afonso de Albuquerque. Mesmo com o crescimento dos registros europeus sobre a região, seria incorreto, como alerta Lombard, acreditar que os "portugueses usufruíam então de uma supremacia". Chegaram ao mesmo tempo ou após os mercadores muçulmanos e foram "atores entre outros"[67]. O próprio Porto de Malaca era local de cruzamento de diferentes rotas mercantis, não

64. Reid, Anthony. *Southeast Asia in the Age of Commerce, 1450-1680*. New Haven: Yale University Press, 1988; 1993. 2 v.

65. van Schendel, Willem. Geografias do saber, geografias da ignorância. Saltando escalas no Sudeste Asiático. *Terra brasilis*, n. 15, 2021, p. 3.

66. Lombard, Denys. *Le Carrefour javanais. Un essai d'histoire, globale*. 2. ed. Paris: l'EHESS, 2004; Doré, Andréa. Dos estreitos de Malaca ao estreito de Magalhães: a viagem de Magalhães-Elcano na perspectiva asiática. *In*: Kalil, Luís Guilherme Assis; Fernandes, Luiz Estevam de Oliveira Fernandes (orgs.). *1519: circulação, conquistas e conexões na Primeira Modernidade*. Jundiaí: Paco, 2021, p. 97-127.

67. Lombard, Denys. *Le Carrefour javanais. Op. cit.*, p. 51. v. 1.

só muçulmanas, mas também chinesas e, em seguida, portuguesas, espanholas e holandesas. No seu campo de influência estavam as Ilhas Molucas, únicas produtoras de cravo e noz moscada, motivo de cobiça e conflito entre as Coroas ibéricas, mas que seria efetivamente explorada e teria suas sociedades alteradas com a chegada dos holandeses. Em 1609, expulsaram os espanhóis e se instalaram na Ilha de Ternate, provocando mudanças mais agressivas nas décadas seguintes com a política de erradicação das árvores das especiarias e sua concentração em apenas alguns pontos a fim de garantir os lucros dos comerciantes holandeses[68].

Distantes de Goa, capital do Estado da Índia, e das produtoras de especiarias, as ilhas do Sudeste Asiático foram o campo privilegiado pela Companhia Holandesa das Índias Orientais, conhecida pela sigla do seu nome em holandês VOC, criada em 1602 e que atuou até 1795. Em 1604, houve o primeiro enfrentamento com os portugueses no Porto de Moçambique, praça que seria cercada em 1607 e em 1608, sem sucesso. Desses dois cercos, o soldado português Antonio Durão deixou um relato quase diário, em que se verifica a confluência de diferentes ordens de conflito: político, uma vez que as Províncias Unidas dos Países Baixos haviam se rebelado contra a invasão espanhola de seus territórios na Europa e que o reino de Portugal era então parte da Monarquia Hispânica; religioso, opondo calvinistas e católicos; e econômico, considerando que estava em jogo a exploração de lucrativas rotas marítimas[69].

O quartel general da VOC foi instalado na cidade de Batavia, atual Jacarta, na Ilha de Java, em 1619. Os holandeses estabeleceram bases mercantis nas Molucas, em Amboíno (1605) e em Ternate (1609), no Ceilão (1638-1658), em Formosa (1624-1662) e em Malaca (1641), ao mesmo tempo em que substituíram os portugueses como intermediários entre a Europa e o Japão [↗Reformas religiosas]. Expandiram-se pela Costa do Malabar, buscaram acordos comerciais com o Sião e avançaram sobre o sultanato de Mataram, na Indonésia.

---

68. Andaya, Leonard Y. *The World of Maluku. Eastern Indonesia in the Early Modern Period.* Honolulu: University of Hawaii Press, 1993, p. 40, 57, 154-156.

69. Durão, Antonio. *Hystorya dos Cercos que os Olandezes puzerão a Fortallezza de Mosambique o Anno de 607 e 608.* Sendo Capitão e governador della Dom Estevão de Atayde. Copyllada por Antonio Durão Soldado dos mesmos Cercos. Goa 1609. Introdução e notas de A. Meyrelles Souto. *Studia*, n. 12, Lisboa, 1963.

A concorrência dos holandeses no comércio do Oceano Índico ocasionou uma disputa jurídica com Portugal, que pela bula papal se atribuía direito de explorar a porção oriental do mundo a partir da Linha de Tordesilhas. Do lado holandês, estava o jurista Hugo Grócio, autor da obra *Mare Liberum*, de 1608, e para defender os portugueses, o Frei Serafim de Freitas e seu *De justo Imperio Lusitanorum Asiatico* (*Do justo Império Asiático Português*), publicado pela primeira vez em 1625. Os portugueses, na exposição de Grócio, fundamentariam seus direitos de conquista em quatro títulos: por meio de doação papal; por meio de guerra justa; pela prioridade da descoberta e pelo costume. Contudo, nenhuma dessas bases se sustentaria, segundo o holandês, devido ao caráter espiritual, e não temporal, do poder papal e ao fato de que as guerras travadas teriam sido injustas, uma vez que os povos da Ásia tinham pleno direito sobre seus bens e possessões[70]. O interesse de Grócio nessa argumentação estava no fato de que era preciso assegurar a existência da soberania dos príncipes dessas regiões, com os quais os holandeses pretendiam estabelecer tratados visando privilégios e concessões comerciais. Leonard Andaya considera que esse posicionamento em relação à liberdade dos mares diferenciava a Companhia da postura defendida pela república neerlandesa. Diante das redes de alianças e domínios já estabelecidos pelos portugueses, somente a sua eliminação garantiria o sucesso da Companhia. Assim, o *mare liberum* apregoado por Hugo Grócio foi "convenientemente esquecido na Ásia"[71].

A lógica que inspirava as companhias de comércio era, como aconteceu com as monarquias ibéricas, monopolista, ou seja, somente por meio de concessão da Coroa se podia comerciar no Índico. Esse sistema foi adotado pela VOC e também pela Companhia Inglesa da Índias Orientais (East India Company), atuante de 1600 a 1858 e que só perdeu o privilégio do tráfico da Índia em 1813 e o da China em 1833. Diferentemente, porém, das concessões dadas a comerciantes pelas Coroas ibéricas, o poder das companhias de comércio não se restringia às atividades mercantis. As companhias efetuavam operações de armamento, fretavam navios, compravam mercadorias que expediam para a Ásia e vendiam produtos que importavam para a Europa.

70. Pagden, Anthony. Commerce and conquest. Hugo Grotius and Serafim de Freitas on the freedom of the seas. *Mare Liberum*, n. 20, 2000, p. 33-55, p. 47s; Gesteira, Heloisa M. Da Liberdade dos mares: guerra e comércio na expansão neerlandesa para o Atlântico. *Revista de História*, n. 154, 2006, p. 221-249.

71. Andaya, Leonard Y. *The World of Maluku*. *Op. cit.*, p. 41.

Eram também responsáveis pela gestão econômica, pela definição das taxas dos fretes e lucros. Tinham prerrogativas soberanas, ligadas a aspectos estatais, como a cunhagem de moeda, a aplicação da justiça, a manutenção de tropas e fortalezas, o direito de negociar com soberanos asiáticos, o direito de paz e guerra. A soberania era, porém, acompanhada por um controle por parte do Estado que exigia os lucros obtidos no comércio como contrapartida. Eram corpos semipúblicos, por isso é preciso relativizar sua Modernidade quando se afirma estarem na origem das empresas multinacionais contemporâneas[72].

O caráter eminentemente capitalista das companhias de comércio não só restringiu a presença ibérica no comércio do Índico como alterou em maior profundidade as relações que as sociedades asiáticas tinham entre si e com o restante do mundo. Em 1736, foi impressa e comercializada em Londres uma obra que continha um mapa do cartógrafo Hermann Moll intitulado *A map of the continent of the East-Indies &c. Containing the territories settlements, and factories of the Europeans. Explanaining what belongs to England, France, Holland, Denmark, Portugal &c.* [Mapa do continente das Índias Orientais etc. Contendo os territórios, colônias, e feitorias dos Europeus. Explicando o que pertence à Inglaterra, França, Holanda, Dinamarca, Portugal etc.][73]. Apenas o título já é bastante elucidativo da ampliação da presença das nações ocidentais na geografia do Índico ao longo da Época Moderna e do que interessava aos observadores europeus saber sobre a Ásia. Inúmeros topônimos cumprem o que o título promete, como se lê em "Diu to Portugal", "Bombay Eng" e "Cochin Dutch". Como aspecto característico dos mapas, a produção de Hermann Moll é um grande e superficial panorama do espaço. Superficial, porque mostra apenas a primeira camada da configuração política e geográfica, além de apagar as transformações, as disputas e as alianças vivenciadas pelas sociedades envolvidas. Neste capítulo, que adotou o Oceano Índico como escala de análise, objetivou-se introduzir alguns temas relativos a essas diferentes camadas.

---

72. Dermigny, Louis. *Le fonctionnement des compagnies des Indes. Sociétés et compagnies de commerce en Orient et dans l'Ocean Indien. Actes du Huitième Colloque International d'Histoire Maritime. Beyrouth 1966*. Paris: Sevpen, 1970, p. 449.

73. Moll, Herman. *A map of the continent of the East-Indies &c. Containing the territories settlements, and factories of the Europeans. Explaining what belongs to England, France, Holland, Denmark, Portugal &c.* Londres: T. Bowles, [1736]. Disponível em: https://exhibits.stanford.edu/david-rumsey-map-collection/catalog/by351dn7633

## Bibliografia comentada

Andaya, Leonard Y. *The World of Maluku. Eastern Indonesia in the Early Modern Period*. Honolulu: University of Hawaii Press, 1993.

> Discute as relações internas nas Ilhas Molucas antes e após a chegada dos europeus, abordando os significados ritual e material das especiarias produzidas no arquipélago, sua transformação em commodities e as alterações nas sociedades locais causadas pelos holandeses.

Boxer, Charles R. *O império marítimo português*. São Paulo: Companhia das Letras, 2002.

> Obra clássica e fundamental do historiador inglês sobre a presença portuguesa na Ásia. Não contém muitas referências, mas os temas que aborda são pontos de partida para a compreensão dessa presença e para novas pesquisas.

Calderón, Javier Ruiz. *Breve história del hinduismo. De los Vedas al siglo XXI*. Madri: Biblioteca Nueva, 2008.

> Apresenta uma visão de conjunto sobre o hinduísmo, desde as matrizes védicas até o hinduísmo na contemporaneidade.

Chatterjee, Indrani; Eaton, Richard (org.). *Slavery and South Asian History*. Bloomington; Indianapolis: Indiana University Press, 2006.

> O livro discute os vários tipos de escravidão no Sul da Ásia. Apresenta discussões conceituais e estudos de caso que abrangem diversas regiões, recortes temporais e modalidades de escravidão.

Doré, Andréa. *Sitiados. Os cercos às fortalezas portuguesas na Índia (1498-1622)*. São Paulo: Alameda, 2010.

> Partindo dos cercos militares sofridos pelos portugueses, a autora explora a condição de sitiados como característica da presença portuguesa às margens do Índico, mesmo quando não havia conflito. São analisados relatos de cercos, correspondência entre Goa e Lisboa, ou Madri, e relatos de viagens de estrangeiros para analisar a restrita territorialidade dos domínios portugueses.

Faria, Patrícia Souza de. *A conquista das almas do Oriente*. Rio de Janeiro: 7Letras, 2013.

> Nesta obra, analisa-se o papel dos franciscanos na cristianização das populações de Goa, com atenção aos diferentes poderes (políticos e eclesiásticos), que favoreceram a difusão do catolicismo naquela região da Índia.

Goor, Jurien van. *Prelude to Coloniasm: the Dutch in Asia*. Hilversum: Verloren, 2004.

> O livro trata de vários aspectos da Companhia das Índias Orientais (VOC) e das continuidades entre a dominação exercida por ela e a administração colonial holandesa na Ásia (Dutch East Indies) após a bancarrota da VOC. Discute os nexos entre imperialismo e orientalismo.

Kooria, Mahmood; Pearson, Michael (eds.). *Malabar in the Indian Ocean: Cosmopolitanism in a Maritime Historical Region*. Nova Delhi: Oxford University Press, 2018.

> A principal contribuição da obra é apresentar, traduzir e publicar fontes escritas em árabe, persa, hebraico, latim e malaialam, a fim de estimular que os estudos sobre as interações dos europeus com povos do Malabar não utilizem apenas fontes europeias.

Lunde, Paul. La llegada de los portugueses al Océano Índico según las fuentes árabes. *Mare Liberum*, n. 10, 1995, p. 431-436.

> Esse breve artigo apresenta elementos dos efeitos da chegada dos portugueses ao Índico, com indicações de fontes e breve bibliografia.

Lach, Donald. *Asia in the Making of Europe*. Londres; Chicago: The University of Chicago Press, 1965-1993.

> Formada por vários volumes, a obra analisa como o encontro dos europeus com a Ásia impactou o desenvolvimento da ciência, da arte, da religião e das sociedades no Ocidente.

Marcovits, Claude. *Histoire de l'Inde Moderne, 1480-1950*. Paris: Fayard, 1994.

> O livro apresenta uma síntese das principais transformações políticas e econômicas da Índia, desde o século XV até a independência.

*Oceanos*, Culturas do Índico, n. 34, 1998.

> Esse volume da revista Oceanos traz estudos apresentados no Colóquio "A expansão Portuguesa e as Culturas do Índico" que contemplaram Estado, sociedade e cultura de diversas regiões do Índico.

Oliveira, Priscila Ketlin Garcia. *O Malabar em disputa (séculos XVI- XVII): uma análise das narrativas de Zinadím e Diogo Gonçalves*. Dissertação (Mestrado em História) – Universidade do Estado do Rio de Janeiro, 2018.

> Análise da construção da alteridade nas narrativas do muçulmano Zinadím e do jesuíta Diogo Gonçalves, que escreveram sobre o Malabar (na Índia), palco de contatos culturais e conflitos entre portugueses e povos locais.

Raveri, Massimo. *Índia e Extremo Oriente: via da libertação e da imortalidade.* São Paulo: Hedra, 2005.

> Apresenta uma síntese sobre o hinduísmo, os budismos (chinês, japonês, tibetano), o taoísmo e o xintoísmo. Originalmente, era o terceiro volume do Manual de História das Religiões, ligado à escola italiana de História das Religiões.

Sheriff, Abdul; Ho, Engsebg (eds.). *The Indian Ocean: Oceanic Connections and the Creation of New Societies.* Londres: Hurst & Company, 2014.

> Dez ensaios que tratam de dois grandes temas – "movimentos oceânicos e conexões" e "criação de novas sociedades" – e abordam comércio, escravidão, migrações, identidades, com ênfase nos séculos XIX e XX.

Soalheiro, Bruna. *A viagem da Cruz ao Teto do Mundo: encontros culturais e diálogo inter-religioso nas missões da Companhia de Jesus na Índia e no Tibete (séc. XVI- XVIII).* Jundiaí: Paco, 2018.

> O livro analisa as missões jesuítas na Índia Mogol e as iniciativas desses religiosos no Tibete, em Tsaparang e Lhasa. Analisa as estratégias de conversão ao catolicismo, os debates e diálogos entre jesuítas e religiosos muçulmanos ou budistas.

Subrahmanyam, Sanjay. *Impérios em concorrência: histórias conectadas nos séculos XVI e XVII.* Lisboa: Imprensa de Ciências Sociais, 2012.

> O livro é formado por dez ensaios que tratam de processos históricos que ocorreram na Península Ibérica e no Índico, articulando as histórias de vários impérios (Português, Mogol, Safávida, Otomano etc.).

Tavares, Célia. *Jesuítas e inquisidores em Goa: a Cristandade insular (1540-1682).* Lisboa: Roma Editora, 2004.

> O livro trata da cristianização em Goa com a análise da ação dos jesuítas e da perseguição, pela Inquisição de Goa, dos que se desviavam da fé católica. Apresenta também contextualizações sobre a expansão lusa e a questão do clero nativo.

Thomaz, Luís Filipe. *De Ceuta a Timor.* Lisboa: Difel, 1994.

> Extensa coletânea de textos em que o autor aborda as viagens portuguesas desde o século XV, percorre o século XVI e desenvolve análises mais detidas sobre Goa, Malaca e Timor. Há detalhadas referências à documentação primária.

# 10
# O Leste Asiático

*Bruna Soalheiro*
*Célia Tavares*

O espaço denominado Leste Asiático compreende a região que atualmente corresponde à China, ao Japão, à Coreia do Norte, à Coreia do Sul e a Taiwan, mas que, por vezes, pode incluir outras nações, como o Vietnã, a Mongólia e sub-regiões asiáticas da Rússia. Chama-se assim esse imenso espaço com base na definição de geógrafos que enfatiza o uso das coordenadas geográficas clássicas em detrimento de outras denominações correlatas utilizadas como sinônimos, tais como: Extremo Oriente, Ásia Oriental e até mesmo Ásia Extrema, termo utilizado em uma obra do padre jesuíta António de Gouveia, de 1644, a partir de sua experiência missionária na China.

Apesar do corte geográfico ser uma decisão arbitrária, alguns traços culturais, além da proximidade geográfica em si, justificam tal recorte. O primeiro deles foi a disseminação do sistema de escrita chinesa. A difusão de algumas formas de pensamento, como o budismo e o confucionismo, também contribuiu para uma certa organização político-social desse espaço, incidindo de forma determinante nas relações diplomáticas e trocas de ideias, que ganharam contornos até mesmo de alianças políticas estabelecidas entre os países da região.

Atualmente, China, Japão e Coreias respondem por 20% da população do mundo, algo em torno de 1,6 bilhão de pessoas. Além disso, a importância desses países na economia global é inegável: juntos, são responsáveis por quase um quarto do PIB mundial. Soma-se a isso o progressivo aumento da circulação de seus produtos – materiais e culturais – pelo mundo.

Em que pese, portanto, a evidente importância de se estudar a história do Leste Asiático, o assunto encontra ainda raras contribuições no mercado editorial brasileiro. Há uma carência de oferta de trabalhos historiográficos sobre essa região, entendida não a partir de sua organização nacional, mas a partir das relações que podem se estabelecer historicamente entre as nações constituídas. Essa carência é mais aguda se pensamos em trabalhos em língua portuguesa, em especial trabalhos que sejam acessíveis para estudantes e pessoas no início de sua formação profissional.

Interessa-nos, pois, oferecer uma mirada sobre as relações históricas entre os países da região e entre esses e outros países europeus, ditos "ocidentais", superando uma abordagem meramente nacional ou nacionalista. Trata-se de adotar escalas de análise, sempre que oportuno, entre o local, o regional e o global, priorizando as relações e as conexões.

As sociedades do Leste Asiático mantêm uma relação peculiar com suas histórias. Podemos dizer que são sociedades "historicamente orientadas", pois suas identidades – em especial as distinções identitárias estabelecidas em relação aos outros povos vizinhos – muitas vezes se constituíram a partir de uma certa memória do passado, principalmente sobre as circunstâncias de suas guerras, "separações" e "independências"[1].

Existem três grandes famílias linguísticas no Leste Asiático, o que aponta para a existência de três grandes rotas migratórias responsáveis pela constituição das populações e sociedades da região: norte da Ásia, Mongólia, Manchúria, Coreia e Japão; da China para o Tibete e Ásia do Sudeste; do sul da China para o nordeste asiático, Filipinas e Indonésia.

Especificamente no que diz respeito à escrita, inscrições em ossos de oráculos indicam que ela já era um importante elemento cultural na China desde pelo menos 1200 a.C., ainda que talvez tenha surgido em tempos mais remotos. A linguagem e o sistema de escrita contemporâneos à Dinastia Shang (1570 a.C.-1045 a.C.) originaram formas de escrita que se sucederam. Como o egípcio e o sumério, esse sistema era gráfico, o que apresentou algumas vantagens em comparação à escrita fonética, pois a manutenção dos caracteres ao longo do tempo – não submetendo a escrita a incessantes atualizações fonéticas – permite a leitura e o compartilhamento de textos de distantes produções no tempo e no espaço. Isso implicou a constituição de uma relação peculiar que os chineses estabeleceram e estabelecem com a linguagem, com o seu passado e com as comunidades que compartilharam esse sistema de escrita, incluindo aqui japoneses e coreanos. Estes últimos possuem suas escritas particulares, mas dentro da matriz lógica do sistema originado na China.

1. Ebrey, Patricia; Walthall, Anne. *East Asia: A Cultural, Social, and Political History*. Boston: Houghton Mifflin Company, 2013, p. 13.

Muitas formas de pensar, filosofias ou religiões, concorreram para a constituição histórica, política e social dos países que compõem o Leste Asiático. Na China, desde tempos muito remotos, foram centrais as funções político-sociais exercidas por representantes do pensamento confucionista, inclusive do ponto de vista da concentração do poder e da estrutura burocrática. O papel do confucionismo, enquanto sistematização ética, foi fundamental, portanto, para a organização sociopolítica não só da China, como também da Coreia.

O budismo se difundiu pela Ásia a partir da Índia, alcançando sociedades étnica, linguística e politicamente distintas. Chegou à China primeiramente como uma forma religiosa própria de mercadores estrangeiros, logo seguidos por monges de várias partes da Ásia Central desde pelo menos o período de Ashoka (261 a.C.), que se dedicaram a traduzir textos considerados sagrados do sânscrito para o chinês. Vale destacar o trabalho de Kumarajiva (344-413), um monge budista que contribuiu para a tradução de importantes textos budistas, como o Sutra de Lotus, além de textos do filósofo Nagarjuna (c. século II)[2]. Esse esforço de tradução não garantiu apenas que o budismo chegasse à China, mas que alcançasse também o Japão e a Coreia, onde ganharia desenvolvimento e escolas próprias. Assim, a disseminação do budismo pela Ásia Central e pelo Leste Asiático pode ser lida não apenas no sentido de uma onda de conversão religiosa, mas principalmente como a constituição de uma ferramenta política, cultural e ideológica a serviço das relações entre chineses e não chineses. Do ponto de vista feminino, o budismo na China também se tornou uma forma de vida social alternativa ao que a tradição prescrevia às mulheres, na medida em que o monastério se tornava uma possibilidade ao casamento e a uma vida de viuvez junto à família do falecido marido. O budismo alcançaria a Coreia, a partir da China, no século IV[3]. No Japão, teve um papel fundamental no desenvolvimento do Estado, no século VI, e o Zen constituiu sua importância política em especial a partir do século XIV.

## Balizas cronológicas e recortes temporais

No que diz respeito ao recorte cronológico, como este é um capítulo que compõe um corpo de textos mais amplos, cujo recorte é a Época Moderna (oriundo da tradicional historiografia europeia), optamos por considerar como baliza cronológica inicial os primeiros contatos estabelecidos entre europeus, chineses e japoneses a partir do século XVI. Isso não significa

2. Ebrey, Patricia; Walthall, Anne. *East Asia. Op. cit.*, p. 59.

3. *Ibid.*, p. 106.

que será ignorado o que no período anterior concorreu para a composição daquilo que podemos chamar de uma "China moderna" ou de um "Japão da Modernidade", estabelecendo assim uma relação cronológica diferente da que as historiografias da China, do Japão e da Coreia costumam adotar para balizar seus eventos históricos. Além disso, os intercâmbios entre esses espaços e a Europa, os encontros entre asiáticos e europeus, são muito anteriores à chegada das naus portuguesas. Remetem, pelo menos, às viagens atribuídas a Marco Polo pela Ásia e às viagens de religiosos como Guilherme de Rubruck, no século XIII [↗O espaço índico].

De toda forma, sabe-se que algo específico ocorreu na virada da Modernidade, algo que diz respeito à própria relação que as pessoas naquela época passaram a estabelecer com o espaço, com as trocas, com o tempo e com as distâncias. Muitos autores defendem esse período como um marco inicial da chamada "primeira globalização", responsável por mudanças econômicas e sociais que sustentariam o surgimento do capitalismo[4]. Não se trata de ignorar todo o passado, toda a história da região até então; mas de reconhecer que as transformações ocorridas a partir daquele momento – decorrentes do incremento das relações comerciais e culturais estabelecidas entre os povos da Ásia e os europeus – foram determinantes para a economia, para a política, enfim, para a Época Moderna entendida em sua escala mais global.

No quadro ao lado, podemos ver, dentro da cronologia aqui recortada (Fig. 10.1), as relações entre os fatos concernentes à chegada dos portugueses nos portos chineses e japoneses e as épocas segundo as quais as histórias da China, do Japão e da Coreia estão divididas.

Em geral, a historiografia da China, do Japão e da Coreia dividem seus respectivos tempos históricos a partir dos conceitos de dinastias ou de períodos. Dessa forma, decidimos recortar a cronologia para o caso da China nas dinastias Ming e Ch'ing (também chamada de Manchu, demarcando a etnia que assumiu o poder naquele momento); para o Japão, nos períodos Sengoku e Edo; e para a Coreia, na Dinastia Choson. Como todos esses recortes extrapolam a lógica do corte referente à História Moderna eurocentrada (séculos XV a XVIII), iremos explorar as linhas gerais das histórias chinesa, japonesa e coreana com relação a esse recorte de origem ocidental, sem preocupação com uma rigidez de marcos cronológicos, transpondo-os quando necessário, em nome de melhor compreensão dos fenômenos estudados.

---

4. Gruzinski, Serge. *As quatro partes do mundo: história de uma mundialização*. Belo Horizonte: Editora UFMG; São Paulo: Edusp, 2014.

Figura 10.1 – Cronologia

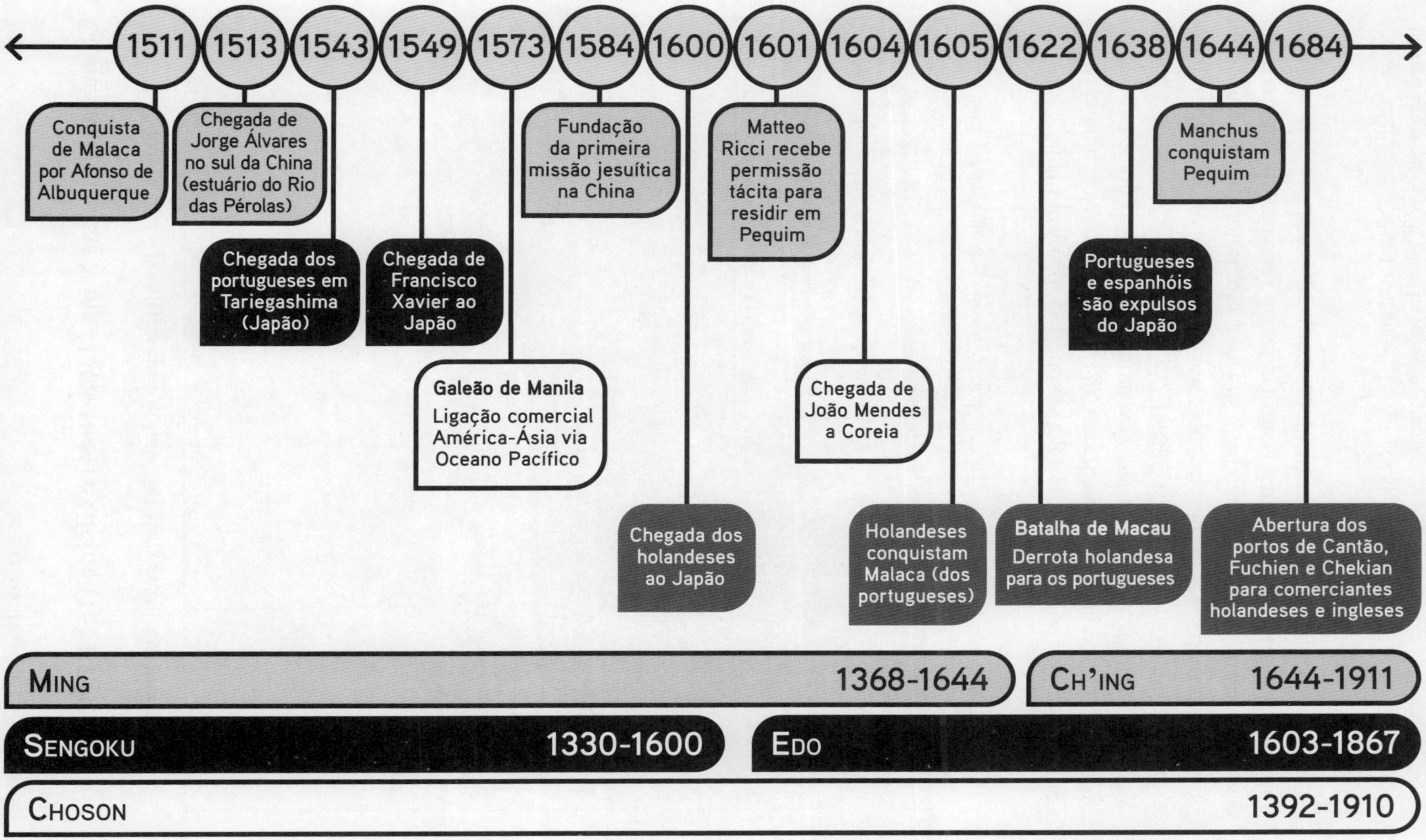

## China das Dinastias Ming (1368-1644) e Ch'ing (1644-1911)

**Figura 10.2 – Fronteiras entre os Impérios Ming e Manchu Qing**

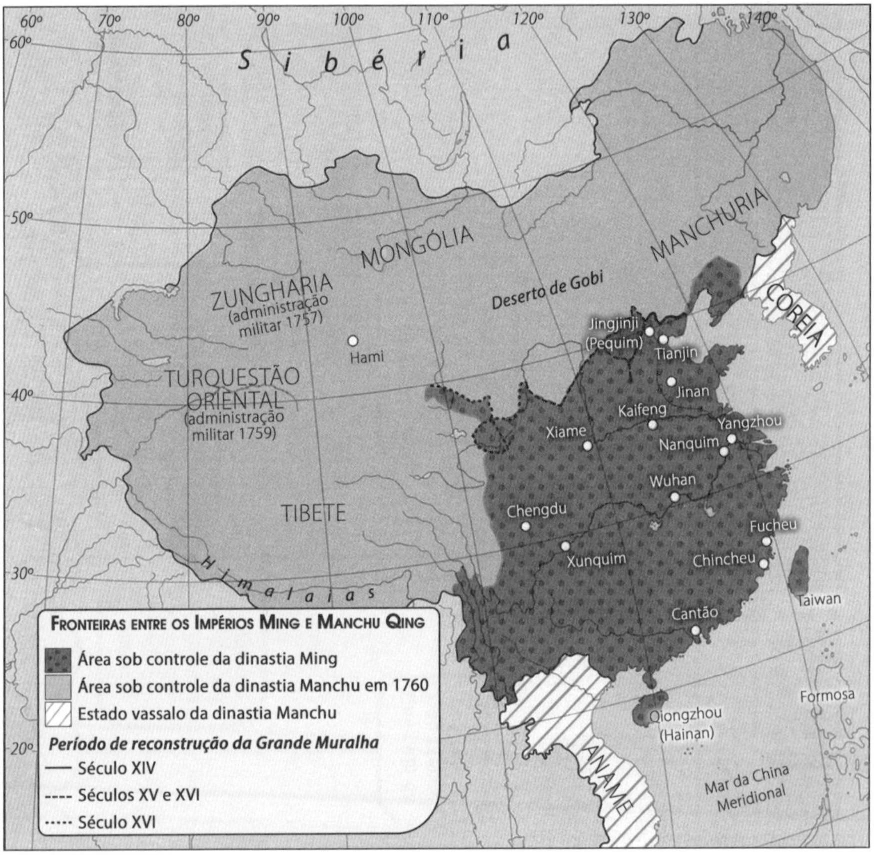


Fonte: Adaptado de O'Brien, Patric K. (ed.). *Philip's Atlas of World History*. Londres: Octopus, 2007, p. 139.

Para William Rowe, os períodos Ming e Ch'ing não podem ser vistos necessariamente isolados, a despeito de suas diferenças, uma vez que são compreendidos como os grandes responsáveis pelas forças constitutivas do que é a China dos nossos dias[5]. "Império Tardio" é o termo mais utilizado pelos historiadores que se alinham à nova tendência de ver essas duas dinastias de modo interligado. Entretanto, para fins didáticos, é importante entendermos as características de cada um desses períodos. Para tanto, desenvolveremos aqui uma breve síntese de seus principais momentos e características, considerando

5. Rowe, William T. *China Last Empire: The Great Qing*. Cambridge: The Belknap Press of Harvard University Press, 2009. Introdução.

o ano de 1796, fim do governo do grande Imperador Ch'ing Qianlong, como marco final de nossa análise. Ressaltamos, entretanto, que, ao longo dos séculos XIX e XX, essa dinastia confrontou-se com a violência do avanço imperialista europeu, que terá forte impacto na história da China.

Por volta de 1340, ao fim da Dinastia Yuan (1271-1368), de origem mongólica, a China enfrentou grave crise econômica com a desorganização da produção agrícola graças a eventos naturais adversos – grandes cheias do Rio Amarelo; disparada dos preços dos alimentos; fome generalizada; revoltas camponesas; epidemias (a peste bubônica pode ter dizimado cerca de 30% da população) – que contribuíram para a derrocada da dinastia. Entre as várias revoltas que então eclodiram, liderando uma das principais delas, destacou-se Zhū Yuánzhāng (1328-1398) à frente de uma seita budista milenarista chamada de Turbantes Vermelhos[6]. Em 1368, ele expulsou para o território mongol o último imperador da Dinastia Yuan, Huìzōng (1333-1370), definitivamente derrotado em 1370, e fundou a Dinastia Ming (que significa "Brilhante"), definindo Nanquim como a capital[7].

O Imperador Hóngwǔ (r. 1368-1399) – como se intitulou Zhū Yuánzhāng ao fundar a nova dinastia –, pertencia à etnia *han*, que incluía a maioria dos chineses, tinha origem camponesa e que fora monge budista antes de se envolver com a rebelião dos Turbantes Vermelhos[8]. Para consolidar seu poder, teve de sufocar rivais de outras rebeliões que se alastraram pelos escombros dos domínios da Dinastia Yuan. Desenvolveu uma série de campanhas militares que possibilitaram a reunificação do país, finalmente consolidada em 1383.

Muitos estudiosos desse período identificam o Imperador Hóngwǔ como tendo muitas desconfianças em relação aos funcionários acadêmicos (elite letrada, comumente chamados de mandarins) e também aos eunucos (homens emasculados que ocupavam cargos oficiais, especialmente como corpo de segurança dos imperadores, desde a Antiguidade), além de agir muitas vezes de maneira contraditória, ora apoiando o neoconfucionismo, ora censurando textos associados a essa tendência; ora proibindo os exames para os cargos públicos, ora incentivando-os, por exemplo. Atribuem essas características a

6. Ebrey, Patricia; Walthall, Anne. *East Asia. Op. cit.*, p. 227.

7. Jaivin, Linda. *A mais breve História da China*. Lisboa: D. Quixote, 2021, p. 122.

8. Hung, Hing Ming. *From the Mongols to the Ming Dinasty: How a Begging Monk Became Emperor of China — Zhu Yuan Zhang*. Nova York: Algora, 2016, p. 170.

suas origens humildes, que o fariam desconfiar de pessoas mais capacitadas intelectualmente do que ele ou que tivessem atributos mais especializados[9].

A despeito disso, sua governança lançou as bases de significativa prosperidade econômica no país e fez inúmeras reformas que estabilizaram a China. Algumas delas podem ser listadas: retornou ao número de quinze províncias no país; restaurou os seis ministérios (dos funcionários, das finanças, dos ritos, da guerra, da justiça e das obras); incentivou a restauração de canais: diques, estradas e reservatórios, utilizando mão de obra convocada para tais serviços; instituiu novo código de leis que pautou as decisões judiciais de todo o período da Dinastia Ming; organizou um sistema de comunidades rurais que promoveu a produção agrícola para a autossuficiência e facilitou o processo de tributação e incentivou a produção artesanal, alimentando a circulação de mercadorias manufaturadas. É sabido que esse imperador desconfiava das atividades comerciais, mas a abundância que decorreu das reformas no campo por ele promovidas resultou em aumento do comércio e prosperidade econômica, em geral.

Mesmo levando em conta todas essas novidades, o historiador Timothy Brook ressalta que não se pode deixar de notar que os Ming também souberam conservar algumas características administrativas do período mongol: por exemplo, a malha de estradas e o bom funcionamento do correio. Para esse autor, é importante entender que essa composição de novidades e permanências promoveu a grandeza que a China ganhou na Época Moderna[10].

O Imperador Hóngwǔ centralizou as decisões político-administrativas, criando uma rede burocrática submetida a seu controle direto. Extinguiu o cargo de primeiro-ministro e os ministros das seis pastas tinham que responder diretamente a ele. Criou também um gabinete privado com secretários (podiam variar de 3 a 6) com os quais se aconselhava nos despachos. Apesar da desconfiança em relação aos eunucos, já mencionada - determinou, inclusive, que não soubessem ler ou escrever –, Hóngwǔ garantiu o contato direto entre eles e o imperador, o que, posteriormente, em outros reinados,

9. Mote, Frederick W. The rise of the Ming Dinasty, 1330-1367. *In*: Twitchett, Denis; Fairbank, John K. *The Cambridge History of China*. Cambridge: Cambridge University Press, 2008, p. 44-47. v. 7, parte 1: The Ming Dynasty, 1368-1644.

10. Brook, Thimoty. *The Troubled Empire: China in the Yuan and Ming Dinasties*. Massachussets: The Belknap Press of Harvard University Press, 2010, p. 2.

causou o isolamento do chefe político supremo, com nefastas consequências. Perseguiu implacavelmente opositores políticos, promovendo a prisão e a execução de milhares deles. Impôs às populações austeros valores com códigos de vestimenta, de expressão e de escrita, além de promover a migração e o assentamento de milhares de famílias em regiões por ele determinadas, proibindo-lhes a mudança, depois de assentados[11].

O fundador da dinastia lançou, assim, as bases da prosperidade do período, mas também possibilitou o surgimento de vários processos que, ao longo do tempo, resultaram em isolamento de imperadores, principalmente a partir do fortalecimento dos eunucos, que passaram a exercer o controle dos contatos entre os funcionários letrados e os imperadores. Esse aspecto contribuiu para o colapso da Dinastia Ming.

Não sendo possível analisar todos os reinados da Dinastia Ming – que durou quase 300 anos –, vale ressaltar as suas principais mudanças: a capital saiu de Nanquim para Pequim e houve a construção da Cidade Proibida, feita pelo Imperador Yǒnglè (r. 1402-1424), em 1421. De resto, a prosperidade e a abundância abriram espaço para corrupção e abusos de poder, especialmente com o crescimento do número de eunucos que, depois do rompimento das limitações impostas por Hóngwǔ, conseguiram, em diversos momentos, manipular decisões dos imperadores, mesmo com a reprovação dos funcionários letrados que os desprezavam. Isso causou aumento descontrolado dos impostos, desorganização econômica e disputas políticas acirradas que propiciaram a ocorrência de inúmeros levantes camponeses em meados do século XVII, enfraquecendo a dinastia.

Na Região Nordeste da China, encontravam-se vários grupos que partilhavam identidades linguísticas e culturais distintas da etnia *han*. Foram articulados por um clã, chamado Aisin Gioro, mais tarde denominados manchus. Aisin Gioro possuía um intenso comércio com os Ming, especialmente de peles e de *ginseng* (raiz com aplicações medicinais), com grandes lucros para os primeiros[12]. A partir de 1636, organizaram-se em oito grupos, denominados Bandeiras (forma de organização militar, política e social), identificados com cores diferentes e articularam feroz ataque à Dinastia Ming, que sucumbiu ao avanço das forças militares. Conseguiram tomar Pequim em 1644 e proclamaram como novo Imperador Shunzhi (r. 1644-1661), então

11. *Ibid.*

12. Rowe, William T. *China Last Empire*: *The Great Qing*. *Op. cit.*, p. 14.

com apenas 7 anos. Foi feito regente seu tio, Dorgon, e então foi, finalmente, formalizado o início da nova dinastia, a Ch'ing. Ainda houve um período de resistência de províncias fiéis aos Ming, especialmente ao sul, com destaque para Nanquim, mas em 1662, consolidou-se a vitória final.

A nova dinastia impôs hábitos e vestimentas às populações, como o uso da trança e de vestuário manchu, com o intuito de estabelecer a submissão a esse grupo que chegava ao poder e era minoritário em relação aos chineses da etnia *han*.

As Bandeiras estabeleceram, então, guarnições nas cidades do império e Pequim foi dividida entre as oito, que ficaram responsáveis por sua administração, promovendo forte repressão. Metade dos cargos públicos ficou sob controle dos manchus e os *han* simpatizantes foram cooptados. Essa estratégia foi importante para a consolidação do poder da nova dinastia.

O governo era exercido autocraticamente pelo imperador, assessorado pelo secretariado, órgão que existia desde os tempos dos Ming e que acabou sendo mantido na estrutura do poder Ch'ing. Os mesmos ministérios dos funcionários, das finanças, dos ritos, da guerra, da justiça e das obras foram mantidos. O império foi dividido em 18 regiões administrativas, chegando a 22 em períodos posteriores, já no século XIX. Para prover todos esses cargos, continuaram a existir os exames de seleção de funcionários letrados, que ocorriam a cada 3 anos. Contudo, surgiram novidades do ponto de vista administrativo: houve a criação de uma corte para administrar os territórios conquistados; um departamento para cuidar dos serviços pessoais do imperador e o Grande Conselho, que reunia os principais estrategistas militares que assessoravam as campanhas de guerra promovidas pelos Ch'ing, especialmente nos reinados de Kangxi (r. 1662-1722) e Qianlong (r. 1736-1796), maiores expoentes da referida dinastia. Foram eles que promoveram significativamente a expansão dos limites da China, alcançando extensão bem superior ao período Ming.

Os longuíssimos reinados de Kangxi e Qianlong foram marcados por crescimento não só do território, mas também econômico e demográfico, sendo reconhecidamente período de grande prosperidade. Problemas vão começar a surgir no século XIX e daí em diante a dinastia entrará em decadência.

## A Coreia da Dinastia Choson (1392-1910)

Para atender os marcos temporais definidos para este manual, a despeito da história desta dinastia coreana continuar até o século XX, estabelecemos o fim do século XVIII como baliza final de nossa análise sobre a Coreia. Isso significa estabelecer como marco justamente o fim do reinado de Jeongjo, que governou de 1776 a 1800.

É comum uma visão distorcida da história coreana que a submete completamente ao contexto da história chinesa. A tradição coreana é, no entanto, cheia de especificidades que devem ser analisadas. A proximidade fronteiriça com a China permitiu uma série de influências na cultura, política, economia e sociedade coreanas, mas não se deve perder a dimensão particular dos fenômenos históricos aqui estudados.

A dinastia anterior a de Choson, chamada de Koryo, estabeleceu-se no século X, ao consolidar a unificação de reinos que existiam na Península Coreana. Ao fim do século XIV, a longeva dinastia dava sinais de desgaste e enfraquecimento, com o aumento da corrupção. Não obstante, é preciso levar em conta os reflexos da desorganização política vivida pela vizinha China da Dinastia Yuan. Os Turbantes Vermelhos, que vimos causar tensões políticas em território chinês, chegaram a invadir regiões ao norte da Península Coreana. A intensa ação de piratas japoneses nas costas do país criava mais um elemento de instabilidade. Diante da fundação da Dinastia Ming na China, é possível ver o fracionamento de representantes da elite coreana entre aqueles que eram pró-mongóis e outros que se alinhavam aos Ming[13].

Em 1392, Yi Seong-gye, simpatizante dos Ming, adepto do neoconfucionismo e anti-budista, com o apoio de funcionários e militares, ocupou a capital Kaesong, destronando o último Rei Koryo, Gongyang (r. 1389-1392), que fugiu para Wonju e lá foi morto. Em seguida, Yi Seong-gye foi entronizado com o nome de Taejo (r. 1392-1398), tornando-se, assim, o primeiro rei da Dinastia Choson[14]. Patricia Ebrey e Anne Walthall classificam este momento como um golpe de Estado que pode ser considerado menos sangrento do que era costume acontecer na região[15].

---

13. Ebrey, Patricia; Walthall, Anne. *East Asia. Op. cit.*, p. 240-241.

14. Macedo, Emiliano Unzer. *A montanha e o urso: uma história da Coreia.* Columbia/San Bernadino: Amazon Independent Publishing, 2018, p. 76.

15. Ebrey, Patricia; Walthall, Anne. *East Asia. Op. cit.*, p. 241.

Em 1394, a capital foi transferida para Hanyang (atual Seul) e, a partir dela, Taejo organizou um governo pautado nos princípios neoconfucianos de centralização política e utilização de funcionários letrados altamente qualificados, conhecidos como *yangban*.

Michael Shin enfatiza que a Dinastia Choson teve na reação ao budismo a fórmula para a transformação política, econômica e social e no neoconfucionismo a orientação para suas ações. Algumas mudanças se destacam: os reis deviam servir como exemplos morais a serem seguidos; a burocracia foi estruturada em três departamentos e seis ministérios, como no caso chinês (Funcionários, Finanças, Ritos, Militar, Justiça e Obras Públicas). A mais alta instância burocrática era o Conselho de Estado. Foram ainda criadas oito províncias, três a mais que no período Koryo.

Assim como na China, os funcionários eram qualificados a partir de exames regulares. Em tese, qualquer pessoa poderia submeter-se às provas. No entanto, os filhos dos *yangban* eram os que, de fato, estavam aptos a terem bom desempenho, uma vez que haviam tido recursos no próprio ambiente familiar para seus estudos. Havia uma orientação – pouco aplicada na prática – que definia que se em três gerações não houvesse aprovação de pelo menos um membro da família, todos perderiam a condição de *yangban*.

A base da economia era a agricultura com ênfase na cultura do arroz, mas também havia o cultivo de soja e de painço, cereal também chamado de milho-miúdo. As colheitas abundantes garantiram a prosperidade da nova dinastia. As atividades comerciais eram controladas e não incentivadas. Havia monopólios da produção e circulação de alguns produtos, tais como o sal e o papel[16].

A estrutura social da Dinastia Choson também atendia aos preceitos neoconfucianos, mas estava definida em dois grupos: os *yangin* (cidadãos) e os *cheonin* (nascidos de baixo nível, tais como escravizados, açougueiros e outros ofícios considerados inferiores). O mais alto nível social eram os *yangbans* (funcionários civis e militares).

Mais uma vez, seria impossível apresentar todos os reis da longa Dinastia Choson, mesmo com o recorte mais limitado ao século XVIII. Assim, destacam-se apenas três governantes após Taejo: T'aejong (r. 1400-1418), Sejong (r. 1418-1450) e Sejo (r. 1455-1468). Sucedeu-se, nesses reinados, uma série de conquistas territoriais, além de expressivo desenvolvimento cultural e econômico.

16. Shin, Michael D. *Everyday Life in Joseon – Era Korea*. Leiden; Boston: Brill, 2014, p. 4-6.

Posteriormente, nos séculos XVI, XVII e XVIII, a Dinastia Choson enfrentou problemas, ora com o Japão, ora com a China, que serão mencionados mais adiante. Durante o reinado de Jeongjo (r. 1776-1800) houve o desenvolvimento de várias reformas, sendo esse período considerado como uma espécie de renascimento cultural, uma vez que esse rei promoveu um conjunto importante de iniciativas educacionais. Também foi responsável por flexibilizar alguns entraves em relação a atividades comerciais[17].

Depois disso, houve agudas transformações pelas quais passou a Coreia ao longo do século XIX, especialmente o impacto que o avanço imperialista ocidental teve em sua história.

**Figura 10.3: Coreia e Japão entre 1400 e 1600**

Fonte: Adaptado de O'Brien, Patric K. (ed.). *Philip's Atlas of World History*. Londres: Octopus, 2007, p. 87.

17. Ebrey, Patricia; Walthall, Anne. *East Asia*. *Op. cit*., p. 242.

## Japão: descentralização política, guerra civil e reunificação

A historiografia sobre o Japão muitas vezes estabelece um corte significativo no século XIV, indicando uma ruptura, uma transição entre o que muitos chamam de "Japão Antigo" e "Japão Medieval". Ainda que consideremos de forma crítica a expressão "Japão Medieval", pode-se identificar, nesse momento, um processo de forte descentralização político-administrativa e fragmentação territorial, semelhante ao que caracterizou a Europa medieval. Compunham, então, a pirâmide social do Japão, grupos militarizados, a corte, instituições clericais, grupos urbanos e grupos camponeses. Nesse contexto de conflito e fragmentação política, concorriam principalmente os samurais e a corte[18]. O poder político distribuía-se segundo uma rede de laços familiares e matrimoniais, por um lado, e pela indicação ou posse de títulos ou funções militarizadas e administrativas, por outro. As terras ou propriedades conquistadas eram mantidas e administradas via alianças políticas e matrimoniais. Com as propriedades, vinham submetidos os samurais e os camponeses. Estes deveriam trabalhar e eram impedidos de abandonar a propriedade, enquanto os samurais eram responsáveis por viabilizar a coleta de impostos e manter a ordem.

Em um primeiro momento, ressalta-se a prevalência da figura do *shugo*, uma espécie de governo local militarizado, responsável pelas funções administrativas da província e pelas rendas relativas às propriedades agrárias. Progressivamente, os *daimyos* passaram a realizar essa função. Um *daimyo* era uma figura política que guardava alguns traços análogos àqueles que marcaram os grandes senhores da Europa medieval. Tratava-se de uma liderança militarizada, inicialmente reconhecida pelo imperador ou pelo *shogun*, que exercia poder político (senhorio ou domínio) sobre um determinado território, denominado *han*. Buscavam assegurar o cultivo das terras e coletar os impostos, além de manter a posse de seus territórios e, eventualmente, assegurarem o poder sobre outras terras. Ademais, os *daimyos* promulgavam ordenações e leis com vias de manter a ordem. Sua importância cresceu significativamente a partir do século XVI, em função do forte uso das armas para a construção e consolidação de seus domínios e de sua autoridade.

*Shoen* era o nome dado às propriedades agrárias ou senhorios rurais no Japão entre os séculos VIII e XV, ou, como define Renata Bernabé, o "sistema senhorial de direitos sobre a terra"[19]. Elas tinham um representante administrativo

---

18. Ebrey, Patricia; Walthall, Anne. *East Asia. Op. cit.*, p. 202.

19. Bernabé, Renata. *Fé e prática entre os Kirishtan: jesuítas, franciscanos e as reações japonesas ao cristianismo*. Tese (Doutorado em História Social) – Universidade de São Paulo, São Paulo, 2018, p. 59.

(*jito*), que fazia a mediação entre o poder central e as províncias. Tal representante era responsável pela arrecadação de impostos, que se dividiam entre o que era devido ao Imperador e o que era relativo à sua própria remuneração.

Com o seu crescimento e a progressiva autonomia em relação ao poder central, os poderes locais aumentaram em importância, promovendo o aumento das relações conflituosas entres os senhores feudais e as autoridades centrais. No século XV, esse sistema deu lugar a uma nova configuração político-administrativa, na qual os senhores proprietários (*daimyos*) governavam e recolhiam impostos sobre as produções agrícolas. Assim, se até 1477 o *shugo* era o representante principal do poder local, os *daimyos* ganharam progressiva importância com o passar do tempo, em especial na segunda metade do século XVI.

Em síntese, pode-se dizer que esse período foi marcado pelo seguinte problema: como conectar centro e periferia, em termos de administração política, fiscalidade (cobrança de impostos e rendas) e controle de forças coercitivas militarizadas?

Foi nesse contexto de descentralização política, instabilidade social e guerra civil que chegaram os europeus e, com eles, novas tecnologias bélicas, novas tensões políticas e uma nova forma religiosa: o cristianismo. Foi nesse mesmo período que Hideyoshi enviou suas tropas para invadir a Coreia (1592). Hideyoshi demandou livre-passagem pela Coreia para que pudesse atacar a China. Quando o Rei Sonjo (r. 1567-1623) recusou, as tropas japonesas voltaram-se contra a Coreia, alcançado Seul em três semanas e Pyongyang em dois meses, no conflito que viria a ser denominado de Guerra Imjin, de 1592 a 1598.

Toyotomi Hideyoshi (1536-1598) é uma personagem que merece um destaque especial, não apenas pela sua importância política e relevância de seus feitos no contexto histórico de reunificação do Japão, mas também pela sua trajetória pessoal. Filho de camponês que prestava serviços militares a um senhor local, ficou órfão de pai aos sete anos. Aos quinze, resolveu dedicar-se exclusivamente à carreira militar e tornou-se leal a um relevante líder, chamado Oda Nobunaga (1543-1582). Nobunaga era um destacado senhor, que, a partir de 1570, havia conseguido estabelecer o controle hegemônico sobre a parte central do Japão[20]. A ascensão de Hideyoshi foi surpreendente

20. Totman, Conrad. *A History of Japan*. Oxford: Blackwell, 2004, p. 203.

e em 1580 já era um destacado general. Quando Nobunaga foi morto, em 1582, Hideyoshi foi capaz de construir sua própria autoridade, mesmo sem ser, formalmente, parte do clã do líder assassinado, matando seus rivais e reivindicando o papel central no processo de unificação, pela redistribuição de domínios e, por consequência, pela reorganização de seus laços de vassalidade. Estrategicamente, Hideyoshi aceitou um título do imperador em 1585, tornando-se regente (*kan 'paku*)[21]. Hideyoshi, no entanto, não veria propriamente o Japão unificado, cabendo a Tokugawa Ieasu (1542-1616) o estabelecimento daquilo que viria a se chamar Shogunato Tokugawa, que sobreviveria por aproximadamente 250 anos. Seguiu-se então um período de paz, no qual observa-se um importante desenvolvimento comercial, com a ascensão de uma classe mercantil, o aumento de cidades e, por consequência, o desenvolvimento de uma nova cultura urbana. Foi, portanto, um período de declínio do poder dos *daimyos*, cujas famílias habitavam na capital Edo, depois chamada de Tokyo, enquanto o próprio *daimyo* dividia-se entre Tokyo e a sua província. Assim, a sociedade estava dividida entre samurais, camponeses, artesãos e comerciantes, e os *daimyos* passaram a estar submetidos ao poder central na medida em que suas famílias, no caso de uma revolta ou sublevação, poderiam, no limite, se transformar em reféns na capital.

## Conexões e redes internacionais: China, Coreia e Japão

Para além da importância da rota da seda, cuja relevância não é sequer posta em questão, é interessante ressaltar o papel que as rotas marítimas tiveram na integração das regiões da Ásia, considerando o Leste Asiático e a Ásia do Sudeste. A China esteve, desde pelo menos o início do século XV, em constante contato com os portos das ilhas de Java e Sumatra, com Malaca e Cochim, sendo centrais nesse contexto os portos de Cantão, Ch'uan-chou e Fuchau, por onde circulavam mercadorias desde pelo menos o século XIII [↗O espaço índico]. O estabelecimento desse comércio não se dissociou do esforço diplomático que o acompanhou. Pode-se dizer, inclusive, que a China teve o alargamento das suas rotas antes mesmo da chamada expansão marítima ibérica, organizadas entre 1405 e 1433, por meio do que ficou conhecido como as expedições de Cheng-Ho (ou Zheng-He, 1371-1433)[22]. Em que pese a suposta decadência da hegemonia chinesa nesses mares no século XVI, não

21. Bernabé, Renata. *Fé e prática entre os Kirishtan*. *Op. cit.*, p. 61.

22. Gernet, Jacques. *A History of Chinese civilization*. Cambridge: Cambridge University Press, 1982, p. 399-402.

se deve depreender disso um decréscimo no comércio entre a costa da China, o Japão, o arquipélago depois denominado de Filipinas e o Sião nesse período. A ascensão da pirataria tornou-se particularmente intensa entre 1540 e 1565[23]. Essa atividade, entendida como contrabando ou como relações comerciais que não observavam as regulamentações da época, pode ter contribuído para uma série de restrições que os imperadores Ming impuseram ao comércio. Assim, estabeleceu-se que relações comerciais oficiais com o Japão apenas poderiam ser conduzidas pelo Porto de Ning-po. Já o Porto de Fuchau ficaria dedicado ao comércio com as Filipinas e o de Cantão estaria destinado às rotas comerciais com a Índia e a Ásia do Sudeste. Por essas rotas – e por outras, clandestinas, que ainda tinham sucesso em burlar as orientações governamentais – passavam ouro, prata, cobre e seda[24].

Muitos laços uniam China e Coreia. Relações políticas – pacíficas ou conflituosas –, comerciais, ideológicas, entre outras. Invasões e guerras também concorreram para dar forma às relações entre esses dois importantes atores políticos da Extrema Ásia entre os séculos XVI e XIX. Um dos principais laços foi o estabelecimento e consolidação daquilo que a historiografia definiu como "sistema tributário", uma dinâmica de relações estabelecida entre a China e alguns países vizinhos, e que, apesar de ter sofrido adaptações durante a Era Manchu, conformava as relações "internacionais" e a política externa do período. Dessa forma, era comum o estabelecimento de embaixadas entre as cortes Choson e Ch'in em contexto de controle de circulação de pessoas, produção intelectual e mercadorias por parte dos dois reinos[25].

O conceito de "sistema tributário" ganhou notoriedade a partir das publicações de Fairbank e Teng. Desde pelo menos 1940, o termo é utilizado, associado ou não com a expressão "a ordem mundial chinesa", cunhada pelo mesmo autor. No entanto, fazer referência a essa termologia não significa tomá-la acriticamente. Afinal, seria um esforço vão fazer frente a uma historiografia eurocentrada apenas para submeter-se ingenuamente a uma visão "sinocentrada" das relações entre as dinastias do Leste Asiático durante a Época Moderna. Por sua importância historiográfica, pelo seu valor como

23. *Ibid*., p. 408.

24. *Ibid*., p. 420.

25. Jongtae, Lim. Tributary relations between the Choson and Ch'ing courts to 1800. *In*: Peterson, Willard. *The Cambridge History of China*. Cambridge: Cambridge University Press, 2016, p. 173. v. 9, parte 2: The Ch'ing Dinasty to 1800.

síntese (ou modelo) e por sua relevância no estudo das relações entre China e Coreia, optou-se por lançarmos mão desse conceito, realizando a crítica quando necessária. Fairbank apresenta as seguintes características do sistema tributário imperial chinês: (1) foi um desenvolvimento natural da expansão da preeminência cultural chinesa (2) que veio a ser usado pelos governantes da China para fins políticos de autodefesa; (3) na prática, ele tinha fundamental e importante base comercial e (4) servia de meio para as relações internacionais e diplomacia chinesa[26].

O sistema tributário pode ainda ser entendido como o mecanismo pelo qual sociedades não chinesas passavam a ser incluídas no esquema universalista chinês, ganhando um lugar político e ético. Nele, concorriam não apenas a tributação em si, mas comércio, autoridade política e conduta ética, consolidando aquilo que, em termos atuais, poderia ser sintetizado na ideia de política externa, diplomacia ou relações internacionais[27]. Pode ainda ser entendido como uma espécie de instrumento de negociação de conflitos, com o objetivo de permitir que os atores pudessem defender e garantir seus interesses políticos, econômicos e culturais, ainda que não necessariamente se tratasse de um vínculo simétrico entre os envolvidos[28].

Concorrem também para a compreensão do contexto das relações entre China e Coreia na Época Moderna a disseminação e a apropriação do confucionismo. Acompanhando o que propõe Jonathan Spence, sugerimos que "confucionismo" seja compreendido não como uma filosofia ou uma religião, mas um sistema ético baseado nos ensinamentos atribuídos a Confúcio (551-479 a.C.). Como sistema ético, o confucionismo organizava a vida social dos distintos grupos que compunham a sociedade chinesa e, depois, as demais sociedades que aderiram a essa forma de pensar, na medida em que propunha um determinado lugar ou função social para cada um. A submissão à autoridade e a observância de formas específicas de conduta ordenavam a sociedade como um todo, dando forma inclusive a um modelo de governo político[29]. Fairbank chega a nomear de "ordem mundial confuciana" a con-

---

26. Fairbank, John King; Têng, Ssu-yü. On the Ch'ing Tributary System. *Harvard Journal of Asiatic Studies*, v. 6, n. 2, 1941, p. 137. Tradução livre.

27. *Ibid.*, p. 141.

28. Jongtae, Lim. Tributary relations between the Choson and Ch'ing courts to 1800. *In*: Peterson, Willard. *The Cambridge History of China*. *Op. cit.*, p. 146.

29. Spence, Jonathan. *The Search of Modern China*. 2. ed. Nova York; Londres: W.W. Norton and Company, 1990, p. A48.

formação das relações internacionais – para usar um termo contemporâneo – na área compreendida como Leste Asiático durante a Época Moderna, tendo sido suplantado definitivamente apenas após o estabelecimento do colonialismo britânico na região, em 1842[30]. Em termos historiográficos, as relações entre Choson e Ch'ing contribuíram para a conceituação daquilo que Fairbank denominaria "a ordem mundial chinesa"[31].

Assim, desde o surgimento e estabelecimento das dinastias Ming e Choson, ambos os estados construíram suas relações baseadas em determinados protocolos, além de flagrante influência do modelo confuciano chinês de governo sobre a administração coreana. A disseminação do confucionismo para além das fronteiras Ming teve efeitos não apenas ideológicos ou filosóficos, mas também políticos, na medida em que determinadas leituras dos ensinamentos de Confúcio tornaram-se práticas de organização política apropriadas por diferentes governos na Ásia, como foi o caso da Coreia.

Para Jongtae, o sistema tributário baseava-se numa certa noção de ordem social na qual estava suposta uma determinada relação entre um monarca e seus senhores. Tal noção pressupunha a superioridade – política e moral – do imperador ("filho dos céus"), responsável pelo governo universal, que concedia aos seus tributários alguma participação nesse governo. Essa hierarquia era mantida majoritariamente por formas de relação não violentas, isto é, por uma série de eventos e cerimônias diplomáticos que tinham grande valor ritualístico, nos quais presentes, de importante significado simbólico, eram trocados. Um desses presentes, por exemplo, era o calendário fornecido pelo imperador chinês, que simbolizava a submissão de seus tributários à "prerrogativa imperial de regular suas vidas de acordo com os cíclicos movimentos dos corpos celestes"[32]. Esse exemplo é particularmente interessante, não apenas porque diz respeito ao sistema tributário em si, mas porque lança luz à relevância que a astronomia tinha na corte da China, o que foi percebido e explorado pelos missionários cristãos ao longo dos séculos XVII e XVIII.

No entanto, as relações estabelecidas entre a Coreia da Dinastia Choson e a China da Dinastia Ming não podem ser compreendidas sem levar em conta o aparecimento de um terceiro ator político nesse cenário: os manchus. As

---

30. Fairbank, John King; Têng, Ssu-yü. *On the Ch'ing Tributary System*. *Op. cit.*, p. 135.

31. Jongtae, Lim. Tributary relations between the Choson and Ch'ing courts to 1800. *In*: Peterson, Willard. *The Cambridge History of China*. *Op. cit.*, p. 153.

32. *Ibid.*, p. 154.

mudanças políticas que assolavam a China na primeira metade do século XVII tiveram importantes efeitos no estado vizinho. Se, no século XVI, a China da Dinastia Ming foi em seu apoio, expulsando os japoneses que, em 1592, sob ordens de Hideyochi (1536-1598), invadiram a Coreia, em 1636 foi Hong Taiji que invadiu a península, uma vez que a Dinastia Choson teria sustentado apoio à Dinastia Ming em detrimento da ascendente linhagem Manchu.

Em 1637, a Coreia se rendeu e tornou-se tributária da nova Dinastia Ch'ing, colocando fim a até então ambígua posição que havia tomando na disputa entre Ming e Ch'ing. A partir de então, Choson e Ch'ing passaram a cooperar e fazer frente à Dinastia Ming.

Na medida em que os manchus avançavam na sua consolidação como principal força política no território outrora dominado pela Dinastia Ming, as suspeitas lançadas sobre a Dinastia Choson foram se dirimindo e as embaixadas foram se tornando progressivamente mais cerimoniais, formais e menos demandantes de tributos e outras formas, materiais e simbólicas, de demonstração de lealdade. A diminuição das pressões tributárias sobre a Coreia inseriu-se, então, num contexto mais amplo de amenização das relações entre o governo Ch'ing e seus vizinhos[33].

## As redes e conexões entre outras regiões e culturas

O presente capítulo tem demonstrado que a história dos países do Leste Asiático é rica em eventos e fenômenos muitas vezes obscurecidos por uma perspectiva eurocêntrica que enfatizou certa estagnação por parte das culturas orientais. China, Japão e Coreia, com suas próprias interligações comerciais regionais, como vistas no item anterior, conectavam-se a outros eixos de rotas de longo curso e de cabotagem que existiam desde o Índico – passando pela costa oriental africana, interligando o Mar Vermelho, o Golfo Pérsico e as costas ocidentais e orientais da Índia, além de Java, Sumatra, Birmânia e Tailândia, alcançando ainda as Filipinas [↗O espaço índico]. Nessas redes, com intensa atividade, destacava-se o papel de Malaca que, desde o início do século XV, fazia parte dos estados que pagavam tributos à China e era governada por uma elite muçulmana. Sua posição "simultaneamente centrífuga e centrípeta" era destino de convergência de todas as rotas, "representando talvez

33. Jongtae, Lim. Tributary relations between the Choson and Ch'ing courts to 1800. *In*: Peterson, Willard. *The Cambridge History of China. Op. cit.*, p. 160.

o maior dos empórios deste espaço"[34]. No emaranhado de eixos comerciais muito dinâmicos, que alternavam navegações de longo curso e costeiras limitadas a algumas regiões, obedientes aos ritmos das monções, trocavam-se grandes quantidades de produtos. O fluxo que ia do Leste Asiático para lá contribuía com a seda, a porcelana e outros objetos artesanais, além de cobre e prata, entre outras mercadorias.

Portanto, concordamos com historiadores como Sanjay Subrahmanyam e Andréa Doré quando indicam em seus trabalhos a vibrante atividade comercial que se desenrolava para além do Cabo da Boa Esperança, ressaltando que os europeus, quando começaram a explorar a região, especialmente os portugueses, não fundaram as rotas comerciais, mas sim envolveram-se com as que lá já existiam[35].

Por outro lado, as conexões por via marítima entre a Ásia e a Europa que se desenvolveram no período denominado de Primeira Modernidade não podem ser negligenciadas ou minimizadas em função dessa nova perspectiva. As expedições portuguesas do século XV e XVI na região foram fundamentais para lançar as bases do que hoje historiadores como Serge Gruzinski chamam de "mundialização". Esse autor considera que "o termo consagrado 'expansão' não oferece senão uma visão parcial e unidirecional, para não dizer 'eurocêntrica', dos deslocamentos em cadeia, impulsionados pelos espanhóis e pelos portugueses"[36]. A perspectiva de identificar esse momento como um grande processo de conexão de seres humanos e produtos de várias culturas da América, África, Ásia e Europa, incluindo a circulação de doenças, plantas e animais, tudo remetendo ao que Russell-Wood denominou de "mundo em movimento"[37], possibilita dar ênfase à complexidade da cadeia de eventos que se relacionam.

34. Curvelo, Alexandra. Os Portugueses na Ásia dos séculos XVI-XVII: dinâmicas económicas e sociais e vivências artísticas e culturais. *In*: Vasconcelos, Maria João; Carneiro, Paula (eds.). *Biombos Namban/Namban Screens*. Porto: Museu Nacional de Soares dos Reis, 2009.

35. Subrahmanyam, Sanjay. *O Império Asiático Português. Uma história política e econômica*. Lisboa: Difel, 1995; Doré, Andréa. *Sitiados: os cercos às fortalezas portuguesas na Índia (1498-1622)*. São Paulo: Alameda, 2010.

36. Gruzinski, Serge. *As quatro partes do mundo. Op. cit.*, p. 53.

37. Russell-Wood, Anthony John R. *Um mundo em movimento: os portugueses na África, Ásia e América*. Lisboa: Difel, 1998.

A partir de Malaca, conquistada em 1511 por Afonso de Albuquerque, outras expedições portuguesas alcançaram vários pontos do Pacífico, por vezes de forma acidental, outras vezes seguindo as indicações de comerciantes locais, hindus, muçulmanos e de etnias orientais que conheciam as rotas para vários portos da região, clandestinos ou não.

No âmbito do recorte geográfico deste capítulo, o Leste Asiático, a presença dos portugueses pode ser detectada, pelo menos oficialmente, desde 1513, com a chegada de Jorge Álvares ao sul da China, no estuário do rio das Pérolas. Para os casos do Japão e da Coreia, as informações são menos precisas. Fontes japonesas mencionam portugueses na costa sul em 1543. Já as fontes coreanas referem-se a um certo João Mendes que teria alcançado a Coreia acidentalmente em 1604 (Fig. 10.1). Esses contatos intensificaram-se, promovendo a fixação de portugueses, tanto por conta de interesses comerciais, como pelo voluntarismo da ação dos missionários europeus compromissados com a expansão da fé católica, especialmente dos jesuítas, por volta de meados do século XVI[38].

De Malaca, o Padre Francisco Xavier, um dos fundadores da Companhia de Jesus, alcançou o Japão em 1549, acompanhado do Padre Cosme de Torres e de alguns japoneses convertidos ao cristianismo, resultado dos contatos episódicos que comerciantes portugueses estabeleceram ao navegar por rotas em direção ao Japão. Iniciou-se aí o esforço de conversão dos japoneses ao cristianismo, que se prolongaria até o início do século XVII.

Como vimos, os portugueses chegaram ao Japão em plena crise e disputa política denominadas pela historiografia japonesa como período Sengoku (1467-1568). Francisco Xavier, inicialmente, não tinha a dimensão do contexto nipônico, mas aprendeu na prática as limitações que este impunha ao projeto de missionação que pretendia desenvolver. Como o Japão estava distante do domínio administrativo que as autoridades portuguesas exerciam em Goa, na Índia [↗O espaço índico], padres e comerciantes portugueses tinham que negociar diretamente com os *daymios*, mergulhando na teia das disputas políticas locais[39].

---

38. Hichmech, Yuri Sócrates Saleh. *O cristianismo no Japão: do proselitismo jesuíta à construção ideológica da perseguição (1549-1640)*. Dissertação (Mestrado em História) – Universidade Federal do Paraná, Curitiba, 2014; Leão, Jorge Henrique Cardoso. *A arte de Evangelizar: jesuítas, dokujus e mediações culturais no Japão (1549-1587)*. Dissertação (Mestrado em História) – Universidade do Estado do Rio de Janeiro, São Gonçalo, 2010.

39. Bernabé, Renata. *Fé e prática entre os Kirishtan*. *Op. cit.*, p. 58.

Em um primeiro momento, dedicaram-se a trabalhos de caridade, angariando muitas conversões das camadas mais baixas da sociedade japonesa, o que causou a repulsa ao cristianismo por parte das elites. Esse padrão alterou-se quando, a partir de 1570, os jesuítas investiram mais na pregação para a conversão de membros da elite, abrindo a possibilidade de batismos em massa, pois os *daymios* convertidos impulsionavam a cristianização de seus subalternos.

O monopólio de atuação da Companhia de Jesus no Japão foi quebrado pela chegada dos franciscanos espanhóis, em 1592. Houve um enorme desgaste resultante de disputas entre essas ordens religiosas europeias, associado ao desenrolar das tensões políticas de afirmação do poder central do período Edo, especialmente pela ação de expulsão e expurgo do cristianismo do Japão, promovidos pelo governo Tokugawa, na primeira metade do século XVII. Resultou daí a prática de um criptocristianismo (isto é, manter as crenças e ritos cristãos em segredo) por parte de populações japonesas especialmente localizadas na região de Nagasaki, mas não só[40].

Os franciscanos espanhóis tinham alcançado o Japão a partir de Manila, nas Filipinas, que fazia parte dos domínios de Espanha desde a sua conquista por López de Legazpi, em 1571. Não foram apenas religiosos que alcançaram o Leste Asiático, mas principalmente comerciantes que conectaram as Américas ao comércio com a China, por via da rota do Oceano Pacífico, conhecida como "Galeão de Manila", que fazia a ligação entre Acapulco, no México, e Manila, iniciada em 1573-1575, consolidando-se de 1591 em diante, até 1815[41]. Por essa via, a rede de comerciantes chineses que já praticava trocas comerciais com as ilhas do Pacífico antes da presença europeia conectou-se com a produção da prata mexicana, fornecendo principalmente seda e porcelanas chinesas, estabelecendo assim uma ligação em escala global[42].

Há notícias de embarcações holandesas que alcançaram o Japão desde 1600. Entretanto, a consolidação dos contatos entre holandeses e japoneses só ocorreu a partir da fundação de Batávia, na Ilha de Java, em 1619, depois da conquista de Malaca aos portugueses, em 1605. De Batávia, saíram embarcações que competiam com os outros comerciantes europeus, portugueses e

---

40. Bernabé, Renata. *Fé e prática entre os Kirishtan. Op. cit.*, p. 64-171.

41. Morga, Antonio. *History of the Philippine Islands.* Cleveland: The Arthur H. Clark Company, 1907. v. 1.

42. Silva, Bruno. Mundos em Movimento: o lugar da América na circulação de indivíduos, bens e ideias entre os séculos XVI-XVIII. *In*: Kalil, Luís Guilherme Assis; Fernandes, Luiz Estevam de Oliveira (orgs.). *1519: circulação, conquistas e conexões na Primeira Modernidade.* Jundiaí: Paco, 2021, p. 191-220.

espanhóis e que, assim como eles, aproveitavam-se das antigas rotas praticadas na região. Em 1638, Tokugawa Iemitsu expulsou portugueses e espanhóis do Japão, perseguiu os praticantes do cristianismo no país e proibiu que se fizesse comércio com os mercadores católicos. Os holandeses, entretanto, sem o envolvimento com a conversão das populações locais, foram os únicos europeus autorizados a fazer comércio anual na Ilha de Deshima, prática que sobreviveu por cerca de dois séculos[43].

Para o caso da China, os portugueses já tinham alcançado a costa sul do país desde 1513. Os contatos comerciais, no entanto, sofreram com as proibições impostas ao comércio com estrangeiros, inclusive os próprios lusitanos, uma vez que estes foram acusados de conquistar o estado tributário de Malaca, o que ofendia as autoridades centrais Ming. É preciso levar em conta também as já mencionadas tensões geradas pela intensa atividade dos piratas japoneses na costa chinesa, por volta de meados do século XVI[44]. Dessa forma, muitas das trocas desenvolvidas pelos portugueses até 1555, na costa sul da China, ou eram permitidas apenas por algumas autoridades locais chinesas, ou eram clandestinas, pura e simplesmente.

O historiador chinês Fok Kai Cheong afirma que as autoridades locais chinesas da Dinastia Ming percebiam as vantagens econômicas e estratégicas das trocas comerciais com os portugueses, a despeito de toda desconfiança que nutriam por eles. Por essa razão teriam criado o que o historiador definiu como "fórmula Macau": uma "zona de contato foi limitada a Macau, uma área periférica que poderia ser defendida com segurança"[45], do ponto de vista chinês. Havia, portanto, um controle burocrático sobre os portugueses que se fixaram em 1557 na península, definida pelo Mar da China e um braço do Delta do Rio das Pérolas. Macau era, porém, um espaço de domínio lusitano. A partir dessa cidade, era possível alcançar Cantão por via fluvial, além de ter acesso a rotas comerciais que acessavam as "Filipinas, Bornéu, Molucas, Timor, arquipélago indonésio, Península Malaia, Sião, Cochinchina, Tonquim (hoje Vietname), Champá e Hainão"[46]. A entrada ou saída da cidade por via terrestre devia ser feita pelo istmo, fronteira controlada pelos chineses.

---

43. Henshall, Kenneth. *História do Japão*. Lisboa: Edições 70, 2014, p. 85-87.

44. Fok, Kai Cheong. *Estudos sobre a instalação dos portugueses em Macau*. Lisboa: Gradiva, 1996, p. 28-33.

45. *Ibid*., p. 86.

46. Monteiro, Anabela Nunes. *Macau e a presença portuguesa seiscentista no Mar da China: interesses e estratégias de sobrevivência*. Tese (Doutorado em História) – Faculdade de Letras da Universidade de Coimbra, Coimbra, 2011, p. 56.

Ainda que sob vigilância, Macau possuía sua própria administração; era uma "cidade lusa estabelecida em território chinês"[47]. Tinha que obedecer às regras que haviam sido impostas para a aceitação da permanência dos portugueses, mas tinha a estrutura básica das cidades lusitanas fundadas no âmbito do processo de mundialização desenvolvido a partir do século XIV e pertencia ao que se convencionou chamar Estado da Índia, cuja capital era Goa. Inicialmente, o responsável por essa administração era o Capitão-mor das Viagens da China e do Japão, mas, em 1583, foi fundado o Senado da Câmara de Macau. A condição de cidade foi definida por diploma régio de 1586 e denominada pelo Vice-Rei em Goa como "Cidade do Nome de Deus na China", no mesmo ano[48].

A população da cidade de Macau constituía-se de fidalgos, nobres, missionários, soldados, funcionários régios, aventureiros e gente de origem portuguesa. Com o tempo, a presença de chineses aumentou, especialmente no momento da transição das dinastias Ming e Ch'ing, que promoveu um processo de miscigenação resultante na maioria das vezes de casamentos com mulheres chinesas.

O processo de conversão para o catolicismo foi outro elemento que explica o grande investimento que a Companhia de Jesus promoveu na cidade. Há notícias de jesuítas em Macau desde 1555, mas o estabelecimento definitivo da ordem só ocorreu em 1563, com a chegada dos padres Francisco Peres e Manuel Teixeira. A Diocese de Macau foi criada em 1576, com jurisdição sobre China, Japão, Coreia e ilhas adjacentes, subordinada ao bispo de Goa. Em 1594, os inacianos fundaram o Colégio de São Paulo de Macau, no qual se fazia a formação de missionários para atuarem no Japão e na China.

A grande ambição dos jesuítas era penetrar na China da Dinastia Ming, com o intuito de promover a evangelização. A princípio, as autoridades chinesas em Cantão não permitiram que os inacianos atuassem além dos limites definidos para a presença portuguesa em Macau, mas, gradativamente, alguns jesuítas lograram receber autorização para entrarem em território chinês, primeiramente o Padre Michele Ruggieri, depois o Padre Matteo Ricci. Os dois fundaram a primeira missão jesuítica na China em 1584, em Zhao-qing (Shiu-hing), a oeste de Cantão. Eles tinham aprendido chinês e fizeram traduções de textos em português para o chinês, além de tentarem

47. *Ibid.*, p. 123. Cf. também Loureiro, Rui Manuel. *Em busca das origens de Macau.* Macau: Museu Marítimo de Macau, 1997.

48. Monteiro, Anabela Nunes. *Macau e a presença portuguesa seiscentista no Mar da China. Op. cit.*, p. 345-355.

definir conceitos do cristianismo em caracteres chineses. O grande objetivo era alcançar Pequim e convencer o Imperador Ming a apoiar a ação de evangelização na China. Esse projeto sofreu inúmeros reveses, com alternâncias de autorizações e proibições por parte dos mandarinatos locais e das próprias alterações no quadro político do grande império chinês.

Inicialmente, Ruggieri aproximou-se do modelo budista, tentando vincular-se à aparência de monges e aproximando os conceitos cristãos ao budismo. Ricci alterou esse padrão, que não foi bem aceito pelos funcionários letrados Ming, e procurou associar-se à imagem dessa elite intelectual e burocrática da China. Assim, Ricci esforçou-se por dialogar com a corrente confuciana, tão valorizada naquela época, estabelecendo paralelismos com uma série de preceitos daquela filosofia, assumindo também a aparência dos letrados chineses, processo conhecido como adaptação cultural. Outro recurso utilizado por Ricci foi a divulgação de conhecimentos de geografia e astronomia que despertavam a curiosidade e o interesse dos intelectuais chineses, promovendo uma rica mediação cultural. Com essa tática, os jesuítas conseguiram aproximar-se lentamente do centro de poder e, em 1601, Ricci obteve permissão do Imperador Ming para fixar-se em Pequim. Os presentes que Ricci enviou para o imperador (entre outros objetos, um relógio de metal dourado trabalhado com molas e um mapa-múndi em chinês confeccionado pelo próprio padre) demonstram a curiosidade e o interesse que os chineses tinham por objetos oriundos dos conhecimentos europeus[49].

Os jesuítas conseguiram o monopólio da missionação na China até 1631, quando os dominicanos também entraram no país, seguidos por franciscanos, em 1633, os agostinianos, em 1680, e por missionários das Missões Estrangeiras de Paris, em 1680. As disputas pela prevalência de cada uma dessas ordens no âmbito da corte de Pequim, alimentadas pelas críticas contra os métodos jesuíticos de conversão na China, causaram enorme desgaste, especialmente junto ao Imperador Ch'ing Kangxi (r. 1662-1722). No interior dessas disputas esteve a chamada "querela dos ritos chineses", que se desenrola desde a década de 1630 até 1742, quando o Papa Bento XIV publicou a condenação da prática. Em 1692, o imperador havia assinado o decreto de aceitação do catolicismo, o Édito de Tolerância.

Diante dos intensos ataques ao método jesuítico, no entanto, Ch'ing Kangxi decretou, em 1706, a expulsão do território chinês de todos os missionários que

49. Pina, Isabel. *Jesuítas chineses e mestiços da missão da China (1589-1689). Lisboa:* Centro Científico e Cultura de Macau, 2011.

não aceitassem a metodologia proposta por Ricci de adaptação dos ritos chineses. O desgaste foi intenso, até que o Imperador Yongzheng (r. 1722-1735) expediu decreto que expulsava todos os missionários da China para Macau, em 1724. Foram poupados apenas os que estavam em Pequim, assim como as igrejas da cidade; as demais foram profanadas ou destruídas. Ainda assim, muitos jesuítas continuaram trabalhos de evangelização de forma clandestina em várias partes do território chinês com enorme risco, até a extinção da ordem, em 1773[50].

Em que pese a relevância do projeto missionário jesuítico na China, também não se pode descartar a importância dessa ordem religiosa para o comércio entre Macau e o Japão. Boxer afirma que o comércio entre Macau e Nagasaki se consolidou justamente quando, em 1571, essa aldeia foi entregue ao controle dos jesuítas pelas autoridades japonesas. Assim, a *Nao do trato* ou o Grande Navio fazia uma viagem anual, garantindo a troca da seda chinesa, principalmente, pela prata japonesa, que assim alcançava a China[51].

Por outro lado, os mercadores chineses mantinham contato com as Filipinas muito antes da presença portuguesa na região. Não obstante, quando foi consolidada a conexão entre Manila e Acapulco, os comerciantes portugueses de Macau envolveram-se também nessa rota, mesmo contra as sanções que existiam por parte das autoridades portuguesas. Portanto, de Macau também saíam produtos manufaturados chineses e a seda, para em troca ser trazida a prata de origem americana[52]. Conectavam-se, assim, tanto a rota do Pacífico, de controle espanhol, como a ligação entre Nagasaki, Macau, Manila e a Índia portuguesa, alcançando a Europa pela rota do Cabo. Percebe-se, dessa forma, que complexas redes comerciais se formaram desde o Leste Asiático, em escala global. A partir de 1684, com a abertura dos portos de Cantão, Fuchien e Chekian para os comerciantes holandeses e ingleses promovida pela Dinastia Ch'ing, a concorrência minou consideravelmente a força comercial de Macau, que experimentou a disputa com economias mais fortes ao longo do século XVIII.

Finalmente, para o caso da Coreia, não é possível destacar grandes atividades, sejam elas missionárias ou mesmo comerciais. Apesar da existência de ações esporádicas de alguns jesuítas no século XVII, a missão católica só se afirmou na região nos fins do século XVIII. Quanto ao comércio, os

---

50. Brockey, Liam Matthew. *Journey to the East*: *The Jesuit Mission to China, 1579-1724*. Cambridge; Londres: The Belknap Press of Harvard University Press, 2007.

51. Boxer, Charles R. *O Grande Navio de Amacau*. Macau: Fundação Oriente/Museu e Centro de Estudos Marítimos de Macau, 1989, p. 2.

52. Seabra, Leonor Diaz; Manso, Maria de Deus. Macau e as Filipinas no século XVI-XIX: "A Rota da Seda". *Revista Dos Puntas*, ano 8, n. 13, 2016, p. 179.

portugueses aproveitavam-se dos laços econômicos entre os comerciantes japoneses e chineses nas trocas que desenvolviam com a Coreia que, por sua vez, interligava-se à rede que existia antes mesmo da chegada dos europeus, especialmente em relação ao comércio do *ginseng*.

## Bibliografia comentada

Bernabé, Renata. *Fé e prática entre os Kirishtan: jesuítas, franciscanos e as reações japonesas ao cristianismo*. Tese (Doutorado em História) – Programa de Pós-graduação em História Social da Universidade de São Paulo, São Paulo, 2018.

> Essa tese é um bom exemplo da mais recente produção acadêmica brasileira sobre temas relacionados à Ásia Extrema. Nesse estudo, a autora investiga a atuação de jesuítas e franciscanos no Japão nos séculos XVI e XVII.

Boxer, Charles R. *O Grande Navio de Amacau*. Macau: Fundação Oriente/Museu e Centro de Estudos Marítimos de Macau, 1989.

> Estudo publicado em 1959 no qual esse importante pesquisador aborda a temática das trocas comerciais regulares entre Macau e Japão ao longo do século XVI e parte do século XVII.

Brockey, Liam Matthew. *Journey to the East: The Jesuit Mission to China, 1579-1724*. Cambridge; Londres: The Belknap Press of Harvard University Press, 2007.

> Um dos mais recentes estudos sobre o desenvolvimento das missões jesuíticas na China, utilizando fontes chinesas e europeias em suas análises.

Brook, Thimoty. *The Troubled Empire: China in the Yuan and Ming Dinasties*. Massachussets: The Belknap Press of Harvard University Press, 2010.

> Especialista em história da China das dinastias Yuan e Ming, T. Brook faz parte da nova tendência historiográfica que procura dialogar com as fontes chinesas para desenvolver sua análise sobre o período.

Curvelo, Alexandra. Os Portugueses na Ásia dos séculos XVI-XVII: dinâmicas económicas e sociais e vivências artísticas e culturais. *In*: Vasconcelos, Maria João; Carneiro, Paula (eds.). *Biombos Namban/Namban Screens*. Porto: Museu Nacional de Soares dos Reis, 2009.

> Trata-se de um catálogo com alguns textos de especialistas em História da Arte. É um relevante quadro geral sobre o tema e de fácil acesso na internet.

Doré, Andréa. *Sitiados: os cercos às fortalezas portuguesas na Índia (1498-1622)*. São Paulo: Alameda, 2010.

> Um dos exemplos de historiadoras brasileiras que no início do século XXI desenvolveram estudos sobre a presença portuguesa na Índia, pioneira nessa reflexão no Brasil.

Ebrey, Patricia; Walthall, Anne. *East Asia: A Cultural, Social, and Political History*. Boston: Houghton Mifflin Company, 2013.

Manual que traça um grande painel sobre a História da China, da Coreia e do Japão, cuja primeira edição foi publicada em 2009. Contém ainda referências a textos de época e possui uma ótima coleção de mapas.

Fairbank, John King; Têng, Ssu-yü. On the Ch'ing Tributary System. *Harvard Journal of Asiatic Studies*, v. 6, n. 2, 1941.

Artigo de dois especialistas sobre o período Ch'ing que esmiúça a importante estrutura de dominação que o Sistema tributário significou para a China e seus vizinhos.

Fok, Kai Cheong. *Estudos sobre a instalação dos Portugueses em Macau*. Lisboa: Gradiva, 1996.

Desde 1978 o autor definiu a Fórmula Macau, mecanismo que possibilitou a presença e a permanência de portugueses em território chinês limitado àquela península. Essa edição é a divulgação em português dessa proposta conceitual.

Gernet, Jacques. *A History of Chinese Civilization*. Cambridge: Cambridge University Press, 1982.

Com primeira edição em 1982, esse manual é uma referência elementar e obrigatória para quem inicia seus estudos sobre a China.

Gruzinski, Serge. *As quatro partes do mundo: história de uma mundialização*. Belo Horizonte: Editora UFMG; São Paulo: Edusp, 2014.

A partir do conceito de mundialização, o autor desenvolve uma série de estudos de histórias conectadas entre os quatro continentes, realizando um grande esforço de pesquisa que combate a narrativa eurocêntrica da história dos contatos entre as culturas do Ocidente e do Oriente.

Henshall, Kenneth. *História do Japão*. Lisboa: Edições 70, 2014.

Primeira edição de 2004, trata-se de um manual que apresenta um resumo sobre a história do Japão, com noções básicas sobre sua cronologia e características gerais da história política, econômica e social.

Hichmech, Yuri Sócrates Saleh. *O cristianismo no Japão: do proselitismo jesuíta à construção ideológica da perseguição (1549-1640)*. Dissertação (Mestrado em História) – Universidade Federal do Paraná, Curitiba, 2014.

Mais um exemplo da produção da historiografia brasileira mais recente sobre países da Ásia Extrema. Nessa dissertação de mestrado, o autor investiga a difusão e a perseguição do cristianismo no Japão, lançando mão de documentação jesuítica.

Hung, Hing Ming. *From the Mongols to the Ming Dinasty: How a Begging Monk Became Emperor of China – Zhu Yuan Zhang*. Nova York: Algora, 2016.

> Autor de várias biografias de imperadores chineses, esse volume estuda a trajetória do fundador da Dinastia Ming, Hóngwŭ, caso extremamente interessante e peculiar.

Jaivin, Linda. *A mais breve História da China*. Lisboa: D. Quixote, 2021.

> A autora é sinóloga, além de novelista, e faz aqui um manual generalista da História da China, com a vantagem de estar traduzido para o português.

Jongtae, Lim. Tributary relations between the Choson and Ch'ing courts to 1800. *In*: Peterson, Willard. *The Cambridge History of China*. Cambridge: Cambridge University Press, 2016. v. 9, parte 2: The Ch'ing Dinasty to 1800.

> A Universidade de Cambridge organizou e publicou uma coleção, em 15 volumes, sobre a história da China desde o século III a.C. até Mao Tsé-Tung. Concebida e organizada originalmente na década de 1960 pelos professores John K. Fairbank e Denis Twitchett, reúne uma série de especialistas para analisar aspectos políticos, econômicos e sociais da China. Referência fundamental para iniciar os estudos sobre temas relacionados a esse país.

Kalil, Luís Guilherme Assis; Fernandes, Luiz Estevam de Oliveira (orgs.). *1519: circulação, conquistas e conexões na Primeira Modernidade*. Jundiaí: Paco, 2021.

> Inspirado na proposta do historiador Russel-Wood, os organizadores apresentam artigos de vários autores que estudam a circulação de pessoas e mercadorias nas rotas que ligam os continentes, via Atlântico e Pacífico, demonstrando a inserção de países da Ásia nessa complexa rede.

Leão, Jorge Henrique Cardoso. *A arte de Evangelizar: jesuítas, dokujus e mediações culturais no Japão* (1549-1587). Dissertação (Mestrado em História) – Universidade do Estado do Rio de Janeiro, São Gonçalo, 2010.

> Outro exemplo da produção de jovens historiadores que se debruçam sobre o tema da cristianização do Japão. Nessa dissertação, o autor dá especial atenção ao clero nativo japonês, com ênfase no conceito de mediadores culturais.

Loureiro, Rui Manuel. *Em busca das origens de Macau*. Macau: Museu Marítimo de Macau, 1997.

> Historiador português com vasta produção sobre interações culturais iberoasiáticas. Nesse livro, analisa os primórdios da presença portuguesa em Macau.

Macedo, Emiliano Unzer. *A montanha e o urso: uma história da Coreia*. Columbia & San Bernadino: Amazon Independent, 2018.

> Outro exemplo de pesquisador brasileiro que desenvolve estudos sobre culturas asiáticas, proporcionando nessa obra uma rara oportunidade de se ler um pouco sobre história da Coreia em português. Permite um primeiro contato com questões políticas, econômicas e culturais do país.

Monteiro, Anabela Nunes. *Macau e a presença portuguesa seiscentista no Mar da China: interesses e estratégias de sobrevivência.* Tese (Doutorado em História) – Faculdade de Letras da Universidade de Coimbra, 2011.

> Alentada tese de doutorado de historiadora portuguesa que analisa não apenas as características socioeconômicas e políticas de Macau no século XVII, como também os importantes contatos econômicos com Japão e Filipinas. Texto de fácil acesso na internet.

Morga, Antonio. *History of the Philippine Islands.* Cleveland: The Arthur H. Clark Company, 1907. v. 1.

> Texto clássico e obrigatório para o início de estudos sobre a presença espanhola nas Filipinas, além de analisar outros momentos históricos.

Mote, Frederick W. The Rise of the Ming Dinasty, 1330-1367. *In*: Twitchett, Denis; Fairbank, John K. *The Cambridge History of China.* Cambridge: Cambridge University Press, 2008. v. 7, parte 1. The Ming Dynasty, 1368-1644.

> Mais um dos volumes da *The Cambridge History of China* que foi utilizado na redação do presente capítulo. Aqui temos o estudo do nascimento da Dinastia Ming, apresentado com o formato de manual especializado sobre o tema.

Pina, Isabel. *Jesuítas chineses e mestiços da missão da China* (1589-1689). Lisboa: Centro Científico e Cultura de Macau, 2011.

> Historiadora portuguesa com significativa produção sobre as relações entre China e Japão, nos séculos XVI ao XVIII. Nesse livro, a autora analisa o clero mestiço chinês a partir da penetração da missão jesuítica no interior da China, não se referindo apenas a Macau.

Rowe, William T. *China Last Empire: The Great Qing.* Cambridge: The Belknap Press of Harvard University Press, 2009.

> Sinólogo que apresentou nessa publicação as características gerais do período da Dinastia Ch'ing, com um grande painel sobre suas características econômico-sociais e políticas, com destaque para o avanço do imperialismo europeu, que não foi muito explorado neste capítulo por fugir da cronologia fixada.

Russell-Wood, A. J. R. *Um mundo em movimento: os portugueses na África, Ásia e América*. Lisboa: Difel, 1998.

Tradução para português da primeira edição em inglês desta obra originalmente publicada em 1992. O historiador escocês explora a importância da análise da circulação demográfica que resultou da expansão marítima portuguesa. Livro clássico sobre o tema.

Seabra, Leonor Diaz; Manso, Maria de Deus. Macau e as Filipinas no século XVI--XIX: "A Rota da Seda". *Revista Dos Puntas*, ano 8, n. 13, 2016.

Artigo desenvolvido pelas historiadoras portuguesas que estuda as conexões comerciais entre Macau e Filipinas, alongando a perspectiva até o século XIX.

Shin, Michael D. *Everyday Life in Joseon — Era Korea*. Leiden; Boston: Brill, 2014.

Especialista em História da Coreia apresenta, nesse estudo, alguns aspectos da organização social do período da Dinastia Choson.

Spence, Jonathan. *The Search of Modern China*. Nova York; Londres: W.W. Norton and Company, 1990.

Importante sinólogo explora, nesse livro, distintas perspectivas historiográficas para o estudo da China.

Subrahmanyam, Sanjay. *O Império Asiático Português. Uma história política e econômica*. Lisboa: Difel, 1995.

Livro fundamental do historiador indiano que reverteu o foco da análise para o contexto asiático no momento da expansão marítima portuguesa.

Totman, Conrad. *A History of Japan*. Oxford: Blackwell, 2004, p. 203.

Importante manual elaborado por especialista na história do Japão, cuja primeira edição é de 2000. Assim como outras obras, percorre longo período cronológico para oferecer um esboço geral sobre aspectos políticos, econômicos e sociais do país.

# 11
# Trajetórias indígenas

*Elisa Frühauf Garcia*
*Suelen Siqueira Julio*

Até recentemente, os povos indígenas não recebiam muito destaque nos estudos sobre a Época Moderna. Frequentemente, não eram nem mesmo mencionados. Tais estudos eram, em grande medida, portadores de uma visão eurocêntrica, que entendia o período como caracterizado por uma expansão global de impérios sediados na Europa que conquistavam espaços no além-mar, subjugando povos e territórios. Nesse processo, os europeus eram entendidos, explícita ou implicitamente, como cultural e tecnicamente superiores. Eles eram os agentes principais de processos históricos que pouco absorviam, ou dependiam, dos conhecimentos e das variadas alianças com povos com os quais entraram em contato, especialmente no caso dos indígenas e dos africanos[1].

Nos últimos anos, porém, a historiografia tem dado maior destaque à presença histórica dos povos indígenas na formação do mundo moderno[2]. Seguindo abordagens que buscam superar perspectivas eurocêntricas sobre o período, exploradas nos diferentes capítulos desta obra, temas como a sua importância na formação das conexões atlânticas e a centralidade de seus conhecimentos nas dinâmicas sociais e econômicas de então têm recebido

1. Norton, Marcy. Subaltern technologies and Early Modernity in the Atlantic World. *Colonial Latin American Review*, v. 26, n. 1, 2017, p. 18-38.

2. Garcia, Elisa Frühauf. Os índios brasileiros na formação do mundo moderno. *In*: Gesteira, Heloísa (org.). *Magalhães-Elcano*: *a primeira viagem ao redor do mundo*. Rio de Janeiro: Andrea Jakobsson, 2021.

atenção redobrada. Essa maior atenção aos nativos americanos tem trazido também uma renovação nos estudos sobre racialização e escravidão, incluindo as várias formas de trabalho compulsório que recaíram sobre tais povos. A própria caracterização desses regimes de trabalho tem sido revisada. Tradicionalmente, indígenas – e africanos – foram apresentados apenas como mão de obra braçal necessária para os empreendimentos coloniais. Porém, perspectivas recentes sobre a história da ciência e do conhecimento [↗Uma nova geografia] na Época Moderna têm apontado a importância desses agentes como provedores de tecnologias que viabilizaram os empreendimentos econômicos coloniais[3]. Dentre os exemplos possíveis, a mineração certamente merece ser citada, especialmente se lembrarmos a sua centralidade para as economias dos impérios ibéricos e a formação do capitalismo global[4].

Essas pesquisas também se beneficiaram das novas abordagens geradas com a inclusão das relações de gênero na agenda historiográfica. Afinal, o sistema colonial impactou mulheres e homens de maneira distinta. É bem verdade que as relações entre mulheres indígenas e homens europeus sempre foram mencionadas nas análises sobre os anos iniciais das sociedades coloniais no ultramar. As indígenas estavam muito presentes em narrativas sobre o que é considerado o momento fundacional dos primeiros núcleos coloniais nos espaços ultramarinos. Elas foram contempladas em variadas análises, ocupando, por exemplo, uma posição coadjuvante vinculada à reprodução, como mães dos filhos mestiços dos colonizadores. A menção às indígenas também é frequente em abordagens hipersexualizadas sobre os primeiros contatos, como veremos. Porém, tampouco é raro encontrarmos narrativas nas quais elas nem mesmo são mencionadas. Trata-se de uma tendência nas abordagens sobre o período que produziram, nas palavras de Karen Powers, "histórias androcêntricas", em que as mulheres nativas são descritas a partir das agendas coloniais dos homens ibéricos[5].

Como veremos neste capítulo, estudos realizados sobretudo a partir do início dos anos 2000 questionaram a perspectiva androcêntrica de tais análises, que endossavam acriticamente as visões masculinas e não reconheciam

---

3. Norton, Marcy. Subaltern technologies and Early Modernity in the Atlantic World. *Op. cit.*

4. Bigelow, Allison Margaret. *Mining Language: Racial Thinking, Indigenous Knowledge, and Colonial Metallurgy in the Early Modern Iberian World*. Williamsburg: Omohundro Institute of Early American History Culture; Chapel Hill: University of North Carolina Press, 2020.

5. Powers, Karen Vieira. Conquering discourses of "sexual conquest": of women, language, and mestizaje. *Colonial Latin American Review*, v. 11, n. 1, 2002, p. 7-32.

a agência das mulheres em diversos aspectos. Essas novas pesquisas também apontaram que a posição coadjuvante que as mulheres ocupavam nos relatos sobre a construção das sociedades coloniais se devia mais às fontes disponíveis, em que homens europeus buscavam destacar suas ações, do que à dinâmica histórica de então[6].

Os estudos, porém, não deixaram de destacar as dificuldades que o historiador interessado no tema enfrenta. Apesar de sabermos da relevância dos papéis desempenhados pelas mulheres nativas, seguir a sua história não é uma tarefa fácil em nenhuma parte dos impérios ultramarinos europeus. Os pesquisadores dependem de arquivos coloniais que não estavam interessados em registrar tais informações. Comumente as mulheres nativas não tinham seus nomes próprios compilados nas fontes. E, quando isso acontecia, geralmente tratava-se de um nome atribuído pelos colonizadores. Para o caso da América do Norte, Rebecca Jager lembra que elas eram mais frequentemente citadas apenas como mulheres indígenas ou "*squaw*". Esse termo, hoje considerado pejorativo, era utilizado pela sociedade envolvente para referir-se às mulheres nativas, sobretudo às esposas dos "brancos"[7]. Para a Índia colonial, Durba Ghosh assinala que as mulheres eram frequentemente renomeadas pelos britânicos, que tinham dificuldades em pronunciar os seus nomes. Não se tratava, no entanto, apenas de uma dificuldade linguística. Ao substituírem os nomes nativos por prenomes ingleses, os colonizadores dissociavam essas mulheres dos seus passados e dos seus vínculos com as comunidades de origem[8].

A presença de mulheres e homens indígenas na história da formação do mundo moderno, portanto, pode ser abordada por múltiplos vieses. Os silêncios, os estereótipos e a permanência por muito tempo de uma agenda colonial

6. Stoler, Anne Laura. *Carnal Knowledge and Imperial Power: Race and the Intimate in Colonial Rule*. Berkeley: University of California Press, 2010 [2002]; Ghosh, Durba. *Sex and the Family in Colonial India: The Making of Empire*. Nova York: Cambridge University Press, 2008 [2006]; Garcia, Elisa Frühauf. Conquista, sexo y esclavitud en la cuenca del Río de la Plata: Asunción y São Vicente a mediados del siglo XVI. *Americanía: Revista de Estudios Latinoamericanos*, Sevilla, n. 2, 2015, p. 39-73; Sleeper-Smith, Susan. *Indian Women and French Men: Rethinking Cultural Encounter in the Western Great Lakes*. Amherst: University of Massachusetts Press, 2001; Barr, Juliana. *Peace Came in the Form of a Woman. Indians and Spaniards in the Texas Borderlands*. Chapel Hill: University of North Carolina Press, 2007; Fernandes, João Azevedo. *De cunhã a mameluca: a mulher tupinambá e o nascimento do Brasil*. João Pessoa: Universitária, 2003.

7. Jager, Rebecca. *Malinche, Pocahontas, and Sacagawea: Indian Women as Cultural Intermediaries and National Symbols*. Norman: University of Oklahoma Press, 2015, p. 4.

8. Ghosh, Durba. *Sex and the Family in Colonial India*. *Op. cit*. p. 19-20.

na historiografia justificam a escolha de enfatizar, neste capítulo, os papéis exercidos pelas mulheres nativas das Américas. Elas são aqui entendidas não apenas como vítimas dos processos de invasão e colonização europeia, mas como sujeitos ativos que ajudaram a moldar aquele mundo. A proposta não é meramente escrever sobre a história das mulheres indígenas, mas abordar as trajetórias dos povos nativos na Época Moderna por essa perspectiva.

O interesse da historiografia em incorporar a capacidade de ação dos sujeitos subalternos, dentre os quais estavam as mulheres indígenas, vem da discussão sobre a agência – traduzida do inglês *agency* –, que se fortalece a partir da década de 1970. A agência não deve ser pensada como um atributo humano abstrato, mas como atitudes levadas a cabo por pessoas reais, localizadas em relações sociais específicas, tendo que responder às situações históricas nas quais estiveram inseridas[9]. Como veremos, mesmo quando submetidas a pesados condicionamentos, as indígenas não perderam a capacidade de agir, de construir projetos, tecer alianças, resistir, dentre tantas outras respostas exigidas pelos contextos vividos por essas mulheres, que tampouco devem ser vistas como um grupo homogêneo.

Enfatizando os processos desencadeados pela presença europeia nas Américas, desde o fim do século XV até o início do século XIX, este capítulo articula dois campos da historiografia com alto potencial de transformar os modos de pensar a Época Moderna: a Nova História Indígena e a História das Mulheres e das Relações de Gênero. Marcada pela interdisciplinaridade, especialmente pelo diálogo com a Antropologia, a Nova História Indígena é formada por pesquisas que, nas últimas décadas, têm enfatizado a centralidade da ação dos sujeitos indígenas para compreendermos os mais diversos processos históricos[10]. Sem a pretensão de esgotar as considerações que poderiam ser feitas sobre um campo tão rico e em franco crescimento, apenas sublinharemos a contribuição que buscamos prestar à área[11]. A saber: acrescentar elementos para a construção de

9. Thompson, Edward P. Agency and choice. *New Reasoner*, Londres, v. 5, 1958, p. 89-106; Johnson, Walter. On Agency. *Journal of Social History*, Oxford, v. 37, n. 1, 2003, p. 113-124.

10. Monteiro, John Manuel. *Negros da terra: índios e bandeirantes nas origens de São Paulo*. São Paulo: Companhia das Letras, 1994; Almeida, Maria Regina Celestino de. *Metamorfoses indígenas: identidade e cultura nas aldeias coloniais do Rio de Janeiro*. Rio de Janeiro: Arquivo Nacional, 2003; Garcia, Elisa Frühauf. *As diversas formas de ser índio: políticas indígenas e políticas indigenistas no extremo sul da América portuguesa*. Rio de Janeiro: Arquivo Nacional, 2009.

11. Para balanços sobre a produção do campo: Almeida, Maria Regina Celestino de. Os índios na história: avanços e desafios das abordagens interdisciplinares – a contribuição de John Monteiro. *História Social*, Campinas, n. 25, 2013, p. 19-42; Santos, Eduardo Natalino dos.

um conhecimento mais sólido sobre a atuação histórica das mulheres indígenas como sujeitos essenciais para entendermos a formação do mundo moderno.

O capítulo dialoga também com o campo da História das Mulheres e das Relações de Gênero, cujos trabalhos têm demonstrado que a experiência feminina não é separada da dos homens. Constitui, porém, uma história própria, nem sempre contemplada por abordagens que se dizem "gerais", mas muitas vezes têm como foco a ação masculina[12]. Entendido como a construção social de papéis prescritos para homens e mulheres, o gênero será utilizado como categoria de análise, a fim de marcar as implicações que esses papéis traziam para a vida dos nativos que iam entrando em contato com os europeus[13]. A perspectiva de gênero será desenvolvida a partir de uma abordagem interseccional, articulada com raça, classe e sexualidade, entendida como uma forma de dominação global que se constrói precisamente a partir do início da Época Moderna. Os especialistas têm produzido importantes reflexões sobre o tema há algumas décadas, culminando na proposta de uma "colonialidade de gênero", sistematizada por Maria Lugones[14]. Presentes entre os elementos estruturantes das leis, da religião, da organização do trabalho, dos modos de governar os povos dominados e de tantos outros aspectos fundamentais, as concepções europeias sobre o feminino e o masculino impactaram os encontros e os choques com as realidades com as quais se depararam no ultramar. Nesse cenário, quais papéis foram exercidos pelos sujeitos aos quais hoje nos referimos como mulheres indígenas? De que formas

---

História dos vencidos, história da mestiçagem e história indígena. *In*: Acruche, Hevelly Ferreira; Silva, Bruno (orgs.). *As Américas em perspectiva: das conquistas às independências*. Juiz de Fora: Editora UFJF/ClioEdel, 2023, p. 26-51; Almeida, Maria Regina Celestino de; Garcia, Elisa Frühauf. A história indígena no PPGH: trajetórias e agendas de pesquisa. *In*: Carneiro, Alexandre; Freire, Jonis (orgs.). *50 Anos do PPGH UFF*. Campinas: Pontes Editores, no prelo.

12. Bock, Gisela. La historia de las mujeres y la historia del género: aspectos de un debate internacional. *Historia Social*, Valencia, n. 9, 1991 [1989], p. 55-77. Para um balanço recente sobre a história das mulheres na América espanhola, veja-se: Baena Zapatero, Alberto; Roselló Soberón, Estela. As mulheres na América colonial. *In*: Cañizares-Esguerra, Jorge; Fernandes, Luiz Estevam; Martins, Maria Cristina Bohn (orgs.). *As Américas na Primeira Modernidade (1492-1750)*. Vitória: Milfontes, 2020, p. 17-56. v. 3.

13. Sobre o gênero como categoria de análise, ver: Baena Zapatero, Alberto; Roselló Soberón, Estela. As mulheres na América colonial. *In*: Cañizares-Esguerra, Jorge; Fernandes, Luiz Estevam; Martins, Maria Cristina Bohn (orgs.). *As Américas na Primeira Modernidade (1492-1750). Op. cit.*; Scott, Joan Wallach. Prefácio a gender and politics of history. *Cadernos Pagu*, Campinas, n. 3, 1994, p. 11-27; Soihet, Rachel. História das mulheres. *In*: Cardoso, Ciro Flamarion; Vainfas, Ronaldo (orgs.). *Domínios da História*. Rio de Janeiro: Elsevier, 1997, p. 275-296.

14. Lugones, Maria. The coloniality of gender. *Worlds & Knowledges Otherwise*, v. 2, 2008, p. 1-17.

seus conhecimentos, suas habilidades políticas, sua capacidade de trabalho e outros aspectos de sua existência impactaram a formação da Modernidade? Como a presença de tais mulheres foi percebida na Europa, fosse fisicamente ou pela circulação de imagens, narrativas, tecnologias e produtos relacionados às "gentias da terra"? É o que veremos adiante.

## Visões sobre as mulheres indígenas: projetos coloniais e perspectivas historiográficas

Antes de passarmos à multiplicidade de funções e de situações históricas vivenciadas pelas mulheres indígenas, é importante apontar que tal caráter multifacetado nem sempre aparece nas visões consolidadas sobre a Época Moderna. Seja fora ou mesmo no âmbito dos estudos universitários, as nativas têm sido associadas, sobretudo, aos primeiros momentos da colonização. Dava-se destaque ao seu papel na geração de mestiços, por meio de arranjos familiares ou por encontros sexuais fortuitos, baseados numa suposta disponibilidade sexual dessas mulheres. É bem conhecida, por exemplo, a afirmação de Magnus Mörner, para quem "a conquista espanhola da América foi uma conquista das mulheres"[15].

Essa redução das indígenas às funções de mães de mestiços e de esposas (ou "concubinas") dos europeus ainda não foi totalmente abandonada. Isso provavelmente se deve à sua difusão em obras clássicas, cujas ideias foram transmitidas a gerações pela educação escolar, exposições em museus e produções culturais (livros, gibis, filmes, dentre outros), assim como em monumentos espalhados pelas cidades americanas e europeias. No caso do Brasil, ela aparece já no século XIX, no contexto das discussões sobre a construção de uma "história nacional". Em sua influente *História geral do Brasil*, Francisco Adolfo de Varnhagen escrevia que os colonizadores se adaptaram "a muitos usos dos bárbaros", incluindo as uniões com as índias, apontadas como um importante fator de "fusão das nacionalidades tupi e portuguesa"[16].

A ideia de mulheres indígenas, específicas ou de forma geral, como mães de determinadas nações é algo bem disseminado. Análises posteriores, produzidas com o intuito de revisar a visão benéfica da mestiçagem, acabaram

15. Mörner, Magnus. *Race Mixture in the History of Latin America*. Boston: Little, Brown, 1967, p. 22.

16. Varnhagen, Francisco Adolfo de. *História geral do Brasil*. 2. ed. Rio de Janeiro: Em casa de E. e H. Laemmert, 1877 [1854], p. 203, 206. v. 1.

por enfatizar o caráter conflituoso de tais relações – muitas vezes baseadas na violência sexual praticada pelos colonizadores[17]. Trata-se, sem dúvida, de um tema importante a ser considerado em qualquer análise sobre a expansão ultramarina. A violência sexual contra as mulheres indígenas foi parte fundamental da conquista e está muito bem documentada nas fontes primárias e na historiografia. Alguns homens europeus, inclusive, fizeram questão de registrar o seu protagonismo em tais episódios de violência. Um caso bem conhecido foi o de Michele de Cuneo que, em carta a um amigo, se vangloriou de ter estuprado uma jovem indígena que lhe fora dada por Cristóvão Colombo. Mais do que apenas registrar o ato em si, Cuneo narrou detalhes do ocorrido, inclusive o desespero da jovem tentando resistir à violação[18].

A construção de uma visão hipersexualizada das mulheres não europeias foi uma parte essencial da formação do mundo moderno. No caso das Américas, narrativas de norte a sul produzidas por homens europeus desde o fim do século XV enfatizavam a nudez feminina, forneciam detalhes dos seus corpos e incluíam pormenores sobre seu comportamento sexual. O público brasileiro está certamente mais familiarizado com a carta de Pero Vaz de Caminha, frequentemente apresentada como a "certidão de nascimento" do país. Caminha fornece várias informações sobre as partes íntimas das mulheres indígenas e como elas, na sua avaliação, não tinham "vergonha das suas vergonhas"[19]. Informações nesse mesmo sentido são também encontradas em vários relatos espanhóis e ingleses sobre as Américas, incluindo ainda comentários da suposta licenciosidade das mulheres indígenas. Nem mesmo a bem conhecida Pocahontas (Fig. 11.1) escapou de tal julgamento moral. Para William Strachey, cronista oficial de Jamestown, tratava-se de uma "jovem devassa"[20].

17. Powers, Karen. *Women in the Crucible of Conquest. The Gendered Genesis of Spanish American Society, 1500-1600*. Albuquerque: University of New Mexico Press, 2005.

18. Cuneo, Michele de. Carta da segunda viagem, 28 de outubro de 1495. *In*: Gil, Juan; Varela, Consuelo (orgs.). *Cartas de particulares a Colón y Relaciones coetáneas*. Madri: Alianza, 1984, p. 242.

19. *Carta de Pero Vaz de Caminha* [1500]. Fundação Biblioteca Nacional, Rio de Janeiro. Disponível em: http://objdigital.bn.br/Acervo_Digital/livros_eletronicos/carta.pdf. Acesso em: 19 nov. 2023.

20. Perdue, Theda. Columbus meets Pocahontas in the American South. *In*: Peiss, Kate Lee. *Major Problems in the History of American Sexuality: Documents and Essays*. Boston: Houghton Mifflin, 2002, p. 40.

**Figura 11.1 – Único retrato de Pocahontas feito em vida, realizado quando estava em Londres, onde chegou com seu marido, John Rolfe, em 1616, falecendo no ano seguinte. A gravura, de autoria de Simon van de Passe, encontra-se em exibição permanente na National Portrait Gallery, em Washington D.C.**

Fonte: Wikipédia. Verbete "Pocahontas".
Disponível em: https://en.wikipedia.org/wiki/Pocahontas#

É bem verdade, porém, que nem todas as relações eram baseadas na violência. O próprio termo violência é de difícil definição, modificando-se ao longo do tempo, assim como variando de acordo com as diferentes percepções culturais e assimetrias de poder entre os envolvidos. Assim, quando discutimos violência sexual no contexto de conquista das Américas, tampouco é uma tarefa simples discutir o oposto. O que seria consentimento em espaços onde os europeus estavam estabelecendo sua dominação sobre os povos nativos ou quando as mulheres indígenas estavam em alguma situação subordinada que dificultava, ou mesmo impedia, que suas vontades fossem consideradas?[21]

Se não podemos responder claramente a essa questão, podemos ponderar que havia expressivas diferenças nos significados dos diversos tipos de enlaces entre mulheres indígenas e homens europeus. Por exemplo: o casamento de europeus com filhas de líderes nativos, também conhecidos como "principais", geralmente estava relacionado ao estabelecimento de alianças políticas. Ao mesmo tempo, a constituição de famílias com cativas era uma situação amiúde imposta a essas mulheres. Entre um extremo e outro, ou seja, entre as filhas de principais casadas com europeus e as indígenas envolvidas com homens que as tinham sob sua posse, existiam as nativas livres que estiveram em relações, geralmente não sacramentadas pela Igreja, com brancos de diversos grupos sociais. Variando de encontros esporádicos a uniões de longa duração, alguns envolvimentos resultaram em reconhecimentos paternos que possibilitaram prosperidade e/ou distinção aos filhos neles gerados.

Por outro lado, estamos lidando com espaços onde diferentes perspectivas sobre gênero e sexualidade estavam presentes, gerando incompreensões e profundos conflitos. Ainda que nos relatos disponíveis foram as perspectivas europeias que predominaram, a realidade social era muito diferente. Muitas vezes, tendo o domínio efetivo das terras e das relações sociais, os povos indígenas foram também capazes de fazer prevalecer as suas percepções sobre tais assuntos, sendo precisamente isso que horrorizava, ou fascinava, os europeus.

## Mulheres indígenas como agentes políticos

A historiografia mais recente tem adicionado outras perspectivas que superaram o paradigma da sexualidade e da mestiçagem, lembrando que as mulheres indígenas foram importantes agentes nas formações imperiais

21. McCurdy, John Gilbert. Gender and violence in Early America. *In*: Antony, Robert; Carroll, Stuart; Pennock, Caroline Dodds (eds.). *The Cambridge World History of Violence*. Cambridge: Cambridge University Press, 2020, p. 255-273. v. 3.

da Época Moderna. Elas foram comerciantes, guias, diplomatas, intérpretes, dentre vários outros importantes papéis. E por que até recentemente o tema não fazia parte das preocupações dos historiadores? Porque a disciplina reproduzia acriticamente uma visão estabelecida sobre as mulheres e literalmente as reduzia à esfera familiar e sexual.

Mulheres que foram sujeitos decisivos na construção das sociedades coloniais foram reiteradamente classificadas pela historiografia como meras "amantes" de homens europeus. Um exemplo nesse sentido é o de Malinche, uma talentosa indígena que atuou na conquista do México, cuja trajetória representa bem a dinâmica da Mesoamérica de então. Filha de um cacique de uma área de fronteira entre os idiomas maia e náuatle, ela acabou sendo escravizada e foi trocada várias vezes até integrar um grupo de mulheres entregue aos espanhóis pelos habitantes de Potonchán, em março de 1519. Tratava-se de uma tentativa de selar a paz após um período de intensos conflitos. Malinche aprendera a língua maia durante os seus anos de cativeiro e essa habilidade selou o seu destino. Foi o seu domínio de duas línguas indígenas que levou Cortés a se interessar por ela. Seu papel seria estratégico, pois até então Cortés dependia de Jerónimo de Aguilar, um espanhol que falava maia, mas não náuatle. Cortés, que não falava nenhuma língua indígena, logo passou a depender de Malinche como intérprete para todas as suas ações no México, tanto em situações de guerra como de negociações diplomáticas. Em iconografias de momentos cruciais daquele período ela foi a única mulher representada em meio a vários outros homens[22]. É o que vemos no *Lienzo de Tlaxcala*, que reúne fatos históricos e representações do espaço, destacando a aliança dos tlaxcaltecas como os espanhóis. O *Lienzo*, confeccionado em torno de 1552, deveria ser entregue ao Imperador Carlos V por uma delegação de tlaxcaltecas enviados à Europa. O original foi perdido, sendo reconstruído posteriormente por meio de informações e cópias existentes. Malinche é ali representada 22 vezes, nem sempre acompanhada de Cortés. Em um dos quadros do *Lienxo* ela está em pé, desempenhando a função de intérprete entre Cortés e Montezuma[23]. As habilidades linguísticas das mulheres foram

22. Fernandes, Luiz Estevam de Oliveira. Os ossos do Conquistador: uma história da Conquista de México-Tenochtitlan a partir da memória sobre Hernán Cortés. *In*: Araújo, Rafael; Kalil, Luís Guilherme Assis; Schurster, Karl (orgs.). *Trajetórias americanas*: *volume I*. Recife: Edupe, 2022, p. 60-61.

23. Seger, Magda Fabiane. La Malinche, D. Marina: a "lengua" de Cortés segundo o "Lienzo de Tlaxcala". Dissertação (Mestrado em História) – Universidade do Vale Rio dos Sinos, São Leopoldo, 2014. Para o *Lienzo de Tlaxcala*, cf.: https://lienzodetlaxcala.unam.mx/el-lienzo-de-tlaxcala/

essenciais nos contextos de interações culturais, embora nem sempre isso tenha sido devidamente explicitado pelas fontes.

Posteriormente, Malinche se tornou central no México, fazendo parte de representações sobre o passado do país, incluindo reflexões sobre as origens da nação mexicana e de julgamentos sobre as suas ações, consideradas por muitos responsáveis pela derrota dos indígenas para os espanhóis[24]. Uma obra que ajudou a divulgar esta visão sobre Malinche foi o livro de Octavio Paz, *O labirinto da solidão*. O autor parte da história de Malinche para tentar entender a origem dos mexicanos, destacando o estupro presente nas relações coloniais e culpando Malinche por sua "entrega" aos espanhóis e "traição" aos indígenas[25]. O livro teve grande êxito, sendo o autor agraciado com o Prêmio Nobel de Literatura em 1980. No entanto, foi também alvo de críticas posteriores, pois divulgou uma visão misógina e descontextualizada de Malinche, representada como "entreguista" e colaboradora dos conquistadores[26].

Outras mulheres indígenas foram igualmente importantes para a construção da sociedade colonial, apesar de terem sido por muito tempo classificadas apenas como amantes ou esposas de homens europeus. No Brasil, esse foi o caso de Catarina Paraguaçu. Pertencente a uma das principais famílias indígenas do recôncavo baiano do início do século XVI, seu pai era o importante cacique Taparica. Ela casou-se com o português Diogo Álvares (posteriormente mais conhecido como Caramuru), sendo uma das poucas mulheres que tiveram o seu nome registrado nas fontes do período[27] – nesse caso, não apenas o nome, mas também o seu poder político. Segundo Rocha Pitta, escrevendo em 1730, foi ela, qualificada como "senhora destes gentios", que fez com que os nativos "com menor repugnância se sujeitassem ao jugo português"[28]. Já outras mulheres indígenas da época, com perfil semelhante, foram bastante invisibilizadas, como Bartira, cujo companheiro, João Ramalho, foi o principal português responsável pelo estabelecimento dos europeus

---

24. Townsend, Camilla. *Malintzin's Choices: An Indian Woman in the Conquest of Mexico*. Albuquerque: University of New Mexico Press, 2006.

25. Paz, Octavio. *O labirinto da solidão*. Madri: Fondo de Cultura Económica, 1992 [1950], p. 35.

26. Townsend, Camilla. *Malintzin's Choices*. *Op. cit.*

27. Oliveira, João Pacheco de. Catarina Paraguaçu, senhora do Brasil: três alegorias para uma nação. *Memórias insurgentes*, Rio de Janeiro, v. 1, n. 1, 2022, p. 22-58.

28. Pita, Sebastião da Rocha. *História da América portuguesa*. Brasília: Senado Federal, Conselho Editorial, 2011 [1730], p. 60-61.

em São Paulo. Nas fontes coloniais, ela é apenas mencionada como sua "mulher" ou "filha" do cacique Tibiriçá[29].

Outro tema que vem ganhando espaço na historiografia é o da liderança política de mulheres indígenas, exercida tanto de maneira formal como informal. O livro *Cacicas* é um bom exemplo disso. Organizado por Margarita Ochoa e Sara Guengerich, a coletânea reúne uma série de exemplos de indígenas que foram lideranças políticas em diferentes espaços da América Hispânica, do fim do século XV até o início do século XIX. É sempre importante lembrar que o termo *cacique*, significando o exercício de autoridade política entre os povos indígenas, foi uma interpretação dos espanhóis do termo na língua arawak, ainda nos primeiros anos de sua presença na América, na Ilha Hispaniola (atual Haiti e República Dominicana). Na ocasião, o termo já foi também utilizado no feminino, quando determinadas cacicas foram nomeadas nos documentos coloniais relacionados aos *repartimientos* dos povos indígenas distribuídos entre os espanhóis. A partir de então, consolidou-se na prática e na legislação da América Ibérica. Ou seja, cacique era um cargo da administração colonial exercido pelas lideranças indígenas, com direitos e deveres específicos, e não era incomum que mulheres indígenas fossem reconhecidas como tal pelas autoridades coloniais[30]. Elas são personagens presentes não apenas nas fontes escritas, mas também na iconografia do período, que retrata as mais bem sucedidas política e economicamente.

Ainda que não tão bem estudado quanto na América Hispânica, no Brasil também há casos bastante significativos de mulheres indígenas que foram importantes lideranças, atuando como intermediárias entre seus povos e os agentes coloniais. O mais conhecido é o de Damiana da Cunha. Nascida por volta de 1779, quando certamente recebeu um nome tradicional de seu povo caiapó, Damiana adquiriu esse nome católico ao ser batizada alguns anos depois, em 1781. Teve como padrinho o então governador de Goiás, Luís da Cunha Menezes, que atribuiu seu sobrenome à menina, seguindo uma prática bastante comum na época. O motivo para o recebimento do ilustre padrinho é que Damiana era neta de um grande líder caiapó, Angraí-oxá. Naquele contexto, a Coroa portuguesa esperava que o governador seguisse as diretrizes

29. Garcia, Elisa Frühauf. Bartira: história e usos do passado dos anos formativos da sociedade colonial no Brasil. *Memórias insurgentes*, Rio de Janeiro, v. 2, n. 2, 2022, p. 14-40.

30. Ochoa, Margarita; Guengerich, Sara Vicuña (orgs.). *Cacicas: The Indigenous Women Leaders of Spanish America, 1492-1825*. Norman: University of Oklahoma Press, 2021.

traçadas pelo Marquês de Pombal. Estas previam, entre outras medidas, atrair os indígenas sem o uso da violência aberta. Por meio de promessas, presentes e agrados às lideranças nativas, buscava-se incorporar à sociedade envolvente os muitos povos que mantinham a sua autonomia política[31].

Abalados pelas duras batalhas contra os colonizadores, pelas doenças que estes traziam e pela fome – em meio a fenômenos climáticos adversos e a invasões de seus territórios de caça –, muitos caiapós entenderam que viver nos aldeamentos promovidos pelos portugueses seria uma forma de sobreviverem. Criada por um tempo na casa do governador, onde foi educada e recebeu formação religiosa de acordo com a sociedade colonial, a pequena Damiana cresceu no aldeamento de São José de Mossâmedes. Ali, além de se tornar uma figura política importante, casou-se sucessivamente com dois militares não indígenas. Aparentemente não teve filhos. Sendo neta de cacique e afilhada do governador, Damiana da Cunha adquiriu um importante capital político. O fato de Goiás ser uma área na qual o domínio dos brancos não estava consolidado certamente contribuiu para que uma liderança indígena e feminina obtivesse o respeito de autoridades luso-brasileiras. Assim, entre 1808 e 1831, Damiana atuou como chefe de expedições que partiam de Goiás com o fim de convencer seus pares não aldeados a segui-la. Obtendo considerável sucesso, após cada viagem Damiana retornava com dezenas de caiapós, sendo recebida com pompa pelas autoridades de Goiás. Além de possibilitar uma discussão mais aprofundada sobre o papel das indígenas que foram líderes no período colonial, o caso traz elementos importantes para analisar as especificidades das mulheres que viviam nas fronteiras das sociedades coloniais americanas[32].

O que a historiografia entende como fronteira eram os espaços não controlados politicamente por nenhum poder colonial europeu. A visão eurocêntrica da Época Moderna muitas vezes nos levou a pensar esses espaços a partir dos mapas produzidos pelas potências imperiais que os apresentavam como seus e disputavam o seu domínio entre si[33]. A realidade, porém, era bastante diferente. Grande parte do território das Américas permanecia sob

---

31. Julio, Suelen Siqueira. *Damiana da Cunha: uma índia entre a "sombra da cruz" e os caiapós do sertão (Goiás, c.1780-1831)*. Niterói: Eduff, 2017. Para as políticas pombalinas em relação aos povos indígenas, veja-se: Garcia, Elisa Frühauf. *As diversas formas de ser índio. Op. cit.*

32. Julio, Suelen Siqueira. *Damiana da Cunha. Op. cit.*

33. Furtado, Junia; Doré, Andréa (orgs.). *História do Brasil em 25 mapas*. São Paulo: Companhia das Letras, 2022.

domínio político dos povos indígenas, que mantinham diferentes tipos de relações com seus vizinhos, fossem eles europeus, indígenas ou comunidades formadas por pessoas de origem africana. Uma área que tem sido bastante privilegiada nesses estudos sobre a autonomia dos povos indígenas são os Grandes Lagos, na América do Norte. Lá, como demonstrou Susan Sleeper-Smith, as mulheres indígenas foram importantes agentes nas dinâmicas locais. Elas souberam se beneficiar das relações mantidas com os comerciantes de peles franceses, favorecendo suas famílias e seus descendentes[34].

Assim, para além das menções a casos específicos de indígenas quinhentistas como Paraguaçu e Malinche, ou mesmo de personagens bem posteriores como Damiana da Cunha, cabe aprofundar a centralidade das mulheres indígenas para o estabelecimento das bases das sociedades coloniais e do seu funcionamento ao longo da Época Moderna.

## Conhecimentos indígenas, mercados globais e agentes econômicos

Se a historiografia, ao tratar das mulheres, enfatizou a sexualidade e a maternidade, uma leitura atenta das fontes demonstra muitas outras funções. Em um dos mapas do Atlas Vallard, por exemplo, vemos mulheres indígenas comercializando com europeus em meados do século XVI[35]. Elas aparecem negociando macacos e papagaios amansados, participando de um negócio bastante dinâmico na época. Longe de ser específico da costa do Brasil, a presença das nativas nos comércios coloniais era bastante disseminada. Em vários espaços globais, tanto na América quanto na África, mulheres que viviam em lugares caracterizados pela interação com europeus, e estavam bem-posicionadas nas suas sociedades de origem, souberam usufruir dos benefícios políticos e econômicos de tais trocas[36]. No caso da imagem citada do Atlas Vallard, porém, ela significa tanto pelo que mostra quanto pelo que não mostra: por trás daquela interação econômica estavam o conhecimento e o trabalho feminino. Como é sabido, na costa do Brasil eram as mulheres

34. Sleeper-Smith, Susan. *Indian Women and French Men. Op. cit.*

35. Vallard, Nicolas. *Vallard Atlas. Southeastern South America, Straits of Magellan.* Huntington Library, 1547. (Call number HM 29, folio f. 12). https://hdl.huntington.org/digital/iiif/p15150coll7/53441/full/full/0/default.jpg

36. Candido, Mariana; Jones, Adam. *African Women in the Atlantic World. Property, Vulnerability & Mobility, 1660-1880.* Woodbridge, Suffolk: James Currey in association The Institute for Scholarship in the Liberal Arts, College of Arts and Letters, University of Notre Dame, 2019.

indígenas as detentoras das tecnologias necessárias para amansar os animais então altamente valorizados no comércio atlântico[37].

Essa dissociação entre mercadorias centrais para os negócios coloniais e o trabalho das mulheres indígenas, bem como as tecnologias por elas desenvolvidas, parece ter sido uma prática corrente. Porém, foi do trabalho dessas mulheres e das suas técnicas de lida com o solo que dependeram os europeus, recém-chegados a terras desconhecidas, para a sua sobrevivência e para o desenvolvimento de suas atividades. No Brasil, é significativo o exemplo da farinha de mandioca. Fabricada pelas indígenas, ou por terceiros após aprenderem as suas técnicas de preparo, a farinha foi sempre a base da alimentação na colônia. Serviu ainda como importante moeda de troca nos portos de embarque de africanos escravizados e como sustento das gentes que navegavam por diferentes partes do mundo. O nexo entre as nativas e a produção de itens como a farinha são raramente reconhecidos pela historiografia, tendo sido apagados já no período colonial[38].

Note-se, porém, que nem todos os vínculos entre as mulheres e suas tecnologias foram dissociados. Um dos casos mais bem estudados na historiografia são as mulheres comerciantes que dominavam importantes espaços econômicos nas cidades andinas vendendo toda sorte de produtos a agentes diversos. A agência econômica dessas mulheres foi destacada por vários autores, como Pablo Rodríguez, Jacques Poloni-Simard e Jane Mangan[39]. Em Potosí, por exemplo, elas dominaram um amplo mercado surgido com a intensificação da mineração. Elas se destacavam na venda de produtos alimentares e de vestuário, sendo que suas posições variavam amplamente naquele espaço. Podiam trabalhar para alguém e, dessa forma, fizeram a riqueza de muitos. Como destacou o cronista Pedro Cieza de León em 1550, "muitos espanhóis ficaram ricos nesta cidade mineradora de Potosí tendo duas ou três

---

37. Velden, Felipe. As galinhas incontáveis. Tupis, europeus e aves domésticas na conquista do Brasil. *Journal de la Société des Américanistes*, v. 98, n. 2, 2012, p. 108.

38. Julio, Suelen Siqueira. *Gentias da terra: gênero e etnia no Rio de Janeiro colonial.* Tese (Doutorado em História) – Instituto de História, Universidade Federal Fluminense, Niterói, 2022; O'Leary, Jessica. The uprooting of Indigenous women's horticultural practices in Brazil, 1500-1650. *Past & Present*, Oxford, n. 20, 2023, p. 1-40.

39. Rodríguez, Pablo. Testamentos de indígenas americanos: siglos XVI-XVII. *Revista de Historia*, 2006; Poloni-Simard, Jacques. *El mosaico indígena. Movilidad, estratificación social y mestizaje en el Corregimiento de Cuenca (Ecuador) del siglo XVI al XVIII.* Quito: Institut français d'études andines, Abya-Yala, 2006; Mangan, Jane. *Trading Roles. Gender, Ethnicity, and the Urban Economy in Colonial Potosí.* Durham: Duke University Press, 2005.

mulheres indígenas com quem eles contratavam"[40]. A influência econômica das mulheres se originou, em grande medida, de tecnologias que elas já dominavam antes da sociedade colonial, sendo a chicha, uma bebida fermentada feita sobretudo à base de milho, mas também de quinoa ou trigo, um bom exemplo. Em Potosí elas mantiveram o controle da sua produção, embora a venda fosse mais diversificada e demonstre a fragilidade de pensamentos que demasiadamente racializam as sociedades coloniais americanas. Naquela cidade não era difícil encontrar mulheres brancas que atuavam na venda de bebida de maneira muito semelhante às indígenas[41].

Outro ponto frequentemente negligenciado é o fato de que, nos primeiros momentos da presença europeia nas Américas, a aquisição de produtos e de trabalho passava pelo estabelecimento de relações de parentesco com os indígenas. Amiúde tecidas por casamentos de náufragos, degredados ou outros homens europeus com as mulheres da terra, tais redes de alianças permitiram que navegadores das mais diversas procedências retornassem a seus lares com produtos preciosos. No caso do Brasil, além dos macacos, papagaios e da madeira que acabou por nomear a terra, os carregamentos incluíam pessoas escravizadas.

## Gênero e agência no negócio global de escravizados indígenas

Transformados em mercadoria, muitos nativos foram alvo do tráfico transatlântico, a exemplo das quarenta pessoas obtidas na região do Cabo Frio e levadas a Lisboa pelo navio mercante conhecido como nau *Bretoa*, em 1511[42]. Note-se que mais da metade desses escravizados era do sexo feminino: divididas entre vários integrantes da tripulação, as "mulheres" e "moças" predominavam em todos os lotes que levavam mais de um cativo. Apesar de ainda pouco considerado pela historiografia sobre a Época Moderna, o tráfico de indígenas escravizados atingiu grandes proporções no período. Para o mundo Ibérico, Nancy van Deusen calculou que ao menos 650.000 pessoas foram afetadas, em uma estimativa provavelmente muito inferior aos

40. Cieza de León, Pedro. La Crónica del Perú [1553]. *In*: Vedia, Enrique de (dir.). *Historiadores primitivos de Indias*. Madri: M. Rivadeneyra, 1886, p. 449. v. 2.

41. Mangan, Jane. *Trading Roles*. *Op. cit.*, p. 85.

42. Livro da nau Bretoa, 1511 *apud* Dias, Carlos Malheiros; Gameiro, Roque; Vasconcellos, Ernesto de (dir.). *História da colonização portuguesa do Brasil*. Porto: Litografia Nacional, 1923, p. 343-347. v. 2.

números reais[43]. Uma pequena parte desses indígenas escravizados foi alvo do tráfico transatlântico, sendo enviados sobretudo para a Península Ibérica. Um dos centros desse tráfico na América era o Brasil, principalmente São Vicente, conhecido ainda antes da sua fundação pelo sugestivo nome de porto dos escravizados[44]. A origem do Porto de Santos, o maior da América Latina, é um exemplo significativo do que os especialistas chamam de apagamento da história indígena. A relação do porto com o tráfico atlântico de nativos é desconhecida da grande maioria dos brasileiros e desconsiderada pela historiografia. O tráfico de indígenas, porém, foi significativo também em outros espaços. Para as Américas como um todo, Brett Rushforth calculou um número entre dois e quatro milhões de nativos escravizados entre o fim do século XV e meados do XIX[45].

Qual teria sido o destino dessas pessoas escravizadas? Quais as razões para a predominância das mulheres em casos como o da nau Bretoa? Tal predomínio foi determinado pelos indígenas que forneceram os cativos ou foi fruto das preferências dos europeus? Embora não tenhamos respostas seguras, algumas conjecturas são possíveis. No caso do tráfico atlântico, os que sobreviveram à travessia, além de poderem ter permanecido em mãos dos homens que os obtiveram, possivelmente foram vendidos nos mercados que já existiam em algumas cidades europeias[46]. Uma vez estabelecidos nas propriedades, tiveram que se adaptar a um ambiente radicalmente novo, recompondo suas vidas em meio à escravização. Batizados e renomeados, esses sujeitos provavelmente conviveram com pessoas livres, forras e cativas das mais diversas procedências, como asiáticos, mouriscos, africanos ocidentais etc. Possivelmente formaram famílias e outros laços de solidariedade que lhes permitiram sobreviver e mesmo lutar por melhores condições de vida, inclusive a sua liberdade[47].

---

43. van Deusen, Nancy E. *Global Indios: The Indigenous Struggle for Justice in Sixteenth-Century Spain*. Durham: Duke University Press, 2015, p. 2.

44. Prado, João Francisco de Almeida. *Primeiros povoadores do Brasil, 1500-1530*. São Paulo: Companhia Editora Nacional, 1939, p. 95-96.

45. Rushforth, Brett. *Bonds of Alliance: Indigenous and Atlantic Slaveries in New France*. Chapel Hill: University of North Carolina Press, 2012, p. 9.

46. van Deusen, Nancy E. *Global Indios*. *Op. cit.*

47. *Ibid.*; Caldeira, Arlindo Manuel. *Escravos em Portugal: das origens ao século XIX*. Lisboa: A Esfera dos Livros, 2017.

No entanto, apesar de terem compartilhado em algum momento de suas vidas a condição de cativeiro, as trajetórias dos nativos escravizados foram bastante singulares. Enquanto muitos conheceram difíceis condições por toda a sua vida, alguns parecem ter prosperado, conquistando posições de certo prestígio. Para tanto, apropriaram-se com muita habilidade de instrumentos culturais aprendidos nas interações com os europeus. Foi o caso de Duarte Frois, conhecido na bibliografia especializada como o primeiro tupi a ser alfabetizado. Até o momento, é dele a mais antiga assinatura que se conhece de um nativo do Brasil. Trabalhando na corte portuguesa, caiu nas graças de Catarina de Áustria. A rainha lhe deu certa quantidade de dinheiro e acesso a uma educação profissional que incluía noções de ourivesaria[48]. Na Espanha, por sua vez, muitos indígenas escravizados entraram na justiça após a promulgação das Leis Novas em 1542. Tais leis proibiam a escravização dos povos nativos originários dos domínios espanhóis, considerados, então, súditos livres da monarquia. Não se aplicava, portanto, aos escravizados originários do Brasil. Consequentemente, esse foi um dos grandes temas discutidos nos tribunais andaluzes da época. Enquanto os escravizados buscavam provar sua origem nos domínios espanhóis, os proprietários tentavam identificá-los como procedentes dos territórios portugueses na América. Tratava-se de uma matéria difícil para os juízes, que pouco sabiam sobre as terras do além-mar e seus habitantes. Tampouco era fácil para os próprios interessados provarem as suas origens. Muitas vezes capturados ainda crianças, frequentemente não falavam a língua materna e tampouco tinham memórias claras sobre o seu povo de nascimento[49].

Também as Américas foram espaços onde pessoas escravizadas puderam reaver a sua liberdade e reconstruir as suas vidas. Um caso notório é o de Catarina de San Juan, mais conhecida como China Poblana. Atualmente uma santa popular no México, foi capturada por traficantes portugueses ainda criança no sul da Ásia, em torno de 1610. Nunca foi possível precisar o lugar exato de sua origem, pois, tal como ocorreu com muitos levados à Europa acima mencionados, ela era demasiado jovem para lembrar. Traficada por diferentes pontos escravistas até chegar a Manila, de lá partiu para o Porto de Acapulco, onde desembarcou em 1619. Viajou então primeiramente à cidade

48. Jordan, Anne Marie. Images of empire: slaves in the Lisbon household and court of Catherine of Austria. *In*: Earle, Tomas; Love, Kate. *Black Africans in Renaissance Europe*. Cambridge; Nova York: Cambridge University Press, 2005, p. 162-164.

49. van Deusen, Nancy E. *Global Indios*. *Op. cit*.

do México e logo a Puebla, na época a segunda maior cidade da Nova Espanha, onde passou a trabalhar como escrava doméstica de um português e sua esposa. A trajetória de Catarina foi uma mistura das circunstâncias e das habilidades de sobrevivência que ela desenvolveu ao longo de sua vida, repleta de aventuras e infortúnios, num estilo bem barroco. Trabalhando na cidade de Puebla, foi incentivada pelos seus proprietários a frequentar a Igreja, onde identificou um projeto de futuro para si: tornar-se beata. Deu seguimento ao projeto após obter a sua liberdade com a morte dos seus senhores. Nada foi fácil, porém, no caminho de Catarina. Trabalhando como criada para o sacerdote Pedro Suárez, sua condição de livre não foi suficiente para que conseguisse fazer valer as suas escolhas. Foi sem muito entusiasmo que ela se casou com Domingo, escravizado do dito sacerdote. Após muito negar o matrimônio, acabou aceitando com a condição de que Domingo renunciaria a qualquer intimidade e assim ela manteria a sua "pureza virginal". Domingo não quis manter a palavra dada, mas Catarina não se deu por vencida. Com muito esforço e ajuda de intervenções divinas, ela resistiu às investidas do marido[50]. Após ficar viúva, Catarina teve uma vida mística em Puebla, sendo reconhecida como beata por pessoas de vários segmentos sociais[51].

A posse de cativos carregava marcas de gênero, que variavam segundo as sociedades[52]. Fosse em povos da América, da África ou da Europa, havia diferenças entre ser homem ou mulher em situação de cativeiro, de modo que o predomínio de mulheres entre as pessoas fornecidas à nau Bretoa acima citada certamente tinha algum significado: talvez aos nativos interessasse negociar mulheres de grupos inimigos, que já estavam sob cativeiro[53]. Também é possível que as mulheres em questão pertencessem ao próprio grupo com os quais os tripulantes entraram em contato, tendo estabelecido relações em

---

50. Ramos, Alonso. *Los prodigios de la omnipotencia y milagros de la gracia en la vida de la venerable sierva de Dios, Catarina de San Juan*. Estudio, edición y notas de Robin Ann Rice. Nova York: Idea/Igas, 2016 [1689]. (Livro 1).

51. Seijas, Tatiana. *Asian Slaves in Colonial Mexico: From Chinos to Indians*. Nova York: Cambridge University Press, 2014, p. 8 e seguintes.

52. Garcia, Elisa Frühauf. *Las categorías de la conquista: las mujeres nativas en el vocabulario del siglo XVI*. São Vicente: Nuevo Mundo Mundos Nuevos, 2019; Reis, Adriana Dantas. Gênero: uma categoria útil para a história da escravidão no Brasil. *Revista Interfaces Científicas – Humanas e Sociais*, Aracaju, v. 6, n. 2, 2017, p. 11-28.

53. Fernandes, Florestan. *A Organização Social dos Tupinambá*. São Paulo: Hucitec; Brasília: EdUnB, 1989 [1948]; *Id. A função social da guerra na sociedade tupinambá*. São Paulo: Globo, 2006 [1951].

sinal de amizade, segundo os costumes locais, e transformadas em escravas pelos forasteiros, o que aconteceu em várias ocasiões[54]. No caso de os europeus terem requisitado mais mulheres do que homens, fica a questão da expectativa de serviços específicos, como os domésticos e, possivelmente, a bem documentada exploração sexual[55]. Sabe-se que essa era uma forma por meio da qual muitos europeus obtinham mulheres que se transformaram em suas companheiras. Nesse comércio, aspectos como a virgindade poderiam ser bastante valorizados, sendo inclusive inspecionados por especialistas. Também influenciavam os padrões de beleza vigentes, utilizados para atribuir os valores a serem cobrados pelas mulheres em várias praças escravistas[56]. Ou seja, a escravidão e sua sombra foram partes centrais na vida dos povos nativos durante a Época Moderna, ainda que pouco reconhecida pela historiografia, como já mencionado acima. Ela era marcada não apenas pela origem racial dos afetados, mas também pelo gênero, que deve necessariamente ser considerado quando discutimos o tema.

## Considerações finais

Para além de demonstrar a participação das indígenas em processos cruciais da formação da Época Moderna, as histórias, imagens e fontes mencionadas ao longo do capítulo nos remetem ao tópico da presença dessas mulheres nos circuitos globais que caracterizam aquele período. Afinal, ainda que bem documentada, a presença indígena foi desconsiderada pelos pesquisadores na história atlântica até recentemente[57].

---

54. Nóbrega, Manuel da. 1559 *apud* Dias, Ondemar. O índio no Recôncavo da Guanabara. *RIHGB*, Rio de Janeiro, a. 159, n. 399, 1998, p. 492; Schuller, Rodolpho R. A Nova Gazeta da Terra do Brasil (Newen Zeytung auss Presillg Landt) e sua origem mais provável. *Anais da Biblioteca Nacional*, Rio de Janeiro, v. 33, 1911, p. 119; van Deusen, Nancy E. *Global Indios*. *Op. cit.*

55. Caldeira, Arlindo Manuel. *Escravos em Portugal*. *Op. cit.*, p. 113-114; Franco, Affonso Arinos de Mello. *O índio brasileiro e a Revolução Francesa: as origens brasileiras da teoria da bondade natural*. Rio de Janeiro: José Olympio, 1937, p. 68; Jordan, Annemarie. Images of empire: slaves in the Lisbon household and court of Catherine of Austria. *In*: Earle, Thomas F.; Lowe, Kate. J. P. (eds.). *Black Africans in Renaissance Europe*. Nova York: Cambridge University Press, 2010 [2005], p. 155-180.

56. Seijas, Tatiana. *Asian Slaves in Colonial Mexico*. *Op. cit.*, p. 14-15.

57. Forbes, Jack. *Africans and Native Americans: The Language of Race and the Evolution of Red-Black Peoples*. Urbana: University of Illinois Press, 1993; Bushnell, Amy Turner. Indigenous America and the Limits of the Atlantic World, 1493-1825. *In*: Greene, Jack; Morgan, Philip (orgs.). *Atlantic History: A Critical Appraisal*. Oxford; Nova York: Oxford University Press, 2009, p. 191-221.

As questões abordadas neste capítulo nos possibilitam afirmar a agência daquelas indígenas de diversas formas, apontando também para a importância de se considerar a individualidade das suas trajetórias e as intersecções entre gênero, raça, classe e sexualidade. Elas foram uma peça-chave nos circuitos globais de mercadorias. Foi, por exemplo, o caso da já mencionada farinha de mandioca. Obtida pelas mãos dessas mulheres, além de ter sido exportada para a Europa, alcançou um grande sucesso no continente africano. Hoje em dia é cultivada "do Sul do Saara até o Sul de Angola e de Moçambique"[58]. Já apontados por vários autores, a exemplo de Stuart Schwartz, como "uma das principais contribuições ameríndias à dieta mundial", a mandioca e o milho são, inclusive, exemplos da sofisticação dos conhecimentos desenvolvidos pelos povos originários, já que foram domesticadas por eles[59].

É bem verdade que os europeus se depararam com mulheres herdeiras de tais conhecimentos milenares e desenvolvedoras de tantos outros saberes cruciais para a vida nas Américas. Porém, a história das nativas não se restringe a este continente, pois elas também tiveram experiências globais. Para além daquelas enviadas como escravizadas para a Europa, existiram outras circunstâncias nas quais as indígenas estiveram fisicamente presentes no assim chamado Velho Mundo. Sem a pretensão de esgotar os exemplos, muitas lá estiveram enquanto integrantes das famílias formadas com homens brancos no ultramar, algumas bastante prósperas, como Catarina de Sá e Castro. Por volta de 1700, ela morava em Lisboa com seu segundo marido, Luiz Coelho, com quem se casou após ficar viúva do capitão português Diogo Velho Delgado, irmão de um inquisidor. Catarina vinha de uma longa linhagem mestiça, constituída pelos enlaces entre mulheres indígenas e homens como Gonçalo Correia de Sá. Este, como o sobrenome indica, era um ilustre integrante da família Sá, célebre por acumular riquezas e poder na capitania do Rio de Janeiro[60]. Longe de configurar algo específico do Brasil, foi uma

---

58. Alencastro, Luiz Felipe de. *O trato dos viventes: formação do Brasil no Atlântico Sul.* São Paulo: Companhia das Letras, 2000, p. 94.

59. Schwartz, Stuart. *Segredos internos. engenhos e escravos na sociedade colonial.* São Paulo: Companhia das Letras, 1988 [1985], p. 41; Crosby, Alfred W. *The Columbian Exchange: Biological and Cultural Consequences of 1492.* Westport: Praeger, 2003 [1972]. 30th Anniversary Edition; Hemming, John. *Ouro Vermelho: a conquista dos índios brasileiros.* São Paulo: Edusp, 2007 [1978], p. 71; Kern, Arno Alvarez. Antecedentes indígenas: problemáticas teórico-metodológicas das sínteses sobre a pré-história regional. *Revista do Museu de Arqueologia e Etnologia*, São Paulo, n. 8, 1998, p. 15-24.

60. Julio, Suelen Siqueira. *Gentias da terra. Op. cit.*, p. 124-125.

dinâmica disseminada pelas Américas, cuja memória colonial está presente em monumentos e estátuas em vários países europeus. É o caso do Palácio da Conquista, construído em Trujillo pela família Pizarro. O responsável pela obra foi o casal formado por Hernando Pizarro e sua esposa (e sobrinha) Dona Francisca Pizarro Yupanqui. Trata-se de uma mulher indígena cuja biografia perpassa grande parte da história ibérica do século XVI. Se descendia dos Pizarro por parte de pai, era por parte de mãe que sua linhagem era impressionante: filha de Quispe Sisa, sobrinha de Huáscar e Atahualpa e neta de Huayna Cápac[61]. Dona Francisca Pizarro Yupanqui é representada com outros momentos da conquista do Peru na marcante sacada do palácio, como pode ver qualquer um que visite a praça central da pequena cidade na Estremadura.

Catarina de Sá, Malinche, Dona Francisca Pizarro Yupanqui, Damiana da Cunha, bem como um sem-número de mulheres indígenas anônimas, apontam um caminho promissor e necessário para escrevermos uma história que de fato abranja a multiplicidade de sujeitos que atuaram na construção do mundo da Época Moderna. Não se trata de simples predileção pela história das mulheres, mas de um recorte que nos permite analisar processos gerais. Como visto no parágrafo acima, com a biografia de Dona Francisca Pizarro Yupanqui podemos abordar grande parte da história ibérica do século XVI. Assim, seja por suas técnicas, seus conhecimentos linguísticos, suas habilidades políticas, sua força de trabalho ou por tantas outras dimensões de suas multifacetadas experiências históricas, as indígenas colocam o desafio de interrogar as fontes de uma forma mais crítica e atenta a seu protagonismo. O tema possibilita aos historiadores, portanto, acessar aspectos ainda pouco conhecidos da Época Moderna.

## Bibliografia comentada

Almeida, Maria Regina Celestino de. *Metamorfoses indígenas: identidade e cultura nas aldeias coloniais do Rio de Janeiro*. Rio de Janeiro: Arquivo Nacional, 2003.

> Numa abordagem pioneira sobre a história do Rio de Janeiro, a autora analisa as formas como os nativos vivenciaram e perceberam os aldeamentos coloniais fluminenses, procurando mapear quais eram os seus interesses ao incorporar a identidade de *índios aldeados*.

61. Rostworowski, María. *Doña Francisca Pizarro: una ilustre mestiza, 1534-1598*. Lima: IEP, 1994.

Bigelow, Allison Margaret. *Mining language: Racial Thinking, Indigenous Knowledge, and Colonial Metallurgy in the Early Modern Iberian World*. Williamsburg, Virginia: Omohundro Institute of Early American History Culture; Chapel Hill: University of North Carolina Press, 2020.

> Estudando os vocabulários técnicos e científicos desenvolvidos em torno da mineração nos séculos XVI e XVII, o livro documenta as contribuições intelectuais dos sujeitos indígenas e africanos para tal atividade econômica. Destaca a participação das mulheres nessas atividades e como elas foram frequentemente diminuídas nas fontes.

Carvalho Júnior, Almir Diniz. *Índios cristãos. Poder, magia e religião na Amazônia colonial*. Curitiba: CRV, 2017.

> Ao tratar sobre as transformações vividas pelos indígenas incorporados ao universo cristão, o autor aborda diversos aspectos acerca das mulheres: suas ações, exploração de sua mão de obra, religiosidades, entre outros.

Corrêa, Luís Rafael Araújo. *Feitiço caboclo: um índio mandingueiro condenado pela Inquisição*. Jundiaí: Paco, 2018.

> Análise da trajetória do indígena Miguel Pestana, em suas andanças entre Espírito Santo e Rio de Janeiro (século XVII). Mostrando os intensos contatos entre indígenas e não indígenas, a obra destaca a inserção de Miguel em práticas religiosas presentes na América Portuguesa, incluindo as africanas.

Cruz, Carlos Henrique. *A escola do diabo. Indígenas e capuchinhos italianos nos sertões da América (1680-1761)*. Florença: Firenze University Press, 2019.

> Fruto de tese defendida na área de História da UFF em 2018 e vencedora do Prêmio do *Istituto Sangalli per la storia religiosa* no mesmo ano, o livro aborda as disputas e negociações religiosas entre nativos, colonos e padres nos sertões do Nordeste por meio de fontes produzidas pelos agentes coloniais.

Fernandes, João Azevedo. *De cunhã a mameluca: a mulher tupinambá e o nascimento do Brasil*. João Pessoa: Editora Universitária, 2003.

> Obra pioneira no tocante à centralidade das mulheres indígenas para o lançamento das bases da colonização portuguesa na América. O autor demonstra que os papéis desempenhados por essas mulheres em suas sociedades de origem impactaram a construção da sociedade colonial.

Garcia, Elisa Frühauf. *As diversas formas de ser índio: políticas indígenas e políticas indigenistas no extremo sul da América portuguesa*. Rio de Janeiro: Arquivo Nacional, 2009.

> Contemplada com o Prêmio Arquivo Nacional de Pesquisa (2007), a obra apresenta uma vasta pesquisa realizada originalmente como tese de doutorado, revelando aspectos pouco ou nada explorados até então, como as estratégias dos indígenas posicionados nas fronteiras entre os impérios português e espanhol.

Garcia, Elisa Frühauf. Bartira: história e usos do passado dos anos formativos da sociedade colonial no Brasil. *Memórias insurgentes*, Rio de Janeiro, v. 2, n. 2, 2022, p. 14-40.

> Compondo o dossiê "Revisitando com os indígenas a formação nacional", o artigo chama a atenção para os usos e os silêncios em torno de Bartira, batizada como Isabel Dias, mulher indígena que atuou como liderança crucial para a formação da sociedade colonial em São Paulo.

Julio, Suelen Siqueira. *Damiana da Cunha: uma índia entre a "sombra da cruz" e os caiapós do sertão (Goiás, c.1780-1831)*. Niterói: Eduff, 2017.

> Originalmente escrita como dissertação de mestrado, defendida em 2015, a obra aborda a trajetória da caiapó Damiana da Cunha, liderança que atuou como ponte entre indígenas do seu povo e os colonizadores na região de Goiás, em inícios do século XIX.

Julio, Suelen Siqueira. *Gentias da terra: gênero e etnia no Rio de Janeiro colonial*. Tese (Doutorado em História) – Instituto de História, Universidade Federal Fluminense, Niterói, 2022.

> Defendendo a ideia de que a experiência das mulheres indígenas no mundo colonial possui especificidades, a tese apresenta uma história social desse grupo, tendo como foco os modos pelos quais esses sujeitos foram inseridos na sociedade colonial do Rio de Janeiro (século XVI-início do século XIX).

Monteiro, John Manuel. *Negros da terra: índios e bandeirantes nas origens de São Paulo*. São Paulo: Companhia das Letras, 1994.

> Obra crucial para a Nova História Indígena. Contrariando visões correntes, mostrou como a história colonial de São Paulo se confunde com os diferentes processos que afetaram as populações indígenas. Dentre eles, destaca a sua integração à sociedade colonial, a exploração da sua mão de obra e a sua destruição física e cultural.

Norton, Marcy. Subaltern technologies and Early Modernity in the Atlantic World. *Colonial Latin American Review*, v. 26, n. 1, 2017, p. 18-38.

> Usando um amplo conceito de "tecnologia", capaz de abranger desde a confecção de redes até a mineração, o trabalho contribui para o combate ao eurocentrismo e à negação da importância dos conhecimentos desenvolvidos por mulheres e homens dos grupos subalternos, principalmente os não europeus.

Ochoa, Margarita R.; Guengerich, Sara Vicuña (eds.). *Cacicas: The Indigenous Women Leaders of Spanish America, 1492-1825*. Norman: University of Oklahoma Press, 2021.

> A coletânea reúne textos focados em mulheres indígenas que exerceram papéis de liderança em diferentes espaços da América Hispânica, entre o fim do século XV e o início do século XIX.

Oliveira, João Pacheco de. Catarina Paraguaçu, senhora do Brasil: três alegorias para uma nação. *Memórias insurgentes*, Rio de Janeiro, v. 1, n. 1, 2022, p. 22-58.

> O artigo aborda os usos do passado, dentro e fora da Academia, desenvolvendo as múltiplas formas pelas quais a figura de Paraguaçu vem sendo abordada desde o século XVI até a atualidade.

Rodríguez Jiménez, Pablo (ed.). *Testamentos Indígenas de Santafé de Bogotá, siglos XVI-XVII*. Bogotá: IDCT, 2002.

> Trata-se de valiosa edição de fontes primárias, publicando testamentos de indígenas, entre eles uma quantidade considerável de mulheres. Tais fontes permitem analisar como essas pessoas se moveram na sociedade colonial em formação, suas estratégias de vida e a dinâmica das suas identidades.

Townsend, Camilla. *Malintzin's Choices: An Indian Woman in the Conquest of Mexico*. Albuquerque: University of New Mexico Press, 2006.

> A partir de fontes produzidas por indígenas e espanhóis, a autora revisita criticamente a história da conquista do México e da figura de Malinche, atentando para questões como gênero, violência, resistência e adaptação.

Vainfas, Ronaldo. *A heresia dos índios: catolicismo e rebeldia no Brasil colonial*. São Paulo: Companhia das Letras, 1995.

> Obra pioneira na análise das religiosidades indígenas em situação colonial. Analisa, por documentos inquisitoriais, um movimento chamado de santidade. Ocorrido em Jaguaripe, na Bahia, na segunda metade do século XVI, caracterizou-se por reformulações religiosas marcadas pelos diferentes aportes culturais e étnicos dos envolvidos.

Vitar, Beatriz. *Cuerpos bajo vigilancia: las mujeres en las misiones jesuíticas del Chaco*. Buenos Aires: SB, 2022.

Ao incorporar aportes dos estudos de gênero e da antropologia histórica, a obra contribui para a ampliação de questões relacionadas à historiografia das missões, focando o segmento feminino desses espaços, muitas vezes subestimado em sua capacidade de ação.

Stern, Steve. *La historia secreta del género. mujeres, hombres y poder en México en las postrimerías del período colonial*. Cidade do México: Fondo de Cultura Económica, 2000.

Estudo da relação entre gênero e poder na cultura popular mexicana, com foco no fim do período colonial (1760-1821). A obra nos permite pensar múltiplas dimensões da história de mulheres e homens indígenas, como sua inserção em sociedades fortemente marcadas pelos padrões europeus de gênero.

*The Cambridge History of the Native Peoples of the Americas*. Cambridge: Cambridge University Press, 1996; 2000; 1999. 3 v.

Coletânea dividida em três volumes organizados geograficamente (América do Norte, América Central e América do Sul). Reunindo alguns dos maiores especialistas da época, a temática indígena é abordada em diferentes temporalidades, possibilitando a divulgação dos avanços nesse campo de estudos.

# Parte III
# Transformações culturais

# 12
# Renascimento e Humanismo

*Marília de Azambuja Ribeiro Machel*
*Rui Luis Rodrigues*

## O Renascimento: a construção de um mito

Foi somente na segunda metade do século XIX que o Renascimento se estabeleceu como objeto de reflexão histórica. A partir de uma filosofia da história de matriz hegeliana, que postulava a existência de uma unidade orgânica de todas as manifestações culturais de uma época como expressões de um mesmo espírito (*Zeitgeist*), autores como Jules Michelet (1748-1874) e Jacob Burckhardt (1818-1897) passaram a denominar com o nome de Renascimento uma breve época da história que, *grosso modo*, teria seu início em algum momento do século XV e findaria em algum ponto, não preciso, da primeira metade do século XVI.

Essa leitura de caráter historicista do Renascimento encontrava suas bases na grande narrativa construída um século antes pelos iluministas apoiados nas ideias de razão, Modernidade e progresso. Efetivamente, os iluministas, retomando e reelaborando lugares-comuns dos escritos humanistas, já haviam entendido a renovação cultural nas letras, nas artes e nas ciências que teve lugar na Itália a partir dos séculos XIV e XV, e na Europa a partir dos séculos XV e XVI, como a "revolução" que dera origem à Modernidade e, por consequência, estava na origem das próprias "luzes da razão" iluminista.

Foi Jean D'Alembert (1717-1783), no *Discurso preliminar* da *Encyclopédie*, quem delineou esse quadro de desenvolvimento para a "civilização" europeia:

> [...] foi necessário ao gênero humano, para sair da barbárie, uma dessas revoluções que dão à Terra uma nova feição. O império grego em ruínas faz refluir pela Europa os poucos conhecimentos que ainda restavam ao mundo; a invenção da imprensa, a proteção dos Médici e de Francisco I reanimam os espíritos e a luz renasce por todos os lados[1].

Os iluministas, por sua vez, haviam encontrado respaldo para sua crença na ideia de que a *renovatio* humanista havia dado início a uma nova época nos textos dos próprios humanistas. Francesco Petrarca (1304-1374), ainda no século XIV, já falava da necessidade de uma reforma dos conteúdos e dos métodos de ensino, a partir da implantação de um novo programa educativo, baseado no estudo das *humanae litterae* e na recuperação dos textos e dos modelos (*exempla*) da Antiguidade clássica. Sua proposta, que encontrou grande acolhimento durante o século XV, fez com que essa ideia de renovação perdesse aos poucos o caráter de um programa de luta contra uma tradição vigente para se tornar um sentimento de vitória sobre o passado: a renovação, o Renascimento, já se encontrava em curso de realização. Os humanistas dos séculos XV e XVI acreditavam ser, ao mesmo tempo, agentes e testemunhas de uma época de ouro. Essa nova época – ou *aetas nuova*, em linguagem humanista – representaria o fim do interlúdio que os havia separado do contato direto com a cultura dos antigos e implicava na recuperação da memória dessa cultura esquecida. O primeiro a conceber a existência de tal interlúdio de "séculos obscuros" foi o próprio Petrarca, no contexto específico de sua polêmica contra a má qualidade da literatura latina produzida no século em que vivera. Para ele, essa "idade das trevas" dizia respeito apenas ao período dos "últimos bárbaros" (os escolásticos dos séculos XIII e XIV), que teriam relegado a um segundo plano os conhecimentos retóricos ensinados pelos antigos.

Entretanto, a partir da década de 1440, expressões como *media tempestas*, *media aetas* e *media antiquitas* começaram a ser usadas para designar especificamente o período "dominado pela barbárie", e de contornos temporais ainda não bem definidos, que se seguiu à Antiguidade clássica.

Nos escritos de Leonardo Bruni (1370-1444) e Flavio Biondo (1392-1463), a ideia de que o curso da história podia ser dividido em três épocas ou idades definitivamente se consolidaria: uma idade antiga, um *medium aevum* e uma sucessiva idade "recente" que chegava até o presente. Bruni, em uma célebre passagem de seu *Comentário sobre as coisas e os fatos da Itália do seu tempo*, fixava a duração da idade das trevas em sete séculos, desde a crise do

1. D'Alembert, Jean. Discurso preliminar. *In*: Diderot, Denis. *Enciclopédia, ou Dicionário razoado das ciências, das artes e dos ofícios*. São Paulo: Editora da Unesp, 2015, p. 141. v. 1.

Império Romano do Ocidente até a aurora dos novos tempos, apontando Petrarca e a sua obra como o ponto de partida dessa nova época. Biondo, por sua vez, em *As décadas históricas do declínio do império romano*, emprega o conceito de "Idade Média" para designar o período de mil anos que tinha transcorrido entre 410 – data da tomada de Roma pelas tropas de Alarico – e 1410, data de início da nova era[2].

Essa periodização da história de matriz humanista se difundiria, reelaborada, ao longo dos séculos sucessivos em obras como a *Historia Universalis* de Christopher Cellarius (1638-1707), em que a "História Nova" tem início com a Tomada de Constantinopla pelos turcos em 1453. Enquanto isso, a ideia humanista de *renovatio* acabou por se tornar um lugar-comum do discurso daqueles que se consideravam os seus promotores, extrapolando os limites do universo educacional-literário para ser reapropriada nos mais variados campos da cultura.

Nesse sentido, a obra *As Vidas dos Artistas*, de Giorgio Vasari (1511-1574), teve um importante papel, uma vez que, pela transposição-reelaboração para o plano das artes plásticas do programa de renovação cultural originalmente atrelado ao campo literário-filosófico, difundiu a percepção de que a existência de uma idade nova também teria lugar no campo arquitetônico-artístico[3]. Foi em suas páginas que o termo italiano *rinascita* (literalmente "renascimento", mas aqui utilizado apenas com o sentido de "renovação") foi usado, pela primeira vez, para fazer referência ao florescimento artístico que teve lugar na Itália, especialmente em Florença, entre a primeira metade do século XIII e a primeira metade do século XVI.

Esses dois processos simultâneos, a difusão da periodização histórica proposta pelos humanistas e a expansão da ideia de renovação/renascimento para movimentos externos ao campo literário, foram essenciais para que os filósofos e historiadores que, nos séculos XVIII e XIX, dedicaram-se ao problema das origens no mundo moderno, optassem por utilizar o termo "renascimento" para se referir a esse movimento cultural que teve lugar no início da Época Moderna.

Naturalmente, o problema foi confrontado de maneira diferente pelos séculos XVIII e XIX. Para os iluministas, o "renascimento" foi um mito à serviço da construção da própria imagem do Iluminismo [↗ O Iluminismo].

---

2. Garin, Eugenio. *La cultura del Rinascimento: dietro il mito dell'età nuova*. Milão: il Saggiatore, 1988.

3. Panofsky, Erwin. *Renacimiento y renacimientos en el arte occidental*. Madri: Alianza, 1975; Byington, Elisa. *O projeto Renascimento*. Rio de Janeiro: Jorge Zahar, 2009.

Para o século XIX, em particular para Burckhardt, a questão central era o problema do destino do Estado Moderno [↗Sistemas políticos e estruturas de poder] e seus efeitos sobre a vida ética e religiosa das sociedades.

Epílogo da tradição discursiva humanístico-iluminista e começo da historiografia acadêmica, a obra de Burckhardt, *A cultura do Renascimento na Itália* (1860)[4], foi de notável importância para a instauração da interpretação do Renascimento (com R maiúsculo) nos termos de uma época histórica e para o estabelecimento de uma imagem para esse suposto período que habita o imaginário coletivo até hoje: o Renascimento como época do individualismo e do realismo, de descoberta do ser humano e da natureza, e que estaria na origem do mundo moderno.

Nas últimas décadas do século XIX, paralelas às primeiras críticas ao hegelianismo, viriam as primeiras críticas ao conceito de Renascimento proposto por Burckhardt. Konrad Burdach (1859-1936)[5], afastando-se da visão iluminista-racionalista, foi o primeiro a refutar tanto o conceito de Modernidade como o conceito de Renascimento e a recolocar em termos novos a relação entre a Idade Média e o Renascimento ao demonstrar as raízes religiosas do conceito de *renovatio* adotado por Petrarca, trazendo à tona aspectos do Renascimento obscurecidos pela historiografia tradicional.

A partir desse estudo seminal, novas investigações e novas perspectivas foram aos poucos dissolvendo a tradicional imagem do Renascimento como aurora do mundo moderno, sistematizada pelos iluministas e consolidada por Michelet, Burckhardt e seus sucessores, de Ernst Cassirer (1874-1945) a Wallace K. Ferguson (1902-1983)[6]. De fato, na reflexão historiográfica do século XX, o nexo entre Renascimento e Modernidade paulatinamente se enfraqueceu. O Renascimento passou a ser associado a uma época de crise e o baricentro construtivo de Modernidade deslocou-se para a "revolução científica" [↗A nova ciência].

Por outro lado, a partir da década de 1920, os historiadores passaram a se apropriar da oposição entre Renascimento e Barroco que provinha da História da Arte, disciplina acadêmica que naqueles anos acabava de se afirmar por

4. Burckhardt, Jacob. *A cultura do Renascimento na Itália: um ensaio*. São Paulo: Companhia das Letras, 2009.

5. Burdach, Konrad. *Reformation, Renaissance, Humanismus. Zwei Abhandlungen über die Grundlage moderner Bildung und Sprachkunst*. Berlim; Leipzig: Paetel, 1918.

6. Cassirer, Ernst. *Indivíduo e cosmos na filosofia do Renascimento*. São Paulo: Martins Fontes, 2001 [1927]; Ferguson, Wallace K. *The Renaissance*. Nova York: Holt, Rinehart and Winston, 1940; Ferguson, Wallace K. *The Renaissance in Historical Thought. Five Centuries of Interpretation*. Cambridge: Houghton Mifflin Company, 1948.

meio de debates e formulações acerca da arte renascentista e do *Barockstyle*. Influenciado pela ideia, já presente na obra *Cicerone*[7] de Burckhardt, de que a história da arte ocidental deveria ser pensada a partir de uma sucessão de "estilos" artístico-arquitetônicos morfologicamente identificáveis, Heinrich Wölfflin (1864-1945), com suas obras *Renascença e Barroco* (1888)[8] e *Conceitos fundamentais da História da Arte* (1915)[9], atribuiu um novo sentido, artístico e arquitetônico, aos termos "Renascimento" e "Barroco" e estabeleceu entre eles uma dicotomia destinada a grande fortuna historiográfica.

Sua visão dualista seria, em pouco tempo, reinterpretada numa chave culturalista de matriz historicista que teria vida longa, apesar das importantes críticas feitas aos alicerces filosóficos hegelianos que a haviam originado. Foram autores como Werner Weisbach (1873-1953) que, na década de 1920, afastando-se da ideia de que as mudanças artísticas pudessem ser compreendidas somente a partir de alterações formais internas à arte, retomaram a ideia de que a obra de arte, como manifestação cultural, relaciona-se diretamente com o espírito de sua época (*Zeitgeist*)[10].

Foi com base nesse pressuposto historicista que toda a História Cultural (*Kulturgeschichte*) e parte significativa da História da Ciência do século XX se erigiram[11]. A grande importância de historiadores da cultura como Erwin Panofsky (1892-1968) ou Eugenio Garin (1909-2004) para a historiografia do Renascimento só pode ser compreendida no âmbito dessa concepção histórica essencialista.

Entretanto, a busca por uma unidade orgânica na cultura dessa época acabou, na verdade, por expor os limites sociais e intelectuais da renovação proposta pelos humanistas. Em 1950, a influente obra de Hiram Haydn (1907-1973), *O Contra-Renascimento*[12], buscava demonstrar que o período entre os séculos XIV e XVI havia sido marcado por tendências e opiniões contrastantes e inconciliáveis, induzindo outros historiadores a deslocarem, definitivamente, o início da Modernidade para o fim do século XVI e o início do século XVII. O Renascimento perdia o seu protagonismo para o século da ciência moderna, da Contrarreforma [↗Reformas religiosas] e do Barroco.

---

7. Burckhardt, Jakob. *El Cicérone*. Barcelona: Ibéria, 1953.

8. Wölfflin, Heinrich. *Renascença e barroco*. São Paulo: Perspectiva, 1989.

9. Wölfflin, Heinrich. *Conceitos fundamentais da História da Arte: o problema da evolução dos estilos artísticos na arte mais recente*. São Paulo: Martins Fontes, 1996.

10. Weisbach, Werner. *El barroco, arte de la Contrarreforma*. Madri: Espasa-Calpe, 1948.

11. Gombrich, Ernst. *Para uma história cultural*. Lisboa: Gradiva, 1994.

12. Haydn, Hiram. *The Counter-Renaissance*. Nova York: Harcourt, 1950.

Paralelamente, seguindo exemplo oferecido por *The Renaissance of the Twelfth Century* (1927) de Charles Homer Haskins (1870-1937), uma linhagem de estudos passa a se apropriar da ideia de "Renascimento" para falar de outros momentos de fortalecimento da cultura letrada e efervescência cultural na história do Ocidente ou fora dele. Os primeiros a fazerem isso foram os medievalistas, quase que em busca de uma reparação contra a imagem negativa construída para a Idade Média por parte dos humanistas.

Mais recentemente, os globalistas ainda se utilizariam do velho e espezinhado conceito burckhardtiano para destacar a importância da contribuição de culturas não europeias para a "construção da Modernidade"[13]. Mudam-se os tempos, as interpretações e os contextos, mas curiosamente a questão da origem do mundo moderno parece ainda em voga, apesar do colapso das grandes narrativas fundadas pelos iluministas e que supostamente caracterizaria a pós-Modernidade.

As críticas à imagem iluminista-historicista do Renascimento parecem ter tido algum efeito historiográfico. Desde as décadas de 1970 e 1980, o termo "Renascimento" foi sendo substituído pela expressão "Primeira Modernidade" (*Early Modern*) nos manuais de História Moderna. Pela mesma razão, ao menos desde a década de 1970, a reflexão acadêmica que vem sendo feita acerca do renascimento cultural (filosófico, científico, literário e artístico) que teve lugar na Itália, a partir dos séculos XIV e XV, e na Europa, a partir dos séculos XV e XVI, tem buscado cada vez mais se apartar dos mitos do passado e das interpretações historiográficas essencialistas.

Distanciando-se do peso da Modernidade que os próprios humanistas ajudaram a criar, os atuais estudos sobre esse movimento de renovação cultural têm sido desenvolvidos no âmbito de disciplinas acadêmicas específicas como a História da Literatura, a História da Arte, a História da Ciência e a História da Filosofia. A História, propriamente dita, tem se ocupado sobretudo da reflexão sobre o impacto que o renascimento literário-filosófico teve sobre o método histórico[14] e a cultura escrita e política desses séculos[15] e dos séculos sucessivos[16].

---

13. Goody, Jack. *Renascimentos, um ou muitos?* São Paulo: Editora da Unesp, 2011; Brotton, Jerry. *O bazar do Renascimento: da Rota da Seda a Michelangelo*. São Paulo: Grua, 2009.

14. Ginzburg, Carlo. *Relações de força: história, retórica, prova*. São Paulo: Companhia das Letras, 2002.

15. Gamberini, Andrea; Lazzarini, Isabella. *The Italian Renaissance State*. Cambridge: Cambridge University Press, 2012.

16. Pocock, John Greenville Agard. *O momento maquiaveliano: o pensamento florentino e a tradição republicana atlântica*. Niterói: Eduff, 2021.

Por essa razão, nos últimos 50 anos o eixo da reflexão historiográfica se afastou do problema do Renascimento e se voltou para o estudo dos mais variados aspectos desse renascimento literário-filosófico que, desde o século XIX, passou a ser denominado como "Humanismo".

O "Humanismo" é um conceito criado na Alemanha, no início do século XIX, a partir do vocábulo "humanista", forjado a partir do modelo oferecido pelos neologismos medievais "artista" e "jurista", que fora incorporado à língua latina, no fim do século XV, e às línguas vernáculas europeias, ao longo do século XVI, para designar os "gramáticos"; isto é, para denominar os docentes que se dedicavam ao ensino das disciplinas da tradição clássica que pertenciam ao campo das letras (Gramática Latina, Retórica, Eloquência, História, Poesia, Filosofia Moral), que então eram referidas em seu conjunto por meio das expressões latinas *humanae litterae* e/ou *studia humanitatis*.

Utilizado, primeiramente, para fazer referência a um genérico programa educativo caracterizado pelo predomínio dos modelos educacionais de matriz clássica[17], o termo "Humanismo" adquiriu logo um sentido mais restrito quando passou a ser usado para tratar de um movimento cultural histórica e temporalmente circunscrito[18].

Na segunda metade do século, graças à fortuna de obra de Georg Voigt (1827-1891)[19], essa segunda acepção se consolidaria definitivamente e a palavra "Humanismo" passaria a aludir, antes de mais nada, ao movimento cultural que, nos albores da Época Moderna, estabeleceu uma nova relação com a cultura clássica ao redescobrir os escritos da tradição retórico-literária antiga e propor os *studia humanitatis* como um novo programa de formação intelectual, em contraponto direto com a formação de caráter lógico-especulativo que então caracterizava o ensino escolástico vigente nas universidades europeias[20].

Entre o fim do século XIX e a primeira metade do século XX, o conceito de "Humanismo", todavia, se alargaria muito, passando a incluir variadas concepções filosóficas e estéticas que se propunham a defender a dignidade e os direitos

---

17. Niethammer, Friedrich Emmanuel. *Der Streit des Philanthropinismus und Humanismus in der Theorie des Erziehungsunterrichts unserer Zeit*. Jena: Frommann, 1808.

18. Hagen, Karl. *Deutschlands literarische und religiöse Verhältnisse im Reformationszeitalter. Mit besonderer Rücksicht auf Wilibald Pirkheimer*. Erlangen: Palm, 1841.

19. Voigt, Georg. *Die Wiederbelebung des classischen Alterthums, oder das erste Jahrhundert des Humanismus*. Berlim: G. Reimer, 1859.

20. Grendler, Paul F. *Schooling in Renaissance Italy: Literacy and Learning, 1300-1600*. Baltimore: Johns Hopkins University Press, 1989.

humanos e que se consideravam, de algum modo, direta ou indiretamente, inspirados no movimento literário e erudito historicamente circunscrito por Georg Voigt. Entretanto, é somente a partir da definição mais restrita de Voigt que é possível compreender o processo de transformação cultural que teve origem nos ambientes intelectuais urbanos do centro e do norte da Península Itálica, entre os séculos XIV e XV, e que durante os séculos sucessivos se difundiria nas demais regiões da Europa, estabelecendo um ideal educativo baseado nos modelos clássicos que, segundo alguns estudiosos, perdurou até a época das Luzes[21].

Com esse objetivo, a partir da década de 1930, historiadores da filosofia como Hans Baron (1900-1988), Paul Oskar Kristeller (1905-1999) e Eugenio Garin inauguraram uma frutífera estação de estudos sobre o renascimento literário-filosófico que se estende até hoje. Profícuos debates sobre as ideias, os preceitos e as práticas dos primeiros humanistas promovidos, sobretudo por historiadores das escolas italiana, como Cesare Vasoli (1924-2013), Riccardo Fubini (1934-2018) e Maurizio Viroli (1952-), e anglo-saxã, como Paul Glender (1936-), Quentin Skinner (1940-) e Anthony Grafton (1950-), entre outros, possibilitaram uma significativa ampliação dos nossos conhecimentos acerca desse movimento.

## O programa humanista

Ainda que caracterizado por uma grande diversidade de expressões nos mais variados campos da cultura, o programa humanista encontra raízes comuns nas ideias propaladas por Francesco Petrarca, hoje conhecido, sobretudo, graças a sua obra poética[22]. Sua poesia lírica em língua vernácula adquiriu, de fato, grande prestígio a partir da segunda metade do século XV, chegando a se tornar um importante modelo de referência para a produção poética europeia ao longo dos séculos XVI e XVII: o petrarquismo. Antes disso, todavia, Petrarca era reconhecido e admirado por suas obras em língua latina e por sua entusiasta defesa do estudo das letras clássicas.

Nascido em Arezzo no seio de uma família de notários de origem florentina, após frequentar as escolas de direito de Montpellier e Bolonha, na década de 1320, estabeleceu-se em Avignon, onde já vivera durante a infância, quando seu pai e outros representantes de famílias guelfas exiladas de Florença se

21. Garin, Eugenio. *Rinascite e rivoluzioni: movimenti culturali dal 14º al 18º secolo*, Roma; Bari: Laterza, 1975; Cantimori, Delio. *Los historiadores y la historia*. Barcelona: Península, 1985.

22. Nolhac, Pierre de. *Pétrarque et l'humanisme*. Paris: H. Champion, 1907.

refugiaram nessa cidade francesa após a transferência da corte papal para lá, em 1309. Durante os anos avinhonenses, tendo se tornado clérigo, Petrarca pôde se dedicar aos estudos dos clássicos latinos cultivados na infância, quando entrara em contato com as obras de Cícero e de outros autores romanos como Virgílio, Estácio, Horácio e Donato. Foi nessa época que reuniu e organizou o texto das primeiras décadas da *História de Roma* de Tito Lívio, obra essencial para o conhecimento da história romana na época republicana, do qual Petrarca elaborou uma verdadeira edição crítica, estabelecendo práticas de leitura, anotação, comparação e conferência das variantes textuais que estão na origem do método filológico-histórico do Humanismo[23].

Na década de 1330, entrando para a corte do cardeal Giovanni Colonna (1295-1348), o qual, logo depois, em 1327, seria eleito papa, Petrarca passou a realizar viagens à Itália e à Europa a seu serviço, o que lhe oportunizou a busca de manuscritos com textos da Antiguidade romana nas prateleiras de antigas bibliotecas canônicas e conventuais. Em 1333, por exemplo, de passagem pela cidade de Liège, encontrou uma cópia de uma oração de Cícero (*Pro Archia*) em que este faz uma defesa da poesia e dos estudos literários que teve uma grande influência sobre o seu próprio pensamento. Uma década mais tarde, em 1345, encontraria, na cidade de Verona, um manuscrito com um número significativo de cartas do epistolário ciceroniano (isto é, as *Cartas a Ático, Quinto e Brutus*). Essa descoberta levou Petrarca a organizar e selecionar o seu próprio epistolário, que reuniu em 24 livros contendo centenas de cartas *Familiares* enviadas a variados destinatários reais ou fictícios (dentre os quais ilustres escritores antigos, como Cícero, Sêneca, Varrão, Quintiliano, Tito Lívio, Virgílio e Homero).

A reunião e divulgação dessas cartas, que materializam um imaginário colóquio literário entre antigos e modernos, foi essencial para a divulgação de seu programa de renovação cultural, a captação de adeptos e a construção de uma imagem de si mesmo que Petrarca almejou deixar à posteridade. Essas epístolas foram um importante veículo de propagação de sua visão sobre a Antiguidade clássica, em que o passado romano se tornava um paradigma ideal e horizonte fundamental de referência para o seu próprio tempo. Foi Petrarca quem concebeu a ideia, central para todo o movimento humanista, de que a Antiguidade greco-romana se tratava de uma época distante e apartada do presente, cujos conhecimentos deviam ser transformados em objeto privilegiado de estudo

23. Billanovich, Giuseppe. *La tradizione del testo di Livio e le origini dell'umanesimo*. Pádua: Antenore, 1981.

por meio da recuperação dos testemunhos textuais legados por esse mesmo passado. Daí o seu rechaço ao saber dialético-escolástico, o qual associava à cultura dos povos bárbaros que teriam sido responsáveis pela destruição da cultura romana, em favor da recuperação dos conhecimentos dos antigos e de uma nova hierarquia dos saberes que dotasse as disciplinas da tradição clássica (Gramática, Retórica, História, Poesia) e a Filosofia Moral do mesmo prestígio que os livros de Lógica, Teologia e Direito gozavam no sistema universitário de ensino então vigente. Pelo estabelecimento de um novo cânone de autores e textos, Petrarca propôs um retorno ao estudo daqueles saberes que eram considerados, por autores como Sêneca e Cícero, essenciais para a formação dos homens públicos, graças aos quais era possível dominar a arte de se comunicar e conhecer os princípios da Ética e da Política.

Forja-se, assim, a partir do princípio da imitação (*imitatio*) retirado de Cícero, Quintiliano e Sêneca, o projeto humanístico de uma nova cultura, alicerçada na concórdia entre cristianismo e classicismo e na exemplaridade dos antigos: "nas invenções, devem ser imitadas as abelhas, que não restituem as flores tal qual tomaram, mas produzem cera e mel por meio de uma admirável mistura"[24] – projeto que, antes de mais nada, se baseava na recuperação da própria linguagem dos romanos. Petrarca apreciava as qualidades literárias do latim clássico e percebia que este era muito mais rico e mais preciso do que o latim escolástico utilizado pelos sacerdotes e juristas do seu tempo e do que as línguas vernáculas de origem latina que eram faladas em sua época.

Petrarca encontrou os primeiros admiradores entre seus próprios correspondentes, como os florentinos Francesco Nelli (?-1393) e Giovanni Boccaccio (1313-1375). Este último foi o autor da primeira de uma série de biografias que seriam dedicadas à celebração de sua figura (*De vita et moribus domini Francisci Petracchi*). O primeiro encontro de Petrarca e Boccaccio, que teve lugar em Florença em 1350, teve um grande impacto sobre as práticas letradas de Boccaccio, que a partir de então passou a produzir obras de estampo humanístico, como o tratado mitológico *Genealogia dos pagãos* ou o compêndio biográfico *Sobre o destino dos homens ilustres*, que por muito tempo foram suas obras mais lidas e mais conhecidas, até que no século XIX sua memória passasse a ser atrelada às novelas por ele reunidas no *Decamerão*.

A importância de Boccaccio para a história do Humanismo, entretanto, transcende em muito os limites de sua relação com Petrarca, uma vez que ele se tornaria o centro de um círculo literário que a seu tempo será um dos principais

24. Petrarca, Francesco. Cartas Familiares 1. 8. 2. *In*: *Id*. *Le Familiari*. Florença: Le Lettere, 1942.

núcleos irradiantes de ideias humanistas. Boccaccio será também o responsável pela defesa da tradição da poesia florentina em língua vulgar, sendo o mais importante divulgador, no século XIV, das obras de Dante Alighieri (1265-1321): copiou, editou e comentou textos dantescos e realizou leituras públicas da *Comédia*, obra por ele adjetivada pela primeira vez como "divina". Boccaccio teve também um papel fundamental na renovação da língua grega no Ocidente latino ao convidar o helenista Leôncio Pilatos, o qual, incitado por Petrarca, começara a traduzir para o latim as obras de Homero, para ser professor junto à Universidade (*Studium*) de Florença na década de 1360.

Após a morte de Petrarca e Boccaccio, Coluccio Salutati (1331-1406), amigo e correspondente de ambos, tornou-se por cerca de trinta anos o mais importante representante do movimento humanista na Itália. Tendo recebido uma formação em retórica e notariado em Bolonha, em 1374 assumiu o cargo de chanceler da República de Florença, função política assimilável à de um Secretário de Estado e que foi decisiva para definir o lugar que ele ocuparia na vida cultural italiana nas últimas décadas do século XIV. Autor de um vasto epistolário com centenas de cartas de caráter público e privado, retomou e difundiu por meio desse recurso as ideias de Petrarca - da defesa da poesia e das letras humanas como fonte de conhecimento útil e de valores civis à crítica aos dialéticos da escolástica tardia –, envolvendo-se em várias polêmicas com os detratores das ideias humanistas.

Principal elo entre a primeira geração influenciada por Petrarca e os humanistas do século XV, Salutati, na esteira de seus antecessores, foi muito ativo na recolha de textos clássicos, chegando a reunir uma coleção de mais de cem volumes, com obras de Cícero, Sêneca, Ovídio, entre outros, que formaram a maior biblioteca privada de textos antigos da sua época. Ele foi também peça importante na continuidade do estudo da língua e literatura grega no Ocidente, ao convidar o bizantino Manuel Chrysoloras para lecionar no *Studium* florentino nos últimos anos do século XIV.

Entre os discípulos de Chrysoloras podemos encontrar Guarino da Verona (1374-1460) e Pier Paolo Vergerio (1368-1444), os quais se destacaram pelo relevante papel que tiveram na estruturação e na divulgação de uma pedagogia de matriz humanística. O tratado *De ingenuis moribus et liberalibus adolescentiae studiis* composto por Vergerio em 1402-1403 oferecerá a primeira base teórica para o estabelecimento de um currículo escolar construído com bases na hierarquia da tradição retórica antiga retomada pelos humanistas. Esse escrito não só servirá de modelo para os tratadistas do gênero nas décadas sucessivas – de Maffeo Veggio (1407-1458) a Erasmo de Rotterdam (1466-1536) –, como também servirá de suporte teórico para o estabelecimento de um programa de ensino no contexto das experiências pedagógicas práticas representadas pelas escolas ginasiais fundadas por Guarino em Ferrara, por Gasparino Barzizza (1360-1431) em Pádua e por Vittorino da Feltre (1378-1446) em Mântua[25].

A pedagogia humanista se distinguiu, sobretudo, pela ênfase dada à educação civil, centrada na preparação dos jovens para o exercício da vida pública, a partir dos modelos oferecidos pelas concepções retórico-políticas de matriz ciceroniana. Esse modelo de cultura civil, voltada para a *vita activa* e centrada no exercício da cidadania, está igualmente na base da elaboração, no contexto florentino, de um ideário republicano que associava a ideia de liberdade (autogoverno) às formas de governo parlamentares e eletivas e acusava de tirânicas as formas principescas e monárquicas. Tal ideário, já esboçado por Salutati na *Invectiva contra Antonio Loschi* em que constitui a imagem de Florença como a legítima herdeira da antiga Roma republicana, será depois amplamente explorado nas obras de seu discípulo e sucessor, Leonardo Bruni (1370-1444):

> O que significa ser florentino, senão ser por natureza e pelas leis cidadão romano e, por consequência, livre e não escravo? É de fato próprio da nação e do sangue romano aquele dom divino chamado liberdade; e, tanto é assim, que quem desiste de ser livre não pode mais razoavelmente ser chamado de cidadão romano e nem mesmo florentino[26].

Bruni foi relevante homem público, atuou como Secretário Pontifício entre 1405 e 1420 e, de 1427 até a sua morte, como chanceler da República Florentina, o mesmo cargo ocupado por Salutati anos antes. Aluno de Chrysoloras, foi profícuo tradutor de obras em grego, produzindo versões latinas das *Vidas Paralelas* de Plutarco e da *Ética* e da *Política* de Aristóteles, entre outros textos. Seus poucos, mas importantes escritos foram cruciais para a identificação de Dante, Petrarca e Boccaccio como antecessores da renovação humanística, para a afirmação da língua vernácula italiana como língua literária e, sobretudo, para exaltação do empenho cívico e de Florença como cidade-símbolo da liberdade republicana.

25. Garin, Eugenio. *L'educazione umanistica in Italia*. Roma; Bari: Laterza, 1949; Grendler, Paul F. *Schooling in Renaissance Italy: Literacy and Learning, 1300-1600*. Baltimore: Johns Hopkins University Press, 1989.

26. Salutati, Coluccio. Invectiva in Antonium Luschum Vicentininum. *In*: Garin, Eugenio (ed.). *Prosatori latini del Quattrocento*. Milão; Nápoles: Riccardo Ricciardi Editore, 1952.

Instituindo uma conexão entre passado e presente, na esteira de Salutati, Bruni estabeleceu uma relação linhagística entre o sistema de governo florentino e o da República Romana. Por um paralelo entre Florença e a *polis* ateniense, celebrou as cidades que se distinguiam por unir o culto às letras ao culto à liberdade. Sua defesa do republicanismo florentino se constituiu como um importante contraponto discursivo aos ideais de matriz monárquica que eram então defendidos pelos humanistas ligados às cortes principescas da Península Itálica. Seus argumentos, destinados à grande fortuna no contexto da reflexão política dos séculos seguintes, estão na origem daquilo que a historiografia do século XX denominaria "Humanismo Cívico". Essa concepção, forjada por Hans Baron e Eugenio Garin, se tornaria um dos problemas mais importantes do debate no campo da história das ideias nas décadas centrais do século passado.

De fato, esse republicanismo central ao Humanismo florentino foi um dos temas mais profícuos da historiografia sobre o Humanismo entre as décadas de 1920 e 1970, à sombra dos conflitos ideológicos entre democracia e totalitarismo que tiveram lugar nesse mesmo período[27]. Esse debate trouxe importantes contribuições para uma nova análise do movimento humanístico e, em especial, para o aprofundamento da reflexão acerca das relações entre o Humanismo e a tradição retórico-política dos últimos séculos da Idade Média[28]. Por outro lado, esse debate estava diretamente relacionado à busca, por parte dos intelectuais de matriz liberal, de compreender, em tempos de totalitarismo, a relação entre o republicanismo dos humanistas, o liberalismo dos séculos sucessivos e as democracias da Época Contemporânea[29].

---

27. Hankins, James. *Renaissance Civic Humanism: Reappraisals and Reflections*. Cambridge: Cambridge University Press, 2000; Witt, Ronald G. *In the Footsteps of the Ancients: The Origins of Humanism from Lovato to Bruni*. Leiden; Boston; Köln: Brill, 2000.

28. Baron, Hans. *The Crisis of the Early Italian Renaissance: Civic Humanism and Republican Liberty in an Age of Classicism and Tyranny*. Princeton: Princeton University Press, 1955; *Id. En busca del humanismo cívico florentino: ensayos sobre el cambio del pensamiento medieval al moderno*. México: Fondo de Cultura Económica, 1993; Garin, Eugenio. *Ciência e vida civil no Renascimento italiano*. São Paulo: Editora da Unesp, 1994; Garin, Eugênio. *L'Umanesimo italiano. Filosofia e vita civile nel Rinascimento*. Roma; Bari: Laterza, 1952; Kristeller, Paul Oscar. *Tradição Clássica e pensamento no Renascimento Italiano*. Lisboa: Edições 70, 1995; *Id. Renaissance Thought and its Sources*. Nova York: Columbia University Press, 1979; Skinner, Quentin. *As fundações do pensamento político moderno*. São Paulo: Companhia das Letras, 1996; Seigel, Jerrold E. *Rhetoric and Philosophy in Renaissance Humanism*. Princeton: Princeton University Press, 1968; Holmes, George. *The Florentine Enlightenment, 1400-1450*. Liverpool; Londres; Prescot: C. Tinling, 1969.

29. Pocock, John G. A. *O momento maquiaveliano: o pensamento político florentino e a tradição republicana atlântica*. Niterói: Eduff, 2021; Skinner, Quentin. *Liberdade antes do Liberalismo*. São Paulo: Unesp-Cambrigde University Press, 1999; Viroli, Maurizio. *Repubblicanesimo*. Roma; Bari: Laterza, 1999.

É importante, entretanto, destacar que as dimensões cívica e ético-política do Humanismo não esgotam em si o movimento. A filosofia natural, por exemplo, foi outro campo do saber que conheceu importantes transformações ao longo do século XV, graças ao influxo de ideias das tradições filosóficas e esotéricas antigas e à difusão de novas práticas de crítica textual. O desenvolvimento do método filológico humanista de leitura e análise textual foi crucial para o estabelecimento de uma nova percepção dos textos legados pela tradição. Em evidente contraste com a perspectiva da tradição exegética árabe-latina e os usos adotados pela escolástica medieval, os humanistas passaram a compreender os textos como historicamente construídos, frutos de processos históricos particulares.

A atividade filológica dos humanistas permitiu um progressivo e significativo alargamento dos textos disponíveis para os estudos graças à redescoberta de antigos manuscritos e a novas traduções de textos desconhecidos ou esquecidos, muitas delas a partir de originais em língua grega, que aos poucos voltava ser conhecida no Ocidente. A recuperação desses textos, por consequência, permitiu a reapropriação dos conhecimentos científicos dos antigos em todos os campos do saber: a matemática se beneficiou de edições das obras de Euclides, Arquimedes e Heron de Alexandria; a astronomia, da redescoberta da obra de Aristarco de Samos; a geografia, da difusão da obra de Ptolomeu [↗ Uma nova geografia], a medicina, das traduções das obras de Hipócrates e Galeno, somente para dar alguns exemplos. Sem falar no impacto geral que tiveram, na cultura humanística como um todo, o renovado interesse pela *História Natural* de Plínio, o Velho, a redescoberta do *De Rerum Natura* de Lucrécio e a tradução do *Corpus Hermeticum* atribuído a Hermes Trismegisto[30].

A recuperação dos conhecimentos dos antigos acerca da natureza favoreceu também a difusão dos saberes práticos e foi crucial para o desenvolvimento das artes (pintura, escultura e arquitetura) e da técnica entre os séculos XV e XVI. O acesso ao *corpus* de saberes ópticos, geométricos e arquitetônicos transmitidos por autores da Antiguidade, como Euclides e Vitrúvio, por exemplo, foi essencial para as experimentações de Filippo Brunelleschi (1377-1446) e a invenção da perspectiva pictórica[31]. O surgimento de uma nova arte preocupada com a imitação ilusionista da natureza, conforme o

30. Greenblatt, Stephen. *A virada: o nascimento do mundo moderno*. São Paulo: Companhia das Letras, 2012.

31. Panofsky, Erwin. *A perspectiva como forma simbólica*. Lisboa: Edições 70, 1993; Camerota, Filippo. *La prospettiva del Rinascimento: arte, architettura, scienza*. Milão: Electa, 2006.

modelo oferecido pelas narrativas de Plínio[32], foi acompanhado pela criação de uma novo ideal para os artistas que, a partir do conhecimento das artes liberais, buscariam cada vez mais compartilhar da cultura dos humanistas. Principal divulgador desses ideais foi Leon Battista Alberti (1404-1472), arquiteto, engenheiro e teórico das artes figurativas, que personifica perfeitamente um novo tipo de homem de ciências/humanista que então surgia nos canteiros de obras e nos ateliês dos artistas e que, na geração sucessiva, seria bem caracterizado pelo experimentalismo de Leonardo da Vinci (1452-1519).

Uma reflexão sobre a ciência humanista deve, porém, levar em consideração também saberes que hoje estão bem distantes daquilo que se admite como "científico", como a astrologia, a alquimia, a cabala, a magia e as artes adivinhatórias. Esses saberes, desprezados ao longo de anos por uma historiografia que interpretava a Modernidade como um processo de progressiva racionalização do mundo e deixava de lado conhecimentos e práticas que lhe pareciam inconciliáveis com a sua visão da "ciência moderna", afirmaram-se como importantes temas dos estudos sobre a cultura humanística a partir da década de 1930, na esteira dos trabalhos seminais de Konrad Burdach[33], Ernst Cassirer[34] e Aby Warburg (1866-1929)[35].

Confrontando a visão de filósofos e historiadores como Pierre Duhem (1861-1916), George Sarton (1884-1956), John Herman Randall (1899-1980) e Lynn Thorndike (1899-1980), que viam o Humanismo como um movimento exclusivamente literário e artístico, insignificante para a história da ciência, Eugenio Garin, Paul Kristeller, Frances Yates (1899-1981), Cesare Vasoli e Charles Schmitt (1933-1986), entre outros, tentaram compreender a cultura científica dos séculos XV e XVI em todas as suas facetas, do hermetismo ao platonismo, da magia à astrologia, do aristotelismo ao ceticismo [↗A nova ciência][36].

---

32. Gombrich, Ernst H. *Arte e ilusão: um estudo da psicologia da representação pictórica*. São Paulo: Martins Fontes, 2007; Gombrich, Ernst H. *El legado de Apeles*. Madri: Alianza, 1982.

33. Burdach, Konrad. *Reformation, Renaissance, Humanismus. Op. cit.*

34. Cassirer, Ernst. *Indivíduo e cosmos na filosofia do Renascimento. Op. cit.*

35. Warburg, Aby. *A renovação da Antiguidade pagã: contribuições científico-culturais para a história do Renascimento europeu*. Rio de Janeiro: Contraponto, 2013.

36. Garin, Eugenio. *O zodíaco da vida: a polêmica sobre astrologia do século XIV ao XVI*. Lisboa: Estampa, 1997; Yates, Frances A. *Giordano Bruno e a tradição hermética*. São Paulo: Cultrix, 1995; *Id. A arte da memória*. Campinas: Editora da Unicamp, 2007; Schmitt, Charles B. *Aristóteles y el Renacimiento*. Leon: Publicaciones Universidad de León, 2004; *Id.* (ed.). *The Cambridge History of Renaissance Philosophy*. Cambrigde: Cambrigde University Press, 1988; Vasoli, Cesare. *Le filosofie del Rinascimento*. Milão: Mondadori, 2002; Hankins, James. *The Cambridge Companion to Renaissance Philosophy*. Nova York: Cambridge University Press, 2007.

Por meio desses estudos, foi possível resgatar a importância do labor filológico e da obra filosófica de autores como Marsílio Ficino (1433-1499) e Giovanni Pico della Mirandola (1463-1494), humanistas ligados aos Médici que foram figuras centrais na constituição da chamada "Academia Platônica de Florença", durante a segunda metade do século XV. Unindo a tradição platônica e neoplatônica a ideias de caráter hermético, esotérico e cabalístico, Ficino e Pico renovaram os temas do programa humanístico ao introduzir o debate acerca da dignidade do ser humano (*dignitatis hominis*), a partir do qual defenderam a particular natureza da espécie humana e de suas capacidades intelectivas, sua centralidade no projeto divino e sua única e excepcional liberdade de escolha (o livre-arbítrio)[37].

Essas foram ideias destinadas à grande fortuna, que revigoraram, em outra chave, a crítica à interpretação escolástica configurada por Petrarca um século antes. Afinal, uma nova relação entre o humano e o divino podia ser concebida graças ao aprofundamento da consciência do papel da intervenção humana na interpretação da própria palavra divina transmitida pelas Sagradas Escrituras. A aplicação crítica da "nova ciência do discurso", a filologia, resultou não somente no questionamento das práticas da tradição exegética da dialética medieval, mas também na rejeição das interpretações de mundo por ela instituída, como bem atesta a obra de Nicolau de Cusa (1401-1464), em que a interpretação metafísica e cosmológica escolástico-aristotélica é deixada de lado por uma concepção de universo infinito e não geocêntrico.

Naqueles anos, efetivamente, a filologia humanista muito se aprimorara graças a Lorenzo Valla (1407-1457). Valla foi um grande crítico dos métodos de exegese textual dos juristas medievais e o primeiro a produzir uma gramática latina à altura das ambições linguísticas de Petrarca (*Elegantiarum latinae linguae libri sex*). Em aberta polêmica com Poggio Bracciolini (1380-1459), discípulo de Salutati, Valla defendeu uma hermenêutica histórica dos textos e da própria língua latina que, em 1440, utilizaria na elaboração do *De falsa credita et ementita Constantini donatione*, tratado com o qual pôde demonstrar a falsidade da dita "Doação de Constantino", documento medieval que constituía um dos pilares jurídicos das reivindicações de universalidade do papado.

Fruto de uma compreensão historicizada do passado, a crítica filológica das fontes foi também um elemento central do processo de modificação das formas de escrita da História em ato nas cortes italianas entre os séculos XV e

37. Mirandola, Pico della. *Discurso sobre a dignidade do Homem*. Lisboa: Edições 70, 2008.

XVI[38]. Os historiadores humanistas, partindo de uma concepção da história exemplar e moral de matriz ciceroniana (*historia magistra vitae*), abandonaram as narrativas providencialistas e escatológicas da história universal e da crônica medieval e as substituíram por uma história imanente e secularizada, construída a partir dos modelos oferecidos pela tradição clássica, de Tito Lívio a Políbio, de Plutarco a Suetônio, de Tácito a Tucídides[39].

Esses escritos de caráter historiográfico e outros tantos, de diferentes gêneros, rapidamente passaram a circular, em cópias manuscritas, fora dos limites da Península Itálica. Graças à invenção da prensa de tipos móveis [↗O mundo dos impressos], as obras dos humanistas italianos logo passariam a ser também publicadas em outras partes da Europa, lado a lado com os textos dos autores antigos que eles tanto haviam celebrado. Na passagem do século XV para o século XVI, esses autores modernos já haviam se transformado, eles próprios, em modelos para os seus contemporâneos. Além disso, a sólida presença, desde meados do século XV, de humanistas italianos além dos Alpes, ocupados, sobretudo, com o ensino do latim e do grego, favoreceria a difusão para fora da Itália de seus valores e suas práticas eruditas[40].

## O Humanismo do norte: Erasmo e a conciliação entre a teologia e a sabedoria dos antigos

Não há dúvida de que, além dos Alpes, o cultivo dos *studia humanitatis* se deu sob o influxo e à sombra do que ocorria, nesse campo, na Itália. Ainda que o desenvolvimento de uma cultura humanista no norte da Europa não tenha sido resultado de uma mera importação de ideias provenientes do sul, os humanistas transalpinos tinham uma clara consciência de que qualquer progresso no campo das letras passava pela absorção do que se produzia por lá[41].

Quando foi investido no cargo de secretário de Hendrik van Bergen, bispo de Cambrai, em 1493, o jovem Erasmo de Rotterdam (1466-1536)

38. Cochrane, Eric W. *Historians and Historiography in the Italian Renaissance*. Chicago; Londres: University of Chicago Press, 1985; Fubini, Ricardo. *Storiografia dell'Umanesimo in Italia da Leonardo Bruni ad Annio da Viterbo*. Roma: Storia e letteratura, 2003.

39. Momigliano, Arnaldo. *As raízes clássicas da historiografia moderna*. Bauru: Edusc, 2004.

40. Rundle, David. *Of Republics and Tyrants: Aspects of quattrocento Humanist Writings and their Reception in England, c.1400-c.1460*. Tese (Doutorado) – University of Oxford, Oxford, 1997; Weiss, Roberto. *Humanism in England during the Fifteenth Century*. Oxford: Society for the Studies of Medieval Languages and Literature, 2009.

41. Baron, Hans. *En busca del humanismo cívico florentino*. *Op. cit.*

desejava apenas que a função facilitasse seu acesso aos ambientes cultos italianos. Cotado para um chapéu cardinalício, tudo indicava que o bispo viajaria a Roma em breve, mas para decepção de Erasmo, que mais tarde se tornaria um dos eruditos mais influentes de seu tempo, essa viagem nunca se realizaria[42].

Somente em setembro de 1506 o humanista pôde conhecer a Itália, na condição de acompanhante dos filhos do médico italiano de Henrique VII da Inglaterra (1457-1509). Entretanto, os três anos em que viveu entre Bolonha, Veneza e Roma não se revelaram prazerosos como ele imaginara. Os humanistas italianos, em princípio, não demonstraram grande entusiasmo pelos seus conhecimentos de latinista. O florentino Bernardo Rucellai (1448-1514), considerado por Erasmo "um outro Salústio" devido à excelência do seu latim, chegou ao cúmulo de se dirigir a ele em língua toscana, que Erasmo não entendia, para não ter que falar a língua dos romanos com um batavo, a quem via como um bárbaro.

Esse incidente revela quão ambígua podia ser a relação que se estabeleceu entre os humanistas da Itália e a plêiade de eruditos do norte da Europa que se tornaram seus admiradores e êmulos a partir da segunda metade do século XV, quando além-Alpes, da França aos territórios germânicos, passando pelos Países Baixos, assistiu-se a um florescimento do interesse pela cultura humanística italiana.

Foi justamente nos últimos anos do século XV, quando se encontrava na Inglaterra, que Erasmo descobriu o platonismo florentino e intensificou o seu amor pelas letras sacras, por sua amizade com John Colet (1467-1519)[43]. Colet, por sua vez, tinha sido influenciado pelas discussões teológicas da academia neoplatônica de Florença a partir do encontro que tivera com Ficino, em 1493, e que seria determinante para definir o tratamento que ele passaria a dar aos textos bíblicos a partir de 1496.

Nessa época, Erasmo já conhecia bem as belas letras (*bonae litterae*), isto é, o "latim recuperado", liberto dos barbarismos pelo recurso aos antigos mestres da retórica latina. Entre 1475 e 1484, frequentou a famosa escola do capítulo catedralício de St. Lebuin, em Deventer, nos Países Baixos, onde teve contato com os escritos da Antiguidade, graças aos esforços de

42. Huizinga, Johan. *Erasmus and the Age of Reformation*. Nova York: Harper Torchbooks, 1957; Halkin, Léon-Ernest. *Érasme parmi nous*. Paris: Fayard, 1987.

43. Rummel, Erika. *Erasmus' Annotations on the New Testament: From Philologist to Theologian*. Toronto: University of Toronto Press, 1986.

Johannes Synthen (1450-1533), pertencente aos Irmãos da Vida Comum. Foi ali, também, que Erasmo ouviu, com admiração, o discurso do celebrado humanista Roelof Huesman (c.1443-1485), dito Rodolfo Agrícola, recém-chegado da Itália. Agrícola havia ensinado o grego a Alexander Hegius (1439-1498), também ele um cultor fervoroso dos antigos e que assumira a direção do colégio em 1474.

O ideário humanístico havia, de fato, penetrado, nas últimas décadas do século XV, nas redes de escolas e conventos ligadas aos Irmãos da Vida Comum, nomenclatura pela qual eram conhecidos, de forma geral, os adeptos da *devotio moderna*, movimento de renovação espiritual ao qual Gerard (ou Geert) Groote (1340-1384) dera forma nas últimas décadas do século XIV[44]. Sua piedade, íntima e subjetiva, ligava-se a uma valorização profunda da instrução e da prática de cópia de manuscritos, realizada com zelo nos silenciosos estúdios de suas casas comuns.

É verdade que essas inclinações humanísticas não podem ser exageradas: na escola mantida pelos Irmãos em Bois-le-Duc, para onde Erasmo foi transferido ao fim desse período por seus guardiães legais, o apego aos antigos parece ter estado ausente. Essa tensão precisa ser levada em conta se quisermos compreender como o elemento distintivamente religioso se tornaria um traço importante do Humanismo norte-europeu.

Mesmo Colet, cujo chamado para um retorno ao Novo Testamento e aos textos patrísticos teve enorme impacto sobre Erasmo, tinha restrições à leitura dos autores pagãos. Para Colet, o que interessava não era a recuperação da maestria dos antigos nos planos cívico e artístico-cultural, mas a recuperação da teologia antiga (*vetus theologia*) dos Pais da Igreja gregos e latinos, pelo uso da retórica como ferramenta fundamental no trabalho de exposição da Bíblia, e não a partir da interpretação lógica dos textos bíblicos praticada pela escolástica.

Erasmo, por sua vez, defenderia a realização de uma síntese entre os saberes da Antiguidade e as Sagradas Escrituras. Para ele, o estudo das fontes bíblico-patrísticas era conciliável com o apego aos escritores da Antiguidade greco-latina. A fim de construir seus argumentos em favor do uso dos textos pagãos pelos autores cristãos, Erasmo utilizava analogias alicerçadas em tópicas empregadas por autores cristãos antigos, como Orígenes (c.185-253),

44. Post, Regnerus Richardus. *The Modern Devotion*. Leiden: E. J. Brill, 1968; van Engen, John (ed.). *Devotio Moderna: Basic Writings*. Mahwah, Nova Jersey: Paulist Press, 1988.

Jerônimo (c.347-420) e Agostinho (c.354-430). No *Livro contra os bárbaros* (*Antibarbarorum liber*), por exemplo, o humanista empresta de Agostinho e de Orígenes a tópica da espoliação dos egípcios: assim como os israelitas, que ao saírem do Egito tomaram emprestados objetos de ouro e prata sem qualquer intenção de devolvê-los, da mesma forma os cristãos teriam o direito de se valer da sabedoria acumulada pelos antigos[45]. No tratado *Sobre o desprezo do mundo* (*De contemptu mundi*), Erasmo utiliza a tópica da cativa estrangeira, retirada de Jerônimo. A partir da passagem de *Deuteronômio* 21,10-13 sobre as medidas a serem adotadas com uma prisioneira de guerra caso um israelita desejasse se casar com ela, Erasmo defende a ideia de que a cultura antiga, greco-latina, também poderia ser purificada e posta à serviço da fé cristã[46].

Já em sua obra *O banquete religioso* (*Convivium religiosum*)[47], retomando a tradição do *convivium* romano e do *symposion* grego, Erasmo utiliza a refeição como momento ideal para a expressão das diferentes opiniões dos convivas. É assim que, quando o personagem Chrysoglottus introduz uma leitura de Cícero entre as leituras bíblicas feitas à mesa, e se desculpa por isso, Erasmo coloca na resposta dada a ele pelo anfitrião Eusebius a sua própria opinião sobre a possibilidade de convivência entre a sabedoria dos antigos e a sabedoria da fé:

> [...] Não se deve chamar profano àquilo que é piedoso e serve à moral. É verdade que as sagradas letras têm em tudo a autoridade mais alta, porém me acontece por vezes encontrar coisas ditas pelos Antigos ou escritas pelos pagãos, até mesmo poetas, e que têm um caráter tão puro, tão santo, tão divino, que eu não posso crer que no momento em que foram escritas seus autores não estavam animados por algum bom gênio. Talvez o espírito de Cristo esteja se disseminando mais largamente do que nós admitimos e haja na comunidade de santos muitos homens que não figuram em nosso catálogo cá embaixo[48].

Com esse enunciado, Erasmo buscava contradizer as declarações, em sentido totalmente oposto, feitas por Colet em seu comentário às cartas de Paulo aos Coríntios e resolver uma tensão que seria distintiva do humanismo norte-europeu ainda por muito tempo: entre defesa da Antiguidade e as

45. Erasmo. Antibarbarorum liber. *In*: Erasmo. *Opera omnia Desiderii Erasmi Roterodami recognita et adnotatione critica instructa notisque illustrata*. Amsterdã; Oxford: North Holland, 1969, p. 35-138. v. 1.

46. Erasmo. De contemptu mundi. *In*: Erasmo. *Collected Works of Erasmus (CWE)*. Toronto: University of Toronto Press, 1975, p. 131-175. v. 66.

47. Erasmo. Convivium religiosum. *In*: Erasmo. *Opera omnia Desiderii Erasmi Roterodami recognita et adnotatione critica instructa notisque illustrate*. *Op. cit.*, p. 231-266. v. 1.

48. *Ibid.*, p. 251-252. v. 1.

condições de sua apropriação pela fé cristã. Seria um equívoco, porém, reduzir a defesa dos antigos à obra de Erasmo. O humanista apenas deu a ela uma expressão ímpar, ligada aos seus inegáveis talentos literários e ao acolhimento de seu nome como autor mais impresso de seu tempo[49].

Ao lado dessa procura por uma síntese entre a sabedoria dos antigos e a fé cristã, o Humanismo norte-europeu foi assinalado pelas disputas entre os recém-chegados cultores das *bonae litterae* e os teólogos e filósofos escolásticos. Embora com ecos na Península Itálica, foi além-Alpes que esses embates marcaram de forma mais intensa os ambientes eruditos. Na Itália, as ligações dos humanistas com o mecenato e o aproveitamento de suas capacidades retórico-literárias nas chancelarias proveu o espaço institucional do qual eles tinham necessidade, diminuindo bastante os potenciais atritos. No entanto, ao norte dos Alpes, onde a escolástica estava estabelecida há mais tempo e dominava as cátedras universitárias, a disputa foi mais sensível.

Os textos humanísticos retratam os escolásticos como excessivamente apegados à lógica na argumentação, a qual, por sua vez, era vazada num latim que os humanistas consideravam prolixo e não cultivado. Os humanistas também notavam, em seus adversários, a tendência a equiparar fontes primárias e autoridades secundárias: uma consequência da falta de perspectiva histórica nos escolásticos que os levava a uma valorização uniforme da tradição. Contra o método escolástico, portanto, os humanistas se viam arvorando as bandeiras da *retórica* (contra a valorização da lógica), da *filologia* (contra os barbarismos gramaticais) e de uma *hierarquização* dos testemunhos, a partir de critérios filológicos, na base de uma estrita perspectiva histórica. O documento mais emblemático desse debate foi, sem dúvida, a coletânea de cartas fictícias intitulada *Cartas dos homens obscuros* (*Epistolae obscurorum virorum*; primeira edição surgida em Haguenau, em 1515, ampliada em sucessivas edições nos anos seguintes). Escritas a várias mãos por humanistas que zelaram pelo anonimato, essas missivas supostamente trocadas entre eruditos escolásticos maximizavam, com um humor que por vezes beira a grosseria, os defeitos que os humanistas viam em seus inimigos[50].

---

49. Bataillon, Marcel. *Erasmo y el erasmismo*. Barcelona: Crítica, 1983.

50. Breen, Quirinus. *Christianity and Humanism. Studies in the History of Ideas*. Grand Rapids: Eerdmans, 1968; Stokes, Francis Griffin (trad.). *On the Eve of the Reformation: "Letters of Obscure Men"*. Londres: Chatto and Windus, 1909; Nova York: Harper Torchbooks, 1964. (reimp. com trad. das cartas); Mehl, James V. Language, class, and mimic satire in the characterization of correspondents in the Epistolae Obscurorum Virorum. *Sixteenth Century Journal*, v. 25, n. 2, 1994; Rummel, Erika. *The Case Against Johann Reuchlin: Religious and Social Controversy in Sixteenth-Century Germany*. Toronto: Toronto University Press, 2002.

Durante muito tempo, essa oposição entre humanistas e escolásticos foi tida como certa pela historiografia, a partir, sobretudo, da ênfase com a qual ela aparece retratada nas fontes do período. Foi mérito de Paul Oskar Kristeller (1905-1999) demonstrar que humanistas e escolásticos nem sempre viviam em pé-de-guerra; que entre os escolásticos havia, de longa data, uma sensibilidade para os antigos, com abordagens muito próximas daquelas que iriam caracterizar os humanistas. Para Kristeller, foram os *historiadores* que, "sob a influência da moderna aversão ao escolasticismo [...], exageraram a oposição entre humanistas e escolásticos", dando cores de disputa ao que, na verdade, teria sido questão de "feudos pessoais, torneios intelectuais ou exercícios retóricos"[51].

A perspectiva inovadora de Kristeller foi desenvolvida por estudiosos posteriores, culminando numa visão hipercrítica da leitura historiográfica tradicional[52]. O próprio Kristeller não endossaria totalmente esses desenvolvimentos. Em suas investigações sobre as permanências de práticas retóricas medievais no Humanismo, Kristeller nunca negou a existência, nos defensores das *bonae litterae*, de posturas e hábitos culturais diferenciados. Durante e após a publicação de sua obra máxima, *Iter italicum* ou "Caminho italiano", um catálogo de manuscritos humanísticos não catalogados previamente[53], o debate historiográfico chegou a posições mais equilibradas. Maarten J. F. M. Hoenen mostrou como os escritos escolásticos apresentaram, já no século XIV, modificações importantes, com diminuição da ênfase lógico-especulativa, maior atenção aos aspectos retóricos e intenso uso dos autores antigos[54].

Erika Rummel, por sua vez, chamou a atenção para a necessidade de distinguir etapas nas relações entre humanistas e escolásticos. Segundo ela, até fins do século XV podemos falar de disputas de caráter mais retórico, sobretudo no contexto italiano. O século XVI, contudo, anuncia a passagem para uma outra fase: muitos teólogos escolásticos, sobretudo na Europa do norte, começaram a se ressentir do que julgavam ser "intromissão" de seus colegas humanistas

51. Kristeller, Paul Oskar. *Renaissance Thought and its Sources. Op. cit.*

52. Overfield, James H. *Humanism and Scholasticism in Late Medieval Germany*. Princeton: Princeton University Press, 1984.

53. Kristeller, Paul Oskar. *Iter italicum: A Finding List of Uncatalogued or Incompletely Catalogued Humanistic Manuscripts of the Renaissance in Italian and other Libraries*. Londres: The Warburg Institute, 1963-1997. 7 v.

54. Hoenen, Maarten J. F. M. At the crossroads of Scholasticism and Northern Humanism. *In*: Akkerman, Fokke; Vanderjagt, Arjo J.; van der Laan, Adrie H. (eds.). *Northern Humanism in European Context, 1469-1625: From the "Adwert Academy" to Ubbo Emmius*. Leiden: Brill, 1999.

por conta da aplicação de critérios filológicos aos textos bíblicos. O cariz mais agudo da controvérsia foi assinalado pelo surgimento de interditos universitários, como o da Universidade de Tübingen que, em 1505, proibiu seus docentes de "encontrar defeitos" no texto da Bíblia. Em 1534, já num contexto de muita polêmica religiosa por conta dos movimentos de reforma, o síndico da Sorbonne, Noël Béda (1470-1537), manifestou-se contra os docentes que, segundo ele, empregavam textos bíblicos em seus cursos de gramática. A ameaça real desses interditos pode ser notada pelas reações dos humanistas em defesa de suas pesquisas filológicas. "Ninguém pode cercear minha esfera de interesses e me impedir de segui-los através de todas as artes e ciências", afirmou o humanista espanhol Elio Antonio de Nebrija (1444-1522) em torno de 1516. Com seus circunlóquios característicos, Erasmo argumentou não crer que a Teologia ficaria ofendida por "ser atendida e servida por sua criada, a Gramática"[55].

Rummel entende que a leitura tradicional do debate entre humanistas e escolásticos não pode ser totalmente rejeitada. Se o caráter retórico, encarecido por Kristeller, faz sentido para o contexto inicial, e em grande medida para a realidade da Península Itálica, a existência de controvérsias reais – com a expulsão de cátedras e até mesmo o uso da pena capital – ilustra bem o que foi o debate em sua fase posterior, quinhentista e norte-europeia, quando a discussão passou "do nível de um debate acadêmico vivificado pelos fogos da retórica para o nível de uma disputa visceral marcada pelos fogos da Inquisição". A segunda metade do século XVI assistiu, por seu turno, a uma curiosa reviravolta. Em busca de segurança, muitos humanistas desistiram de pesquisar o texto bíblico, concentrando-se nos estudos literários. Em contrapartida, solidificou-se entre os escolásticos o uso do latim humanista e o emprego de critérios filológicos.

## A preocupação com a política no Humanismo além dos Alpes

A preocupação cívico-política foi outro problema que se fez presente na reflexão do Humanismo erasmiano e norte-europeu. Em sua obra *A Educação do príncipe cristão* (*Institutio principis christiani*, 1516), dedicada ao futuro Imperador Carlos V, por exemplo, Erasmo defende o governo misto e a valorização dos corpos políticos, cujos direitos e privilégios deveriam ser resguardados, como a melhor forma de governo para o príncipe:

55. Rummel, Erika. *The Humanist-Scholastic Debate in the Renaissance and Reformation*. Cambridge: Harvard University Press, 1995.

> Uma vez que a república é uma espécie de corpo composto por vários membros, no número dos quais está o próprio príncipe, ainda quando ele é exímio será conveniente usar de moderação para o bem de todos, de forma que alguns não se tornem roliços e vigorosos enquanto os demais minguam. Pois se o príncipe se regozija e se alimenta dos infortúnios da república, nem é parte dela nem príncipe, mas antes um ladrão[56].

Colocados diante da realidade de poderes monárquicos estabelecidos, os humanistas transalpinos não podiam se apropriar do modelo oferecido pelo republicanismo florentino de Bruni e Salutati. Frente às realidades políticas do norte da Europa, a defesa do ideal de *libertas* se consubstanciava, sobretudo, na defesa do governo misto e do respeito para com os diferentes ordenamentos ou corpos políticos no interior de uma *respublica* que se entendia como organismo bem articulado.

Se, para as repúblicas da Península Itálica, o problema da tirania havia sido colocado por meio da ameaça externa advinda dos principados, contra qual a guerra aparecia como recurso legítimo, no norte da Europa a ameaça da tirania surgia de dentro dos próprios reinos, pelas mãos do príncipe mal instruído, mal aconselhado e excessivamente ambicioso, capaz de se valer da própria guerra como desculpa para uma maior concentração de autoridade em suas mãos, às expensas dos demais corpos políticos.

Erasmo pressupunha que um príncipe educado de forma correta saberia que é ele quem depende da república, e não o contrário: "Uma república, mesmo se lhe falta um príncipe, será ainda uma república [...]. Mas um príncipe de nenhum modo pode existir sem uma república"[57]. Para se obter tal príncipe, de acordo com Erasmo, era preciso começar por escolher bem seus educadores, visto que um príncipe deve tudo "àquele cujo conselho correto fez dele o que ele é"[58]. Esse instrutor abalizado deve notar as inclinações pessoais de seu pupilo, valendo-se delas e corrigindo-as quando necessário, educando o príncipe para conhecer seu povo, conhecer as leis e os costumes, ter uma sólida fé cristã e ser treinado mais nas artes da paz do que nos assuntos da guerra. A condenação da guerra, nesse contexto, era arma fundamental na defesa da liberdade cívica.

Essa ênfase pedagógica também pode ser encontrada em outros expoentes do Humanismo norte-europeu e ibérico. Ela aparece em *A educação do*

---

56. Erasmo. Institutio principis christiani. *In*: Erasmo. *Collected Works of Erasmus (CWE)*. *Op. cit.*, p. 237, v. 27.

57. *Ibid.*, p. 272, v. 27.

58. *Ibid.*, p. 207, v. 27.

*príncipe* (*De l'institution du prince*), de Guillaume Budé (1467-1540), oferecido em 1519 a Francisco I da França (1494-1547)[59]; no *Relógio de príncipes* (*Reloj de Príncipes*), de Antonio de Guevara (1481-1545), escrito no fim da década de 1520 com vistas à educação do futuro Filipe II de Espanha (1527-1598)[60]; e nas obras de Juan Luis Vives (1493-1540) *Diálogos sobre a educação* (*De tradendis disciplinis*) e *Sobre a educação das mulheres cristãs* (*De institutione feminae christianae*)[61].

Tendo na valorização da educação do príncipe uma base comum, alguns desses humanistas expressaram uma consciência bastante arguta das outras dimensões envolvidas e que certamente representavam desafios para um bom governo. Para Budé, a sabedoria que o príncipe adquire por meio de uma educação exemplar deve ser combinada à prudência, visto que somente ela permite "compreender as coisas sujeitas à mutação, como são as coisas temporais e mundanas e os fatos dos homens que são transitórios e de natureza mutável e inconstante". É possível ser sábio sem ser prudente, alerta-nos Budé, visto que alguns tidos como sábios "não dão ouvidos jamais às coisas que dizem respeito ao governo político ou econômico, nem às coisas que lhes valeriam para viver com mais facilidade e abundância"[62].

O exemplo reflete quão intensas podiam ser as relações da cultura letrada com as dimensões do poder e do comércio. Luminar inquestionável do Humanismo em solo lusitano, Damião de Góis (1502-1574) deu-se ao trabalho de responder, em 1539, às críticas que o humanista, médico e bispo Paolo Giovio (1483-1552), muito ligado aos genoveses, fizera ao comércio ultramarino português. Góis era a pessoa certa para responder a essas críticas: latinista consumado, amigo de Erasmo e de vários outros cultores dos *studia humanitatis*, conhecia como poucos as redes comerciais portuguesas, tendo sido por vários anos secretário da Casa da Índia em Antuérpia[63]. Em sua resposta a Giovio, Góis não usou de meias-palavras:

---

59. Budé, Guillaume. *L'institution du prince*. Paris: Bibliothèque de l'Arsenal, MS 5103, 1519.

60. Sánchez-Molero, José Luis Gonzalo. *El erasmismo y la educación de Felipe II (1527-1557)*. Tese (Doutorado em História Moderna) – Departamento de História Moderna, Faculdade de História e Geografia da Universidade Complutense de Madrid, Madri, 1997.

61. Vives, Juan Luis. *On Education. A Translation of the De Tradendis Disciplinis of Juan Luis Vives*. Cambridge: Cambridge University Press, 1913; *Id. De Institutione Feminae Christianae*. Leiden: Brill, 2002.

62. Budé, Guillaume. *L'institution du prince*. *Op. cit.*, fl. 117v.

63. Hirsch, Elisabeth Feist. *Damião de Góis*. 2. ed. Lisboa: Fundação Calouste Gulbenkian, 2002.

> Nós também procuramos – e é lícito confessá-lo – auferir lucros e riquezas, sem os quais a Europa inteira não poderia compensar as despesas enormes que todos os dias fazemos. Merecemos, porém, louvores, por não sulcarmos os mares, como outrora fizeram, e ainda hoje fazem, muitos povos da Itália, da Espanha e da França, quais inermes mercadores em busca só da especiaria: mas com exércitos e armadas, bem aparelhados contra o inimigo, não tanto para dilatação do nosso império, como para expansão das nossas crenças. Tudo isso bem ponderado, [...] que piedoso cristão nos há de ofender com seus malévolos comentários, para condenar um lucro tão necessário a compensar tamanhos gastos? Em boa verdade não somos motivo de inveja, antes a todos cumpre dar-nos auxílio em tão grande empresa, comprando as nossas especiarias por melhor preço – que sempre vendemos mais barato do que antes outras nações as vendiam – e assim poderemos com esse dinheiro exterminar da terra a raça dos infiéis e pacificamente pregar a Lei Santa, enquanto os demais príncipes cristãos, esquecidos dos seus deveres, se combatem uns aos outros[64].

Sem dúvida, há em Góis um compromisso com as razões específicas da Coroa portuguesa e uma compreensão do papel desempenhado pelo comércio no conjunto dessas razões que escapam ao Humanismo erasmiano. É notório que, no que respeita ao espírito prático exigido pelas artes da política, tanto Budé quanto Thomas More (1478-1535) mostraram-se mais hábeis do que Erasmo. O nome de Góis poderia ser associado ao deles, nesse sentido. Não obstante isso, a opção erasmiana pela legitimidade da vida no *saeculum*, no "mundo", oferecia uma oportunidade para o envolvimento prático com a realidade da vida que não negava, mas podia até mesmo transcender a dimensão cívica. Embora amassem as representações de si mesmos nos espaços isolados dos estúdios, os humanistas frequentemente se viam nas magistraturas, junto às cortes principescas ou em feitorias comerciais. Com isso, o grande ideal de piedade cristã proposto pelo Humanismo erasmiano torna-se congênere à defesa basilar da *vita activa* praticada pelo Humanismo cívico. Quando finalmente editou seu tratado *Sobre o desprezo do mundo* (*De Contemptu Mundi*) em 1521, Erasmo acrescentou aos 11 livros compostos ainda no século XV um 12º livro, no qual listou argumentos contrários à primazia da vida monástica. Sem ser uma rejeição completa do monaquismo, o que a maturidade de seu pensamento parece sublinhar é um reconhecimento cada vez mais claro da positividade da vida vivida no *saeculum*, no mundo fora dos muros conventuais:

---

64. Góis, Damião de. Breve contestação de Damião de Góis a Paulo Jóvio sobre o domínio dos portugueses. *In*: *Id*. *Opúsculos históricos*. Porto: Livraria Civilização Editora, 1945, p. 86, 88.

> Quão mais conforme ao espírito de Cristo é considerar todo o mundo cristão como uma casa e como se fora um monastério, julgar todos os homens como nossos irmãos e confrades, ter o sacramento do batismo na conta da mais elevada ordem religiosa e não atentar para onde alguém vive, mas para quão bem se vive[65].

Por meio dos seus escritos, os humanistas afirmavam o lugar dos educadores, isto é, deles mesmos, na vida política da época. Em Erasmo, o afastamento da ação cívica direta (da *vita activa*, a "vida ativa" dos humanistas cívicos) não representava meramente uma opção pelo seu oposto, a *vita contemplativa*. Ao contrário, reforçava aquele que era seu papel mais importante como humanista: o ensinamento por meio da produção erudita. Afinal, o "mestre ausente", encerrado em seu gabinete de estudos, se fazia presente na *respublica* graças ao efeito multiplicador operado pela mediação da imprensa[66].

Exemplo rico desse envolvimento com a vida ativa pode ser encontrado na figura de Thomas More: jurista, humanista, discípulo de Colet, amigo de Erasmo, com quem traduziu vários diálogos de Luciano de Samósata. Secretário do rei da Inglaterra e membro de seu conselho privado desde 1522, More ocupou, ao ser nomeado chanceler, a magistratura máxima do reino. A esse posto ele renunciou, em 1532, diante das pressões de Henrique VIII no sentido de validar seu divórcio de Catarina de Aragão.

Em More, juntavam-se a firme devoção cristã, o atilado refinamento humanista e a dedicação aos assuntos de natureza jurídico-política. Ao mesmo tempo, seu cristianismo, que permaneceu decididamente católico enquanto não poucos humanistas norte-europeus faziam opção velada ou declarada pelo luteranismo, era vivido em contexto laico: More casou-se e, a julgar pelas cartas trocadas durante seu aprisionamento entre ele e sua filha mais velha, Margaret, cultivou uma vida familiar tranquila e atravessada por profunda devoção cristã. Não é de estranhar, portanto, que um dos últimos escritos do autor da *Utopia*, quando já encerrado na Torre de Londres, tenha sido uma meditação sobre a Eucaristia[67].

---

65. Erasmo. Ep 290 a Servatius Roger (08/07/1514). *In*: Huizinga, Johan. *Erasmus and the Age of Reformation*. *Op. cit*., p. 214.

66. Jardine, Lisa. *Erasmus*: *Man of Letters. The Construction of Charisma in Print*. Princeton: Princeton University Press, 1993.

67. More, Thomas. Um tratado para receber sacramental e espiritualmente o Sagrado Corpo de nosso Senhor, escrito no ano de nosso Senhor de 1534 por sir Thomas More, enquanto era prisioneiro na Torre de Londres, e ao qual após o título "Para receber o Corpo Sagrado de nosso Senhor, tanto sacramental como espiritualmente". *In*: *Id*. *A sós com Deus*: *escritos da prisão*. São Paulo: Quadrante, 2017, p. 139-155.

Capaz de piedade intensa sem viver no claustro, hábil no grego e no latim, dono de uma frase arguta e não raro bem-humorada, More ficou famoso, enquanto magistrado supremo do reino, por desafogar o tribunal dos processos que seu antecessor acumulara. Nele, realizou-se o ideal de uma piedade erudita, vivida no século e ocupada com os assuntos dos homens; mais do que um ideal erasmiano, foi um projeto humanista.

Renascimento e Humanismo constituem, em termos historiográficos, o complexo temático mais polêmico da Época Moderna. De momento fundador da "Modernidade", esse fenômeno passou por todas as negações possíveis, desde as que pretendiam sublinhar as continuidades entre os modos de pensamento medievais e aqueles "renascentistas" até as revisões pós-modernas e decoloniais, preocupadas em relativizar feitos e realizações "europeus". Aqui, a nau historiográfica corre sempre o risco de soçobrar nos recifes das posições extremadas. Duas percepções podem nos ajudar a compreender tanto o Renascimento como o apego aos *humaniora studia* (os "estudos mais humanos") de forma mais equilibrada. A primeira é atentar para o fato de que, nesse processo que, a partir do século XIV, conjugou novas expressões na arquitetura, escultura e pintura com a busca por uma expressão literária latina filologicamente recuperada, encerrando tudo isso sob o poderoso conceito de *imitatio* dos antigos, há continuidades inquestionáveis com um olhar sobre a Antiguidade que era radicalmente novo. A própria filologia, nascida de uma mirada profundamente histórica sobre os textos do passado, constituiu uma novidade destinada a tornar-se arma poderosa de contestação e crítica. Não estamos, portanto, diante de cortes abruptos em relação à tradição, mas também não estamos diante de permanências intermináveis[68].

A segunda percepção serve para corrigir tanto os que celebravam o Renascimento e o Humanismo como instante inaugural da Modernidade quanto os furiosos críticos pós-modernos, afeitos a promover o apagamento desse complexo em função de tantos outros apagamentos que o imperialismo europeu teria, posteriormente, promovido. Trata-se de compreender que realidades históricas devem ser estudadas e avaliadas em si mesmas, e não em função de seus desdobramentos ulteriores. O exercício de analisar (e, pior

68. Huizinga, Johan. The problem of the Renaissance. *In*: *Id*. *Men & Ideas: History, the Middle Ages, the Renaissance*. Nova York: Harper and Row, 1970 [1920].

ainda, de julgar) o passado a partir de seus supostos efeitos no futuro está sempre carregado de teleologia. O que nos cabe, como historiadores, é tentar compreender em si mesmos, em sua específica densidade histórica, os fenômenos que estudamos. Se fizermos isso, perceberemos que ideias e intuições ligadas tanto ao Renascimento quanto à difusão humanista das *bonae litterae* tiveram, obviamente, repercussões para além de seu próprio tempo. Contudo, não faremos de tais repercussões critérios de julgamento, nem para elogios grandiloquentes, nem para detrações ressentidas.

## Bibliografia comentada

Baron, Hans. *En busca del humanismo cívico florentino: ensayos sobre el cambio del pensamiento medieval al moderno*. Cidade do México: Fondo de Cultura Económica, 1993.

> Com *The Crisis of the Early Italian Renaissance: Civic Humanism and Republican Liberty in an Age of Classicism and Tyranny*, publicada em 1955, essa obra é fundamental para compreender as ideias de Hans Baron sobre o tema a que dedicou uma vida de pesquisas: o humanismo cívico florentino. Nesse volume, publicado no ano de sua morte (1988), encontramos sua reflexão mais madura acerca desse tema.

Bignotto, Newton. *Origens do republicanismo moderno*. Rio de Janeiro: Eduff, 2021.

> Publicado pela primeira vez pela editora da UFMG, em 2001, esse livro foi determinante para a recepção do debate acerca do Humanismo cívico no Brasil. Analisa, sob o prisma da filosofia política, escritos produzidos por humanistas italianos ao longo dos séculos XIV e XV.

Garin, Eugênio. *Ciência e vida civil no Renascimento italiano*. São Paulo: Editora da Unesp, 1994.

> Publicada originalmente em italiano, em 1965, essa coletânea reúne textos derivados das conferências proferidas por Eugênio Garin em torno de temas ligados aos ideais ético-políticos que se difundiram nas cidades italianas durante o século XV e à relação entre o Humanismo e a ciência moderna.

Greenblatt, Stephen. *A virada: o nascimento do mundo moderno*. São Paulo: Companhia das Letras, 2012.

> Centrado na figura do florentino Poggio Bracciolini, o livro de Greenblatt oferece um ótimo retrato da importância da coleta de manuscritos pelos humanistas do século XV, bem como das redes e associações existentes por trás desse trabalho.

Kristeller, Paul Oskar. *Tradição Clássica e pensamento no Renascimento italiano.* Lisboa: Edições 70, 1995.

> Originalmente publicado em língua inglesa, em 1955. Kristeller é um nome incontornável nos estudos sobre o Humanismo e o Renascimento, sobretudo por assinalar com maestria tanto as rupturas introduzidas quanto as importantes continuidades em relação ao trabalho dos mestres medievais de retórica.

Panofsky, Erwin. *Renascimento e renascimentos na arte ocidental.* Lisboa: Presença, 1981.

> Nessa obra, Panofsky captou, como poucos, o olhar distintivo do Renascimento sobre a Antiguidade, que o distingue de todas as tentativas de revivescência do mundo antigo ocorridas durante o período medieval.

Pocock, John G. A. *O momento maquiaveliano: o pensamento político florentino e a tradição republicana atlântica.* Niterói: Eduff, 2021.

> Originalmente publicado, em língua inglesa, em 1975, esse estudo de John Pocock oferece uma análise penetrante do pensamento político cultivado em Florença a partir da segunda metade do século XIV e dos seus desdobramentos na Inglaterra de meados do século XVII e na América do Norte setecentista. No centro dessa obra, encontra-se a figura de Maquiavel.

Rummel, Erika. *The Case Against Johann Reuchlin: Religious and Social Controversy in Sixteenth-Century Germany.* Toronto: University of Toronto Press, 2002.

> Análise penetrante da controvérsia acerca do estudo da língua hebraica e sobre a posse dos livros judaicos extracanônicos, tendo como figura central o humanista Johann Reuchlin. Fundamental para se compreender a constituição de aspectos básicos do humanismo germânico, notadamente as tensões com o pensamento escolástico, esse estudo faz par com outra obra importante da autora, *The Humanist-Scholastic Debate in the Renaissance and Reformation*, publicada em 1998.

Skinner, Quentin. *As fundações do pensamento político moderno.* São Paulo: Companhia das Letras, 1996.

> Esse livro de Quentin Skinner, originalmente publicado em 1978, apresenta uma grande síntese sobre a emergência, na Primeira Modernidade, dos debates sobre a liberdade civil e das teorias sobre a natureza do Estado. A despeito de algumas simplificações, é um compêndio de grande utilidade, capaz de iluminar para o leitor numerosas obras deixadas de lado pela história do pensamento político mais tradicional.

Viroli, Maurizio. *De la política a la razón de Estado: la adquisición y transformación del lenguaje político, 1250-1600*. Madri: Akal, 2009.

Originalmente publicado, em língua inglesa, em 1992. O brilhante estudo de Maurizio Viroli atualiza o modelo contextualista proposto por Quentin Skinner e reconstrói o processo de transformação da linguagem política na Europa entre os anos finais do século XIV e o princípio do século XVII.

Warburg, Aby. *A renovação da Antiguidade pagã: contribuições científico-culturais para a história do Renascimento europeu*. Rio de Janeiro: Contraponto, 2013.

Com seu olhar e sua metodologia muito particulares, Warburg faz uma análise competente das sobrevivências da Antiguidade na vida intelectual e religiosa dos séculos XV e XVI.

Yates, Frances A. *Giordano Bruno e a tradição hermética*. São Paulo: Cultrix, 1995.

Apesar de algumas fraquezas metodológicas, a obra de Francis Yates é de uma importância ímpar por assinalar uma vertente pouco considerada no ambiente cultural humanista: a tradição mágico-hermética, que desempenhou papel de relevo nos modos de investigação do mundo natural entre os séculos XV e XVII.

# 13
# O mundo dos impressos

*André de Melo Araújo*
*Verônica Calsoni Lima*

O humanista alemão Conrad Celtis (1459-1508) não economizou elogios. Ao fim do século XV, afirmou que nada mais útil poderia ter surgido nos territórios então integrados à estrutura política do Sacro Império Romano-Germânico do que a arte da impressão. "Agora, finalmente, os italianos não poderão mais associar os alemães à estúpida indolência", nas palavras de Celtis[1]. Poucos anos depois, Erasmo de Rotterdam (1466-1536) confirmou a avaliação já então corrente entre as penas dos humanistas renascentistas: "[...] muitas vezes penso que [...] não há nada mais útil do que o uso das letras, e nenhuma arte é mais valiosa do que o ofício dos impressores"[2].

A produção dos primeiros artefatos por meio da arte valorizada por Erasmo à época do Renascimento [↗Renascimento e Humanismo] remonta provavelmente ao século VIII d.C. e mais certamente ao continente asiático. Exemplares datados desse período foram encontrados na China, na Coreia

1. Celtis, Conrad. *Oden/Epoden/Jahrhundertlied. Libri Odarum quattuor, cum Epodo et Saeculari Carmine (1513)*. Trad. de Eckart Schäfer. 2. ed. Tübingen: Narr, 2012, p. 232-233. Tradução dos autores, salvo em caso de indicação contrária.

2. Ciceronis, Marcus Tulius. *M. T. Ciceronis Tusculanae quaestiones per D. Erasmum Roterodamum diligenter emendatae et scholiis illustratae*. Erasmo de Rotterdam (ed.). Basileia: Johannes Froben, 1523, p. a4r.

e no Japão, de modo a confirmar a tese segundo a qual as técnicas de impressão chinesas rapidamente ultrapassaram as fronteiras do império. Ainda que a arte da impressão tenha se desenvolvido na Europa de forma independente das iniciativas asiáticas, a precedência chinesa era conhecida na Época Moderna. Em 1764, o historiador alemão Johann Christoph Gatterer (1727-1799) ocupava-se com a descrição de diferentes religiões, leis e invenções encontradas nas mais diversas regiões do mundo. Nesse momento, Gatterer afirmou que a arte de impressão praticada na China antecedia em pelo menos 400 anos os produtos da prensa europeia difundidos à época de Celtis e Erasmo. Todavia, a invenção chinesa "é bastante diferente da [invenção] europeia"[3], completa o historiador alemão, de tal modo que a Alemanha pode ser identificada, de fato, como "*a pátria de todos os livros impressos* no mundo"[4]. Mas em que diferem as impressões chinesas do século VIII d.C. e os produtos da prensa alemã no início da Época Moderna? E como o experimento europeu veio a transformar os modos de produção e circulação da informação em todo o mundo?

## A inovação de Gutenberg e o empreendimento capitalista europeu

Ao discorrer sobre a morfologia dos livros em uma conferência proferida na Universidade de Columbia em 1984, o bibliógrafo estadunidense Roger Stoddard destacou uma série de processos, agentes e instrumentos envolvidos na produção de um texto impresso. Em suas palavras: "Façam o que fizerem, os autores não escrevem livros. Os livros não são, de modo algum, escritos. Eles são manufaturados por escribas e outros artesãos, por mecânicos e outros engenheiros, e por prensas e outras máquinas"[5]. Longe de contestar o papel dos autores, Stoddard buscava chamar atenção para a multiplicidade de agentes que compõem o mundo dos impressos na Época Moderna. Ocorre que os artesãos nem sempre operaram a prensa tendo em vista as inovações

3. Gatterer, Johann Christoph. *Handbuch der Universalhistorie nach ihrem gesamten Umfange bis auf unsere Zeiten fortgesezt*. Gottingen: Im Verlag der Wittwe Vandenhoeck, 1764, p. 339. v. 2.

4. Gatterer, Johann Christoph. *Abriß der Universalhistorie in ihrem ganzen Umfange*. 2. ed. Gottingen: Im Verlag der Witwe Vandenhock, 1773, p. 24.

5. Stoddard, Roger E. *A Library-Keeper's Business. Essays by Roger E. Stoddard*. New Castle: Oak Knoll Press, 2002, p. 33.

técnicas e a estrutura econômica que fizeram da Alemanha "*a pátria de todos os livros impressos* no mundo".

A partir do século VIII d.C., páginas avulsas e livros mais extensos foram impressos na China com a ajuda de blocos de madeira entalhada que, por sua vez, poderiam conter a imagem reversa de um texto e de uma ou mais imagens. Como consequência, cada produto da prensa apresentava o resultado gráfico da impressão da informação gravada em relevo em uma matriz, de modo que a madeira entalhada servia para (re)produzir diversas cópias de um único e mesmo conteúdo. Quando essa técnica, denominada mais amplamente de impressão em relevo e, particularmente, de xilogravura, é utilizada para a produção de obras extensas, diz-se que os artesãos produzem *livros xilográficos*. Na Época Moderna, os livros xilográficos não eram uma exclusividade asiática. No continente europeu, uma série de obras extensas foram impressas a partir de blocos de madeira entalhados. A partir da análise do papel e de outras evidências materiais presentes nos exemplares que ainda se encontram preservados, pode-se afirmar que se trata de obras produzidas no terceiro quartel do século XV[6]. O livro xilográfico reproduzido na Figura 13.1 foi impresso a partir de 26 matrizes de madeira entalhadas no sul da Alemanha entre os anos de 1470 e 1475, provavelmente. Trata-se de uma obra devocional, que circulou com o objetivo de preparar os fiéis cristãos para escapar do inferno nos momentos próximos à morte. Esse tipo de obra devocional, relativamente popular no século XV, é conhecido pela expressão latina *ars moriendi*.

Todavia, entre 1470 e 1475 os italianos já não poderiam mais "associar os alemães à estúpida indolência" – nas palavras de Conrad Celtis –, em função da produção de obras impressas por meio de uma nova técnica que chamara atenção de outro humanista renascentista, Enea Silvio Piccolomini (1405-1464), futuro Papa Pio II. Após passar pela região de Frankfurt, Piccolomini deixa o primeiro registro escrito de que se tem notícia sobre as características gráficas e materiais do texto bíblico que observara em outubro de 1454. Em uma carta enviada ao cardeal espanhol Juan de Carvajal, em 12 de março de 1455, Piccolomini relatou o motivo de seu espanto:

6. Wagner, Bettina. Idealtyp und Individuum. Blockbücher im Medienwandel des 15. Jahrhunderts. *In*: *Id*. *Vom ABC bis zur Apokalypse. Leben, Glauben und Sterben in spätmittelalterlichen Blockbüchern*. Luzern: Quaternio Verlag, 2012, p. 11.

Figura 13.1 – Foto da obra *Ars moriendi* (sul da Alemanha, c. 1470-1475, f. 1[v])

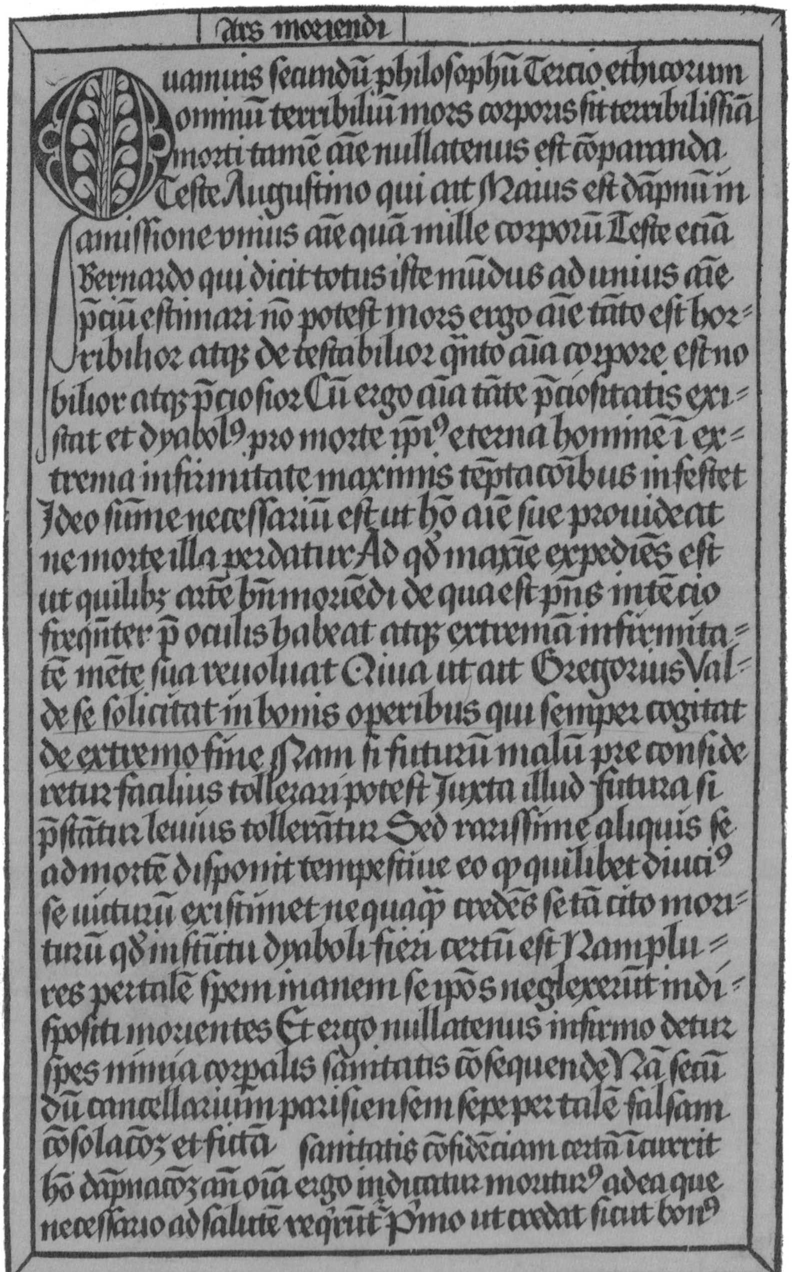

Fonte: Biblioteca Estadual da Baviera. Munique: Instituto de Filologia Grega e Latina / Biblioteca de Filologia Latina da Idade Média. Número de catálogo: 10773 d. Disponível em: https://mdz-nbn-resolving.de/details:bsb00047063.

> Não vi Bíblias completas, mas apenas alguns cadernos de [texto correspondentes a] vários livros [da Bíblia]. As letras são extremamente limpas e legíveis, nada difícil de seguir. Vossa Eminência seria capaz de ler o texto sem esforço e, na verdade, sem óculos[7].

A *Biblia Latina* reproduzida na Figura 13.2 foi impressa na cidade de Mainz, não muito distante de Frankfurt. A imagem reproduz um trecho do livro de Gênesis, tal como ele se apresenta em um dos 49 exemplares remanescentes das cerca de 160 ou 180 cópias do texto bíblico impresso, ora em papel, ora em pergaminho, na oficina de Johannes Gutenberg (c.1397-1468).

Note-se, aqui, que os livros xilográficos não podem ser considerados antecessores das letras extremamente limpas e legíveis observadas em 1454 por Piccolomini, mas um método alternativo[8] à inovação louvada por humanistas renascentistas e levada adiante na cidade de Mainz. Ao invés de talhar a madeira com o objetivo de imprimir diversas cópias de um único e mesmo conteúdo, Gutenberg desenvolveu o *molde manual*, sendo esse um dispositivo utilizado para produzir vários tipos idênticos de mesmo caractere ou glifo[9]. Em Mainz, associou-se punção e fundição para criar os chamados tipos móveis. Por esse motivo, diz-se que Gutenberg foi o inventor da tipografia em caracteres móveis. Com isso, as matrizes metálicas dos caracteres e glifos que produziam textos extremamente limpos e legíveis, na opinião de Piccolomini, poderiam ser reutilizadas para a composição dos mais diferentes textos levados às oficinas de impressão. Na avaliação do historiador Frédéric Barbier, "[...] a tipografia em caracteres móveis constitui uma invenção absolutamente original pela articulação entre o trabalho do metal, a decomposição do texto em caracteres móveis e a utilização da prensa de imprimir"[10].

---

7. *Apud* Geldner, Ferdinand. Enea Silvio Piccolomini und Dr. Paulus Paulirinus aus Prag als Zeugen für die beiden ältesten Bibeldrucke. *Gutenberg Jahrbuch Mainz*, v. 59, 1984, p. 133-139, aqui p. 134.

8. Wagner, Bettina. Idealtyp und Individuum. Blockbücher im Medienwandel des 15. Jahrhunderts. *In*: *Id*. *Vom ABC bis zur Apokalypse*. *Op. cit.*, p. 11.

9. Cf. Reske, Christopher. Mikroskopische Typenvergleiche an der Gutenberg-Bibel (B42), dem Mainzer Psalter von 1457 und der Kölnischen Chronik (1499). *In*: Reske, Christopher; Schmitz, Wolfgang (eds.). *Materielle Aspekte in der Inkunabelforschung*. Wiesbaden: Harrassowitz, 2017, p. 133-146.

10. Barbier, Frédéric. *A Europa de Gutenberg. O Livro e a Invenção da Modernidade Ocidental (séculos XIII-XVI)*. São Paulo: Edusp, 2018, p. 157.

**Figura 13.2 – *Biblia Latina*. Mainz: Johann Gutenberg & Johann Fust, c.1455, f. 5v-6r**

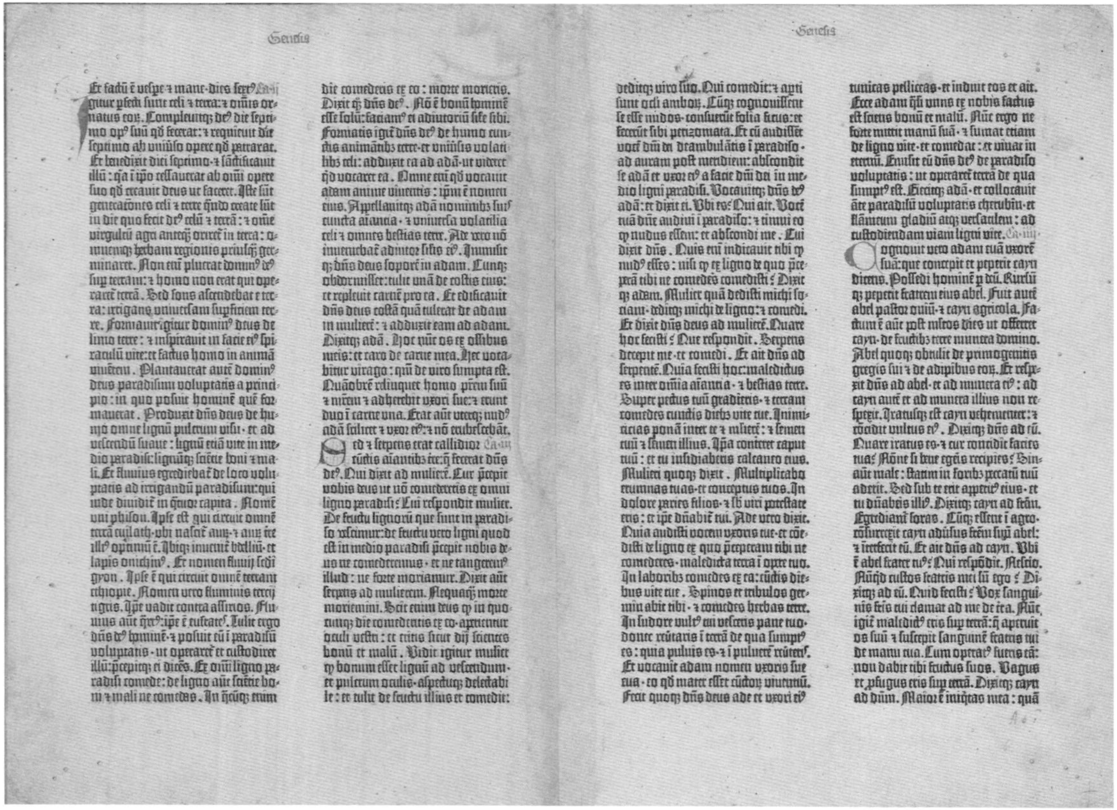

Fonte: The Morgan Library. Número de catálogo: PML 12, I. Disponível em: https://www.themorgan.org/collections/works/gutenberg/page/7

De fato, a produção de um livro impresso exigia a colaboração de diferentes artífices. Das mãos do escritor, o texto passaria para as mãos de um agente que exerceria a função de editor (um impressor ou um livreiro), mediando a relação entre a obra, o autor e o público leitor esperado. Para tomar corpo, o manuscrito precisaria ser encaminhado a uma oficina de impressão, onde o mestre impressor projetaria a produção do título, escolhendo o formato mais adequado para a publicação e calculando a quantidade de papel necessária para a empreitada. Um compositor montaria as formas com os tipos móveis disponíveis na oficina para, em seguida, encaminhá-las à prensa. As formas entintadas deixariam a chamada mancha no suporte material da informação – frequentemente, o papel. O mestre impressor ou um corretor conferiria as provas, sugerindo adições, supressões ou alterações que seriam feitas ao longo do processo de impressão. Diversos humanistas renascentistas, inclusive Erasmo de Rotterdam, ocupavam-se com as tarefas de correção nas oficinas de impressão. Em um passo subsequente, as folhas impressas seriam penduradas para secar e, depois, poderiam ter seus versos estampados. Após uma nova secagem, o material impresso estaria pronto para seguir alguns caminhos possíveis. O mestre impressor poderia comercializá-lo em seu próprio estabelecimento. As folhas impressas eram mais frequentemente vendidas ainda soltas, sem todas as dobras e a costura. No caso dos livros, um encadernador poderia, alternativamente, encarregar-se de unir os cadernos de textos impressos com ajuda de costuras simples ou, em casos particulares, de elaborar uma variedade de encadernações sob encomenda. Essas cópias poderiam, por sua vez, ser comercializadas pelo impressor, pelo encadernador e pelo agente que as encomendou. O material impresso poderia, ainda, ser distribuído para outros livreiros e vendedores ambulantes locais – também chamado de mascates – ou ser enviados para regiões mais distantes. Por fim, diversos leitores passam a ter contato com o material impresso, adquirindo uma cópia, emprestando outra de alguém ou mesmo vendo as imagens frequentemente dispostas em tabernas ou ainda acompanhando a leitura proferida em voz alta em ambientes privados ou públicos.

A inovação técnica que dependia do trabalho colaborativo entre diferentes agentes rapidamente se espalhou por toda a Europa. Ocorre que os primeiros produtos da prensa europeia que opera com tipos móveis, produtos estes também chamados de *incunábulos* e cada vez mais numerosos, precisavam ser mais facilmente identificados do que os volumes manuscritos presentes nos espaços doméstico, eclesiástico ou de corte. Por mais que apenas algumas palavras registradas na lombada dos volumes já encadernados pudessem sinalizar o conteúdo das obras, é principalmente nas folhas de rosto que as informações particularizadoras dos títulos produzidos à época da prensa manual ganham destaque. Na Época Moderna, a folha de rosto é o dispositivo gráfico por meio do qual editores e impressores identificam e apresentam os produtos da prensa, bem como orientam as primeiras expectativas dos leitores quanto à natureza da obra disponível em papel. Esse dispositivo gráfico é considerado uma inovação das oficinas de impressão que respondem às necessidades comerciais advindas da produção de livros em maior escala, de acordo com Margaret M. Smith[11]. As folhas de rosto tinham como função principal assegurar a proteção e a identificação do material impresso estocado em pilhas, antes, portanto, que os cadernos de texto circulassem entre livreiros e leitores e recebessem, das mãos do encadernador, a costura e o couro. Para evitar trocas involuntárias no momento de comercialização e distribuição da manufatura impressa, as primeiras folhas de rosto exibiam informações abreviadas e compostas de maneira simplificada, uma vez que os cadernos de texto empilhados precisavam apenas ser rapidamente identificados por impressores e livreiros[12].

Se, por um lado, a diversidade crescente dos produtos da prensa impunha a necessidade de identificação do material impresso, além da divulgação das marcas e dos nomes de editores e, eventualmente, livreiros responsáveis pela produção e comercialização desses títulos, por outro lado, a expansão vertiginosa desses produtos não se deve exclusivamente à inovação de Gutenberg. Antes, "a originalidade ocidental reside principalmente na articulação entre capitalismo e desenvolvimento técnico"[13]. Tal articulação se revela, historicamente, em dois planos. Em primeiro lugar, a chamada originalidade ocidental pode ser identificada não apenas no padrão de produção dos artefatos impressos, mas sobretudo no modelo de distribuição da manufatura. Ganharam mais espaço no mercado acirrado dos produtos da prensa as oficinas de impressão que se associaram a redes eficazes de distribuição de mercadorias[14]. Em segundo lugar, o grande volume de capital envolvido na produção de obras extensas e eruditas, como aquelas valorizadas por Celtis e Erasmo,

11. Smith, Margaret M. *The Title-page: Its Early Development, 1460-1510*. Londres: British Library, 2000, p. 11-15.

12. Araújo, André de Melo. A primeira página da história: configuração material e funções da folha de rosto em livros de história alemães do século XVIII. *Anais do Museu Paulista*, v. 28, 2020, p. 1-37, aqui p. 3-5. Para uma análise mais recente da história das folhas de rosto, cf. Trettien, Whitney. Title Pages. *In*: Duncan, Dennis; Smyth, Adam (eds.). *Book Parts*. Oxford: Oxford University Press, 2019, p. 39-49.

13. Barbier, Frédéric. *A Europa de Gutenberg*. *Op. cit.*, p. 234.

14. Cf. Pettegree, Andrew; der Weduwen, Arthur. *The Bookshop of the World. Making and Trading Books in the Dutch Golden Age*. New Haven; Londres: Yale University Press, 2019, p. 28-29.

frequentemente obrigava que as oficinas de impressão interrompessem um longo trabalho em curso levado à prensa para obter lucro mais rápido com peças de menor prestígio. Esse era o tempo não apenas das disputas pelas melhores edições das obras celebradas pela tradição letrada dos humanistas, mas também era o tempo da produção vertiginosa de impressos efêmeros.

## O tempo dos efêmeros

Os editores da Época Moderna sabiam do risco que corriam ao embarcar em um projeto mais custoso. A concorrência entre diversas oficinas de impressão, cujos produtos poderiam ser potencialmente encontrados em todo o continente, fazia da prensa uma iniciativa arriscada do ponto de vista econômico. Entre os séculos XV e XVIII, inúmeros foram os impressores levados à falência. "A enorme diversificação do mercado de livros é a segunda parte da história do mundo do livro da Renascença", segundo a avaliação de Andrew Pettegree. Trata-se de "um mundo moldado menos pelo idealismo dos acadêmicos do que por empresários pragmáticos para os quais os únicos livros que importavam eram aqueles que geravam lucro"[15]. Ainda que esses novos e promissores produtos da prensa não animassem o espírito de Conrad Celtis e Erasmo, eles frequentemente garantiam o equilíbrio econômico das oficinas de impressão e eram responsáveis pela presença de imagens e palavras impressas em setores muito mais amplos da população do que aquele limitado às mentes eruditas. Aqui, referimo-nos aos títulos impressos em apenas uma ou em poucas páginas de papel, como é o caso, por exemplo, dos panfletos, das baladas, das proclamações reais, dos calendários e dos almanaques.

Na década de 1660, estima-se que ao menos um exemplar de um almanaque poderia ser encontrado em cerca de um terço dos lares ingleses. De acordo com Lauren Kassell,

> Esses pequenos livros normalmente continham calendários, marcando os eventos do calendário religioso juntamente com os ciclos lunares, prognósticos da fortuna para o ano seguinte e outras informações úteis específicas para um determinado local ou ocupação[16].

Frequentemente impressos em papel de baixa qualidade – sobretudo devido ao caráter efêmero da publicação –, os almanaques apresentavam um prognóstico dos eventos astrológicos do ano seguinte à produção do título,

---

15. Pettegree, Andrew. *The Book in the Renaissance*. New Haven: Yale University Press, 2010, p. 14.

16. Kassell, Lauren. Almanacs and Prognostications. *In*: Raymond, Joad (ed.). *The Oxford History of Popular Print Culture*. Oxford: Oxford University Press, 2011, p. 431. v. 1 (Cheap Print in Britain and Ireland to 1660).

frequentemente dispostos com as informações relacionadas aos dias santos e aos dias comuns de um calendário.

As pesquisas mais recentes não são unânimes ao atribuir à oficina de Gutenberg a impressão de um calendário astronômico para o ano de 1448, antes mesmo, portanto, que Piccolomini ficasse impressionado com as letras limpas e legíveis do texto bíblico que vira em Frankfurt. Certo é que Gutenberg interrompeu o trabalho custoso de impressão da *Biblia Latina* para ocupar a sua prensa com a rápida produção de cartas de indulgência (Fig. 13.3), agora também mais presentes nos lares europeus e, consequentemente, nas avaliações críticas pronunciadas e impressas no continente contra a política da Igreja de Roma [↗Reformas religiosas].

**Figura 13.3 – *Universis cristifidelibus praesentes literas inspecturis***

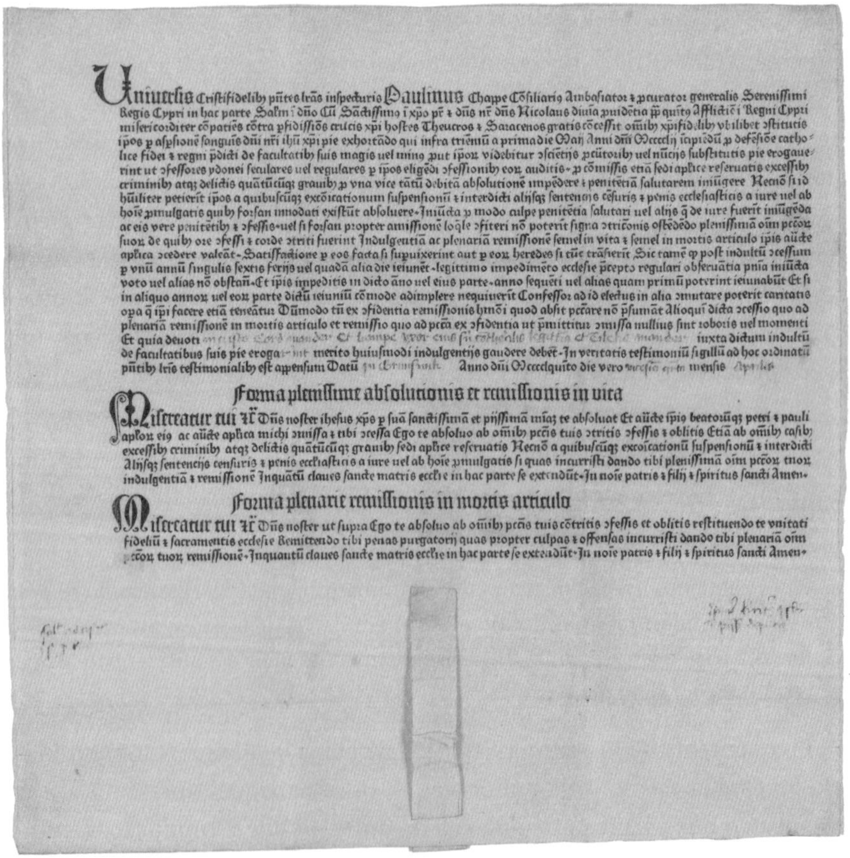

Fonte: Mainz: Gutenberg, antes de 1455. ISTC ic00422400, Biblioteca Herzog August. Disponível em: http://diglib.hab.de/inkunabeln/aeltere-einblattdrucke-1/start.htm.

Em função da utilidade prática e efêmera da informação presente nessas peças, assim como do custo elevado do papel durante toda a Época Moderna, encontram-se atualmente preservados, proporcionalmente, poucos exemplares de cartas de indulgência e de calendários do período. Ao fim do ano para o qual os prognósticos associados ao movimento dos astros [↗A nova ciência] e a disposição das datas se aplicavam, os impressos efêmeros se prestaram a diversos outros usos, como a preservação de víveres e o emprego do papel agora descartado no reforço da lombada de novos títulos entregues para receber a costura e o couro das mãos dos encadernadores. Raros, portanto, são os exemplares preservados do calendário para o ano de 1573, impresso ao fim de 1572 em Berna, na Suíça, e reproduzido na Figura 13.4.

As poucas páginas de formato muito reduzido (8 x 11 cm) não foram impressas com a mesma atenção gráfica que se esperava de um título mais valorizado por cortesãos ou pelas mentes humanistas. A impressão em duas cores, completamente fora de registro, dificultava a leitura da informação estampada em papel de baixa qualidade e dimensões distintas, mas não impedia que a população mais ou menos letrada identificasse, a partir dos símbolos dispostos ao longo dos dias, as fases da Lua. Estabelecer relações entre a posição dos astros e as fases do plantio e da colheita, por exemplo, era uma questão de sobrevivência para os camponeses no período.

Igualmente de fácil decifração eram os símbolos relacionados às práticas cotidianas. Uma vez que, na Época Moderna, a "astrologia natural preocupava-se com o caráter geral das influências planetárias em campos como agricultura e medicina"[17], as pessoas que se orientavam pelos calendários impressos também poderiam identificar o melhor momento do dia para administrar remédios líquidos, sólidos ou inalatórios, ou mesmo esperar pelo dia ideal do mês para cortar as unhas e o cabelo. Na prática, almanaques, calendários e panfletos de toda ordem eram gêneros consumidos por todo o espectro social à época da prensa manual, de modo que a historiografia mais recente retoma o termo "popular" em estudos sobre o tempo dos impressos efêmeros. "A cultura impressa pode ser descrita como 'popular' não porque seja a voz do povo, nem necessariamente porque era amplamente lida entre o povo ou refletia as suas opiniões", segundo Joad Raymond, mas, certamente, porque se entendia que diversos setores da população se encontra-

17. Capp, Bernard. *Astrology and the Popular Press. English Almanacs, 1500-1800.* Londres: Faber and Faber, 2008 [1979], p. 16.

Figura 13.4 – *Bidermann, Niklaus. Kalender oder Laassbuechlin uff das Jar MDLXIII: gerechnet unnd gestelt uff den Meridianum beder Stetten Bern und Fryburg.* Transportado para Berna por Bendicht Uolman, [1572]

Fonte: Universidade de Berna, número de catálogo: MUE Rar alt var 80:2.
Disponível em: https://doi.org/10.3931/e-rara-926

vam envolvidos no processo de consumo e divulgação da matéria impressa. Assim, os impressos passaram "a desempenhar um papel na vida pública e no processo político"[18] do período [↗O Iluminismo]. Reflexões historiográficas dessa ordem partiram de debates anteriores que já chamavam atenção tanto para o papel dos agentes quanto para as atividades clandestinas de produção e de circulação de artefatos impressos.

## Agentes e direitos

Pelo menos desde o início da década de 1980, a historiografia passou a se preocupar mais com os agentes do mercado livreiro. Sozinha, a prensa de tipos móveis não era capaz de empreender mudanças no mundo ocidental da Época Moderna. Era preciso observar as relações de trabalho e o espaço social ocupado pelas pessoas que atuavam nas oficinas de impressão. Motivado por observações dessa ordem, o historiador estadunidense Robert Darnton desenvolveu alguns de seus estudos: buscando realizar uma história social e cultural daqueles que efetivamente editavam, imprimiam e comercializavam os mais diferentes produtos da prensa, Darnton investigou as atividades e as trajetórias de personagens que movimentaram o mercado livreiro francófono do século XVIII. Entre suas principais contribuições, o historiador identificou as tensões estabelecidas entre autores e editores de importantes obras do Iluminismo [↗O Iluminismo], como pode se acompanhar em suas reflexões sobre a história editorial da obra de Voltaire (1694-1778) *Questions sur l'Encyclopédie*, publicada no início da década de 1770.

Darnton examinou o intrincado caso das encomendas que Isaac-Pierre Rigaud (1716-1797), um livreiro de Montpellier, fez à *Société Typographique de Neuchâtel* (STN), solicitando diversos exemplares do trabalho de Voltaire para serem comercializados na Suíça. As encomendas de Rigaud costumavam ser bem planejadas. O livreiro não investia seu dinheiro em obras arriscadas, cuja vendagem não era certa. Por conta disso, estava habituado a especular os interesses de sua clientela, bem como a ler algumas páginas dos textos que solicitava à STN antes de fazer qualquer pedido. Rigaud também não encomendava mais do que meia dúzia de cópias de um título por vez. Preferia fazer um novo pedido à STN caso o texto se provasse lucrativo. Dessa

18. Raymond, Joad. Introduction: The origins of popular print culture. *In*: *Id*. (ed.). *The Oxford History of Popular Print Culture*. *Op. cit*., p. 6. v. 1.

maneira, conseguia manter um estoque pequeno de títulos, porém variado. Com as *Questions* de Voltaire, contudo, procedeu de forma diferente.

A fama do filósofo era suficientemente grande para assegurar boas vendas, motivo pelo qual Rigaud se sentiu confortável em encomendar trinta exemplares do texto sem nem mesmo folhear previamente seu conteúdo. O livreiro, no entanto, foi passado para trás. Voltaire tendia a "brincar com seus livros, acrescentando e corrigindo passagens, enquanto cooperava com edições pirateadas pelas costas dos editores originais"[19]. Rigaud foi levado a acreditar que estava adquirindo reedições das *Questions* com "acréscimos e correções", mas recebera de Voltaire e de seu editor, Gabriel Cramer (1704-1752), cópias da primeira edição, ainda sem qualquer modificação. Segundo Darnton, Voltaire usava uma estratégia obtusa para "melhorar a qualidade e aumentar a quantidade de seus livros" em circulação, visando não o lucro financeiro, mas a maior difusão dos projetos iluministas[20]. Por sua vez, é provável que seu editor, Cramer, estivesse mais interessado em dar vazão a exemplares acumulados das *Questions*. A situação gerou um problema a Rigaud, que precisava repensar as formas de vender suas cópias, agora sem recorrer à novidade das revisões e adições.

O episódio de Voltaire, Cramer e Rigaud permite evidenciar a complexidade das relações estabelecidas entre os diferentes agentes do mundo dos impressos na Época Moderna, as quais não se resumem apenas à simples produção, compra e venda dos produtos da prensa. Há de se considerar que as interações entre esses agentes nem sempre privilegiavam a honestidade e a lealdade. A concorrência podia motivar enganações como as de Voltaire e Cramer. Em outros casos, editores, impressores e livreiros acabavam recorrendo a práticas ainda mais controversas para obter vantagens financeiras, ou mesmo para escapar de constrangimentos das instituições censoras. Por meio da falsificação, da pirataria e da clandestinidade, os agentes conseguiam articular a transmissão de diversos gêneros impressos, sobretudo os escandalosos e ilegais. De fato, outros trabalhos de Darnton demonstraram como as empreitadas ilícitas foram essenciais à efetiva circulação das obras dos filósofos iluministas – bem como dos textos sediciosos e pornográficos – no século

19. Darnton, Robert. *O beijo de Lamourette. Mídia, cultura e revolução*. São Paulo: Companhia de Bolso, 1990, p. 128.

20. *Ibid*., p. 133.

XVIII. Mesmo a célebre *Enciclopédia* editada por Denis Diderot (1713-1784) e Jean le Rond D'Alambert (1717-1783) não escapou às estratégias ilegais de agentes do mercado livreiro. Por essa razão, deve-se atentar para as especificidades das práticas editoriais e comerciais, bem como dos circuitos clandestinos de impressão e difusão de textos na Época Moderna[21].

Para se livrar de perseguições e da censura, tipógrafos e impressores frequentemente adotaram a estratégia de compor folhas de rosto com informações falsas, levando os leitores a não ter mais certeza de quando, onde e por quem os títulos foram impressos. No caso das obras previamente autorizadas pelo rei ou pelo Santo Ofício, por exemplo, as devidas licenças deveriam figurar já nas primeiras páginas do volume que antecedem o texto principal, também chamadas de paratextos. Esse roteiro, todavia, não foi seguido integralmente no caso da primeira obra impressa no Brasil.

Antônio Isidoro da Fonseca ocupou-se com atividades editoriais em Lisboa na primeira metade do século XVIII. Não se sabe ao certo se o editor português enfrentou problemas com a censura e a Inquisição em função dos títulos polêmicos que até então publicara. "Mas, por esta razão, ou por qualquer outra, em data incerta, provavelmente no fim do ano de 1746, o tipógrafo, decidido a dar novo rumo à sua vida, resolveu partir para o Brasil, levando na bagagem o essencial da sua oficina tipográfica de Lisboa"[22], de acordo com o estudo de Pedro de Azevedo. No Rio de Janeiro, Antônio Isidoro da Fonseca imprimiu em 1747 um folheto intitulado *Relaçaõ da entrada que fez o Excellentissimo, e Reverendissimo Senhor D. Fr. Antonio do Desterro Malheyro, Bispo do Rio de Janeiro, em o primeiro dia deste prezente Anno de 1747*..., em cuja folha de rosto (Fig. 13.5) se identifica a segunda oficina do impressor.

---

21. Cf., entre outros: Darnton, Robert. *Edição e sedição. O universo da literatura clandestina no século XVIII*. São Paulo: Companhia das Letras, 1992; *Id. Boemia literária e revolução. O submundo das letras no Antigo Regime*. São Paulo: Companhia das Letras, 1989; *Id. O Iluminismo como negócio*. São Paulo: Companhia das Letras, 1996.

22. Azevedo, Pedro de. O primeiro livro impresso no Brasil: censo e validação dos exemplares conhecidos: a case study. *In*: Andrade, António Manuel Lopes; Carrington, Maria Cristina (eds.). *Do manuscrito ao livro impresso I*. Coimbra: Universidade de Coimbra: Imprensa da Universidade de Coimbra, 2019, p. 91-135, aqui p. 95.

**Figura 13.5** – ***Relaçaõ da entrada que fez o excellentissimo, e Reverendissimo senhor D. Fr. Antonio do Desterro Malheyro, Bispo do Rio de Janeiro, em o primeiro dia deste prezente Anno de 1747…*** **Rio de Janeiro: Offic. De Antonio Isidoro da Fonseca, 1747**

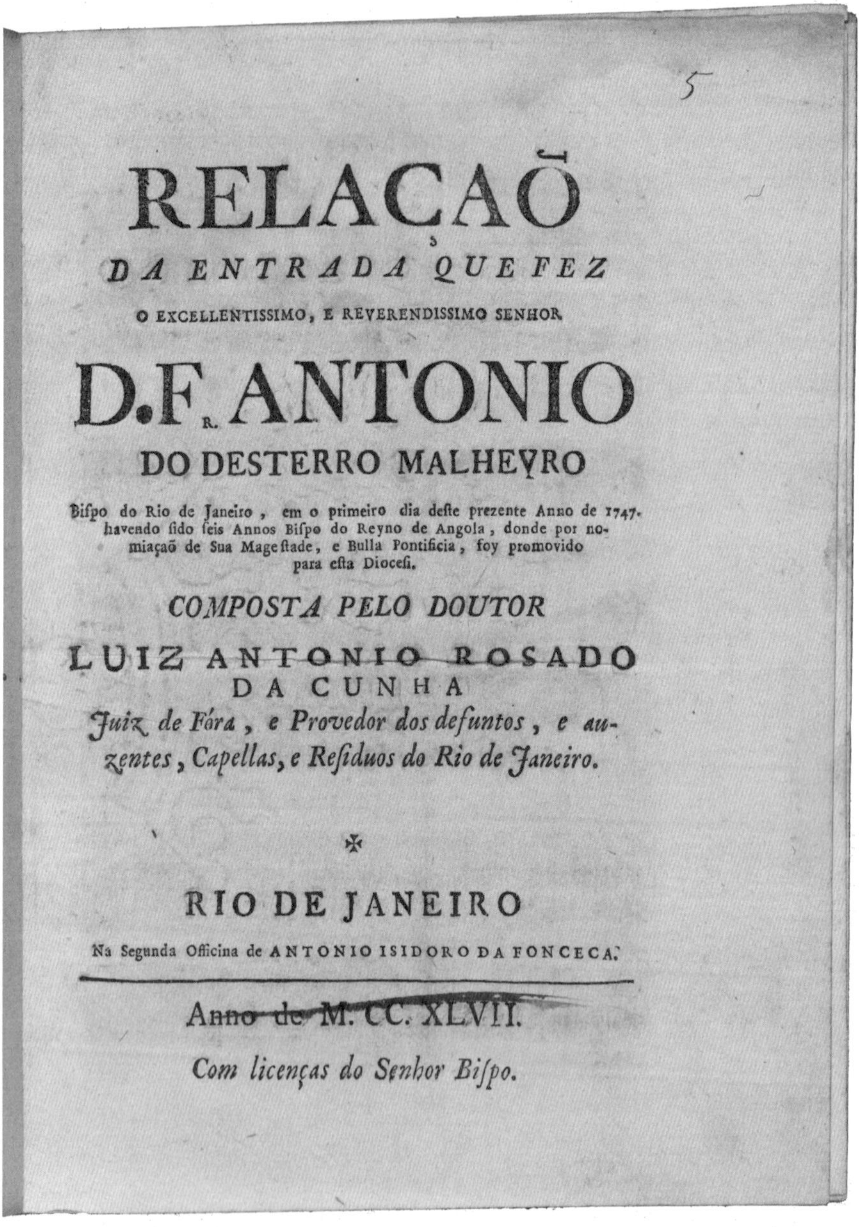

5

RELAÇAÕ
*DA ENTRADA QUE FEZ*
O EXCELLENTISSIMO, E REVERENDISSIMO SENHOR
D. F.R. ANTONIO
DO DESTERRO MALHEYRO
Bispo do Rio de Janeiro, em o primeiro dia deste prezente Anno de 1747. havendo sido seis Annos Bispo do Reyno de Angola, donde por nomiaçaõ de Sua Mageftade, e Bulla Pontificia, foy promovido para esta Diocesi.
*COMPOSTA PELO DOUTOR*
LUIZ ANTONIO ROSADO
DA CUNHA
*Juiz de Fóra, e Provedor dos defuntos, e auzentes, Capellas, e Residuos do Rio de Janeiro.*

RIO DE JANEIRO
Na Segunda Officina de ANTONIO ISIDORO DA FONCECA.

Anno de M. CC. XLVII.
*Com licenças do Senhor Bispo.*

Fonte: The New York Public Library Digital Collections, 1747.
Disponível em: https://digitalcollections.nypl.org/items/b9bc8652-e71f-8fe0-e040-e00a1806774a.
Pode também ser encontrada na Biblioteca Nacional do Rio de Janeiro.
Disponível em: http://acervo.bndigital.bn.br/sophia/index.asp?codigo_sophia=80685

A iniciativa do editor português foi imediatamente fechada pela Coroa. Enquanto a prensa foi rapidamente estabelecida no Vice-Reino da Nova Espanha, sobretudo com o objetivo de auxiliar nas tarefas missionárias[23], as atividades editoriais na colônia portuguesa só se consolidam com a chegada da corte no Rio de Janeiro e o subsequente estabelecimento da Imprensa Régia, em 1808. Ocorre que a oficina instalada no Rio de Janeiro em 1747 não tinha a autorização prévia da metrópole portuguesa, assim como o folheto reproduzido na Figura 13.5 não contava com todas as licenças previstas pelas instituições censórias, o que fazia da atividade e dos produtos da prensa de Antônio Isidoro da Fonseca objetos potenciais da censura igualmente vigente em Portugal e na colônia[24].

Casos como o de Antônio Isidoro da Fonseca informam-nos sobre como as atividades ilegais, frente ao cerco das instituições censórias, eram comuns no mercado livreiro na Época Moderna. Mais do que isso: o estudo da clandestinidade e da pirataria ajuda-nos a compreender a inventividade dos agentes do mundo dos impressos para superar as amarras dos instrumentos de controle e censura, que se moldavam conforme as circunstâncias locais e históricas. Exemplo eloquente de tal inventividade é a história da publicação do panfleto *Killing No Murder* (1657). Lançado durante o protetorado de Oliver Cromwell (1599-1658) [↗ Ilhas Britânicas e revoluções do século XVII] o texto recusava a autoridade do governante, descrevendo-o como um tirano que, por sua vil conduta, deveria ser assassinado para que o povo inglês pudesse recuperar suas liberdades e seus direitos sob um regime republicano. A ofensa ao Lorde Protetor era grave e poderia levar a rígidas punições, como o longo encarceramento ou até a pena de morte. Para evitar as reprimendas, a primeira impressão da obra foi feita na Holanda e o texto foi levado para a Inglaterra por meio de rotas clandestinas. No ano seguinte, uma impressão inglesa também foi confeccionada, mas os nomes dos impressores e livreiros envolvidos com o caso jamais foram identificados. Eles não aparecem na folha de rosto, nem em qualquer outra parte do panfleto. A autoria da publicação

---

23. Cf. Garone Gravier, Marina. Cultura impresa colonial en lenguas indígenas: una visión histórica y regional. *Ensayos*, n. 18, 2010, p. 98-145.

24. Cf. Barros, Jerônimo Duque Estrada de. *Impressões de um tempo. A tipografia de Antônio Isidoro da Fonseca no Rio de Janeiro (1747-1750)*. Dissertação (Mestrado em História) – Universidade Federal Fluminense, Niterói, 2012; *Id.* A imprensa ausente na América Portuguesa. Notas para uma revisão historiográfica sobre a censura no Antigo Regime. *História e Cultura*, v. 12, n. 2, 2023, p. 122-148.

também foi ocultada por meio do uso de um pseudônimo, William Allen. Os historiadores discutem se o panfleto pode ter sido escrito pelo coronel Silius Titus ou por Edward Sexby. Independentemente da correta identificação dos agentes que, de fato, viabilizaram a redação, a impressão e a difusão de *Killing No Murder*, é preciso ressaltar que a obra só circulou e ofendeu o governo de Oliver Cromwell graças aos artifícios clandestinos e ilícitos dos autores, impressores e livreiros envolvidos no caso[25].

Por conta desse tipo de atividade clandestina, as autoridades seculares e eclesiásticas frequentemente contavam com outros instrumentos de controle e censura, para além do uso das já mencionadas licenças, para sanar os "problemas causados por Gutenberg"[26]. Para tentar evitar a disseminação de discursos erráticos do ponto de vista religioso, político e moral, os Estados e as igrejas adotaram estratégias diversas. Desde 1559, a Igreja Católica emitia os seus *Índices de Livros Proibidos*. A edição parisiense do *Index* de 1599, por exemplo, listava entre suas proibições a coleção de provérbios publicada por Erasmo sob o título de *Adagia*, bem como as obras de Martinho Lutero (1483-1546) e Nicolau Maquiavel (1469-1527)[27]. Do outro lado do Canal da Mancha, a Igreja Anglicana de Henrique VIII promulgava éditos para suprimir a publicação de textos católicos e luteranos[28].

Com a promulgação de tais normas, a publicação dos impressos dependia da aprovação de autoridades eclesiásticas e seculares responsáveis pela leitura e emissão de pareceres favoráveis ou desfavoráveis sobre o conteúdo das obras. A atuação dos censores, por sua vez, era atravessada por interesses econômicos, políticos e religiosos. Robert Darnton chamou atenção para isso em alguns de seus estudos mais recentes. Em *Censores em Ação*, o autor procurou compreender as motivações e as perspectivas de censores em três contextos: a França do século XVIII, a Índia do século XIX e a Alemanha Oriental do século XX. Nesses diferentes cenários, Darnton identificou

25. Holstun, James. Ehud's Dagger: patronage, tyrannicide, and "Killing No Murder". *Cultural Critique*, n. 22, 1992, p. 99-142.

26. Burke, Peter. Problemas causados por Gutenberg: a explosão da informação nos primórdios da Europa moderna. *Estudos Avaçados*, v. 16, n. 44, 2002, p. 173-185.

27. *Index librorum prohibitorum cum regulis confectis per patres à Tridentina synodo delectos*. Paris: Laurentium Sonnium, 1599.

28. Siebert, Frederick Seaton. *Freedom of the Press in England, 1476-1776*. Urbana: University of Illinois Press, 1965.

pontos em comum entre os casos estudados, como a concepção dos censores de que, ao intervirem nas obras submetidas à publicação, intencionavam aperfeiçoá-las tanto do ponto de vista moral quanto estilístico. A interpretação de Darnton não visa minimizar a violência dos instrumentos de repressão e controle, elevando-os a uma espécie de crítica literária parcial e *avant la lettre*, mas permite evidenciar o quanto os textos sofriam e sofrem interferências que não dependem exclusivamente das intenções dos autores, sobretudo em contextos de rígido controle político e social[29]. Vale destacar que os direitos autorais têm uma história relativamente recente quando comparada à longa trajetória de desenvolvimento da impressão e do mercado de artefatos impressos. Foi somente no século XVIII que a discussão sobre a propriedade intelectual (e imaterial) dos escritores passou a integrar as agendas econômica e política.

O desenvolvimento do moderno *copyright* teve seu início na Inglaterra dos últimos Stuarts. O Estatuto da Rainha Ana, votado pelo Parlamento em 1709 e implementado no ano seguinte, definiu que a origem dos textos era a inventividade de seus autores. Tal concepção rompia com os monopólios mantidos pela Companhia dos Estacionários (*Stationers' Company*). Fundada no século XVI, a Companhia dos Estacionários era a corporação de ofício dos impressores e livreiros estabelecidos em Londres. Ela era responsável pela regulamentação do mercado livreiro e, entre outras coisas, pela emissão de registros de posse dos títulos que seriam publicados. O chamado *right in copy* só poderia ser detido por membros da Companhia, isto é, por impressores e livreiros, excluindo, portanto, autores e tradutores. Note-se que o termo *right in copy* já indicava as características desse instrumento jurídico: regulamentava-se o direito de copiar, recaindo, assim, sobre a composição material das obras. O registro existia para proteger os investimentos financeiros dos editores, impressores e livreiros e para assegurar a exclusividade da produção e comercialização dos produtos da prensa. Há de se considerar que a concorrência mobilizada pela empresa capitalista da qual fazia parte o mundo dos impressos estimulava, por vezes, a produção de cópias sem autorização. Com o objetivo de tentar evitar, ou ao menos minimizar, os efeitos da pirataria, as autoridades confiscavam obras sem licenças e, quando possível,

29. Darnton, Robert. *Censores em ação. Como os Estados influenciaram a literatura*. São Paulo: Companhia das Letras, 2016.

puniam impressores, livreiros e editores[30]. A relação de propriedade representada pelos registros, assim, alienava os autores intelectuais dos direitos econômicos sobre suas publicações – o que Mark Rose chama de *property*. Antes de 1710, eles possuíam apenas os direitos de proteção à reputação e à privacidade, isto é, a *propriety*[31].

Nos termos de uma propriedade de ordem intelectual, a construção da autoria, tal como se compreende o termo contemporaneamente, não é um produto da Época Moderna. À época da prensa manual, outros agentes, que não os autores intelectuais das obras, acabavam por deter poderes significativos sobre as publicações. Esse é o motivo pelo qual o historiador francês Roger Chartier eleva impressores, encadernadores e livreiros também ao *status* de autores das publicações às quais davam forma[32]. A autoria na Época Moderna não simbolizava o reconhecimento de um gênio criador, com características individuais e psicológicas bem demarcadas pelas tradições românticas estabelecidas *a posteriori*. Em vez disso, a construção da *persona* autoral frequentemente evocava autoridades que legitimavam os argumentos e conteúdos expressos nas obras. Como observado por João Adolfo Hansen, a autoria também poderia servir como um elemento de classificação de gêneros retóricos. Em seu estudo sobre a poesia atribuída a Gregório de Matos e Guerra (1636-1696) no Brasil colonial, Hansen demonstrou como, muitas vezes, o nome do poeta era incorporado a impressos e manuscritos que ele não havia redigido. Isso apontava que mais do que representar uma relação direta com o poeta que efetivamente escrevera os textos, o nome de Gregório de Matos era usado para identificar gêneros satíricos que se assemelhavam às suas obras conhecidas. Nesse sentido, o uso do nome de Gregório de Matos nem sempre estava associado à sua escrita, mas sim ao seu estilo discursivo. Dessa possibilidade de identificação de um nome com um gênero, decorre que a atribuição da autoria nem sempre coincide com o nome do indivíduo

30. Portela, Manuel. *O comércio da Literatura. Mercado & representação*. Lisboa: Edições Antígona, 2003.

31. Rose, Mark. *Authors and Owners. The Invention of Copyright*. Cambridge: Harvard University Press, 2002.

32. Cf., entre outros: Chartier, Roger. *A ordem dos livros. Leitores, autores e bibliotecas na Europa entre os séculos XIV e XVIII*. Brasília: Editora da UnB, 1999; *Id. Os desafios da escrita*. São Paulo: Unesp, 2002; *Id. Inscrever e apagar. Cultura escrita e literatura (séculos XI-XVIII)*. São Paulo: Unesp, 2007; *Id. A mão do autor e a mente do editor*. São Paulo: Unesp, 2014.

criador de um texto na Época Moderna[33]. E para além das questões relacionadas à matriz intelectual das ideias impressas, a eficácia da mensagem veiculada graficamente pelos produtos da prensa dependia ainda de outros agentes que não apenas os escritores, como nos sugerem as lições de Joseph Moxon (1627-1691), impressor e gravador inglês do século XVII:

> Um bom *Compositor* também tem a ambição de tornar o sentido de seu *Autor* inteligível ao *Leitor*, assim como de fazer seu Trabalho parecer gracioso aos Olhos, e agradável à Leitura: Portanto, se a sua *Cópia* está Escrita em uma Língua que ele entende, ele lê sua *Cópia* com consideração; a fim de compreender o sentido do *Autor*, e consequentemente considerar como melhor ordenar o seu Trabalho tanto na *Folha de Rosto*, como no assunto do *Livro*: Assim como fazer seu *Recuo*, *Pontuação*, *Quebra*, *Itálico*, *&c.* para melhor acomodar o Gênio do *Autor*, e também a capacidade do Leitor[34].

As lições de Moxon são prova de que as escolhas feitas por tipógrafos, impressores, revisores, encadernadores e livreiros imprimiam sentido aos textos e às imagens que delas resultavam. Assim, a qualidade dos papéis, os formatos, o *mise-en-page*, a pontuação, os recuos, as ênfases, a forma gráfica dos tipos móveis, a costura e a encadernação acrescentavam significados diversos às páginas impressas, motivo pelo qual o bibliógrafo Donald F. McKenzie destacou que a forma material dos produtos da prensa afeta o modo como a obra veicula um conjunto de informações[35]. Dessa forma, o relato seiscentista de Moxon acaba por evidenciar a importância das escolhas e das trajetórias de todos os agentes que compunham o mundo dos impressos na Época Moderna, extrapolando a centralidade comumente atribuída à figura dos autores.

Foi com esse objetivo que pesquisadores como Maureen Bell e Adrian Johns buscaram estudar em detalhe as atividades de diferentes agentes do mercado livreiro. Em seus estudos, Bell e Johns ressaltaram como os espaços reservados para a confecção dos artefatos impressos misturavam as esferas pública e privada, os ambientes profissionais e domésticos, complexifican-

33. Hansen, João Adolfo. Autoria, obra e público na poesia colonial luso-brasileira atribuída a Gregório de Matos e Guerra. *Elllipsis*, n. 12, 2014, p. 91-117.

34. Moxon, Joseph. *Mechanick exercises: or, the doctrine of handy-works. Applied to the art of printing. The second volumne [sic]. By Joseph Moxon, member of the Royal Society, and hydrographer to the King's most excellent majesty*. Londres: Joseph Moxon, 1683, p. 220. (Grifos no original).

35. Cf. McKenzie, Donald F. *Bibliografia e a sociologia dos textos*. São Paulo: Editora da Universidade de São Paulo, 2018.

do e diversificando a natureza coletiva dos ofícios relacionados à produção e comercialização dos textos. As livrarias e as oficinas de impressão e encadernação costumavam ser instaladas nas casas dos mestres, de tal modo que esposas, filhos e filhas compartilhavam os espaços com aprendizes e jornaleiros. Embora, em geral, apenas os nomes dos mestres livreiros, editores e impressores figurassem nas folhas de rosto dos artefatos impressos, bem como nos registros, patentes e demais documentos das corporações de ofício, as atividades cotidianas de uma oficina de impressão contavam com a participação de homens e mulheres, adultos e jovens, mestres e aprendizes que permaneceram anônimos e anônimas para a posteridade[36].

Para equilibrar a balança, a atuação feminina nas oficinas de impressão, nos circuitos de difusão de textos e imagens, no mercado editorial e na venda dos produtos da prensa passou a ocupar um espaço de destaque nos estudos sobre o mundo dos impressos a partir da década de 1990. Filhas, esposas e, sobretudo, viúvas de livreiros, editores, encadernadores e impressores desempenharam papéis fundamentais nos negócios relacionados à produção e comercialização de impressos. As chamadas *mercury-women* comercializavam panfletos, gazetas, *broadsides* e outros textos efêmeros nas ruas, por vezes declamando notícias ou cantando baladas; esposas e filhas auxiliavam na limpeza e na organização dos ambientes de trabalho, transmitiam recados, estabeleciam acordos, costuravam folhas, recolhiam e vendiam papéis para descarte; e viúvas conduziam oficinas e livrarias que levavam o nome de seus falecidos maridos[37].

Marina Garone Gravier demonstrou como diversas mulheres tiveram um papel fundamental no mundo dos impressos estabelecido no México, na Guatemala e no Peru no contexto colonial. Observando os laços familiares dos primeiros impressores a se instalarem no Novo Mundo, Garone Gravier

---

36. Bell, Maureen. *Women Publishers of Puritan Literature in the Mid-Seventeenth Century: Three Case Studies*. Tese (Doutorado) – Loughborough University, Loughborough, 1987; Johns, Adrian. *The Nature of the Book. Print and Knowledge in the Making*. Chicago: University of Chicago Press, 1998.

37. McDowell, Paula. *The Women of Grub Street. Press, Politics, and Gender in the London Literary Marketplace, 1678-1730*. Oxford: Oxford University Press, 2007; Smith, Helen. *"Grossly material things": Women and Book Production in Early Modern England*. Oxford: Oxford University Press, 2012; Coker, Cait. Gendered spheres. Theorizing space in the English printing house. *The Seventeenth Century*, v. 33, n. 3, 2017, p. 323-336; *Id*. Pressed and stitched. Empirical bibliography and the gendering of books and book history. *Huntington Library Quarterly*, v. 84, n. 1, 2021, p. 167-175.

dá destaque à presença e à participação feminina no mundo dos impressos. Não é à toa que quando decidiu partir de Sevilla para a Cidade do México, o impressor Juan Pablos (1500-1560) o fez acompanhado. Em suas primeiras correspondências com o colega de ofício, Juan Cromberger (1500-1540), Pablos já mencionava a sua companheira Jerónima Gutiérrez. Pouco se sabe sobre as atividades desenvolvidas pela figura feminina; no entanto, foi graças a ela que a oficina de impressão fundada por seu marido continuou a existir mesmo depois do falecimento de Pablos. Quando herdou o negócio, Jerónima Gutiérrez decidiu vendê-lo a Pedro Ocharte (1531-1592) que, por sua vez, estreitou os laços com a família de Pablos também por meio do matrimônio: casou-se com a filha de Pablos e Gutiérrez, María de Figueroa (?-1570). Foi esse casamento que firmou o contrato de Ocharte com a viúva. Por meio dele, conseguiu adquirir bens valiosos dentro do mercado livreiro. Entre esses bens valiosos encontravam-se ferramentas e objetos diversos, tais como tipos metálicos, formas, prensas e uma variedade de decorações em blocos de madeira, bem como contatos comerciais, licenças e registros de obras lucrativas.

Depois da morte de María de Figueroa, Ocharte contraiu matrimônio com María de Sansoric. Esse segundo casamento foi fundamental para a sobrevivência da oficina tipográfica de Ocharte, pois, em 1572, o impressor foi preso pela Inquisição sob a acusação de luteranismo. Quem ficou à frente da oficina nesse contexto foi María de Sansoric. Alguns anos depois, quando Ocharte faleceu, María de Sansoric retomou a administração dos negócios, conduzindo-o por pelo menos cinco anos. Ela foi responsável pela transferência da oficina para a universidade mais antiga do continente americano, o Colegio de Tlatelolco, o que provavelmente impulsionou os seus ganhos financeiros. María de Sansoric só deixou o posto quando seu filho Melchior Ocharte passou a administrar a oficina com seu meio-irmão, Luis Ocharte Figueroa[38].

Outro caso ainda mais representativo da presença feminina no mundo do livro pode ser evidenciado a partir da trajetória de uma figura pouco conhecida, mas fundamental para a circulação de obras contrárias à monarquia e ao anglicanismo na Inglaterra em meados do século XVII: a livreira e viúva

---

38. Garone Gravier, Marina. La mujer y la imprenta en las colonias españolas de América: México, Guatemala y Perú. *In*: Garone Gravier, Marina; Corbeto López, Albert. *Muses de la imprenta. La donna i les arts del llibre*. Barcelona: Museu Diocesà de Barcelona; Associació de Bibliòfils de Barcelona, 2009, p. 43-82.

Elizabeth Calvert (?-1675). Elizabeth entrou para o mundo dos impressos ao se casar no fim da década de 1630 com Giles Calvert (1615-1663), um jovem livreiro que acabara de adquirir permissão da Companhia dos Estacionários para exercer o seu ofício, depois de ter cumprido mais de sete anos de aprendizagem sob a tutela de William Lugger (?-1658) e Joseph Hunscott (?-1660). Até 1661, o nome de Elizabeth Calvert jamais havia aparecido na folha de rosto de qualquer publicação da livraria fundada por seu marido sob o signo da Águia Negra (*Black-Spread Eagle*) nos arredores da Catedral de São Paulo, em Londres. Contudo, a ausência formal de seu nome nos negócios da livraria não significava que ela era uma figura dispensável ou coadjuvante. Como mulher casada, encontrava-se sob a tutela de seu marido, Giles Calvert e, portanto, raramente teria a possibilidade de ser reconhecida por suas atividades. A situação de Elizabeth Calvert só mudou quando, na década de 1660, seu marido passou a ser constantemente alvejado pelas autoridades. O livreiro esteve envolvido em diversas empreitadas clandestinas para lançar panfletos contrários à Igreja Anglicana e à monarquia recém-estabelecidas pelo Rei Carlos II (1630-1685), no contexto da restauração dos Stuarts (1660-1685) [↗Ilhas Britânicas e revoluções do século XVII]. Giles foi preso diversas vezes e, em 1663, morreu em decorrência do enfraquecimento de sua saúde nas cadeias londrinas. Nas ausências do marido – seja no período de suas prisões, seja depois de seu falecimento –, Elizabeth demonstrou grande habilidade no manejo da livraria, dando prosseguimento às publicações, inclusive às clandestinas, e mantendo estreitos contatos com comunidades não conformistas e agentes do mercado livreiro, de modo a viabilizar a confecção e a dispersão de obras que seguiam confrontando as estruturas da monarquia e da Igreja Anglicana[39].

## A informação no papel e as revoluções do impresso

As trajetórias de agentes como Isaac-Pierre Rigaud, Gabriel Cramer, Antônio Isidoro e do casal Giles e Elizabeth Calvert demonstra que as histórias sobre o mundo dos impressos não podem se resumir a narrativas

39. Bell, Maureen. Elizabeth Calvert and the "Confederates". *Publishing History*, n. 32, 1992, p. 5-49, 1992; *Id.* "Her Usual Practices". The later career of Elizabeth Calvert, 1664-75. *Publishing History*, n. 35, 1994, p. 5-64; Lima, Verônica Calsoni. *Da edição à sedição: a composição e a dispersão de impressos radicais na Inglaterra, 1650-1680*. Tese (Doutorado em História Social) – Universidade de São Paulo, São Paulo, 2023.

sobre os desenvolvimentos tecnológicos em torno da prensa de tipos móveis. Essa perspectiva em muito contrasta com o que Elizabeth Eisenstein havia proposto em seu trabalho seminal, *A Revolução da Cultura Impressa* (1979). Nessa obra, Eisenstein definiu a invenção de Gutenberg como uma verdadeira revolução, cujos impactos se estenderam por toda a Europa da Época Moderna, afetando a política, a sociedade, a economia, as artes, a religião e a cultura[40]. Em sua perspectiva, os desdobramentos do Renascimento italiano [↗Renascimento e Humanismo] e das Reformas religiosas [↗Reformas religiosas] dependeram diretamente da disponibilidade de uma tecnologia que viabilizava a rápida e ampla difusão da informação. Desde que publicou seu estudo, a interpretação de Eisenstein foi alvo de diversas críticas que contestaram a suposta relação causal entre a impressão e os movimentos e acontecimentos revolucionários da Época Moderna.

De forma contrária ao que Marshall McLuhan e Elizabeth Eisenstein identificaram como uma cultura do impresso, Harold Love esforçou-se para demonstrar que a Época Moderna não assistiu ao desaparecimento do manuscrito. Na Inglaterra do século XVII, por exemplo, o crescimento vertiginoso de publicações impressas competiu com comparável crescimento da manuscritura[41]. Tal dupla ascensão decorreu de diversos fatores. Enquanto os impressos respondiam, em larga escala, à demanda crescente por informação de toda ordem, inclusive em função de acalorados debates políticos, outros textos eram produzidos para circular entre um público mais restrito e, por isso, optava-se por cópias manuscritas, cujo acesso era potencialmente mais controlável. Contudo, para além da questão do controle, obras relacionadas às práticas domésticas, por exemplo, poderiam tanto circular em mercados mais amplos quanto ser objeto ora de uma tradição familiar, ora de uma cultura compilatória. Esse é o caso de um livro de receitas culinárias e médicas compilado por Sarah Longe na Inglaterra, no início do século XVII, e reproduzido na Figura 13.6. Essa peça gráfica em particular é índice de como a informação registrada em papel não era exclusividade da tecnologia que se alastrara no continente europeu desde meados do século XV.

---

40. Eisenstein, Elizabeth L. *A Revolução da Cultura Impressa. Os primórdios da Europa Moderna*. São Paulo: Editora Ática, 1998 [1979].

41. Love, Harold. *Scribal Publication in Seventeenth-Century England*. Oxford: Oxford University Press, 1993.

**Figura 13.6 – *Livro de receitas de Sarah Longe* [manuscrito], século XVII, f. 4ᵛ-5ʳ**

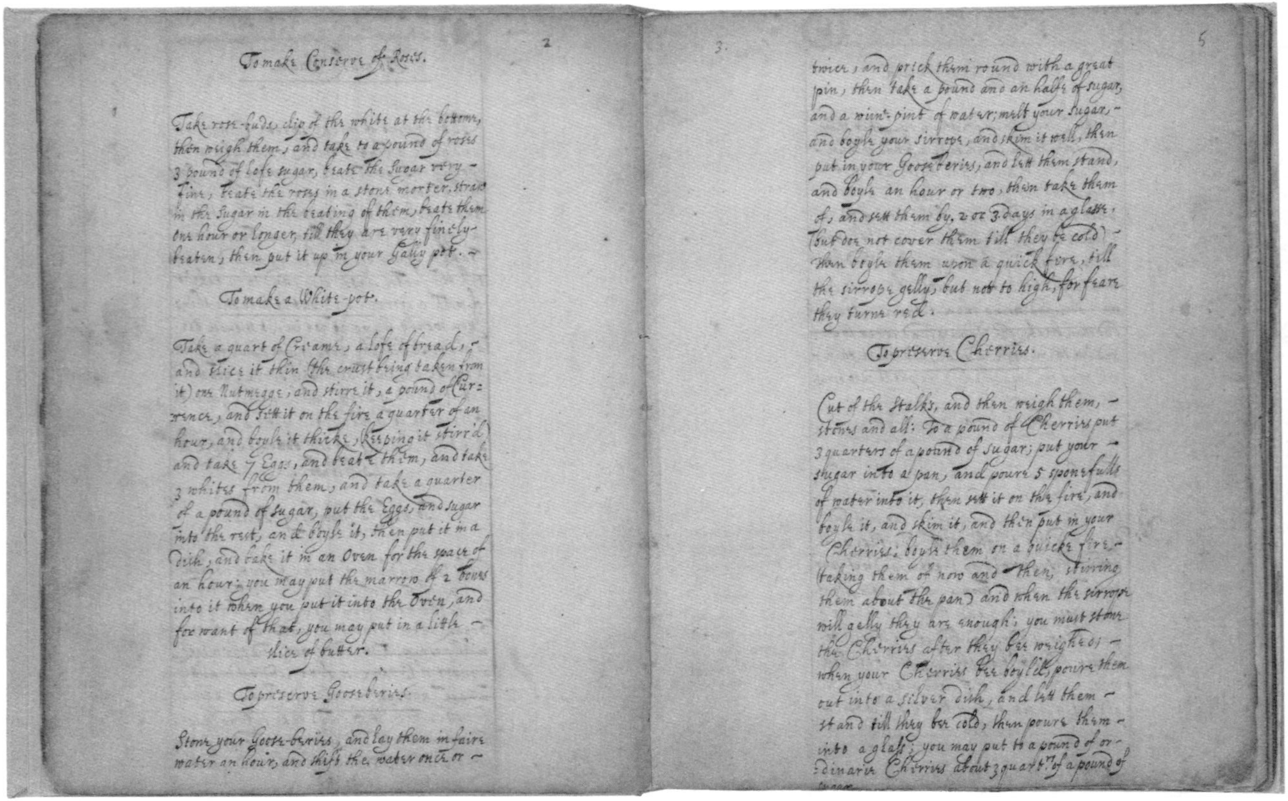

Fonte: Folger Shakespeare Library. Número de catalogação: MS Add 444.
Disponível em: https://catalog.folger.edu/record/230591

Além disso, também merece destaque o fato de que uma expressiva parcela da informação circulou na Época Moderna pela via epistolar. A troca de cartas manuscritas entre nomes das práticas letradas consagrados ainda em vida – tais como Celtis, Erasmo, Lutero e Voltaire – movimentava as mentes e as mãos dos agentes ocupados com as ciências, as artes, a religião e a política[42]. Da mesma forma, a oralidade, a visualidade e as artes da memória continuaram a desempenhar um papel fundamental na comunicação nas sociedades europeias do período[43].

Ainda que não seja possível dizer que a prensa de tipos móveis substituiu outras técnicas e práticas da cultura escrita, há de se considerar os grandes impactos do advento dessa nova tecnologia. Sem dúvidas, a impressão proporcionou o aumento da circulação de textos e imagens. As publicações eram potencialmente mais homogêneas, visto que procuravam minimizar as frequentes variações decorrentes das cópias manuscritas. O mercado livreiro, que já havia se constituído desde meados da Idade Média com a vida intelectual das universidades, foi alimentado com a maior disponibilidade de obras, expandindo-se por todo o mundo. Por sua vez, esse crescente mercado viabilizou a especialização de diferentes ocupações, como a correção e a tradução. Ao mesmo tempo, a relação das pessoas (mesmo as iletradas) com a informação escrita se transformou. Se antes os livros eram mais ou menos restritos aos ambientes universitários, cortesãos e religiosos, com a impressão e o subsequente barateamento das obras os impressos invadiram os espaços domésticos. Mesmo entre analfabetos, a posse de um livro devocional (tal como o *ars moriendi*, mencionado no início deste capítulo) ou objetos de papel, que funcionavam como amuletos, não era incomum[44].

Além de sua importância na difusão da palavra e de imagens vinculadas às práticas religiosas, os impressos tornaram-se ferramentas fundamentais na vida política e social. Segundo Michael Giesecke, a impressão pode ser vista

---

42. Sobre isso, destaca-se o livro: Findlen, Paula (ed.). *Empires of Knowledge. Scientific Networks in the Early Modern World*. Nova York: Routledge, 2018.

43. Sobre isso, consulte-se, entre outros: Bouza Alvarez, Fernando J. Comunicação, conhecimento e memória na Espanha dos séculos VI e XVII. *Cultura*, n. 14, 2002, p. 105-171. Yates, Frances A. *A arte da memória*. Campinas: Editora da Unicamp, 2007.

44. Febvre, Lucien; Martin, Henri-Jean. *O aparecimento do livro*. 2. ed. São Paulo: Edusp, 2019; Grafton, Anthony. *La cultura de la corección de textos en el Renacimiento Europeo*. Buenos Aires: Ampersand, 2014; Bouza Alvarez, Fernando J. Comunicação, conhecimento e memória na Espanha dos séculos VI e XVII. *Op. cit.*

como um catalisador de mudanças culturais[45]. Desse modo, é de destaque que tanto as Revoluções Inglesas do século XVII [↗Ilhas Britânicas e revoluções do século XVII] quanto as Revoluções Americana e Francesa do século XVIII [↗Revoluções atlânticas: Estados Unidos e França] foram marcadas pela produção e circulação de panfletos, notícias e uma profusão de textos impressos que retratavam e discutiam a natureza dos conflitos, bem como propunham soluções para as crises vivenciadas. Além das guerras civis que marcaram os contextos revolucionários, profícuas "guerras de papel" foram travadas no espaço público. Há de se considerar, por exemplo, o caso de Thomas Paine (1737-1809), cujas ideias inflamaram a opinião pública tanto na América quanto na França ao fim do século XVIII, servindo como instrumentos de intervenção política e mobilização social. Suas propostas revolucionárias circularam ampla e rapidamente por terem sido impressas como panfletos, tais como o texto reproduzido na Figura 13.7, dirigido à população das 13 colônias da Grã-Bretanha na América no início da Guerra de Independência[46].

O estudo da circulação de obras revolucionárias, como os panfletos de Thomas Paine, assim como de receitas culinárias e médicas, não se satisfazem apenas com a análise textual da informação registrada no papel ou suas práticas de produção e comercialização. Para além desses desafios, a historiografia das últimas décadas ainda procura explorar os usos que foram feitos desses artefatos.

Desde o fim do século XX, as experiências de leitores e consumidores passaram a ser um assunto privilegiado entre os trabalhos do historiador francês Roger Chartier. Aproximando-se das teorias de Pierre Bourdieu e Norbert Elias, Chartier considera que o público leitor não é um receptor passivo das mensagens transmitidas pelos textos. Antes, trata-se de usuários da informação que se apropriam das peças manuscritas e impressas de formas inventivas, chegando, por vezes, a "transgredir" as estruturas elaboradas por autores,

45. Giesecke, Michael. *Der Buchdruck in der frühen Neuzeit. Eine historische Fallstudie über die Durchsetzung neuer Informations- und Kommunikationstechnologien*. Frankfurt: Suhrkamp, 1991.

46. Sobre isso, consulte-se, entre outros: Lake, Peter; Pincus, Steve (eds.). *The Politics of the Public Sphere in Early Modern England*. Manchester: Manchester University Press, 2012; Parkinson, Robert G. Print, the press, and the American Revolution. *Oxford Research Encyclopedia of American History, 2015*. Disponível em: https://oxfordre.com/americanhistory/view/10.1093/acrefore/9780199329175.001.0001/acrefore-9780199329175-e-9. Acesso em: 7 nov. 2023; Walton, G. Charles. *Policing Public Opinion in the French Revolution. The Culture of Calumny and the Problem of Free Speech*. Oxford: Oxford University Press, 2011; Carvalho, Daniel Gomes de. *Thomas Paine e a Revolução Francesa: religião, democracia e justiça social (1793-1797)*. Belo Horizonte: Fino Traço, 2023.

**Figura 13.7 – Paine, Thomas. *Common Sense Addressed to the Inhabitants of America…* Filadélfia: R. Bell, 1776**

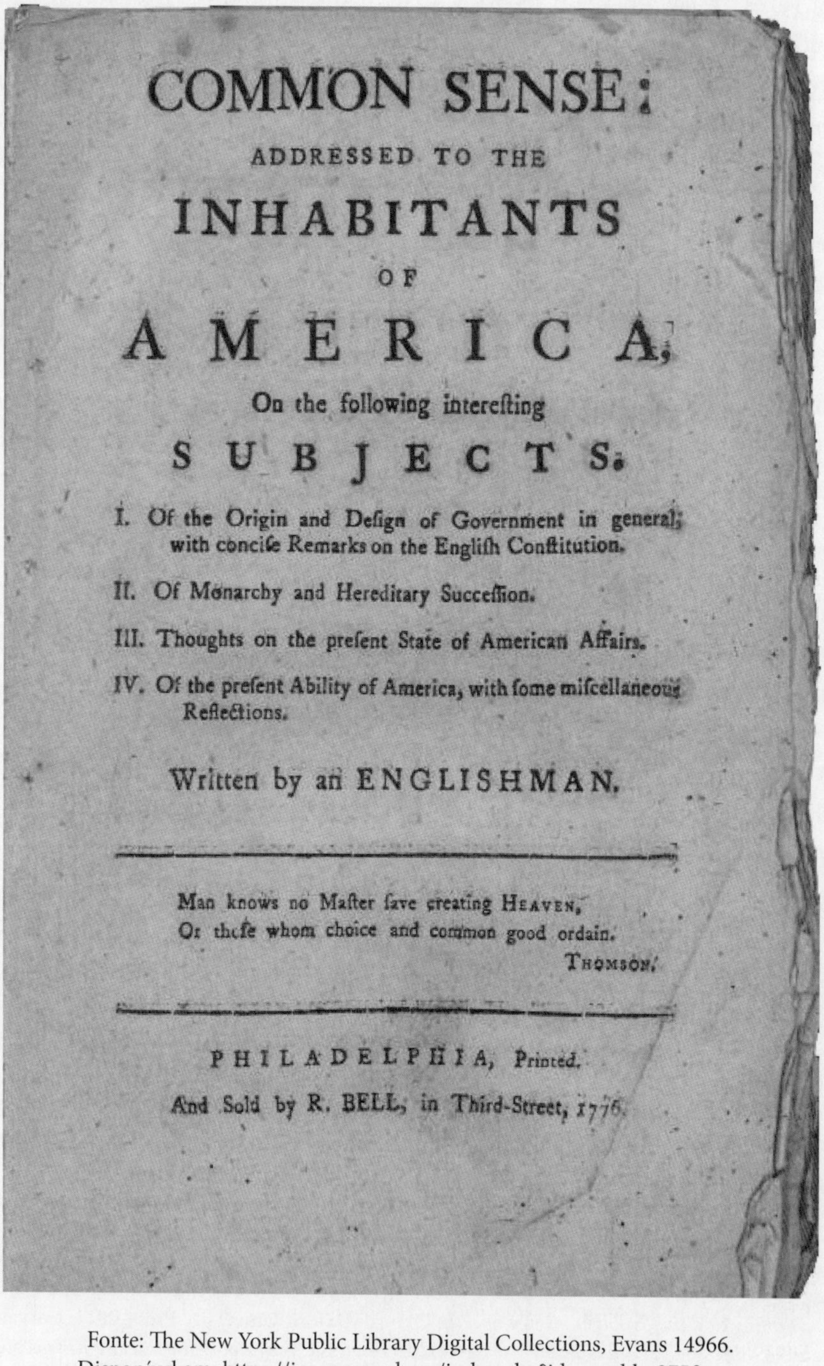

COMMON SENSE;

ADDRESSED TO THE

INHABITANTS

OF

AMERICA,

On the following interefting

SUBJECTS.

I. Of the Origin and Defign of Government in general; with concife Remarks on the Englifh Conftitution.

II. Of Monarchy and Hereditary Succeffion.

III. Thoughts on the prefent State of American Affairs.

IV. Of the prefent Ability of America, with fome mifcellaneous Reflections.

Written by an ENGLISHMAN.

Man knows no Mafter fave creating HEAVEN,
Or thofe whom choice and common good ordain.

THOMSON.

PHILADELPHIA, Printed.

And Sold by R. BELL, in Third-Street, 1776.

Fonte: The New York Public Library Digital Collections, Evans 14966.
Disponível em: https://images.nypl.org/index.php?id=ps_rbk_375&t=w

impressores e editores. Os usos de panfletos, livros e cadernos deixam marcas de leitura nas páginas, registram discordâncias, complementam informações. Por vezes, rasgavam-se ou recortavam-se páginas inteiras, trechos e imagens e, com isso, compunham-se miscelâneas e coleções particulares[47] em peças que passaram a ser únicas. Mais recentemente, Adam Smyth explorou como a comunidade anglicana liderada por Nicholas Ferras na Inglaterra de meados do século XVII costumava recortar e colar os evangelhos de modo a criar outras composições devocionais[48]. Já o trabalho de Jeffrey Todd Knight se concentrou no exame dos *Sammelbände*, encadernações com compilações de múltiplos textos organizados conforme os interesses daqueles que os adquiriam e colecionavam. Compilar e colecionar, de acordo com Knight, era uma atividade criadora de sentidos[49]. No entanto, enquanto alguns leitores davam novos sentidos para os produtos da prensa ao rasgar e recortar páginas inteiras das obras de que dispunham, outros operavam distintas formas de transgressão no ato da leitura.

Um exemplo claro da transgressão estabelecida no ato da leitura pode ser evidenciado no estudo intitulado *O queijo e os vermes*, de Carlo Ginzburg. Nesse trabalho, o historiador italiano examinou os processos inquisitoriais contra Domenico Scandella, o Menocchio. Ao fazê-lo, Ginzburg detalhou como um rústico moleiro lia e interpretava obras diversas, desde o *Decameron* de Boccaccio à Bíblia. Menocchio não era um leitor humanista e erudito como Celtis ou Erasmo e, por isso, sua leitura era bastante particular[50]. Suas referências menos letradas o levaram, ainda assim, a se apropriar das obras com as quais entrara em contato e a elaborar um complexo sistema cosmogônico para interpretar a religião, a natureza e o mundo. De acordo com a interpretação de Menocchio, toda a criação veio do caos, de onde "se formou uma massa, do mesmo modo como o queijo é feito do leite, e do qual surgem os vermes"[51].

47. Araújo, André de Melo. (Re)producing the English Printed Past: Antiquarian Knowledge-Making Practices in Joseph Ames's *Typographical Antiquities* (1749). *Journal for the History of Knowledge*, v. 5, 2024.

48. Smyth, Adam. *Material Texts in Early Modern England*. Cambridge: Cambridge University Press, 2018 – especialmente o capítulo 1: "Cutting Texts: 'prune and lop away'".

49. Knight, Jeffrey Todd. *Bound to Read. Compilations, Collections and Making of Renaissance Literature*. Filadélfia: University of Pennsylvania Press, 2013.

50. Cf. Belo, André. *História & Livro e leitura*. São Paulo: Autêntica, 2013, p. 49-53.

51. Ginzburg, Carlo. *O queijo e os vermes. O cotidiano e as ideias de um moleiro perseguido pela Inquisição*. São Paulo: Companhia das Letras, 2006, p. 97.

Ainda que Menocchio seja um caso bastante atípico, seu exemplo lançou luz sobre as múltiplas possibilidades de análise da leitura, das apropriações e dos usos dos textos na Época Moderna. Embora as práticas de leituras passadas não estejam sempre bem documentadas, deparamo-nos frequentemente com cópias anotadas de livros, panfletos, calendários, baladas e outros materiais impressos. Eis que grifos, riscos, rasgos, colagens e notas marginais feitas pelas mãos de homens e mulheres fazem do mundo dos impressos também um mundo da informação manuscrita. Assim, as marcas de uso dos artefatos impressos são vestígios fundamentais para se compreender as relações estabelecidas entre os mais diversos agentes envolvidos na produção, comercialização, circulação e coleção dos produtos da prensa.

O estudo do consumo, da leitura e do colecionamento de impressos, de fato, abre o campo de possibilidades de estudo da história do mundo dos impressos. Nesse sentido, as trajetórias de sujeitos como os ingleses George Thomason (1602-1666) e Anthony Wood (1632-1695) são exemplares. Thomason, que atuava como livreiro durante o contexto de eclosão das guerras civis de 1642 [↗ Ilhas Britânicas e revoluções do século XVII], notou a efervescência das publicações impressas junto às disputas armadas e decidiu coletar todo o material que pudesse. Durante duas décadas, o livreiro colecionou mais de 22 mil artefatos impressos, além de organizá-los e datá-los. Preservada, sua coleção se tornou um dos principais fundos documentais sobre a Revolução Inglesa, hoje disponível na Biblioteca Britânica[52]. Wood, erudito que se dedicou a redigir a história de grandes figuras da política, da religião, das artes e das ciências de Oxford, também foi um assíduo colecionador de impressos. Ele costumava encomendar a confecção de encadernações para juntar diferentes obras, organizadas tematicamente, em grandes volumes anotados. Além de ter preservado diversas peças fundamentais para o estudo da Inglaterra seiscentista, as anotações de Wood permitem recuperar detalhes sobre a recepção e a circulação dessas obras, hoje disponíveis na Biblioteca Bodleiana[53]. Ocorre que nem todos os impressos do período tiveram esse destino.

Os exemplares colecionados por Thomason e Wood sobreviveram precisamente por terem sido retirados de circulação, mas diversos foram os títulos levados à prensa que hoje se encontram completamente perdidos ou

52. Shawcross, John T. Using the Thomason Tracts and their significance for Milton Studies. *SEL Studies in English Literature, 1500-1900*, v. 49, n. 1, 2008, p. 145-172.

53. Kiessling, Nicolas K. *The Library of Anthony Wood*. Oxford: Oxford Bibliographical Society, 2002.

documentados apenas em função da preservação de um único exemplar. Estima-se que até trinta por cento[54] dos itens atualmente listados no catálogo transnacional de obras publicadas na Europa entre 1450 e 1700 – o *Universal Short Title Catalogue*[55] – são peças únicas. O mesmo catálogo ainda registra mais de cem mil itens dos quais não se tem mais qualquer vestígio. Nesses casos, não se trata da perda apenas dos textos, mas de um mundo, uma vez que os impressos da Época Moderna são exemplo e evidência material de uma forma histórica de produção, registro, circulação e uso da informação.

## Bibliografia comentada

Araújo, André de Melo. O artefato impresso na Época Moderna: forma e materialidade dos produtos da prensa manual preservados no acervo de obras raras da Biblioteca Central da Universidade de Brasília. *Anais do Museu Paulista*, v. 29, 2021, p. 1-51.

> Partindo de um acervo bibliográfico brasileiro de obras impressas no continente europeu entre os séculos XVI e XVIII, o autor apresenta o ganho analítico que o estudo da materialidade de impressos da Época Moderna, de sua produção gráfica coletiva e de seus processos de edição, bem como dos modos de organização textual e visual da informação registrada em papel ao longo do tempo trazem para a pesquisa histórica.

Araújo, André de Melo. (Re)producing the English Printed Past: Antiquarian Knowledge-Making Practices in Joseph Ames's *Typographical Antiquities* (1749). *Journal for the History of Knowledge*, v. 5, 2024.

> Nesse artigo, o autor investiga as práticas de conhecimento por meio das quais o secretário da Sociedade de Antiquarianistas de Londres, Joseph Ames, examinou os primeiros artefatos impressos ingleses e explora a forma como as evidências materiais dos produtos da prensa foram colecionadas, classificadas e (re)produzidas no século XVIII.

Belo, André. *História & Livro e leitura*. São Paulo: Autêntica, 2013.

> Questões relacionadas ao poder da imprensa, incluindo uma reflexão sobre as práticas de leitura na Época Moderna, são sintetizadas nesse estudo de André Belo. Nele, o debate não se restringe aos livros impressos, mas também procura alcançar questões relacionadas ao livro digital na Época Contemporânea.

---

54. Pettegree, Andrew; Kemp, Graeme. The Universal Short Title Catalogue. Creating and exploiting a major bibliographical resource. *La Bibliofilía*, v. 119, n. 1, 2017, p. 159-172. p. 164.

55. Cf. The Universal Short Title Catalogue. Disponível em: https://www.ustc.ac.uk.

Bouza Alvarez, Fernando J. Comunicação, Conhecimento e Memória na Espanha dos Séculos VI e XVII. *Cultura*, n. 14, 2002, p. 105-171.

O artigo resulta de uma série de aulas ministradas por Fernando Bouza na John Hopkins University no início dos anos 2000. Nele, o autor explora a produção e a circulação de informações na Época Moderna de forma ampla, combinando reflexões sobre a oralidade, a escritura e a visualidade.

Chartier, Roger. *A mão do autor e a mente do editor*. São Paulo: Unesp, 2014.

O livro em questão inclui uma série de ensaios de Roger Chartier sobre a impressão, a edição, a tradução e a leitura de obras impressas. Há especial enfoque no estudo de como a materialidade dos textos é fundamental para a compreensão dos conteúdos. Além disso, o historiador discute a construção da ideia de autoria e dos cânones literários.

Eisenstein, Elizabeth L. *A revolução da cultura impressa. Os primórdios da Europa moderna*. São Paulo: Ática, 1998.

Obra clássica dos estudos sobre a prensa de tipos móveis, publicada originalmente em dois volumes em 1980 e lançada três anos depois em uma versão mais abreviada. Nessa obra, Eisenstein apresenta a invenção de Gutenberg como desencadeadora de uma verdadeira revolução na Europa Ocidental, responsável pela difusão das ideias do Humanismo, do Renascimento e das Reformas religiosas.

Garone Gravier, Marina. *La tipografia en México. Ensayos históricos (siglos XVI al XIX)*. México: Unam, 2012.

Nessa coleção de ensaios, Marina Garone Gravier apresenta detalhes técnicos e históricos a respeito das primeiras oficinas tipográficas instaladas no México no período colonial. Destaca-se sua apreensão sobre como os artefatos impressos serviram para transmitir a cultura e a linguagem dos povos indígenas aos colonos europeus.

Lima, Verônica Calsoni. Edição & Censura: A materialidade dos panfletos de Sir Roger L'Estrange no início dos anos 1660. *Anais do Museu Paulista*, v. 28, 2020, p. 1-50.

Nesse artigo, a autora examina a carreira Sir Roger L'Estrange, que ocupou o cargo de Inspetor da Imprensa na Inglaterra na segunda metade do século XVII, dando atenção às suas atividades no controle do mercado de impressos e na redação e publicação de panfletos e jornais que denunciavam as infrações de autores, impressores e livreiros.

McKenzie, Donald F. *Bibliografia e a Sociologia dos textos*. São Paulo: Editora da Universidade de São Paulo, 2018.

> Trabalho seminal da bibliografia analítica, publicado em 1986 a partir das conferências proferidas por McKenzie nas *Panizzi Lectures* em Londres. Nele, o autor discute como o sentido dos textos depende diretamente de suas formas materiais. McKenzie fundamenta sua perspectiva analítica a partir do exame detalhado da publicação das peças de William Congreve nos séculos XVII e XVIII.

Monteiro, Rodrigo Bentes (ed.). *Modernos em curso. Escritos e imagens no tempo*. Rio de Janeiro; Niterói: Ouro sobre azul; Eduff, 2022.

> Composto a partir de uma série de aulas ministradas por diversos pesquisadores na Universidade Federal Fluminense, o livro editado por Rodrigo Bentes Monteiro trata sobre a cultura escrita e visual na Época Moderna. Nos capítulos, são discutidas a ideia de autoria, os gêneros literários, a materialidade dos objetos escritos, a noção de cópia e a questão da representação.

Pettegree, Andrew; der Weduwen, Arthur. *The Bookshop of the World. Making and Trading Books in the Dutch Golden Age*. New Haven; Londres: Yale University Press, 2019.

> A obra recente de Andrew Pettegree e Arthur der Weduwen tem como enfoque a produção, a venda e a disseminação de livros, jornais e outros artefatos impressos na República Unida dos Países Baixos no século XVII. Nela, os autores discutem como as publicações holandesas conseguiram conquistar o mercado livreiro europeu, ocupando um lugar de destaque na circulação de informações no período.

Thomas, Werner; Stols, Eddy; Kantor, Iris; Furtado, Júnia (eds.). *Um mundo sobre papel. Livros, gravuras e impressos flamengos nos impérios português e espanhol (Séculos XVI-XVIII)*. São Paulo: Edusp; Belo Horizonte: Editora UFMG, 2014.

> Esse livro é resultado da exposição “No rastro de Colombo. Livros e estampas de Antuérpia no mundo inteiro”. Nele, há contribuições de diversos acadêmicos brasileiros e estrangeiros a respeito da produção, da comercialização, da circulação, do uso e da apropriação de impressos e gravuras flamengos, especialmente aqueles oriundos da oficina de Christopher Plantin e Jan Moretus.

# 14
# Reformas religiosas

*Jacqueline Hermann*
*Ronaldo Vainfas*

## Historiografia e terminologia

As reformas religiosas deflagradas na Europa ocidental no século XVI têm sido tratadas no plural pelos historiadores, ao menos desde o século passado. Isso porque o processo ocorrido na atual Alemanha, liderado pelo frade agostiniano Martinho Lutero (1483-1546), gerando a ruptura com a Igreja de Roma, logo se alastrou pelo continente por diferentes lideranças e doutrinas. A historiografia seguiu a rota do movimento, sobretudo a partir da década de 1960. A admissão da pluralidade de Reformas implicou a redefinição do objeto, buscando-se, de um lado, as inovações teológicas da Igreja, da piedade e da cultura na Idade Média tardia e, de outro, abrindo-se às perspectivas da história social[1].

No seu estudo clássico de 1967, Jean Delumeau afirmou que a palavra Reforma passou a designar, *a partir de Lutero*, a renovação da Igreja contra a autoridade apostólica do papa[2], sugerindo que os reformadores possuíam consciência do que estavam fazendo com a Cristandade ao confrontá-la. Tal consciência foi questionada por vários historiadores, em especial quanto

1. Kaufmann, Thomas. Comment écrit-on une histoire de la Réforme? Réflexions historiographiques et théologiques. *Études Théologiques et religieuses*, n. 1, 2015, p. 33.

2. Delumeau, Jean. *Nascimento e afirmação da Reforma*. São Paulo: Pioneira, 1989, p. 5.

a Lutero e seus companheiros da época. Como veremos a seu tempo, é discutível que Lutero tenha projetado tamanha ruptura quando, em 1517, iniciou sua crítica aos procedimentos da Igreja romana, da qual fazia parte como membro da ordem regular de Santo Agostinho.

Há quem diga que Lutero raramente usou a palavra *reforma* para designar os acontecimentos que protagonizava, concebendo-a, antes, como renovação, refundação da Cristandade como "povo de Deus". Segundo Carter Lindberg, o primeiro a utilizar o termo *reforma* em relação à história da Igreja e à religião cristã foi o alemão luterano Veit Ludwig von Sekendorff (1626-1692), no fim do século XVII, em um livro publicado em latim, em 1694, cujo título em tradução livre seria "Comentário histórico e apologético do luteranismo ou da reforma religiosa liderada por Martinho Lutero em grande parte da Alemanha e outros países". Para Lutero, o significado de Reforma teria a ver, em especial, com renovação doutrinária ou a proclamação do Evangelho pela graça de Deus[3].

Em todo caso, a ideia de *reforma* não foi uma novidade surgida no seio da Igreja do XVI. Ainda na Baixa Idade Média, a historiografia consagrou o conceito de *Reforma Gregoriana*, alusiva, em termos simples, ao movimento de normatização teológica e institucional da Igreja e de enfrentamento da nobreza laica, liderado pelo Papa Gregório VII (1025-1085), com grande apoio de bispos e ordens religiosas - um movimento que se desdobrou nas disputas entre o Papado e o Sacro Império Romano-Germânico ainda no século XI pelo governo da Cristandade ocidental. Andréia Frazão e Leandro Rust identificam o marco inaugural da história do conceito de *Reforma* na obra de Augustin Fliche, *La Réforme Grégorienne*, publicada em 1924[4]. A historiografia do século XX reconheceu, portanto, a expectativa de reforma, em sentido amplo, que marcou a história da Cristandade entre os séculos XI e XVI: a versão medieval, conduzida pelo pontificado, e a versão moderna, dirigida contra o pontífice. Na primeira, o Sacro Império Romano-Germânico foi adversário de Roma; na segunda, foi aliado.

O debate terminológico não se esgota com a discussão do conceito de reforma, mas prolonga-se na questão do termo *protestantismo*, generalizado

3. Rust, Leandro; Silva, Andréia C. Frazão da. A Reforma Gregoriana: trajetórias historiográficas de um conceito. *História da Historiografia*, v. 2, n. 3, 2009, p. 136. Disponível em: https://www.historiadahistoriografia.com.br/revista/article/view/62/38.

4. Lindberg, Carter. *História da Reforma*. Rio de Janeiro: Vida Melhor Editora, 2017, p. 23.

para o conjunto de movimentos religiosos contra a Igreja de Roma no século XVI. Porém, nesse caso, não há dilemas. O termo protestantismo originou-se de um dos episódios em que as ideias de Lutero foram condenadas, a Dieta de Spira, uma assembleia do Sacro Império Romano-Germânico convocada pelo Imperador Carlos V (1500-1558), realizada em 1529. Os príncipes germânicos partidários de Lutero lançaram, então, um *protesto* contra as decisões papais e imperiais, e passaram a ser vistos como *protestantes*, embora muitos reformadores, como Lutero, preferissem o termo *evangélicos*. Foi em 1530 que os líderes laicos da reforma oficializaram a *Igreja da Confissão de Augsburgo* – nome oficial da Igreja Luterana. E vale esclarecer que a palavra *confissão*, nesse contexto, não designa o sacramento católico, tampouco a admissão de culpa em processo judicial, mas é sinônimo de doutrina religiosa no campo do cristianismo.

Na linguagem da época, porém, havia termos mais usuais, defensivos e/ou insultuosos, entre católicos e protestantes. Para os católicos, as Reformas não eram reconhecidas como tais, senão como heresias ou seitas (dissidências) e, de modo mais geral, como *cisma* (cisão). Os protestantes se autoproclamavam os "verdadeiros cristãos", acusando os católicos de *papistas*, por vezes de idólatras, por causa da devoção às imagens dos santos e às relíquias.

As polêmicas terminológicas são apenas uma pequena amostra de um debate mais complexo. Elas subjazem à esgrima terminológica de questões históricas de fundo. Conforme veremos, são várias as controvérsias historiográficas relacionadas às Reformas religiosas. Uma delas diz respeito ao caráter mais ou menos formal das reformas.

Carter Lindberg, baseado em autores anglófonos, menciona a distinção entre reforma *magisterial* e reforma *radical*. A primeira foi muito dependente do apoio de autoridades seculares, como a dos príncipes alemães, no caso luterano. A segunda, mais espontânea, popular – como é o caso do movimento anabatista – e discordante dos chamados "reformadores" magisteriais, além de refratários a alianças com autoridades políticas. Lindberg discorda, porém, do qualificativo *radical* para caracterizar tais movimentos, alegando que o próprio Lutero só foi radical até 1520. Sugere, no lugar de *radicais*, os termos "não conformista" ou "dissidências", sem oferecer, porém, argumentação substantiva[5].

---

5. Lindberg, Carter. *História da Reforma. Op. cit.*, p. 34.

Ao nosso ver, a citada dicotomia apresenta fragilidades, sobretudo por não definir a referência da maior ou menor radicalidade das Reformas. Em princípio, todas as reformas religiosas foram radicais, no campo religioso, institucional e político, na medida em que romperam com a autoridade pontifícia e reinterpretaram, em vários sentidos, aspectos cruciais da doutrina católica. Entretanto, isso é dizer pouco, sobretudo por limitar-se às dimensões eclesiais e teológicas. Melhor reservar o termo *radical* aos movimentos reformistas que, em diversas regiões, interpretaram o combate contra a Igreja de Roma também como uma luta social contra as elites políticas e econômicas, a exemplo da nobreza feudal. A revolta camponesa nos territórios germânicos talvez seja o melhor exemplo desse radicalismo, mas não foi exemplo solitário, como veremos neste capítulo.

Ao longo do século XIX, salvo raras exceções, predominaram obras muito centradas no personagem Lutero e sua insatisfação com o cristianismo gerido por Roma. O filósofo alemão Georg Wilhelm Friedrich Hegel (1770-1831) foi o principal divulgador da ideia de que a "Reforma resultou da corrupção da Igreja"[6]. Embora alguns ultrapassem essa tese, isso é o que prevalece nos manuais até hoje, uma visão que explica a reforma alegando a decadência moral da Igreja e do clero, o que, de certo modo, reproduz as críticas mais contundentes de Lutero. Tal interpretação se reflete na *periodização* tradicional da Reforma, que vai de 1517 a 1555, ou seja, do primeiro desafio de Lutero, em Wittenberg, à Paz de Augsburgo, que pôs fim à guerra entre príncipes luteranos e o Sacro Império Romano-Germânico[7]. Ela espelha, pois, a Reforma Luterana em terras germânicas e valoriza as datas políticas, deixando de fora outras vertentes do protestantismo, além da Reforma Católica (tradicionalmente designada de Contrarreforma).

De todo modo, a questão da periodização está relacionada a um problema desde sempre presente na historiografia: a *causalidade* das Reformas religiosas. As polêmicas são aqui intermináveis, na medida em que, ao longo do século XX, outros domínios da história foram mobilizados para explicar um fenômeno originalmente religioso. À guisa de exemplo, pode-se mencionar

6. *Apud* Tolle, Oliver. Um herói da subjetividade. *Revista de Filosofia Moderna e Contemporânea (UnB)*, v. 5, n. 2, 2017, p. 114. Disponível em: https://periodicos.unb.br/index.php/fmc/article/view/12592.

7. Reinhard, Wolfgang. Reformation, Counter-Reformation and the Early Modern State – a Reassessment. *The Catholic Historical Review*, v. 75, n. 3, 1989, p. 383. Disponível em: https://www.jstor.org/stable/25023084.

as relações entre as Reformas religiosas e os poderes seculares; a suposta determinação econômica das Reformas, como afirmaram Karl Marx e seus discípulos; a relação entre o Renascimento italiano [↗ Renascimento e Humanismo], apoiado também pelos papas no campo das artes, e as Reformas religiosas por eles combatidas; o pessimismo que atormentava a sociedade no século XV, flagelada por guerras feudais e por epidemias, das quais a Peste Negra (bubônica) do século XIV fora amostra aterradora; o tipo de cristianismo predominante nas massas, sobretudo rurais, muito devoto, porém distante do catolicismo oficial; a reação da Igreja Romana, a partir do Concílio de Trento (1545-1563).

Vale realçar, nessa altura, a interpretação de Marx (seguida por Friedrich Engels) de que a Reforma era "filha do capitalismo". Em a *Ideologia alemã* (1846), afirmou que não só a religião, como também a política e as ideias, eram determinadas pela base econômica da sociedade. Por outro lado, entre os fatores que impulsionaram a "revolução capitalista" na Inglaterra [↗ Capitalismo], Marx sublinhou a Reforma anglicana, pois ela permitiu ao rei confiscar as terras da Igreja, que as distribuiu de graça ou as vendeu por preços baixos a seus apoiadores[8]. Delumeau contestou essa tese com bom argumento:

> Convém observar ainda que, na época da Reforma, a Itália era de longe o mais moderno país da Europa. Os homens de negócios da Península desempenhavam um papel capital na atividade do Ocidente. Prosperava, além disso, no país, uma burguesia relativamente importante que possuía uma capacidade real de poupança. Finalmente, tinha-se visto, no século XV, uma família provinda do comércio da banca e da indústria – os Médicis – tomar a direção de um Estado. Ora, a Itália não aderiu ao Protestantismo, e foi um filho de banqueiro, Leão X, quem excomungou Lutero. Se fosse exata a tese marxista, a Reforma deveria ter vindo da Itália a ali triunfado[9].

Em todo caso, o tema das Reformas se entrelaça com diversos temas inaugurais da Época Moderna: a expansão marítima e o avanço do capitalismo mercantil; o fortalecimento progressivo das monarquias; a revolução cultural deflagrada no Renascimento, a partir das cidades italianas. No entanto, não serão tais questões o cerne do presente capítulo, embora as dimensões econômico-sociais, políticas e culturais devam ser incorporadas na exposição. Nosso foco recai na religião e nas religiosidades. Religião é aqui entendida como uma norma, enquanto o termo religiosidades designa a vivência

---

8. Löwy, Michel. Marx e Engels como sociólogos da religião. Lua nova. *Revista de História e Política*, São Paulo, n. 43, p. 199.

9. Delumeau, Jean. *Nascimento e afirmação da Reforma. Op. cit.*, p. 258.

cotidiana do sagrado. Ainda, tanto em uma como na outra pulsava uma aflição capital: o problema da *salvação espiritual*, ou seja, destino da alma *post mortem*. Lucien Febvre afirmou, em 1947: "há que buscar causas religiosas para uma revolução religiosa"[10].

## A marcha da Reforma Luterana

Impossível compreender o tema da Reforma sem tratar de seu grande protagonista: Martinho Lutero (1483-1546), alemão natural de Eisleben, filho do minerador de cobre, Hans Lutero e de Margarethe Lindemann. Nasceu em berço modesto, mas não pobre. O pai tornou-se gerente de minas em Mansfeld e prosperou o suficiente para oferecer ao filho uma educação formal. Foi o único da família a tê-la. Aos 17 anos, partiu para Erfurt, matriculando-se na Faculdade de Artes. Em 1502, obteve o bacharelado em Direito; em 1505, tornou-se mestre. Reza a lenda que escapou de um raio, em meio a uma tempestade, prometendo a Sant'Anna tornar-se frade. Fez profissão de fé na ordem dos agostinianos, na qual se destacou pelo estudo e pela disciplina. Ordenou-se padre em 1507 e obteve o título de doutor em Teologia na Universidade de Wittenberg, no ano de 1512. Lecionou teologia na mesma universidade, criada pelo duque da Saxônia, Frederico III (1463-1525). O frade tornou-se teólogo.

A docência universitária e os estudos teológicos fizeram despertar em Lutero a consciência de que a pastoral da Igreja de Roma deveria ser renovada. Era preciso aproximá-la dos fiéis, oferecendo-lhes condições para lutar pela salvação espiritual *post mortem*. Tal inquietação misturou-se a uma decepção quando, em 1510, visitou Roma para tratar da ordem agostiniana. Conta-nos Febvre que, ao receber a incumbência, partiu motivado, seguiu como "peregrino piedoso" para a cidade das peregrinações insignes, a Roma dos mártires, centro vivo da Cristandade, pátria comum dos fiéis, "residência augusta do vigário de Deus"[11].

O que encontrou? Febvre responde: "A Roma dos Bórgias, que se tornara recentemente a Roma do Papa Júlio". Refere-se, no primeiro caso, à família aristocrático-mercantil que exerceu enorme influência em Roma, entre os séculos XV e XVI, inclusive no pontificado. Três papas da época provinham

---

10. *Apud Ibid.*, p. 269.

11. Febvre, Lucien. *Martinho Lutero, um destino*. São Paulo: Três Estrelas, 2012, p. 32.

desse clã. A família ficou afamada por escândalos na corte pontifícia, inclusive incestos, estupros e muita corrupção. Febvre recorre aos Bórgias como metáfora de uma Roma mundana, tomada pela prostituição, sexualidade desenfreada, negociatas de todo tipo, enfim, por nada que confirmasse seu *status* de centro da Cristandade. Muitos já a chamavam de Babilônia. Lutero, mais tarde, faria o mesmo. Todavia, o papa citado não pertencia ao clã dos Bórgias: trata-se de Júlio II (1443-1513), que exerceu o pontificado entre 1503 e 1513. Há quem o defina como estadista, pois comandou a guerra contra Veneza para recuperar territórios pontifícios com o apoio da Coroa francesa e depois comandou a guerra contra a França, que ambicionava terras na Península Itálica, além de postular a autonomia da Igreja no reino. "Seguia mais as pegadas de um general do que as de São Pedro"[12]. Júlio II também ficou conhecido como um grande mecenas do Renascimento, iniciando a construção de uma nova Basílica de São Pedro, incluindo a Capela Sistina. Por que Febvre inclui esse papa também como metáfora desabonadora de Roma? Pelo secularismo do pontífice e pelo seu apego ao luxo, incluídas as obras de arte monumentais. Febvre se aventura a desvendar a consciência e os sentimentos do futuro reformador. Como escreveu no prefácio à segunda edição da obra (1944), interessava-lhe acompanhar a gênese do luteranismo, "antes de Lutero se tornar Lutero; ver nascer, crescer e se afirmar, Lutero dentro do Lutero"[13].

Leão X (1475-1521) foi o sucessor de Júlio II. Também provinha de família poderosa, não de Roma, mas de Florença, berço do Renascimento italiano. O clã dos Médicis enriqueceu com o comércio de tecidos, no fim da Idade Média, muitos importados do Oriente. Com o tempo, tornaram-se aristocratas. Lorenzo de Médici tornou-se, de fato, o governante florentino desde os anos 1480. Giovanni di Lorenzo, futuro Leão X, foi um de seus sete filhos. Uma vez entronizado, seguiu, em boa parte, a política de Júlio II, marcada pelo patrocínio das artes e pela defesa das terras pontifícias. Deu continuidade ao V Concílio de Latrão (1513-1517) que, entre outros temas, tratou da formação profissional do clero. Condenou, ainda, as ideias do cisterciense Joaquim de Fiori (1135-1202) que, no século XII, pregou sobre o fim do mundo com base no Apocalipse de São João.

---

12. Barrio, Maximiliano. Los papas de la Edad Moderna (1447-1799). *In*: Paredes, Javier (ed.). *Diccionario de los Papas y Concilios*. Barcelona: Ariel, 1998, p. 311-313.

13. Febvre, Lucien. *Martinho Lutero, um destino*. *Op. cit.*, p. 17.

No entanto, o fato crucial que mais nos interessa foi a renovação da venda de indulgências [↗ O mundo dos impressos], espécie de certificado que garantia aos fiéis a absolvição de seus pecados no julgamento de suas almas *post mortem*. Leão X justificou tal cobrança, de início restrita aos territórios germânicos, alegando a necessidade de recursos para as obras da nova Basílica de Roma, incluindo a Capela Sistina, embora os críticos da Igreja a considerassem mais uma negociata do papado. De fato, os banqueiros da família Fugger, da Baviera, adiantaram certa quantia ao papado (com juros) e supervisionaram o trabalho dos cobradores. O dominicano Johann Tetzel (1465-1519) foi incumbido de chefiar algo como *os vendedores da salvação espiritual*.

Foi então que Lutero se insurgiu: primeiro passo da ruptura da Cristandade ocidental. A história oficial da Reforma estabelece que Lutero afixou 95 teses desafiadoras da Igreja, em particular contra a venda de indulgências, na porta da catedral de Wittenberg – fato controvertido, retratado desde o século XVI. O documento se chamava *Disputatio pro declaratione virtutis indulgentiarum*, um desafio para discussão à moda universitária. Lutero o enviou ao arcebispo Alberto de Brandenburgo (1490-1545), acompanhado de carta manuscrita[14].

A partir de 1517, os acontecimentos se sucederam com velocidade. As ideias de Lutero se expandiram pelos territórios germânicos, estimulando debates no meio clerical. Um deles foi monumental, em 1519, conhecido como Disputa de Leipzig. Não seria a tal *disputatio* solicitada por Lutero em 1517? Provavelmente, porque o teólogo indicado para defender Roma – o dominicano Johann Maier von Eck (1486-1543) – convidou Lutero para a sessão, porém, em princípio, o debate seria com Andreas Karlstadt (1486-1541), partidário de Lutero, sobre os temas da *graça* e do *livre-arbítrio*. Logo Lutero interveio, concentrando-se a discussão nas tais 95 teses.

O fato repercutiu. Roma censurou Lutero em 41 proposições, pela Bula *Exsurge Domine*, em 1520, exigindo retratação. O frade agostiniano questionou a autoridade pontifícia. Queimou a Bula e uma cópia do Direito canônico. Radicalizava. No mesmo ano, publicou quatro escritos decisivos que encorparam o movimento: 1) *Sobre o Papado de Roma*, no qual defendia a Igreja como corpo místico (no sentido de um corpo espiritual) e rejeitava tanto o cerimonialismo quanto a hierarquia eclesiástica; 2) *O cativeiro babilônico da Igreja*, no qual condenava a tese da transubstanciação da hóstia e do vinho

14. Roper, Lyndal. *Martinho Lutero: renegado e profeta*. Rio de Janeiro: Objetiva, 2020, p. 9.

consagrados na missa no corpo e no sangue de Cristo; e a confissão auricular no Sacramento da Penitência, rejeitado na íntegra enquanto sacramento; 3) *A liberdade do cristão*, na qual expôs sua doutrina da união com Cristo por meio da fé[15]; 4) *Apelo à nobreza da nação alemã*, no qual condenou o celibato clerical, questionou a autoridade do clero face ao poder secular, refutou o monopólio dos papas na interpretação da Bíblia e seu poder de convocar concílios. Resultado: Lutero foi excomungado, em 1521, pela Bula *Decet Romanum Pontificem*.

O último dos textos mencionado acima abre a questão do apoio dado a Lutero e seus companheiros na luta contra Roma. É um texto político que espelha a aliança estabelecida entre os reformadores e a alta nobreza do centro-norte germânico. Frederico III, duque da Saxônia, foi o mais destacado protetor de Lutero quando este se viu ameaçado. Por que muitos feudatários aderiram à Reforma? As razões religiosas são menos explícitas do que as econômicas e políticas. Ambicionavam sequestrar as terras pontifícias encravadas em suas jurisdições e fortalecer seus poderes em face de Carlos V, da Dinastia Habsburgo, imperador do Sacro Império Romano-Germânico.

Na cizânia entre luteranos e o papado, o imperador apoiou Roma. Em 1521, convocou uma assembleia de nobres, chamada *Dieta*, em Worms, do que resultou um édito declarando Lutero inimigo do império e proibindo seus textos. Os apoiadores do frade temeram pela sua vida e Frederico III o abrigou no castelo de Wartburg, onde Lutero traduziu a Bíblia para o alemão. A "pequena nobreza" se animou, em 1522, e tentou confiscar as terras eclesiásticas. Foi a "Revolta dos Cavaleiros" (nobres falidos ou endividados) que, liderada por Franz von Sickingen (1481-1523) e Ulrich de Hutten (1488-1523), tentou confiscar as terras eclesiásticas. Os cavaleiros rebeldes também se opunham aos comerciantes urbanos. O levante foi reprimido pela alta nobreza, com apoio do alto clero e de Roma, sem que Lutero defendesse os rebeldes.

Entrementes, Felipe Melanchton (1497-1560), principal interlocutor de Lutero, passou a dirigir a Reforma, em Wittenberg. Outras assembleias imperiais condenaram Lutero, como a *Dieta de Spira*, em 1529. Nela, os nobres pró-Lutero redigiram um *protesto* contra a condenação do luteranismo (já podemos chamá-lo assim), a partir do qual teve origem o termo *protestantismo*. Em 1530, oficializaram a *Igreja da Confissão de Augsburgo* (nome oficial

15. Lutero, Martinho. *A liberdade do cristão*. São Paulo: Escala, 2007.

da Igreja Luterana), cujo texto de fundação foi redigido por Melanchton – logo também condenada.

Uma guerra em grande escala tornou-se inevitável. De um lado, os nobres luteranos, organizados na Liga de Esmalcalda, firmada em 1531; de outro, encontravam-se as forças imperiais, os exércitos da nobreza do sul, leais a Carlos V e ao papado, além de tropas espanholas, convocadas pelo imperador Carlos V, também rei castelhano coroado como Carlos I. Foram 25 anos de combates, com a participação de exércitos não germânicos e tropas mercenárias. As maiores vítimas foram os camponeses: aldeias eram invadidas pelos exércitos em confronto e saqueadas, mulheres eram estupradas e homens eram assassinados. Os nobres rebeldes foram derrotados em 1547, mas o combate só terminou com a Paz de Augsburgo, assinada em 1555. A Reforma saiu vitoriosa no campo político, com a aprovação do princípio *cujus regio, eius religio*: em cada unidade política signatária do pacto imperial, a religião adotada pelo governante seria também a religião da população sob sua jurisdição.

Esse princípio algumas vezes foi tomado como o marco inaugural da liberdade de consciência no Ocidente europeu. É inexato. Antes de tudo, o princípio aprovado em 1555 apareceu com outra fórmula (*ubi unnus dominus, ibi una sit religio* ou "onde há um único regente, deve-se haver uma única religião"). A fórmula *cujus regio*... só foi adotada no início do século XVII, inspirada em Joachim Stephani (1544-1623), afamado jurista alemão, e só era aplicada aos que aderissem ao luteranismo, excluindo outras ramificações da Reforma, como o calvinismo e o anabatismo, entre outras. O tratado de 1555 também não se resumia a impor às populações a religião de seus respectivos governantes. O princípio conhecido como *Declaração de Fernando* (1503-1564), irmão e sucessor de Carlos V no Sacro Império Romano-Germânico, admitia que cidades e territórios da nobreza que tivessem aderido ao luteranismo nos anos de 1520 poderiam manter-se como tais, mesmo que seus domínios estivessem em territórios eclesiásticos. Também em 1555, autorizou-se os súditos de qualquer príncipe, duque, conde ou moradores de qualquer cidade que não quisessem seguir a religião dos governantes do lugar a imigrar livremente[16].

A Paz de Augsburgo, firmada em 1555, buscou, além da trégua militar, equacionar os dilemas religiosos em terras germânicas. Não possuía qualquer alcance filosófico geral sobre a liberdade de consciência, tampouco impediu

16. Lindberg, Carter. *História da Reforma*. Rio de Janeiro: Vida Melhor Editora, 2017, p. 278.

conflitos entre católicos e luteranos na região, como prova a eclosão da Guerra dos Trinta Anos no século seguinte (1618-1648) [↗ A Guerra dos Trinta Anos e revoltas nos domínios Habsburgos]. No restante da Europa, esse princípio também foi atropelado com frequência. Na Escócia, a Dinastia Stuart era católica, mas a maioria da população era presbiteriana (variante do calvinismo). Na Inglaterra, o Rei Henrique VIII proclamou-se chefe da Igreja, fundando o anglicanismo, mas parte da população permaneceu católica ou aderiu ao puritanismo (variante do calvinismo). Seriam muitos os exemplos do descompasso entre a religião de reis ou príncipes e aquela seguida pela maioria dos súditos. Em certos casos, tal descompasso resultou em revoltas contra os reis. Houve casos de reis que se converteram para se adequar à religião majoritária dos súditos. Na maioria dos casos, os governantes, fossem reis, autoridades urbanas e outras, aceitavam minorias religiosas em suas jurisdições, desde que discretas e sob condições, conforme o lugar. Eram situações de tolerância restrita, não de liberdade religiosa. Havia casos, porém, de intolerância total: foi o caso das monarquias ibéricas desde fins do século XV. Nelas só eram admitidos católicos, mas isso pouco ou nada tinha a ver com as Reformas. Os excluídos ali eram, sobretudo, os de origem judaica ou muçulmana [↗ Modernidade islâmica].

## As doutrinas luteranas

Nos últimos séculos medievais, outros teólogos propuseram reformas doutrinárias e institucionais na Igreja, com algumas ideias próximas às do futuro Lutero. Ele contou com o suporte político que faltou aos reformadores do passado medieval. Os chamados cátaros (derivado do grego *Katharós*, puro), espalharam-se no sul da França e na Itália desde o século XII, chegando ao apogeu no XIII. Pregavam o retorno ao cristianismo primitivo, rejeitavam o clero romano, o luxo da Igreja e o demasiado apelo aos sacramentos. Centenas foram presos e queimados pela Inquisição confiada pelo papado a Domingos de Gusmão (1170-1221), fundador da Ordem dos Pregadores (dominicanos). Chegaram a ter algum apoio de nobres, mas a repressão prevaleceu. Pedro Valdo (1182-1218), um rico comerciante francês, abriu mão de seus bens para pregar em favor dos pobres, assim como o fez Francisco de Assis (1181-1226), fundador da Ordem dos Frades Menores (franciscanos). Valdo também teve seguidores, os valdenses, mas foi declarado herético e sua reforma naufragou. John Wycliff (1328-1384), inglês, teólogo em Oxford, defendera, no século XIV, que toda a verdade divina emanava da Bíblia: ensaiou sua tradução para o inglês e pregou a caridade com os pobres. Depois de morto, em 1384, foi declarado herético e seu corpo desenterrado, por ondem papal, para arder na fogueira. O teólogo Jan Hus (c.1372/73-1415) nascido na Boêmia (hoje, República Tcheca), foi seguidor de Wycliff: defendia o sacerdócio universal dos fiéis, atacando o monopólio do clero. Declarado herege, foi queimado vivo em 1415[17]. Alguns desses reformadores, como Wycliff e Hus, "eram luteranos antes de Lutero"[18].

Lutero não teve o fim trágico daqueles insurgentes, embora declarado herege pelo papa, graças ao suporte de membros da alta nobreza do norte germânico. Também, não foi o criador das ideias reformadoras, considerando-se os predecessores medievais. No seu próprio tempo, contou com interlocutores de peso, com quem debatia pessoalmente ou por correspondência. Para citar alguns: Felipe Melanchton, teólogo laico, seu braço direito, redator da Confissão de Augsburgo; Andreas Karlstadt (1480/1486-1541), teólogo, o primeiro defensor do "luteranismo" na disputa de Leipzig; Ulrich Zwinglio (1484-1531), teólogo suíço, de quem divergiu em questões sacramentais e doutrinárias, mas fez Lutero refletir sobre suas próprias ideias; Erasmo de Rotterdam (1466-1536), holandês, estrela do humanismo [↗Renascimento e Humanismo], agostiniano como Lutero, teólogo favorável a profundas reformas na Igreja, porém, contrário à ruptura com Roma.

O protagonismo de Lutero na Reforma deve, portanto, ser relativizado, pois havia uma massa crítica passada e coeva na qual se apoiou. Contudo, não há dúvida de que Lutero, corajoso como poucos, sistematizou uma crítica doutrinária que romperia a Cristandade romana no Ocidente. Eis uma questão que entrelaça a história com a teologia. Nesse campo teológico, Delumeau[19] destaca as três doutrinas fundamentais de Lutero: 1) a justificação pela fé; 2) a infalibilidade da Bíblia; 3) o sacerdócio universal. Outros autores preferem resumir a doutrina a três expressões usadas por Lutero, com amparo bíblico, como segue:

---

17. Falbel, Nachman. *As heresias medievais*. São Paulo: Perspectiva, 1977.

18. Menendez y Pelayo, Marcelino. *Historia de los heterodoxos españoles*. Alicante: Biblioteca Virtual Miguel de Cervantes, 2003. Disponível em: https://www.cervantesvirtual.com/obra-visor/historia-de-los-heterodoxos-espanoles/html/fee78e52-82b1-11df-acc7-002185ce6064_79.html

19. Delumeau, Jean. *Nascimento e afirmação da Reforma*. *Op. cit.*, p. 60-78.

- *Sola fide*, apenas a fé. Doutrina fundamental, porque oferecia o único caminho para a salvação espiritual. O cristão só poderia salvar-se se tivesse a fé no coração, intimamente; se pensasse no próximo com amor, assim como Deus pensava na humanidade. Essa doutrina era uma espécie de racionalização da religiosidade interiorizada, intimista, livre de formalismo e de ritos e, por isso, verdadeira. De nada adiantavam as "boas obras", as doações piedosas, as esmolas aos pobres ou a compra de indulgências para alcançar a salvação eterna.
- *Sola Scriptura*, apenas as Escrituras. Doutrina fundamental que se opunha frontalmente à doutrina da infalibilidade do papa e da sua primazia na interpretação da Bíblia. Deus, segundo Lutero, estava nas Escrituras. Por isso, a Bíblia deveria ser traduzida para as línguas vernáculas. Ele mesmo fez a tradução do Novo Testamento para o alemão por volta de 1522. No longo prazo, a leitura da Bíblia favoreceu a alfabetização das populações protestantes, pois as traduções se multiplicaram em diversas línguas, em contraste com as populações católicas, para as quais a tradução do latim continuou proibida. Alguns autores relacionam o protestantismo a um processo de "vernaculização" do cristianismo[20].
- *Sola gratia*, apenas a graça divina. Doutrina fundamental, porque reconhecia somente em Deus a fonte da salvação espiritual para aqueles que tivessem verdadeira fé em Cristo. A graça equivalia ao amor de Deus pela humanidade, gracioso, generoso.

Dos três princípios, resultaram a defesa do sacerdócio universal e o direito de qualquer cristão pregar o Evangelho. Condenava-se, assim, a existência de um clero monopolizador da palavra como um grupo intermediário entre o divino e o laico, responsável pelo perdão dos pecados e pela concessão da graça. A mediação entre Deus e o ser humano caberia somente a Cristo, que se sacrificara pela salvação da humanidade, o que coadunava com o princípio da interiorização da fé. O sacramento da ordenação foi abolido e o celibato clerical foi condenado. Aboliu-se ainda a confissão auricular obrigatória. Lutero julgava absurdo que o cristão confessasse seus pecados a um ser humano como outros, ao invés de fazê-lo intimamente a Deus. Quanto ao matrimônio, Lutero o defendia como instituição, não como sacramento (união espiritual e corpórea entre Cristo e a Igreja). Chegou a afirmar que o matrimônio

---

20. Kaufmann, Thomas. Comment écrit-on une histoire de la Réforme? Réflexions historiographiques et theólogiques. *Études Théologiques et religieueses*, n. 1, 2015, p. 49.

"era uma necessidade física da humanidade"[21]. Um sacramento resistente foi o batismo, mesmo que contestado por grupos minoritários. A eucaristia se manteve, não sem controvérsia. À diferença do catolicismo, que sustentava que a hóstia e o vinho consagrados se transubstanciavam realmente no corpo e no sangue de Cristo (mistério da transubstanciação), para o luteranismo, a hóstia e o vinho tornavam-se o corpo e o sangue de Cristo, mas continuavam a ser também pão e vinho (mistério da consubstanciação). As ramificações protestantes seguiram essa orientação, com exceção dos calvinistas e suas derivações: reverenciavam a *Santa Ceia*, entendendo o rito ao pé da letra dos Evangelhos – que os cristãos a tomassem em *memória* de Cristo. Um simbolismo, não uma mudança substancial.

Partiu também do luteranismo a negação do purgatório, considerado uma farsa promovida por Roma para explorar o medo dos fiéis e cobrar pelas missas encomendadas para as almas sofredoras. Também Maria, mãe de Jesus, foi eclipsada pelo luteranismo, sem questionar sua virgindade antes, durante e depois do parto. Em 1531, na *Advertência aos estimados alemães*, Lutero alertou contra o perigo de os santos serem transformados em "deuses" e de Maria assumir o lugar de Cristo na verdadeira fé. As derivações do luteranismo rejeitaram o culto aos santos e a devoção à Virgem. Outra frente de combate luterano foram as relíquias, tidas como ídolos, quase sempre falsas. Combateu, ainda, o uso de crucifixos (Cristo pregado), neles vendo uma adoração exagerada da Paixão, do sofrimento de Cristo. A cruz, sem Cristo flagelado, aludia ao sacrifício, mas celebrava a Ressurreição.

## Expansão da Reforma e originalidade do calvinismo

A Reforma Luterana se irradiou pela Europa ao longo da década de 1520, com variações teológicas derivadas das convicções dos líderes religiosos, da receptividade das populações e da configuração política das diversas regiões. No sul da Alemanha e na Suíça de fala alemã, despontou Ulrich Zwinglio, que divergia de Lutero quanto à presença de Cristo na eucaristia: o primeiro, vendo-a como simbólica, e o segundo, como concreta. O documento inaugural dessa interpretação da eucaristia apareceu nos 67 Artigos de Zwinglio, base da disputa pública que moveu com diversos bispos, em Zurique (1523)

21. Flandrin, Jean-Louis. *Le Sexe et l'Occident*. Paris, Seuil, 1982, p. 103. Há uma edição desse livro em português: *Id. O Sexo e o Ocidente. A evolução das atitudes e dos comportamentos*. São Paulo: Brasiliense, 1988.

e consolidou-se na *Confissão de Estrasburgo* (1530). Na Suíça francófona, triunfou o calvinismo, nome derivado de João Calvino (1509-1564), mentor da *Confissão de Genebra* (1536).

O calvinismo se espalhou pela França, terra natal de Calvino, onde foi perseguido pela monarquia, nos anos de 1530, durante o reinado de Francisco I (1494-1547). Essa vertente encontrou receptividade popular em cidades e no mundo rural, além de adotada por comerciantes e alguns nobres, como Gaspar de Coligny (1519-1572). Foi a base da *Confissão de La Rochelle* (1559), em parte redigida por Calvino. Os professos do calvinismo francês eram conhecidos como huguenotes (palavra derivada do suíço-alemão *Eidgenossen*, "confederados", partidários da Reforma). A segunda metade do século XVI na França foi marcada por conflitos religiosos gravíssimos, inclusive na corte, sobretudo após o casamento da princesa Marguerite (1553-1615), da dinastia dos Valois, com Henrique III de Navarra (1553-1610), líder protestante no sul da França. Exemplo da conflagração político-religiosa foi o Massacre de São Bartolomeu, em agosto de 1572, perpetrado pelos católicos dirigidos pela nobreza palaciana contra a população protestante. A nobreza se dividiu na disputa pela Coroa, Henrique de Navarra foi coroado como Henrique IV em 1589 e converteu-se ao catolicismo. Em 1598, promulgou o Édito de Nantes, garantindo a liberdade religiosa no reino. Morreu assassinado por um católico fanático em 1610.

Se na França a expansão da Reforma enfraqueceu a monarquia durante a segunda metade do XVI, dificultando a centralização de tipo absolutista, na Inglaterra, pelo contrário, ela favoreceu o poder monárquico. Mais que isso, foi liderada pelo próprio Rei Henrique VIII (1491-1547), que, por não conseguir anular seu matrimônio com Catarina de Aragão (1485-1536) para esposar Ana Bolena (c.1501/07-1536), rompeu com Roma, em 1534, por meio do Ato de Supremacia, e se autodeclarou chefe da Igreja Anglicana. A maioria do clero seguiu o monarca, inclusive o arcebispo Thomas Cranmer (1489-1556), cardeal-primaz da Cantuária (primeiro arcebispado inglês), mentor do anglicanismo com poucas diferenças litúrgicas em relação ao catolicismo. No entanto, o catolicismo reagiu e o anglicanismo só se consolidou com Elisabete I (1533-1603), a partir do Ato de Supremacia de 1559. A monarquia triunfou e o catolicismo sobreviveu residualmente na Inglaterra[22].

No mesmo século XVI, à margem do poder, o calvinismo também cresceu no reino inglês sob a denominação de puritanismo. Espalhou-se pela

22. Stone, Lawrence. *Causas da Revolução Inglesa, 1529-1642*. Bauru: Edusc, 2000.

Escócia, liderado por John Knox (1514-1572), fundador do presbiterianismo, apesar da força política da dinastia católica dos Stuarts. No século XVII, o puritanismo galgaria o poder na Inglaterra, primeiro no Parlamento, depois na vitória militar contra o Rei Carlos I (1600-1649), marco inaugural da *Revolução Puritana* (1642)[23]. A *Confissão de Westminster* (1647)[24] daria solidez doutrinária e institucional a essa vertente da Reforma na Inglaterra.

Nos Países Baixos, a Reforma começou a sua expansão pelo sul (atual Bélgica), liderada por Guido de Brès (1522-1567), autor da *Confissão Belga* (*Confessio Belgica*, 1561), inspirada no calvinismo, adotando depois o *Catecismo de Heidelberg* (1563)[25]. Expandiu-se, ao norte, nas sete províncias lideradas pela Holanda e Zelândia, todas de base calvinista. Esse território pertencia à Espanha e não questionou sua vassalagem até ser reprimido por Felipe II (1527-1598). A dinastia de Orange, holandesa, liderou a revolta das sete províncias (União de Utrecht) numa guerra que se estendeu de 1568 a 1648. A República das Províncias Unidas dos Países Baixos foi então reconhecida como Estado independente. As dez províncias do sul (União de Arras) foram derrotadas pelos espanhóis e permaneceram católicas e leais ao rei castelhano.

Na República neerlandesa de governo misto (dinastia de Orange e Assembleia representativa das províncias), o calvinismo era a religião oficial, mas havia maior ou menor tolerância religiosa, até para católicos, conforme a legislação das províncias. Religião e política estavam entrelaçadas e ancoradas na unidade calvinista. Não obstante, também ali houve conflitos religiosos no seio do calvinismo, contrapondo duas facções em relação à predestinação – cuja doutrina explicaremos adiante. No Sínodo de Dordrecht (1619), triunfou a tese mais ortodoxa do calvinismo[26], os derrotados foram perseguidos e muitos deles executados[27]. Houve outras ramificações protestantes, ainda que minoritárias, como os congregacionalistas, metodistas e anabatistas, derivadas do luteranismo ou do calvinismo.

O mapa ao lado (Fig. 14.1) permite visualizar a geopolítica europeia das Reformas religiosas.

---

23. Tawney, Richard. *A religião e o surgimento do capitalismo*. São Paulo: Perspectiva, 1971.

24. *A Confissão de Westminster*. São Paulo: Cultura Cristã, 2019.

25. *Confissão Belga e Catecismo de Heidelberg*. São Paulo: Cultura Cristã, 2019.

26. *Os cânones de Dort*. São Paulo: Cultura Cristã, 2019.

27. Zumthor, Paul. *A vida cotidiana na Holanda no tempo de Rembrandt*. São Paulo: Companhia das Letras, 1993.

Figura 14.1 – A expansão da Reforma no século XVI

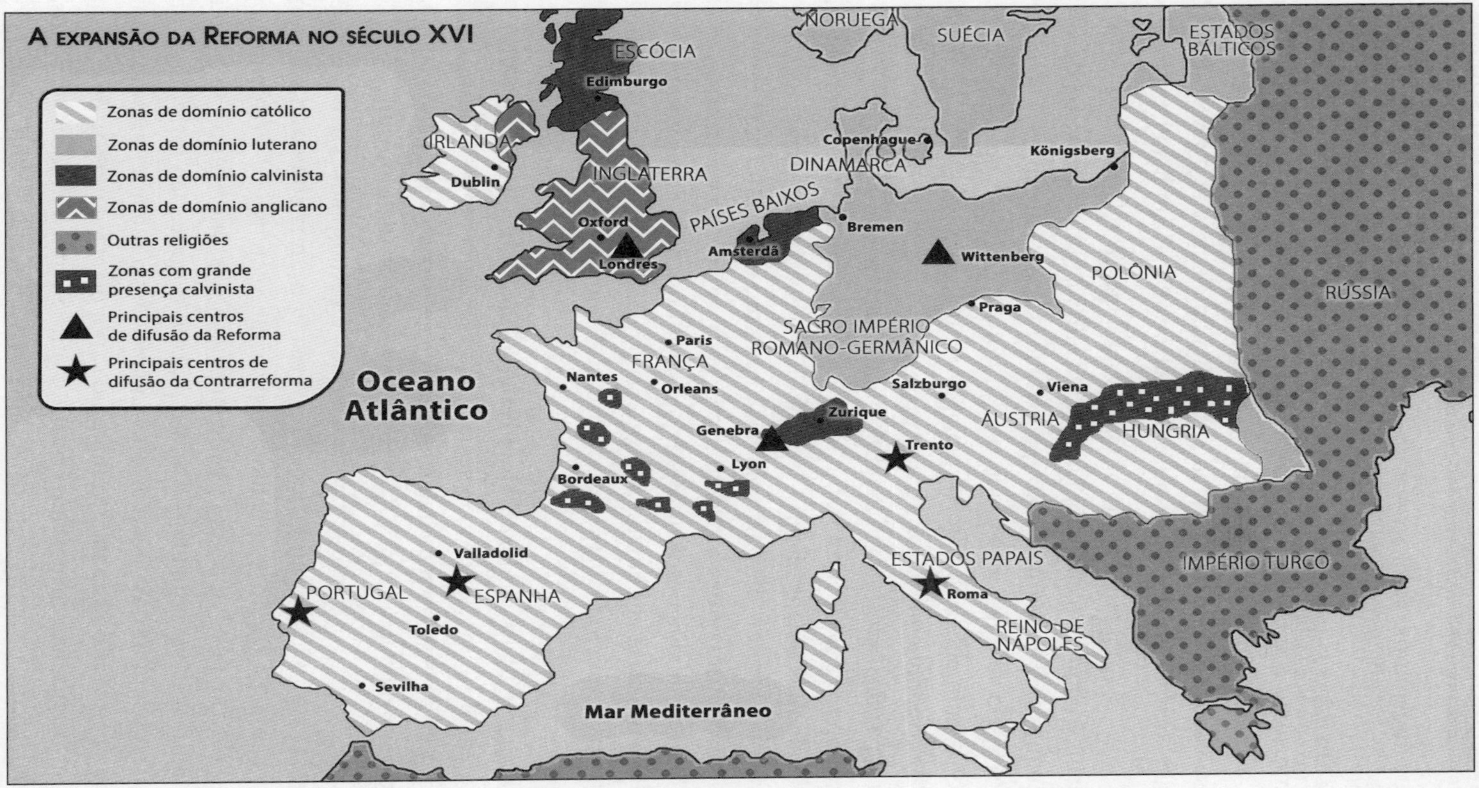


Fonte: Adaptado de http://jcdonceld.blogspot.com/2010/03/religiones-en-la-europa-moderna-tras-la.html

O mapa indica que a Cristandade da Idade Média foi completamente destroçada, embora o catolicismo romano continuasse majoritário no Ocidente europeu e em parte do leste continental, com destaque para a Polônia. O mapa indica também que o luteranismo se fixou em um bloco territorial mais compacto, ocupando o norte da futura Alemanha, as monarquias escandinavas, como a Suécia (que incluía a atual Finlândia) e a Noruega (unida à Dinamarca) e os Estados bálticos da Letônia, da Lituânia e Estônia (nesta última, os luteranos eram minoria). Um ponto fora da curva é a região da Transilvânia, na atual Romênia, que se tornou luterana.

O calvinismo aparece mais disperso territorialmente, com exceção da República dos Países Baixos, da Confissão genebrina, na Suíça, e da Escócia. Os calvinistas criaram enclaves sob diversas denominações, principalmente na França, na Inglaterra e em parte do Leste Europeu (Boêmia, Hungria e mesmo na Polônia).

Entre todas essas vertentes protestantes, o calvinismo, tantas vezes aqui citado, merece destaque especial. João Calvino iniciou sua pregação nos anos 1520, na França de Francisco I. Calvino começou como luterano e refugiou-se em Genebra na década de 1530, razão da expressão Reforma genebrina. Foi reformador radical, do ponto de vista teológico, ao conceber a doutrina da predestinação. Deus, na sua onipotência – dizia Calvino – designava de antemão quem teria a alma salva depois da morte e quem seria condenado ao inferno. Era sempre uma decisão divina, arbitrária e *ante nativitatis*. De nada valia ao indivíduo fazer boas obras para obter a salvação; tampouco alguém de maus costumes teria sua alma condenada. Calvino pregou uma religiosidade disciplinada e austera e tirou o peso que recaía sobre os cristãos, que estavam há séculos apavorados com o que faziam e até com o que sonhavam. Os discípulos amenizaram a doutrina com o tempo, valorizando os sinais da Graça. Só Deus era juiz da salvação ou perdição do indivíduo[28].

A angústia gerada pela incerteza estimulou a busca de indícios da salvação espiritual. Viam sinais da Graça divina, por exemplo, em pessoas que prosperavam nos negócios, cuidavam da família e frequentavam a igreja, sempre com a Bíblia na mão. Os delinquentes contumazes e incorrigíveis, além de punidos pela justiça dos homens, poderiam perceber nisso um sinal de que a Graça não era para eles. As soluções teológicas que o calvinismo encontrou para mitigar as aflições coletivas de seus devotos estimularam amplo

28. Calvino, João. *Institutas ou Tratado da Religião Cristã*. São Paulo: Casa Presbiteriana, 1989.

debate historiográfico, pois, ao contrário do materialismo histórico (Marx e Engels), que pensava a religião como algo determinado pela dinâmica socioeconômica, Max Weber afirmou que a religião podia ser determinante da vida material e particular na formação do capitalismo. A propósito dos sinais da possível salvação espiritual durante a vida no mundo, Weber comentou:

> apesar da inutilidade das boas ações como meios de se obter a salvação, uma vez que mesmos eleitos continuam sendo seres de carne, e todos os seus atos recaem infinitamente aquém dos padrões divinos (desde o pecado original), eram tais ações indispensáveis como sinal de eleição [...]. Na prática, isso significa que Deus ajuda a quem ajuda a si mesmo[29].

Max Weber interpretou o calvinismo como portador de uma ética individualista e egoísta, porém favorável ao ascetismo que, com o passar dos séculos, deixou de ser completamente religioso para se tornar paradigma moral. É o que Weber chama de ascetismo laico, desenvolvido entre os puritanos a partir do século XVIII. Sobre Calvino, Weber escreveu: "a combinação da fé em normas absolutamente válidas, com o determinismo absoluto e a completa transcendência de Deus foi, a seu modo, um produto de um grande gênio"[30]. Nessa interpretação, o calvinismo não se identificava, desde a sua origem, com uma ética burguesa, ou produzida por burgueses. Tornar-se-ia burguesa com o passar do tempo, sendo decisiva para a emergência do capitalismo moderno, em especial por não criminalizar o ganho mercantil nem desmerecer o trabalho. Reside aí a originalidade do calvinismo, conforme a interpretação weberiana: ofereceu aos cristãos a possibilidade de viver o paraíso na vida terrena, rejeitando a ideia de que o mundo era um vale de lágrimas. A relação entre a valorização da prosperidade material e a estrita observância da moral religiosa teria exercido papel importante na dinâmica histórica do capitalismo. Situação diferente é aquela do luteranismo, que permanece apegado ao ideal cristão de pobreza e crítico da riqueza material.

## Reformas e revoltas populares

O desafio de Lutero à autoridade da Igreja e do papa produziu efeitos graves e inesperados em toda Cristandade. De natureza e feições variadas, revoltas e dissidências eclodiram em manifestações individuais e coletivas que,

---

29. Weber, Max. *A ética protestante e o espírito do capitalismo*. São Paulo: Martin Claret, 2009, p. 94.

30. *Ibid.*, p. 103.

em muitos casos, desdobraram-se em movimentos de cunho social e político. É esse o caso da revolta liderada por Thomas Müntzer (c.1490-1525) na Alemanha já nos primeiros anos da Reforma. Nascido em Stolberg, na Turíngia, região central alemã, Müntzer demonstrou cedo interesse pela religião e pelo misticismo. Conhecia bem as Escrituras, estudou filosofia e teologia, aprendeu grego e hebraico. Foi discípulo e admirador de Lutero, que o nomeou pastor em Zwickau, na Saxônia, mas logo passou a formular interpretação própria sobre as relações entre Deus e os "Eleitos", opondo-se a Lutero.

Müntzer aproximou-se do tecelão Niklas Storch (c.1500-1526), vindo da Boêmia, região próxima, e na qual as antigas doutrinas dos taboritas ainda subsistiam. O nome derivou de Tabor, cidade fundada por radicais religiosos defensores de um cristianismo primitivo que teve na figura de Jan Hus uma liderança importante em Praga. Precursor das críticas de Lutero, Hus condenou as mundanidades dos padres, a venda de indulgências e o direito à recusa dos decretos papais quando fossem contra a lei de Cristo[31]. Convocado por um Concílio Ecumênico em Constança, Hus foi detido, excomungado e executado em 1415. As repercussões fomentaram um movimento popular em direção ao "Monte Tabor", local de espera da segunda vinda de Cristo. Espalhados por toda a Boêmia, os taboritas foram perseguidos e derrotados em 1436. Foi nesse caldo de resistência política e espera messiânica, latente na região, que Müntzer estruturou sua "doutrina" religiosa e radical.

Thomas Müntzer passou a defender que Deus se comunicava diretamente com os Eleitos ou Espirituais, os quais haviam recebido o Espírito Santo, o "Cristo Vivo". Estavam incumbidos de aniquilar todos os hereges para dar lugar à Segunda Vinda e ao início do milênio. Obcecado pelo fim dos tempos, pregou a necessidade de apressar o novo tempo com o uso de violência para exterminar os ímpios e destronar os tiranos, exortação que tanto atraiu trabalhadores da região como assustou príncipes e autoridades. Uniu-se aos anabatistas, dissidência do luteranismo que só admitia o batismo de adultos que adotassem o cristianismo por livre-arbítrio. Da expulsão de Müntzer de Zwickau, em 1521, à sua execução em 1525, o movimento se alastrou, impulsionado pela Reforma pregada por Lutero, que logo se declarou frontalmente contra o antigo discípulo. Müntzer passou pela Boêmia e voltou à Turíngia em 1523. Em 1524, radicalizou o discurso apocalíptico e a pregação contra

31. Cohn, Norman. *Na senda do milênio. Milenaristas revolucionários e anarquistas místicos na Idade Média*. Lisboa: Presença, 1981, p. 170-172.

o clero, os senhores seculares e os príncipes, que deveriam escolher servir a Deus ou ao Diabo[32]. Insuflados por Müntzer, uma grande insurreição camponesa cresceu até a tomada da cidade de Mühlhausen, na Turíngia, em fevereiro de 1525. Dois meses depois, os revoltosos foram presos aos milhares e Müntzer, torturado e decapitado.

O documento mais expressivo dos objetivos do movimento foram os "Doze Artigos", manifesto de autoria anônima (1525). O primeiro artigo da "humilde petição" pede "poder e liberdade" para escolher e destituir o pastor, que deve ensinar o Evangelho sem agregar doutrina ou mandamento ensinado pelo homem. Só por meio da fé, graça de Deus, é possível alcançar a "gloriosa misericórdia". Os outros 11 artigos reivindicavam do direito à caça, pesca e madeira, à diminuição dos serviços prestados aos senhores. Pediam novas leis, julgamento justo e a abolição definitiva da *Todfall*, imposto abusivo cobrado depois da morte dos servos, deixando viúvas e órfãos na miséria. Aceitariam alterar qualquer artigo "quando se prove que é realmente contra a vontade de Deus"[33].

A revolta liderada por Müntzer foi muito valorizada por historiadores marxistas, a começar pelo texto de Friedrich Engels, *As guerras camponesas na Alemanha*, de 1850. Teria sido a revolta do "revolucionário plebeu Müntzer" contra o "reformador burguês Lutero". Para Engels, Müntzer recusou a Bíblia e usou a pregação religiosa para disfarçar seus verdadeiros objetivos, fazer a "Reforma dos trabalhadores", a "primeira revolução social" da Europa[34]. O filósofo marxista Ernst Bloch retomou, em 1921, as análises de Engels em *Tomas Müntzer*, a quem chamou de o "teólogo da revolução" dos trabalhadores contra o capital, e para a qual a religião não era mais que um meio para enfrentar os príncipes burgueses e alcançar a igualdade de classe[35]. Em perspectiva oposta, Norman Cohn viu nas propostas de Müntzer um sentido essencialmente místico e "geral indiferença pela situação material dos pobres", a menos que suas quimeras escatológicas sejam consideradas projetos

---

32. *Ibid.*, p. 197.

33. Coleção dos camponeses da Suábia Superior, 1525. *In*: Caldas, Marcos José de Araújo. Lutero, Muntzer e a revolução do homem comum (1524-1525). *Intellèctus*, v. 17, n. 2, 2018, p. 1-25. Disponível em: e-publicacoes.uerj.br/index.php/intellectus/article/view/39346/27618.

34. Engels, Friedrich. As guerras camponesas na Alemanha. *In*: *Id. A revolução antes da revolução*. São Paulo: Expressão Popular, 2010, p. 37-152.

35. Bloch, Ernst. *Thomas Müntzer, teológo da Revolução*. Rio de Janeiro: Tempo Brasileiro, 1973, p. 206.

de reforma social[36]. Certo é que a mescla entre religião e revolta encabeçada por Müntzer se desdobrou em outros movimentos, como o dos anabatistas de Münster, entre 1533 e 1536. Radical e violento, esse último movimento profetizou o fim do mundo, o extermínio dos ímpios e a necessidade de novo batismo para os puros. Queria mudança nas leis, das autoridades e da organização militar. Um dos seus líderes, Johann Bockelson (1509-1536), coroou-se rei como o Messias dos Últimos Dias. Sitiados e perseguidos, todas as lideranças dos anabatistas foram mortas[37].

A expansão da Reforma Luterana pela Europa Ocidental combinou-se às mudanças políticas em reinos como a França e a Inglaterra e provocou novas dissidências religiosas. A historiadora Natalie Zemon Davis estudou várias dimensões desses conflitos na França do século XVI, desde as greves até o comportamento das mulheres urbanas. Reino conflagrado entre católicos e huguenotes, a França viveu internamente as guerras de religião que dividiram o mundo cristão. Em "Ritos de violência", Davis analisou as reações católicas e protestantes ao que consideravam a verdadeira doutrina e as formas de "purificar" a comunidade. Nos rituais de purificação, os dois grupos usaram a violência para extirpar o opositor, assumiram papel de padres, pastores e juízes apoiados por multidões que julgaram, condenaram e mataram em nome da fé e da salvação. Os católicos destruíram bens, púlpitos e casas usadas para o culto protestante; os alvos dos protestantes foram as imagens, os padres, monges e fiéis, com destaque para as mulheres[38]. O auge desse enfrentamento aconteceu na noite de São Bartolomeu, quando, em 1572, protestantes foram autorizados a participar da festa de casamento da princesa Margarida de Valois, católica, com o rei de Navarra, Henrique III, protestante. O enlace para selar a paz religiosa transformou-se em um massacre de milhares de protestantes. Davis alerta para o caráter extraordinário desse evento e para o cenário de conflito social latente nos enfrentamentos religiosos da França no século XVI.

Mais complexo ainda foram os desdobramentos decorrentes da *Revolução Puritana* de 1640 [↗Ilhas Britânicas e revoluções do século XVII]. A transição da Dinastia Tudor, anglicana, para a Dinastia Stuart, em 1603, escocesa

---

36. Cohn, Norman. *Na senda do milênio. Op. cit.*, p. 206.

37. *Ibid.*, p. 226-227.

38. Davis, Natalie Zemon. Ritos de violência. *In*: *Id. Culturas do povo: sociedade e cultura no início da França moderna*. Rio de Janeiro: Paz e Terra, 1990, p. 129-156.

e católica, ensejou um período de cizânias religiosas, políticas e fiscais que opuseram o rei ao Parlamento, culminando na Guerra Civil iniciada em 1642 e concluída em 1645, com a vitória do exército parlamentar. Buscando centralizar o poder, Carlos I aumentou impostos, enfrentou rebeliões internas e foi acusado de conspirar com os franceses contra a Inglaterra. Denunciado por crime de alta traição, foi julgado, condenado e decapitado em 30 de janeiro de 1649. Com a crise política inédita, uma Inglaterra sem rei e em meio a uma série de guerras civis, o país mergulhou numa radicalização religiosa e popular, conforme estudo do historiador inglês Christopher Hill.

Em um livro publicado em 1972, Hill analisou as diversas seitas, grupos e interpretações surgidas no cenário revolucionário inglês, revelando "a revolta no interior da Revolução"[39]. Contrariando as teses das mudanças pacíficas e negociadas, *O mundo de ponta-cabeça* apresenta a Inglaterra do século XVII como um território conflagrado, "uma nação de profetas" e projetos concorrentes. As seitas pregaram desde a rejeição a toda forma de culto, a negação da divindade de Cristo e a crença na redenção universal (*seekers*), à descrença no Juízo Final e na Ressurreição (*ranters*). Tradições populares anticlericais e buscas de soluções de problemas concretos e imediatos se misturaram a interpretações inusitadas do Evangelho que resultaram tanto em projetos moderados de acesso às terras comunais e nivelamento social (*levellers*) como em propostas radicais de reforma agrária e direito à terra para plantar e comer (*diggers*). Algumas questões foram recorrentes – como a crítica ao dízimo e o direto de acesso às terras comunais –, mas variavam as formas para alcançar os objetivos das reivindicações, o que incluía interpretações divergentes sobre o poder das autoridades civis e eclesiásticas, o respeito e a adoção de sacramentos e cultos. A todas as soluções propostas, correspondeu uma interpretação particular da Bíblia, indo da negação do pecado à capacidade individual de acesso aos desígnios divinos. A crença na liberdade de escolha jamais vista e as dúvidas religiosas alimentadas pela crise política e social estimularam a proliferação de seitas, assim como o trânsito entre elas e a busca de respostas para as graves questões vividas pelos manifestantes[40].

39. Hill, Christopher. *O mundo de ponta-cabeça. Ideias radicais na Revolução Inglesa.* São Paulo: Companhia das Letras, 1987, p. 30.

40. *Ibid.*, p. 193.

A explosão de revoltas populares foi mais uma das consequências não programadas da Reforma. A cisão da Cristandade combinada às mudanças políticas, econômicas e sociais em toda a Europa Ocidental produziram reinterpretações inusitadas dos textos sagrados e das práticas religiosas em transformação. Desse modo, para compreender suas motivações mais profundas é preciso estar atento à dimensão religiosa desses movimentos, por sua vez orientados essencialmente pela dúvida em matéria de fé e pela angústia da salvação espiritual.

## A reação de Roma e o conceito de Contrarreforma

Já sabemos que o conceito de *reforma* religiosa não surgiu no século XVI. Desde o século XI, a Igreja se esforçou pela codificação do direito canônico e reestruturação do corpo eclesiástico que ficou conhecida como Reforma Gregoriana. O mesmo não se pode dizer do conceito de Contrarreforma, diretamente relacionado à ideia de uma reação da Igreja de Roma à ruptura iniciada com Lutero e já disseminada na Europa. Para parte da historiografia, a Contrarreforma foi uma resposta aos desdobramentos irremediáveis da cisão da Cristandade, tendo entre seus marcos o Concílio de Trento (1545-1563) e a instauração da Inquisição romana (1542) um dos instrumentos de punição das heresias.

Autores como Jean Delumeau e Michael Mullet analisaram as conexões históricas entre os dois processos, mas não se ativeram à discussão sobre o surgimento dos dois conceitos, Reforma e Contrarreforma, e não raras vezes, as duas expressões foram usadas como sinônimos intercambiáveis na historiografia europeia. Para Jean Delumeau, "não se pode negar a existência de uma Contrarreforma de múltiplas faces" a partir do século XVI. Esta não teria sido, no entanto, nem a única nem a principal face de uma "Renascença católica". O autor retoma aqui uma discussão mais ampla sobre o Renascimento [↗Renascimento e Humanismo] e mantém o foco nas transformações que caracterizaram a Época Moderna, estendendo-se até o século XVIII. Duas frentes teriam sido essenciais para a reação católica: a reconquista militar de territórios submetidos ao protestantismo e a "reconquista das massas" nos espaços recuperados, com atenção especial à formação de religiosos e à instrução católica dos fiéis. Reconquista e manutenção, na verdade, pois a Igreja deveria ser vigilante e ativa também onde manteve seu poder, punindo os suspeitos de qualquer desvio em matéria de fé[41].

Michael Mullett realçou a combinação entre Contrarreforma e Reforma Católica para marcar dois momentos de um longo processo de transformações da Igreja. Em um breve ensaio de 1984, ampliou o contexto e a temporalidade para compreender a história da Igreja antes e depois de Lutero. Mullet defende que as origens da Reforma Católica devem ser procuradas ainda na Idade Média e suas repercussões teriam se estendido até cerca de 1650 ou, em algumas regiões, até o século XVIII. No diálogo com a historiografia dedicada à Contrarreforma, o autor propõe uma análise que considere três momentos: a preparação da Reforma Católica iniciada no fim da Idade Média; o período da Contrarreforma e seu principal evento, o Concílio de Trento; e o longo período de implementação do Concílio a partir da segunda metade do século XVI. Enquanto a ideia de Contrarreforma era vista como uma reação frontal à cisão protestante, a Reforma Católica, expressão preferida pelos historiadores católicos, indicaria uma "profunda e genuína restauração do catolicismo no século XVI", um "melhoramento espontâneo" e interno à Igreja. A crise do fim da Idade Média, com pestes, mortes e ameaças à Cristandade, produziu uma reativação devocional, marcada pela oração, pela meditação e pelo recurso aos sacramentos e à piedade. Não foi, nessa perspectiva, um movimento de reforma da Igreja, mas de expansão devocional[42].

Em 1999, uma versão ampliada desse texto aprofundou a análise de alguns aspectos tratados no livro anterior. Em *The Catholic Reformation*, Mullett reafirmou a anterioridade das mudanças da Igreja e a importância da Reforma Protestante para as decisões tomadas no concílio tridentino[43]. Também considerou o protesto liderado por Lutero como um estímulo às demandas por renovação presentes na Igreja desde a Idade Média, estabelecendo uma clara conexão entre os dois momentos.

Entretanto, apesar de tratarem o tema com profundidade, nenhum dos autores até aqui mencionados discutiu, propriamente, os conceitos de Reforma Católica e Contrarreforma adotando-os de forma atenta à cronologia do movimento e adequada à respectiva abordagem historiográfica. Por vezes, como já indicado, as duas expressões são usadas como sinônimos intercambiáveis.

---

41. Delumeau, Jean. *Nascimento e afirmação da Reforma*. *Op. cit.*, p. 199.

42. Mullett, Michael. *A Contrarreforma*. Lisboa: Gradiva, 1984, p. 9, 12, 13, 15-17, 22.

43. Mullett, Michael. *The Catholic Reformation*. Abingdon: Routledge, 1999, p. 9.

Podemos encontrar o estudo da genealogia e da fortuna historiográfica dos dois conceitos na obra de um dos maiores estudiosos da história da Igreja, Hubert Jedin. Publicado originalmente em 1947, a obra intitulada *Reforma Católica ou Contrarreforma?* apresenta, já no título, uma proposta de discussão dos conceitos e seus reflexos nos estudos sobre o Concílio de Trento. Jedin parte da história do nascimento e difusão dos dois conceitos, analisa o significado e a relação entre eles, indica os períodos em que foram usados e, por fim, discute as formas como as duas expressões apareceram nos estudos sobre a história da Igreja e do Concílio de Trento.

O conceito de Contrarreforma é mais antigo do que o de Reforma Católica e apareceu pela primeira vez citado por um jurista alemão no século XVIII, para nomear o forçado retorno ao catolicismo em territórios convertidos ao protestantismo. Leopold von Ranke, famoso historiador alemão do século XIX, manteve essa compreensão e chamou o movimento de Restauração do catolicismo, destacando o papel do papa no processo, dando a ele caráter mais geral e institucional. No campo historiográfico, teria sido Moritz Ritter, em um livro de 1876 sobre a história da Alemanha na época da Contrarreforma, o primeiro a usar o termo, depois difundido nas demais academias europeias. No campo especificamente religioso e espiritual, o livro de Eberhard Gothein, sobre Inácio de Loyola e a Contrarreforma, publicado em 1895, foi determinante para o deslocamento da análise para a Europa católica, especialmente para Espanha e para o estudo da Companhia de Jesus na Alemanha[44].

O conceito de Reforma Católica teria aparecido em 1880, também a partir de um estudo sobre a Espanha, no trabalho de Wilhelm Maurenbrecher, para quem as raízes da Contrarreforma eram anteriores a Lutero e seus primeiros passos podem ser encontrados na Igreja medieval. Um novo cenário se inaugurou a partir desse momento com repercussão no mundo católico e na revisão dos conceitos até então utilizados. Seus estudos seguintes enfatizaram as ações recíprocas entre ortodoxia e inovação, antecipando as investigações alemãs que valorizaram a vertente católica no contexto das Reformas, agora no plural.

---

44. Jedin, Hubert. *Riforma Cattolica o Controriforma. Tentativo de chiaramento dei concetti com reflessioni sul Concilio do Trento*. 3. ed. Brescia: Morcelliana, 1974, p. 11-14.

Historiadores protestantes reagiram, reafirmando o caráter limitado do termo "restauração" aplicado às ações católicas, mesmo aquelas anteriores a Lutero, pois elas visaram restabelecer antigas práticas sem alterações substantivas. Desse modo, entender *reforma* como ruptura seria um equívoco, para Jedin. Até avançarem no estudo da Igreja Católica, os alemães ignoravam o sentido amplo de *reformatio* na linguagem eclesiástica da Baixa Idade Média: renovação da Igreja, da cabeça e de seus membros, sem mudança do dogma, do culto ou da disciplina. Só a partir dessa nova perspectiva e de estudos sobre os papas, a cúria romana e as ordens religiosas foi possível aprofundar o conhecimento sobre o que passou a ser chamado de *Reforma Católica*. A partir da difusão dessas abordagens e de novas trocas historiográficas, os historiadores italianos aceitaram e passaram a adotar os conceitos de Reforma Católica e Contrarreforma, muitas vezes como sinônimos, como já mencionado anteriormente.

Para Jedin, por fim, o melhor é considerar Reforma Católica e Contrarreforma como dois momentos de um processo mais longo da História da Igreja, do qual o Concílio de Trento foi, a um só tempo, continuidade em relação à renovação interna iniciada na Baixa Idade Média e autoafirmação e reação contra o inimigo protestante. É mais uma vez de Jedin o estudo considerado mais completo sobre o Concílio de Trento, cuja primeira edição é de 1951[45]. Realizado entre 1545 e 1563, o Concílio dividiu-se em três etapas, que compreendem os períodos de 1545 a 1549, de 1551 a 1552 e de 1562-1563, respectivamente. Em que pesem suas muitas frentes e disputas internas, as diretrizes conciliares reformaram a base da vida religiosa e capacitaram a Igreja a reconquistar sua posição de poder. Os decretos resultantes do Concílio, de 1564, foram gradativamente ampliados e estruturados: em 1600 a Igreja era mais poderosa do que na Baixa Idade Média, Roma e o papado voltaram a comandar a Igreja e o centralismo papal se consolidou na direção espiritual e religiosa.

Foram muitos os meios criados e aperfeiçoados nesse processo, dentre os quais a Companhia de Jesus e a Inquisição são os mais conhecidos. A ordem criada em 1540 teve suas raízes nos projetos de catequese e missão associados à Reforma Católica na Europa e às inéditas exigências de expansão da fé em territórios desconhecidos. Em relação aos Tribunais Inquisitoriais como instrumentos "evidentes" da Contrarreforma, é preciso atenção às temporalidades

45. Jedin, Hubert. *Historia del Concilio de Trento*. Pamplona: Ediciones de la Universidad de Navarra, 1972. 4 v.

e às especificidades dos tribunais ibéricos. Primeiro, porque o Tribunal do Santo Ofício criado em Castela data de 1478, bem antes, portanto, da Reforma de 1517, e visava proteger os católicos contra judeus conversos e muçulmanos ou mouriscos há muito instalados na Península Ibérica. O Santo Ofício português, instaurado em 1536, seguiu os passos do primeiro e também teve por foco o judaísmo, proibido no reino por pressão da Espanha desde 1496. O tribunal italiano, criado em 1542, esteve voltado para os desafios do humanismo, mas logo alarmou-se com os avanços da Reforma Luterana, funcionando como o "único poder central em operação na Península Itálica". Apesar da ameaça protestante no coração da Europa, a Inquisição romana se manteve restrita à Itália[46], assunto que exige análise atenta à complexidade dos cenários religioso e político no tempo das Reformas.

## Reformas, confessionalização e política

Como já assinalado, houve um "Lutero antes de Lutero", nas palavras do historiador Lucien Febvre. Do mesmo modo, "houve luteranos antes de Lutero", afirmou Menendez y Pelayo[47]. Todavia, o Lutero reformador, frade e teólogo, construiu-se aos poucos. Crítico da Igreja de Roma, tornou-se líder da Reforma, ainda no singular. Há muita polêmica sobre se Lutero pretendia provocar tal ruptura. A própria *Confissão de Augsburgo*, de 1530, foi redigida por Melanchton, não por Lutero. Houve um momento *radical* na trajetória de Lutero, entre as "teses de Wittenberg", em 1517, e os textos de 1520 contra o papado, o clero e a doutrina oficial quanto à salvação da alma. Quando irrompeu a guerra entre os príncipes germânicos e o império, Lutero foi deixando a cena: "só sabia interessar-se por si mesmo, pela própria consciência e salvação..."[48], tornou-se melancólico e ébrio. Faleceu como homem humilde, em 1546, sem riqueza nem glória.

Lutero, porém, abriu o caminho para outros reformadores em várias partes da Europa e na própria Alemanha. Alguns clérigos, outros juristas, até mesmo reis, homens que, uma vez desafiada Roma por Lutero, logo se tornaram reformadores sem os dramas de consciência que atormentaram o frade agostiniano. Decorre disso, como vimos, a plêiade de *Confissões*, as ramificações da

46. Prosperi, Adriano. *Tribunais da consciência: inquisidores, confessores, missionários.* São Paulo: Edusp, 2013, p. 46-47.

47. Menendez y Pelayo, Marcelino. *Historia de los heterodoxos españoles. Op. cit.*

48. Febvre, Lucien. *Martinho Lutero, um destino. Op. cit.*, p. 322.

Reforma, as Reformas no plural: calvinismo, presbiterianismo, puritanismo, anglicanismo, anabatismo... Erigiram-se novas Igrejas cristãs, com maior ou menor apoio do poder secular. É nessa altura que convém tratar do conceito de confessionalização.

O fenômeno surgiu na Época Moderna, no caudal das Reformas. Como afirma Rui Luis Rodrigues,

> essas confissões de fé elaboradas no início do período moderno surgiram da necessidade, experimentada por todas as expressões nas quais se subdividiu a Cristandade ocidental ao longo do século XVI, de demarcar, cada uma, seu próprio campo de existência religiosa... O fiel, informado pela confissão que, pretendia-se, era aprendida a partir de rigorosa catequese, devia reconhecer-se como integrante de seu grupo confessional e, simultaneamente, ganhar clareza quanto aos equívocos das outras confissões[49].

A confessionalização implicou, portanto, uma adesão não apenas religiosa, mas também política, às autoridades que sustentavam a confissão em causa [↗ O papel estruturante da religião]. Quer isso dizer que a população de cada região tocada pelas reformas assumiu as novas doutrinas, abandonando de bom grado os sacramentos, exceto o batismo (o anabatismo rejeitou até mesmo este)? O processo foi lento e desigual, conforme o território e sua configuração política. A inquietação religiosa era coletiva, vivenciada pelas populações rurais e urbanas, mas as reformas foram impostas de cima para baixo. Em 1555, quando se acordou, em Augsburgo, que a religião do príncipe deveria ser adotada pela população de sua jurisdição, a confessionalização institucional dos Estados ganhou terreno propício.

A confessionalização foi, assim, um fenômeno político-religioso decorrente das reformas protestantes. Rui Luis Rodrigues, na trilha de Paolo Prodi, realça que o movimento de confessionalização foi plural, assim como foram as Reformas, levando ao surgimento de igrejas territoriais. Nas palavras de Prodi,

> quando o mundo da *christanitas* medieval entrou em crise, vários caminhos interligados levaram à era moderna, mapeando um leque de soluções concretas para a conturbada relação entre o poder e o sagrado: o caminho da religião cívico-republicana; o caminho que revive a monarquia como princípio sagrado; o caminho das igrejas territoriais; o caminho do catolicismo romano[50].

---

49. Rodrigues, Rui. Os processos de confessionalização e sua importância para a compreensão da história do Ocidente na primeira Modernidade (1530-1650). *Tempo*, v. 23, n. 1, 2017, p. 2-3.

50. Prodi, Paolo. Europe in the age of Reformation: the Modern State and confessionalization. *The Catholic Historical Review*, v. 103, n. 1, 2017, p. 14.

Prodi estabelece uma conexão importante entre confessionalização e Estados Modernos e, de fato, *antes de serem Estados nacionais, eles passaram a ser confessionais*, fossem monarquias poderosas, fossem repúblicas oligárquicas.

Entretanto, é preciso dizer que a "teoria da confessionalização" surgiu na historiografia alemã na década de 1970, visando "revisitar o papel do impacto confessional sobre a sociedade europeia na Primeira Modernidade"[51]. O debate centrava-se na tradicional discussão da historiografia alemã sobre as bases do Estado Moderno em contexto de unificação difícil e tardia. Os defensores do conceito, Wolfgang Reinhard e Heinz Schilling, seguiram as questões levantadas por outro alemão, Gerhard Oestreich, sobre as relações entre o disciplinamento social decorrente da obediência às Igrejas comandadas pelos príncipes e a estruturação política do Estados protestantes. Nessas regiões, o Estado teria se fortalecido a partir da crise das muitas igrejas locais e se beneficiado das transformações das estruturas sociais "disciplinadas" pelas práticas religiosas, crescentemente vinculadas também ao poder secular.

Vale indagar se houve um confessionalismo católico ou ele se restringiu aos territórios protestantes? Historicamente sim, houve Estados fidelíssimos a Roma, que proibiam outras confissões, perseguindo-as como heresias, como as monarquias ibéricas ou a francesa, no século XVI. Desse modo, Rui Luis Rodrigues afirma que a confessionalização católica "foi de natureza bem menos multifacetada, tendo em vista a centralização dogmática do catolicismo; mas ocorreu (no Concílio de Trento) e foi de caráter tão confessional quanto aquela observada nos grupos protestantes"[52].

O conceito de confessionalização, porém, está longe de ser consensual entre os historiadores. Thomas Kaufmann é um dos que discorda do conceito que, no seu entender, pulveriza o fenômeno da Reforma, reduzindo-a, por vezes, a uma dimensão paroquial, embora admita que a territorialidade, mesmo quando pequena, é característica do processo de Reforma ("culturas confessionais"). Reforma deve ser concebida no singular, segundo Kaufmann, argumentando tratar-se de um processo europeu em grande escala[53].

---

51. Rodrigues, Rui. Os processos de confessionalização e sua importância para a compreensão da história do Ocidente na primeira Modernidade (1530-1650). *Op. cit.*, p. 7-9.

52. *Ibid.*, p. 4.

53. Kaufmann, Thomas. Comment écrit-on une histoire de la Réforme?. *Op. cit.*, p. 31-50.

Seja como for, o termo tem sido cada vez mais utilizado pelos historiadores dedicados à Época Moderna. Trata-se de um conceito operativo, como sugere Prodi, para entender o caráter dos Estados nessa época, mas deve ser aplicado a partir dos diferentes contextos e temporalidades. Também, enfatizou a defesa da primazia do poder temporal sobre o espiritual nos assuntos seculares. Historicamente, no contexto específico, não foi uma apologia do poder das "monarquias absolutistas", senão da autoridade política e jurisdicional dos príncipes, em particular dos germânicos que apoiaram Lutero – feudatários, senhoriais.

Para concluir, procurou-se analisar o tema das Reformas religiosas entrelaçado às dinâmicas fundamentais da Época Moderna, com destaque para a profunda crise religiosa do período e suas relações com o processo de formação política dos Estados [↗ Sistemas políticos e estruturas de poder]. Nosso foco concentrou-se na religião e em seus desdobramentos sociais e políticos, para os quais o papel das Reformas pôde ser ambivalente, progressista e arcaico ao mesmo tempo, variando muito segundo as conjunturas históricas e os lugares onde ocorreu. Se o calvinismo, em uma de suas muitas versões e tal como analisado por Max Weber, formulou uma doutrina da salvação vinculada à valorização ética da riqueza material e do individualismo, no mundo católico o poder sobre as mudanças doutrinárias manteve-se nas mãos da Igreja Católica, sempre vigilante de todo e qualquer desvio ou propostas autônomas.

Como vimos, a dimensão institucional das mudanças implementadas pela Reforma de Lutero desdobrou-se em ramificações protestantes variadas no tempo e no espaço, assim como provocaram reações e o reforço da autoridade da Igreja nos Estados católicos. Revoltas e dissidências populares espalharam-se pela Europa e o disciplinamento religioso dessas populações cumpriu, especialmente em algumas regiões, papel importante na consolidação dos vínculos entre súditos, religião e poder político. Apesar dessas muitas dimensões a considerar, seguimos aqui as recomendações de Lucien Febvre, segundo as quais, para entender um evento histórico com a dimensão da Reforma, é preciso buscar, antes de todas as outras, motivações religiosas.

## Bibliografia comentada

Bloch, Ernst. *Thomas Münzer, teológo da Revolução*. Rio de Janeiro: Tempo Brasileiro, 1973.

Original de 1921, o livro do filósofo alemão, de orientação marxista, desenvolve a tese de Engels (1850) segundo a qual a guerra camponesa na Alemanha de 1525, no contexto da Reforma Luterana, foi uma "revolta plebeia", precursora do socialismo, oposta à "revolução burguesa" liderada por Lutero.

Cohn, Norman. *Na senda do milênio. Milenaristas revolucionários e anarquistas místicos na Idade Média*. Lisboa: Presença, 1981.

Original inglês de 1957, traça amplo panorama dos movimentos religiosos populares apoiados na tradição dos milenarismos místicos, entre a Idade Média e o início da Época Moderna, entre o norte e o centro da Europa.

Febvre, Lucien. *Martinho Lutero, um destino*. São Paulo: Três Estrelas, 2012.

Original em francês de 1928, o autor não considera o livro como uma biografia do reformador, senão uma opinião sobre Lutero, nada mais. A obra, porém, é mais que uma biografia ou reflexão opinativa. É livro fundamentado sobre a vida e o papel de Lutero na Reforma, combinando história e psicologia.

Delumeau, Jean. *Nascimento e afirmação da Reforma*. São Paulo: Pioneira, 1973.

Original em francês de 1967, trata-se de uma síntese sobre a história do cristianismo na Época Moderna. Estuda as causas das Reformas, as principais variantes do protestantismo, bem como a Contrarreforma. Contém vasta bibliografia, discute a cronologia e as polêmicas historiográficas até a década de 1960.

Hill, Christopher. *O mundo de ponta-cabeça. Ideias radicais na revolução inglesa*. São Paulo: Companhia das Letras, 1987.

Original inglês de 1972, identifica e analisa as diversas seitas e grupos radicais populares na Inglaterra revolucionária. A "revolta no interior da Revolução", na qual interpretações da Bíblia e projetos políticos e sociais se confrontaram, é um exemplo de abordagem da história cultural conduzida por Christopher Hill.

Jedin, Hubert. *Historia del Concilio de Trento*. Pamplona: Universidad de Navarra, 1972. 4 v.

Tradução do original alemão, publicado entre 1949 e 1975, considerado o estudo mais completo do importante concílio católico da Época Moderna. Trata-se de estudo crítico e inovador, superando abordagens confessionais que consideravam o Concílio apenas como uma resposta à Reforma protestante.

Lindberg, Carter. *História da Reforma*. Rio de Janeiro: Vida Melhor Editora, 2017.

> Original em inglês de 2017, o livro concebe o tema no plural, Reformas religiosas, apesar do título no singular. Expõe factualmente diversos movimentos reformadores, com destaque para o luteranismo e o calvinismo, e oferece um panorama historiográfico atualizado sobre o tema.

Prosperi, *Adriano. Tribunais da consciência*: *inquisidores, confessores, missionários*. São Paulo: Edusp, 2013.

> Original de 1996, reconstrói o processo de afirmação institucional do poder da Igreja Católica depois da Reforma na Itália a partir de três frentes: a criação e atuação do Tribunal de Inquisição Romana, a confissão como instrumento de controle e a ação missionária no interior da Itália e da Europa.

Tawney, Richard. *A religião e o surgimento do capitalismo*. São Paulo: Perspectiva, 1971.

> Original de 1926, a obra mescla a perspectiva marxista com a weberiana. Sustenta que a verdadeira reforma religiosa na Inglaterra tinha sido a puritana, não a anglicana. A burguesia rural (*gentry*) teria se agregado politicamente com base em um puritanismo incentivador do individualismo possessivo.

Weber, Max. *A ética protestante e o espírito do capitalismo*. São Paulo: Companhia das Letras, 2004.

> O livro do sociólogo alemão foi esboçado em 1904-1905. A primeira edição completa data de 1920, considerado um dos principais livros de Ciências Humanas do século XX. Nele, Weber sustenta que o calvinismo criou a base ética do capitalismo com a valorização do lucro, da disciplina e do trabalho. É que o autor chama de ascetismo laico, burguês.

# 15
# A nova ciência

*Andréa Doré*
*Thomás A. S. Haddad*

Escrevendo em 1950, o influente historiador britânico Herbert Butterfield (1900-1979), conservador e religioso, assim caracterizou a chamada "Revolução Científica" que teria ocorrido na Europa com maior intensidade nos séculos XVI e XVII:

> Na medida em que aquela revolução derruba a autoridade na ciência não apenas da Idade Média, mas também do mundo antigo [...], ela empalidece tudo o que ocorreu desde a ascensão do cristianismo e reduz o Renascimento e a Reforma ao nível de meros episódios [...]. Como ela altera o caráter das operações mentais habituais dos homens, ao transformar todo o diagrama do universo físico e a tessitura da própria vida humana, ela é tão evidentemente a verdadeira origem tanto do mundo moderno quanto da mentalidade moderna, que nossa habitual periodização da história europeia se torna um anacronismo e um estorvo[1].

A passagem revela, com eloquência incomparável, a dimensão agigantada que a associação entre ciência e Modernidade já vinha assumindo na Europa (e nos Estados Unidos) desde o período entreguerras, uma associação que já estava anunciada anteriormente, por exemplo na obra do sociólogo alemão Max Weber (1864-1920). Para Butterfield – e para incontáveis historiadores de outros matizes teóricos e político-ideológicos –, não havia dúvidas de que *a* característica distintiva da Época Moderna europeia, isto é,

1. Butterfield, Herbert. *The Origins of Modern Science, 1300-1800*. Londres: G. Bell, 1950, p. 7-8. Sobre a duradoura influência da perspectiva de Butterfield na historiografia da ciência, cf. Cunningham, Andrew; Williams, Perry. De-Centring the "big picture": the origins of Modern Science and the Modern origins of science. *British Journal for the History of Science*, v. 26, n. 4, 1993, p. 407-432.

aquela que realmente marcava a chegada de um novo período histórico, era o advento da assim chamada nova ciência de Nicolau Copérnico (1473-1543), Galileu Galilei (1564-1642) e Isaac Newton (1643-1627), e não "meros episódios" como o Renascimento ou a Reforma, ou, menos ainda, um evento como a tomada de Constantinopla pelas forças otomanas, em 1453. O nexo entre Modernidade e ciência servia como um espelho no qual todo tipo de historiador conseguia projetar suas preferências irreconciliáveis. Enquanto conservadores como Butterfield viam uma história de grandes *homens* e nobres intenções não maculadas pelas massas ignorantes, liberais identificavam na nova ciência o nascimento de uma subjetividade moderna baseada no livre pensamento e na livre associação entre indivíduos[2]. Já marxistas militantes, enxergavam-na em relação dialética com o capitalismo comercial [↗ Capitalismo], do qual a nova ciência era expressão superestrutural, mas também condição de possibilidade técnica, capaz de acelerar o aumento das forças produtivas até o ponto de ruptura revolucionário do modo de produção[3]. Historiadores portugueses, tanto intelectuais orgânicos do Estado Novo salazarista (1933-1974) quanto opositores perseguidos, reclamavam um papel de destaque para seu país na história da ciência – e, portanto, da própria Modernidade – pela via dos avanços promovidos na navegação e na cartografia[4]. Até mesmo reacionários antimodernos, como o filósofo alemão Martin Heidegger (1889-1976), compartilhavam da ideia de que Modernidade e ciência eram inextricáveis ao admitir que a culpa pelas mazelas que lamentavam em sua cultura era das novas formas de relação entre seres humanos e natureza ocasionadas pelo conhecimento científico[5].

Além de distinguir internamente a história europeia entre uma Época Moderna e tudo o que tinha vindo antes, a nova ciência, gestada em uma peculiar "revolução" não violenta e ocorrida ao longo de dois séculos, também cumpria o papel crucial de distinguir a própria Europa de todo o resto do planeta. A ideia, articulada claramente por Butterfield na passagem citada e

2. Sarton, George. *The History of Science and the New Humanism*. Nova York: Henry Holt, 1931.

3. Freudenthal, Gideon; McLaughlin, Peter. *The Social and Economic Roots of the Scientific Revolution: Texts by Boris Hessen and Henryk Grossmann*. Dordrecht: Springer, 2009 [1931-1935].

4. Fontoura da Costa, Abel. *A marinharia dos descobrimentos*. Lisboa: Agência Geral das Colónias, 1939; Barradas de Carvalho, Joaquim. *O Renascimento Português (em busca da sua especificidade)*. Lisboa: Imprensa Nacional/Casa da Moeda, 1980.

5. Herf, Jeffrey. *O modernismo reacionário: tecnologia, cultura e política na República de Weimar e no Terceiro Reich*. Campinas: Editora da Unicamp, 1993.

aceita de maneira não problemática por gerações de historiadores de todas as inclinações, é que se, de um lado, a marca distintiva do mundo moderno é a nova ciência, do outro, esse terá sido um fenômeno *exclusivamente* europeu. Assim, não se trata apenas de uma equação entre ciência e Modernidade, mas entre ambas e a própria Europa (ou o "Ocidente", por antonomásia). Mais uma vez, essa agora tripla equivalência é abraçada como natural pelos historiadores de meados do século XX sem questionamentos significativos pelo menos até a década de 1970. Ainda mais notável é que não só historiadores europeus e estadunidenses, mas também aqueles do outrora chamado "terceiro mundo" transformam a tríade Modernidade-ciência-Ocidente em uma espécie de princípio organizador de suas interpretações, seja para lamentar que a Revolução Científica – e a Modernidade – não ocorreu em seus países, seja para louvar (ou denunciar) a universalização (ou imposição) da ciência europeia moderna por todo o mundo.

Cabe perguntar, desde já, o que haveria de "novo" nessa ciência, deixando para mais tarde a questão mais espinhosa sobre o que haveria nela de "europeu" ou "ocidental". Não resta dúvida de que, na percepção dos próprios atores históricos da Europa da Época Moderna, realizava-se algo novo. Como sagazmente aponta o historiador italiano Paolo Rossi (1923-2012), "o termo *novus* [e seus equivalentes em línguas vernáculas] recorre, de forma quase obsessiva, no título de centenas de livros científicos publicados no decurso do século XVII"[6]. De fato, para ficarmos apenas em um punhado de exemplos mais conhecidos, temos o *Tractatus sive physiologia **nova** de magnete* (William Gilbert, 1600), a *Astronomia **nova*** (Johannes Kepler, 1609), o ***Novum** Organum* (Francis Bacon, 1620), os *Discorsi e dimostrazioni matematiche intorno a due **nuove** scienze* (Galileu Galilei, 1638) e o *Almagestum **novum*** (Giovanni Battista Riccioli, 1651). Sabemos que o fato de uma categoria ou noção fazer sentido para os atores não significa que deva ser endossada sem crítica pelos historiadores, mas a viva sensação de novidade é, em si, algo que não podemos descartar.

O que seria a novidade que esses "homens de ciência" (à falta de uma palavra melhor; o termo "cientista" só será inventado na Inglaterra na década de 1830, para designar um tipo social específico que começa a ser identificável por então)[7] associavam de forma tão consciente aos produtos do seu

6. Rossi, Paolo. *O nascimento da ciência moderna na Europa*. Bauru: Edusc, 2001, p. 92.

7. A palavra é empregada pela primeira vez, por escrito, por Whewell, William. On the Connexion of the Physical Sciences by Mrs. Sommerville. *The Quarterly Review*, v. 51, 1834, p. 54-68, aqui p. 59.

trabalho? Essa é uma questão absolutamente em aberto na historiografia e que já recebeu mais respostas do que podemos pretender discutir neste capítulo. Para alguns, o novo – o moderno – da ciência europeia dos séculos XVI, XVII e XVIII estaria em seus métodos inovadores, que teriam permitido um avanço inimaginável no conhecimento natural e na tecnologia e estariam presentes na ciência de hoje. Contudo, mesmo aqui o campo se divide: seria a ascensão do "método experimental" a verdadeira novidade? Ou a chamada "matematização" do estudo da natureza, isto é, a convicção, expressa por Galileu, de que "o livro do mundo" está "escrito em linguagem matemática e suas letras são triângulos, círculos e outras figuras geométricas"?[8] Variem-se as escolas historiográficas, variam-se as respostas para a pergunta sobre qual é a manifestação fundamental do novo, do moderno: perda de autoridade da religião diante da ciência[9], perda de autoridade dos clássicos diante da experiência direta[10], desencantamento do mundo e racionalização[11], materialismo e mecanização[12], ceticismo[13], novas formas de organização institucional da investigação da natureza[14], crescente imbricação entre o conhecimento natural e o funcionamento do Estado Moderno (inclusive para a realização de seus projetos coloniais)[15]... É impossível fazer jus a todos esses debates[16], mas podemos, no mínimo, tentar definir melhor qual é, afinal, o nosso objeto.

---

8. Galilei, Galileu. *Il Saggiatore*. Roma: Giacomo Mascardi, 1623, p. 25. Para uma discussão sobre o *locus* da novidade – experimento ou matemática –, cf. Clavelin, Maurice. A revolução galileana: revolução metodológica ou teórica. *Cadernos de História e Filosofia da Ciência*, v. 9, 1986, p. 35-44.

9. Cf. Westfall, Richard S. *Science and Religion in Seventeenth-Century England*. New Haven: Yale University Press. 1958.

10. Cf. Dear, Peter. *Discipline and Experience: The Mathematical Way in the Scientific Revolution*. Chicago: University of Chicago Press, 1995.

11. Cf. Josephson-Storm, Jason. *The Myth of Disenchantment: Magic, Modernity, and the Birth of the Human Sciences*. Chicago: University of Chicago Press, 2017. (Cap. 2: "Revenge of the Magicians").

12. Dijksterhuis, E. J. *The Mechanization of the World Picture*. Oxford: Oxford University Press, 1961.

13. Popkin, Richard H. *The History of Scepticism: From Savonarola to Bayle*. 3. ed. Oxford: Oxford University Press, 2003.

14. Merton, Robert K. Science, technology and society in seventeenth-century England. *Osiris*, v. 4, 1938, p. 360-632.

15. Cf. Keller, Vera. *Knowledge and the Public Interest, 1575-1725*. Cambridge: Cambridge University Press, 2015.

16. Para um apanhado historiográfico útil, cf. Cohen, Hendrik Floris. *The Scientific Revolution: A Historiographical Inquiry*. Chicago: University of Chicago Press, 1994.

## A história da ciência (moderna, europeia) é uma história de quê?

Arranjado e publicado em 1693 por Philippe Dubois (1636?-1703), o catálogo da biblioteca do arcebispo Charles Maurice Le Tellier (1642-1710) é um bom exemplo do conteúdo "típico" de uma coleção europeia de médio a grande porte na segunda metade do século XVII[17]. A organização proposta para os mais de 50 mil volumes acumulados pelo religioso, hoje localizados na Biblioteca Sainte-Geneviève da Universidade de Paris, revela muito sobre a classificação do conhecimento naquela quadra histórica. No nível mais geral, são cinco as grandes divisões em que qualquer livro deveria se encaixar: teologia e religião; direito civil e canônico; história; filosofia; letras[18]. Aparentemente, tudo aquilo que hoje identificamos de maneira intuitiva como "ciências" – ou pelo menos as nossas "ciências naturais", objeto principal deste capítulo – está fora da biblioteca do arcebispo, uma das maiores coleções do seu tempo. Qual seria a razão? Talvez, por gosto pessoal ou deformação profissional, ele não se interessasse pelo estudo dos corpos celestes, metais, plantas, animais, doenças e tantas outras coisas que associamos à noção, admitidamente vaga no momento, de ciência?

Colecionador ávido e ambicioso que era, parece bem improvável que Le Tellier não tivesse adquirido pelo menos algumas centenas, senão milhares de títulos dedicados a assuntos desse tipo, que eram, se quisermos dar crédito à ideia de que uma "Revolução Científica" de fato estava em pleno curso durante sua vida, verdadeiras paixões intelectuais para a maior parte dos eruditos europeus, assim como daqueles da América colonial. Com efeito, mergulhando um pouco mais no catálogo daquela notável biblioteca, começamos a encontrar as subdivisões das cinco grandes categorias e logo descobrimos que a filosofia consiste não só do que Dubois, o organizador e editor do catálogo, chama de suas "quatro partes usuais", isto é, lógica, política, ética e física (compreendida aqui não como o ramo da ciência que aprendemos hoje sob esse nome, mas

17. Sobre a importância desse catálogo, junto com o da biblioteca real e o da coleção da família aristocrática De Thou, para a consolidação da chamada "classificação dos livreiros de Paris", dominante na França por todo o século XVIII, cf. Neveu, Valérie. La place de la théologie dans les classifications bibliographiques françaises (XVIIe siècle-début du XVIIIe siècle). *In*: Sarrazin, Véronique; Marcilloux, Patrice; Grailles, Bénédicte; Neveu, Valérie (eds.). *Classer les archives et les bibliothèques*: *mise en ordre et raisons classificatoires*. Rennes: Presses Universitaires de Rennes, 2015, p. 139-160; sua influência na classificação das bibliotecas inglesas do século XVIII é ressaltada por Taylor, Archer. *Book Catalogues*: *Their Varieties and Uses*. Chicago: Newberry Library, 1957, p. 158.

18. [Dubois, Phillippe]. Ordo librorum huius bibliothecae, et ordinis ratio. *In*: *Id*. *Bibliotheca Telleriana, sive catalogus librorum bibliothecae illustrissimi ac reverendissimi D. D. Caroli Mauritii Le Tellier*. Paris: Typographia Regia, 1693.

como a investigação do ser e da mudança – também chamada de "filosofia natural"), mas também da história natural (o estudo das particularidades empíricas das plantas, animais e minerais), medicina (incluindo anatomia, cirurgia, farmácia e química) e matemática (geometria, astronomia e astrologia, música, arquitetura, pintura, escultura, e "artes náuticas e militares")[19].

O que o exemplo do catálogo da biblioteca de Le Tellier nos revela, de imediato, é que uma história das ciências na Época Moderna precisa confrontar, já de partida, o problema de que seu objeto mais óbvio – as várias disciplinas dedicadas, naquele tempo, à investigação da natureza – não possui, para os próprios atores históricos do período, contornos familiares para nós hoje em dia. É claro que algumas das divisões dessa particular classificação do conhecimento são, pelo menos à primeira vista, facilmente identificáveis: astronomia, plantas, animais e minerais, química – todas acionam representações que parecem reconhecíveis. Mas, por que a astrologia se encontra na lista? Por que pintura, escultura e música são parte da matemática, junto de "artes militares", ou a química integra a medicina? Já vemos que, para começar a responder à pergunta que dá título a esta seção, precisamos estar dispostos a aceitar que os campos disciplinares que hoje consideramos como componentes da ciência não se projetam nos séculos da Época Moderna sem distorções e interferências.

Na verdade, a própria palavra "ciência" tem, nas línguas europeias daquele tempo, um significado muito diferente daqueles que hoje são acionados por seu uso comum. Sobretudo o termo latino *scientia*, muito mais frequente em textos da época que cognatos vernáculos, designa algo bem específico. Nenhum lugar será melhor para buscar a definição de *scientia* do que um dos livros didáticos mais populares do século XVII na Europa e nas Américas: a *Logica Mexicana*, escrita pelo jesuíta Antonio Rubio (1548-1615), por volta de 1600, na Cidade do México. A obra viria a ser publicada em pelo menos dezoito edições diferentes. Sendo um comentário detalhado aos tratados lógicos de Aristóteles, o texto de Rubio ganhou fama – e amplo mercado – ao ser adotado em vários colégios de sua ordem religiosa (sabemos, por exemplo, que um dos mais famosos ex-alunos dos jesuítas, René Descartes, foi leitor da obra). Logo no início do texto, já nos diz Rubio: "Aqui, *scientia* será tomada em seu sentido próprio, isto é, como conhecimento certo obtido por demonstrações"[20]. Em outras palavras, *scientia* é o conhecimento que é

19. *Ibid.*, tábua de matérias.

20. Rubio, Antonio. *Logica Mexicana*. Paris: Sebastién Chappelet, 1615, p. 4. (A primeira edição é de Alcalá, 1603).

verdadeiro ("certo") por ser dedutível, por meio de operações lógicas ("demonstrações"), de princípios também verdadeiros (essa parte é omitida na definição de Rubio, porque é o próprio fundamento da lógica).

É assim que, na Europa e nos mundos coloniais europeus do período, a teologia é considerada a *scientia* mais sólida, tendo em vista que seus princípios de base são absolutamente livres de qualquer dúvida, por terem origem na revelação divina. Mas o que dizer de algo como a história natural, que poderíamos ser tentados a enquadrar como "precursora" da biologia e da geologia de hoje? Existe algum princípio seguro, logicamente desdobrável em demonstrações, que permita prever, por exemplo, quais plantas e quais metais preciosos podem ser encontrados em cada parte do globo? Para alguns eruditos da Época Moderna, haveria sim princípios que organizariam e tornariam inteligível a distribuição dos objetos naturais pelo planeta, fazendo da história natural uma verdadeira *scientia*: por exemplo, a ideia de que a Terra era dividida em faixas latitudinais ("climas") com diferenças marcantes de temperaturas e umidades, supostamente uma consequência necessária da própria configuração do cosmos, teria como resultado que certas regiões seriam absolutamente inabitáveis, outras seriam ricas em certo metal ou acolhedoras para animais de determinado porte etc. No entanto, para outros eruditos, particularmente depois da confirmação da habitabilidade da "zona tórrida" [↗Uma nova geografia], era vão esperar que o conhecimento histórico-natural pudesse ser mais que o inventário das particularidades infinitas dos seres vivos e do mundo mineral, não havendo nenhum princípio de base confiável – e, portanto, a história natural não seria uma *scientia* (ainda que seja, evidentemente, objeto de investigação da historiografia da ciência moderna).

Por falar na confiabilidade dos princípios – deixando de lado o problema anterior da sua existência mesma –, as opiniões também divergiam imensamente: um princípio estabelecido pela experiência é menos sólido que um advindo, digamos, da matemática? Quando o cosmógrafo real de Portugal, Pedro Nunes (1502-1578), escreve em 1537 que sempre foi "tão escrupuloso em misturar com regras vulgares desta arte [de navegar], termos e pontos de ciência, de que os pilotos tanto se riem, que andei sempre pejado [isto é, envergonhado]", ele parece estar se desculpando exatamente por ter colocado no mesmo patamar a empiria dos pilotos, que só pode fornecer "regras vulgares", e o conhecimento certo e demonstrativo da cosmografia, que era o seu domínio. Com efeito, Nunes está se referindo nessa passagem a um livro que compusera anteriormente, com algum embaraço, "sobre certas dúvidas [de navegação] que trouxe Martim Afonso de Sousa quando veio do Brasil", às quais o cosmógrafo respondeu explicando "não somente coisas práticas da arte de navegar, mas ainda pontos de geometria e da parte teórica"[21]. O fato é, pois, que da *scientia* universal ao particular e contingente, das verdades demonstrativas às regras e observações nascidas da experiência, existe uma espécie de hierarquia epistemológica fundada sobre a certeza dos princípios de base (que poderiam ir desde aqueles absolutamente seguros, vindos da revelação, até os discutíveis, resultantes, por exemplo, de observações empíricas) e do quanto eles se prestariam para ser submetidos a desdobramentos lógicos. Entre esses extremos, encontram-se todos os conhecimentos reconhecidos como legítimos pela Época Moderna europeia e da América colonial.

Retornemos agora à biblioteca do arcebispo Le Tellier. Ali, a "filosofia" certamente inclui disciplinas consideradas, na época, exemplos de *scientia*, tais como a filosofia natural, que definimos anteriormente, mas não só: ela inclui também temas cujo *status* epistemológico é disputado, como a história natural e a medicina, além de "artes" subordinadas à matemática, como a arte de navegar. Mas seria um erro pensar que, apenas porque nesse catálogo particular a filosofia acolhe tantos temas, os indivíduos reais que produzem todos esses tipos de conhecimentos são homogeneamente vistos como "filósofos". Antes, na prática social, eles são profundamente diferentes entre si: vão de médicos diplomados a cirurgiões e "barbeiros" práticos, de alquimistas a boticários, de pilotos de navios a engenheiros militares, de professores universitários de filosofia a professores universitários de matemática (que possuem *status* distinto). De fato, contra definições excessivamente expansivas da "filosofia" – algumas ainda mais que esta do organizador do catálogo da biblioteca de Le Tellier – um autor como o médico e alquimista Daniel Sennert (1572-1637) perguntava indignado: "Quem é que ousa contar ferreiros, carpinteiros, marceneiros, tecelões e outros tais artesãos entre os filósofos?!"[22]. Em outras palavras, as hierarquias epistemológicas estão ligadas a hierarquias sociais concretas, ou, mais precisamente, a *disputas* em torno do *status* de diferentes grupos, cada um dos quais fundando a credibilidade do conhecimento que produz em bases muito variadas. Essas hierarquias iam desde o domínio da opinião de um vasto rol de autoridades antigas sobre certo assunto até a experiência prática com ele; da capacidade de empregar

21. Nunes, Pedro. Tratado que ho doutor Pero Nunez Cosmographo del Rey nosso senhor fez em defensam da carta de marear. *In*: *Id*. *Tratado da sphera com a theorica do Sol e da Lua [...] tirados novamente de latim em lingoagem pello Doutor Pero Nunez*. Lisboa: Germão Galharde, 1537, sig. B.

22. Sennert, Daniel. *Thirteen Books of Natural Philosophy*. Londres: Peter Cole, 1665, p. 3.

técnicas matemáticas para investigar determinado problema à habilidade de realizar experimentos controlados a seu respeito; da apresentação de uma demonstração supostamente irrefutável à apresentação de uma infinidade de exemplos. Na verdade, a credibilidade epistêmica de um indivíduo da Época Moderna pode até mesmo se fundar sobre sua honra pessoal (com tudo o que isso tem de social, evidentemente) ou ainda sobre sua possibilidade de arrolar testemunhas que lhe deem fé ou patronos que lhe confiram autoridade (quase invariavelmente mencionados em folhas de rosto, epístolas dedicatórias, prefácios e outros dos chamados "paratextos" – isto é, tudo o que está fora do texto principal – das obras impressas) [↗ O mundo dos impressos].

O que vimos até agora mostra que qualquer tentativa de capturar o objeto da historiografia da ciência a partir de recortes disciplinares baseados em hábitos classificatórios do presente será muito problemática: não há qualquer equivalência simples entre o que chamamos de "ciência" e o que se chamou *scientia*, ou as muitas coisas que se chamaram "filosofia". A história da química não pode se separar da história da medicina, nem da alquimia (isto é, a teoria e "arte" do melhoramento da matéria); a história da astronomia andará sempre ao lado da astrologia; a história da matemática será "pejada" (como Pedro Nunes) por coisas do mundo prático. Em vão procuraremos "cientistas" ou "filósofos": os primeiros, porque simplesmente não existiam; os últimos, porque são uma categoria tão instável e disputada quanto a própria "filosofia" – uma categoria que poderá, ou não, incluir astrônomos-astrólogos, matemáticos, arquitetos, pintores, médicos, alquimistas, cosmógrafos e – em que pese a indignação de Daniel Sennert, que acabamos de mencionar – por que não ferreiros, carpinteiros, parteiras, herbolárias e benzedeiras? Por muito tempo a historiografia da ciência quis, de modo completamente arbitrário e, pior, a-histórico, eleger seus temas e personagens a partir do presente, o que esperamos já ter demonstrado que é insustentável. É exatamente por isso que talvez seja mais apropriado começarmos logo a pensar que a história da ciência é, no fundo, uma história ampliada do próprio conhecimento e de seus agentes[23].

---

23. O problema do objeto da história da ciência é discutido, entre muitos outros, por Canguilhem, Georges. L'objet de l'histoire des sciences. *In*: *Id*. *Études d'histoire et de philosophie des sciences concernant les vivants et la vie*. Paris: Vrin, 1968, p. 9-23; Cunningham, Andrew. Getting the game right: some plain words on the identity and invention of science. *Studies in History and Philosophy of Science*, Part A, v. 19, n. 3, 1988, p. 365-389; Dear, Peter. Science is dead; long live Science. *Osiris*, v. 27, 2012, p. 37-55; Wilson, Adrian. Science's imagined pasts. *Isis*, v. 108, n. 4, 2017, p. 814-826.

Mas se uma organização da história da ciência – aliás, do conhecimento – na Época Moderna baseada em temas (o que se conheceu?) ou em agentes (quem conheceu?) está sempre flertando com o anacronismo, qual será a alternativa? O jesuíta português Sebastião do Couto (1567-1639) pode nos ajudar. Professor no colégio de Coimbra, anexo à universidade, Couto foi um dos autores do monumental *Cursus Conimbricensis*, oito volumes de comentários à totalidade da obra aristotélica que são, a um só tempo, um ponto culminante e um arauto do declínio da chamada "segunda escolástica", isto é, o movimento de retomada e reinterpretação da filosofia medieval que ocorre nos séculos XVI e XVII (não deixa de ser notável que, mais de dois séculos depois, Karl Marx (1818-1883) ainda fará menções a volumes desse curso em sua obra). O que fizemos até esse ponto, reinterpretado de acordo com as categorias expostas por Couto, foi tentar distinguir o conhecimento em função dos seus temas (o que ele chama de *ratione rerum*) ou em função da sua hierarquia epistemológica (*ordine dignitatis*), a qual é, para nós, admitidamente inseparável das disputas entre agentes. Contudo, o jesuíta português nos dá uma terceira opção, que é distinguir as diferentes formas de conhecimento em função das suas finalidades (*ratione finis*)[24]. Para entender o que significa essa maneira de pensar as diferentes formas de conhecimento, melhor que mergulharmos no latim escolástico de Couto é recorrermos à explicação cristalina das historiadoras da ciência Katharine Park e Lorraine Daston:

> A divisão do conhecimento humano mais genericamente aceita na Europa da Época Moderna se baseava não em seus temas (por exemplo, seres vivos *versus* inanimados), nem nos métodos empregados (por exemplo, experimentação em laboratórios *versus* o estudo de textos em bibliotecas ou em salas de aula), mas sim na avaliação de se determinado conhecimento servia a propósitos que eram "especulativos" (isto é, teóricos), "práticos" (isto é, conducentes a uma vida boa e útil), ou "factivos" (isto é, relacionados à produção de objetos nas várias artes e ofícios)[25].

24. [Couto, Sebastião do]. *Commentarii Collegii Conimbricensis e Societate Iesu, in universam Dialecticam Aristotelis Stagiritae*. Coimbra: Diogo Gomes de Loureiro, 1606. Quaestiones II e III.

25. Park, Katharine; Daston, Lorraine. Introduction: the age of the new. *In*: *Id*. (eds.). *The Cambridge History of Science*. Cambridge: Cambridge University Press, 2006, p. 1-20, aqui p. 6 v. 3: Early Modern Science; cf. também Haddad, Thomás A. S. O "prático" e o "especulativo" na cosmografia em Portugal em tempos de Francisco de Holanda. *Revista Diálogos Mediterrânicos*, v. 15, 2018, p. 127-143.

A dimensão de *finalidade* é patente: o conhecimento especulativo é um fim em si mesmo, o prático visa ao bem comum e o factivo supre as necessidades materiais. A essa tríplice divisão (a saber: conhecimentos especulativos, práticos e factivos) corresponderam, ao longo da Época Moderna e em espaços europeus muito diversos, valorações sociais profundamente mutáveis. Parte considerável da historiografia das ciências modernas europeias produzida no século XX, e ainda muito influente, pode ser apreendida como uma arena em que se confrontam diferentes teses sobre as mudanças na relação entre as três categorias apontadas por Park e Daston como as mais importantes para compreender as dinâmicas do conhecimento no período. Essas teses pretenderam identificar as causas "externas" – isto é, sociais e históricas – pelas quais os praticantes de uma ou outra forma de conhecimento estiveram apartados ou colaboraram, foram mais ou menos apreciados por seus contemporâneos, lograram reproduzir-se socialmente como grupos ou mesmo institucionalizaram suas práticas. A história do conhecimento moderno compreenderia, então, as imagens de mundo que produziram, ora mais especulativas, ora mais práticas (no sentido ético apontado pelas autoras) ou de intervenção material; as formas como as produziram (pelo trabalho intelectual ou manual, pela coleta de informações de campo, pela produção artificial de fenômenos naturais em laboratórios); os quadros sociais e institucionais que delimitaram seus raios de atuação (as restrições de gênero e origem social, as questões religiosas, a fidelidade a patronos e pátrias, o pertencimento a corporações, academias e universidades); os mecanismos pelos quais transmitiram as representações que criaram (impressos e correspondências manuscritas, produtos comercializáveis, procedimentos, instituições educativas); e as maneiras pelas quais reclamaram credibilidade social e epistêmica para essas representações. Na verdade, essa generosa definição, ainda ampla ao ponto de arriscar até descaracterizar o objeto, pode servir como guia também para uma história do conhecimento menos eurocêntrica e menos limitada cronologicamente. Exceto pela grande divisão entre conhecimento especulativo-prático-factivo, válida especificamente para a Europa da Época Moderna, essa definição é boa porque levanta temas que podem ser identificados em outras sociedades e outros tempos.

## Algumas interpretações gerais sobre o advento da nova ciência na Europa

Como mencionamos de passagem na seção anterior, uma parcela significativa da historiografia da ciência moderna na Europa consiste em grandes "teses" que buscam identificar as causas sociais de alterações no balanço e na hierarquia entre as três categorias de conhecimento identificadas por Park e Daston. Além de localizar as causas, essas teses também procuram, em diferentes graus, avaliar as consequências dessas alterações sobre os conteúdos e as formas do conhecimento resultante, sobre seus quadros institucionais de produção e disseminação, sobre os critérios de validação e credibilidade. Veremos, nesta seção, três das mais influentes dessas teses. É importante dizer que elas foram produzidas muito antes da ascensão, na verdade bastante recente, da ideia já exposta de que pode ser preferível pensarmos em termos de uma história do conhecimento, mais que da ciência. Assim, no restante desta seção, devemos ter em mente que os objetos empíricos em que essas teses se basearam, e muitas das discussões que geraram ao longo de décadas, estão demarcados por recortes disciplinares mais tradicionais.

A primeira foi proposta pelo sociólogo estadunidense Robert Merton (1910-2003) na década de 1930[26]. Para Merton, o motor do aparecimento da "ciência moderna" teria sido uma forma particular da piedade protestante surgida na primeira metade do século XVII no norte da Europa que valorizava, acima de tudo, a "vida boa e útil" mencionada por Park e Daston, a meio caminho entre o conhecimento especulativo e o factivo. Compreender a criação divina e produzir transformações e objetos úteis seriam atividades inseparáveis em uma vida de retidão religiosa e, por isso mesmo, seriam atividades socialmente valorizadas e promovidas. A investigação do mundo natural por meio de um engajamento direto com as coisas – isto é, a experimentação –, vista como uma forma superior de louvor a Deus, teria levado ao aparecimento desse espaço de manipulação controlada da natureza que é o laboratório, supostamente o local por excelência de produção do conhecimento científico moderno, com seus instrumentos e técnicas de mensuração.

Para Merton, mais importante ainda é a ideia de que a própria empreitada de produção do conhecimento deveria ser moldada na eclesiologia tida

26. Merton, Robert K. Science, technology and society in seventeenth-century England. *Op. cit.* Cf. também Shapin, Steven. Understanding the Merton Thesis. *Isis*, v. 79, n. 4, 1988, p. 594-605.

como verdadeira pelos grupos identificados por ele como portadores daquela piedade de traços específicos (majoritariamente puritanos ingleses e pietistas germânicos). Como a boa Igreja, a busca do conhecimento natural deveria ser coletiva, sem nenhuma autoridade central, sem diferença ou hierarquia entre os participantes, baseada na partilha dos resultados e no seu debate organizado e respeitoso e livre de interesses que não fossem a retidão da vida. Para Merton, essas "normas" impressas por uma forma específica de religiosidade à investigação da natureza permitiriam sua coletivização e institucionalização social, responsáveis pela possibilidade, até então inédita, de uma acumulação progressiva e organizada de conhecimento. Aqui estaria a verdadeira Modernidade da ciência europeia do século XVII: muito mais que novos métodos ou teorias, tratava-se de um novo *ethos* que animava formas de sociabilidade antecipando, em décadas ou séculos, a democracia liberal meritocrática e impessoal.

Vale notar que a relação causal estabelecida por Merton entre o que podemos chamar, em suma, de uma ética religiosa e uma ética de produção do conhecimento natural, ambas tidas como caracteristicamente modernas, é uma extensão da famosa tese de Max Weber sobre a relação entre o protestantismo e o capitalismo [↗ Reformas religiosas]. Talvez seja justamente essa filiação weberiana que ajude a explicar como a tese de Merton, apesar de propor uma associação positiva entre religião e ciência moderna – em oposição frontal a uma narrativa bastante comum que enxerga na primeira um obstáculo, e não um estímulo, ao desenvolvimento da segunda – encontrou ampla aceitação. Além disso, certamente ajudou o fato de Merton não ter sugerido qualquer influência religiosa nos conteúdos científicos, mas apenas na formação de uma "atitude", por assim dizer, e de uma sociabilidade propícias ao avanço do conhecimento natural no norte da Europa (em oposição ao catolicismo repressor que teria bloqueado o crescimento da ciência na Península Ibérica ou na Península Itálica após a condenação de Galileu pela Inquisição, por exemplo).

Outra tese de enorme influência foi delineada pelo historiador austríaco emigrado para os Estados Unidos, Edgar Zilsel (1891-1944), em fins da década de 1930 e princípios da década seguinte. Ele quis identificar, ao longo dos séculos XVI e XVII, na melhoria do *status* social de artesãos e oficiais – ao menos os praticantes de "artes superiores", como pintores, engenheiros e fabricantes de instrumentos – a condição de possibilidade de um intercâmbio entre esses indivíduos e filósofos, médicos universitários e humanistas, isto é, produtores de conhecimento especulativo baseado na opinião recebida das antigas autoridades. O pano de fundo da aproximação entre "especulativos" e "factivos", para Zilsel, é o próprio capitalismo em formação na Europa, que tornou inevitável uma reavaliação positiva de parte do trabalho produtivo manual, objeto, até então, de desprezo. Igualmente importante teria sido o "espírito quantificador" do capitalismo mercantil, com sua tendência a representar a realidade em termos de balanços, receitas, despesas e taxas de conversão[27].

Dessa aproximação teriam nascido, de acordo com Zilsel, novas práticas sociais de tipo "sintético", capazes de unir nos mesmos indivíduos ou grupos um impulso de teorização e uma habilidade de intervenção no mundo natural que teriam levado, em última instância, ao surgimento do laboratório. Pelo exame detalhado dos experimentos magnéticos do médico inglês William Gilbert (1544?-1603), que exigiram um "corpo-a-corpo" com a matéria antes impensável para um indivíduo do seu estado, Zilsel identifica que a abertura para a incorporação, pela teoria, de novos e possivelmente inesperados dados da experiência teria desferido um golpe mortal na obediência às antigas autoridades, decisivo para a ascensão da nova ciência. Além disso, o intercâmbio com praticantes, como engenheiros, acostumados a aplicar regras quantitativas de origem empírica em seu ofício, teria aberto caminho para o surgimento de outra característica distintiva da ciência moderna, que é a expressão de regularidades da natureza por meio de leis matemáticas. Ainda que isso estivesse nitidamente presente já na astronomia e em partes da mecânica da Antiguidade e da Idade Média, sua generalização para outros ramos do conhecimento natural, culminando na síntese newtoniana de fins do século XVII (que será tomada como o modelo mais perfeito de investigação da natureza pelo Iluminismo [↗ O Iluminismo]), é vista por Zilsel como confirmação da sua tese de que algo profundamente novo emerge daquela mudança social.

Alguns historiadores sustentam que, antes mesmo do aparecimento do laboratório experimental e do impulso de quantificação da natureza,

27. Zilsel, Edgar. *The Social Origins of Modern Science*. Dordrecht; Boston; Londres: Kluwer Academic, 2000 [1939-1942]. Uma crítica importante é Hall, A. R. The scholar and the craftsman in the Scientific Revolution. *In*: Clagett, Marshall (ed.). *Critical Problems in the History of Science*. Madison: University of Wisconsin Press, 1962, p. 3-24. Retomadas recentes da tese de Zilsel são: Smith, Pamela H. *The Body of the Artisan: Art and Experience in the Scientific Revolution*. Chicago: University of Chicago Press, 2004; e Long, Pamela O. *Artisan/Practitioners and the Rise of the New Sciences, 1400-1600*. Corvallis: Oregon State University Press, 2011.

a aproximação entre produtores de conhecimento especulativo e factivo já teria se efetivado no contexto das grandes navegações ibéricas, ocasionando transformações duradouras nas estruturas institucionais da produção de conhecimento natural e nos próprios conteúdos desse conhecimento. É o que sustentam Henrique Leitão e Antonio Sánchez, ao sugerir que a empresa marítima centralizada pelas Coroas de Espanha e Portugal tornou inevitável a aproximação de matemáticos e cosmógrafos, de um lado, e "gentes do mar", como pilotos e construtores navais, de outro, para a realização de um propósito comum imposto por seus soberanos. Isso teria aberto caminho para inovações caracteristicamente "modernas" na cartografia, na astronomia, na náutica e na imaginação geográfica. A navegação oceânica teria ensejado o surgimento de instituições igualmente vistas como modernas, como aulas náuticas e os exames de pilotos aplicados pelo cosmógrafos-mores, dedicadas ao treinamento e à regulação da atividade de novos tipos sociais capazes de mesclar, em sua prática, teoria e empiria. Essas mesmas instituições teriam, ainda, dado origem a uma infraestrutura informacional própria da nova ciência, na medida em que desenvolveram arquivos e práticas de processamento e validação de informação empírica em volume inédito até então, como exemplificado pela Casa de Contratación de Sevilha[28].

A última "grande tese" sobre o advento da Modernidade científica na Europa que queremos expor está associada ao nome da historiadora inglesa Frances Yates (1899-1981), ainda que as contribuições da historiografia italiana, sobretudo de Paolo Rossi e da escola de Eugenio Garin (1909-2004), também sejam fundamentais[29]. A própria autora não formulou como tal aquilo que viria a se consagrar como "tese de Yates", mas a historiografia se encarregou de enxergar em sua obra uma proposta de interpretação com esse

28. Leitão, Henrique; Sánchez, Antonio. Zilsel's Thesis, maritime culture, and Iberian Science in Early Modern Europe. *Journal of the History of Ideas*, v. 78, n. 2, 2017, p. 191-210. Uma crítica encontra-se em Haddad, Thomás A. S. Cosmografia e cultura escrita na Monarquia Hispânica: apontamentos para uma história política. *In*: Fleck, Eliane Cristina Deckmann; Dillman, Mauro (eds.). *Escritas e Leituras*: *temas, fontes e objetos na Iberoamérica, séculos XVI-XIX*. São Leopoldo: Oikos/Editora Unisinos, 2017, p. 17-42. Sobre o desafio do processamento da informação empírica no Império Espanhol, são fundamentais Brendecke, Arndt. *Imperium und Empirie*: *Funktionen des Wissens in der spanischen Kolonialherrschaft*. Colônia: Böhlau, 2009; e Portuondo, María M. *Secret Science*: *Spanish Cosmography and the New World*. Chicago: University of Chicago Press, 2009.

29. Rossi, Paolo. *Francesco Bacone. Dalla magia alla scienza*. Bari: Laterza, 1957; de Garin, cf., sobretudo, Garin, Eugenio. Magia e astrologia nella cultura del Rinascimento. *Belfagor*, v. 5, 1950, p. 657-667.

alcance geral[30]. A ideia fundamental – não da própria Yates, vale insistir – é que a ciência moderna seria resultado direto da influência e apropriação de motivos herméticos, ocultistas e da prática da chamada magia natural por figuras centrais da "Revolução Científica", a começar por Copérnico, cujo livro de 1543 sobre a ordenação e os movimentos dos corpos celestes, contendo a famosa proposta heliocêntrica, é habitualmente tomado como o disparo que dá início à suposta revolução. Essa apropriação se estenderia até Newton e seu *Principia mathematica*, publicado em 1687, com a exposição das leis do movimento e da gravitação universal – coincidentemente tido como o encerramento triunfante da revolução[31].

E qual terá sido a influência da magia e do hermetismo sobre a ciência moderna europeia? A pergunta em si mesma já contraria muitas expectativas sobre a Modernidade científica, que seria justamente um processo de "libertação" racional dos antigos temas e práticas do ocultismo místico [↗ Renascimento e Humanismo]. Para Yates, não é isso que ocorre e, mesmo que não eleve sua resposta ao nível de uma explicação geral das condições de surgimento e dos conteúdos da ciência moderna, ela oferece exemplos detalhados daquela que teria sido, em sua interpretação, a influência do ocultismo. Há um núcleo comum a esses exemplos, com duas facetas interligadas. Em primeiro lugar, a tradição hermética, irradiada a partir da Itália no século XV, sobretudo por conta da vertiginosa disseminação da imprensa [↗O mundo dos impressos], teria conferido a seus adeptos – justamente os protagonistas da "Revolução Científica" – a firme certeza da existência de uma ordem oculta em todas as coisas, uma ordem racional e intelectualmente apreensível (a dimensão especulativa) se procurada com os instrumentos corretos. E, em segundo lugar, essa ordem oculta poderia ser manipulada para alterar o que se conhecia como o "curso ordinário da natureza", para produzir efeitos chamados de "preternaturais" – não milagres, reservados exclusivamente à intervenção divina (ou, no caso de falsos milagres, à ação demoníaca), mas

30. Yates, Frances A. *Giordano Bruno and the Hermetic Tradition*. Londres: Routledge e Kegan Paul, 1964. Uma crítica à rápida transformação (e talvez até deturpação) dos argumentos de Yates em uma "tese", está em Schmitt, Charles B. Reappraisals in Renaissance Science. *History of Science*, v. 16, 1978, p. 200-214; para uma apreciação recente, cf. Giglioni, Guido. Who is afraid of Frances Yates? *Giordano Bruno and the Hermetic Tradition* (1964) fifty years later. *Bruniana & Campanelliana*, v. 20, n. 2, 2014, p. 421-432.

31. A exposição clássica da presença de temas herméticos na obra de Newton não é de Yates, mas de McGuire, James E.; Rattansi, Pyo M. Newton and the "Pipes of Pan". *Notes and Records of The Royal Society*, v. 21, n. 2, 1966, p. 108-143.

simplesmente resultados inesperados, admiráveis ou prodigiosos produzidos por meio de uma "arte operativa": a arte da magia natural (a dimensão factiva)[32]. Segundo Yates, a conexão entre essas duas facetas seria ainda mais profunda. Os adeptos teriam identificado como um verdadeiro mandado central do hermetismo a busca por compreender e daí operar magicamente no mundo para melhorá-lo (a dimensão prática, associada à vida boa e útil) e o nome disso não seria outro senão ciência moderna.

## Os mitos de origem: a astronomia nova e a Revolução Científica

Devemos agora enfrentar mais diretamente aqueles que são, em sentidos muito fortes, os "mitos de origem" da historiografia da ciência *moderna* e *europeia*. Destacamos as duas últimas palavras, porque esses "mitos", inextricáveis um do outro, cumprem justamente o papel de demonstrar a suposta ruptura numa historicidade interna da própria Europa, inaugurando sua Modernidade e também a suposta singularidade desse espaço em relação a todo o resto do mundo. Vejamos, em primeiro lugar, como o advento da astronomia copernicana em meados do século XVI cumpre essa função e quais são os problemas dessa narrativa.

A astronomia da Europa da Época Moderna tem sido, desde os primórdios da formação de um campo historiográfico especificamente dedicado às ciências (um processo longo, que vai pelo menos da virada do século XX até o imediato pós-Segunda Guerra), *o* objeto privilegiado de investigação e uma espécie de campo de provas das abordagens, metodologias e teorias desenvolvidas pelos praticantes. A própria cronologia habitual da "Revolução Científica", como já mencionamos anteriormente, é inteiramente baseada em marcos associados à astronomia: um longo percurso inaugurado pelo heliocentrismo de Copérnico e encerrado pela gravitação de Newton. Entre um e outro, encontramos figuras como Tycho Brahe (1546-1601), Johannes Kepler (1571-1630) e Galileu, a perseguição do último pela Inquisição romana, o surgimento de um instrumento (revolucionário?) como o telescópio, a fundação dos observatórios reais (e rivais) de Paris (1666) e Greenwich (1676). Verificam-se a derrocada não só do modelo geocêntrico de Ptolomeu

32. Cf. Clark, Stuart. *Pensando com demônios. A ideia de bruxaria no princípio da Europa moderna.* São Paulo: Edusp, 2020. (Cap. 14: Magia Natural); e Copenhaver, Brian P. Natural Magic, Hermetism, and Occultism in Early Modern Science. *In*: Lindberg, David C.; Westman, Robert S. *Reappraisals of the Scientific Revolution*. Cambridge: Cambridge University Press, 1990, p. 261-301.

para a ordenação dos planetas, mas também do aristotelismo como teoria viável para o mundo natural como um todo; flagramos missionários jesuítas prevendo matematicamente a data de eclipses futuros para impressionar o imperador chinês, o aparecimento de mapas com longitudes determinadas a partir da observação dos movimentos dos satélites de Júpiter, o declínio (suposto) da astrologia, especulações sobre a existência de vida em outros planetas e debates sobre a possível infinitude do Universo. De fato, parece que nenhum tema relevante para a história da ciência fica de fora desse arco que vai de Copérnico a Newton e que há espaço para todas as preferências: história das ideias, da religião, da cultura material, das instituições. Há algo para todos e, nesse sentido, a concentração de interesse historiográfico na nova astronomia não é necessariamente um problema[33].

No entanto, temos de considerar as condições práticas da recepção da historiografia da astronomia do período pelo campo da História Moderna em geral, bem como pela educação básica. É o diálogo consideravelmente limitado entre áreas que está na raiz da permanência de várias distorções importantes, a começar por muitas distorções relacionadas à natureza da realização intelectual de Copérnico e dos copernicanos que se seguiram. É impossível cobrir todos os exemplos, mas alguns mais significativos merecem menção, porque mostram que, mesmo para os historiadores que defendem que a teoria copernicana foi uma novidade radical, o que ela teve de novo não está naquilo em que comumente se pensa. Em primeiro lugar, ao propor que seria o Sol, e não a Terra, o corpo estático próximo do centro do Universo, Copérnico *não* chocou seus contemporâneos (ou melhor, o pequeno número daqueles que se interessaram por seu livro) por ter tirado nosso planeta de uma posição mais nobre. Pelo contrário, a consideração de que a região central do cosmos era a mais ignóbil e corrupta, e assim a mais adequada para nosso mundo de desolações, era uma doutrina bem aceita desde a Idade Média[34].

Copérnico também não apresentou nenhuma razão observacional ou matemática incontestável para sua operação. Na verdade, ele precisou invocar tantos argumentos arbitrários para justificar o sistema heliocêntrico

---

33. A bibliografia é impossivelmente vasta para qualquer cobertura adequada, mas um ponto de partida proveitoso é Donahue, William. Astronomy. *In*: Park, Katharine; Daston, Lorraine (eds.). *The Cambridge History of Science*. *Op. cit.*, p. 562-594.

34. Cf. Danielson, Dennis. *Paradise Lost and the Cosmological Revolution*. Cambridge: Cambridge University Press, 2014. (Cap. 7: “Planet Earth”).

e suas consequências (mais que tudo, o movimento da Terra), que deu munição para ser atacado por mais de um século nessas bases, muito mais que por motivos religiosos. A propósito, a aceitação do copernicanismo pelo reduzido número de pessoas possivelmente interessadas no tema *não* foi um processo retumbante e revolucionário, mas lento e tortuoso, por razões que, novamente, vão muito além da oposição religiosa, ela própria absolutamente não uniforme ao longo do tempo. A "nova" astronomia conviveu com a "velha", e não simplesmente a substituiu ou combateu, até meados do século XVII, quando ambas já não seriam reconhecíveis pelo próprio Copérnico. Voltando ao problema das razões que teriam levado Copérnico a propor o sistema heliocêntrico, é preciso dizer que não há *nenhum* consenso na historiografia, exceto que não foram empíricas ou matemáticas em algum sentido razoável. Frances Yates, que já mencionamos, sustentou que suas motivações vieram da doutrina hermética com a qual se familiarizara em sua juventude no norte da Itália, na apoteose do Humanismo. O historiador estadunidense Robert Westman descarta essa ideia e argumenta que o motivo central foi a necessidade de defender a *astrologia* contra os ataques que ela vinha sofrendo desde o fim do século XV, iniciados por Giovanni Pico della Mirandola (1463-1494) (astrologia que, diga-se de passagem, não sofrerá nenhum declínio até o fim do século XVII pelo menos)[35].

Para diversificar os exemplos da recepção problemática da historiografia da ciência moderna, voltemos a atenção agora a Galileu. Foi ele o fundador do método experimental (que teria até feito demonstrações públicas do movimento de queda dos corpos na Torre de Pisa, como diz certa lenda)? Para Alexandre Koyré (1892-1964), o mais influente estudioso de Galileu no século XX, nada poderia estar mais distante da realidade; Galileu seria, acima de tudo, um "platônico", avesso ao mundo das coisas materiais. Sem dúvida que Koyré foi contestado por outros grandes historiadores, como o canadense Stillman Drake (1910-1993), que argumentou exaustivamente em favor de um Galileu experimentalista, plenamente engajado com a materialidade do mundo – mas o debate segue aberto. Galileu foi perseguido e condenado pela Inquisição por sustentar que a Terra se move em torno do Sol, o que ele teria

35. Westman, Robert S. *The Copernican Question: Prognostication, Skepticism, and Celestial Order*. Berkeley; Los Angeles; Londres: University of California Press, 2011. Sobre o declínio bastante tardio da astrologia como prática de conhecimento estimada e legítima, cf. Vermij, Rienk; Hirai, Hiro (eds.). The marginalization of Astrology. *Early Science and Medicine*, v. 22, n. 5/6, 2017.

comprovado empiricamente com o telescópio, diante do qual seus inimigos se recusavam a colocar os olhos? Exceto pelo processo e a condenação, muito reais, *mais nada* nessa imagem muito comum se sustenta sem controvérsia[36].

Ao ampliarmos o foco, podemos começar a perceber como a atenção excessiva à astronomia também acabou imprimindo à historiografia da ciência moderna três características de consequências muito sérias. A primeira, e mais óbvia, é que uma importância relativamente menor foi dada à vastíssima diversidade de conhecimentos naturais produzidos no período. Entre outras áreas, destacam-se, pela sua relevância, então muito maior que a da astronomia, a história natural, a medicina, a farmácia, a alquimia, a tecnologia e a filosofia natural. O significado do novo/moderno que emerge da investigação dessas áreas é potencialmente muito diferente daquilo que é sugerido pela astronomia[37]. Aqui vem a segunda consequência: uma gama completamente diferente de atores sociais emerge quando o foco se amplia dessa forma. Desses atores, a ausência mais aberrante numa historiografia que por tempo demais se dedicou à astronomia da Época Moderna evidentemente é a das mulheres. De fato, elas foram raras (mas de modo nenhum inexistentes) na produção do conhecimento astronômico, mas estiveram massivamente presentes na história natural e na medicina, mesmo que em espaços sociais muito diferentes daqueles ocupados hegemonicamente por homens, como universidades e academias. A filosofia natural, particularmente os círculos cartesianos da segunda metade do século XVII e os newtonianos do Iluminismo, também foi um campo com presença muito destacada de mulheres[38].

---

36. Koyré, Alexandre. *Études galiléennes*. Paris: Hermann, 1939. 3 v.; Drake, Stillman. *Galileo: Pioneer Scientist*. Toronto: University of Toronto Press, 1990. A natureza precisa do processo inquisitorial contra Galileu é tema de debate e controvérsia desde sempre. Cf., entre outros, Redondi, Pietro. *Galileo eretico*. Turim: Einaudi, 1983; Biagioli, Mario. *Galileo, Courtier: The Practice of Science in the Culture of Absolutism*. Chicago: University of Chicago Press, 1993.

37. Cf. Smith, Pamela H. Science on the move: recent trends in the History of Early Modern Science. *Renaissance Quarterly*, v. 62, 2009, p. 345-375; Parageau, Sandrine. "Le trivial et l'ordinaire": pour une histoire intellectuelle de la Révolution Scientifique. *Dix-septième siècle*, v. 257, n. 4, 2012, p. 627-637.

38. Um excelente ponto de partida para uma jornada pela crescente historiografia dedicada à investigação da presença das mulheres na ciência moderna, cobrindo tanto a Europa quanto a América colonial, são os seguintes capítulos de Park, Katharine; Daston, Lorraine (eds.). *The Cambridge History of Science. Op. cit.*: Schiebinger, Londa. Women of Natural Knowledge, p. 192-205; Cooper, Alix. Homes and Households, p. 224-237; e Outram, Dorinda. Gender, p. 797-817. Sobre as cartesianas, o estudo fundamental é Harth, Erica. *Cartesian Women: Versions and Subversions of Rational Discourse in the Old Regime*. Ithaca: Cornell University Press, 1992; a maior pensadora newtoniana do século XVIII, Émilie du Châtelet, é uma das personagens centrais do clássico de Badinter, Élisabeth. *Émilie, Émilie: l'ambition féminine au XVIII^e^ siècle*. Paris: Flammarion, 1981.

A terceira consequência dessa historiografia fundada sobre a investigação da astronomia europeia da Época Moderna talvez seja a que tem reverberações mais profundas e nos leva de volta a um ponto já mencionado anteriormente: a suposta singularidade europeia como "berço" da ciência moderna e, por extensão, da própria Modernidade. A ideia de que isso teria dado à Europa algum tipo de "vantagem comparativa" sobre o resto do planeta parece ter se tornado um dado inquestionável em múltiplos domínios da história, aceito mesmo por historiadores com filiações teóricas e compromissos políticos totalmente incompatíveis. Para uns, a vantagem científica justificaria o colonialismo e o imperialismo (como parte da "missão civilizatória"); para outros, ela os explicaria (como resultados de uma superioridade técnica irresistível, mesmo que de consequências abomináveis). Durante a Guerra Fria, a ciência supostamente europeia/ocidental torna-se objeto de desejo nos mais variados projetos de libertação nacional, caminho único para o desenvolvimento econômico e a verdadeira independência. Não à toa, também é precisamente na Guerra Fria que a imagem de uma "Revolução Científica da Europa" levanta voo e conquista círculos de formuladores de políticas econômicas, livros didáticos da educação básica de massas, e a autoimagem de historiadores da ciência profissionais, que enxergam nessa revolução a grande justificativa para a sua existência e o mito de origem da própria disciplina[39].

Escrevendo em 1969, Joseph Needham, intelectual de simpatias marxistas que passara a vida estudando a história da ciência chinesa – e fora um dos fundadores da Unesco na década de 1940 –, pergunta-se, quase melancolicamente: "Por que a ciência moderna [...], com todas as suas implicações para o desenvolvimento de tecnologias avançadas, teve uma ascensão meteórica somente no Ocidente, no tempo de Galileu, [...] e não na civilização chinesa?"[40] A "questão de Needham", como ficou conhecida, expressou a frustração não apenas do autor, mas de uma vasta parcela do globo: por que a Revolução

39. Cf. Raj, Kapil. Thinking without the Scientific Revolution: global interactions and the construction of knowledge. *Journal of Early Modern History*, v. 21, 2017, p. 1-14.

40. Needham, Joseph. *The Grand Titration*: *Science and Society in East and West*. Toronto: University of Toronto Press, 1969, p. 16. Cf. também Raj, Kapil. Rescuing Science from civilisation: on Joseph Needham's "Asiatic mode of (knowledge) production". *In*: Bala, Arun; Duara, Prasenjit (eds.). *The Bright Dark Ages*: *Comparative and Connective Perspectives*. Leiden; Boston: Brill, 2016, p. 255-280. Para uma adaptação da pergunta de Needham para o caso islâmico, cf. Nasr, Seyyed Hossein. *Religion and the Order of Nature*. Oxford: Oxford University Press, 1996. (Cap. 4: "The traditional sciences, the Scientific Revolution, and its aftermath").

Científica não aconteceu aqui, longe da Europa? Por que, pela ausência dela, tivemos de ser condenados à dependência e à exploração?

O problema óbvio da questão de Needham é que ela pressupõe algo que deveria primeiro demonstrar que de fato aconteceu. Em outras palavras, ela parte do princípio de que realmente ocorreu, na Europa, em determinada época, alguma "coisa" singular e independente por completo do resto do mundo. No meio século desde que a questão de Needham foi posta, a pergunta recebeu todo tipo de respostas, incluindo aquelas do próprio autor – baseadas em suas análises da estrutura produtiva e da mentalidade da burocracia confuciana da China seiscentista que supostamente não teriam incentivado (como no caso da Europa moderna, por via de mecanismos como os de Merton ou Zilsel) a experimentação, a matematização, a institucionalização ou qualquer outro processo considerado definidor da emergência do "novo" (o moderno) em ciência –, até aquelas pura e simplesmente eurocêntricas[41]. Outras posições, com ares de radicalidade, eliminaram todos os problemas da noção de "Revolução Científica" simplesmente a descartando: por exemplo, o historiador da ciência Steven Shapin famosamente abre seu livro intitulado *The Scientific Revolution* dizendo "jamais aconteceu algo como uma Revolução Científica"[42]; e o grande filósofo Bruno Latour proclamou que "jamais fomos modernos"[43].

Todavia, se deixarmos um pouco de lado a atenção quase exagerada a Copérnico, a Galileu, a Newton, à astronomia e à mecânica, às academias científicas de Londres e Paris – em suma, os atores, temas e espaços usuais da historiografia da ciência – e apostarmos naquela promessa de uma história do conhecimento, esboçada anteriormente neste capítulo, talvez comecemos a perceber que nunca se tratou só da Europa e dos europeus. Especialmente nos tempos de ascendência da história global, uma história do conhecimento que amplie o olhar para outras regiões do mundo e outros atores – em especial aqueles que operaram em escalas espaciais de longo alcance ou em "zonas de contato" entre culturas[44] – poderá mostrar que houve, sim, na Época

41. Huff, Toby E. *Intellectual Curiosity and the Scientific Revolution: A Global Perspective*. Cambridge: Cambridge University Press, 2011.

42. Shapin, Steven. *The Scientific Revolution*. Chicago: University of Chicago Press, 1996, p. 1.

43. Latour, Bruno. *Jamais fomos modernos*. São Paulo: Editora 34, 1994.

44. O conceito é extensivamente empregado por Raj, Kapil. *Relocating Modern Science: Circulation and the Construction of Knowledge in South Asia and Europe, 1650-1900*. Basingstoke: Palgrave Macmillan, 2007.

Moderna, transformações imensas, revolucionárias até, em vários "modos de conhecer". Esta última expressão merece alguma explicação adicional, pois modos de conhecer não são as "ciências" no sentido da historiografia tradicional, que enfatiza excessivamente os objetos ou temas do conhecimento. No esboço de definição do historiador britânico John Pickstone, modos de conhecer atravessam disciplinas díspares e as conectam com outras esferas de atividade: eles se referem às linhas gerais das maneiras pelas quais um grupo de pessoas conhece o mundo, mas também estão "ligados a modos de *produzir* – modos de *fazer* coisas, modos de cuidar delas ou repará-las [...], protegê-las ou destruí-las"[45]. A Época Moderna vê surgir, na Europa e fora dela, novos modos de conhecer (e criar, reparar ou destruir) territórios, corpos humanos, flora e fauna, as influências dos astros sobre o mundo terrestre, bem como novos modos de conhecer máquinas e manufaturas, dinheiro e economia, relações sociais e técnicas de administração das populações – e até novos modos de conhecer a história.

Não há ainda, e talvez jamais haja, uma grande narrativa unificada para essa história global do conhecimento moderno, especialmente se comparada com o notável e sintético poder ideológico da noção de "Revolução Científica"[46]. Não existe nem mesmo um léxico comum, ainda que termos como "circulação", "tradução", "apropriação" ou "mobilidade" sejam frequentes. O que há, isso sim, são estudos de casos, cada vez mais numerosos, que sugerem que modos "modernos" de conhecer a natureza e os mundos humanos de fato foram criados também fora da Europa e por atores não europeus [↗ Trajetórias indígenas]. É assim que o regime moderno de extrativismo mineral, incluindo toda a sua infraestrutura epistêmica (como conhecer o subsolo, chegar a ele, extrair, separar, beneficiar um minério, fundir o metal, colocá-lo no mercado...) e o regime moderno de extração do valor do trabalho talvez não sejam obra de mineralogistas renanos do século XVIII ou industriais britânicos do século XIX, mas de trabalhadores andinos, feitores espanhóis e comerciantes chineses orbitando as grandes minas de prata da

45. Pickstone, John V. *Ways of Knowing: A New History of Science, Technology and Medicine*. Chicago: University of Chicago Press, 2001, p. 3.

46. Feichtinger, Johannes; Bhatti, Anil; Hülmbauer, Cornelia (eds.). *How to Write the Global History of Knowledge-Making: Interaction, Circulation and the Transgression of Cultural Difference*. Cham: Springer, 2020; Romano, Antonella. Fabriquer l'histoire des sciences modernes. Réflexions sur une discipline à l'ère de la mondialisation. *Annales. Histoire, Sciences Sociales*, v. 70, n. 2, 2015, p. 381-408.

América no século XVI[47]. Ou então, pode ser que as leis de Newton e sua teoria da luz e da matéria, que definitivamente lhe ocorreram entre Cambridge e Londres, ainda assim só tenham sido possíveis devido a marinheiros da Companhia das Índias Orientais e mercadores Akan do ouro de Guiné[48]. Como resultado do acúmulo dessas investigações, poderemos passar pela via de uma história global do conhecimento, da "nova ciência" parida pela "Revolução Científica" na Europa, a uma constelação de novos modos de conhecer gerados pela circulação de atores, objetos e ideias. E, no lugar de uma Modernidade epistêmica europeia que se impõe sobre as "modernidades alternativas" e as elimina, ganhamos uma outra – que jamais foi só da Europa.

## Bibliografia comentada

Alfonso-Goldfarb, Ana Maria. *Da alquimia à química: um estudo sobre a passagem do pensamento mágico-vitalista ao mecanicismo.* São Paulo: Nova Stella/ Edusp, 1988.

> A mais importante obra em português sobre o longo e complexo processo de transformação da antiga alquimia naquilo que reconhecemos como química. O livro caracteriza detalhadamente a alquimia como teoria e prática do "melhoramento" da matéria, com atenção também para suas dimensões extraeuropeias, sobretudo no mundo islâmico.

Bauer, Ralph. *The Alchemy of Conquest: Science, Religion, and the Secrets of the New World.* Charlottesville: University of Virginia Press, 2019.

> Um livro extremamente original que propõe, com sólida argumentação, que a conquista espanhola do Novo Mundo e a "conquista intelectual" de novos mundos pela ciência moderna compartilharam motivos que se encontram na alquimia e no apocalipticismo medieval. Bauer argumenta que as "reduções" missionárias de povos indígenas, com seus objetivos de controle e conversão das almas, eram análogas aos grandes propósitos alquímicos de isolar os princípios ativos da matéria e recombiná-los para alcançar um estado melhor.

47. Cañizares-Esguerra, Jorge. On ignored global "Scientific Revolutions". *Journal of Early Modern History*, v. 21, 2017, p. 420-432.

48. Schaffer, Simon. Newton on the beach: the information order of principia mathematica. *History of Science*, v. 47, n. 3, 2009, p. 243-276; Schaffer, Simon. Les cérémonies de la mesure. Repenser l'histoire mondiale des sciences. *Annales. Histoire, Sciences Sociales*, v. 70, n. 2, 2015, p. 409-435.

Biagioli, Mario. *Galileu, cortesão: a prática da ciência na cultura do absolutismo*. Porto: Porto Editora, 2003.

Uma reinterpretação radical da carreira e das descobertas de Galileu, que emerge desse livro não como herói ou mártir, mas como um jogador profundamente astuto do complexo jogo que era movimentar-se em uma sociedade de corte. Biagioli mostra como Galileu mobilizou seu volumoso "capital científico" para vencer muitas partidas – mas também como esse capital não bastou para evitar sua queda final.

Camenietzki, Carlos Ziller (trad., intr., notas). *Uranófilo, o Peregrino Celeste, por Valentim Stansel*. Belo Horizonte: Fino Traço; Salvador: EDUFBA, 2021.

Valentin Stansel (1621-1705) foi um jesuíta oriundo da Boêmia que, por quase meio século, ensinou no Colégio de Jesus em Salvador, onde conviveu, nem sempre amistosamente, com Antônio Vieira. Foi aí que escreveu a maior parte de seus livros de astronomia, publicados e debatidos na Europa, incluindo esse, que é a narrativa de uma viagem interplanetária. Carlos Ziller Camenietzki, o maior especialista na obra de Stansel, fez uma tradução primorosa do latim, acompanhada do aparato crítico definitivo.

Carolino, Luís Miguel. *Ciência, astrologia e sociedade: a teoria da influência celeste em Portugal (1593-1755)*. Lisboa: Fundação Calouste Gulbenkian, 2003.

Obra fundamental para a compreensão dos lugares sociais da astrologia no Portugal da Época Moderna, escrita por um dos grandes especialistas. Dos debates e controvérsias eruditos sobre a influência dos astros ao mercado de almanaques populares, do uso de prognósticos astrológicos em disputas políticas e religiosas, o livro de Carolino cobre todo o terreno e apresenta – ou mesmo propõe – as questões de pesquisa mais relevantes para o tema.

Daston, Lorraine; Park, Katharine. *Wonders and the Order of Nature, 1150-1750*. Nova York: Zone Books, 1998.

Monstros, portentos, pedras mágicas – esse brilhante livro de Daston e Park é o retrato de um mundo (muito mais amplo que a Europa) e de um tempo (mais longo que a Época Moderna) em que tudo isso podia ser *conhecido*, porque era, em algum sentido, *real*: tão real que era transportado em navios e caravanas entre continentes, avidamente colecionado por preços exorbitantes, e estava presente em relatos de viajantes, sermões religiosos, conselhos políticos e tratados filosóficos.

Gómez, Pablo F. *The Experiential Caribbean: Creating Knowledge and Healing in the Early Modern Atlantic*. Chapel Hill: University of North Carolina Press, 2017.

> Esse livro fundamental revelou um vastíssimo universo de práticas médicas e teorias sobre o corpo humano e o mundo natural inventadas no Caribe dos séculos XVII e XVIII por africanos escravizados e libertos. Contra a indizível violência colonial, eles não se refugiaram em seus "conhecimentos ancestrais", mas os recriaram completamente, gerando conhecimentos novos com base na experiência dos sentidos – exatamente aquele empirismo triunfante que teria sido uma das marcas da "Revolução Científica" europeia.

Koyré, Alexandre. *Estudos de história do pensamento científico*. 3. ed. Rio de Janeiro: Forense Universitária, 2011; Koyré, Alexandre. *Do mundo fechado ao Universo infinito*. 4. ed. Rio de Janeiro: Forense Universitária, 2006.

> Koyré foi um dos mais influentes historiadores da ciência do século XX, senão o mais influente – e o principal responsável pela consolidação da ideia de "Revolução Científica". Os dois volumes aqui indicados representam bem sua erudição impressionante e seu método firmemente "internalista" de análise textual. Ainda que não deixem qualquer espaço para a sociedade e a cultura, são clássicos incontornáveis.

Kuhn, Thomas S. *A revolução copernicana: a astronomia planetária no desenvolvimento do pensamento ocidental*. Lisboa: Edições 70, 1990.

> Publicado antes da obra que viria a consagrar Kuhn (*A estrutura das revoluções científicas*), esse é um livro acessível e que apresenta, em detalhe, o que poderíamos chamar de a "ortodoxia" sobre as mudanças na astronomia na Época Moderna. Em muitos sentidos, é um texto datado, mas, ainda assim, um ponto de partida seguro para a compreensão – e a crítica – da historiografia canônica.

Merchant, Carolyn. *The Death of Nature: Women, Ecology and the Scientific Revolution*. São Francisco: Harper and Row, 1980.

> O livro de Merchant é um clássico da crítica ecofeminista, que argumenta que a principal consequência da "Revolução Científica" foi a ascensão de uma ideologia de domínio absoluto da natureza, baseada, por sua vez, em um processo de "feminização" do mundo natural que justificou sua subjugação. Brilhante, profícuo e imensamente controverso, o livro ganha importância renovada em tempos de catástrofe climática e ambiental.

Pimentel, Juan. *El rinoceronte y el megaterio: un ensayo de morfología histórica*. Madri: Abada, 2010.

> Nesse ensaio impressionante pela erudição e pela qualidade literária do texto, Juan Pimentel coloca lado a lado duas cenas de algum modo perturbadoras (a chegada de um rinoceronte vivo a Lisboa, em 1515, e do esqueleto de um extinto megatério a Madrid, em 1789) para fazer uma profunda meditação sobre as relações entre *ver* e *conhecer* na Época Moderna.

Raj, Kapil. *Relocating Modern Science: Circulation and the Construction of Knowledge in South Asia and Europe, 1650-1900*. Basingstoke: Palgrave Macmillan, 2007.

> Reunindo estudos de casos sobre a construção dos saberes em campos tão variados quanto a história natural, a cartografia, a linguística, a antropologia e o antiquarismo, o livro de Kapil Raj contribuiu como nenhum outro para a ascensão da história global do conhecimento. Os casos, investigados com maestria, mostram relações altamente complexas entre atores europeus e indianos e a decisiva agência dos últimos, negligenciada tanto pelas histórias eurocêntricas quanto pelas críticas que os colocam na posição de "vítimas perfeitas" do colonialismo.

Serrano, Elena. *Ladies of Honor and Merit: Gender, Useful Knowledge, and Politics in Enlightened Spain*. Pittsburgh: University of Pittsburgh Press, 2022.

> Além de dar o protagonismo às mulheres, o brilhante livro de Elena Serrano trata de um momento da Época Moderna que ficou de fora deste capítulo – o Iluminismo. Mais que isso: os temas de que ela trata não são os tradicionais da história da ciência, mas a ideia de "conhecimentos úteis" (para a reforma do império espanhol, nada menos) e as mais de 60 mulheres que se organizaram para fundar uma academia erudita dedicada a promovê-los.

Shapin, Steven e Schaffer, Simon. *El Leviathan y la bomba de vacío. Hobbes, Boyle y la vida experimental*. Quilmes: Universidad Nacional de Quilmes, 2006.

> Quando apareceu originalmente em 1985, o livro de Shapin e Schaffer caiu como uma bomba na historiografia da ciência. O argumento é, a um só tempo, singelo e espantoso: quando Thomas Hobbes (1588-1679) e Robert Boyle (1627-1691) polemizaram sobre a existência do vácuo, o último levou a melhor não por estar certo (Boyle defendia que o vácuo existe e tinha feito experimentos para demonstrá-lo). Por que então? A resposta exige a leitura desse clássico moderno.

Soares, Luiz Carlos. *A filosofia natural e experimental na Inglaterra do século XVIII. Um diálogo com a historiografia acerca da ideia de "Ciência" na "Era das Luzes"*. Rio de Janeiro: 7Letras, 2020.

> Como anunciado no título, esse livro de Luiz Carlos Soares é um diálogo – de imenso fôlego – com a historiografia. Cobrindo um terreno vasto, a obra discute a ascensão, na Inglaterra pós-newtoniana, de um ideal de que conhecimento bom é conhecimento útil. De filósofos universitários a funcionários do Estado, da pequena aristocracia rural a grandes comerciantes, esse ideal teria se tornado dominante na Inglaterra, com consequências para todo o curso posterior do capitalismo e da própria ciência.

Van Damme, Stéphane (ed.). *Histoire des sciences et des savoirs*. Paris: Seuil, 2015. v. 1: De la Renaissance aux Lumières.

> Atualmente, essa obra coletiva sob direção geral de Dominique Pestre é a melhor introdução geral à história da ciência e, como o título revela, do conhecimento na Época Moderna. O foco é na Europa, mas isso não torna o livro eurocêntrico em nenhum sentido negativo: pelo contrário, os capítulos recusam resolutamente a narrativa da exclusividade "civilizacional" do conhecimento europeu.

Wootton, David. *A invenção da ciência: nova história da Revolução Científica*. Lisboa: Círculo de Leitores, 2017.

> Esse livro rigoroso, detalhado e profundamente eurocêntrico mostra que a "Revolução Científica" como ideia-força historiográfica segue viva e com ótima saúde. Não há nenhuma tese nova no livro de Wootton, mas um refinamento sério dos argumentos a favor da exclusividade europeia na invenção da Modernidade. Impossível de descartar, é uma obra com a qual todo crítico dessa ideia terá de se haver.

# 16
# Mulheres, gênero e cultura letrada

*Anadir dos Reis Miranda*
*Beatriz Polidori Zechlinski*
*Cristine Tedesco*

Nas últimas décadas, estudos que investigam trajetórias de mulheres em diferentes contextos e períodos têm ganhado espaço crescente, de forma a minimizar lacunas na historiografia acerca do conhecimento sobre a história das mulheres [↗Trajetórias indígenas]. Este capítulo se dedica, particularmente, ao estudo das mulheres em suas relações com a sociedade e a cultura letrada na Europa da Época Moderna.

A invenção e o desenvolvimento das nações europeias modernas foram acompanhados de uma amplificação do letramento e da valorização dos saberes, favorecendo a presença de livros e pinturas em residências aristocráticas, a eclosão de escolas e espaços de sociabilidades letradas e o reconhecimento crescente de artistas, escritores e escritoras. Como as mulheres podem ser situadas nessas transformações socioculturais? Como os valores e as percepções de gênero perpassaram as práticas e representações artísticas, tensionando essas mudanças? Quais foram as táticas e estratégias que as mulheres utilizaram para superar os limites e as imposições de gênero relacionadas à escrita e à pintura? Essas são algumas das questões que desejamos elucidar, buscando demonstrar que diversas mulheres foram sujeitos ativos nessas transformações e que questões de gênero estiveram presentes nos debates modernos.

Para tanto, elegemos algumas trajetórias de mulheres, cujas atuações nos espaços letrados da Europa moderna serão aqui analisadas. Nossa abordagem dialoga com a abordagem da historiadora italiana Sabina Loriga, que resumiu seu trabalho de história biográfica dizendo: "recolhi pensamentos para povoar o passado"[1]. Buscamos "povoar o passado" privilegiando trajetórias individuais que ajudam a pensar uma época: Artemisia Gentileschi (1593-1653), Madeleine de Scudéry (1607-1701), Mary Wollstonecraft (1759-1797), Mary Hays (1754-1832) e Mary Robinson (1757-1800), escritoras e artistas que viveram na Península Itálica, França e Inglaterra, representando a experiência feminina no âmbito das letras do século XVI ao século XVIII. Essas personagens ajudam-nos a compreender, por um lado, as questões de gênero e, por outro, a diversidade da cultura letrada da Época Moderna.

Artemisia Gentileschi foi uma pintora do Barroco italiano, cuja obra raramente aparece na historiografia tradicional da arte ou em materiais didáticos, enquanto Mary Wollstonecraft foi uma pensadora ilustre do Setecentos que expôs os limites do Iluminismo inglês e francês no que se refere às mulheres e que, igualmente, só agora vem sendo mais citada. Da mesma forma, Madeleine de Scudéry, uma das maiores personalidades da época clássica da literatura francesa, ainda parece ser um nome estranho em alguns ambientes acadêmicos. Porém, não é somente o apagamento de seus percursos e a invisibilidade de suas produções que as conectam, mas especialmente o fato de que elas, ao atuarem na República das Letras, tiveram papel fundamental na construção da cultura letrada, seja por romperem barreiras impostas às mulheres nos espaços de sociabilidade, seja por suas obras problematizarem os valores vigentes, particularmente sobre questões de gênero.

Estamos tratando de espaços e temporalidades amplas, o que pressupõe uma grande abrangência de experiências históricas. Nesse sentido, não é nossa intenção apagar as especificidades espaço-temporais, mas demonstrar que os caminhos dessas mulheres podem ser conectados por uma linha em comum: o fato de que todas atuaram dentro de instituições da vida literária e artística, alargando os limites de gênero desses espaços, e que suas produções são pertinentes para a compreensão do gênero como um fator relevante na construção do pensamento filosófico e artístico da Época Moderna.

Nesse sentido, tanto o conceito de representação social como o conceito de gênero nos interessam para a análise de fontes escritas e imagéticas, por evidenciarem os diálogos e confrontos das pintoras e escritoras, o legado da produção artística feminina para a História da Arte e da Literatura e as disputas travadas

1. Loriga, Sabina. *O pequeno X: biografia à história*. Belo Horizonte: Autêntica, 2010, p. 15.

frente às questões de gênero. Entendemos representação social como imagens que os sujeitos produzem de si e dos outros, que reproduzem ou contestam discursos de poder e cuja circulação e apropriação também interferem na produção de seus significados[2]. Visamos especialmente analisar as representações de gênero, ou seja, uma categoria de análise que contribui para a compreensão de como as diferenças são construídas social e culturalmente[3].

As fontes utilizadas revelam a inserção de agentes femininos em círculos considerados majoritariamente masculinos e os enfrentamentos nas relações de gênero. Gentileschi, Scudéry, Wollstonecraft, Hays e Robinson ajudam-nos a entender que, se as mulheres podem ter sido pouco numerosas nos espaços de sociabilidade letrada, suas ações foram essenciais para a construção das percepções da sociedade, da cultura, dos Estados em formação e das relações de poder.

Na Europa, o fenômeno da impressão vinha provocando grandes transformações sociais desde o fim do século XV. O domínio do impresso como forma de publicação, frente ao oral e ao manuscrito, foi um processo de afirmação progressiva, apesar de outras formas permanecerem muito vivas durante a Época Moderna. As impressões de livros e efêmeros começaram a exercer, a partir do século XVI, um papel fundamental na disseminação da informação e do saber [↗O mundo dos impressos].

A essa realidade conectava-se o aumento nos índices de alfabetização, ocorrido entre os séculos XVI e XVIII. Na França, as assinaturas em registros paroquiais demonstram que, entre 1686 e 1690, 29% dos homens e 14% das mulheres eram capazes de assinar seu próprio nome, taxa que cresceu no século XVIII para 48% e 27%, respectivamente. Vemos que há uma diferença marcante entre homens e mulheres, constante em toda a Europa durante o Antigo Regime, mantendo-se a vantagem masculina entre 25 e 30%[4]. Porém, é preciso levar em consideração que, embora os homens assinassem mais, isso não demonstra necessariamente que também liam mais. Primeiro, o fato de as mulheres não assinarem não significa que não liam, já que o aprendizado da escrita ocorria frequentemente depois do aprendizado da

---

2. Chartier, Roger. *À Beira da Falésia – a História entre certezas e inquietudes*. Porto Alegre: Editora da UFRGS, 2002. Bourdieu, Pierre. *O poder simbólico*. Lisboa: Difel, 1989.

3. Scott, Joan. Os usos e abusos do gênero. *Projeto História*, n. 45, 2012, p. 332.

4. Chartier, Roger. As práticas da escrita. *In*: Ariès, Philippe; Chartier, Roger (orgs.). *História da vida privada*. São Paulo: Companhia das Letras, 1991, p. 113-161. v. 3: Da Renascença ao século das Luzes.

leitura. Segundo, no caso das mulheres, a distância entre a leitura e a escrita era ainda maior do que para os homens, porque, de acordo com os padrões vigentes, escrever poderia significar um aprendizado inútil para elas, além de perigoso. Por fim, a venda de livros sugere que o número de pessoas que liam era maior do que o número daquelas que assinavam[5]. O número de leitoras era, assim, superior ao número de mulheres que sabiam escrever; também, havia mais mulheres que escreviam cartas ou diários do que as que se arriscavam na produção de textos morais, filosóficos ou ficcionais. Para que uma mulher se tornasse uma autora de um livro ou de uma pintura na Época Moderna era necessário uma série de circunstâncias favoráveis, desde uma educação humanista proporcionada pela família, passando pela inserção em espaços de sociabilidade letrada[6], até a manutenção de amizades duradouras com homens de letras que se tornavam responsáveis pelo contato com comerciantes, editores ou livreiros.

Podemos dizer que essas sociabilidades foram impulsionadas primeiramente pelo movimento das academias; depois, pelos salões literários e círculos religiosos e, em seguida, pela disseminação dos cafés, já no século XVIII. Questões de gênero atravessaram todos esses espaços que, ligados às relações interpessoais estabelecidas pelas correspondências entre letrados, formaram a República das Letras. Essa "república" foi um espaço imaginário constituído por meio do compartilhamento de ideias, valores ou concepções de mundo que compunham uma cultura letrada, um modo de ser e de pensar próprio de pessoas eruditas ou, como escreve Roger Chartier, "de muita leitura"[7]. Entretanto, esse espaço imaginário traduzia-se naqueles locais concretos também clivados pelo gênero.

As academias foram um movimento privado e poucas mulheres, como Gentileschi, tiveram a oportunidade de participar delas. Já os salões literários, que se caracterizavam por agregar homens e mulheres, foram impulsionados pelas próprias mulheres letradas, que, por sua vez, recebiam em suas residências pessoas de letras (*gens de lettres*, na expressão francesa) para leituras coletivas e

5. Henneau, Marie-Élisabeth. Un livre sous les yeux, une plume à la main, de l'usage de la lecture et de l'écriture dans les couvents de femmes (17e-18e siècles). *In*: Brouard-Arends, Isabelle (dir.). *Lectrices d'Ancien Régime*. Rennes: Presses Universitaires de Rennes, 2003, p. 67-79.

6. Agulhon, Maurice. A sociabilidade, a sociologia e a história. *In*: Doré, Andréa; Ribeiro, Luiz Carlos (orgs.). *O que é sociabilidade?* São Paulo: Intermeios, 2019, p. 13-25.

7. Chartier, Roger. O homem de letras. *In*: Vovelle, Michel. *O homem do Iluminismo*. Lisboa: Presença, 1997, p. 117.

debates sobre filosofia, religião, literatura ou poesia. Quando os cafés apareceram no cenário urbano europeu e se tornaram núcleos de discussão intelectual, a presença das mulheres foi dificultada mais uma vez, já que eles se situavam nas ruas, fora do espaço doméstico, sendo esta dicotomia que será discutida ao longo deste capítulo. Assim, a possibilidade (ou não) de estarem presentes nos espaços de sociabilidade letrada foi fundamental para mulheres artistas e escritoras. Por meio dos três casos que analisamos a seguir, verifica-se como a amizade, a troca intelectual e o apoio afetivo entre homens e mulheres de letras permearam as práticas e as representações de gênero na Época Moderna.

## Mulheres letradas na República de Veneza

Artemisia Gentileschi atuou em Veneza em um período de crise nas relações entre a República de Veneza e Roma. Nessa época, Veneza almejava evitar influências estrangeiras em sua política. Os patrícios venezianos criticavam a pompa das cortes de cardeais e o poder que os sobrinhos do papa exerciam. A política da República não reconhecia a autoridade de Roma e, para defender os próprios interesses econômicos, aliou-se a grupos anticatólicos durante a Guerra dos Trinta Anos (1618-1648) [↗Guerra dos Trinta Anos e revoltas nos domínios Habsburgos].

Um dos aspectos da sociedade veneziana desse período que se relaciona ao gênero e à atuação das mulheres na cultura era o vestuário. Para regrar os modos de vestir, foram difundidas várias obras como *De gli habiti antichi et moderni di diversi parti del mondo* [*Das roupas antigas e modernas das diversas partes do mundo*], de Cesare Vecellio, publicada em Veneza em 1590. No que se refere às mulheres, existiam normas específicas para donzelas, noivas, meretrizes, concubinas, esposas, damas, cortesãs etc., que eram difundidas por meio da iconografia publicada nos livros de trajes, contribuindo para construir e reforçar padrões de gênero. Essas regras foram tensionadas por mulheres letradas da época, seja por meio de seus textos, que circulavam nas academias literárias, ou por meio de pinturas produzidas por Gentileschi na primeira metade do século XVII.

Desde o século anterior, a cidade era considerada uma metrópole, na qual as damas portavam uma grande quantidade de joias e pedras preciosas, chamando a atenção dos viajantes. Como em grande parte da Europa moderna, em Veneza a maioria dos homens não tinha acesso a cargos públicos e eles eram desprovidos de direitos por critérios de sangue e de *status*, enquanto as mulheres, independentemente da posição social, eram excluídas da participação direta na gestão do poder[8]. Muitos eram os campos da vida pública nos quais as mulheres não estavam inseridas; era-lhes negado o acesso à instrução superior, ainda que algumas mulheres cultas tivessem mantido relações com o mundo universitário, como a escritora humanista Cassandra Fedele (1465-1558)[9].

Se os espaços do poder político eram quase inacessíveis às mulheres, elas exerciam influências na configuração social, econômica e cultural da cidade. De acordo com Daria Perocco, uma ampla economia de matriz feminina foi documentada em Veneza. Além disso, segundo a autora, os monastérios femininos dessa época ofereciam uma educação voltada ao canto, à leitura e à escrita, como foi o caso das Ursulinas de Santa Marta. Entre o fim do século XV e ao longo do século XVI, foram muitas as mulheres que, em Veneza, alcançaram posições de relevo em campos da cultura, visto que a República estava menos sujeita às imposições de Roma e havia uma circulação de publicações não censuradas. Também houve uma atuação particularmente relevante de mulheres cortesãs que tinham habilidades no canto, eram especialistas em rimas e estavam presentes nos círculos literários da época, cunhando-se a expressão "honesta cortesã"[10].

Durante a permanência de Artemisia Gentileschi em Veneza, a pintora vivenciou um contexto de protagonismo de algumas mulheres no teatro, no canto e na poesia. A relação das mulheres com a experiência das academias de arte foi a base da reconstituição de uma comunidade letrada, reação ao clima da Reforma Católica, e significou uma indispensável contribuição ao nascimento da cultura da conversação e de debates entre escritores e escritoras[11].

Nesse sentido, é relevante a legenda do retrato de Artemisia produzido entre 1626 e 1627, em Veneza: "Famosíssima pintora acadêmica da *Desiosi* Artemisia Gentileschi, Romana"[12]. Faziam parte da *Academia dei Desiosi* escritores, pintores, músicos, livreiros e mercadores estreitamente ligados ao

---

8. Perocco, Daria. Le donne nella Venezia del Rinascimento. *In*: Plebani, Tiziana (org.). *Storia di Venezia città delle donne. Guida ai tempi, loughi e presenze femminili*. Veneza: Marsilio, 2008, p. 95.

9. *Ibid*., p. 96.

10. *Ibid*., p. 95.

11. Miato, Monica. *L'Accademia degli Incogniti*. Florença: Leo S. Olschki editore, 1998.

12. David, Jérôme. *Retrato de Artemisia Gentileschi*. c.1627. Gravura. Paris: Biblioteca Nacional da França. Disponível em: https://www.wga.hu/html_m/d/david_je/artemisi.html

literato Gian Francesco Loredan. Os acadêmicos migraram para a *Accademia degli Incogniti* [Academia dos Desconhecidos], fundada pelo próprio Loredan, em 1630. A pintora esteve em contato não apenas com a cultura da sociedade veneziana daqueles anos, mas seu nome também se encontrava entre artistas que faziam parte dessa rede de relações acadêmicas. Em cartas enviadas pelo fundador da academia, Artemisia foi caracterizada como um milagre da natureza, mulher de grande espírito e cantora de talento[13]. A Academia dos Desconhecidos admitia a participação tanto de homens quanto de mulheres que, para permanecerem incógnitas, utilizavam máscaras[14]. Até então, apenas as igrejas e os mercados eram espaços públicos que as mulheres podiam frequentar. Ao favorecer o acesso às mulheres, a instituição era, com frequência, pejorativamente associada a bordéis ou a espaços de estímulo aos vícios, como jogos de cartas.

Para as figuras femininas, o acesso à academia significou não apenas a possibilidade de ler e comprar as obras ali publicadas, mas também de se tornarem escritoras ou compositoras. Embora as mulheres pertencentes a famílias de pequenos comerciantes, artesãos ou membros de corporações de ofícios, ou seja, de camadas sociais intermediárias da sociedade, e tivessem acesso a uma certa instrução que lhes permitia atuar nos meandros da cultura veneziana, os embates de gênero faziam parte dos espaços das academias. Um dos temas dominantes em toda a produção da Academia foi a natureza e a "condição" das mulheres. Entre os "*Incogniti*", interrogava-se, por exemplo: as mulheres poderiam ser poderosas líderes? Eram ardilosas e volúveis para governar? Eram intrinsecamente virtuosas ou inclinadas ao vício? Tinham alma?[15] Ainda que os acadêmicos respondessem com tratados misóginos, as venezianas entraram no debate, como foi o caso de Lucrezia Marinelli (1571-1653) e Arcangela Tarabotti (1604-1652), contemporâneas de Gentileschi.

A trajetória de Arcangela Tarabotti emblematiza a atuação feminina nesses embates acadêmicos. Enviada contra sua vontade ao monastério de Santa Ana aos dezesseis anos, uma vez que seu pai não possuía recursos para seu dote matrimonial, conseguiu dedicar-se a escrever, na vida religiosa, so-

---

13. Ivanoff, Nicola. Gianfranco Loredan e l'ambiente artistico a Venezia nel seicento. *Ateneo Veneto: rivista di scienze lettere ed arti*, v. 3, 1965, p. 186-190, aqui p. 188.

14. Miato, Monica. *L'Accademia degli Incogniti. Op. cit.*

15. Locker, Jesse. *Artemisia Gentileschi: The Language of Painting.* New Haven; Londres: Yale University Press, 2015.

bre questões que remetem ao feminino, condenando a estrutura social que forçava mulheres ao confinamento em conventos[16]. Em *Tirania paterna, O inferno monástico* e *A antissátira de Ancangela Tarabotti em resposta ao luxo das mulheres, sátira menipeia do senhor Francesco Buoninsegni*, a autora teorizava sobre o direito das mulheres de se vestirem suntuosamente. Em *Que as mulheres sejam da espécie dos homens*[17], sustentava que as mulheres tinham alma tanto quanto os homens.

Além de confrontar as normas do vestuário, a escritora também condenou as publicações misóginas de Gian Francesco Loredan. Seus escritos tornaram-na conhecida do letrado e de outros autores venezianos. Sua obra intitulada *Paraíso monástico* (1643) chegou às mãos de Loredan, que lhe escreveu uma carta lamentando-se de que Tarabotti não havia compreendido o espírito da conversação acadêmica e que apenas por obrigação e obediência tinha produzido aquele discurso. O tom do diálogo entre Loredan e Tarabotti, um pouco áspero, um pouco cúmplice, revela uma disputa literária entre escritores. Em 1650, ele organizou a publicação das cartas da escritora e chegou a visitá-la no convento sem revelar sua identidade. Quando enviou a Loredan o volume de suas cartas familiares para publicação, Tarabotti endereçou-as chamando-o de "defensor valoroso do sexo feminino"[18].

Ressoava, portanto, na cultura veneziana um debate sobre o feminino. A abertura da Academia dos Desconhecidos aos textos produzidos por mulheres trouxe à tona discussões como as que apresentamos acima. Nessa conjuntura, a produção de imagens na qual atuava Artemisia Gentileschi não estava imune aos embates de gênero. Com isso, não queremos reduzir a imagem à mera expressão do contexto, mas pensar este a partir daquela: discutir os efeitos da dimensão visual requer considerar que as imagens não apenas representam o passado, mas também ajudam a construí-lo[19].

---

16. Medioli, Francesca. Una nuova stagione di protagonismo culturale femminile. *In*: Plebani, Tiziana (org.). *Storia di Venezia città delle donne*. *Op. cit.*, p. 120-122.

17. Tradução dos títulos de Arcangela Tarabotti por Elena Manzato na obra Chiarini, Ana Maria; Guerini, Andréia; Simoni, Karine. *Raízes feministas em tradução*. Brasília: Edições Câmara, 2022, p. 279.

18. Miato, Monica. *L'Accademia degli Incogniti*. *Op. cit.*, p. 116.

19. Meneses, Ulpiano T. Bezerra. História e imagem: iconografia/iconologia e além. *In*: Cardoso, Ciro Flamarion; Vainfas, Ronaldo. (org.). *Novos domínios da história*. Rio de Janeiro: Elsevier, 2012, p. 243-262.

Um eco das discussões que apareceram entre os Desconhecidos pode estar presente na pintura *Ester e Assuero*[20]. Produzida por Artemisia Gentileschi em seu período veneziano, em muito se distancia de outras imagens do mesmo episódio bíblico ao inverter a relação entre o rei e a rainha. A história, narrada no livro de Ester (Et 1-10), revela a libertação do povo hebraico por uma mulher. Artemisia escolheu retratar o momento em que o rei Assuero se preparava para se levantar do trono ao ver que sua rainha, pálida, desmaiava nos braços de suas criadas. A coloração das faces das duas criadas contrasta com a de Ester, desfalecida. A indumentária da rainha é extremamente suntuosa, com bordados luxuosos, adornada com pérolas e pedras preciosas. A majestosa Ester carrega o símbolo que faz dela rainha e é envolvida por um tecido pintado na imagem com um pigmento de alto custo citado nas correspondências de Artemisia: o lápis-lazúli[21].

O soberano aparece erguendo-se de seu trono. Artemisia pintou Assuero como um jovem sem barba, com olhos arregalados e expressão de desconcerto. Ele usa uma roupa extravagante – o que também difere de outras obras sobre essa temática –, como o casaco justo de veludo e as calças pomposas, a echarpe violeta de seda com bordados de ouro e um chapéu com plumas sobreposto por uma coroa e adornado com pedras preciosas. O jogo de luz explorado por Artemisia evidencia as figuras de Ester e Assuero, cujos corpos produzem sombras que destacam detalhes do quadro. Ao mesmo tempo, as luzes advindas do lado esquerdo da tela convidam o olhar a contemplar Ester. Embora a figura feminina não ocupe o centro da imagem, é como se as luzes reconfigurassem o *status* central da pintura, deslocando-o para a representação da rainha.

Uma outra pintura com o mesmo tema tinha sido realizada no ateliê veneziano de Paolo Caliari (1528-1588), o Veronese, em 1570[22], obra que pode ter sido vista por Artemisia em seu período de atuação em Veneza. Por meio da radiografia da pintura *Ester e Assuero* de Artemisia, é possível visualizar um cachorro agachado, em frente à figura do rei e um criado na base da

20. Gentileschi, Artemisia. *Ester e Assuero*. 1626-1630. Óleo sobre tela, 207 x 274 cm. Nova York: The Metropolitan Museum of Art. Disponível em: https://www.metmuseum.org/art/collection/search/436453.

21. Tedesco, Cristine. *Artemisia Gentileschi: trajetória biográfica e representações do feminino (1593-1654)*. São Leopoldo: Oikos, 2020.

22. Veronese, Paolo Caliari. *Ester e Assuero*. 1570. Óleo sobre tela, 198 x 306 cm. Museu do Louvre, Paris. Disponível em: https://www.wikiart.org/en/paolo-veronese/the-fainting-of-esther.

escada, à direita de Assuero, ambos presentes na obra de Veronese e de outros pintores venezianos. O formato da escada também dialoga com a tela do mesmo pintor, além da gestualidade de Ester, em pé, desfalecendo sobre os braços das criadas.

A maior parte dos artistas que representaram a narrativa veterotestamentária em que Ester se aproxima do trono o fizeram colocando-a em posição de subordinação, com um joelho agachado, remetendo à súplica da rainha. Na obra de Veronese, Ester está de pé, embora apoiada pelas criadas. Nesse sentido, no que se refere à organização dos personagens e ao cenário, Artemisia pode ter considerado a narrativa pictórica de Veronese para sua composição. Entretanto, na composição da pintora, o rei não está representado como o imponente monarca que o artista veneziano criou, nem como um guerreiro hostil das outras pinturas da mesma época. Artemisia apresentou-o como um jovem incapaz de tomar decisões ousadas e que ostenta mais sua roupagem do que seu poder.

Não há precedentes dessa escolha iconográfica nas figurações de Assuero realizadas por outros artistas. A representação de Assuero na obra da pintora pode ser uma sátira provocativa da figura masculina, o que dialogaria com a perspectiva dos textos publicados pelas escritoras da Academia dos Desconhecidos. Muito provavelmente, Artemisia conhecia as discussões dos acadêmicos e das acadêmicas no que se refere e ao direito defendido por Tarabotti de as mulheres vestirem-se suntuosamente, como no luxuoso traje de Ester. A tela pode ter sido uma experiência estética realizada por Artemisia para ratificar sua competência como pintora no contexto veneziano e sua capacidade de invenção, conceito mencionado nas correspondências da pintora[23]. Ao escolher reinterpretar a imagem de um conceituado pintor, Veronese, podemos ver a pintura como um experimento imagético realizado por Artemisia para ratificar sua engenhosidade e sua capacidade de invenção – a eficácia na escolha e desenvolvimento dos argumentos em uma obra, no sentido retórico dado aos termos nos séculos XVI e XVII.

A estratégia parece ter dado certo. A escolha de Artemisia Gentileschi em representar o momento em que Assuero, vendo Ester desfalecida, levanta-se imediatamente de seu trono, distinta da gestualidade da obra de Veronese, na qual o rei está indiferente à rainha, e mais ainda das representações

23. Saiba mais sobre as correspondências da pintora na publicação Tedesco, Cristine. *Artemisia Gentileschi. Op. cit.*

anteriores, possivelmente influenciou artistas posteriores. Em sua pintura, podemos identificar a contribuição para a formação de um novo padrão iconográfico em relação ao feminino, depois difundido tanto em Veneza – como em *A esposa de Asdrúbal condena o marido diante de Scipione, o Africano* (1650-1660), de Pietro Della Vecchia (1603-1678), – quanto em outras regiões da Península Itálica, como nas pinturas de Bernardo Cavallino (1616-1656) e Onofrio Palumbo (1606-1654), produzidas em Nápoles.

A obra de Gentileschi testemunha a inserção da pintora nos espaços culturais e nas discussões das academias venezianas, assim como fizeram outras mulheres, como Marinelli e Tarabotti. Suas trajetórias evidenciam a inserção do feminino nos espaços de criação artística um processo que se deu no interior de relações e tensões, um lugar de perpétuas contestações e disputas entre o que então configurava o feminino e o masculino.

Podemos dizer que na Península Itálica, ou ao menos na República de Veneza, escritoras e pintoras buscaram construir espaços de atuação na cultura letrada, contrariando, muitas vezes, normas sociais e de gênero vigentes na Época Moderna. Essas mulheres tensionaram limites morais e culturais que afirmavam o que podiam ou não vestir, pintar, escrever, discutir e publicar. Esse estiramento das normas de gênero na produção artística também pode ser percebido na França do século XVII. Madeleine de Scudéry, assim como Gentileschi, foi enaltecida por uma parte da República das Letras, mas sofreu com a misoginia e a rejeição, já que, da mesma forma que Artemisia, suas obras provocaram desconfortos e suscitaram novas ideias, como veremos a seguir.

## Preciosas e a cultura letrada da França

Se em Veneza, na passagem do século XVI para o século XVII, as escritoras e artistas entraram, por vezes incógnitas, na República das Letras, nas fissuras permitidas pelas academias fundadas por homens letrados, na trajetória das mulheres letradas na França de meados do século XVII foi fundamental o surgimento de uma instituição criada pelas próprias mulheres: o salão literário[24]. O salão era um encontro de pessoas de letras na residência de uma mulher aristocrata, a *salonnière*, e tinha por objetivo a interação social por meio da leitura e da escrita coletivas.

---

24. Duggan, Anne E. *Salonnières, Furies and Fairies: The Politics of Gender and Cultural Change in Absolutist France*. Newark: University of Delaware Press, 2005.

O fato de os salões congregarem homens e mulheres de letras em muito favoreceu as escritoras para a elaboração e publicação de suas obras. Primeiro, as amizades com homens de letras davam acesso a editores e livreiros; segundo, os hábitos dos salões possibilitaram a evolução da sua escrita, tendo em vista que elas tinham pouco acesso à educação formal. Como as mulheres eram as promotoras dos salões e estes nunca foram oficializados, eles se diferenciavam das academias, cronologicamente anteriores, da Península Itálica e, sobretudo, da França, onde estas passaram a se vincular ao patronato da monarquia. Em meio a essa mudança no campo das sociabilidades letradas, as mulheres foram se tornando as principais autoras de um gênero literário considerado novo e polêmico: o romance.

O século XVII francês foi marcado por uma grande explosão de publicações de autoria feminina, especialmente romances, embora elas também tenham publicado poesias e tratados filosóficos ou morais. Em um período no qual tomaram forma as bases sociais e mentais para que a literatura se constituísse no campo cultural como um domínio distinto e autônomo[25], a valorização do romance como gênero envolveu diretamente as mulheres, já que elas organizaram o novo espaço de sociabilidade letrada, o salão, e escreveram a maior parte dessas obras em prosa publicadas nesse século[26].

Não adentraremos aqui na longa discussão literária e historiográfica sobre as origens do romance, mas vamos assumi-lo como gênero já presente no contexto francês do século XVII, seguindo os debates mais atuais da historiografia literária[27]. Embora a definição do que era um romance nessa circunstância histórica seja complexa, podemos sintetizá-la como sendo uma narrativa em prosa direcionada para um público amplo e que, acima de tudo, explicita a dimensão subjetiva das personagens. A discussão que segue aborda a presença das mulheres no mundo da escrita e da leitura e explicita a atuação fundamental que tiveram na defesa do gênero romance, a partir do qual o feminino "vinha a público"[28].

---

25. Viala, Alain. *Naissance de l'écrivain. Sociologie de la littérature à l'âge classique*. Paris: Les Éditions de Minuit, 1985, p. 8.

26. DeJean, Joan. *Tender Geographies. Woman and the Origins of Novel in France*. Nova York: Columbia University Press, 1991.

27. Coulet, Henri. *Le roman jusqu'à la Révolution*. Paris: Armand Colin, 2014; Lima, Luiz Costa. *O controle do imaginário e a afirmação do romance*: *Dom Quixote, As relações perigosas, Moll Flanders, Tristram Shandy*. São Paulo: Companhia das Letras, 2009.

28. Harth, Erica. "The salon woman goes public… or does she?" *In*: Goldsmith, Elizabeth C.; Goodman, Dena (ed.). *Going Public*: *Women and Publishing in Early Modern France*. Ithaca; Londres: Cornell University Press, 1995, p. 179-193.

Na França, assim como na Veneza da primeira metade do século, a proximidade de homens e mulheres no espaço letrado, e o impacto de livros como *Artamène ou Le Grand Cyrus*, trouxeram à tona conflitos literários que tinham problemas de gênero no centro de suas preocupações e ansiedades. A trajetória e as obras da autora desse romance, Madeleine de Scudéry (1607-1701), são a porta de acesso para a experiência de um grupo de mulheres letradas, chamadas de preciosas[29]. Além de Scudéry, outros nomes muito conhecidos na literatura francesa integraram esse movimento, como Madame de Sablé (1599-1678), Madame de La Fayette (1634-1693) e Madame d'Aulnoy (1652-1705).

Madeleine de Scudéry foi uma das pessoas mais influentes da cultura francesa no século XVII. Além de uma das autoras mais lidas e comentadas, promoveu um importante salão em sua residência. Essa escritora pode ter sido um caso singular de sucesso estrondoso, mas o fato é que a grande vendagem de seus escritos aponta que a leitura era um hábito crescente e, possivelmente, ainda mais no caso das mulheres. Se considerarmos, além disso, que os hábitos de leitura davam uma larga margem para o empréstimo de livros, para a locação desses impressos e para a leitura coletiva, poderíamos contar muitos leitores e leitoras para cada exemplar vendido [↗O mundo dos impressos].

Scudéry foi a primeira mulher a receber uma pensão real como escritora[30], e muito de seu êxito deveu-se justamente à sua habilidade em fazer amizades com homens influentes, como Valentin Conrart (1603-1675), um dos fundadores da Academia Francesa. Porém, esse reconhecimento veio longo tempo após já ter conquistado um sólido público para seus romances. O caminho traçado pela escritora – o reconhecimento do público e só depois o institucional – era normalmente o inverso daquele trilhado por escritores homens, ou seja, primeiro eles recebiam apoio por meio de redes institucionais, prestavam serviços ao poder monárquico e depois se tornavam conhecidos pelo público.

Embora a maior parte das obras desse período tenha sido assinada com nomes masculinos (de amigos ou de parentes das autoras) ou publicada anonimamente, na República das Letras sabia-se que as mulheres letradas que frequentavam e organizavam salões, as preciosas, eram as autoras dos romances. A vinculação do gênero literário romance ao gênero feminino tornou-se,

---

29. Timmermans, Linda. *L'accès des femmes à la culture sous l'Ancien Regime*. Paris: Honoré Champion, 2005.

30. Grande, Nathalie. Discours paratextuel et stratégie d'écriture: une étude des textes d'accompagnement chez Mme de Villedieu. *In*: Keller, Edwige. *Madame de Villedieu romancière: nouvelles perspectives de recherche*. Lyon: Presses Universitaires de Lyon, 2004, p. 163-174.

assim, fator fundamental da recusa ao romance, que também era frequentemente rejeitado por sua falta de tradição e de filiação[31]. A existência de obras escritas por mulheres implicava uma transgressão das normas vigentes que definiam e limitavam os papeis de gênero[32].

Frequentemente, o romance era acusado de ofender a moral cristã[33]. Considerado uma leitura perigosa para jovens leitores e (principalmente) leitoras, a questão moral tornou-se o ponto nevrálgico da discussão que se desenrolou sobre esse gênero literário. Entretanto, alguns homens e mulheres de letras acreditavam que o romance era capaz de, ao mesmo tempo, proporcionar prazer e instruir, de tal modo que Madeleine de Scudery foi uma das figuras que saiu em sua defesa. Seu *De la manière d'inventer une fable* [Da forma de inventar uma fábula] apareceu pela primeira vez em 1658, no oitavo tomo do romance *Clélie*, e foi republicado em 1680 sem grandes modificações em *Conversations sur divers sujets* [Conversações sobre diversos assuntos][34].

Scudéry insistia na arte particularmente difícil de saber confundir mentiras com verdades em uma narrativa, de forma que o leitor não pudesse distinguir uma da outra. Do ponto de vista das mulheres escritoras, apegar-se ao problema da verossimilhança era uma maneira de provar que o novo gênero do romance supunha o domínio de uma arte bastante exigente. Segundo Scudéry, aquilo que era inventado deveria parecer mais verossímil do que a própria verdade, o que era a maior dificuldade da arte de inventar uma fábula, termo que, na época, era sinônimo de ficção. Conforme expressa a personagem Clélie, na conversação de Scudéry, aquilo que tem relação com a verdade (o que realmente parece que poderia acontecer) tocava bem mais o leitor do que os fatos nos quais as pessoas não acreditavam ou aqueles sobre os quais não se temia.

Provocando emoções no leitor por meio da verossimilhança e, por conseguinte, proporcionando prazer, seria mais fácil alcançar o objetivo final que era o de fazer aprender a moral. Dessa forma, o romance poderia suscitar nas pessoas o desejo de seguir os princípios morais exaltados nas histórias; por sua vez, elas desejariam mais facilmente ser pessoas melhores. Cumprindo

31. Grande, Nathalie. *Le Roman au XVII^e siècle: l'exploration du genre*. Clamecy: Bréal, 2002.

32. Zechlinski, Beatriz. *"Quero ver as minhas obras saindo da prensa": mulheres e livros na França do Antigo Regime*. Teresina: Cancioneiro, 2022.

33. Lilti, Antoine. *Le monde des salons. Sociabilité et mondanité à Paris au XVIII^e siècle*. Paris: Fayard, 2005, p. 13.

34. Scudéry, Madeleine de. De la manière d'inventer une fable. *In*: *Id*. *Conversations sur divers sujets*. Paris: Claude Barbin (au Palais, sur le Perron de la Sainte Chapelle), 1680, p. 451-490. v. 2.

uma dupla tarefa, o romance seria capaz de, ao mesmo tempo, agradar e instruir, proporcionando que questões de ordem moral estivessem acessíveis a todos:

> Mas sobre todas as coisas, é preciso retirar da Moral o que ela tem de rude e de seco: e lhe dar não sei o quê de tão natural e de tão agradável que ela divirta aqueles a quem dá lições. De maneira que como as Damas não quebram os seus espelhos que lhes mostram os defeitos que elas corrigem quando os conhecem; elas também não odeiem uma obra, na qual veem frequentemente as coisas que nós não ousaríamos lhes dizer, e que elas não diriam jamais a si mesmas[35].

Como "Damas" que se veem no espelho ou em uma obra, o mecanismo da verossimilhança faria com que a moral fosse facilmente aprendida, porque as histórias, tal qual espelhos, possibilitavam às leitoras reconhecerem seus próprios defeitos e procurarem corrigi-los silenciosamente. As fábulas bem construídas produziriam a sensação de que era fácil o caminho de se adequar à moral. O romance serviria, assim, para o aprendizado de uma maneira de ser: uma arte que lapidava o indivíduo, tornando-o melhor do que era.

A escritora deixa muito claro que não era permitido inventar uma narrativa ao bel-prazer, pois quando o escritor desejasse inventar uma fábula ele desejaria ser acreditado, e a verdadeira arte da mentira seria a de bem parecer com a verdade. Se o escritor se afastasse desses fundamentos, não haveria nada mais que pudesse fazer brilhar o espírito e não haveria mais "julgamento", quer dizer, raciocínio, discernimento. Assim, segundo Scudéry, a verossimilhança tornava a razão uma parte fundamental no processo de compreensão da realidade provocado pelo romance. Dessa forma, na escrita das preciosas, sentimento e razão não eram contraditórios[36]. O prazer propiciado pela leitura resultaria na instrução das pessoas mais simples, por meio da assimilação dos exemplos, e no exercício da razão pelos já bem-educados[37]. Para Scudéry, sequer haveria essa diferenciação entre os mais ou menos instruídos, pois todos seriam capazes do exercício da razão se fossem incentivados a tanto. O prazer não estaria em oposição nem ao pensamento intelectual, nem à ética – esta fundamentada nos princípios da polidez e da galanteria, que regiam os salões.

---

35. *Ibid.*, p. 482-483. v. 2.

36. Beasley, Faith. *Salons, History and the Creation of the 17th-Century France: Mastering Memory*. Hampshire: Ashgate, 2006, p. 39.

37. Huet, Pierre-Daniel. Lettre de Monsieur Huet, à Monsieur de Segrais, de l'origine des romans. *In*: La Fayette, Madame de. *Zayde, histoire espagnole, par Monsieur de Segrais, avec un traitté de l'origine des romans, par Monsieur Huet*. Paris: Claude Barbin, 1669, p. 5-67. v. 1.

Na conversação *De la politesse* [Da polidez] (1684), Madeleine de Scudéry deixa isso claro. Segundo a escritora, os livros eram a via mais adequada para levar a qualquer parte o aprendizado dos bons costumes, pois "Os livros bem-feitos carregam [a polidez] de alguma maneira até as Províncias mais afastadas; e se nós imprimíssemos tudo o que nós dissemos hoje, não seria mais justificável faltar polidez em nenhum lugar"[38]. O romance, nesse sentido, estaria levando os valores que regiam as sociabilidades letradas para além das paredes do salão ou da corte. Essa era a maior ambição das mulheres que escreviam: que suas ideias pudessem ultrapassar os limites de suas casas e alcançar o restante da sociedade. Mais do que isso: a cultura romanesca passou a ser vista como fruto dos costumes da nação francesa, na qual as mulheres da aristocracia tinham alcançado uma posição de maior liberdade graças aos salões. *Artamène ou le Grand Cyrus* e *Clélie, histoire romaine* foram obras fundadas nos conceitos de heroísmo e de glória, procurando mostrar uma boa imagem da história da França, porém – diferentemente de gêneros escritos em verso no período, como a epopeia e o teatro – incluíam a participação feminina[39].

Os romances dessa autora aproximavam-se bastante da escrita de uma história oficial cujo objetivo, tal como definiu Jean Chapelain, era mostrar exemplos de virtude para a nação. No entanto, Scudéry reviu essa história, concedendo um papel de destaque para as mulheres, que também eram tomadas como exemplos de perfeição humana. Disso decorre um importante deslocamento em relação à narrativa patrocinada pela Coroa, uma vez que deslocava a compreensão das noções de glória e de virtude heroica dos atos militares em campos de batalha para as atitudes praticadas na sociedade e para as relações interpessoais[40].

Em ambos os casos, trata-se de uma imagem da França que se procurava transmitir. E as escritoras francesas do século XVII desejavam permanecer vinculadas a essa imagem. O cânone literário era a representação da cultura escrita francesa, na qual muitas mulheres que escreviam desejavam ser ou permanecer incluídas. Enfatizamos aqui que, para o caso francês, podemos identificar a construção de uma consciência nacional já no século XVII,

38. Scudéry, Madeleine de. "De la politesse." *In*: *Id. Conversations nouvelles sur divers sujets, dédiées au Roy*. *Op. cit.*, p. 185-186. v. 1.

39. Duggan, Anne E. *Salonnières, Furies and Fairies*. *Op. cit.*, p. 51.

40. *Ibid.*, p. 52.

especialmente com a atuação do Cardeal Richelieu (1585-1642) e durante o reinado de Luís XIV (1638-1715)[41].

A questão da nacionalidade foi um ponto fundamental no decorrer das guerras religiosas, quando se buscava dirimir diferenças regionais e religiosas por meio da educação e da literatura. Na documentação da época de Luís XIV, há uma preocupação em estabelecer o cânone literário como uma expressão da nacionalidade. A concepção de uma cultura francesa nacional já estava presente nesse contexto, como demonstrou Joan DeJean ao rever conceitos previamente estabelecidos por Norbert Elias[42]. As *preciosas* queriam fazer parte dessa cultura e acreditavam que sua escrita favorecia o seu engrandecimento.

Madeleine de Scudéry – tal qual outras autoras, como Madame de La Fayette – estava convencida da seriedade e da utilidade da arte que as mulheres praticavam. Defendia que os romances cumpriam a função moral de instruir e de formar o caráter das pessoas. Escritoras como elas pensavam que estavam aptas a exercer um papel social importante e autorizadas a desempenhar essa função no momento em que publicavam os seus livros. Nesse sentido, não podemos dizer que as mulheres escreviam como forma de distração ou divertimento. Pelo contrário: os seus horizontes eram bem mais vastos. Wollstonecraft, Hays e Robinson, na Inglaterra do século XVIII, também consideraram o romance como um gênero valoroso por meio do qual podiam divulgar seus ideais e fizeram uso dele para se comunicar com um público mais amplo do que os homens e as mulheres de letras.

## Mulheres de letras na Inglaterra setecentista

O século XVIII, também chamado de Século das Luzes, é conhecido pela intensa produção de saberes e escritos, tendo as mulheres contribuído para a constituição dessa cultura letrada. No que se refere ao contexto do Iluminismo [↗O Iluminismo], o papel das mulheres foi central de várias maneiras. Como visto acima, elas eram as responsáveis por comandar os salões, espaços fundamentais para as sociabilidades ilustradas, e as principais escritoras e consumidoras dos romances, um dos importantes gêneros a partir dos quais se popularizaram os novos ideais burgueses e liberais. Eram também

41. Ladurie, Emmanuel Le Roy. *Brève histoire de L'Ancien Régime. Du XV^e^ au XVIII^e^ siècle.* Paris: Fayard, 2017.

42. DeJean, Joan. *Antigos contra Modernos: as guerras culturais e a construção de um fin de siècle*. Rio de Janeiro: Civilização Brasileira, 2005.

interlocutoras e parceiras dos homens de letras nos debates e produções intelectuais, referências para os novos padrões de civilidade.

Essa atuação se intensificou, não sem contradições. Numa República das Letras em ampliação para além da participação de pessoas eruditas, cada vez mais homens e mulheres - de nacionalidades, *status*, ofícios e interesses variados – relacionavam-se por meio de múltiplos espaços de sociabilidade não oficializados e paralelos às cortes e instituições, como salões, tabernas, lojas maçônicas, cafés e clubes. A atuação das mulheres nessa configuração (e quiçá a dos homens) precisa, entretanto, ser problematizada a partir da sua relação com um fenômeno central na conformação ideológica da Ilustração e do primeiro liberalismo: a separação das esferas pública e privada. Essa separação, determinante para as trajetórias das autoras aqui analisadas, estabeleceu assimetrias de gênero que vinculavam prioritariamente a identidade social masculina à atuação no âmbito público e a identidade feminina à atuação no âmbito doméstico, um espaço físico e simbólico que deveria se manter, teoricamente, à margem dos debates das Luzes.

A participação das mulheres na cultura escrita ilustrada precisa, então, ser analisada a partir das brechas que a ideologia da domesticidade, vinculada à definição das mulheres ao privado, propiciou no que se refere às possibilidades de aprimoramento e trocas intelectuais, produção escrita e publicações. Essas questões apareceram no debate ilustrado na Inglaterra de fins do século XVIII por meio da produção e da trajetória de três mulheres que participaram ativamente da esfera pública britânica e europeia: Mary Wollstonecraft, Mary Hays e Mary Robinson.

Mary Wollstonecraft foi uma escritora e filósofa, precursora na reivindicação de direitos para as mulheres. É de sua autoria a obra *Reivindicação dos direitos da mulher* (1792), considerada um texto clássico do pensamento feminista[43]. Ao longo de sua trajetória letrada, escreveu e publicou romances, tratados morais e de educação, resenhas críticas e traduções. Como uma das pensadoras mais célebres do século XVIII, serviu de referência para outras mulheres no que diz respeito à inserção feminina no mercado editorial e no debate sobre os direitos da mulher. Dentre elas, destacam-se Mary Hays e Mary Robinson. A primeira publicou ensaios, romances e biografias de mulheres proeminentes. A segunda foi uma das atrizes, poetas e romancistas mais conhecidas da época.

43. Wollstonecraft, Mary. *Reivindicação dos direitos da mulher*. Trad. de Andreia Reis do Carmo. São Paulo: Edipro/Boitempo, 2015.

Essas três mulheres viveram na Inglaterra da segunda metade do século XVIII, numa época agitada pelos efeitos da primeira Revolução Industrial e pelo impacto da Revolução Francesa com suas esperanças de mudança social radical. Também viveram em pleno processo de conformação da nova sociedade burguesa, quando a posição social das mulheres se converteu em uma questão ideológica chave, campo de controvérsia em torno do qual confluíram as grandes contradições e paradoxos dos discursos liberal e ilustrado.

Por um lado, o ideário das Luzes, devido ao seu caráter abstrato, abria expectativas sem precedentes a respeito da igualdade entre homens e mulheres e seu necessário correlato social e político em matéria de deveres e direitos. A tradicional exclusão da grande maioria das mulheres da vida pública se tornava muito mais evidente e questionável a partir do desenvolvimento de uma teoria política e de um pensamento filosófico que colocava no centro de sua reflexão o indivíduo, formalmente igual e livre das redes de hierarquia e de dependência do Antigo Regime. Por outro, a possibilidade aberta pelo racionalismo ilustrado acerca da igualdade entre os gêneros se manteve limitada pela idealização de um modelo de feminilidade ligada ao privado. Essa esfera íntima, ao menos no campo discursivo, devia ser o mundo dos impulsos naturais, do emocional, do subjetivo e do intuitivo. Era o lugar do coração, onde o ser humano civilizado e contido, público e racional, se convertia no *ser humano sentimental*. A distinção crucial entre razão e coração, ou entre razão e sensibilidade, tornou-se, assim, a grande linha de tensão desse período[44].

A sociedade inglesa setecentista instituiu a domesticidade como o âmbito mais apropriado para a realização dos deveres das mulheres para com Deus, com a sociedade e consigo mesmas. Disseminada por meio de manuais de conduta, tratados educacionais e romances sentimentais, essa ideologia prescrevia a imagem da mulher particularmente como esposa e mãe. Tal discurso ocupou papel central na revolução cultural burguesa que caracterizou a sociedade inglesa do século XVIII, impactando principalmente as mulheres das classes médias[45].

Como muitas outras mulheres de sua condição, Wollstonecraft, Hays e Robinson foram afetadas pelas demandas por aprimoramento educacional e transformações no comportamento feminino. A emergência do novo modelo

44. Johnson, Claudia L. *Equivocal Beings: Politics, Gender, and Sentimentality in the 1790s. Wollstonecraft, Radcliffe, Burney, Austen*. Chicago: University of Chicago Press, 1995, p. 13-14.

45. Francus, Marilyn. *Monstrous Motherhood. 18th – Century Culture and the Ideology of Domesticity*. Baltimore: The Johns Hopkins University Press, 2012, p. 1.

de família burguesa exigia esposas e mães mais esclarecidas para cumprirem seu papel como companheiras afetuosas dos esposos e como formadoras das crianças. De modo a preparar as mulheres para seu novo papel, ampliou-se significativamente o número de escolas para jovens, nas quais se desenvolviam habilidades como canto e dança, rudimentos de história e geografia, literatura e francês – enfim, "graças femininas" que as habilitariam a ingressar no competitivo mercado matrimonial[46].

Apesar do tipo de formação ofertada nos espaços de ensino ser bastante superficial se comparada àquela destinada aos homens, propiciava às mulheres um nível de letramento adequado para a leitura de livros religiosos, romances, manuais educacionais e tratados morais. Ao longo do século XVIII, esses gêneros eram considerados adequados à leitura feminina, vinculados à sua atuação no âmbito doméstico[47]. Logo as mulheres também se tornaram as principais produtoras desse tipo de literatura. De forma paradoxal, a idealização de um modelo de feminilidade que restringia a atuação das mulheres ao privado possibilitou que se aproximassem de um campo de atuação que era tradicionalmente dominado pelos homens: o da palavra escrita.

Possivelmente, o romance sentimental foi um dos gêneros literários que mais se mostrou propício à autoria feminina. A emergência do ideal de casamento por amor na sociedade inglesa setecentista contribuiu para sua popularização, sendo as mulheres rapidamente consideradas as mais aptas a discorrer sobre os sentimentos amorosos devido à sua pretensa sensibilidade mais acentuada[48]. Entre a ampla gama de inglesas que se dedicaram ao ofício das letras naquele período, pouquíssimas deixaram de se dedicar à prosa ficcional. O gênero, popularizado na Inglaterra por Samuel Richardson (1689-1761) com seus romances *Pamela* (1740) e *Clarissa* (1748), e que se desenvolvia paralelamente na França, nos salões dirigidos por mulheres, como se viu, logo passou a ser dominado pelas escritoras. Pelo menos desde a década de 1780 começou a se constituir uma tradição de romancistas inglesas que culminaria em Jane Austen (1775-1817) e nas irmãs Charlotte (1816-1855), Emily (1818-1848) e Anne (1820-1849) Brontë.

---

46. Byrne, Paula. *Perdita: The Literary, Theatrical, Scandalous Life of Mary Robinson*. Nova York: Randon House, 2005, p. 7.

47. Person, Jacqueline. *Women's Reading in Britain (1750-1835): A Dangerous Recreation*. Nova York: Cambridge University Press, 2000.

48. Miranda, Anadir dos Reis. *Mary Wollstonecraft e a reflexão sobre os limites do pensamento liberal e democrático a respeito dos direitos femininos (1759-1797)*. Dissertação (Mestrado em História) – Universidade Federal do Paraná, Curitiba, 2010, p. 64.

Apesar do modelo de feminilidade continuar interditando a escrita destinada à publicação, pois colocaria em perigo a modéstia feminina, no fim do século XVIII já se configurava uma tradição de escritoras, especialmente de prosa ficcional. Entre os fatores que contribuíram para a abertura às mulheres interessadas em publicar estava a derrocada do patronato literário, que, conforme discutido anteriormente, ainda era extremamente presente na França de fins do século XVII. Com a crescente comercialização da literatura, assistiu-se ao declínio do patrocínio da corte e da nobreza em relação à produção literária. Nos dois lados do Canal da Mancha, o mesmo contexto que contribuiu para a ascensão de um novo gênero literário, o romance, também levou à afirmação de mulheres como novos sujeitos autores. Ian Watt aponta que o famoso romancista Henry Fielding (1707-1754) registrou seu espanto com as mudanças no mercado livreiro, assinalando que todo o universo literário se tornava uma democracia, ou, em suas palavras, uma complexa anarquia, não havendo ninguém para impor as velhas leis[49].

Soma-se a isso a valorização da experiência e dos sentimentos individuais para a emergência de uma produção literária de mulheres. No contexto ilustrado, a razão era tida como um atributo masculino, necessitando ser aprimorada por meio da educação ofertada por preceptores e/ou instituições formais, como academias, estas últimas interditadas às mulheres. Disso decorre a importância de uma nova concepção de autoria, cuja fonte e abordagem não proviessem obrigatoriamente da reflexão racional e filosófica, mas sim do fruto de experiências e percepções comuns. Segundo Sandra Vasconcelos, a filosofia de John Locke (1632-1704) teve marcada influência nesse processo "ao conferir às impressões e às sensações um lugar sem precedentes" e estava "na origem de uma literatura que registra [...] as reações do *eu* diante dos fenômenos que impressionam"[50]. A valorização da experiência sensível como base da criação literária encontraria sua forma ideal no romance - autobiográfico, epistolar e sentimental - e nas mulheres, autoras por excelência.

Em um tratado de 1799, destinado a exaltar as qualidades das mulheres, Mary Robinson destacou suas realizações no campo literário citando os nomes de 39 escritoras britânicas da época, incluindo "Mrs. Hays", "Mrs. Wollstonecraft" e ela mesma, "Mrs. Robinson". Ao se referir à escrita de romances,

49. Watt, Ian. *A ascensão do romance: estudos sobre Defoe, Richardson e Fielding*. São Paulo: Companhia das Letras, 2010, p. 55-62.

50. Vasconcelos, Sandra Guardini. *A formação do romance inglês. Ensaios Teóricos*. São Paulo: Aderaldo & Rothschild/Fapesp, 2007, p. 73.

enalteceu a superioridade feminina na sua produção dizendo que "os melhores romances [...] desde os de Smollet, Richardson e Fielding" eram de mulheres e que, para além da "vida doméstica, retratad[a] com toda a elegância de expressão, e [...] refinamento de sentimento", tinham "raciocínio político, teológico e filosófico vigoroso e eloquente"[51].

Definidas como mais sensíveis e como portadoras de uma moralidade superior[52], as mulheres eram consideradas como as mais aptas para discorrer sobre determinados temas. Constituindo-se rapidamente como as principais autoras de romances e de obras sobre educação, a instituição de um espaço de atuação específico para as mulheres repercutiu na criação de nichos de escrita e leitura que começaram a ser convencionados como femininos[53]. A vinculação do romance a esse novo nicho de autoria e leitura feminina se deve ainda ao seu papel central na disseminação da ideologia da domesticidade. Segundo Mary Poovey, a maior parte das autoras e autores utilizou o romance para configurar e moldar comportamentos considerados adequados às mulheres[54]. Wollstonecraft, Hays e Robinson, entretanto, representam uma exceção nesse sentido.

Defensoras de perspectivas igualitaristas no que se refere às relações de gênero, utilizavam o romance para difundir suas ideias ilustradas junto às mulheres. Nesse intuito, publicaram romances como *The wrongs of woman* (1798), *The victim of prejudice* (1799) e *Walsingham* (1797), de autoria de Wollstonecraft, Hays e Robinson, respectivamente. Essas obras apresentam personagens femininas esclarecidas e críticas às injustiças a que as mulheres eram submetidas.

As três escritoras integravam um contingente mais amplo de mulheres, principalmente das classes médias, que se aproveitaram do momento de abertura no que se refere à produção escrita, dedicando-se ao ofício das letras. Certamente a necessidade de buscar meios de manutenção econômica foi um elemento motivador importante, mas certamente não o único. Mulheres

---

51. Robinson, Mary. *Letter to the women of England on the injustice of mental subordination.* Londres: T. N. Longman/O. Rees, Paternoster-Row, 1799, p. 95.

52. Taylor, Barbara. The religious foundations of Mary Wollstonecraft's feminism. *In*: Johnson, Claudia. *The Cambridge Companion to Mary Wollstonecraft*. Londres: Cambridge University Press, 2002, p. 104.

53. Stafford, William. *English Feminists and their Opponents in the 1790s. Unsex'd and Proper Females.* Manchester: Manchester University Press, 2002, p. 13.

54. Poovey, Mary. *The Proper Lady and the Woman Writer. Ideology as Style in the Works of Mary Wollstonecraft, Mary Shelley and Jane Austen.* Chicago: Chicago University Press, 1984, p. 38.

casadas e/ou oriundas das classes abastadas também se dedicaram à prática da escrita, a maioria delas sem visar retorno financeiro. Inclusive, apesar do avanço do processo de comercialização da literatura que marcou o século XVIII, o preconceito em relação àqueles que escreviam por dinheiro não era incomum. Por isso, o uso de pseudônimos era popular entre escritores de ofício e ainda mais entre as escritoras, uma vez que as mulheres também eram julgadas por estarem transgredindo sua esfera de atuação.

Assim como muitas mulheres de sua época, Wollstonecraft, Hays e Robinson iniciaram sua incursão pelas letras publicando gêneros considerados mais adequados à autoria feminina. Antes de sua entrada no mercado literário, Robinson se dedicara à poesia e às peças teatrais, passando depois para a publicação de romances. Já Hays e Wollstonecraft, desde a adolescência, desenvolveram a escrita epistolar. Hays se dedicou em especial à publicação de romances e tratados morais; Wollstonecraft à produção de resenhas críticas, traduções e tratados. Apesar de cultivarem a escrita desde sua juventude, Wollstonecraft e Hays só passaram a escrever tendo em vista a recompensa financeira quando realmente necessitaram[55].

Ambas encontraram dificuldades em contrair matrimônio, um dos únicos caminhos acessíveis às mulheres para sobrevivência econômica. Descartado o casamento, as possibilidades eram reduzidíssimas, havendo poucos ofícios entendidos como adequados ao feminino, como os ofícios de dama de companhia, professora em escolas para jovens e governanta. Wollstonecraft exerceu todos eles antes de iniciar sua incursão no emergente ambiente ainda restrito de escritora profissional.

Em carta endereçada a uma de suas irmãs, ao comentar entusiasmada seu novo ofício como escritora, Wollstonecraft exalta a importância do contato e apoio de Joseph Johnson[56], um dos principais editores londrinos da época, que atuou como seu protetor e tutor intelectual, propiciando sua inserção no mercado editorial inglês. Orbitava em torno de Johnson e de sua editora uma ampla e diversificada gama de homens e mulheres de letras, simpáticos a projetos reformistas. Mary Hays e Mary Robinson também o frequentavam ocasionalmente por conta da proximidade que possuíam com Mary Wollstonecraft e outros escritores. Essa proximidade com influentes homens de letras, muitos

---

55. Miranda, Anadir dos Reis. *Mary Wollstonecraft e a reflexão sobre os limites do pensamento liberal e democrático a respeito dos direitos femininos (1759-1797)*. *Op. cit.*, p. 74.

56. Wollstonecraft, Mary. Wollstonecraft to Everina, 7 November 1787. *In*: Todd, Janet (org.). *The Collected Letters of Mary Wollstonecraft*. Londres: Penguin Press, 2003, p. 138.

deles vindos de grupos autodenominados "dissidentes racionalistas", favoreceu a produção e publicação de escritos das autoras.

No século XVIII, alguns "não conformistas", protestantes não pertencentes à Igreja da Inglaterra, em particular esses dissidentes racionalistas[57], desenvolveram discursos e práticas igualitárias a respeito da educação e das capacidades intelectuais das mulheres. Adeptos da filosofia racionalista e empirista inglesa e alinhados às ideias ilustradas, entendiam que as diferenças entre as pessoas não eram inatas, mas baseadas na educação, e tendiam a equalizar as capacidades intelectuais de homens e mulheres. Essa concepção mais igualitária de gênero levou os dissidentes a ampliarem as oportunidades educacionais e de produção escrita às mulheres. Nas últimas décadas do século, os dissidentes racionalistas promoveriam muitas escritoras dedicadas à prosa ficcional e à publicação de tratados morais, manuais sobre educação e livros para crianças.

Mary Hays descreveu os homens que a guiaram ao longo das décadas de 1780 e 1790 como *gentlemen* da mais distinta virtude[58]. Serviram como mentores, editores, guias, defensores e agentes, provendo-a de escritos que lhe seriam inacessíveis, pois estava fora das universidades e de espaços profissionais. Devido à proximidade com líderes não conformistas, Hays também teve oportunidade de conhecer suas esposas, algumas das dissidentes mais influentes da época: Jane Disney, Hannah Lindsey e Susanna Worthington. Esse grupo de mulheres que atuavam como educadoras, escritoras, filantropas, polemistas e administradoras em suas congregações serviu, assim como Wollstonecraft, como referência para Hays delinear a possibilidade de se tornar uma mulher de letras[59].

Mary Robinson percorreu caminhos um pouco diferentes. Oriunda das classes médias, mas com conexões nos meios aristocráticos, de início se beneficiou do tradicional mecenato. Conforme avançava o fim do século, entretanto, começou a se adequar às novas práticas da escrita profissional, tornando-se escritora de ofício. Das três autoras aqui apresentadas, foi ela a que mais publicou. Assim como para Hays e Wollstonecraft, as relações de

57. Soares, Luiz Carlos. Ciência, religião e ilustração: as academias de ensino dissidentes racionalistas ingleses no século XVIII. *Revista Brasileira de História*, v. 21, n. 41, 2001, p. 177.

58. Walker, Gina Luria. *The Idea of Being Free (1759-1843): The Growth of a Woman's Mind.* Farnham: Ashgate, 2006, p. 25, 34.

59. Walker, Gina Luria; Ditchfield, G. M. Intellectual exchanges: women and rational dissent. *Enlightenment and Dissent*, n. 26, 2010, p. 268.

amizade e intercâmbio letrado que estabeleceu com escritores e editores se mostraram fundamentais para sua ascensão como mulher de letras.

As trajetórias letradas de Wollstonecraft, Hays e Robinson permitem entrever caminhos e possibilidades de inserção das mulheres na cultura letrada e no mercado editorial inglês da segunda metade do século XVIII. Se havia uma demarcação mais evidente da domesticidade como esfera feminina, decorrente da separação entre público e privado na nova sociedade liberal, a abertura proposta por uma esfera pública fundada nos princípios ilustrados somada às novas dinâmicas do mercado editorial permitiram-lhes aproveitar brechas dadas pela instituição dos novos códigos de gênero. Mais do que isso, foi nessa tensão entre atuação pública e sensibilidade privada que se deu a emergência de nichos de leitura e escrita para aquelas mulheres.

## Considerações finais

Ao "povoar o passado" com as histórias de Artemisia Gentileschi, Madeleine de Scudéry, Mary Wollstonecraft, Mary Hays e Mary Robinson, foi possível perceber o quanto as mulheres integraram os espaços de produção artística e letrada na Época Moderna. No entanto, essa integração não aconteceu sem tensões.

Em todos os períodos analisados, os espaços de educação formal e superior eram interditados às mulheres, restando-lhes se aproveitar de brechas existentes em contextos letrados em ascensão ou transformação e, por isso mesmo, mais informais e caracterizados por maior indistinção quanto às fronteiras de gênero. Nesses espaços mais informais, as relações de amizades mistas mostraram-se fundamentais para o aprimoramento e a produção intelectual por parte das mulheres. Foi pelos vínculos estabelecidos com homens de letras, muitos deles atuando como guias e tutores intelectuais, que várias mulheres tiveram oportunidade de se tornar escritoras.

Entre esses espaços mais propícios à incursão feminina, destacaram-se as academias literárias e de arte renascentistas e os salões franceses dos séculos XVII e XVIII. Nos salões, organizados por e em torno das *salonnières*, as mulheres conseguiram exercer papel e influência superiores à dos homens. Por meio desses ambientes, firmaram gêneros literários, como o romance, central na cultura letrada moderna. Mais que isso: o próprio romance tornou-se marca de uma prosa fortemente cultivada pelas mulheres e de um novo gosto literário.

No que se refere à Inglaterra setecentista, o processo se deu de maneira mais difusa. Mesmo espaços informais, como clubes, tabernas e cafés, eram frequentados exclusivamente por homens. Se, entretanto, restava às letradas inglesas trocas intelectuais realizadas em jantares, chás, saraus e por meio das correspondências privadas, figuras femininas encontraram nas novas dinâmicas do mercado editorial oportunidades de profissionalização como escritoras que eram menos comuns nos períodos anteriores. Nos primeiros casos, o patronato e o ambiente aristocrático marcavam as sociabilidades letradas e a inserção das mulheres, enquanto nos novos contornos do mundo editorial o consumo da vida burguesa das classes médias possibilitava caminhos diversos para a atuação feminina na República das Letras.

As obras apresentadas ao longo deste capítulo sinalizam que as questões de gênero estavam entre as preocupações e ansiedades dos contextos analisados e que estas foram acentuadas pela atuação de mulheres nos espaços de cultura letrada. Os movimentos, as reações e os diálogos motivados pela presença e pela produção de mulheres geraram novas possibilidades de sociabilidades e criação literária e artística que compõem o que compreendemos por Modernidade. Entender as trajetórias dessas escritoras e pintoras é, portanto, entender as mudanças da cultura letrada da Época Moderna europeia.

## Bibliografia comentada

Chiarini, Ana Maria; Guerini, Andréia; Simioni, Karine (org.). *Raízes feministas em tradução*. Brasília: Edições Câmara, 2022.

> O livro apresenta um agrupamento de fontes históricas traduzidas do italiano que tratam de trajetórias de vida de nove mulheres, em sua maioria da Época Moderna. Os textos, agora em língua portuguesa, foram produzidos por mulheres que questionaram seus espaços de atuação, condições sociais e defenderam a inequívoca capacidade intelectual feminina, confrontando noções de gênero do período.

Davis, Natalie Zemon. *Nas margens: três mulheres do século XVII*. São Paulo: Companhia das Letras, 1997.

> A autora discute trajetórias de vida de três mulheres, Glikl bas Judah Leib, de Hamburgo, que se identificava como mulher de negócios bem-sucedida; Marie de l'Incarnation, de Tours, escritora ursulina; e Maria Sibylla Merian, pintora e gravadora de Frankfurt, que viajou para o Suriname, desenvolveu estudos de botânica, posteriormente publicados, que alcançaram destaque entre colecionadores e cientistas da Europa.

DeJean, Joan. *Antigos contra Modernos: as guerras culturais e a construção de um fin de siècle*. Trad. de Zaida Maldonado. Rio de Janeiro: Civilização Brasileira, 2005.

> Essa obra trata da controvérsia letrada do fim do século XVII na França, conhecida como Querela entre os Antigos e os Modernos (1687-1715), que dividiu a República das Letras entre aqueles e aquelas que se colocavam a favor ou contra as ideias de inovação literária, a participação das mulheres na "república" e o romance como gênero literário. A partir do estudo dessa controvérsia, a autora discute a existência de uma guerra cultural e de um sentimento de fim de século naquele momento.

Doré, Andréa; Ribeiro, Luiz Carlos (orgs.). *O que é sociabilidade?* São Paulo: Intermeios, 2019.

> Esse livro reúne contribuições de diversos historiadores e historiadoras das épocas Moderna e Contemporânea que realizaram pesquisas a partir do conceito de sociabilidade. Os capítulos que o compõem nos ajudam a compreender esse conceito do ponto de vista teórico, assim como as suas possibilidades de aplicação metodológica.

Knott, Sarah; Taylor, Barbara. *Women, Gender and Enlightenment*. Nova York: Palgrave Macmillan, 2005.

> Esse livro apresenta uma densa e ambiciosa coleção de 39 ensaios dedicados a delinear um panorama amplo do papel controverso e inovador desempenhado pelas mulheres e pelas questões de gênero no Século das Luzes.

Laqueur, Thomas. *Inventando o sexo: corpo e gênero dos gregos a Freud*. Trad. de Vera Whately. Rio de Janeiro: Relume Dumará, 2001.

> Nessa pesquisa, o autor realiza uma análise sobre como aconteceu a construção cultural do sexo biológico ao longo de vários séculos, passando pela Época Moderna até chegar ao século XIX. Com esse livro, podemos observar que as diferenças sexuais entendidas como biológicas pela ciência moderna são produto de ideias, valores e concepções de mundo.

Miranda, Anadir dos Reis. *Protofeministas na Inglaterra setecentista: Mary Wollstonecraft, Mary Hays e Mary Robinson. Sociabilidade, Subjetividade e Escrita de Mulheres*. Tese (Doutorado em História) – Setor de Ciências Humanas, Universidade Federal do Paraná, Curitiba, 2017.

> A pesquisa aborda as trajetórias letradas de três escritoras inglesas da Inglaterra setecentista que participaram ativamente dos debates ilustrados e revolucionários, questionando os limites e paradoxos do pensamento liberal e ilustrado no que se refere aos direitos das mulheres.

Soares, Luiz Carlos. Ciência, religião e ilustração: as academias de ensino dissidentes racionalistas ingleses no século XVIII. *Revista Brasileira de História*, v. 21, n. 41, 2001.

> Esse artigo aborda como, na Inglaterra do século XVIII, as Academias Protestantes Dissidentes se constituíram como um espaço privilegiado para o debate das ideias ilustradas e o ensino das novas Ciências Naturais. Impossibilitados de ingressar no sistema de ensino fundamental e universitário inglês, controlado legalmente pelos anglicanos, não restou aos dissidentes ou não conformistas outra alternativa que não fosse o estabelecimento das ditas Academias, que se mostraram mais abertas à crítica racional do que as ortodoxas universidades.

Tedesco, Cristine. *Artemisia Gentileschi: trajetória biográfica e representações do feminino (1593-1654)*. São Leopoldo: Oikos, 2020.

> O livro é resultado de tese de doutoramento sobre a vida e obra de Artemisia Gentileschi, pintora do período Barroco italiano. A pesquisa investiga as relações entre gênero, arte, cultura e sistemas de pensamento do período, com análise de fontes documentais e visuais como processo-crime por estupro, correspondências, epitáfios, pinturas e esculturas produzidas entre os séculos XV e XVII.

Zechlinski, Beatriz. *"Quero ver as minhas obras saindo da prensa": mulheres e livros na França do Antigo Regime*. Teresina: Cancioneiro, 2022.

> O livro trata da inserção das mulheres nos espaços de sociabilidade letrada do século XVII na França e dos meios a partir dos quais elas se tornaram escritoras. A pesquisa centra-se especialmente nas trajetórias de três mulheres de letras – Madame de La Fayette, Madeleine de Scudéry e Jacqueline Pascal – e, a partir delas, discute questões relacionadas à educação feminina, à memória de mulheres sábias e ao cânone literário.

# 17
# O Iluminismo

*André de Melo Araújo*
*João de Azevedo e Dias Duarte*

Em 1999, a fusão dos acervos do Museu do Folclore e da coleção de peças de origem europeia até então integradas ao Museu Etnológico alemão deu origem ao Museu das Culturas Europeias. A exposição permanente do novo museu, inaugurado na passagem para o século XXI na cidade de Berlim, informa aos visitantes que, a despeito da grande variedade cultural, os europeus têm diversos pontos em comum. A circulação do conhecimento difundido na Europa por meio das mais diversas mídias, os contatos estabelecidos em função do comércio, os movimentos migratórios, as afinidades e as dissonâncias de ordem religiosa e política explicam tal proximidade cultural, de acordo com o texto disposto na primeira sala da exposição permanente. Ao refletir sobre a origem dessa proximidade, o Museu das Culturas Europeias afirma que o processo de industrialização, a Revolução Francesa [↗Revoluções atlânticas: Estados Unidos e França] e a época do Iluminismo forneceram as bases da Europa contemporânea[1].

Nos termos de um período histórico, os marcos cronológicos que definem a época do Iluminismo são objeto de debate. Em uma obra – hoje clássica – de 1935, Paul Hazard afirma que o Iluminismo foi gestado no continente europeu a partir das últimas décadas do século XVII[2]. Com efeito, ao se pensar no caso inglês, a circunscrição dos poderes do rei e a consequente definição dos fundamentos de uma monarquia constitucional, bem como o estabelecimento de uma política oficial de tolerância religiosa que caracterizam a chamada Revolução Gloriosa de 1688, representam um marco importante

1. Cf. texto introdutório disposto em junho de 2021 na primeira sala da exposição permanente do Museu das Culturas Europeias, em Berlim.

2. Hazard, Paul. *A crise da consciência europeia: 1680-1715*. Rio de Janeiro: Editora UFRJ, 2015.

para o funcionamento da vida política moderna[3]. Na França, decisões mais centralizadas pelo poder monárquico autorizaram perseguições de ordem confessional, cujas consequências ajudam a compreender os desenvolvimentos históricos relacionados à chamada época do Iluminismo. Na região sob domínio da Coroa francesa, a suspensão do Edito de Nantes, em 1685, encerra um período de relativa tolerância religiosa. Como resultado, ondas migratórias de protestantes locais [↗Reformas religiosas] versados na arte da impressão impulsionaram a produção e a circulação de periódicos e escritos filosóficos em língua francesa a partir de espaços vizinhos. Pouco tempo depois, Christian Tomasius (1655-1728) anuncia as primeiras preleções universitárias a serem proferidas em língua alemã[4], em detrimento do latim, por sua vez associado à tradição eclesiástica nos territórios aliados às instituições políticas do Sacro Império Romano-Germânico. Nesse período, também são publicadas algumas das obras mais influentes do século, como o *Tratado teológico-político* (1670), de Bento de Spinoza (1632-1677), *Os Princípios Matemáticos da Filosofia Natural* (1687), de Isaac Newton (1643-1727), o *Ensaio sobre o Entendimento Humano* e a *Carta Sobre a Tolerância* (1689), de John Locke (1632-1704), e o *Dicionário Histórico e Crítico* (1697), de Pierre Bayle (1647-1706). O que confere unidade a esses movimentos e transformações ocorridos durante as últimas décadas do século XVII é o fato de que todos eles remetem a processos a partir dos quais a razão, operando em língua laica, é capaz de interferir na vida política e de compreender o mundo humano sem recorrer primordialmente à transcendência das coisas divinas.

Nesse sentido, o Iluminismo foi recentemente definido por Jonathan Israel como "a mais importante e profunda transformação intelectual, social e cultural do mundo ocidental desde a Idade Média"[5]. Dessa definição decorre, todavia, uma ambivalência inerente ao termo. A palavra não se contenta apenas por designar uma *época* da história europeia integrada a diversas partes do mundo e que se estende até o fim do século XVIII. Com o mesmo termo, também se identifica um *projeto* que deita raízes nas décadas finais do século XVII, mas cujos efeitos alcançam o tempo presente em espaços para além da Europa contemporânea.

---

3. Lüsebrink, Hans-Jürgen. Die europäische Aufklärung. *In*: Demel, Walter; Thamer, Hans-Ulrich (eds.). *WBG Weltgeschichte. Eine globale Geschichte von den Anfängen bis ins 21. Jahrhundert*. Darmstadt: Wissenschaftliche Buchgesellschaft, 2010, p. 95. v. 5: Entstehung der Moderne, 1700 bis 1914.

4. Whaley, Joachim. *Germany and the Holy Roman Empire*. Oxford: Oxford University Press, 2012, p. 460. v. 2.

5. Israel, Jonathan. *Democratic Enlightenment. Philosophy, Revolution, and Human Rights, 1750-1790*. Oxford: Oxford University Press, 2011, p. 3.

Os diferentes marcos cronológicos aqui elencados paradigmaticamente já apontam para a diversidade de fenômenos constitutiva do Iluminismo. Nas últimas décadas, os estudos históricos têm explorado essa diversidade, ao procurar dar destaque à pluralidade e à heterogeneidade dos caminhos intelectuais associados à época e ao projeto das Luzes. Seus personagens foram ampliados de modo a ultrapassar o círculo restrito dos filósofos mais vocais, com o objetivo de incluir as vozes de homens e mulheres menos conhecidos da crescente produção literária setecentista e dar destaque ao papel igualmente central ocupado por artesãos, mercadores, viajantes, impressores e livreiros como agentes ativos na produção e na difusão de ideais iluministas[6]. Sua geografia foi expandida para além dos centros europeus mais populosos, de forma a considerar os processos históricos em curso nas zonas periféricas e nos espaços coloniais[7]. Seus objetos também se ampliaram para além do cânone filosófico ao valorizar produções literárias menos eruditas e ao observar o funcionamento mais alargado das redes de comunicação[8] em perspectivas local e global. Tal renovação intensa de agentes, geografias e objetos não deixa de ser uma resposta da historiografia contemporânea a imagens mais uniformes do projeto das Luzes, que ora assume os contornos de um racionalismo implacável, ora ganha a feição de um (des)humanismo universalista e abstrato. Contudo, em que pese a diversidade das visões exploratórias mais recentes sobre o Iluminismo, deve-se lembrar que o termo não deixa de ser univocamente associado ao combate público em favor da liberdade de uso da razão na busca pela verdade e nos debates contra o preconceito, a intolerância e a superstição.

Ainda que a metáfora da luz como verdade possua raízes religiosas e filosóficas muito antigas[9], ela assume novos sentidos ao final da Época Moderna. Nesse período, a luz da verdade deixa de ter fonte em si mesma para emanar do

6. Knott, Sarah; Taylor, Barbara (eds.). *Women, Gender, and Enlightenment*. Nova York: Palgrave Macmillan, 2005; Sebastiani, Silvia. *The Scottish Enlightenment. Race, Gender, and the Limits of Progress*. Nova York: Palgrave Macmillan, 2013. Hunt, Lynn; Jacob, Margaret C.; Mijnhardt, Wijnand W. *The Book that Changed Europe. Picart & Bernard's Religious Ceremonies of the World*. Cambridge: Belknap Press of Harvard University Press, 2010.

7. Porter, Roy; Teich, Mikuláš (eds.). *The Enlightenment in National Context*. Cambridge: Cambridge University Press, 1981; Butterwick-Pawlikowski, Richard; Davies, Simon; Sánchez-Espinosa, Gabriel (eds.). *Peripheries of the Enlightenment*. Liverpool: Liverpool University Press, 2008; Cañizares-Esguerra, Jorge. *Cómo escrebir la historia del nuevo mundo*. Mexico: FCE, 2007.

8. Lilti, Antoine. Private lives, public space: a new social history of the Enlightenment. *In*: Brewer, Daniel (ed.). *The Cambridge Companion to the French Enlightenment*. Cambridge: Cambridge University Press, 2014, p. 14-28.

9. Blumenberg, Hans. Light as a metaphor for truth at the preliminary stage of philosophical concept formation. *In*: Levin, David Michael (ed.). *Modernity and the Hegemony of Vision*. Berkeley: University of California Press, 1993, p. 30-62.

trabalho coletivo que faz avançar o espírito crítico e o acúmulo dos conhecimentos úteis. Frequentes são os textos da época que atribuem a uma elite intelectualmente esclarecida a tarefa de promover esse processo, dissipando as trevas da intolerância, dos preconceitos e das superstições. Com essa valência, as *luzes* se tornam onipresentes em discursos difundidos principalmente a partir da segunda metade do século XVIII. Em língua alemã, o crescente uso do termo "esclarecimento" (*Aufklärung*) dá ensejo a um longo debate público sobre o seu significado, no qual se envolvem filósofos como Moses Mendelssohn (1729-1786) e Immanuel Kant (1724-1804)[10]. Em sua contribuição à discussão, publicada em um periódico berlinense em 1784, Kant questiona se o seu momento presente poderia ser caracterizado como uma época esclarecida. À pergunta, o filósofo responde decididamente: "não, vivemos em uma época de esclarecimento"[11]. Esses termos, com os quais se confere destaque a um processo em curso, expressam os anseios de transformação definidores do projeto das Luzes, ao mesmo tempo em que encontram seu fundamento em categorias operativas características do pensamento histórico difundido à época do Iluminismo.

## O pensamento histórico iluminista

Na Época Moderna, diversos foram os contextos sociais e institucionais nos quais as obras que organizam e produzem o conhecimento sobre o passado tiveram origem. Igualmente diversas foram as formas da narrativa, bem como os usos para os quais elas foram produzidas. As informações tabelares dos anais, as coleções documentais das genealogias, as narrativas da história sagrada e das histórias seculares ou profanas – dispostas ora em dispendiosos volumes, ora nas páginas dos calendários de mais baixo custo –, proliferaram nas estantes das cortes, das edificações eclesiásticas e das universidades e nos ambientes domésticos. Em particular na época do Iluminismo, séries extensas que procuravam dar conta da história secular de diversas partes do mundo ganharam espaço crescente no mercado livreiro. Esse é o caso, por exemplo, da *História Universal* inglesa publicada, inicialmente em sete volumes, na primeira metade do século XVIII[12]. Os editores londrinos se entusiasmaram com o sucesso imediato da série, a ponto de promoverem a

10. Schmidt, James. What is Enlightenment? A question, its context, and some consequences. *In*: *Id*. (ed.). *What is Enlightenment? Eighteenth-Century Answers and Twentieth-Century Questions*. Berkeley: University of California Press, 1996, p. 1-44.

11. Kant, Immanuel. Resposta à pergunta: que é "Esclarecimento"? (Aufklärung). *In*: *Id*. *Textos seletos*. 9. ed. Petrópolis: Vozes, 2013, p. 69.

12. *An universal history, from the earliest account of time to the present*. Londres: E. Symon, T. Osborne, J. Wood, and J. Crokatt, 1740.

produção de novos volumes comercializados nas décadas seguintes, com o objetivo de ultrapassar os marcos cronológicos a que se limitara o texto da primeira edição, por sua vez, dedicada exclusivamente à história mais remota dos povos bíblicos[13]. No continente europeu, o mercado de impressos também se anima com a recepção do título. Rapidamente surgem edições em língua italiana e francesa, a que se soma uma edição fortemente ampliada da *História Universal* disponível em múltiplos volumes que circularam, a partir de 1744, em língua alemã. A despeito da eficácia editorial da série, um dos organizadores da edição alemã percebeu uma fragilidade que se tornara visível no momento presente e a formulou nos termos de um desafio.

Uma preocupação central do pensamento histórico iluminista era organizar e compreender a complexa relação das diferentes histórias de todos os povos e nações do mundo em um sistema. É certo que a ideia de uma história universal já era bem conhecida dos europeus, ao menos na forma propalada no texto das profecias e na narrativa bíblica. Santo Agostinho, cuja *Cidade de Deus* (426) representa um modelo fundacional da história universal cristã, afirmara que "os tempos e os eventos devem ser considerados não do ponto de vista de um lugar apenas, mas levando-se em consideração o mundo inteiro"[14]. No século XVIII, porém, a ideia de história universal se emancipa da teologia cristã. Já na sequência da Reforma [↗Reformas religiosas] e do contato com outras culturas no chamado Novo Mundo, a Cristandade começara a perder lentamente o monopólio de sustentação da identidade histórica e cultural europeia, de forma que outras categorias identitárias e novas tentativas de sistematização do conhecimento sobre o passado passaram a representar um desafio crescente para o pensamento histórico iluminista. Tal desafio foi formulado explicitamente por August Ludwig Schlözer (1735-1809) poucos meses após entregar o seu trabalho de organização de mais um volume da *História Universal* para o editor alemão. Para Schlözer, aos numerosos volumes dedicados à história de diversas partes do mundo faltava ainda uma "visão geral" capaz de englobar o todo. Faltava, portanto, um "sistema" por meio do qual seria possível apresentar "todos os Estados do círculo da Terra em uma unidade"[15]. Certo é que, no momento em que Schlözer expunha esse desafio, o modo de organização do conhecimento por meio de um sistema não era um anseio exclusivo das histórias universais.

---

13. Cf. Araújo, André de Melo. Tradução Ilustrada. Imagens da História Universal inglesa e de suas edições europeias no século XVIII. *História da Historiografia*, v. 11, n. 26, 2018, p. 69-100.

14. *Apud* Griggs, Tamara. Universal History from Counter-Reformation to Enlightenment. *Modern Intellectual History*, v. 4, n. 2, 2007, p. 219-247, aqui p. 221.

15. Schlözer, August Ludwig von. *Vorstellung seiner Universal-Historie*. Göttingen; Gotha: Johann Christian Dieterich, 1772, p. 18-19. v. 1.

Sobretudo após uma estadia na universidade de Uppsala, na Suécia, Schlözer se familiariza com os escritos de Carlos Lineu (1707-1778), autor do modelo classificatório da natureza mais influente ao longo do século XVIII [↗A nova ciência]. A lógica organizadora do *Systema Naturae* de Lineu ganhou contornos mais desafiadores quando ele passou a investigar a origem das diferenças entre as espécies. Ao observar a influência de causas externas – ou acidentais – no desenvolvimento das plantas, o naturalista sueco se deparou com os limites do princípio até então dominante segundo o qual a natureza é uma obra divina perfeitamente acabada[16]. Uma vez aberta a possibilidade de que a natureza possa se transformar ao longo do tempo, encurtou-se o caminho para que os filósofos naturais iluministas repensassem tais transformações nos termos de um processo histórico. Assim, a ideia de um sistema da natureza foi redefinida, com o objetivo de que ela não fosse mais concebida como a somatória inerte de suas partes já prontas e dela passivamente integrantes, mas sim como o resultado da união complexa de partes ativas e fortemente interrelacionadas. "No mundo da natureza viva, cada parte constituinte de um corpo organizado" passou a ser vista como causa e "efeito das outras partes"[17], de modo que a história humana e a história natural passaram a seguir "cursos análogos"[18], segundo o historiador Peter Hanns Reill. Ao procurar apresentar a história humana como o resultado da união complexa de percursos históricos e formações culturais distintas, mas fortemente interrelacionadas, sobretudo os conceitos de humanidade e progresso ganharam importância.

O conceito de humanidade carrega dois componentes de significado. "Por um lado, denota a 'natureza' dos seres humanos; por outro, a totalidade dos seres humanos", de acordo com Hans Erich Bödeker. Adicionalmente, ao designar a "natureza" do ser humano, o termo humanidade se desdobra em dois níveis de significado, a saber: ele designa tanto a sua essência – em oposição à "natureza" de outras espécies animais ou à natureza das figuras

16. Cf. Müller-Wille, Staffan. *Botanik und Weltweiter Handel. Zur Begründung eines Natürlichen Systems der Pflanzen durch Carl von Linné (1707-78)*. Berlim: Verlag für Wissenschaft und Bildung, 1999, p. 299, 311.

17. Reill, Peter Hanns. The legacy of the "Scientific Revolution". Science and the Enlightenment. *In*: Porter, Roy (ed.). *The Cambridge History of Science*. Cambridge: Cambridge University Press, 2003, p. 37. v. 4.

18. Cf. Reill, Peter Hanns. Eighteenth-century uses of vitalism in constructing the human sciences. *In*: Alexander, Denis R.; Numbers, Ronald (eds.). *Biology and Ideology from Descartes to Dawkins*. Chicago: University of Chicago Press 2010, p. 61-87, aqui p. 68.

divinas – quanto "o objetivo e a finalidade para os quais os seres humanos se determinam"[19]. Desse modo, o conceito de humanidade é, por um lado, a categoria operativa por meio da qual a história pode se tornar decisivamente uma história universal singularizada, uma vez que confere unidade identitária às diferenças. Por outro lado, o mesmo conceito expressa ainda, simultaneamente, uma finalidade moral da história universal que lhe confere singularidade na época do Iluminismo[20]. Tal finalidade moral é o resultado esperado de um processo.

No contexto europeu, o conceito de progresso pode ser visto como uma segunda categoria operativa com a qual a produção historiográfica iluminista confere sentido aos processos históricos em curso e garante unidade à narrativa. Uma vez que diferentes estágios de desenvolvimento dos povos podem ser organizados em função da ideia de progresso, essa categoria passou a conferir fundamento a uma narrativa-mestre com que se anunciava a marcha de toda a humanidade guiada por valores próprios ao projeto das Luzes. Nessa acepção, caracteristicamente moderna, a ideia de progresso ainda se articula a uma terceira categoria operativa do pensamento histórico iluminista, qual seja: civilização. "Civilização e progresso", de acordo com Jean Starobinski, "são termos destinados a manter as mais estreitas relações"[21]. Neologismo surgido no século XVIII, civilização designa um processo de aperfeiçoamento gradual e, ao mesmo tempo, o fim ou finalidade (*telos*) desse processo: um estado civilizado, que contrasta com um estado de natureza, de selvageria ou de barbárie. A noção de civilização tem duas funções no pensamento histórico iluminista: explicar a trajetória específica das sociedades europeias após a queda do Império Romano, em particular, a emergência, a partir da Idade Média (vista negativamente como um período de "barbarismo e religião"), de um sistema concorrencial e interdependente de Estados soberanos e de uma cultura compartilhada de comércio e maneiras[22]; e integrar a diversidade cultural humana, revelada no processo de globalização decorrente da

---

19. Bödeker, Hans Erich. Menschheit, Humanität, Humanismus. *In*: Brunner, Otto; Conze, Werner; Koselleck, Reinhart (eds.). *Geschichtliche Grundbegriffe. Historisches Lexikon zur politisch--sozialen Sprache in Deutschland*. Stuttgart: Klett-Cotta, 1982, p. 1063-1128, aqui p. 1063. v. 3.

20. Cf. Araújo, André de Melo. *Weltgeschichte in Göttingen. Eine Studie über das spätaufklärerische universalhistorische Denken, 1756-1815*. Bielefeld: transcript, 2012, p. 22.

21. Starobinski, Jean. *As máscaras da civilização: ensaios*. São Paulo: Companhia das Letras, 2001, p. 15.

22. Pocock, J. G. A. *Barbarism and Religion: Narratives of Civil Government*. Cambridge: Cambridge University Press, 1999. v. 2.

expansão comercial e imperial europeias [↗ Capitalismo], em um discurso evolutivo aplicado a toda a humanidade.

No século XX, essa lógica impulsionadora de um percurso histórico univocamente linear e fortemente hierarquizante foi objeto de crítica frequente das teorias crítica e pós-colonial, que denunciaram as contradições desse raciocínio, bem como suas relações com formas de dominação e de violência coloniais e seu caráter eurocêntrico. Deve-se notar, porém, que o pensamento histórico iluminista não desenvolveu uma teoria unificada do progresso civilizacional como uma marcha inexorável da história, ao menos nos termos mais agudamente formulados por filosofias especulativas da história no século XIX. Por mais otimistas que fossem em relação à possibilidade de progressos – no plural – nas sociedades humanas, nomes marcantes da produção historiográfica setecentista, como Voltaire (1694-1778), David Hume (1711-1776), William Robertson (1721-1793) e Edward Gibbon (1737-1794), viam as transformações históricas como situações contingentes e passíveis de serem revertidas, enquanto que na pena de Jean-Jacques Rousseau (1712-1778) o progresso das ciências e das artes é causa inequívoca da corrupção e da decrepitude moral da humanidade[23]. Ademais, em que pese o eurocentrismo inerente às diferentes narrativas da civilização elaboradas na Época das Luzes, a palavra civilização também admitia "uma acepção pluralista, etnológica, relativista", como bem notou Starobinski[24]. Além da "civilização", existem *as* civilizações, com instituições, crenças e costumes distintos, cuja diferença irredutível serviu amiúde para estimular, entre os europeus, desde o século XVI, formas de autorreflexão e questionamento. Assim, antes dos distintos direcionamentos prospectivos do curso da história projetados nesse período, é sobretudo a historicização da identidade e das culturas humanas associada à secularização do pensamento histórico que se apresenta como uma característica essencial do pensamento histórico iluminista[25].

---

23. Rousseau, Jean-Jacques. Discurso sobre as ciências e as artes. *In*: Rousseau, Jean-Jacques; Pimenta, Pedro Paulo (ed.). *Rousseau – Escritos sobre a política e as artes*. São Paulo: Ubu; Brasília: Editora Universidade de Brasília, 2020.

24. Starobinski, Jean. *As máscaras da civilização*. *Op. cit.*, p. 15.

25. Cf. Blanke, Horst Walter; Fleischer, Dirk. Artikulation bürgerlichen Emanzipationsstrebens und der Verwissenschaftlichungsprozeß der Historie. Grundzüge der deutschen Aufklärungshistorie und die Aufklärungshistorik. *In*: *Id*. (eds.). *Theoretiker der deutschen Aufklärungshistorie*. Stuttgart-Bad Cannstatt, 1990, p. 19-102, aqui p. 34. v. 1: Die theoretische Begründung der Geschichte als Fachwissenschaft.

## A antropologia comparada e a ideia de religião

O interesse de filósofos e historiadores do Iluminismo pelos usos e costumes de outros povos dá continuidade a uma tradição etnográfica que remonta ao século XVI [↗Uma nova geografia] e acompanha a multiplicação das narrativas de viagem produzidas por missionários, comerciantes, traficantes de sujeitos escravizados, administradores coloniais e naturalistas[26]. Desde o início, as práticas e crenças religiosas dos povos não europeus despertaram especial interesse entre os europeus, sendo objeto de minuciosas descrições oferecidas por viajantes e missionários cristãos. Embora fossem amiúde realizadas com propósitos catequéticos e de dominação, essas descrições, que mobilizavam os saberes eruditos do humanismo tardio [↗Renascimento e Humanismo] para comparar os costumes religiosos estrangeiros àqueles conhecidos da Antiguidade, contribuíram para uma transformação profunda na percepção do fenômeno religioso. Essa transformação se concretiza, na Época das Luzes, com o surgimento conjunto de uma ciência comparativa das religiões em escala global e de uma nova maneira de compreender a religião como um fenômeno universal, ao mesmo tempo que culturalmente diverso. Ao passo que, "em tempos anteriores, a religião havia permanecido como um conceito binário, centrado na oposição agostiniana entre *vera* e *falsa religio*", diz Guy Stroumsa, "a descoberta de tantas e tão diferentes formas de religião permitiu, paradoxalmente, o desenvolvimento de um conceito universal de religião. Doravante, a religião seria percebida como um aspecto central de qualquer sociedade"[27].

Uma obra que expressa claramente essas transformações é *Cerimônias e costumes religiosos de todos os povos do mundo*, publicada originalmente entre os anos de 1723 e 1737, em Amsterdã. A extensa obra é produto do ambiente cosmopolita e ilustrado das cidades portuárias holandesas, onde quase metade de todos os livros publicados na Europa no início do século XVIII eram impressos[28]. O gravurista Bernard Picard (1673-1733) e o editor e escritor Jean Frederic Bernard (1683-1744), responsáveis pela publicação de

---

26. Certeau, Michel de. *A escrita da história*. Rio de Janeiro: Forense Universitária, 1982, p. 211-242; Pagden, Anthony. *The Fall of Natural Man: The American Indian and the Origins of Comparative Ethnology*. Cambridge: Cambridge University Press, 1982.

27. Stroumsa, Guy G. *A New Science. The Discovery of Religion in the Age of Reason*. Cambridge: Harvard University Press, 2010, p. 7.

28. Hunt, Lynn; Jacob, Margaret C.; Mijnhardt, Wijnand W. *The Book that Changed Europe*. *Op. cit.*

*Cerimônias*, eram franceses de confissão protestante que, como outros tantos imigrantes, estabeleceram-se na região em função das perseguições religiosas promovidas pela Coroa francesa. Ali, encontraram tanto um ambiente mais tolerante às diferenças confessionais quanto uma atmosfera intelectual diversa e estimulante.

Nesse contexto urbano, foram produzidos alguns dos textos mais influentes do período, como os já mencionados *Tratado teológico-político* (1670), de Bento de Spinoza, e o *Dicionário histórico e crítico* (1697), de Pierre Bayle, bem como o anônimo e infame *Tratado dos três impostores* (1719), por vezes considerado "o texto mais radical de todo o século"[29]. Obra icônica do chamado "Iluminismo radical"[30], esse pequeno tratado clandestino, destilado a partir de fontes filosófico-religiosas diversas, declarava polemicamente que "o cristianismo, como toda religião [organizada], não é mais do que uma impostura grosseiramente tecida"[31]. O tratado defendia que, embora a religião tivesse origem em instintos naturais humanos, suas práticas foram historicamente corrompidas por homens astutos – sacerdotes e falsos profetas como Moisés, Jesus Cristo e Maomé (os três impostores) – com o objetivo de obter ganhos pessoais e submeter uma população ignorante e temerosa.

Ainda que compartilhasse algumas das premissas do *Tratado*, como a ideia de que a religião encontra fundamento na natureza humana, e seus autores participassem dos mesmos círculos de pensadores a partir dos quais o texto anônimo provavelmente teve sua origem, *Cerimônias* é uma obra de outra natureza. Suas intenções não eram primordial e explicitamente polêmicas, mas sim informativas: "não pretendemos tratar essa matéria como filósofos; isso nos levaria muito longe, e ademais não conviria ao nosso propósito, que demanda nada mais que um simples relato histórico"[32]. Para o público-leitor, esse simples relato se apresenta como uma história universal da religião, cujo

29. Jacob, Margaret C. The nature of early eighteenth-century religious radicalism. Republics of letters. *A Journal for the Study of Knowledge, Politics and Art*, v. 1, n. 1, 2009, p. 1-11, aqui p. 6.

30. Jacob, Margaret C. *The Radical Enlightenment. Pantheists, Freemasons and Republicans*. Londres: Allen & Unwin, 1981; Israel, Jonathan. *Radical Enlightenment. Philosophy and the Making of Modernity, 1650-1750*. Oxford: Oxford University Press, 2001.

31. Anon. Treatise of the Three Impostors. *In*: Jacob, Margaret C. (org.). *The Enlightenment: A Brief History with Documents*. Boston: Bedford; St. Martins, 2001, p. 109.

32. *Cérémonies et coutumes religieuses des tous les peuples du monde, représentées par des figures dessinées de la main, de Bernard Picard; avec une explication historique et quelques dissertations curieuses*. Amsterdã: J. F. Bernard, 1723, p. 12. v. 1.

propósito é oferecer "uma visão completa e imparcial de todas as religiões nas várias nações do universo", conforme estampado na folha de rosto de uma edição inglesa da obra, publicada em 1780[33]. Com mais de 3.000 páginas e 250 gravuras, seus sete extensos volumes difundiam, desde o início do século, informações sobre a diversidade global de práticas religiosas e, assim, abriam o espaço para que o público-leitor pudesse assumir uma postura distanciada sobre a suas próprias práticas.

O ensaio de abertura, intitulado "Dissertação sobre os cultos religiosos", sugere que todo o tipo de devoção se insere em uma mesma rubrica universal da religião, sem fazer distinção entre religião falsa ou verdadeira, entre cristãos e não cristãos, ou mesmo entre religião e idolatria, como era comum nos escritos ocidentais sobre o assunto até então[34]. Ao substituir a teologia por uma história ou antropologia comparada das práticas e crenças religiosas, Picart e Bernard convidavam os consumidores curiosos e eruditos de suas páginas a entender as religiões, incluindo o cristianismo, como outras tantas práticas situadas geográfica, histórica e culturalmente. A obra representou, segundo a avaliação de Lynn Hunt, Margaret Jacob e Wijnand Mijnhardt,

> uma importante virada nas atitudes europeias em relação à crença religiosa e, consequentemente, ao sagrado. Ela semeou a ideia radical de que as religiões poderiam ser comparadas em igualdade de condições e, portanto, que todas as religiões eram dignas de respeito – e de crítica. Ela transformou a crença em uma verdade única, absoluta e dada por Deus em "religião", isto é, em cerimonias e costumes individuais que refletiam as verdades relativas a cada povo e cultura[35].

Continuamente traduzida e reeditada ao longo do século, *Cerimônias e costumes* é um dos mais notáveis projetos editoriais do Iluminismo, tendo um papel de destaque não apenas na difusão de novas atitudes diante da religião como também na consolidação do crescente mercado editorial do período.

---

33. Hurd, William. *A new universal history of the religious rites, ceremonies, and customs of the whole world: or, a complete and impartial view of all the religions in the various nations of the universe*. Londres: Alexander Hogg, 1780.

34. Hunt, Lynn; Jacob, Margaret C.; Mijnhardt, Wijnand W. *The Book that Changed Europe*. *Op. cit.*, p. 15-16.

35. *Ibid.*, p. 1-2.

## A circulação da informação na Época das Luzes

Frequentes são os estudos sobre o século XVIII que confirmam a tese segundo a qual o Iluminismo "promoveu o estabelecimento da opinião pública moderna, a transformação da impressão em indústria editorial e o surgimento de novas formas de comunicação política e social"[36], na formulação sintetizada por Vincenzo Ferrone. Para que o mercado editorial pudesse se expandir e encontrar mais interessados nos produtos da prensa, a crescente urbanização em curso no continente europeu ao longo da Época Moderna foi um fator determinante[37], uma vez que a taxa de alfabetização da população urbana era significativamente mais elevada do que aquela dos predominantes setores campesinos. Nesse período, registra-se o aumento no volume de informações disponíveis e na velocidade de sua circulação[38], algo que se explica – entre outros fatores – pelo adensamento da malha postal, impulsionada pela expansão mercantil, e pelo crescimento do mercado de notícias.

Na Época das Luzes, a população letrada convive cotidianamente com a expansão dos produtos da prensa. Entre esses produtos, destacam-se os veículos noticiosos, pelos quais informações de ordem diversificada circulavam de forma cada vez mais rápida. Do ponto de vista formal, o gênero dos jornais se caracteriza sobretudo pela periodicidade, pela universalidade temática da matéria tratada e por sua atualidade temporal[39]. Esse é o caso do periódico intitulado *The Gentleman's Magazine: or, Trader's monthly intelligencer*, cujo primeiro número foi publicado em 1731 na cidade de Londres. Com esse título, o editor londrino apresentava um apanhado de notícias diversificadas, frequentemente compiladas de outras publicações, como identificado na metade superior da folha de rosto do periódico (Fig. 17.1). No número impresso em julho de 1757, o editor anuncia que o título contém maior quantidade e variedade de informação do que qualquer outro produto da prensa comercializado pelo mesmo preço.

---

36. Ferrone, Vincenzo. *The Enlightenment. History of an Idea*. Princeton: Princeton University Press, 2015, p. 10.

37. Cf. Melton, James van Horn. *The Rise of the Public in Enlightenment Europe*. Cambridge: Cambridge University Press, 2004, p. 85.

38. Blair, Ann; Fitzgerald, Devin. A revolution in information? *In*: Scott, Hamisch (ed.). *The Oxford Handbook of Early Modern European History, 1350-1750*. Oxford: Oxford University Press, 2015, p. 244-265, aqui p. 244. v. 1: Peoples and place.

39. Cf. D'Aprile, Iwan-Michelangelo; Siebers, Winfried. *Das 18. Jahrhundert. Zeitalter der Aufklärung*. Berlim: Akademie Verlag, 2008, p. 191.

**Figura 17.1 – *The Gentleman's Magazine*, 1757**

# *The Gentleman's Magazine:*

Lond Gazette
Read's Journ
Craftsman:
D. Advertiser
St James's Evening Post
London Evening Post
General Evening Post
London Gazetteer
Public Advertiser
Westminster Journal
Whitehall Evening Post
Inspector
Monitor
Ev. Advertiser
Lond. Chron.



York News
Dublin 3
Edinburgh
Bristol 2
Norwich 2
Exeter
Worcester
Northampto
Gloucester
Stamford
Nottingham
Chester
Derby Liver.
Ipswich
Reading
Leeds Salisbury
Newcastle 2
Canterbury
Sherborn
Birmingham
Manchester
Bath Oxford
Cambridge
Glasgow

## For JULY 1757.

CONTAINING,

**More in Quantity and greater Variety than any Book of the Kind and Price.**

I. Speech of *V----s C---l*, Esq; on an interesting debate in parliam--t.
II. Medical obſervations and enquiries.
III. Bones of elephants how bro't to *Britain*.
IV. Remarkable aloe in bloſſom at *Leyden*.
V. An invaluable diſcovery at *Granada*.
VI. Meteorological journal of the weather.
VII. Heads of the new militia act.
VIII. Numbers to be raiſed in each county.
IX. Liſt of Ld Lieutenants of counties.
X. Rules for diſtinguiſhing *Anglo-Saxon* coins
XI. Deſcription of *Bengall* and the *Ganges*.
XII. Motives for writing the TEST, and for diſcontinuing it.
XIII. New obſervations on light and colours
XIV. Some account of Mr *Melvil*, the author
XV. On the uſe of antient Seals.
XVI. *Linnæus* on the Sleep of plants; *a curious paper, communicated by a Fellow of the* R.S.
XVII. Copy of a lawyer's bill in the reign of *Philip & Mary*.
XVIII. Caſe of a man who ſwallow'd melted lead.
XIX. Surprizing improvements in gunnery.
XX. Terrifying Phænomena in *Manilla*.
XXI. King's ſpeech on cloſing the ſeſſion.
XXII. POETRY. Virtue in tears, an elegy. Song, by a noble Ld. Verſes on a *Birmingham* half-penny. Advice to unmarried ladies. A paſtoral. *John* and *Bett*. &c. &c.
XXIII. FOREIGN HISTORY. Authentic account of the ſiege of *Prague*, the battle of *Collin*, and the retreat of the *Pruſſians*, from the genuine letters of a *Pruſſian* officer. --- Memorial againſt *Ruſſia*. Progreſs of the armies in *Weſtphalia*, &c.
XXIV. HISTORICAL CHRONICLE. Particulars of retaking the *Engliſh* ſettlements in *Bengall*. --- Melancholy account of the loſs of the *Doddington* Indiaman. --- New regulation of priſon fees, &c.
XXV. Letter from C. *Collerado* to the E. of H.
XXVI. American Affairs,
XXVII. Remarkable reſolution of an *Iriſh* corporation.
XXVIII. Liſt of ſhips taken on both ſides.
XXIX. Liſt of births, deaths, marriages.
XXX. Prices of ſtocks and corn.

With an exact Map of *Courland*, *Pomerania* and *Samogitia*, with that part of *Poland* and *Germany* through which the *Ruſſians* are now marching, and which is likely to be the ſeat of war; alſo a neat Map of the two mouths of the *Ganges*; and an explanatory cut.

By *SYLVANUS URBAN*, Gent.

*LONDON:* Printed by D. HENRY and R. CAVE, at *St John's Gate*, Where complete ſetts may be had in Twenty-ſix Volumes, beginning with 1731.

Enquanto a periodicidade do título e sua atualidade temporal são destacadas no centro e na porção inferior da primeira página impressa – na qual se pode ler que o periódico já conta com 26 volumes –, sua universalidade temática se apresenta para os leitores na porção inferior do papel. Nela, identifica-se que as matérias tratadas incluem observações médicas, discursos proferidos por membros do parlamento e pelo rei, informações meteorológicas, procedimentos relacionados à identificação de moedas, comentários das melhorias técnicas na artilharia, notícias sobre os territórios coloniais ingleses na América, poemas e informações sobre nascimentos, mortes, casamentos, falências e preços de mercadorias. No mesmo número da publicação, ainda se destacam os novos estudos de botânica feitos por Carlos Lineu, bem como uma breve crônica recente da história inglesa e relatos sobre acontecimentos históricos para além das fronteiras do Reino Unido da Grã-Bretanha.

No continente europeu, de onde se relatara sobre os conflitos militares relacionados à Guerra dos Sete Anos, igualmente se registra "um crescimento explosivo no volume total de materiais impressos. O aumento mais dramático foi no número e no tamanho das edições de jornais e periódicos. Entre 1750 e 1789, o número de jornais mais do que dobrou"[40]. Nesse contexto de expansão do mercado de notícias, August Ludwig Schlözer editou dois periódicos, o *Staatsanzeigen*, lido e comentado por leitores ilustrados, entre eles a imperatriz Maria Teresa da Áustria, e o *Briefwechsel meist historischen und politischen Inhalts*, com notícias e comentários sobretudo de teor histórico e político. Entre a população letrada, Schlözer era conhecido tanto por seus textos de história universal, quanto pelas publicações periódicas em cujas páginas expunha frequentes denúncias e se posicionava quanto a decisões políticas autoritárias e práticas escusas. "Tudo acontece atrás da cortina, ninguém abre a boca, e os cavalheiros sempre falam de liberdade! Fora com isso, quem tiver uma boa consciência! [...] A publicidade é o pulso da liberdade"[41]. Para promover a boa saúde dessa circulação libertária, Schlözer dirigia ataques contra a injustiça e a arbitrariedade frequentes no sistema judicial das monarquias absolutistas. A publicidade favorecia a lisura, "ou a justiça sagrada

40. Whaley, Joachim. *Germany and the Holy Roman Empire. Op. cit.*, p. 464-465. v. 2.

41. Wirkliches Antwort-Schreiben auf voriges, von Schlözer an Waser. Göttingen, 10. Oct. 1779. *In*: Schlözer, Christian. *August Ludwig von Schlözers öffentliches und Privatleben aus Originalurkunden und, mit wörtlicher Beifügung mehrerer dieser letzteren, vollständig beschrieben von Christian Schlözer*. Leipzig: J. C. Hinrichssche Buchhandlung, 1828, p. 262-263. v. 1.

deve ser administrada com as portas sempre fechadas?"[42] – questionava o pensador iluminista.

Por difundir princípios dessa ordem, os produtos da prensa passaram a ser vistos como um "catalisador de mudanças culturais", nas palavras de Michael Giesecke[43]. Ainda que, para uma população majoritariamente campesina e iletrada, a difusão da informação e do conhecimento estivesse mais vinculada à oralidade, as atividades da prensa impulsionaram a circulação de argumentos que poderiam ser acessados simultaneamente em diversos locais. Constituiu-se, assim, no século XVIII, o que Jürgen Habermas chamou de "esfera pública burguesa", um novo espaço metafórico, situado fora do Estado e composto tanto pela imprensa periódica quanto por novos sítios urbanos de sociabilidade, tais como cafés, salões, clubes e sociedades secretas[44]. Nesse espaço, indivíduos privados, independentemente de sua posição social ou de suas responsabilidades políticas, podiam discutir livremente assuntos de interesse coletivo, fossem eles questões literárias, como a publicação de um novo romance, ou de ordem política e econômica, como os encaminhamentos da Guerra dos Sete Anos e as regras do comércio de grãos. Desde a publicação da obra seminal de Habermas, em 1962, e sobretudo após a sua tradução para o inglês, em 1986, a história política e cultural do Iluminismo foi intensamente discutida a partir da perspectiva da formação de uma esfera pública. Embora ressalvas importantes lhe tenham sido feitas – tais como: a limitação da esfera pública às práticas intelectuais das elites ou ainda a idealização de seu caráter crítico, autônomo e racional[45] –, a abordagem de Habermas deixou como legado duradouro a importância conferida a uma história social das formas de comunicação e, especialmente, do crescente mercado editorial na compreensão do Iluminismo.

---

42. Schlözer, August Ludwig von. Briefe nach Eichstädt, zur Vertheididung der Publizität überhaupt und der Schlözerischen Staats-Anzeiger insonderheit. Frankfurt; Eichstädt, 1785, p. 22 *apud* Peters, Martin. *Altes Reich und Europa. Der Historiker, Statistiker und Publizist August Ludwig (v.) Schlözer (1735-1809)*. 2. ed. Münster: LIT Verlag, 2005, p. 336.

43. Giesecke, Michael. *Der Buchdruck in der Frühen Neuzeit. Eine historische Fallstudie über die Durchsetzung neuer Informations- und Kommunikationstechnologien*. 4. ed. Frankfurt: Suhrkamp, 2006, p. 21.

44. Habermas, Jürgen. *Mudança estrutural da esfera pública. Investigações sobre uma categoria da sociedade burguesa*. São Paulo: Editora Unesp, 2014.

45. Van Damme, Stéphane. Farewell Habermas? Deux décennies d'études sur l'espace public. *Les Dossiers du Grihl*, n. 1, 2007. Disponível em: http://dossiersgrihl.revues.org/682.

## O Esclarecimento e a esfera pública

O que caracteriza e unifica o Iluminismo como projeto político e intelectual é seu compromisso com o esclarecimento, isto é, com a emancipação individual e coletiva por meio da difusão do espírito crítico e dos conhecimentos. Em seu ensaio "Que é Esclarecimento?" (1784), Kant define o termo como a saída dos seres humanos da "menoridade", o que equivale à conquista da autonomia intelectual e moral, ou da capacidade de conduzir decisões sem ser tutelado por outrem[46]. Na Época das Luzes, dois instrumentos são considerados fundamentais para a promoção do esclarecimento: a educação e a publicidade.

Com efeito, a educação é um dos temas centrais da produção letrada de pensadores e pensadoras iluministas, e a discussão, nesse campo, foi fortemente estimulada pelas diretrizes estabelecidas pelo filósofo inglês John Locke, em seu influente *Alguns pensamentos sobre a educação* (1691). Para Locke, o objetivo principal da educação deve ser formar cidadãos "capazes de julgar por si mesmos e descobrir o que é certo por sua própria razão"[47]. Essa formulação condensa uma máxima recorrente do período, segundo a qual a razão deveria ser capaz de compreender o mundo – e nele interferir – sem recorrer à transcendência das coisas divinas. Embora os autores e as autoras do século XVIII que refletiram sobre o tema da educação divirjam quanto ao melhor método, quanto ao papel do Estado na formação dos cidadãos ou mesmo quanto à extensão da promoção do conhecimento às mulheres e às camadas mais baixas de uma sociedade estamental, a ênfase na autonomia individual é largamente compartilhada[48]. Defensor de um modelo estatal e universal para a educação, o Marquês de Condorcet (1743-1794) declarava que "a igualdade de instrução que se pode esperar alcançar [...] é aquela que exclui toda a dependência, forçada ou voluntária"[49].

No entanto, além de promover a autonomia emancipatória individual, o esclarecimento também é um processo que opera em uma dimensão coletiva,

46. Kant, Immanuel. Resposta à Pergunta: que é "Esclarecimento"?. *Op. cit.*

47. Locke, John. *Some thoughts concerning education*; *and, of the conduct of the understanding*. Indianapolis: Hackett, 1996, §61, p. 38.

48. Parry, Geraint. Education and the reproduction of the Enlightenment. *In*: Fitzpatrick, Martin *et al.* (eds.). *The Enlightenment World*. Londres: Routledge, 2004, p. 217-233.

49. Condorcet, Jean-Antoine-Nicolas de Caritat. *Esboço de um quadro histórico dos progressos do espírito humano*. 2. ed. Campinas: Editora da Unicamp, 2013.

associada à prática definida por Kant, no mesmo ensaio, como "uso público da razão". Com essa expressão, Kant designa a manifestação, "por meio de obras escritas", da própria opinião em questões de interesse coletivo. Com efeito, o exercício público da crítica racional distingue o letrado iluminista, que encarna um novo tipo intelectual, engajado em combates pela verdade, contra o preconceito e a superstição. Por volta dos anos 1740, a palavra francesa *philosophe* (filósofo) assume um sentido polêmico, associado a uma disposição pedagógica e militante[50]. "O *philosophe*, por oposição ao filósofo", afirma Stéphane Van Damme, "não apenas realocava o trabalho filosófico, ao retirá-lo das escolas e das instituições de conhecimento, como também o centralizava no espaço público"[51]. Já no início do século XVIII, Joseph Addison (1672-1719) e Richard Steele (1672-1729), editores do influente periódico inglês *The Spectator* (1711-1712), manifestavam a disposição de trazer "a filosofia para fora dos gabinetes e das bibliotecas, escolas e faculdades, para residir em clubes e assembleias, em mesas de chá e nos cafés"[52].

Ao contrário das figuras eruditas do século XVII, que se dirigiam, preferencialmente em latim, a uma pequena elite letrada, o *philosophe* busca um público amplo, com o qual pretende compartilhar o conhecimento e torná-lo útil[53]. Para tanto, recorre majoritariamente à mídia impressa. Essa exigência de publicidade da informação e da utilidade do conhecimento subjaz àquele que é considerado o maior empreendimento editorial do século: a *Enciclopedia, ou dicionário razoado das ciências, das artes e dos ofícios* (1751-1772), editada por Denis Diderot (1713-1784) e Jean Le Rond D'Alembert (1717-1783)[54]. Seus 17 volumes de texto e 11 volumes de ilustrações, com mais de 70.000 artigos redigidos por mais de 130 colaboradores, procuravam tornar disponível uma súmula ou síntese de todo o conhecimento considerado útil à humanidade. Como mostrou Robert Darnton, a própria maneira pela qual o conhecimento era classificado e organizado na *Enciclopedia* envolvia uma

50. Jacob, Margaret C. *The Enlightenment*. *Op. cit.*, p. 35.

51. Van Damme, Stéphane. Philosophe/philosopher. *In*: Brewer, Daniel (ed.). *The Cambridge Companion to the French Enlightenment*. *Op. cit.*, p. 158.

52. Addison, Joseph; Steele, Richard. *The Spectator*. Org. por Donald Frederic Bond. Oxford: Clarendon Press, 1965, p. 44. v. 1 (5 v.).

53. Lilti, Antoine. *L'héritage des Lumières: ambivalences de la modernité*. Paris: Seuil, 2019, p. 270.

54. Cf. Diderot, Denis; D'Alembert, Jean le Rond. *Enciclopedia, ou Dicionário razoado das ciências, das artes e dos ofícios*. Org. por Pedro Paulo Pimenta e Maria das Graças de Souza. São Paulo: Editora Unesp, 2015. 5 v.

"estratégia epistemológica", ou seja, pressupunha uma política do conhecimento[55]. Considerando-se herdeiros de Francis Bacon (1561-1626), Isaac Newton e John Locke, os enciclopedistas, entusiasmados com as conquistas da chamada Revolução Científica [↗A nova ciência], promoviam o conhecimento secular e técnico das modernas ciências empírico-matemáticas e dos ofícios manuais em detrimento do conhecimento sagrado e abstrato da teologia e da metafísica. Com isso, pretendiam também elevar-se à condição de autoridades do saber, em oposição ao interesse do clero.

De uma maneira geral, pensadores e pensadoras do Iluminismo tinham uma visão otimista do princípio de publicidade e, especialmente, dos impressos como instrumentos de difusão do projeto das Luzes, fossem eles livros dispendiosos ou panfletos de baixo custo. De acordo com o entusiasmo de Condorcet,

> a tipografia multiplica indefinidamente, e com poucos custos, os exemplares de uma mesma obra. A partir de então a faculdade de ter livros, de adquiri-los segundo seu gosto e suas necessidades, existiu para todos aqueles que sabem ler; e essa facilidade da leitura logo expandiu o desejo, assim como os meios de instrução[56].

Ainda mais esperançoso, Kant via o esclarecimento do público como uma consequência quase inevitável da liberdade de expressão e de imprensa[57].

Em que pesem declarações dessa natureza, os filósofos também manifestavam inquietude em relação às condições de comunicação no espaço público da Época Moderna. Muitos viam o público não como uma entidade racional, capaz de julgar de forma ponderada questões coletivas, mas sim como uma multidão volúvel e perigosa, dada a um gosto insaciável por novidades, "galanterias e modas"[58], e demasiado vulnerável ao que Anthony Ashley-Cooper, 3º conde de Shaftesbury (1671-1713), chamou de "contágio do entusiasmo", referindo-se a uma tendência da multidão a se deixar contagiar e inflamar pelas paixões[59]. Afinal, como esclarecer o público se este é

---

55. Darnton, Robert. Os filósofos podam a árvore do conhecimento: a estratégia epistemológica da *Encyclopédie*. *In*: *Id*. *O grande massacre de gatos*. Rio de Janeiro: Graal, 1988.

56. Condorcet, Jean-Antoine-Nicolas de Caritat. *Esboço de um quadro histórico dos progressos do espírito humano*. *Op. cit.*, p. 117.

57. Kant, Immanuel. Resposta à pergunta: que é "Esclarecimento"?. *Op. cit.*, p. 65.

58. Addison, Joseph; Steele, Richard. *The Spectator*. *Op. cit.*, p. 209. v. 1.

59. Shaftesbury, Anthony Ashley Cooper. *Characteristics of men, manners, opinions, times*. Cambridge: Cambridge University Press, 1999, p. 9.

prisioneiro de preconceitos, suscetível ao brilho efêmero dos espetáculos e das celebridades e à manipulação por charlatães e demagogos; se sua opinião é governada pela curiosidade, pela imitação e pelo furioso espírito de partido, muito mais do que pelo espírito crítico e pela reflexão?[60] O otimismo dos *philosophes*, fundado na crença de que a imprensa permitia uma difusão mais ampla e eficaz das Luzes e numa aposta em relação ao futuro, era contrabalançado por uma consciência aguda dos obstáculos ao esclarecimento que decorriam da natureza mesma das formas modernas de comunicação[61]. Essa consciência é uma força duradoura do pensamento iluminista que potencialmente enxerga os limites de sua eficácia.

## Bibliografia comentada

Cassirer, Ernst. *A Filosofia do Iluminismo*. 3. ed. Campinas: Editora da Unicamp, 1997.

> Obra clássica da história das ideias publicada originalmente em 1932. Nela, Ernst Cassirer apresenta o pensamento do Iluminismo como uma construção pan-europeia e uma etapa decisiva da história da filosofia, em que, inspirada pelo modelo da física newtoniana, a filosofia se emancipa da teologia e assume a função de transformar o mundo.

Darnton, Robert. *O Iluminismo como negócio. História da publicação da "Enciclopédia", 1775-1800*. São Paulo: Companhia das Letras, 1996.

> Ao traçar a história editorial da *Enciclopédia*, de Diderot e D'Alembert, Robert Darnton analisa o funcionamento do mercado literário no Antigo Regime, o modo como as ideias circulavam no século XVIII, o grau de penetração do Iluminismo na sociedade do Antigo Regime e as suas conexões com a Revolução Francesa.

Habermas, Jürgen. *Mudança estrutural da esfera pública. Investigações sobre uma categoria da sociedade burguesa*. São Paulo: Editora Unesp, 2014.

> Nessa obra publicada em 1962, Jürgen Habermas descreve a emergência, na época do Iluminismo, do espaço público burguês, esclarecido e liberal, portador de um ideal racional e emancipatório, bem como seu declínio e queda, nos séculos XIX e XX, sob o efeito conjugado dos meios de comunicação de massa e da mercantilização da sociedade.

---

60. Lilti, Antoine. *A invenção da celebridade (1750-1850)*. Rio de Janeiro: Civilização Brasileira, 2018.

61. Lilti, Antoine. *L'héritage des Lumières*. *Op. cit.*

Hazard, Paul. *A crise da consciência europeia, 1680-1715*. Rio de Janeiro: Editora UFRJ, 2015.

> Texto, hoje clássico, originalmente publicado em 1935. Trata-se de uma história da cultura que investiga, com erudição e estilo incomparáveis, a gênese do Iluminismo na passagem do século XVII para o século XVIII, apresentando um vasto panorama da vida intelectual e cultural desse período formativo.

Hunt, Lynn. *A invenção dos direitos humanos: uma história*. São Paulo: Companhia das Letras, 2009.

> Especialista renomada na Revolução Francesa, Lynn Hunt faz aqui uma história cultural dos direitos humanos. A autora argumenta que sua emergência, no século XVIII, não é apenas uma questão de ordem intelectual, de doutrina político-jurídica. Antes, ela envolve uma transformação cultural mais ampla, associada à capacidade de perceber os outros como indivíduos autônomos e iguais.

Israel, Jonathan I. *A Revolução das Luzes. O Iluminismo radical e as origens intelectuais da democracia moderna*. São Paulo: Edipro, 2013.

> Obra que sintetiza a interpretação de Jonathan Israel sobre o Iluminismo, segundo a qual a vertente "radical" do Iluminismo, baseada no pensamento de Bento de Spinoza, seria a verdadeira matriz das ideias e valores centrais da Modernidade liberal ocidental, quais sejam: secularismo, racionalismo, democracia, tolerância, igualdade e liberdade.

Kors, Alan Charles (ed.). *Encyclopedia of the Enlightenment*. Oxford: Oxford University Press, 2003. 4 v.

> A mais completa e atualizada obra de referência atualmente disponível. Seus quatro volumes reúnem textos de importantes especialistas, cobrem aspectos temáticos, conceitos, historiografia, biografias e contextos, sem se restringir aos nomes e centros mais tradicionais, além de combinar diferentes abordagens teórico-metodológicas.

Lilti, Antoine. *A invenção da celebridade*. Rio de Janeiro: Civilização Brasileira, 2018.

> Ao tomar a emergência da figura da "celebridade" como fio condutor dessa obra, Antoine Lilti explora as maneiras pelas quais o desenvolvimento da comunicação midiatizada e a mercantilização de bens culturais transformaram as noções de "público" e de "privado" no século XVIII.

Lilti, Antoine. *A herança das Luzes: ambivalências da modernidade*. Trad. de Andréa Daher e Luiz César de Sá. Niterói: Eduff, 2024.

> Volume publicado em 2019 que sintetiza a reflexão de Antoine Lilti sobre o Iluminismo. Colocada a partir da perspectiva de uma hermenêutica crítica e em diálogo com a crítica pós-colonial, a obra procura responder à questão da atualidade do Iluminismo no mundo global e plural contemporâneo, no qual a Modernidade ocidental perdeu a condição de modelo universal.

Pocock, John Greville Agard. *Barbarism and Religion*. Cambridge: Cambridge University Press, 1999-2015. 6 v.

> A pretexto de contextualizar a vida e a obra de Edward Gibbon (1737-1794), John Pocock, grande especialista em história da historiografia e do pensamento político do século XVIII, realiza, nessa obra, um panorama monumental da cultura histórica do Iluminismo.

Roche, Daniel; Ferrone, Vincenzo (eds.). *Le Monde des Lumières*. Paris: Fayard, 1999.

> Obra de referência. Organizada por dois importantes historiadores do século XVIII, essa obra oferece, na forma de uma enciclopédia, um quadro amplo do saber histórico acerca do Iluminismo.

Venturi, Franco. *Utopia e Reforma no Iluminismo*. São Paulo: Edusc, 2003.

> Tradução de um conjunto de palestras oferecidas por Franco Venturi na Universidade de Cambridge, em 1969. Escrita na perspectiva de uma "história política das ideias", a obra trata da persistência, no Iluminismo, do republicanismo como ideal ético-filosófico, inspirando programas políticos de transformação social de caráter utópico ou reformista.

# Parte IV

# Conflitos, revoltas e revoluções

# 18

# Guerra dos Trinta Anos e revoltas nos domínios Habsburgos

*Antônio David*
*Daniel Pimenta Oliveira de Carvalho*

## A Guerra dos Trinta Anos

Ainda no século XVII, passou-se a denominar com o nome "Guerra dos Trinta Anos" um conjunto de revoltas e eventos bélicos que tiveram lugar, entre os anos de 1618 e 1648, sobretudo nos territórios do Sacro Império Romano-Germânico e no Mar Báltico. Nessas revoltas e eventos bélicos, o ramo austríaco da casa de Habsburgo e seus aliados se confrontaram com forças políticas que, por diferentes razões, rivalizaram o esforço da Corte de Viena em expandir e consolidar o seu domínio sobre determinados territórios da Europa Central[1]. Uma "guerra germânica", como já diria Giuseppe Ricci em seu *De Bellis Germanicis*, publicado em Veneza ainda em 1648, que foi representada desde o início pela historiografia protestante como um evento único, enquanto a tradição católica tendia a entender o conflito dividido em dois momentos: as campanhas militares conduzidas até 1629, quando o Imperador Fernando II de Habsburgo (1578-1637) tinha seus próprios súditos como principais adversários e os combates travados a partir de 1630 contra potências estrangeiras – primeiro a Suécia, depois a França.

Suas batalhas, marcadas pela descontinuidade, são usualmente agrupadas dentro das quatro fases nas quais tradicionalmente se divide a Guerra dos

1. Mueller, Guenther H. S. The "Thirty Years' War" or fifty years of war. *The Journal of Modern History*, v. 50, n. 1, 1978, p. D1053-D1056.

Trinta Anos: uma boêmio-palatina (de 1618 a 1624), uma dinamarquesa (de 1625 a 1629), uma sueca (de 1630 a 1635) e uma francesa (de 1635 a 1648). Mas alguns historiadores reconhecem a existência de uma quinta etapa, correspondente à campanha conjunta realizada por tropas francesas e suecas entre 1645 e 1648.

O início da guerra é associado à chamada Defenestração de Praga, que teve lugar em 23 de maio de 1618, quando um grupo de nobres calvinistas jogou os emissários do Imperador pela janela do Castelo de Praga. Sedição motivada pela tentativa do recém nomeado rei da Boêmia, o arquiduque da Estíria Fernando de Habsburgo, de retirar o direito à liberdade religiosa que lhes havia sido concedida pelo Imperador Rodolfo II em 1609 e impor a autoridade religiosa católica à população boêmia que havia aderido ao protestantismo [↗Reformas religiosas].

Depois que os governadores imperiais foram expulsos de Praga, os líderes boêmios deixaram de reconhecer o poder imperial e elegeram um governo provisório que mobilizou outras regiões vizinhas de maioria protestante (Morávia, Lusácia, Silésia e Alta Áustria) para formarem uma aliança político-militar que culminou com a constituição da Confederação Boêmia. Seus exércitos, com o apoio da União Protestante (liga de príncipes e cidades protestantes formada em 1608, sob a liderança de Frederico IV do Palatinado), sitiariam Viena em maio de 1609, tendo em vista a ascensão do arquiduque ao trono imperial que se figurava após a morte do Imperador Matias, no dia 20 do mesmo mês.

O cerco protestante de Viena, liderado pelo Conde de Thurn, ruiria ainda em junho, como consequência da derrota infligida pelo exército imperial às forças da União Protestante, na Batalha de Sablat, em 10 de junho de 1619. Em julho, o exército liderado por Johann T'serclaes von Tilly, começaria a reprimir os revoltosos na Alta Aústria, retomando o controle de Linz em 4 de agosto.

Em 26 de agosto, os revoltosos ofereceram o trono boêmio para o calvinista Frederico V do Palatinado, sucessor de seu pai à frente da União Protestante, posteriormente coroado em Praga, em novembro de 1619. Dois dias depois, em Frankfurt, Fernando II é oficialmente eleito Imperador. Nesse ínterim, com o apoio da Liga Católica, liderada pelo duque da Baviera, Maximiliano I, e de seu primo Filipe III, rei da Espanha, Fernando II mobilizou as forças necessárias para esmagar a rebelião e recuperar o controle da Boêmia.

No outono de 1619, o conflito avançou para uma guerra aberta. A corte espanhola enviou o exército de Flandres, sob o comando de Ambrogio

Spinola, para que pudesse ocupar o Palatinado de Frederico V, região que controlava o Rio Reno, cuja conquista teria permitido a abertura de uma rota direta entre Flandres e os domínios espanhóis na Itália. Sob o comando do general Tilly, o exército da Liga Católica se uniu ao exército imperial e marchou sobre a Boêmia, conseguindo derrotar definitivamente as tropas revoltosas, nos arredores de Praga, em novembro de 1620 (Batalha da Montanha Branca). Essa derrota levou à dissolução da Liga da União Evangélica e ao confisco dos bens de Frederico V. O Alto Palatinado foi incorporado ao território da Baviera e o título de Eleitor Palatino passou para as mãos do duque Maximiliano I. Os principais líderes da revolta boêmia foram executados, muitos protestantes tiveram seus bens confiscados e fugiram para o exílio. Uma política de conversão forçada da Boêmia ao catolicismo foi instaurada por Fernando II a partir de então.

O sucesso obtido na supressão da revolta boêmia não foi, porém, capaz de evitar a eclosão de novos conflitos. A segunda fase da guerra começaria em 1625 pela intervenção militar do luterano Cristiano IV, rei da Dinamarca-Noruega. Vassalo do imperador enquanto duque de Holstein, ele já tinha aproveitado a crise boêmia para impor a sua soberania à cidade de Hamburgo em 1621 e pretendia expandir sua influência para as artérias comerciais do Elba e do Weser. Após negociações para uma aliança contra os Habsburgo realizadas em Haia, onde estava exilado Frederico V, Cristiano obteve ajuda militar da Coroa britânica (Carlos I era cunhado de Frederico V), dos Estados Gerais das Províncias Unidas neerlandesas (que há décadas lutavam com o ramo espanhol da Casa de Habsburgo por sua independência e que já haviam enviado pequenos contingentes para auxiliar os boêmios), da Savóia (que também já havia enviado consideráveis somas de dinheiro e tropas irregulares para o Palatinado) e da França de Luís XIII e Richelieu [↗Monarquia bourbônica e revoltas da Fronda].

As tropas dinamarquesas e os seus aliados alemães comandados por Ernst von Mansfeld se confrontariam com os exércitos da Santa Liga liderados por Tilly e o exército imperial, colocado sob o comando de Albrecht von Wallenstein, sendo derrotados nas batalhas de Dessau e Lutter. Ambos exércitos católicos, unidos, cruzam Holstein e entram na Jutlândia, forçando Cristiano a formar a Paz de Lübeck em 12 de maio de 1629. Mais uma vez, o imperador conseguira reprimir os ataques promovidos por um príncipe advindo das regiões fronteiriças do Império, como já havia feito com Bethlen Gabor, governante calvinista de Transilvânia que havia ocupado parte da Hungria em 1619, e com quem firmara um tratado de paz em dezembro de 1621.

A guerra parecia se encaminhar para o fim. Fernando II estava prestes a recuperar as possessões luteranas que, sob a Paz de Augsburgo, pertenciam por lei à Igreja Católica. Essas possessões, descritas no Édito de Restituição de 1629, incluíam dois arcebispados, dezesseis bispados e centenas de mosteiros. Os príncipes protestantes aliados da Dinamarca, como os duques de Mecklemburgo, foram depostos. O tratado de paz assinado entre Inglaterra e Espanha em 1630 (Tratado de Madrid) colocava fim à guerra que ambos os países travavam desde 1624, liberando contingentes para apoiar as tropas espanholas que lutavam contra as forças francesas enviadas por Richelieu na Guerra da Sucessão de Mântua (1628-1631).

Richelieu, que apoiava a candidatura de Carlos de Nevers à sucessão no ducado de Mântua, tinha todo interesse na manutenção dos conflitos contra os Habsburgo do norte do Império e, para tanto, ofereceu a Gustavo Adolfo II, rei da Suécia, uma conspícua renda anual em troca da invasão dos territórios imperiais. Invasão que teve lugar em 1631 e que resultou em algumas campanhas bem-sucedidas contra os exércitos da Liga Católica. Gustavo Adolfo, repelindo as forças católicas, chegou a tomar a Pomerânia e a cidade de Magdeburgo.

Os conflitos se estenderiam por mais quatro anos, até quando os suecos e os seus aliados foram derrotados definitivamente pelas forças imperiais na Batalha de Nördlingen. Após essa batalha, as forças suecas foram forçadas a recuar para o norte da Alemanha, e os Estados protestantes, como a Saxônia e Brandemburgo, que haviam apoiado a Suécia, decidiram abandonar o conflito. Após uma primeira série de acordos, foi assinada a Paz de Praga em 30 de maio de 1635, que pôs fim à luta entre o imperador e os príncipes protestantes.

É a partir daí que a França, que até então só havia apoiado os adversários do imperador e do rei de Espanha por meio de subsídios, preocupada em conter o poder dos Habsburgo e impedir a capitulação da Suécia, resolve envolver-se diretamente no conflito. Sob o pretexto da prisão por forças espanholas do arcebispo de Trèves, seu aliado, Luís XIII declara guerra à Espanha no mesmo mês da Paz de Praga e, no ano seguinte, renovando a aliança com os suecos, declara guerra ao Império. Inicia-se, assim, a fase mais longa da guerra e o período em que o conflito deixa definitivamente de ser uma "guerra germânica" e passa a ser um combate de alcance continental. O equilíbrio das forças em confronto se transforma e já não se pode mais pensá-lo em termos de uma oposição entre protestantes e católicos.

As tropas francesas passam a ocupar espaços em diferentes regiões do conflito, principalmente no sul da Alemanha, dando tempo à Suécia de se reerguer. Novos campos de batalha são abertos: na fronteira com os Países Baixos espanhóis, os exércitos franceses colaborariam com as Províncias Unidas em sua Guerra de Independência (1568-1648); nas fronteiras com a Espanha, seja no País Basco ou na Catalunha, levariam o calor da guerra, causando uma enorme pressão aos territórios ibéricos da Monarquia Hispânica.

Os confrontos, que se estenderam por mais doze anos, resultariam, por um lado, na afirmação da hegemonia político-militar francesa que se consolidará no reinado de Luís XIV. Por outro, levariam à devastação e ao colapso demográfico dos territórios imperiais que serviram de teatro para o combate, sem que os Habsburgo de Viena conseguissem reafirmar a sua autoridade sobre os territórios protestantes do Império, ainda que tenham conseguido suprimir com sucesso o protestantismo nos territórios católicos[2]. Como veremos a seguir, será o ramo Habsburgo à frente da Monarquia Hispânica o grande derrotado pelos desdobramentos desse conflito.

## Uma crise geral do século XVII?

Com frequência, a discussão sobre as causas e sobre o significado histórico da Guerra dos Trinta Anos integra o debate mais amplo acerca da chamada "crise geral do século XVII". O primeiro a propor essa interpretação, rompendo com as abordagens nacionalistas dadas pelo século XIX aos conflitos dos séculos anteriores, foi o norte-americano Roger B. Merriman, que, em 1938, já enfatizava a simultaneidade das guerras civis na França e na Inglaterra e das revoltas em Portugal, Catalunha, Nápoles-Sicília e Províncias Unidas[3].

Porém, foi o historiador britânico Eric Hobsbawm que, na década de 1950, estimulou o debate sobre a formação da crise seiscentista, argumentando que se tratava de uma crise de dimensões produtivas e comerciais, compreendida como fruto das contradições internas do sistema econômico e que se devia principalmente à incapacidade de eliminar alguns obstáculos gerais que impediram uma transição do feudalismo para um sistema capitalista totalmente desenvolvido

2. Parker, Geoffrey. *La Guerra de los Treinta Años (1618-1648)*. Barcelona: Crítica, 1988; Benecke, Gerhard. *Germany in the Thirty Years War*. Londres: St. Martin, 1978.

3. Merriman, Roger Bigelow. *Six Contemporaneous Revolutions*. Oxford: Clarendon, 1938.

[↗Capitalismo]. Por essa razão, para Hobsbawm, a crise era independente da Guerra dos Trinta Anos, ainda que esta pudesse ser considerada um fator agravante. Segundo ele, a fase mais aguda da crise, aliás, teria tido lugar na década de 1640, quando a guerra chegava a termo, estendendo-se até a década de 1670[4].

Na leitura de Hobsbawm, a crise econômica era a chave explicativa para todos os eventos conjunturais do século XVII, especialmente os mais turbulentos. Estudos posteriores, ainda que explorando as raízes econômicas da crise, questionaram alguns de seus fundamentos e complexificaram o debate [↗Agricultura e sociedade rural]. Seria, porém, Hugh Trevor-Roper a levar esse debate para um terreno propriamente político[5]. Criticando de forma mais ampla os pressupostos da historiografia marxista, recuperou as ideias de Merriman para situar como causa fundamental da crise um divórcio disruptivo entre Estado e sociedade. Para Trevor-Roper, alinhado à tradição crítica do excepcionalismo inglês do modelo absolutista de governo das monarquias europeias [↗Sistemas políticos e estruturas de poder], seria precisamente a ruptura entre a corte e a burocracia estatal (consideradas por ele "parasitárias") e o restante da sociedade a causa da série de revoluções ocorridas na Europa entre 1640 e 1660, como a Guerra Civil inglesa [↗Ilhas Britânicas e revoluções do século XVII], a Fronda francesa [↗Monarquia bourbônica e revoltas da Fronda] ou a Secessão catalã.

Trabalhos dos anos 1970, como os de Josef Polisensky, Henry Kamen, Jonathan Israel e Theodore Rabb, buscaram, por sua vez, ampliar o alcance geográfico e temporal da crise, estendendo-a para o contexto da Europa Oriental e do Ultramar europeu e retrocedendo seu início para os primeiros momentos da rebelião neerlandesa em 1568[6]. Dessa forma, procuraram abarcar de forma mais completa os confrontos bélicos de oposição aos Habsburgo que configuraram um sistema de Estados competitivos no continente europeu.

Essa historiografia, ademais, procurou fazer um esforço de conciliação da dimensão econômica e da dimensão governamental da crise, que passaram a

4. Hobsbawm, Eric. The general crisis of the European economy in the 17th century. *Past & Present*, n. 5, 1954, p. 33-53; *Id.* The crisis of the 17th century – II. *Past & Present*, n. 6, 1954, p. 44-65.

5. Trevor-Roper, Hugh R. The general crisis of the Seventeenth century. *Past & Present*, n. 16, 1959, p. 31-64.

6. Albaladejo, Pablo Fernández. Veinticinco años de debate sobre la crisis del siglo XVII. *In*: Aston, Trevor (ed.). *Crisis en Europa, 1560-1660*. Madri: Alianza, 1983, p. 368-389.

ser compreendidas como parte de uma mesma dinâmica histórica, ainda que – graças a uma crítica mais contundente à especificidade da crise econômica seiscentista e a uma afirmação da influência das guerras sobre o cenário econômico europeu – nesse movimento de conciliação se possa perceber uma maior ascendência do fator político, fundamentada na preocupação de superar entendimentos deterministas ou alheios à percepção e à atuação dos agentes históricos.

Essa discussão foi reanimada mais recentemente por Geoffrey Parker, que já havia proposto uma observação da crise em escala mundial[7]. Em consonância com as preocupações climáticas do nosso tempo e com as novas descobertas científicas sobre a Pequena Idade do Gelo do século XVII e sobre os efeitos do El Niño, Parker incorporou ao antigo rol de fatores econômicos, sociais e políticos a influência exercida por causas naturais, encontrando bases para falar em uma crise global que afetou o mundo de forma variada, desde Japão e China até a América do Sul. Sua análise, com efeito, procura evitar generalizações e determinismos simplistas, assim como evidenciar o peso que as condições locais e as decisões políticas tiveram sobre as manifestações da crise, apostando na interação entre os sistemas humanos e naturais como chave para a compreensão do seu impacto[8].

## As revoltas nos domínios hispânicos

Para além da Guerra dos Trinta Anos, outro processo histórico cujos limites e dinâmicas se confundem com a ideia de uma crise geral do século XVII é a chamada decadência dos Habsburgo, mais especificamente, nesse caso, a do seu ramo hispânico. Tanto pela extensão planetária alcançada pelo Império Espanhol quanto pelo fato de uma boa parte das insurreições de meados do Seiscentos ter ocorrido em seus territórios, o caso hispânico tornou-se um exemplo privilegiado para a observação de como o fator político pôde influenciar a ocorrência de tantos episódios de violência e de sublevação em meio a uma crise mais ampla, quiçá de dimensões globais. Em outras palavras, trata-se de um exemplo de como o incremento da pressão religiosa,

---

7. Parker, Geoffrey; Smith, Lesley. *The General Crisis of the Seventeenth Century*. Londres: Routledge, 1978.

8. Parker, Geoffrey. *Global Crisis: War, Climate Change and Catastrophe in the Seventeenth Century*. New Haven: Yale University Press, 2013; Gil Pujol, Xavier. Más sobre las revueltas y revoluciones del siglo XVII y sobre su ausencia. *In*: Parker, Geoffrey (coord.). *La crisis de la monarquia de Felipe IV*. Barcelona: Crítica, 2006, p. 351-392.

social e, sobretudo, fiscal, produzida a partir de diferentes centros de poder, interveio em um processo condicionado por mudanças ecológicas, econômicas e demográficas.

No entanto, como se observou acima, não é possível compreender esse processo deixando de lado o conflito hispano-neerlandês iniciado pela eclosão da revolta nos Países Baixos em 1568. Um conflito que perdurou por oito décadas, atravessando e tornando-se um elemento decisivo da própria Guerra dos Trinta Anos e de seu desenvolvimento, além de uma espécie de precedente inevitável, um modelo positivo ou negativo para se pensar, dali em diante, sobre a possibilidade, sobre as características e sobre os riscos inerentes a movimentos de secessão no interior da Monarquia Hispânica.

## A Guerra de Independência das Províncias Unidas

Os Países Baixos faziam parte dos domínios dos duques da Borgonha até 1477, quando passaram para o controle dos Habsburgo, após a morte do duque Carlos, o Temerário, sem descendência masculina, graças ao casamento de sua filha Maria da Borgonha com o futuro Imperador Maximiliano I. Em 1548, o Imperador Carlos V unificou administrativamente as 17 províncias dos Países Baixos por meio da Pragmática Sanção, incluindo-as, no ano seguinte, no conjunto de possessões que seriam cedidas ao seu filho Filipe II. Assim, após a sua abdicação do trono em 1555, esses territórios passaram a ser parte da Monarquia Hispânica.

A revolta das Províncias Unidas teve suas origens ao longo da década de 1560, quando Filipe II intensificou os esforços de unificação dos territórios da Monarquia Hispânica iniciados por seu pai. Para ter um maior controle sobre essas possessões, o rei atribuiu a regência dos Países Baixos à sua meia-irmã, Margarida de Parma e, violando um conjunto de liberdades tradicionais, criou a Consulta, órgão político restrito e ocupado substancialmente por homens próximos ao rei, que se sobrepunha aos órgãos de poder local como o Conselho de Estado, que reunia a grande nobreza da região, e os Estados Gerais, que tradicionalmente a administravam por meio de seus pensionários e burgomestres.

No âmbito fiscal, Filipe II aumentou a taxação sobre essas possessões com o intuito de aproveitar o seu importante desenvolvimento comercial e manufatureiro para financiar os confrontos contra franceses e turcos, sobretudo após a bancarrota de 1567 e a diminuição do fluxo de metais preciosos vindos da América. Além disso, no âmbito da religião, ele pretendeu impor os decretos do Concílio de Trento a uma população largamente composta por cristãos protestantes e judeus, replicando a experiência espanhola com o estabelecimento da Inquisição (o que trazia para o horizonte a possibilidade de confisco de bens por heresia)[9] e reorganizando os seus bispados em distritos sob a autoridade de seu conselheiro, o cardeal de Granvelle, o que atentava diretamente contra os benefícios eclesiásticos reservados à grande nobreza da região.

Diante desse conjunto de medidas, a rebelião e a guerra se desenvolveram a partir de uma confluência de interesses que variavam segundo posições políticas (a aristocracia militar ligada à Casa de Orange e Nassau, de um lado, e o patriciado urbano republicano, de outro), econômicas (diferentes ramos de negócios) e religiosas[10]. O descontentamento era, porém, crescente em diferentes estratos sociais.

Em 1562, os Estados Gerais reunidos em Bruxelas concentram seus ataques contra Granvelle, que estava à frente da Consulta. A oposição se reúne em torno de Guilherme de Orange, conde de Nassau, que entra em confronto com uma minoria da aristocracia que ainda apoiava o cardeal e, com o seu movimento, obtém de Margarida de Parma o afastamento do cardeal em 1564.

Filipe II, no entanto, insatisfeito com a postura conciliadora da governadora, insiste na imposição dos cânones e decretos do Concílio de Trento nos Países Baixos, e em sua comunicação com as instituições políticas locais mantém o seu programa sem qualquer alteração. Soma-se a esse cenário um quadro econômico de crise, marcado por más colheitas, a guerra no estreito de Sund entre Suécia e Dinamarca, o aumento da concorrência com os tecidos ingleses e a inflação estimulada pela chegada massiva dos metais preciosos americanos.

Em abril de 1566, banqueiros, comerciantes e industriais de Antuérpia, principal praça financeira da Europa naquele momento, vão a Bruxelas com o seu pensionário, Antoine van Straelen, e se reunem às manifestações da nobreza. Na sequência, uma revolta iconoclasta se espalha de norte a sul das Províncias. Como a ação militar da regente se mostra ineficaz, em agosto de

9. Israel, Jonathan. *The Dutch Republic. Its Rise, Greatness, and Fall, 1477-1806*. Oxford/Nova York: Oxford University Press, 1998.

10. Méchoulan, Henry. *Dinheiro e liberdade. Amsterdam no tempo de Spinoza*. Rio de Janeiro: Jorge Zahar, 1992.

1567, Filipe II envia o duque de Alba com um exército de 10 mil soldados para tentar retomar o controle da situação.

Guilherme de Orange, refugiado no eleitorado da Saxônia, organiza então uma expedição para derrotar o duque. Suas forças obtiveram apenas uma vitória, na batalha de Heiligerlee, em 23 de maio de 1568. Essa batalha é hoje considerada como o início da Guerra dos Oitenta Anos, ainda que uma sequência de derrotas infligidas pelas tropas espanholas sobre os revoltosos tenha temporariamente suprimido o levante.

Uma proposta de independência não estava ainda colocada nesse momento. Essa perspectiva só foi se afirmando gradativamente, ao longo dos quatro governos sucessivos, marcados pela ocupação militar e pela resistência neerlandesa: o governo do próprio duque de Alba, que duraria até 1573; o de Luís de Requesens y Zuñiga, militar e diplomata próximo a Filipe II, de 1573 a 1576; o de D. Juan de Áustria, meio-irmão do monarca, de 1576 e 1578; e o de Alexandre Farnese, filho de Margarida de Parma, de 1579 e 1584, que se concluiu com o assassinato de Guilherme de Orange, em Delft.

Os rebeldes haviam retomado a hostilidade aberta contra o governo em 1572, com a tomada do Porto de Brielle, marcada pelo fracasso do duque de Alba em conter as suas forças. A chegada de Requesens trazia consigo uma maior abertura à negociação, mas sua morte em 1576 se deu sem que chegasse a um acordo entre hispânicos e orangistas. No período em que se aguardava ainda a designação e a chegada do novo governador, as tropas espanholas, sem receber seus soldos, iniciaram uma série de motins que culminaram no saque de Antuérpia em novembro daquele mesmo ano e que levaram à morte de mais de 8 mil pessoas.

Esse evento trágico provocou uma rápida onda de hispanofobia que os Estados Gerais souberam aproveitar: as 17 províncias, em novembro de 1576, firmariam um tratado interno, denominado Pacificação de Gand, em que acordavam estabelecer a tolerância religiosa e lutar juntos contra as armas espanholas. Foi o momento de maior união dos Países Baixos em torno da revolta, o qual, porém, antecedeu a sua separação definitiva em duas partes.

Por dois anos, essa união se manteve diante das promessas e da pressão militar realizadas por D. Juan de Áustria. Guilherme de Orange chegou a conseguir que fosse votado pelos Estados Gerais em Bruxelas o seu célebre projeto de *religievrede* (paz de religião), em que surgem as primeiras peças legais em garantia da liberdade de culto e da liberdade de consciência[11]. Entretanto, em 1579, a ruptura entre os Países Baixos do Sul, mais católico, e o norte, dominado por um movimento calvinista de caráter violento e mais radicalmente revolucionário, se consumou.

Alexandre Farnese, aproximando-se das famílias da alta nobreza que, com exceção dos Orange-Nassau e algumas outras que acompanhavam Guilherme, temiam as tendências republicanas e o calvinismo radical triunfante nas províncias do norte, havia conseguindo cooptá-las e obter a assinatura, em 6 de janeiro de 1579, pelas províncias meridionais católicas, da União de Arras (ou Atrecht), em que essas expressavam sua lealdade a Filipe II. Em resposta imediata a esse movimento, Orange costurou a formação da chamada União de Utrecht, que em fevereiro desse mesmo ano já contaria com as Sete Províncias (Holanda, Zelândia, Utrecht, Gueldres, Frísia, Groningen e Overijssel) e um importante conjunto de cidades do sul, como Bruges, Gand, Ypres, Antuérpia e Breda. Era o nascimento das Províncias Unidas dos Países Baixos, que, em 1581, após a proscrição de Guilherme de Orange pela Monarquia Hispânica e o oferecimento de uma recompensa e de um título de nobreza a quem o assassinasse, declararam a destituição de Filipe II como seu rei.

Com importante afluxo de recursos e tropas, Farnese conseguiu recuperar e submeter as cidades de Flandres e do Brabante, como Breda, Tournai, Ypres, Bruges, Gand e Bruxelas entre 1581 e 1584, e, finalmente, a Antuérpia, em 1585 (evento que marcou a transformação de Amsterdã em principal porto do Mar do Norte)[12]. É nesse período em que a guerra se internacionaliza, graças ao apoio dado aos rebeldes por França e Inglaterra, e que a ideia de independência se impõe nos Países Baixos do Norte. Em 1588, após algumas tentativas de manutenção de um governo monárquico sob a autoridade de nobres estrangeiros como o duque de Anjou e o conde de Leicester, os Estados Gerais proclamariam uma República.

O acesso ao mar, o controle de rotas fluviais e as táticas de guerra utilizadas pelas forças sob a liderança de Maurício de Orange-Nassau favoreceram o prolongamento da guerra e o esgotamento, no curso de algumas décadas, da

---

11. Kriegel, Blandine. *La République et le Prince Moderne. Les Français et la naissance des Provinces-Unies*. Paris: Presses Universitaires de France, 2011.

12. Tracy, James D. *The Founding of the Dutch Republic. War, Finance, and Politics in Holland, 1572-1588*. Oxford: Oxford University Press, 2008.

força militar espanhola. Uma situação que se intensificou quando, envolvida na Guerra dos Trinta Anos, a partir de 1635, a Monarquia Hispânica precisou lutar em duas frentes simultaneamente: contra as Províncias Unidas, a leste, e contra a França, a oeste[13].

O historiador Jonathan Israel discrimina, no interior da Guerra de Independência Holandesa, uma segunda fase que teria tido início com as negociações de uma trégua, a partir de 1606, e que terminaria com a assinatura da Paz de Westfália, em 1648. À Trégua de Doze Anos (1609-1621) se seguiria uma nova guerra, de caráter econômico, caracterizada por embargos, bloqueios e incursões militares contra embarcações comerciais que visavam minar o comércio do inimigo.

A década de 1620, em que Filipe IV ascenderia ao poder, seria marcada por uma virada no equilíbrio das forças envolvidas no conflito: se a primeira metade da década havia sido caracterizada pela ofensiva espanhola, na segunda metade, até 1633, seriam os neerlandeses a tomar a frente. A partir daí, até 1640, os conflitos terrestres se exaurem e a guerra é deslocada para o mar, dando início ao momento em que o conflito ultramarino passa a ter maior peso.

O ano de 1640 marca o início do predomínio definitivo dos neerlandeses, que resultou do levante português contra a Monarquia Hispânica (Restauração Portuguesa) iniciado naquele ano. Foram muitas as suas implicações no imbricado jogo de forças da guerra, sobretudo, em matéria econômica, uma vez que as Províncias Unidas passam a suprir Portugal de armas, munições e grãos e Portugal passa a suprir as Províncias Unidas com o sal (produto estratégico para a indústria pesqueira) de Setúbal[14]. A partir daí, diante da grande elevação do custo da guerra e das pressões internas advindas dos grupos comerciais prejudicados pela sua manutenção, a corte espanhola optou pelo avanço das negociações de paz com os Estados Gerais[15].

## Política e crise no reinado de Filipe IV

Dentro do quadro histórico geral da Europa de meados do século XVII, em que se conjugam fatores climáticos, crise econômica, conflitos militares e

13. Parker, Geoffrey. *El ejército de Flandes y el Camino Español, 1567-1659. La logística de la victoria y derrota de España en las guerras de los Países Bajos*. Madri: Alianza, 1985; Keegan, John. *Uma história da guerra*. São Paulo: Companhia das Letras, 2006, p. 414-416.

14. Mello, Evaldo Cabral de. *O negócio do Brasil: Portugal, os Países Baixos e o Nordeste, 1641-1669*. Rio de Janeiro: Topbooks, 1998.

15. Israel, Jonathan. *La República holandesa y el mundo hispánico*. Madri: Nerea, 1997.

turbulências políticas em diferentes níveis, as tensões vividas pela Monarquia Hispânica sob Filipe IV representam um capítulo especial. Seu reinado se iniciou em 1621, alguns meses, portanto, após a Batalha da Montanha Branca que colocou fim à fase boêmia da Guerra dos Trinta Anos e no exato ano do encerramento da Trégua dos Doze Anos, em que se revigorou o conflito entre a Espanha e as Províncias Unidas. Com o novo rei, ascendeu simultaneamente o seu protegido Gaspar de Guzmán, conde de Olivares e mais tarde duque de Sanlúcar, que em um contexto marcado pelos sucessos marítimos e terrestres dos neerlandeses e pela escalada do conflito militar com a França, optou pela adoção de uma política externa mais agressiva e, internamente, pelo estabelecimento de um projeto de cooperação militar e financeira visando uma associação mais estreita entre os diferentes territórios da monarquia.

Filipe IV impôs uma série de medidas destinadas ao aumento da arrecadação régia. Foram criados mecanismos fiscais novos, como o imposto da meia-anata, que incidia sobre os primeiros salários dos titulares de ofícios recém-nomeados, e o do papel selado, que tornava obrigatória a aquisição de um selo para todos os documentos oficiais. Também estabeleceu um monopólio nacional do sal, inspirado na gabela francesa. Os conselhos monárquicos receberam ordens para planificar a sua aplicação nos diferentes domínios hispânicos, sendo que todos esses impostos foram constituídos como prerrogativas régias, ou seja, não necessitando de aprovação em Cortes.

Olivares foi aprimorando esse programa de imposição de políticas mais uniformes aos Estados de que se compunha a Monarquia Hispânica. Em 1625, apresentou a Filipe IV o projeto denominado "União de Armas", voltado em primeiro lugar para a criação de uma força militar que, repartida entre os territórios hispânicos, pudesse ser reunida e mobilizada rapidamente para responder aos ataques inimigos. O projeto buscava, também, alcançar uma melhor repartição dos custos da defesa do império e, a médio prazo, contribuir para um apagamento progressivo da fragmentação política em que viviam e se viam os súditos da monarquia[16].

O efeito obtido foi exatamente o oposto. As Cortes de Valência, de Aragão e da Catalunha opuseram uma forte e eficaz resistência ao recrutamento imposto pelo governo madrilenho, que muitas vezes se utilizava de dados demográficos exagerados para o cálculo das tropas com que cada reino e província deveria

16. Elliott, John H.; De la Peña, José Francisco de (orgs.). *Memoriales y cartas del Conde Duque de Olivares*. Madri: Alfaguara, 1978-1981. 2 v.

contribuir. Esse conjunto de inovações lançado pelo governo de Olivares gerou o descontentamento geral, em particular das instituições políticas locais que viam no uso das prerrogativas régias uma violação de seus foros e privilégios.

O momento era também bastante inoportuno do ponto de vista da crise demográfica e agrícola que então atingia níveis dramáticos nos territórios europeus da Monarquia Hispânica. As possessões espanholas no norte da Itália passavam, naquele momento, pela pior epidemia de peste e de fome do século. Portugal passava por uma enorme carestia, que levava a uma dependência de cereais importados e a uma alta de preços que afligia especialmente as populações do Alentejo. Em Castela, no coração da monarquia, a catástrofe demográfica estava associada a um intenso período de secas e a uma praga de gafanhotos que havia reduzido as colheitas pela metade em comparação com os anos de abundância do século XVI[17].

## Os levantes na Península Ibérica: da Catalunha a Portugal

Na Península Ibérica, as mais duradouras secessões portuguesa e catalã são certamente os movimentos mais conhecidos. Não foram, porém, em sua eclosão, eventos isolados. A primeira revolta aberta ocorreu na região basca, em reação ao monopólio do sal, cuja imposição vinha enfrentando resistências em diversas cidades espanholas desde 1631 e produzindo um amplo debate, particularmente estimulado pela convocação das Cortes de Castela em 1632. Suas primeiras resoluções não impediram, porém, que já em outubro daquele ano os protestos populares tomassem as ruas de Biscaia – contando com lideranças femininas que não eram atípicas nas manifestações urbanas do período – saqueando as casas de autoridades envolvidas na aplicação do monopólio e de comerciantes portugueses que arrecadavam impostos como pagamento de seus empréstimos à Coroa.

A atuação do governo foi sobretudo conciliadora: uma mediação fracassou em março de 1633 e foi imposto um bloqueio comercial sobre a cidade. Mas, mesmo assim, a sublevação se manteve até maio do ano seguinte, quando o rei finalmente aceitou abolir o monopólio do sal e concedeu o perdão geral aos condenados à morte, com exceção de doze líderes, dos quais seis conseguiram escapar[18].

17. Parker, Geoffrey (coord.). *La crisis de la monarquia de Felipe IV. Op. cit.*

18. Elliott, John H. *El conde-duque de Olivares.* Barcelona: Crítica, 2004, p. 442-445.

Com o início do conflito aberto entre a Espanha e a França em 1635, as tensões ensaiadas até então se tornaram ainda mais constantes e profundas. A cada novo esforço fiscal negociado pela monarquia, como a taxação sobre rendas, a implementação do papel selado ou o incremento das sisas sobre bens de consumo, multiplicavam-se as formas de resistência, oposição e contravenção, que iam desde manifestações populares até a atuação de magistrados locais e procuradores nas Cortes.

A guerra com a França, ademais, exigia o recrutamento de milhares de homens, sendo que a proximidade geográfica das zonas de combate fazia com que as convocações abrangessem cada vez mais nobres e fidalgos, que por sua vez deviam integrar as tropas pessoalmente e mobilizar mais homens e cavalaria. Em um contexto político altamente conflitivo, inclusive com a circulação de arbítrios e outros textos em que cresciam as críticas ao valimento de Olivares, multiplicavam-se também as notícias de motins, mais ou menos espontâneos, e os rumores sobre conspirações na região de Biscaia, mas também em cidades como Burgos, Sevilha e Saragoça[19]. Essa foi uma situação que apenas se intensificou com o surgimento de novos *fronts* no interior da península, graças à eclosão das rebeliões da Catalunha e de Portugal, que colocaram sob interdito, de forma mais definitiva, a autoridade da Filipe IV em alguns de seus territórios mais sensíveis.

Na Catalunha, o descontentamento cresceu na esteira do recrudescimento do esforço militar em sua fronteira com a França. Olivares enviou ali tropas recrutadas em Castela, na Itália e nos Países Baixos, esperando que aquele Principado as sustentasse, alojasse e alimentasse, o que aumentava ainda mais os efeitos devastadores na economia local causados pela interrupção do comércio com o reino inimigo desde 1635. Uma aposta arriscada, considerando que as características geográficas da região não facilitavam operações militares de envergadura e que a Catalunha possuía instituições locais bastante ativas no enfrentamento de ações do governo consideradas arbitrárias.

A *Diputació* – um comitê de seis pessoas que funcionava de forma permanente entre as sessões das Cortes catalãs –, eleita por sorteio em 1638, tratou logo de responder às queixas principais dos catalães em relação à proibição de comércio com a França e ao alojamento de dez mil soldados, procurando proteger de confisco as mercadorias de contrabando mantidas em seus próprios armazéns e argumentando que apenas as moradias de camponeses estariam aptas a abrigar as tropas régias segundo as constituições do Principado.

---

19. Gelabert, Juan E. *Castilla convulsa (1631-1652)*. Madri: Marcial Pons, 2001.

Seguiu-se um conflito entre os juízes da *Audiencia* de Barcelona e os membros da *Diputació* que, intimados pelos primeiros, procuraram asilo em igrejas e conventos da cidade e passaram à produção de uma enxurrada de panfletos denunciando as violações cometidas pelos oficiais da monarquia. Uma situação crítica que foi agravada pelos embates militares em torno da praça de Salces, tomada pelos franceses em julho de 1639 e retomada em janeiro de 1640, pois aqueles juízes e o vice-rei, conde de Santa Coloma, atuaram de forma rigorosa, tanto na mobilização de homens e recursos catalães quanto no modo como lidaram com as tensões provocadas pelo aquartelamento do exército.

A partir daí, dois conjuntos de fatores, para além da escassez e do encarecimento dos alimentos, tensionaram ainda mais os ambientes urbano e rural na Catalunha: a reação de Santa Coloma aos protestos da *Diputació*, com a prisão do deputado da nobreza Francesc de Tamarit e a abertura de processo contra o seu presidente Pau Claris, cônego da catedral de Urgell; e a chegada de uma ordem do governo central para a realização de uma leva de seis mil soldados catalães para servir na Itália, sob a égide da União de Armas.

A rebelião se iniciou em finais de abril, em reação aos regimentos que passaram a punir as localidades que resistiam a abrigar os soldados castelhanos, mas atacando também os oficiais e juízes que os enviavam. Ainda em maio, uma multidão de camponeses entrou em Barcelona, expulsou tropas, libertou Tamarit e outros conselheiros municipais, enquanto em 19 comarcas do Principado eram saqueados e assassinados os magistrados e habitantes leais à monarquia.

Foi, porém, durante o festival de Corpus Christi, em 7 de junho de 1640, data em que se organizava a feira anual de contratação de mão de obra para a colheita – os *segadors* –, que os tumultos alcançaram uma nova dimensão com o assassinato do vice-rei e três dias de saques às casas dos juízes da *Audiencia*, em uma onda de violência que se espalhou por outras regiões da Catalunha. O governo da monarquia, dividido entre a preocupação com o possível aproveitamento dos distúrbios por inimigos externos e com o mau exemplo que sua cessão à pressão catalã poderia levar a outras regiões afetadas por novos impostos e pelo alojamento de tropas, optou por tratar o movimento com rigor, promulgando uma declaração com oito acusações de sedição contra os catalães e ordenando ao marquês de Los Vélez a mobilização de tropas para retomar o controle do Principado[20].

20. Elliott, John H. *La rebelión de los catalanes. Un estudio sobre la decadencia de España (1598-1640)*. Madri: Siglo XXI, 2014.

Nesse ínterim, a *Diputació* convocou a *Junta de Braços*, que se reuniu a partir de setembro com representantes dos três estamentos para organizar a defesa do território sublevado. Encabeçada por Pau Claris, a *Junta* logo redigiu uma refutação das acusações do governo de Olivares e iniciou uma intensa campanha de panfletos e livros para justificar sua resistência à dominação castelhana, com o envio de seus impressos às mais diversas cidades no interior da Monarquia Hispânica e fora dela, com edições e traduções em francês, holandês e português. Ao mesmo tempo, um conjunto de tradutores e impressores publicava versões catalãs de panfletos e notícias que celebravam as derrotas de Filipe IV em diferentes regiões da Europa, procurando o apoio de Valência, Mallorca, Aragão e também da França [↗O mundo dos impressos].

Depois de alguma cautela inicial, o governo do cardeal de Richelieu enviou seu parente Bernard Duplessis-Besançon, com quem se costurou um tratado garantindo a presença das tropas francesas na fronteira catalã e colocando o Principado sob a proteção de Luís XIII, nomeado finalmente conde de Barcelona em janeiro de 1641. Nessa mesma altura, às vésperas da batalha de Monjuic, em que a impressionante derrota do exército hispânico liderado por Los Vélez traria um novo fôlego para a Catalunha rebelde, chegaram de Lisboa notícias animadoras.

Em Portugal, reino incorporado mais recentemente pela Monarquia Hispânica, na sequência da crise sucessória criada pela morte do Rei D. Sebastião no Marrocos, em 1578, as tensões em relação ao domínio filipino se mantiveram subjacentes à construção da chamada União das Coroas nas décadas seguintes. A vocação separatista dos movimentos de oposição política em Portugal variara de intensidade ao longo do tempo. As fricções ficavam especialmente visíveis em momentos como a visita de Filipe III a Lisboa em 1619, ou quando da organização de uma armada para recuperar cidade de Salvador tomada pelos neerlandeses em 1624.

A expedição teve sucesso, mas a perda de Pernambuco em 1630 renovou as discussões sobre o financiamento da defesa do Império. Dessa forma, no cenário português, as exigências de arrecadação trazidas pela deflagração do conflito franco-espanhol, em 1635, viriam apenas se somar a um contexto de tensão crescente. Desde 1631, foi estipulada uma renda fixa de 500 mil cruzados anuais para a Coroa, a ser alcançada graças à arrecadação da meia-anata e do monopólio do sal. Quando Olivares, como já foi visto, viu-se obrigado a abandonar esse imposto, ordenou à vice-rainha de Portugal, Margarida de

Mântua, a retenção de uma quarta parte de todos os pagamentos de pensões e dividendos, a imposição de donativos obrigatórios às municipalidades, a exigência de que os nobres recrutassem tropas para a Coroa e, ainda, a cobrança do *real d'água*, um imposto sobre o consumo de carne e vinho.

Em 1637, com a chegada de uma ordem para o registro pelas autoridades locais das possessões de todas as casas do reino e com a suposição de que se estava elaborando um novo imposto sobre as propriedades, uma multidão se reuniu em agosto em frente à residência do alcaide de Évora, exigindo a interrupção dos registros. Como ele se recusou, teve a casa saqueada e incendiada, e logo a multidão passou a saquear as casas de outros agentes que compilavam os registros e arrecadavam os novos impostos, queimando suas posses e documentos.

O movimento, porém, não foi exatamente espontâneo: em seguida apareceram cartazes assinados pelo "Manuelinho", ameaçando o rei tirano e seus agentes por terem criado tributos sem o consentimento da população, e logo os seus agitadores, entre eles alguns padres jesuítas, espalharam a revolta por toda a província do Alentejo e em parte do Algarve, que alcançou inclusive o arquipélago dos Açores.

As discussões em Madri mostram como já se percebia que, em Portugal, o que movia a rebelião não era tanto o impacto dos impostos sobre o preço dos alimentos, mas a recusa em colaborar com uma arrecadação que não retornava para o reino. Também é revelada a omissão da nobreza portuguesa na repressão militar do movimento. Apesar disso, as chamadas Alterações de Évora não conseguiram ultrapassar o Tejo, nem perder as feições de uma sublevação estritamente popular[21].

A historiografia sobre o evento procurou compreender por que a fidalguia lusa não aproveitou a oportunidade, nem procurou liderar o movimento em busca de uma ruptura com Castela. A nobreza menos afeita ao domínio filipino, que se omitiu em reprimir os revoltosos, havia se omitido também em apoiá-los. Apesar disso, a proporção e as características dos tumultos alentejanos teriam servido como um duplo estímulo para esses fidalgos dali em diante: por um lado, pela confirmação da adesão de uma crescente população a um discurso de rejeição da integração à Monarquia Hispânica e, por outro, por um alerta a respeito da radicalidade da contestação social e política

---

21. Oliveira, Antonio de. *Poder e oposição política em Portugal no período filipino (1580-1640)*. Lisboa: Difel, 1990.

que esses movimentos tendiam a alcançar, sem o seu controle. Nesse sentido, essa revolta foi interpretada como um evento precursor da secessão iniciada três anos depois, mais do que, por exemplo, as revoltas que acometeram a cidade do Porto em 1629 ou em 1638.

Essa reflexão sobre a evolução do posicionamento dos nobres, com especial atenção aos círculos em torno da casa ducal de Bragança, porém, não se fez acompanhar de uma observação igualmente atenta em relação à participação das câmaras municipais e de outras instituições urbanas do território luso como um todo – instituições que, como se verá, favoreceram o rápido sucesso do futuro golpe da Restauração. Sob tais condições, a Coroa espanhola conseguiu liquidar a revolta do Alentejo com o envio de tropas sob comando do duque de Bejar e oferecendo, como em Biscaia, um perdão geral, com a execução de apenas cinco líderes seculares do movimento, a condenação de outros setenta às galeras e a reclusão a Madri dos sacerdotes suspeitos de organizar a insurreição. Dessa vez, não houve, porém, qualquer recuo em relação à implementação dos impostos criticados pelos revoltosos.

Em 1640, ano que se encerraria com a tomada do poder e a coroação de um novo monarca em Lisboa, as coisas já estavam diferentes, e não apenas pelo desenrolar e pelas consequências da insurreição na Catalunha. As origens da conspiração por trás daquele evento remontam pelo menos a 1634, mas até 1638 ela contava ainda com um pequeno número de fidalgos. O desfecho das Alterações de Évora, portanto, mas também o surgimento de novas fontes de tensão ligadas à pressão exercida pelo governo de Filipe IV, engrossaram as fileiras e deram forma ao movimento de secessão.

No que diz respeito à nobreza, a insatisfação atinha-se primeiramente às ordens de mobilização militar enviadas por Madri e aos incômodos causados pela proposta de composição de exércitos com comandos mistos – insatisfação que Olivares procurou atenuar com a nomeação do duque D. João de Bragança como governador geral das armas do reino. Essa foi a razão para a sua famosa estadia em Almada no verão de 1639, que possibilitou conversas mais intensas com os fidalgos conspiradores, assim como um contato mais direto com a população de Lisboa e seus anseios.

No âmbito clerical, o grupo dos descontentes se alargou consideravelmente com a expulsão, pelo governo da vice-rainha, do coletor apostólico Alexandre Castracani. Representante maior do Estado pontifício na cidade,

Castracani vinha apoiando as críticas formuladas pela Igreja portuguesa e a reivindicação de desamortização das capelas propostas por Madri. Sua expulsão em agosto de 1639 provocou a retaliação do papado, que deixou as igrejas de Lisboa sob interdito, privadas de seus direitos, inclusive de culto público.

A crise financeira da monarquia, por sua vez, se mantinha, e o fracasso nas tentativas de recuperação de Pernambuco impactava fortemente os proventos do Brasil. Na exigência de novos esforços e mais contribuintes, o governo espanhol articulava estender ao clero o pagamento da décima e os nobres lusos passaram a ser tributados, tomando-se um quinto do rendimento dos titulares de bens da Coroa já a partir de março de 1639 e suspendendo-se dois pagamentos trimestrais de juros e tenças que recebiam, um em 1639 e outro em 1640. Paralelamente, os nobres eram cobrados cada vez mais pelas obrigações militares que deveriam cumprir, financiando levas de soldados e mesmo, alguns deles, exercendo diretamente comandos militares.

Também desde 1638, em uma estratégia de castigo dos levantes de 1637-1638, e mantendo os princípios da União de Armas, o governo de Olivares recrutava e enviava tropas portuguesas para outras partes da península, como Burgos, La Coruña e Barcelona, na organização da defesa contra os ataques franceses, que se intensificam sobremaneira com o desenvolvimento da sublevação catalã em 1640. Nesse contexto, as primeiras notícias sobre as negociações dos catalães com a França e sobre a presença de agentes e de tropas francesas na região, a partir de setembro, chegaram a Portugal apenas algum tempo após uma convocação geral da nobreza portuguesa para tomar parte na repressão da rebelião do principado.

Esse conjunto de informações foi, sem dúvida, fundamental para o cálculo político e para a organização do golpe de Estado de 1º de dezembro em Lisboa. A pressão do governo de Filipe IV pela participação financeira e militar dos nobres portugueses na Catalunha produziu uma urgência, mas também uma ocasião propícia para a tomada do poder, pois a separação de Portugal aprofundaria o enfraquecimento da Monarquia Hispânica e a dispersão de suas forças. O apoio esperado de Richelieu, por sua vez, trazia mais garantias e expectativas para a consolidação e para a longevidade dos dois movimentos separatistas irmanados.

O duque de Bragança, que havia mantido o quanto pôde uma posição ambígua entre a colaboração com Madri e a negociação com os conjurados, também não atendeu à convocação para a Catalunha, e em novembro de

1640 deu seu assentimento à realização do golpe, que poderia então lhe aclamar como novo rei da monarquia que se pretendia restaurar. Na manhã do 1º de dezembro, um grupo de fidalgos armados tomou de assalto, com relativa facilidade, o Paço da Ribeira, prendendo a vice-rainha e defenestrando o seu odiado secretário de Estado, Miguel de Vasconcelos[22].

A magnitude da organização do movimento revela-se na rapidez com que, no mesmo dia, os tumultos na cidade estavam controlados, e com que a aclamação do Bragança como D. João IV foi confirmada e celebrada em todas as câmaras municipais do reino. Uma situação que, apoiada pelo recurso a novos tipos de documentação, tem encorajado alguns estudiosos a questionarem um protagonismo absoluto da nobreza, muitas vezes naturalizado pela historiografia mais tradicional, uma nobreza que aliás esteve longe de estar unida em prol da Restauração.

Também aqui é significativa a expansão extraordinária da produção de impressos que se observa desde os meses seguintes à entronização do novo governo. As justificativas e legitimações do golpe de Estado se fizeram por uma grande variedade de tratados, manifestos e panfletos [↗O mundo dos impressos] dos mais diferentes formatos e carizes, nem sempre uníssonos. Ao mesmo tempo, também se multiplicaram as folhas de notícias, relações de batalhas, descrições poéticas, sermões e peças de teatro, entre outros gêneros editoriais, que de algum modo se dirigiam às novas questões políticas, sociais, culturais, religiosas e diplomáticas relacionadas à construção do Portugal Restaurado[23].

De fato, o modo com que o poder foi tomado e se inaugurou a revolta portuguesa, sem que partisse de uma explosão aparentemente espontânea da população diante de um ou mais atos governamentais considerado abusivos, a diferencia bastante dos demais levantes que assolaram a Monarquia Hispânica nas décadas de 1630 e 1640. Porém, a construção política e a independência definitiva da monarquia portuguesa – um resultado que acabou sendo outra especificidade do movimento luso – precisariam passar por ainda 28 anos de uma longa guerra para se consolidarem, atravessando uma grande

---

22. Costa, Leonor Freire; Cunha, Mafalda Soares da. *D. João IV*. Lisboa: Círculo de Leitores, 2008.

23. Bebiano, Rui. *A pena de marte: escrita da guerra em Portugal e na Europa (sécs. XVI-XVIII)*. Coimbra: Minerva, 2000; Saraiva, Daniel Magalhães Porto. As janelas da realidade: a função política das relações de sucessos na Guerra da Restauração de Portugal (1640-1668). *In*: Cabarrocas, Sònia Boadas; López, Jorge Garcia (eds.). *Las relaciones de sucesos en los cambios políticos y sociales de la Europa Moderna*. Barcelona: Universitat Autònoma de Barcelona, 2015, p. 323-333.

variedade de contextos e tensões políticas e diplomáticas decisivas, dentro e fora do continente europeu.

Os primeiros anos após a Restauração do trono em Lisboa, no entanto, foram já fatais para o destino político do conde-duque de Olivares, que teve ainda que lidar, em 1641, com denúncias de uma conspiração tramada em Andaluzia pelo duque de Medina Sidonia, em conluio com D. João IV, seu cunhado[24].

Na guerra travada nas fronteiras peninsulares da Monarquia Hispânica, as derrotas também se acumulavam: na batalha de Monjuic em 1641, na tomada de Perpignan por Luís XIII e no fracasso da retomada de Lérida em 1642. As críticas às decisões e ao poder do valido de Filipe IV se faziam de forma cada vez mais pública e pungente, e a sua retirada do governo adveio logo, em janeiro do ano seguinte.

## Convulsões e revoluções entre Sicília e Nápoles

A queda de Olivares, naturalmente, não seria suficiente para fazer retroceder as rebeliões iniciadas na Catalunha e em Portugal, e sequer para evitar a eclosão de novos tumultos separatistas. A guerra em vários *fronts* exigia gastos crescentes e a pressão fiscal se intensificou sobre as possessões italianas da Coroa hispânica. Em poucos anos, a região se tornou também um novo foco de revoltas contra o poder central da monarquia, especialmente em Nápoles e na Sicília, em um processo em que não faltaram influências e estímulos recíprocos.

O movimento mais conhecido e estudado – inclusive, o único entre os que se abateram sobre a Monarquia Hispânica em meados do século XVII que mereceu a definição de "revolução" por boa parte da historiografia modernista – foi o que eclodiu em Nápoles a partir de 1647. Seu estopim, porém, foi diretamente influenciado pelas notícias que chegaram sobre o sucesso de um primeiro levante ocorrido em Palermo.

As crônicas dão conta de um período intenso de chuvas na Sicília entre setembro de 1645 e setembro de 1646, que destruiu a colheita de inverno e reduziu grandemente o volume da colheita de verão, causando a queda das exportações e a alta do preço do pão, ao que se uniu ainda uma erupção do Etna e uma série de inundações e vendavais que arrasaram as oliveiras e destruíram casas e pontes por toda a região. A população camponesa afluía em direção às cidades

24. Almela, Luis Sala. *Medina Sidonia. El poder de la aristocracia, 1580-1670*. Madri: Marcial Pons, 2008.

em busca de amparo, quando Filipe IV ordenou ao vice-rei o envio de grande quantidade de trigo para a Espanha na primavera seguinte, proibindo ainda que os magistrados locais vendessem o grão abaixo do preço de custo, algo que vinham fazendo para atenuar o efeito da inflação sobre os mais pobres.

Após alguma resistência dos magistrados de Palermo, quando chegaram instruções para que os padeiros diminuíssem em 15% o tamanho do pão, uma multidão se reuniu diante da casa consistorial com palavras de ordem contra o mau governo, atirando pedras nas janelas e incendiando as suas portas, e logo forçando a entrada da prisão principal, liberando mais de 1000 presos. No dia seguinte, uma nova multidão tomou o Tesouro, queimou seus arquivos fiscais e tocou fogo nas casas de muitos de seus funcionários.

O marquês de Los Vélez, então vice-rei da Sicília, que já havia aceitado devolver os pães da cidade a seu tamanho original, decretou o fim da gabela sobre cinco alimentos básicos, restaurou a subvenção à produção do pão e ainda depôs os magistrados que decretaram a diminuição do pão, perdoando não apenas os sublevados, mas também os prisioneiros que haviam sido libertados. Diante da facilidade com que Palermo tinha obtido aquelas concessões, em poucos dias quase a totalidade das cidades sicilianas se amotinou da mesma forma, passando algumas vezes pela invasão de presídios e pelo incêndio das casas dos mais ricos, mas sempre conseguindo a abolição da gabela pelos magistrados locais.

Um mês após a chegada da notícia das vitórias dos sicilianos, em 7 de julho de 1647, um novo tumulto se iniciou no mercado de Nápoles sob a liderança de um jovem pescador, Tommaso Aniello de Amalfi. A multidão conduzida por Masaniello, como era conhecido, chegou ao número de 60 mil pessoas apenas no primeiro dia de confrontos. O palácio do conde de Arcos foi assaltado e o Castel Nuovo, onde o vice-rei se refugiara, cercado com trincheiras. No dia seguinte, já acompanhados por de juristas e clérigos que haviam lutado nas décadas anteriores pela mudança da constituição da cidade[25], os revoltosos redigiram um conjunto de 22 *Capitoli* que aboliam os impostos sobre o consumo, mas também igualavam a carga fiscal entre capital e províncias, suprimiam mudanças recentes na hierarquia judicial e estabeleciam a eleição do *Eletto del popolo* por uma assembleia popular, entre

25. Villari, Rosario. *La revuelta antiespañola em Nápoles. Los Orígenes (1585-1647)*. Madri: Alianza, 1979.

outras concessões, identificadas como foros e privilégios estabelecidos por Fernando de Aragão e por seu neto Carlos V.

Sob pressão, o conde de Arcos aceitou enviar as capitulações para Madri e, em alguns dias, nomeou líderes do movimento como Giulio Genoino, no Tesouro, e Francesco Arpaja, como *Eletto del popolo*, exigindo, porém, em troca a eliminação de Masaniello. Ele foi assassinado por quatro conspiradores no dia 16 de julho, mesmo dia em que rumores sobre uma nova redução do tamanho dos pães trouxeram um novo estímulo à revolta. Alguns padeiros, acreditando nos rumores, de fato, diminuíram o produto, levando a multidão, no dia seguinte, a avançar sobre o Palácio, obrigando o vice-rei a fugir mais uma vez. Em seguida, o corpo de Masaniello, aclamado pela multidão como um mártir inocente, foi recuperado e conduzindo em funeral público, acompanhado por uma procissão de 30 mil homens armados e 10 mil mulheres pelas ruas da cidade.

As notícias dos eventos napolitanos, por sua vez, trouxeram um novo fôlego e novos propósitos à contestação na Sicília. Em meados de agosto, um novo levante estourou, preparado e liderado por Giuseppe Alesi, um artesão de 42 anos que havia acompanhado a revolução em Nápoles e trazido para Palermo uma cópia dos *Capitoli* concedidos pelo conde de Arcos. Como Masaniello, Alesi foi morto alguns dias depois de iniciada a revolta por um grupo de oposição estimulado pelo marquês de Los Vélez. Tal como Masaniello, passou a ser aclamado como mártir e herói do movimento, e ao vice-rei restou concordar com os 49 respectivos *Capitoli* para tentar restaurar a paz na capital.

Enquanto a guerra na Catalunha dificultava o envio rápido de barcos de guerra para sufocar as rebeliões, a situação em Nápoles evoluía, e sob o triunvirato de Francesco Arpaja, Vicenzo d'Andrea e Francesco Toraldo, um novo programa constitucional foi elaborado, agora com 58 capítulos, tratando com mais precisão da divisão do poder entre nobreza e povo e desterrando os que tiveram suas casas incendiadas e os eclesiásticos estrangeiros. O novo governo ainda depôs 28 juízes e nomeou 12 novos simpatizantes, e a tomada de poder se espalhava de forma similar pelas outras cidades do reino, enquanto nas zonas rurais os camponeses aproveitavam para se vingar da brutalidade de seus senhores.

Quando, em outubro, chegou à baía uma armada conduzida por D. Juan de Áustria, os napolitanos já haviam acumulado artilharia e treinamento e, liderados por Gennaro Annese, outro personagem de extração humilde, obrigaram o filho de Filipe IV a assinar uma trégua. Contudo, ele não aceitou ratificar os 58 *Capitoli* e, em 21 de outubro, um novo motim denunciou negociações paralelas e linchou Toraldo como colaboracionista. No dia seguinte, Annese publicou um manifesto proclamando a República em Nápoles e a si mesmo como seu *Generalissimo*, concluindo na sequência as negociações pelo apoio e pela proteção francesa.

As conversações se deram com o duque Henri de Guise, que estava em Roma quando começaram os tumultos e logo ofereceu sua ajuda, propondo aos novos dirigentes napolitanos que optassem por uma república no molde neerlandês, em que o nobre francês assumiria um papel de protetor militar, similar ao dos Orange nos Países Baixos. O governo republicano atuou desde então com vigor e, nesse caso, igualmente com farto recurso à imprensa, não apenas para a publicação de centenas de éditos nos 6 meses seguintes, como também muitos outros livros, manifestos e pasquins, incluindo-se histórias e notícias sobre outros movimentos de revolta contra a Espanha, em especial o neerlandês e o catalão.

No terreno político, começou a se discutir a organização dos Estados Gerais napolitanos nas doze províncias em que o reino estava dividido. Mas em dezembro, quando uma frota francesa chegou a Nápoles, afugentando os navios de D. Juan de Áustria, o duque de Guise aproveitou para se proclamar *Duce* de uma República Real de Nápoles, com uma nova constituição e mesmo uma nova moeda cunhada com sua imagem.

O desenrolar dos acontecimentos e a ambição do duque acabaram, porém, impulsionando e favorecendo a reação espanhola. Em primeiro lugar, porque obrigaram Filipe IV a autorizar a ratificação de uma paz com o reconhecimento absoluto da independência da Províncias Unidas, e inclusive de seus territórios conquistados no ultramar. No mesmo movimento, o monarca permitiu ainda a seus plenipotenciários no Congresso de Westfália que oferecessem aos franceses condições para a paz consideradas até então como vergonhosamente desfavoráveis. O governo do cardeal Mazarino, procurando ainda maiores concessões, rechaçou a proposta, mas os neerlandeses não o acompanharam, e o fim da Guerra dos Oitenta Anos liberou tropas e recursos para outros *fronts* da Espanha. Em segundo lugar, porque a guinada realista tentada por Guise facilitou as negociações das autoridades hispânicas com dirigentes republicanos mais antigos de Nápoles, depois que a frota enviada por Mazarino acabou não derrotando o inimigo espanhol e precisou se retirar.

Em finais de março de 1648, Vincenzo d'Andrea já tinha conseguido garantir a concessão da maioria dos 58 *Capitoli* elaborados sob seu triunvirato, além de compensações pelos danos advindos dos bombardeios sobre a cidade. No domingo de Ramos, Don Juan de Áustria, já nomeado vice-rei no lugar do odiado conde de Arcos, retomou com suas tropas o controle da capital do reino, sendo apenas executados os culpados de aberta colaboração com a França, como Annese[26].

A recuperação da Sicília veio a reboque. O cardeal Trivulzio, nomeado vice-rei interino após a morte repentina de Los Vélez no início de novembro, vinha habilmente desativando conspirações republicanas, explorando as divisões internas e, inclusive, diagnosticando a continuidade das condições climáticas extremas como sinais da desaprovação divina da insurreição siciliana, evitando, assim, uma maior radicalização do movimento. As notícias da queda da República de Nápoles em abril fortaleceram sua posição e, em meados de junho, as tropas de D. Juan de Áustria entraram em Palermo e restabeleceram a autoridade espanhola.

## Resolução e desfecho dos conflitos

A retomada do controle sobre Nápoles e Sicília que se seguiu, portanto, à conclusão da paz com as Províncias Unidas, colocaram a Espanha em uma situação mais confortável para os embates com a diplomacia francesa. Em meados de 1648, quando os primeiros tumultos e barricadas da Fronda parisiense mostraram que o governo da regente Ana de Áustria não estava diante de um problema de simples solução, Mazarino ainda tentou aceitar a anterior proposta de paz, mas foram os espanhóis que então a rechaçaram.

Com efeito, o desenrolar das tratativas de paz constituem uma peça fundamental para a engrenagem da Guerra dos Trinta Anos em seu último período. Desde 1636 as primeiras negociações foram ensaiadas, e a partir de então a cada campanha militar os oponentes mediam suas perdas e ganhos imaginando as desvantagens e vantagens que trariam para o campo da diplomacia. Os diálogos entre os seus representantes ocorriam principalmente em Hamburgo até 1640, quando se chegou a um acordo sobre a organização de um congresso multilateral em Westfália: em Münster se reuniriam os poten-

26. Parker, Geoffrey (coord.). *La crisis de la monarquía de Felipe IV. Op. cit.*; Hugon, Alain. *Naples insurgée, 1647-1648. De l'événement à la mémoire*. Rennes: Presses Universitaires de Rennes, 2011.

tados católicos e em Osnabrück ocorreriam as negociações entre os protestantes e o Sacro Império Romano-Germânico.

As definições iniciais sobre a organização, sobre os procedimentos e protocolos do congresso duraram alguns anos. Os pontos de fricção diplomáticos, culturais, psicológicos e materiais eram muitos e tornavam as negociações difíceis e penosas. Os estados beligerantes, de fato, não pareciam apressados; pelo contrário, o sentimento de que o conflito chegava ao seu fim os fazia intensificar os confrontos nos campos de batalha em busca de uma posição de superioridade.

O número de pessoas participantes no congresso se contava aos milhares, em delegações que representavam 194 estados soberanos, considerando-se os 130 que compunham o mosaico do Sacro Império Romano-Germânico, mais 16 outros estados em negociação, 38 cidades e potentados observadores. Cada artigo dos tratados era então o fruto de longos procedimentos e múltiplas argumentações. Em Osnabrück, as negociações eram feitas de maneira direta, oralmente, sem mediador, enquanto em Münster elas se faziam por escrito, por mediadores.

Entre as duas cidades, as tratativas se dividiam assim em dois eixos: por um lado, era necessário chegar a uma solução para o Império e garantir sua sobrevivência; pelo outro lado, tratava-se de reconstruir o tabuleiro europeu de modo a impedir um reagrupamento dos dois ramos dos Habsburgo. Em um segundo plano, mas não menos importante, era preciso considerar e ajustar os objetivos individuais dos países e autoridades envolvidos no congresso.

Fundamentalmente, a partir de 1646 é que os problemas mais importantes foram tratados. O acordo preliminar assinado entre a Suécia e o Império em fevereiro, e o assinado entre França e o Império em setembro, prenunciavam a exclusão da Espanha dos tratados de paz. Os representantes de Filipe IV, porém, costuraram uma paz separada com as Províncias Unidas em 1648, e depois disso a diplomacia imperial conseguiu conservar a aliança entre as duas casas da Áustria ao atender à exigência francesa de uma neutralidade do Sacro Império Romano-Germânico na continuidade do conflito franco-espanhol.

No entanto, o Império saía consideravelmente enfraquecido das negociações, passando, a partir de então, a se articular em torno de dois polos: no norte, o Eleitorado de Brandenburgo representava a faixa protestante e acumularia potência na formação do reino da Prússia; ao sul, Viena mantinha-se como o centro de gravitação do mundo católico germânico. Ao redor desses dois polos, os diversos potentados que compunham o Sacro Império

Romano-Germânico passaram a gozar de um grande nível de independência, sendo, aliás, a afirmação da soberania dos Estados alemães uma grande novidade saída de Westfália [27].

A estratégia de Mazarino, de forma geral, havia funcionado. Apesar de ter enfrentado os seus próprios movimentos de contestação e dissidência interna, que produziriam as guerras civis da Fronda entre 1648 e 1653, a França iria conseguir se manter prevalente na continuação da guerra contra a Espanha. A monarquia do jovem Luís XIV poderia então desfrutar de sua posição de vantagem na elaboração da Paz dos Pirineus, em 1659, e ainda mais depois dela.

A Espanha, que contribuiu o quanto pôde para insuflar os tumultos franceses, aproveitou-se daquele período de enfraquecimento francês para concentrar exércitos na retomada da Catalunha, que finalmente passou a reintegrar a Monarquia Hispânica em 1652. No tratado dos Pirineus, anos depois, seu domínio do Principado foi reconhecido pela França, em troca da cessão da região do Roussillon, onde as tropas francesas haviam conseguido manter posição.

Firmada a paz com os franceses, Filipe IV viu então a ocasião para, de forma similar, recuperar o controle sobre Portugal, abrindo assim a fase militarmente mais intensa do conflito contra os Bragança – dessa vez, porém, sem sucesso. Em 1663, as tropas comandadas por D. Juan de Áustria chegaram a Évora, mas acabaram rechaçadas, e em 1665 a derrota do exército espanhol em Montes Claros levou à conclusão do esforço militar hispânico na fronteira lusa. Manejando o apoio militar subterrâneo da França e a aliança diplomática e militar crescente da Inglaterra, o governo dos herdeiros de D. João IV conseguiu o reconhecimento de sua Independência pelos espanhóis, em 1668, e pela Santa Sé, em 1669[28].

Tanto Portugal quanto Catalunha, buscando apoio na delegação francesa, haviam tentado inserir seus plenipotenciários nas tratativas oficiais em Westfália, mas a diplomacia dos Habsburgo soube se contrapor às suas investidas, tanto mais quando a Monarquia Hispânica se viu com forças para manter viva a guerra contra a França. O sistema de equilíbrio de potências estabelecido a partir de Westfália, que a historiografia do campo das Relações

---

27. Blin, Arnauld. *La Paix de Westphalie ou la naissance de l'Europe politique moderne*. Paris: Éditions Complexe, 2006.

28. Camenietzki, Carlos Ziller. *O paraíso proibido. A censura ao paraíso brasileiro, a Igreja Portuguesa e a Restauração de Portugal entre Salvador, Lisboa e Roma*. Rio de Janeiro: Multifoco, 2014.

Internacionais compreende como um marco fundacional, de fato privilegiava os Estados mais fortes, mas os pequenos poderiam sempre se organizar buscando alianças entre si e com vizinhos mais poderosos[29].

O chamado sistema westfaliano consolidava a tendência observada na evolução política da própria Guerra dos Trinta Anos, eliminando progressivamente os vestígios da moral e da cosmovisão religiosa do campo diplomático e colocando o interesse dos Estados no centro dos mecanismos de embate e gestão de forças no mundo europeu.

## Bibliografia comentada

Bebiano, Rui. *A pena de marte: escrita da guerra em Portugal e na Europa (sécs. XVI-XVIII)*. Coimbra: Minerva, 2000.

> O autor aborda a escrita da guerra na Europa, com foco em Portugal, abrangendo a Guerra dos Trinta Anos e a Guerra da Restauração. Seu escopo é a maneira como a guerra foi percebida e registrada, oferecendo um enfoque interessante para a compreensão do processo que a engendrou. Possibilita, ainda, uma visão privilegiada da multiplicação de impressos produzida a partir de 1641 em Portugal.

Bély, Lucien (org.). *L'Europe des traités de Westphalie. Esprit de la diplomatie et diplomatie de l'esprit*. Paris: Presses Universitaires de France, 2000.

> Obra coletiva, oriunda de um colóquio celebrando os 450 anos dos tratados de Westfália, os seus estudos tomam os congressos de Münster e Osnabrück como marco central para a compreensão de uma Europa em transformação nas ideias sobre paz e sobre a guerra, no contexto político e cultural da formação de uma diplomacia moderna bem como na realidade das regiões e populações envolvidas.

Costa, Leonor Freire; Cunha, Mafalda Soares da. *D. João IV*. Lisboa: Círculo de Leitores, 2008.

> Parte de uma coleção de biografias de reis de Portugal, esse livro tem o mérito de não se prender apenas ao que D. João IV viveu pessoalmente, mas de procurar reconstituir as conjunturas que influenciaram sua vida e nas quais ele pôde intervir como monarca. Alguns contextos ficam de fora, mas as autoras constroem um amplo panorama sobre o processo político da Restauração.

29. Bély, Lucien (dir.). *L'Europe des traités de Westphalie. Esprit de la diplomatie et diplomatie de l'esprit*. Paris: Presses Universitaires de France, 2000.

Elliott, John H. *La rebelión de los catalanes. Un estudio sobre la decadencia de España (1598-1640)*. Madri: Siglo XXI, 2014.

> Estudo magistral dos anos 1960, atravessou as décadas imune a grandes revisões no que tange à análise da conjuntura e das tensões sociais e políticas que levaram à rebelião da Catalunha em 1640. Mais ainda, Elliott se serve da história catalã como um prisma para interpretar o funcionamento da "monarquia composta" de Espanha e oferecer uma visão interna de sua decadência no século XVII.

Hugon, Alain. *Naples insurgée, 1647-1648. De l'événement à la mémoire*. Rennes: Presses Universitaires de Rennes, 2011.

> Obra inovadora, em rico diálogo com a historiografia sobre a revolução napolitana, mas propondo novos elementos e reflexões, com atenção especial ao papel das instituições e da cultura urbanas e das conflitualidades envolvidas nos mecanismos de metamorfose da revolta em uma estrutura revolucionária, com suas contradições internas, e na reconstrução da ordem após sua repressão.

Israel, Jonathan Irvine. *La República holandesa y el mundo hispánico*. Madri: Nerea, 1997.

> Com o propósito declarado de combinar o estrutural e o *événementiel*, o autor reconstrói nesse livro, com sofisticação, a história da Guerra de Independência da Holanda a partir das pressões contraditórias a favor e contra a paz, associando circunstâncias econômicas e políticas muito específicas, ligadas à atuação de grupos de interesse, com problemas e impasses de longa duração.

Méchoulan, Henry. *Dinheiro e liberdade. Amsterdam no tempo de Spinoza*. Rio de Janeiro: Jorge Zahar, 1992.

> Tendo como ponto de referência Amsterdã e o pensamento do filósofo judeu-português, cuja pátria era essa cidade, Henry Méchoulan realiza um percurso pela economia, política, cultura e sociedade nas Províncias Unidas, oferecendo um quadro do capitalismo comercial da época, algo relevante para localizar os conflitos bélicos que tiveram lugar na Europa entre os séculos XVI e XVII.

Mello, Evaldo Cabral de. *O negócio do Brasil: Portugal, os Países Baixos e o Nordeste, 1641-1669*. Rio de Janeiro: Topbooks, 1998.

> O livro contribui para ampliar a perspectiva dos conflitos bélicos na Europa no período final da Guerra dos Trinta Anos ao situar em seu quadro geral o Brasil e, em particular, o Nordeste brasileiro. Excelente a combinação, em sua análise, do contexto militar em curso, dos interesses políticos e comerciais em desenvolvimento e da atuação decisiva dos personagens ligados à diplomacia.

Parker, Geoffrey (org.). *La crisis de la monarquía de Felipe IV*. Barcelona: Crítica, 2006.

Essa obra traz uma grande contribuição para novas discussões sobre a crise do século XVII, elevada por Parker a um patamar global e climático, e sobre os conflitos que se desenvolveram no interior da Monarquia Hispânica sob Filipe IV. Além da visão geral proposta por Parker para o período que vai de 1624 a 1668, a obra reúne ainda estudos particulares e bibliográficos de grande valor.

Parker, Geoffrey. *La Guerra de los Treinta Años*. Barcelona: Crítica, 1988.

Obra de síntese de Geoffrey Parker e colaboradores a respeito da Guerra dos Trinta Anos, em que realizam uma interpretação abrangente e crítica das fases ou etapas da guerra, como convencionado pela historiografia, apresentando com clareza os diferentes terrenos de seu desenvolvimento, e concluindo com uma leitura sobre a memória e os discursos sobre o conflito após seu desfecho.

# 19
# Monarquia bourbônica e revoltas da Fronda

*Daniel Pimenta Oliveira de Carvalho*
*Silvia Patuzzi*

A Casa de Bourbon ocupou o trono da França a partir do reinado de Henrique IV, iniciado em 1589, até a deposição de Luís XVI pelas forças revolucionárias em 1792. A expressão "monarquia bourbônica", entretanto, é frequentemente utilizada para designar, em particular, o governo de Luís XIII, de 1617 a 1643, do ministério do cardeal duque de Richelieu, Armand-Jean du Plessis, e o reinado de Luís XIV, de 1661 a 1715, tradicionalmente considerado apogeu do Absolutismo europeu do século XVII [↗Sistemas políticos e estruturas de poder]. Já por "revoltas da Fronda" indica-se um conjunto de rebeliões e confrontos ocorridos entre 1648 e 1653, ou seja, durante a regência de Ana de Áustria e a menoridade de Luís XIV.

Esse período de revoltas que desaguaram em uma guerra civil foi marcado por uma oposição em relação à crescente pressão fiscal, à eliminação dos privilégios do Parlamento de Paris e ao fortalecimento da autoridade régia tal como havia sido implementada nos reinados de Henrique IV e de seu filho. Todavia, compreender o poder exercido pelos Bourbon na França do século XVII e os movimentos de contestação à monarquia naquele contexto significa, antes de mais nada, revisitar um dos temas clássicos da historiografia moderna: as dimensões do conflito político no século XVII, bem como, oportunamente, ressignificar o debate acerca das revoltas e revoluções.

## "É uma revolta?" "Não, sua majestade, é uma revolução!"

Palácio de Versalhes, 15 de julho de 1789. No dia posterior à tomada da Bastilha, o duque de Liancourt, empenhado em sustentar a monarquia nos Estados Gerais de 1789 (para os quais havia acabado de ser eleito), advertia Luís XVI sobre a ebulição revolucionária em Paris. À indagação do rei, "É uma revolta?", teria respondido: "Não, sua majestade, é uma revolução!". Essa anedota apócrifa, mesmo sendo pouco crível, popularizou-se rapidamente. O fato de seus interlocutores qualificarem de antemão o conflito em curso como "revolucionário" espelhava, provavelmente, a perspectiva historiográfica oitocentista que erigiria aqueles acontecimentos como o fulcro do fenômeno revolucionário paradigmático – a Revolução Francesa –, considerado capaz de instaurar uma nova época, de refundar o presente e orientar o futuro.

Possivelmente nunca proferido, esse diálogo não era, porém, inverossímil. Desde antes da eclosão da Revolução Francesa e da consequente instauração de um regime narrativo revolucionário, a palavra "revolução" já circulava e fazia parte da linguagem astronômica e política, indicando uma mudança de governo, em analogia com o movimento dos astros ou com a anaciclose de Políbio (teoria sobre a alternância entre os principais sistemas de governo – monarquia, aristocracia e democracia). Entretanto, parece anacrônica a contraposição feita entre revolta e revolução e a utilização de uma ideia de revolução, concebida no âmbito da Filosofia Política e pela historiografia dos séculos XIX e XX. Ao longo desses séculos, graças à afirmação de uma concepção evolutiva da história, as revoluções passaram a ser vistas como fenômenos relacionados à afirmação da Modernidade, por meio de um processo realizado em etapas sucessivas e integrado à crença em um progresso crescente[1].

Esse enquadramento seria predominante no debate sobre as revoltas e revoluções que ocorreu ao longo dos duzentos anos após a Tomada da Bastilha, conduzido prevalentemente pela historiografia liberal, a marxista e pelos teóricos da modernização. Essas escolas interpretativas transformaram a revolução em uma categoria meta-histórica, projetada sobre o passado, com o intuito de avaliar as grandes transformações históricas. Os eventos políticos que

1. Koselleck, Reinhart. Critérios históricos do conceito moderno de Revolução. *In*: *Id*. *Futuro passado. Contribuições à semântica dos tempos históricos*. Rio de Janeiro: Editora da PUC-Rio/ Contratempo, 2006, p. 61-77.

convulsionaram a Inglaterra entre 1640 e 1688 foram qualificados de revolucionários em função de seu êxito [↗Ilhas Britânicas e revoluções do século XVII], mas apenas as Revoluções Americana e Francesa teriam comportado os três elementos fundantes da moderna ideia de revolução: uma ruptura violenta da ordem institucionalizada, um movimento de massa e um programa ideológico capaz de apontar a reconstrução da ordem social [↗Revoluções atlânticas: Estados Unidos e França].

A Modernidade dessas revoluções, aliás, residiria especialmente nesse terceiro aspecto, uma vez que a dimensão violenta do conflito político já estava contida nas noções de *stasis* (crise) e de *seditio* (ruptura interna, guerra civil). Já as revoluções modernas, diferentemente das demais revoltas e conjuras, se caracterizariam pela relação estreita entre a organização do movimento (elite de notáveis, partido revolucionário) e a ideologia que as sustentavam, na forma de uma religião secularizada que prometia a realização da "liberdade, igualdade e fraternidade" no tempo histórico[2].

Essa operação historiográfica de caráter teleológico foi tão bem-sucedida que, até o último quarto do século XX, os movimentos revoltosos e revolucionários anteriores à Revolução Francesa ainda eram considerados "antecedentes" de 1789, e os posteriores, "antecipações" da Revolução Russa, de 1917. Foi somente a partir da década de 1980 que a crítica revisionista passou a se contrapor à concepção de que as revoluções eram fenômenos capazes de produzir saltos qualitativos no acontecer histórico e de projetar um povo ou um Estado em um percurso pré-determinado de modernização[3].

Essa nova percepção desmistificada da revolução, associada à crise concomitante da experiência comunista soviética e ao esvaziamento do socialismo como linguagem política da descolonização, contribuiu para o enfraquecimento da concepção tradicional de revolução, enquanto, paralelamente, popularizava-se um uso mais universal e lato do termo, associado a grandes transformações em campos diversos. Assim, a ideia de revolução extravasou o campo historiográfico e foi apropriada para indicar diversos tipos de

2. Berman Harold. *Direito e Revolução: a formação da tradição jurídica ocidental*. São Leopoldo: Editora Unisinos, 2006; Griewank, Karl. *Il concetto di rivoluzione nell'età moderna. Origini e sviluppo*. Florença: La Nuova Italia, 1979.

3. Furet, François. *Pensando a Revolução Francesa*. Rio de Janeiro: Paz e Terra, 1989; Benigno, Francesco. Revisionismos en confrontación. *In*: Benigno, Francesco. *Espejos de la revolución. Conflicto e identidad política en la Europa moderna*. Barcelona: Crítica, 2000, p. 17-46.

mudança cultural, econômica (eco-revolução) e tecnológica (revolução digital), passando a ser utilizada no discurso público para referir-se a políticas capazes de promover uma transformação coletiva (revolução nos transportes, revolução na educação)[4].

Essa mudança de rumos impactou diretamente na reflexão produzida pelos historiadores da Época Moderna acerca dos movimentos revoltosos e revolucionários anteriores à Revolução Francesa. Primeiramente, dois processos complementares levaram à ressignificação dos conceitos de revolta e de revolução. Por um lado, diante da crise da narrativa, evolutiva e periodizante, de que as revoluções eram etapas fundamentais para a construção das sociedades e dos Estados Modernos, deixou de ser efetiva a associação entre revolução e Modernidade. Por outro lado, ruiu a crença compartilhada de um futuro necessariamente melhor do que o passado, o que retirou a força da ideia de que a revolução poderia indicar uma transformação da ordem social e política capaz de oferecer uma projetualidade alternativa para o presente a partir de expectativas progressivas sobre o futuro[5].

Diante disso, no decorrer dos últimos 40 anos, o debate historiográfico sobre as revoluções expandiu sua dimensão discursiva[6] e passou a repensar as múltiplas formas do conflito político da Época Moderna fora dos grandes esquemas interpretativos utilizados até então. As revoluções, assim, foram aos poucos sendo reaproximadas daqueles movimentos que antes haviam sido considerados tentativas revolucionárias malfadadas ou ensaios pré-revolucionários, isto é, as revoltas, as sublevações e as conjuras.

## Dimensões do conflito político na Europa do século XVII

A Fronda e as demais revoltas que tiveram lugar na Europa ao longo do século XVII têm sido objeto de investigação histórica acadêmica desde a primeira metade do século XX, mas foi no fim da Segunda Guerra Mundial, quando a experiência da resistência e da guerra civil eram ainda fortemente sentidas na Europa, que o interesse pelas revoltas do Seiscentos aumentou.

---

4. Goodwin, Jeff. Revolutions and revolutionary movements. *In*: Janoski, Thomas; Alford, Robert; Hicks, Alexander; Schwartz, Mildred A. (orgs). *The Handbook of Political Sociology*. Cambridge: Cambridge University Press, 2005, p. 404-422.

5. Prodi, Paolo. *Il tramonto della rivoluzione*. Bolonha: Il Mulino, 2015.

6. Benigno, Francesco. *Rivoluzioni tra storia e storiografia*. Milano: Officina libraria, 2021.

Peça-chave desse debate foi a obra de Boris Porshnev sobre as sublevações populares na França da primeira metade do século XVII, publicada em 1948[7].

Ao ocupar-se dos levantes franceses que antecederam a Fronda, Porshnev pretendia reconstituir o desenvolvimento de um processo que teria conduzido a 1789. Para ele, as revoltas da Fronda não tinham sido uma tentativa nobiliárquica de frear o desenvolvimento da monarquia absoluta, mas uma versão francesa da revolução burguesa que concomitantemente estava em curso na Inglaterra, o ápice de um estado latente de guerra civil, entre dois ciclos de revoltas populares que eclodiram na França, em 1623-1648 e 1653-1676.

A abordagem de Porshnev fazia emergir a força e a amplitude da violência política dos protestos e das revoltas populares, opondo-se a uma perspectiva historiográfica "burguesa", para quem as revoltas do período seriam apenas tumultos improvisados, sintomáticos de uma crise do Estado e da esfera pública. O historiador soviético, ademais, oferecia uma interpretação generalizante de bases marxistas: a transição do feudalismo para o capitalismo [↗ Capitalismo] teria sido marcada por alinhamentos de classes, com ênfase na emergência de um mundo camponês em luta contra o sistema feudal. A burguesia, adversária da nobreza, mas temerosa da radicalização popular, acabaria se aliando à Coroa, perdendo, assim, a possibilidade de protagonizar uma revolução que seria adiada para 1789 [↗Sistemas políticos e estruturas de poder].

A tradução da obra de Porshnev para o alemão, em 1954, e para o francês, em 1963, alimentou o debate sobre a Fronda e as causas do fenômeno revolucionário europeu ao longo dos anos 1960 e 1970. De imediato, uma primeira resposta à sua tese foi articulada pelo historiador francês Roland Mousnier, o qual refutou o caráter revolucionário daqueles levantes e repudiou o esquema interpretativo da luta de classes, por ele considerado inadequado para analisar uma sociedade fortemente estruturada em ordens e estamentos como a francesa do Antigo Regime[8].

Em função desse debate, nas duas décadas subsequentes floresceram novas pesquisas sobre as revoltas francesas do século XVII, em que o binômio explicativo carestia-revolta foi substituído por uma causalidade mais

---

7. Porshnev, Boris. *Los Levantamientos Populares en Francia en el siglo XVII*. Madri: España Editores, 1978.

8. Mousnier, Roland. *Furores campesinos: Los campesinos en las revueltas del siglo XVII (Francia, Rusia, China)*. Madri: España Editores, 1967.

complexa[9]. Foi o caso do estudo sobre os levantes camponeses na região do Languedoc feito por Emmanuel Le Roy Ladurie[10] e a investigação a respeito de quase 500 revoltas populares ocorridas na região da Aquitânia em um intervalo de 125 anos (de 1590 a 1715) conduzida por Yves-Marie Bercé[11]. Para Bercé, o nexo causal fome-revolta popular não explicava os diversos tipos de contestações, mas, sobretudo, impedia a identificação de outras variáveis causais, como o peso da Guerra dos Trinta Anos [↗ Guerra dos Trinta Anos e revoltas nos domínios dos Habsburgos], por exemplo, materializado no enorme esforço fiscal empreendido no tempo de Richelieu. Na ampla documentação arquivista consultada por Bercé, encontravam-se detalhadas as diversas queixas contra o fiscalismo monárquico, dos tributos para manutenção dos quartéis às requisições forçadas de alimentos e equipamentos, mas também, e sobretudo, a insatisfação dos habitantes locais com a obrigação de hospedagem das tropas, gerada pela violência e a pilhagem cometidas pelos soldados.

Ao longo desses anos, o debate sobre as revoltas também prosseguiu na academia soviética, graças ao estudo dos levantes seiscentistas de Alexandra Lublinskaia[12], que, circulando nos principais periódicos do mundo anglo-saxão[13], alimentava as novas linhas de pesquisa abertas por Normand Cohen e Eric Hobsbawm a respeito do "banditismo social", isto é, uma forma de resistência protagonizada por bandoleiros armados oriundos das camadas rurais mais pobres contra as autoridades locais, muitas vezes animados por correntes milenaristas[14].

As pesquisas de Bercé, Cohen e ainda a reconstituição de uma cultura do protesto popular na Inglaterra do século XVIII realizada por Edward P.

---

9. Mandrou, Robert. Vingt ans après, ou une direction de recherches fécondes: Les révoltes populaires en France au XVIIe siècle. *Revue Historique*, v. 242, n. 1, 1969, p. 29-40.

10. Ladurie, Emmanuel Le Roy. *Os camponeses do Languedoc*. Lisboa: Estampa, 1997.

11. Bercé, Yves-Marie. *Histoire des Croquants. Etude des soulevements populaires au XVIIe siècle dans le Sud-Ouest de la France*. Genebra: Droz, 1974.

12. Lublinskaia, Alexandra. *La crisis del siglo XVII y la sociedad del absolutismo*. Barcelona: Crítica, 1983.

13. Salmon, John Hearsey Macmillan. Venality of office and popular sedition in seventeenth-century France: a review of a controversy. *Past & Present*, n. 37, 1967, p. 21-43; Bernard, Leon. French society and popular uprisings under Louis XIV. *French Historical Studies*, v. 3, n. 4, 1964, p. 454-474.

14. Cohen, Normand. *Les Fanatiques de l'Apocalypse. Pseudo-messies, prophètes et illuminés du Moyen Age*. Paris: Julliard, 1962; Hobsbawm, Eric John. *Rebeldes primitivos: Estudos sobre formas arcaicas de movimentos sociais nos séculos XIX e XX*. Rio de Janeiro: Zahar Editores, 1970.

Thompson produziram um deslocamento do campo teórico da análise. A comunidade da aldeia, as permanências da cultura camponesa, a recorrência estrutural de levantes e outras formas de conflito e resistência popular passaram a ser inseridas em modelos de longa duração, que permitiam conduzir pesquisas com os instrumentos da antropologia e da sociologia.

Consequentemente, as explicações esquemáticas, carestia-rebelião ou fiscalismo-resistência, passaram a ser recusadas em favor da análise de práticas e valores radicados na consciência coletiva, capazes de gerar um sentimento naturalizado de pertencimento e a defesa de costumes e tradições. É o que sustentava Bercé em seu estudo sobre os *croquants*: camponeses do sudoeste da França que, organizados em assembleias paroquiais, buscaram formas de resistir aos agentes do fisco, defendendo a distribuição dos dízimos arrecadados para o suprimento das necessidades da própria comunidade[15]. Já Thompson, ao estudar os tumultos ingleses do século XVIII, para evitar a associação direta fome-revolta, forjou o conceito de "economia moral", entendida como um conjunto de normas não escritas que regulavam a venda e a distribuição dos recursos alimentares, além de definir o papel dos indivíduos na produção do bem-estar coletivo[16]. As revoltas seriam, assim, interpretadas como uma resposta indignada à transgressão de regras tácitas de uma economia moral sedimentada na consciência da comunidade.

Em chave mais política, uma corrente de estudos mais próxima da História Intelectual relacionou a emergência de revoltas ao longo do século XVII ao direito de resistência contra modos de exercer o poder considerados tirânicos. Nesses casos, a oposição à autoridade encontraria legitimidade nos episódios em que a autoridade pública não respeitasse os pactos estabelecidos com a comunidade ou colocasse em ato práticas tidas como injustas e prejudiciais em relação a direitos, privilégios e tradições consuetudinárias locais.

Nesse âmbito, de particular relevância são os estudos de Angela de Benedictis, que identificam como o léxico jurídico utilizado para se referir às revoltas (rebelião, sedição, congregação armada, tumulto, incitação popular, rixa, facção) é manejado com o objetivo de circunscrever o crime de lesa majestade como categoria do direito penal capaz de abarcar as diversas

---

15. Bercé, Yves-Marie. *Histoire des Croquants. Op. cit.*

16. Thompson, Edward Palmer. *Costumes em comum: estudos sobre a cultura popular tradicional.* São Paulo: Companhia das Letras, 1998.

formas do dissenso político na Europa, a partir da segunda metade do século XVI[17]. Estudando os processos contra os atos de rebelião, sugere o conceito de "resistência lícita" como chave para a compreensão desses movimentos, pois trata-se de uma ideia capaz de traduzir a pretensão dos que se levantam de representar os seus atos como justos, uma vez que movidos contra uma autoridade julgada injusta e opressiva.

Sob tal prisma, a distinção entre revoltas e revoluções perde relevância[18], mesmo que essas palavras possam ainda ser utilizadas para referir e caracterizar individualmente alguns eventos. Diante disso, para essa nova historiografia, a própria categoria de revolta passou a ser percebida como inadequada para descrever de forma abrangente os movimentos de contestação política que caracterizavam a sociedade do Seiscentos, sendo mais fecundo adotar, para isso, o binômio conflito político-resistência.

## Uma anatomia da Fronda

Em meados do século XVII, a Europa era atravessada por uma grave crise. As monarquias dinástico-territoriais enfrentavam uma série de conflitos, de grau e amplitude diversa, que dificultavam os processos de centralização e obrigavam a uma redefinição contínuas das relações entre as instâncias autônomas do reino e os instrumentos de exercício da soberania. Essas tensões se desenvolveram em um contexto marcado pelos impactos da Guerra dos Trinta Anos e dos outros conflitos que assolavam a Europa [↗Guerra dos Trinta Anos e revoltas nos domínios Habsburgos]: uma crescente pressão fiscal exercida pelos Estados, a necessidade de reorganizar as bases da economia e a recorrência de rebeliões e protestos urbanos e rurais, durante os quais a população utilizou todos os meios de que dispunha, das batalhas legais e judiciárias, às súplicas, do embate violento e das barricadas à guerra de papéis [↗O mundo dos impressos].

---

17. Benedictis, Angela de. *Tumulti. Moltitudini ribelli in età moderna*. Bolonha: Il Mulino, 2013; Laudani, Raffaele. *Disobedience in Western Political Thought: A Genealogy*. Nova York: Cambridge University Press, 2013.

18. Haffemayer, Stéphane (org.). *Révoltes et Révolutions à l'écran-Europe moderne (XVI^e^-XVIII^e^ siècle)*. Rennes: Presses Universitaires de Rennes, 2015; Hugon, Alain; Merle, Alexandra (orgs.). *Soulèvements, révoltes et révolutions dans la monarchie espagnole au temps des Habsbourg*. Madri: Casa de Velázquez, 2017; Bercé, Yves-Marie. Réflexions sur le contraste des mots révolte et revolution. *In*: *Id*. *Révoltes et Révolutions en Amérique et en Europe (1773-1802)*. Paris: Pups, 2005, p. 11-24.

Por muito tempo esses conflitos foram interpretados como revoltas em oposição às revoluções, ou seja, como rebeliões geradas pela fome e pela pobreza, episódios de fúria popular sem programas políticos nem ambição transformadora. Todavia, como já foi apontado, a historiografia mais recente tem se empenhado em reconstituir a complexidade específica desses conflitos, seus programas de ação e seus projetos políticos, sobretudo nos momentos em que eles eclodiram de forma mais aguda: as décadas centrais do século XVII.

Os conflitos de meados do Seiscentos não irromperam em um vácuo; eles foram preparados por uma série de tensões que abarcavam o campo e as cidades europeias nesse período. Na primeira metade do século XVII, as comunidades aldeãs que dependiam da agricultura de subsistência [↗ Agricultura e sociedade rural] foram as primeiras a sofrer com a queda na produtividade alternada a períodos de carestias, tornando difícil atender às necessidades quotidianas. A entrada da França na Guerra dos Trinta Anos acarretou um aumento inesperado de impostos, sobretudo da talha, o principal tributo régio que então pesava quase exclusivamente sobre a população rural, uma vez que as cidades, em geral, obtinham isenções específicas.

Além disso, o Estado aumentou os impostos indiretos sobre os bens de primeira necessidade, afetando ainda mais os setores populares. Nesse cenário, o campo francês foi atravessado por uma série de levantes. Em 1637, no sudoeste da França, os *croquants* atacavam os cobradores de impostos, acusando-os de fraudar a comunidade aldeã e o próprio rei. Em 1639, os *nu-pieds* (descalços) da Normandia se levantavam contra a eliminação de um tradicional privilégio fiscal do qual gozavam. Em 1670, os camponeses do Vivarais, sudeste da França, rebelavam-se contra a possibilidade de aplicação de um novo tributo sobre suas terras. Em 1675, na Bretanha, a revolta dos *bonnets rouges* (barretes vermelhos) tinha como alvo os cobradores de impostos, assim como havia ocorrido duas gerações antes com os *croquants*. Para todos esses rebeldes, o recurso à violência era um meio político legítimo para reivindicar uma ordem mais justa e defender os próprios direitos.

Em meados do século, a Fronda (1648-1653) também foi marcada pela atuação política popular e pelo recurso à violência como meio para garantir liberdades e direitos tradicionais. O seu desenvolvimento, porém, teve lugar a partir do ambiente urbano da capital do reino, de modo intimamente conectado às suas instituições e tradições socioculturais, jurídicas e cortesãs e associado a um leque mais específico de causas e motivações e a um jogo de forças mais complexo.

Até mesmo a cronologia dos eventos da Fronda não é simples de se reconstruir ou descrever com precisão. Eles são habitualmente divididos em dois períodos: a "Fronda parlamentar", iniciada em sua forma mais explícita pelas barricadas de agosto de 1648, em Paris, e concluída com a paz de Saint-Germain, firmada em abril de 1649; e a "Fronda dos príncipes", desencadeada pela prisão dos príncipes de Condé, Conti e do duque de Longueville em janeiro de 1650, ainda que a própria relação entre essas duas séries de eventos tenha permanecido por muito tempo difusa e inexplicada.

A partir de uma visão de conjunto, no entanto, a engrenagem do conflito parece ter obedecido a uma lógica transversal: a de resposta política a ações coordenadas pelo poder ministerial, ou seja, pelo cardeal Giulio Mazarino – sucessor de Richelieu, ministro principal a partir da regência de Ana de Áustria – e seus partidários. Desde 1645, foi a superintendência de finanças sob Mazarino que insistiu na participação direta dos burgueses parisienses no esforço fiscal exigido pela guerra; em janeiro de 1649, foi a decisão de que a Corte deixasse a capital que transformou a crise política em guerra civil; e finalmente, a detenção dos três príncipes deu início de forma previsível a uma reação em cadeia no interior da dinâmica clientelar nobiliárquica, o que tornou a situação incontrolável.

Essa constatação, bem como a de que no fim das contas o Estado soube tirar proveito da própria crise e se fortalecer com o fracasso da Fronda, solidificou a tese de que esses levantes devem ser considerados movimentos de resistência contra a emergência de um novo sistema de governo, associado à escalada dos conflitos externos na primeira metade do século XVII e identificável com a ascensão do poder ministerial[19].

Ao relacionar as revoltas com o sistema do ministro-favorito e com a crise da instituição monárquica, a visão historiográfica sobre o processo político francês tende a se afinar com o que estava sendo pesquisado a respeito da transformação dos processos decisórios e das práticas políticas no primeiro quarto do século XVII em outros espaços europeus, como a Espanha, a Inglaterra, a Suécia, e mesmo nos domínios territoriais da Santa Sé.

19. Descimon, Robert; Jouhaud, Christian. La Fronde en mouvement. Le développement de la crise politique entre 1648 et 1652. *XVII^e siècle*, v. 145, n. 4, 1984, p. 305-322.

Com efeito, a ascensão em diferentes monarquias das figuras de grandes ministros, com amplos poderes de decisão e uma administração direta do patronato régio, estava associada à afirmação do caráter absoluto da soberania monárquica, à maior valorização e centralização da corte e à formação de facções políticas capazes de sustentar a monarquia ou de exercer uma dissidência no seu interior, obrigando o soberano a definir novas relações com as elites nobiliárquicas.

John H. Elliott, por exemplo, comparou a governança exercida por Richelieu com a do Conde-duque de Olivares, ministro-favorito do rei da Espanha, Filipe IV, demonstrando que esses personagens encarnavam essa nova prática de poder, dos "validos" ou "favoritos", que, enraizados no centro do poder, detinham o poder decisório nas cortes do Seiscentos[20]. Eram eles que decidiam sobre a guerra e a paz, controlavam as finanças, a distribuição da graça régia e, como delegados do poder soberano, sobrepunham-se aos conselhos de Estado e demais instâncias administrativas, decidindo sobre impostos, concessão de títulos, condecorações e cargos, tréguas e campanhas militares, nomeação de oficiais e imposição da obediência[21].

Na França bourbônica, adotou-se o termo *ministériat* para indicar essa forma de poder, em que o ministério do cardeal de Richelieu (1624-1642) ocupou a posição central. Em uma atuação que ia para além da distribuição de cargos, benefícios e favores e da atenção aos jogos cortesãos, o primeiro-ministro de Luís XIII teve sucesso em atacar os centros provinciais do poder da grande nobreza do reino, bem como as praças-fortes dos huguenotes, tendo a conquista de La Rochelle (1628) impulsionado o seu senhorio sobre a navegação e o comércio transatlântico.

As guerras contra os Habsburgo, por sua vez, pavimentaram o caminho para a hegemonia política e militar da França na Europa ao mesmo tempo que produziram a necessidade de investimentos crescentes, o que levou à introdução de inovações nas formas de governo do reino, de seus territórios e de suas finanças.

---

20. Elliott, John H. *Richelieu y Olivares*. Barcelona: Crítica, 2017.

21. Berenger, Jean. Por une enquete europeenne: le probleme du ministeriat au XVII^e^ siécle. *Annales*, n. 29, 1974, p. 166-192; Elliott, John H.; Brockliss, Laurence. *El mundo de los validos*. Madri: Taurus, 2002; Oliveira, Ricardo. Entre reis e rainhas: valimentos, favoritismos e disputas políticas na Europa do século XVII. *Dimensões*, v. 26, 2011, p. 216-238.

Destaque-se, nesse contexto, por um lado, a imposição de novas regras e limites aos parlamentos, a simplificação dos procedimentos legais e a defesa do direito do soberano de atuar e decidir com autoridade absoluta em diversas matérias, um poder que se estendia naturalmente a seus principais ministros. Por outro lado, o desequilíbrio entre a arrecadação fiscal e as exigências financeiras do Estado levou à abertura de canais extraordinários de subsídio e à consequente estruturação de uma rede de homens de negócios no interior e ao redor da corte, atuando em prol da manutenção do poder monárquico. No mundo provincial, esse sistema estimulou a generalização e o incremento do poder dos intendentes (agentes da Coroa com amplo controle sobre a gestão das comunidades) atuando na repartição dos impostos e investidos de poderes jurídicos e policiais para a repressão das desordens e revoltas que se multiplicaram entre 1630 e 1648.

À morte de Richelieu, no fim de 1642, se seguiu a do próprio rei da França, pelo que o seu odiado sucessor, o cardeal Mazarino, teve seu governo marcado e desafiado por um período de regência. Em maio de 1643, dois dias após a morte de Luís XIII, o Parlamento de Paris chegou a cassar o seu testamento, de modo a garantir a plena autoridade da rainha Ana de Áustria durante a minoridade do futuro Luís XIV, no intuito aparente de colaborar com Mazarino e com o Conselho Régio e superar as tensões vividas com o ministério de Richelieu.

Os membros do Parlamento subestimaram, porém, a voracidade das finanças monárquicas em tempos de guerra. Durante alguns anos, enquanto o ministério parecia o considerar como um órgão do poder do Estado, o principal parlamento do reino travaria uma luta surda contra a política fiscal da regência, até que a sucessão de novos tributos que incidiam sobre os negócios, sobre o consumo, sobre a renda e sobre o patrimônio dos parisienses intoxicou o ambiente político na capital. Cabe destacar que, diferentemente da Inglaterra, na França o parlamento era uma instituição judiciária cujos membros desempenhavam o papel de órgão superior de justiça, tendo a competência de registrar os éditos régios, entre outras.

Os primeiros motins datam ainda de janeiro de 1648, em que os confrontos entre a guarda do rei e a milícia burguesa faziam lembrar as barricadas da última fase das Guerras de Religião que tanto haviam marcado a história da França no século XVI [↗ Reformas religiosas]. Naquele momento, porém, o

Parlamento ainda agia em consonância com Mazarino. Ao longo desse ano, contudo, a chamada Fronda parlamentar se formaria pela concomitância entre os protestos dos burgueses parisienses e o descontentamento dos oficiais régios, que viam suas prerrogativas sendo negligenciadas pelo poder monárquico em favor da ação dos intendentes e outros comissários, assim como um incremento considerável da fiscalidade sobre seus rendimentos. Dominado pelas facções e pelas disputas de ideias, o Parlamento não poderia mais se manter em posição de mediação.

Para além dos interesses particulares ou corporativos, uma polarização política se formava, marcando a história do século XVII francês ao menos entre os ministérios de Richelieu e de Colbert. De um lado, uma posição reformista, em que se defendia a paz com a Espanha como caminho para a paz na Cristandade e um programa de reestabelecimento de uma política monárquica tradicional, dita ordinária: exercício direto do poder pelo rei, sem a figura do primeiro-ministro, mas com a administração das finanças pelos oficiais e a preeminência do mundo jurídico sobre o financeiro, de modo que os parlamentos do reino pudessem exercer a função de conselho diante do rei. No polo oposto, uniam-se os partidários da política do extraordinário, que mais do que teorizada, repousava sobre um conjunto de práticas interdependentes: o poder do *ministériat*, o governo da guerra, os mecanismos de apropriação da cobrança de impostos pelos homens de finanças e a administração exercida por comissários.

A ascensão dessas práticas foi finalmente confrontada por uma declaração (*Arrêt d'Union*), em 27 artigos, elaborada pelo Parlamento em união com as outras quatro cortes de justiça soberanas de Paris, que propunha um programa audacioso de reformas, incluindo a eliminação dos cargos de intendentes em grande parte das províncias francesas, redução de carga fiscal e a garantia de um conjunto de liberdades públicas, além de uma série de medidas hostis em relação à atuação dos financistas. Fragilizados pela crise financeira da Coroa, Ana de Áustria e Mazarino acabaram chancelando os pontos essenciais da declaração, em finais de julho de 1648, mas em agosto, durante as celebrações da vitória das tropas do príncipe de Condé contra os espanhóis em Lens, o governo viu a oportunidade de retomar a iniciativa e mandou prender o conselheiro Pierre Broussel, um dos principais líderes parlamentares. No dia seguinte, a capital ficaria coberta de barricadas.

Os tumultos ganharam corpo graças à mobilização da milícia burguesa pelo Hôtel de Ville (paço administrativo da municipalidade), para lidar com as manifestações que se seguiram à prisão de Broussel, em 26 de agosto. Eram tropas encarregadas em cada bairro da manutenção da ordem pública, mas a que a população recorria também como proteção contra agressões exteriores ou contra ameaças à autonomia urbana.

No processo de formação das muitas centenas de barricadas que ocuparam Paris, especialmente após a ida do Chanceler Pierre Séguier para interditar o Parlamento, a milícia citadina derrubou algumas, mas construiu e controlou muitas outras. Com a cidade tomada, os parlamentares se dirigiram à regente para pedir a liberação de Broussel, o que se concretizou ainda na noite do 27 de agosto, conhecido desde então como a "jornada das barricadas". O dia seguinte ainda foi povoado de tensões, com o roubo de charretes de pólvora e a construção de novas barricadas, mas entre 29 e 30 de agosto as coisas se acalmaram e uma reconciliação simbólica com a rainha foi encenada pelos chefes da milícia e das principais corporações urbanas no Palácio Real.

A extensão alcançada pelas barricadas de Paris demonstra como o poder ministerial não havia sido capaz de destruir a sua cultura comunitária e as suas tradições citadinas. A própria organização da milícia se fundava sobre relações sociais intensas e locais, transcendendo oposições sociais em favor da defesa de privilégios compartilhados por oficiais, mercadores e mestres de ofícios. Sua vitória significou a restauração do equilíbrio de forças estabelecido pelo *Arrêt d'Union*, o que se ratificou em 24 de outubro, após alguns incidentes menores, por uma nova declaração régia similar à de finais de julho.

Nesse meio-tempo, desde as barricadas de agosto, algumas tensões políticas haviam se revelado no interior da burguesia de Paris e também nas relações entre o Parlamento e as demais cortes soberanas, mas o objetivo da Fronda parecia ter sido alcançado, com a prevalência do modo ordinário de governo sobre os meios extraordinários que vinham sendo implementados pela monarquia. Era de se esperar a construção de um acordo entre o Conselho e o Parlamento, ainda mais depois da assinatura dos tratados de Westfália, naquele mesmo outubro, selando a paz entre a França e o Sacro Império Romano-Germânico e prognosticando para breve o fim da guerra contra Espanha [↗ Guerra dos Trinta Anos e revoltas nos domínios Habsburgos].

Entretanto, a atmosfera política permanecia densa e o enfraquecimento da figura de Mazarino agitava as ambições cortesãs ao seu redor. Era preciso recuperar o terreno perdido para o Parlamento e a estratégia assumida foi drástica: a família real e uma parte da corte foram retiradas de Paris para Saint-Germain na noite entre 5 e 6 de janeiro de 1649, logo sendo tomadas as medidas militares, sob ordens do príncipe de Condé, para levantar um cerco contra a capital. Nos dias seguintes, enquanto os parisienses montavam um exército para se defender, uma série de membros da alta nobreza francesa, como duques e até mesmo o príncipe de Conti, levantaram suas armas e mobilizaram seus partidários em defesa do Parlamento, tornando-se líderes de suas tropas. Ao optarem pela ruptura com Paris e pelo enfrentamento militar, e, assim, pela guerra civil, Mazarino e seus ministros despertaram uma dinâmica latente de batalha entre facções nobiliárquicas.

Após as conferências de Rueil (março de 1649), que levaram à assinatura da paz entre a rainha e Paris, os protagonistas já não eram mais o Parlamento, o Conselho ou o Hôtel de Ville, mas sim Mazarino, Condé e os duques de Orléans, Longueville, Bouillon, entre outros que viriam a participar dos novos episódios da Fronda dali em diante. A oposição entre defensores do ordinário e do extraordinário se diluiu no contexto mais volátil da disputa entre partidos e clientelas, ao sabor das alianças e rupturas entre nobres de maior ou menor titulação.

Não se tratava de uma revolta de nobres contra o Estado: o estatuto de príncipes de sangue, parentes próximos do rei, garantia a alguns deles um lugar natural no coração da monarquia. Mesmo na divisão historiográfica mais tradicional entre "mazarinos" (partido da corte), "frondosos" (velha Fronda) e "condéanos" (nova Fronda) não se deve considerar que Mazarino sintetizava o Estado.

E é justamente o caráter faccional dos confrontos, a partir da primavera de 1649, que torna a trama de eventos ainda mais difícil de ser exposta de forma coerente. O conflito havia movimentado também as províncias, cujos parlamentos se solidarizaram com maior ou menor firmeza com o de Paris. O governador da Provença, conde de Alais, próximo de Condé, havia conseguido, por exemplo, derrotar os frondosos locais. Porém, na província da Guiana, o duque de Épernon, governador mazarinista, não conseguiu subjugar o parlamento e a cidade de Bordeaux.

Na capital do reino, o príncipe de Condé, como consequência de sua vitória militar sobre a cidade, pretendia obter um peso cada vez maior nas decisões do Conselho. Foi nesse contexto que, com o apoio de última hora do partido do arcebispo de Paris, Paul de Gondi, rival do cardeal na altura das barricadas, Mazarino decretou a prisão de Condé, do seu irmão Conti e de seu cunhado duque de Longueville, já no começo de 1650. Novas revoltas provinciais se desencadearam na Normandia, na Borgonha e na Guiana, que serviu de refúgio para os partidários dos príncipes, inclusive para a princesa de Condé e seu filho, finalmente anistiados na ocasião da entrada solene de Ana de Áustria e Luís XIV em Bordeaux (5 de outubro), como parte dos acordos pela rendição da cidade.

As querelas de 1648 pareciam distantes, mas foi recorrendo à declaração régia de 24 de outubro que o Parlamento de Paris pediu, nos últimos dias de 1650, a libertação ou o julgamento dos príncipes prisioneiros. Da parte da oposição nobiliárquica, o foco estava na denúncia de Mazarino como responsável pelo fracasso das negociações de paz com a Espanha e pelo desenvolvimento da guerra civil, ainda que agora se manifestasse de forma esporádica e localizada.

Nesse momento, o duque de Orléans, que atuava em favor da reunião de uma assembleia de nobres (como a que possuía o clero francês), aliou-se aos adversários do cardeal. Em fevereiro de 1651, porém, após a ida de Mazarino a Havre para pessoalmente relaxar os príncipes, o retorno triunfante de Condé a Paris acabou tendo por resultado a dispersão da assembleia, que representava principalmente uma nobreza mediana, e o projeto em curso de uma reunião dos Estados Gerais foi abafado. A ideia de uma "união das Frondas" logo se mostrou um engodo, diante das ambições imperiosas do príncipe.

Enquanto Mazarino estava exilado em Colônia, o partido de Gondi, em luta contra Condé, se reaproximou uma vez mais da Corte, o que garantiria ao arcebispo o seu próprio chapéu de cardeal. No segundo semestre de 1651, Condé enfrentou duas acusações de lesa-majestade e reacendeu a revolta e a guerra na Guiana. Luís XIV, cuja maioridade havia sido declarada em setembro, convoca Mazarino de volta à corte, provocando a ira do Parlamento de Paris, o que, no entanto, não foi suficiente para que este se alinhasse à causa dos príncipes.

Em abril de 1652, após a vitória contra as tropas reais em Bléneau, as forças de Condé tomaram a capital, mas mesmo tendo conseguido insuflar uma sedição popular contra Gondi, o príncipe fracassou em concretizar um projeto de "união" que absorveria o Parlamento e o Hôtel de Ville em seu partido. Em 2 de julho, o exército dos príncipes acabou derrotado pelas forças reais comandadas pelo marechal de Turenne. Dois dias depois, um grupo de burgueses aliciados para a causa dos príncipes e de soldados de Condé perpetraram o célebre "massacre do Hôtel de Ville", na ocasião de uma assembleia geral da cidade.

Daí em diante, a maior parte dos grupos dominantes em Paris passou a pedir pelo retorno do rei à capital, mesmo que não desejassem com isso uma reconciliação com Mazarino ou o abandono das reformas de 1648. Em todo caso, a ditadura de Condé havia fracassado e ele abandonou a cidade em 13 de outubro de 1652, para que Luís XIV e sua corte a reocupassem uma semana depois. No dia 22, o rei proclamou a anistia, mas também a proibição ao Parlamento de interferir nos assuntos de Estado, esvaziando de sua substância sem, no entanto, abolir a declaração de outubro de 1648.

Antes do fim do mês, Mazarino foi chamado de volta a Paris e, em dezembro, Paul de Gondi, já cardeal de Retz, foi preso. A revolta condéana na Guiana, no entanto, somente seria derrotada pelas tropas reais no verão de 1653, após um ano de controle sobre Bordeaux. Derrotado e condenado à morte, Condé estava nessa época refugiado nos Países Baixos espanhóis e lideraria o exército de Filipe IV contra Luís XIV até a conclusão do Tratado de Pirineus, em 1659.

A narrativa do jogo tortuoso das rupturas e alianças, das disputas de poder e das reviravoltas políticas e militares durante o período da Fronda, mesmo simplificada, demonstra que entre os chefes de partidos havia um acordo tácito sobre os campos e as regras de sua contenda, além de uma profunda identidade entre suas concepções políticas. Segundo Descimon e Jouhaud, a sutileza dos cálculos políticos e a radicalidade dos discursos proferidos e publicados só se explicam graças à existência de um fundo comum de representações compartilhado entre os indivíduos de diferentes níveis sociais que atuaram no conflito[22].

Esse acordo tácito entre os poderosos e um consenso quase geral em relação ao direito soberano dos monarcas garantiam um terreno comum para a ação política, que era então pensada e julgada em termos de sua eficácia. Na

22. Descimon, Robert; Jouhaud, Christian. La Fronde en mouvement. *Op. cit.*, p. 305-322.

sociedade francesa do Antigo Regime, a liberdade do sujeito político era vista como variável em função de sua condição, de seu nascimento, mas também de seu engajamento na ação: era preciso agir, produzir o acontecimento político ou apenas ser afetado por ele.

Para a eficácia da ação, poderiam servir tanto o segredo quanto a ostentação. Na preparação das manobras políticas, o papel das aparências, da crença, da ilusão e da repercussão tinha uma importância central. O melhor testemunho disso está na explosão de panfletos impressos observada durante a Fronda, nas mais de 5 mil "mazarinadas" publicadas durante os quatro anos de conflito. O contexto particularmente turbulento da Fronda e a dissolução dos sistemas de controle e censura nos ajuda a perceber esses libelos como armas utilizadas no combate entre os diferentes grupos, facções, seus líderes e partidários. O seu objetivo mais simples, e bastante recorrente, era a liquidação da reputação e do prestígio simbólico de um adversário.

O cardeal Mazarino era o alvo privilegiado da maioria desses panfletos, mas a historiografia francesa inclui sob tal denominação todos os impressos ligeiros produzidos no contexto e dirigidos aos debates e embates da Fronda. Hubert Carrier, que examinou e inventariou todo esse material, considerava que, por terem sido elaboradas no calor dos acontecimentos, as mazarinadas constituíram um importante veículo de dissenso político[23]. Christian Jouhaud, por sua vez, enfatiza que as mazarinadas tinham uma função essencialmente comunicativa, materializando táticas políticas em uma guerra de propaganda e alimentando uma "literatura de ação"[24].

Nesse sentido, abundavam os discursos indiretos, as autorias falsas, as sátiras, os diálogos entre textos e as campanhas de publicação, em que os seus promotores muitas vezes se mantinham à sombra e buscavam semear a discórdia no campo rival. Mesmo quando se verifica a defesa de ideias ou de projetos políticos, esses impressos revelam com mais evidência as escolhas táticas dos partidos em liça, no contexto de sua ação, do que uma defesa abstrata do pensamento político de seus autores ou, ainda menos, um reflexo da opinião dos seus prováveis leitores.

Voltadas para provocar, direcionar ou instrumentalizar a reação de adversários, instituições e grupos sociais envolvidos no conflito, as mazarinadas

---

23. Carrier, Hubert. *La presse de la Fronde (1648-1653) - Les mazarinades*. Genebra: Librairie Droz, 1989.

24. Jouhaud, Christian. *Mazarinades - la Fronde des mots*. Rennes: Aubier, 1985.

se tornaram uma parte fundamental em um processo de englobamento hierárquico que, de certa forma, atravessou a evolução da Fronda, em que a voz dos primeiros revoltados acabou sendo absorvida pela dos seguintes.

A burguesia tradicional parisiense, mercantil e rentista, deu o tom dos primeiros tumultos e reivindicações, mas se viu silenciada quando o Parlamento assumiu a liderança da oposição ao governo. Este, por sua vez, foi pouco a pouco suprimido como movimento autônomo a partir da entrada dos grandes nobres na Fronda. Como um reflexo político da estrutura social vigente, essa delegação involuntária do poder contestatório era garantida pelo consenso a respeito da soberania monárquica, o que, finalmente, permitiu à absorção da Fronda pelo poder real.

Chegada à sua maioridade, a voz do rei passou a qualificar a Fronda como sublevação, como revolta, e a recuperação régia vinha arrematar a lógica da crise, fundindo dinâmicas institucionais e clientelares. Anos depois, ao suprimir o *ministériat* e ao limitar por um tempo a arrecadação fiscal, Luís XIV amenizou finalmente a pertinência da distinção entre governo ordinário e extraordinário, sem que, por isso, se possa afirmar que ele realizou o programa da Fronda, no sentido da distribuição e da manutenção dos poderes e jurisdições tradicionais do reino.

## Restaurar e consolidar a monarquia: o reinado de Luís XIV

Em março de 1653 a municipalidade de Paris contratou o escultor Gilles Guérin para esculpir uma estátua em mármore branco do jovem monarca Luís XIV em pé, derrotando a Fronda (Fig. 19.1). O programa iconográfico foi detalhado no contrato da encomenda: o rei, que tinha quinze anos na época, deveria ser representado em tamanho natural, jovem e vigoroso, trajado como os antigos Césares, com a coroa de louros, a couraça e um manto adornado com as flores-de-lis, uma referência visual explícita à estátua de Henrique IV, realizada por Nicolas Cordier para a Basílica de São João do Latrão (1606-1609), e à de Luís XIII, para o pavilhão de entrada do Castelo de Richelieu[25].

25. Bresc-Bautier, Geneviève. Louis XIV écrasant la Fronde, une composition de Gilles Guérin (1653) récemment acquise par le Louvre. *Bulletin de la Société Nationale des Antiquaires de France*, 2006, p. 68-73; Hubac, Jean. Louis XIV et la Fronde. *In*: Histoire par l'image (histoire-image.org/etudes/louis-xiv-fronde).

Figura 19.1 – Estátua em mármore de Gilles Guérin intitulada “Luís XIV derrotando a Fronda” (1654). Hoje, a obra integra a coleção do Museu Condé, localizado no Castelo Chantilly.

O monarca vitorioso foi representado no ato de esmagar um soldado que personifica a rebelião. A justiça de sua vitória e, portanto, a iniquidade da causa dos revoltosos, é apontada visualmente pela mão da justiça empunhada na direita, enquanto a esquerda repousa sobre uma espada embainhada: a guerra civil acabou, mas o soberano se mantém vigilante. A expressão serena do monarca e a posição de submissão da alegoria do rebelde comunicam visualmente que a rebelião havia sido completamente sufocada.

A estátua em mármore foi inaugurada em 23 de junho de 1654, no pátio do Hôtel de Ville, que acabara de ser restaurado após as batalhas da Fronda. Simbolicamente, aquela estátua representava uma dupla restauração, da cidade de Paris e seus principais edifícios, como o Hôtel de Ville, e da legitimidade da monarquia por direito divino, mediante a cerimônia de coroação e sagração que acabara de ser realizada na catedral de Reims (07 de junho de 1654).

Para a burguesia citadina que encomendou a estátua, ela servia para projetar uma imagem de lealdade ao novo rei após 5 anos de guerra civil; para o rei recém-coroado, ela se inseria no programa de propaganda monárquica, fazendo farto uso do simbolismo régio: a legitimidade da continuidade dinástica (flor-de-lis), a justiça da soberania régia (cetro "mão da justiça") e a vitória sobre a dissidência (espada e louros).

Mesmo tendo sido elevado ao trono da França em 1654, o chamado "reinado pessoal" de Luís XIV principiou apenas em 10 de março de 1661, quando, no dia seguinte à morte do cardeal Mazarino, ele declarou que iria governar diretamente, sem delegar o próprio poder a um ministro favorito. Essa escolha marcou o fim de um modo de exercer a soberania – intermediada por um ministro dotado de plenos poderes – e deu início ao período durante o qual foi forjado um novo sistema de governo e de equilíbrio de poderes. A derrota da Fronda redirecionou as relações de força em favor da Coroa e de um exercício pessoal e centralizado do poder do monarca na medida em que este conseguia redimensionar as outras forças em campo: a Igreja, a nobreza e as autonomias locais.

A dificuldade em delimitar as esferas de competências do poder temporal e espiritual da Igreja e da autoridade do Estado gerou uma dinâmica contínua de conflitos durante a Época Moderna. A centelha do conflito entre o rei francês e o pontífice Inocêncio XI foi o embate sobre a *régale*, o direito régio, sancionado pela Concordata de Bolonha (1516), que permitia ao soberano recolher as entradas das sedes episcopais que temporariamente não tinham um bispo titular ou escolher a quem atribuir os benefícios eclesiásticos correspondentes até a posse do bispo sucessor, além da nomeação episcopal para as sedes vacantes.

Em 1673, Luís XIV estendeu esse direito sobre todas as dioceses ao sul do Rio Loire, extrapolando o combinado em 1516 e gerando uma pronta resposta negativa do papado, que contestou a legitimidade dessa decisão. A definição dos atributos da autoridade regia em relação à pontifícia no terreno eclesiástico e espiritual da Igreja galicana estava em jogo. Essa crise chegou ao ápice em 1682, com uma declaração do clero galicano elaborada pelo Bispo Jacques Bossuet nos seguintes termos: o papa não tinha autoridade sobre o poder temporal do rei, o qual não está sujeito à Igreja em matéria de questões civis; o Concílio ecumênico tem autoridade sobre o Papa, cujo juízo não é infalível; os costumes e cânones da Igreja francesa devem ser respeitados pelo Papado. Com essa fundamentação do galicanismo, Luís XIV não apenas legitimou a extensão da nomeação dos bispos em todo o reino, mas contestava o primado romano e transformava o clero francês, sobretudo, em representantes da monarquia[26].

Entretanto, não era suficiente limitar a interferência de uma autoridade supraterritorial como a da Santa Sé; era também necessário enfraquecer grupos e instituições religiosas que atuavam com grande autonomia no interior do reino, como os huguenotes no campo reformado e os jansenistas no católico.

Os huguenotes franceses eram uma minoria compacta, ativa e com fortes relações internacionais com a Inglaterra e as Províncias Unidas, o que deixava as autoridades régias em permanente estado de alerta. Com o Édito de Fontainebleau (1685), a tolerância religiosa concedida aos calvinistas pelo Édito de Nantes (1598) foi revogada e imposta uma uniformidade confessional que resultou no êxodo de mais de duzentos mil huguenotes para a Inglaterra, para as Províncias Unidas, para a Confederação Helvética e para os principados germânicos [↗ O Iluminismo].

A corrente reformista agostiniana, denominada Jansenismo, que enfatizava o rigor moral e dialogava com doutrinas da predestinação, também parecia uma ameaça às pretensões de controle das instituições eclesiásticas por

26. Fragnito, Gigliola; Tallon, Alain (orgs.). *Hétérodoxies croisées. Catholicismes pluriels entre France et Italie, XVI*^e^*-XVII*^e^ *siècles*. Roma: Publications de l'École Française de Rome, 2015.

parte da Coroa francesa. O centro de propagação dos jansenistas era a abadia de Port-Royal, que congregava intelectuais de primeira grandeza (como o poeta Jean Racine e o filósofo moral Blaise Pascal), alguns simpatizantes da Fronda e pares da França que frequentavam a corte, como o Duque de Luynes e Roger du Plessis, Duque de Liancourt. Sua pretensão de autonomia e a ameaça de fraturas teológicas internas ao catolicismo, exemplificadas pelo embate entre jansenistas e jesuítas quanto à relação entre a liberdade da vontade humana e a onipotência divina, levaram Luís XIV a perseguir violentamente os jansenistas, chegando a ordenar a destruição da abadia de Port-Royal em 1711.

A força da nobreza também precisava ser redimensionada, sobretudo o poder dos "grandes", os príncipes de sangue, duques e pares que eram donos de riqueza, prestígio, influência regional e que possuíam capacidade suficiente para se armar contra a autoridade central, como ocorrera anos antes durante a Fronda. Diferentemente do alto clero, a nobreza de sangue não estava subordinada a um poder externo à monarquia francesa. Ela, como o rei, extraía sua força de tradições, das alianças matrimoniais, das hierarquias e das honrarias herdadas secularmente, controlando senhorios territoriais consideráveis e os tradicionais mecanismos de clientela e associação derivados do feudalismo.

Para conter e disciplinar a força da nobreza, Luís XIV concentrou o poder de forjar nobres, mediante a designação de cargos e funções públicas (nobreza de toga), e de autenticá-los, por meio de processos sistemáticos de certificação dos títulos de nobreza, para identificar eventuais "usurpadores" que se furtavam ao pagamento de tributos e serviços. O intuito era curializar e disciplinar a nobreza, tornando-a militar e politicamente incapaz de ameaçar a soberania real, sem atacar, porém, seu *status* e riqueza.

Para minar as bases territoriais do seu poder e desvinculá-la de suas redes de apoio, ela foi excluída dos principais cargos administrativos e judiciais nas províncias, sendo induzida a abandonar seus domínios e atraída para os salões da nova sede da corte: Versalhes. O Palácio de Versalhes, residência da Corte Real e sede do Governo da França a partir de 1682, permitiu abrigar permanentemente um grande número de cortesãos, além de comportar a afluência diária de três a dez mil pessoas.

Nesse novo centro do poder, a alta nobreza precisou aprender a ser diligente e seguir a etiqueta para disputar os favores do monarca. A etiqueta estruturava socialmente a hierarquia: regras meticulosas marcavam a precedência, estabelecendo como, onde e quando os membros da corte poderiam ser abordados, além de gestos, vestimentas e palavras que eram codificados e adaptados de acordo com as circunstâncias. Em Versalhes moldou-se uma nova hierarquia, não mais baseada na titulação, mas na proximidade em relação ao soberano, do qual dependia a obtenção de pensões, donativos, cargos e benefícios.

Uma maior centralidade política da corte dependia também da capacidade de reduzir as múltiplas autonomias jurisdicionais e privilégios territoriais de cidades, corporações de ofício, cortes judiciais e parlamentos. Em 1673, o direito de remonstrância das cortes judiciais do Parlamento de Paris e dos demais órgãos superiores da magistratura foi limitado, obrigando-as a registrar os decretos reais sem poder manifestar previamente seu consentimento ou oposição.

Tratava-se de uma disputa importante, pois esse registro tornava as leis do rei exequíveis. As assembleias provinciais que ainda eram atuantes – como as da Bretanha, da Borgonha e do Languedoc – reuniam-se apenas para votar e aprovar as demandas do rei. Também foram limitadas as autonomias e privilégios de algumas cidades. Em suma, as competências e funções das principais estruturas de representação foram reduzidas significativamente, seja deixando de serem convocadas, seja transferindo suas atribuições para agentes da nova estrutura administrativa do Estado.

Após a derrota da Fronda e a morte de Mazarino, a monarquia assumiu a tarefa de ser o centro e o símbolo da unidade política, religiosa e territorial do Estado. A célebre sentença "o Estado sou eu", atribuída a Luís XIV e utilizada para exemplificar o Absolutismo monárquico, deveria ser substituída por "a vontade do soberano é materializada e exercida mediante o seu Conselho de ministros". Esse conselho era composto por homens de confiança cujo poder repousava no fato de terem sido escolhidos pelo soberano e não serem limitados por nenhum órgão de controle ou representativo.

Formado por três a cinco membros que se reuniam com regularidade, o Conselho Real objetivava implementar a política régia e obter os meios financeiros necessários para sua realização. Dele, costumavam participar os ministros de Estado responsáveis pelas finanças, pela justiça e pela guerra, os quais, para que não pudessem competir com a autoridade do monarca, não eram escolhidos na alta nobreza. Colbert, controlador geral das finanças, era filho de ricos mercadores e, portanto, de origem burguesa, assim como o marquês de Louvois, secretário de Estado para a guerra, que descendia de uma mais recente nobreza de serviço.

Abaixo desse vértice, havia um conjunto de indivíduos selecionados por não terem poderes próprios e serem capazes de exercer as funções para as quais eram designados como "funcionários" do rei. Seus cargos não eram hereditários, dependendo exclusivamente de nomeação régia, como no caso dos governadores de província, cujo posto passou a ser trienal, e dos chefes das municipalidades. Para os demais súditos, o poder do soberano materializava-se quando recorriam à justiça ou pagavam os impostos e, em ambos os casos, lidavam com os representantes diretos do poder régio e da administração do Estado nas províncias: os intendentes. A partir de 1680, os intendentes eram enviados para uma sede fixa, uma das "generalidades" em que estava dividido o território da França, onde exerciam as funções de administrar a justiça, manter a ordem pública e recolher os tributos.

Essa complexa máquina administrativa servia para presentificar a soberania real sobre todo o reino e todos os súditos, em um cenário ainda de insegurança, após as recentes revoltas contra o fiscalismo e a guerra civil da Fronda. Não se tratava, porém, de um aparelho burocrático racionalizado. A centralização administrativa continuava associada à possibilidade de nobilitar segmentos da sociedade e transmitir cargos hereditários, plasmando uma lealdade de tipo pessoal e conferindo prestígio a determinadas redes locais de poder em detrimento de outras. A sobrevivência de múltiplas instituições produtoras de normas continuará produzindo uma tensão com as forças centralizadoras.

Em meio à formação dessa nova maquinaria de governo, as primeiras décadas do reinado pessoal de Luís XIV foram marcadas também pela figura de Jean-Baptiste Colbert, membro do Conselho de Finanças, em 1661, à frente da Controladoria Geral das Finanças a partir de 1665, além de secretário de Estado da Casa do Rei, em 1668, e titular da recém-criada Secretaria de Estado da Marinha, em 1669. Sem dúvida, foi o mais estreito colaborador no governo do rei-Sol, atuando nessas e em outras funções até a sua morte, em 1683.

Sua influência revela o novo perfil político valorizado pela monarquia: oriundo de setores sociais ligados ao comércio e às finanças, Colbert se valeu de seu grande domínio em matéria de economia para gerir as obras públicas, a administração geral do reino e se ocupar da indústria e do comércio franceses[27]. Os princípios e medidas priorizados em sua atuação, voltada para o enriquecimento do país, seriam conhecidos mais tarde como colbertismo, uma variável ou um quase sinônimo de mercantilismo.

---

27. Dessert, Daniel. *Le royaume de Monsieur Colbert, 1661-1683*. Paris: Perrin, 2007.

Tratava-se, na verdade, de fazer afluir para a França as riquezas que circulavam na Europa pelo incentivo ao comércio internacional sob uma rigorosa política alfandegária que deveria estimular as exportações e desestimular as importações. Para tanto, contribuiriam também a criação das manufaturas reais, a promoção de companhias de comércio e navegação, assim como um conjunto de reformas com que Colbert procurava fortalecer a organização econômica e social do reino, simplificar e racionalizar suas instituições, reduzir a dívida pública e modificar a distribuição do peso fiscal.

Nem todos os projetos colbertistas puderam ser realizados e nem todos os esforços empreendidos tiveram sucesso, mas sem dúvida impulsionaram a economia do país, especialmente nos setores manufatureiro e comercial, e proporcionaram ainda um importante desenvolvimento da marinha mercante francesa, que em alguns anos tornou-se capaz de competir vitoriosamente com as rivais inglesa e holandesa. Com efeito, a política de Colbert não era um fim em si mesmo: o desenvolvimento econômico devia servir ao incremento da potência e à glória da França e de seu rei. Tal potência e tal glória deviam ser alcançadas no âmbito da política internacional, do confronto com outros Estados e do triunfo sobre eles nos campos de batalha.

No terreno diplomático, Luís XIV iniciou o seu reinado pessoal em uma posição vantajosa, pois os tratados de Westfália (1648) e a Paz dos Pirineus com a Espanha (1659) lhe permitiam exercer uma ampla influência nos territórios germânicos e avançar reivindicações sobre as possessões e sobre o trono da Monarquia Hispânica. No plano militar, seu governo pôde realizar investimentos massivos para a constituição e modernização do exército mais forte da Europa, para a reforma dos seus sistemas de abastecimento e aquartelamento e, ainda, para a construção de um novo conjunto de fortificações nas áreas de fronteira.

Entre a Guerra de Devolução (1667) e a de Sucessão Espanhola (1701-1714), passando pela Guerra Franco-Holandesa (1672-1678) e pela Guerra dos Nove Anos (1688-1697), a França se tornou o Estado mais rico e poderoso do continente, mas sem obter a hegemonia que ambicionava. As pretensões e a estratégia de Luís XIV puseram à prova em diferentes momentos o sistema de equilíbrio entre as potências inaugurado em Westfália [↗Guerra dos Trinta Anos e revoltas nos domínios Habsburgos], mas o jogo de alianças e de pressões diplomáticas impunha, a cada passo, limites e contrapesos às suas vitórias. Tome-se como exemplo final os tratados de Utrecht (1613-1615), que selaram a vitória da sucessão de seu neto, Felipe de Anjou, ao trono espanhol, mas fragmentaram o Império Espanhol, refundando em novas bases o equilíbrio de forças europeu nos últimos anos de vida do monarca francês.

Na evolução histórica da monarquia bourbônica, Luís XIV, graças ao sucesso em superar as divisões internas que conheceu de forma tão intensa durante a Fronda, ou ao menos em reduzi-las ao silêncio por algum tempo, foi o soberano que conseguiu de fato se projetar dentro e fora do reino como uma encarnação da majestade do poder absoluto dos reis. Essa realeza encarnada, contudo, paradoxalmente pode ter lançado as bases que possibilitariam mais tarde a sua dessacralização, e a sua contestação mais radical durante o reinado de seus sucessores, marcados por novas revoltas e pela Revolução que poria fim ao Antigo Regime monárquico na França.

## Bibliografia comentada

Benigno, Francesco. *Espejos de la revolución. Conflicto e política em la Europa moderna*. Barcelona: Crítica, 2000 [1999].

> Marco importante da historiografia sobre as revoluções dos séculos XVII-XVIII, seu autor recusa-se a ver nas insurreições do Seiscentos apenas pálidas antecipações ou ensaios do paradigma revolucionário francês de 1789 e historiciza as imagens geradas pelas batalhas narrativas produzidas pelos protagonistas da Fronda, da revolta de Nápoles e das guerras civis inglesas.

Bercé, Yves-Marie. *Révoltes et révolutions dans l'Europe moderne*. Paris: CNRS Éditions, 2013 [1980].

> Estudioso das sublevações camponesas e populares na França entre os séculos XVI e XIX, com especial atenção às mentalidades e traços culturais envolvidos em sua eclosão, Bercé produziu um trabalho de síntese comparativa do fenômeno na Europa pré-industrial. Não se trata de aprofundar a distinção entre revoltas e revoluções, mas de analisá-las em seu substrato comum.

Cosandey, Fanny; Descimon, Robert. *L'Absolutisme en France: histoire et historiographie*. Paris: Seuil, 2002.

> Os autores realizam uma investigação sobre o conceito de absolutismo na França. Suas reflexões partem do trabalho teórico realizado no interior da monarquia e, em seguida, das práticas políticas que deram forma à monarquia absoluta, para então propor uma releitura dos principais eixos de discussão em torno dos quais a noção de absolutismo foi defendida e questionada.

Elias, Norbert. *A Sociedade de corte: investigação sobre a sociologia da realeza e da aristocracia de corte*. Rio de Janeiro: Zahar, 2001 [1969].

> Obra que marcou a renovação dos estudos de história cultural no século XX, abordando a corte da monarquia francesa, particularmente sob Luís XIV. Elias reconstrói minuciosamente a vida quotidiana em Versalhes (ritos, etiqueta, cerimônias) e indica sua funcionalidade no interior de um complexo sistema de interdependências entre o rei e os cortesãos.

Elliott, John H.; Brockliss, Laurence (orgs.). *El Mundo de los Validos*. Madri: Taurus, 2002 [1999].

> Obra coletiva que reconstitui o contexto institucional da emergência do modelo político do ministro-favorito, apresenta estudos de casos de práticas governativas de diversos favoritos na Europa do Seiscentos e analisa a representação do valido e de sua cultura política, além de indagar a respeito das causas gerais e contextuais relativas ao ocaso desse sistema.

Goubert, Pierre. *Louis XIV et vingt millions de Français*. Paris: Fayard, 1991 [1965].

> Ensaio que constitui um ponto de virada nos debates sobre a construção política operada no reinado de Luís XIV, suas origens e seu impacto na formação social e institucional francesa. Evidenciou a complexidade do diálogo entre a sociedade e seu soberano, apresentando, inclusive, novas perspectivas para a compreensão da política exterior de Luís XIV.

Jouanna, Arlette. *Le Prince absolu. Apogé et déclin de l'imaginaire monarchique*. Paris: Gallimard, 2014.

> Esse livro faz par com *Le pouvoir absolu* sobre a doutrina absolutista na França do século XVI. Essa sequência analisa a sacralização da figura do monarca após as guerras de religião como estratégia publicística que teve seu auge sob Richelieu, chegando ao papel desempenhado pelo sucesso de Luís XIV em silenciar divisões políticas e encarnar a majestade do poder absoluto.

Jouhaud, Christian. *Mazarinades – la Fronde des mots*. Rennes: Aubier, 1985.

> Obra indispensável e inspiradora sobre a produção das mazarinadas. A partir não de uma visão cronológica, mas agrupando conjuntos de impressos em torno de temáticas comuns, diálogos e formas literárias e editoriais, Jouhaud insiste sobre o uso tático das mazarinadas e a necessidade de contextualizá-las como meio de ação, como parte dos embates e combates da Fronda.

Nubola, Cecilia; Würgler, Andreas (orgs.). *Operare la resistenza. Suppliche, gravamina e rivolte in Europa (secoli XV-XIX)*. Bolonha: Il Mulino; Berlim: Dunker e Humblot, 2006.

> Obra coletiva sobre o binômio conceitual conflito e resistência. Conta com contribuições sobre a relação entre as revoltas do século XVII e a sistematização inicial de um direito de resistência, sobre as formas de comunicação do dissenso político em vários contextos europeus e sobre a crítica ao despotismo como estratégia de legitimação da Fronda.

Richet, Denis. *La Francia moderna. El espíritu de las instituciones*. Madri: Akal, 1997 [1973].

> O autor propôs fazer uma história da dinâmica e dos conflitos políticos que instituíram o absolutismo dos Bourbon na longa duração, não por uma descrição das instituições que regulavam as relações de força do Estado monárquico, e sim pela análise de sua lógica de funcionamento. Defende a tese de que absolutismo e constitucionalismo não são incompatíveis.

# 20
# Ilhas Britânicas e revoluções do século XVII

*Luís Filipe Silvério Lima*
*Verônica Calsoni Lima*

## Século das revoluções?

"Século das revoluções". Foi assim que, em 1961, Christopher Hill intitulou o período da história inglesa entre 1603 e 1714[1], traduzindo quase três séculos de historiografia sobre as duas revoluções: a de 1640, também conhecida por Revolução Inglesa ou Revolução Puritana, que instaurou uma república de curta duração; e a de 1688, a Revolução Gloriosa, que deu bases para a monarquia parlamentar que existe até hoje no Reino Unido.

Essa interpretação revolucionária do século XVII inglês foi hegemônica na historiografia até os anos 1970, assumindo várias acepções conforme a posição política dos autores. Se já no fim do século XVII se entendia a Revolução Gloriosa como um momento de ruptura política, a noção de que ali se inaugurava uma nova era foi lentamente construída ao longo dos séculos XVIII e XIX, quando as revoluções britânicas passaram a ser vistas como o início de um novo mundo político e social.

Focada na Revolução Gloriosa, a vertente *whig* e liberal sugeriu que, ao combaterem a tirania do poder absoluto e ao defenderem os direitos individuais e a liberdade, os homens e as mulheres dos Seiscentos teriam lançado as fundações sobre a qual se construiriam as democracias liberais ociden-

1. Hill, Christopher. *Século das Revoluções, 1603-1714*. São Paulo: Editora da Unesp, 2012.

tais. A vertente socialista e marxista do século XIX respondeu a essa leitura liberal, propondo que as duas revoluções fossem vistas como revoluções burguesas que teriam gerado as condições para a Revolução Industrial e a consolidação do capitalismo. Mesmo entre os historiadores conservadores, que caracterizavam a Revolução de 1640 como a "Grande Rebelião" e chamavam os meados do século XVII de um interregno na história monárquica inglesa, a Revolução Gloriosa foi apontada como um exemplo de que era possível fazer mudanças respeitando as tradições e os costumes, e sem ter que derramar sangue e destruir toda a ordem social, como fez a Revolução Francesa[2].

A partir dessas três linhas de força, ideológicas e historiográficas, surgiriam novas interpretações sobre o significado da ruptura seiscentista na Inglaterra, olhando, sobretudo, para a Revolução de 1640. No fim do século XIX, a ruptura da Revolução Puritana, como a nomeava Samuel Gardiner, foi pensada como social e religiosa, ligada à luta pela liberdade de consciência e religião. Depois, até meados do século XX, os impactos socioeconômicos passaram a ser os mais observados, naquilo que veio a ser chamado de historiografia *whig*-marxista. Em 1940, Christopher Hill, por exemplo, dedicou-se a investigar o papel da Revolução Inglesa, caracterizada por ele como a primeira revolução burguesa, dentro dos debates da História Econômica sobre a transição do feudalismo para o capitalismo e, depois, sobre a Crise Geral do Século XVII e seu impacto no mundo ocidental [↗Capitalismo][3]. Esses debates fomentaram a discussão sobre as causas da Revolução. Pelo olhar da História Social vigente nos anos 1950 e 1960, discutia-se não só qual classe social tinha sido o motor das mudanças do século XVII e qual teria sido mais afetada por elas, mas procurava-se localizar sociologicamente os processos ingleses num esquema estrutural das revoluções modernas[4].

Por fim, nesse arco que vinha desde o século XIX, houve uma última volta historiográfica. O contexto global dos anos 1960, com a luta pelos direitos civis, a contracultura e a revolução cultural, somada à virada linguística, fez com que se olhasse para a dimensão discursiva dos eventos e a clivagem pas-

2. Richardson, Roger Charles. *The Debate on the English Revolution*. Manchester: Manchester University Press, 1998.

3. Santiago, Theo (org.). *Do feudalismo ao capitalismo: uma discussão histórica*. São Paulo: Contexto, 1988; Hill, Christopher. *A Revolução Inglesa de 1640*. Lisboa: Presença, 1983.

4. Stone, Lawrence. *Causas da Revolução Inglesa, 1529-1642*. Bauru: Edusc, 2000; Florenzano, Modesto. Olhando para os dois lados do Canal da Mancha: polêmicas e revisionismo na historiografia da revolução inglesa. *Projeto História*, v. 30, jun. 2005, p. 127-136.

sou a ser sociocultural, mesmo entre aqueles que antes esposavam a interpretação econômica, como o próprio Christopher Hill em *O mundo de ponta cabeça*, de 1972. Nessa obra clássica, Hill buscava, sobretudo, os elementos subversivos dos radicais religiosos e camadas subalternas que construíram uma "revolução dentro da revolução", o que poderia, ao mesmo tempo, explicar e inspirar a eclosão do radicalismo dos movimentos sociais dos anos 1960[5].

Todas essas visadas, das mais econômicas às mais culturais, tinham como horizonte de expectativas algo maior que a mera narrativa das revoluções seiscentistas: os historiadores escreviam seus textos sobre o "século das revoluções" também para serem debatidos na esfera pública, a partir de posições políticas bastante claras.

Essas interpretações foram colocadas em xeque a partir dos anos 1970 por aquilo que se chamou de onda revisionista. Historiadores formados já sob a égide da profissionalização universitária e com pesquisas com recortes específicos pensavam que as revoluções inglesas, em especial a de 1640, não haviam representado de fato uma ruptura, nem resultaram de grandes causas sociais, quando olhadas do ponto de vista local (das vilas e condados) ou do ponto de vista político (pela narrativa detalhada dos fatos). Em outras palavras, não teria havido uma revolução no "século das revoluções".

Desse modo, os revisionistas buscavam superar o cerne dos debates dos anos 1950 e 1960 sobre o caráter da revolução. O uso da categoria revolução e da ideia de um radicalismo como explicativas dos eventos seiscentistas foi entendido como a-histórico e desvinculado da pesquisa empírica. No ofício do pesquisador profissional havia pouco espaço para teorização e para interpretações de processos de larga duração. O resultado dessa perspectiva somado à ultraespecialização foi que as revoluções, seja a de 1640, seja a de 1688, perderam relevância. O debate historiográfico sobre o século XVII inglês, que antes interessava à produção histórica mais ampla, pois dizia respeito à formação do capitalismo, das democracias, do Estado contemporâneo e dos direitos humanos, passou a ser apanágio quase exclusivo de especialistas, em geral restritos à academia anglo-americana[6].

---

5. Hill, Christopher. *O mundo de ponta-cabeça: ideias radicais durante a revolução inglesa de 1640*. São Paulo: Companhia das Letras, 1987.

6. Gil Pujol, Xavier. Crónica y cuestiones de veinticinco años de debate. Pedralbes. *Revista d'Història Moderna*, n. 17, 1997, p. 241-288; Richardson, Roger Charles. *The Debate on the English Revolution. Op. cit.*; Holstun, James. *Ehud's Dagger. Class Struggle in the English Revolution*. Londres: Verso, 2002. cap. 2.

Na virada do século XXI, contudo, a recusa revisionista às categorias de revolução e radicalismo, seu par complementar, foi contestada. Sem mais postular uma revolução radical, no sentido dado por Christopher Hill, ou, menos ainda, uma revolução burguesa, voltou-se a reconhecer o caráter disruptivo do século XVII inglês. Deixando de tentar explicar as origens do capitalismo por meio do processo revolucionário seiscentista, como era comum até os anos 1960, os historiadores passaram a olhar para os eventos revolucionários a partir do impacto que tiveram na cultura política da época[7].

Segundo Eunice Ostrensky, com a derrota das tropas regalistas e, sobretudo, com o julgamento e execução de um rei, Carlos I (1600-1649), evento inédito na história das monarquias europeias, a pergunta "o que era possível fazer dali em diante?" passou a ser colocada. Tal evento radical abriu um horizonte de possibilidades que permitiram experimentações sociais e políticas, de ordem teórica e prática, nunca vistas na história dos Estados europeus. Implicou "revoluções no poder" que transformaram o próprio conceito de revolução[8]: de analogia ao movimento circular dos astros, pelo qual se buscaria repor uma ordem perdida, passou a significar, a partir da segunda metade do século XVII, a possibilidade de uma ruptura de uma ordem e de ampliação de expectativas de futuro[9].

Essa abertura aconteceu não só na historiografia inglesa. Hoje se olha para aquele século revolucionário e radical não mais exclusivamente pensando na Inglaterra para explicar a britanicidade ou demonstrar a centralidade desse país no processo histórico ocidental. Cada vez mais, enfatizam-se suas dimensões transnacionais, chamando a Revolução de 1640 de Guerras dos Três Reinos, ressaltando sua abrangência atlântica e implicações imperiais[10]. No caso de 1688, com o trabalho de Steven Pincus, os eventos da Revolução Gloriosa ganham complexidade ao serem vistos sob um enquadramento global, menos para buscar a origem do sistema-mundo capitalista e mais para sopesar seus impactos como uma revolução moderna[11].

---

7. Gil Pujol, Xavier. *Tiempo de Política. Perspectivas historiográficas sobre la Europa Moderna*. Barcelona: Universitat de Barcelona, 2010. cap. 10.

8. Ostrensky, Eunice. *As revoluções do poder*. São Paulo: Alameda, 2005.

9. Santos Junior, Jaime Fernando. A emergência do "moderno" conceito de revolução. *História da Historiografia*, v. 11, n. 26, 2018, p. 122-147.

10. Pestana, Carla Gargina. *The English Atlantic in an Age of Revolution, 1640-1661*. Cambridge: Harvard University Press, 2009.

11. Pincus, Steve. *1688: la primera revolución moderna*. Barcelona: Acatilado, 2013.

Por essas chaves mais recentes, diferentemente do que sugeriram os historiadores revisionistas, as turbulências que acometeram o mundo britânico no século XVII não foram meros acidentes de percurso sem causas de "longo prazo, [ou] até mesmo profundas"[12]. As tensões políticas, sociais, econômicas, religiosas e culturais que pareceram virar o mundo de ponta-cabeça nas décadas de 1640 e 1680 estavam relacionadas com uma série de rupturas e continuidades que marcaram a transição da dinastia Tudor para a dinastia Stuart no início dos Seiscentos. Por essa razão, antes de examinar as duas revoluções, faz-se necessário fazer um recuo temporal e compreender como os primeiros reis Stuarts assentaram e exerceram o seu poder.

## A construção da soberania no reinado dos primeiros Stuarts

A coroação de Jaime I (1566-1635) na Inglaterra, em 1603, foi marcada pela extensão dos domínios da família Stuart. Era a primeira vez que um único monarca governava os Três Reinos (Inglaterra, Escócia e Irlanda). Sob o título de Jaime VI, o rei já comandava a Escócia desde que atingiu a maioridade, em 1578. Sua ascensão foi consequência das pressões para que sua mãe, a católica Maria I (1542-1587), abdicasse depois das tentativas frustradas de disputar a Coroa inglesa com sua prima protestante, Elisabete I (1533-1603). A rivalidade entre as duas pretendentes ao trono provocou uma série de conflitos bélicos, rebeliões, assassinatos e conspirações ao longo do século XVI. A complicada situação desembocou na execução de Maria Stuart, acusada de traição. Como Elisabete I faleceu sem ter gerado herdeiros diretos, Jaime VI ficou no topo da linha sucessória.

Diferentemente da mãe, Jaime era protestante. Sua coroação como monarca inglês assegurava a manutenção do Ato de Supremacia (1534) decretado por Henrique VIII (1491-1547), que marcou a ruptura da Inglaterra com a Igreja Católica. A consolidação do protestantismo nas Ilhas Britânicas, entretanto, não foi simples. Após a morte de Henrique VIII, em diversas ocasiões tentou-se conduzir o reino de volta ao catolicismo, perseguindo os protestantes. Foi somente com ascensão da protestante Elisabete I, em 1588, que o Ato de Supremacia foi reinstituído, desencadeando uma perseguição aos católicos. A subsequente nomeação de Jaime I confirmava a continuidade da independência da Igreja e da monarquia inglesas diante do "papismo" romano, porém também necessitava apaziguar as crises religiosas que vinham desde as décadas precedentes[13].

12. Laslett, Peter. *The World we Have Lost: Further Explored*. Londres: Routledge, 2005, p. 198.

13. Recio Morales, Óscar. *Las revoluciones inglesas del siglo XVII y la transformación de las islas británicas*. Madri: Síntesis, 2015.

A Dinastia Stuart tinha ainda outros desafios. Embora fosse escocês, Jaime I privilegiou a religião oficial da Inglaterra, contrapondo-se à organização presbiteriana da Igreja Escocesa, a Kirk. Inspirada nas correntes reformistas de orientação calvinista, a Escócia recusava a ideia de que o rei tivesse poderes para nomear clérigos, abrindo uma controvérsia teológica que confrontava diretamente o princípio da autoridade régia e representou uma dificuldade para a manutenção da unidade do reino. Na Irlanda, a situação era ainda mais complicada, pois a maioria da população continuava católica e diversas regiões, administradas por clãs locais, estavam fora do domínio Stuart. Esses clãs, auxiliados por potências estrangeiras católicas, lutavam contra a ocupação inglesa na tentativa de controlar o interior da Irlanda[14].

Por essas razões, a consolidação da união dos Três Reinos foi motivo de preocupação durante todo o governo de Jaime I. Na tentativa de garantir a conciliação das regiões sob o domínio de um único soberano, forjou-se para o rei a imagem de pacificador da Cristandade e promoveu-se ampla reestruturação administrativa. O monarca expandiu significativamente os aparatos estatais, conferindo títulos nobiliárquicos, incorporando membros das elites locais às instituições régias e instituindo a figura dos Lordes Tenentes, que atuavam como vice-reis na Irlanda e Escócia, reforçando esse esforço centralizador.

Apesar de ser fundamental para a eficácia de seu governo, o aumento da burocracia estatal também complexificava a administração Stuart. Era difícil conciliar os interesses da multidão de nobres e oficiais da Coroa e a manutenção dessa estrutura era onerosa para os cofres régios, chegando a afetar a economia de todo o país. Como as tentativas de aumentar a arrecadação ou criar tributos para financiar os projetos monárquicos precisavam passar por negociações com os Parlamentos, Jaime I foi ficando cada vez mais dependente das tratativas com seus membros, gerando impasses internos e externos[15]. Não foram raros os momentos nos quais o rei optou por dissolver Parlamentos para evitar as restrições impostas pelos membros das Câmaras dos Lordes e dos Comuns.

Quando se negava a dialogar com os parlamentares, Jaime I seria um monarca "absoluto"? Quando comparadas a outras monarquias europeias, as

14. Ellis, Steven G.; Barber, Sarah (eds.). *Conquest and Union: Fashioning a British State, 1485-1725*. Londres: Routledge, 2014; MacDonald, Alan R. *The Jacobean Kirk, 1567-1625: Sovereignty, Polity, and Liturgy*. Aldershot: Ashgate, 1998.

15. Trevor-Roper, Hugh R. *A crise geral do século XVII: religião, a reforma & mudança social*. Rio de Janeiro: TopBooks, 2007, p. 141.

britânicas costumam ser descritas como "casos excepcionais" e "variantes", visto que não cumpriam todos os requisitos do "modelo absolutista": não possuíam exércitos permanentes, os poderes legislativos dos seus monarcas eram limitados pelos Parlamentos e as leis fundamentais do Estado não se baseavam no direito romano [↗Sistemas políticos e estruturas de poder]. Apesar dessas exceções, Jaime I foi um grande defensor e teórico do absolutismo[16]. Antes de assumir o trono, havia redigido seus dois principais tratados políticos: *The true law of free monarchies* (1598) e *Basilikon Doron* (1599).

Embora tivessem sido pensados para o contexto escocês, os textos também dialogavam com preocupações políticas mais amplas. *The true law* defendia o direito divino dos reis em oposição às perspectivas contratualistas, como postuladas por seu antigo preceptor, George Buchanan (1506-1582). Para o Stuart, o poder monárquico precedia o poder dos Parlamentos, pois havia sido transmitido pela própria sucessão apostólica. Dedicado ao primogênito de Jaime, *Basilikon Doron* ("Presente Régio") também advogava em favor do poder régio. O livro buscava guiar o herdeiro do trono a "se tornar um Rei de fato perfeito" ou, em outras palavras, completo e absoluto. Na obra, Jaime afirmava que o Senhor havia "lhe feito um pequeno Deus para sentar em seu Trono, & reinar sobre os homens"[17]. Como a origem divina do poder régio assegurava a soberania irrestrita, nenhuma outra autoridade temporal ou espiritual, como o Parlamento ou o Papado, teria condições de limitá-la, nem os súditos tinham direito de resistir a ela[18]. A desobediência seria um crime contra quem o rei representava na Terra, ou seja, Deus. Tal lógica também inviabilizava a tolerância religiosa. Católicos não poderiam ser súditos leais, pois, ao reconhecerem a autoridade papal, colocavam em questão a transmissão direta do poder de Deus para o rei. Calvinistas de diferentes correntes, sobretudo os presbiterianos da Kirk, também representavam uma afronta à soberania régia, uma vez que criticavam a estrutura episcopal e, por conseguinte, a posição do monarca como líder religioso[19].

---

16. Daly, James. The idea of Absolute Monarchy in seventeenth-century England. *The Historical Journal*, v. 21, n. 2, 1978, p. 227-250.

17. Jaime I. *Basilikon Doron. Or His Maiesties instructions to his dearest sonne, Henry the Prince*. Edimburgo: Robert Walde-graue, 1599, f. 2, p. 4.

18. Jaime I. *The true lawe of free monarchies: or the reciprock and mutuall dutie betwixt a free king, and his naturall subiectes*. Edimburgo: Robert VValdegraue, 1598.

19. Sommerville, Johann P. English and European political ideas in the Early Seventeenth Century: revisionism and the case of Absolutism. *Journal of British Studies*, v. 35, n. 2, 1996, p. 168-194.

No mundo católico, as teorias de Jaime I causaram grande incômodo, tanto que Roma encomendou uma resposta ao jesuíta Francisco Suárez. A *Defesa da Fé Católica* (1613) atacava os fundamentos do anglicanismo. Para Suárez, o pontífice e a Igreja Católica eram infalíveis e não estavam sob a jurisdição de qualquer poder temporal. Nenhum monarca tinha autoridade para discordar do papa em assuntos religiosos. Ao fazê-lo, Jaime assumia uma postura cismática condenável[20]. O rei era especialmente criticado por sua imposição, em 1606, do Juramento de Fidelidade que, depois da fracassada Conspiração da Pólvora de 1605, requisitava que os súditos declarassem total obediência a Jaime I e recusassem qualquer tipo de subordinação à Roma, medida que reforçava a situação de ilegalidade dos católicos nas Ilhas Britânicas, fundamentando a perseguição religiosa.

Apesar da perseguição sistemática aos católicos em seu reino, Jaime I dispunha-se a debater outras soluções para o problema religioso. Suas relações com outras monarquias, católicas ou protestantes, visavam a conciliação. Do ponto de vista diplomático, Jaime tentava assumir uma postura pacificadora, minimizando os conflitos com as potências católicas, sobretudo, a Espanha dos Habsburgos, contra quem a Inglaterra tinha estado em guerra desde o fim do século XVI. A partir de 1613, o rei buscou arranjar o casamento entre seu sucessor, Carlos, e a filha de Filipe III (1578-1621), a infanta Maria Ana (1606-1646). A união poderia render um dote de mais de quinhentas mil libras, fornecendo os recursos necessários para financiar a onerosa estrutura burocrática do Estado, sem que o rei dependesse de tratativas com o Parlamento[21].

O *Spanish Match* (casamento espanhol) suscitava tensões. Entre os círculos protestantes de inspiração puritana, temia-se a proximidade com os "papistas". Já os membros do Parlamento, além de defenderem a independência de Roma, desconfiavam da aliança com a Espanha. Incomodado com as pressões dos parlamentares, o rei evitou convocá-los por sete anos, exercendo, entre 1614 e 1621, um governo absoluto, baseado na prerrogativa régia que havia defendido em seus tratados políticos.

---

20. Skinner, Quentin. *As fundações do pensamento político moderno*. São Paulo: Companhia das Letras, 1996.

21. Cogswell, Thomas. England and the Spanish Match. *In*: Cust, Richard; Hughes, Ann (eds.). *Conflict in Early Stuart England: Studies in Religion and Politics, 1603-1642*. Londres: Longman, 1989, p. 110-130; Samson, Alexander (ed.). *The Spanish Match: Prince Charles' Journey to Madrid, 1623*. Londres: Routledge, 2016.

As relações com o Parlamento se deterioraram quando o monarca precisou convocá-lo em 1621. Na ocasião, Jaime I tentava levantar recursos para auxiliar Frederico V (1596-1632), seu genro e imperador do Sacro-Império Romano-Germânico, a consolidar seu controle sobre regiões como a Boêmia [↗A Guerra dos Trinta Anos e revoltas nos domínios Habsburgo]. O Parlamento não só concedeu recursos insuficientes para a Coroa, como também requisitou ao rei que se opusesse à Espanha, retomando o conflito militar e desistindo do matrimônio entre Carlos e Maria Ana. O rei, por sua vez, retorquiu que a assembleia não tinha direito de controlar suas decisões e dissolveu o Parlamento.

O fracasso político e diplomático ainda poderia ter sido remediado com a concretização do casamento espanhol, que firmaria a aliança entre Stuarts e Habsburgos. No entanto, os planos de Jaime I foram frustrados pelo falecimento de Filipe III e a ruína do acordo nupcial. Numa tentativa desesperada de resolver a crise, o favorito do rei britânico, George Villier, o Duque de Buckingham (1592-1628), arquitetou um plano para que o príncipe Carlos pedisse a mão da infanta pessoalmente. Sob sigilo, Carlos foi a Madri. No entanto, Maria Ana declinou a proposta, rejeitando a ideia de se unir a um protestante.

Após essa viagem desastrosa, Buckingham e Carlos buscaram uma nova aliança econômica e politicamente vantajosa para os Stuarts: outra noiva católica, a francesa Henriqueta Maria (1609-1669). Embora muitos parlamentares continuassem a ter reservas com relação às diferenças religiosas dos herdeiros do trono, em 1624 aprovaram o acordo do casamento com a condição de que Jaime I e o futuro Carlos I protegessem a Igreja Anglicana da influência católica, assegurando que apenas Henriqueta Maria e sua corte pessoal teriam permissão para continuar a professar a fé romana em terras britânicas. O casamento realizou-se em maio de 1625, pouco mais de um mês depois do falecimento de Jaime I.

O governo de Carlos I foi desde o início permeado por tensões. Diferentemente de Jaime I, Carlos I não sustentou uma postura conciliadora. Ao assumir o trono, declarou guerra à Espanha e, em 1627, à França. O monarca tentou obter, junto ao Parlamento, elevadas somas para financiar suas batalhas, mas não foi bem-sucedido. Os parlamentares estavam descontentes com os altos gastos do rei e com sua crescente tendência a relaxar as políticas anticatólicas. Tentando se esquivar da oposição no Parlamento, o monarca buscou levantar fundos forçando empréstimos e aumentando taxas alfandegárias[22].

---

22. Worden, Blair. *The English Civil Wars, 1640-1660*. Londres: Phoenix, 2009.

Contrariados com as ações do monarca, o Parlamento lhe endereçou, em 1628, uma Petição de Direitos. Nela, demonstrava-se preocupação com os gastos financeiros, as perdas militares e o governo arbitrário de Carlos I. Os peticionários demandavam que o rei reforçasse seu comprometimento com as liberdades e os direitos do povo, reconhecendo os estatutos que limitavam seu poder, como a Carta Magna de 1215. Eles também expressaram seu descontentamento com a condução dos assuntos religiosos, exigindo uma postura mais rigorosa do rei no combate ao catolicismo e ao arminianismo, uma vertente protestante que enfatizava a centralidade do livre-arbítrio contra a predestinação. A contenda não se resolveu, arrastando-se por meses de tensões entre o monarca e os parlamentares até que, em 1629, Carlos I dissolveu a assembleia e prendeu nove líderes da oposição na Câmara dos Comuns.

Por onze anos, Carlos I governaria só. Ainda assim, suas pretensões militares tiveram de ser abandonadas. Os custos de manutenção do exército eram muito altos para serem financiados apenas pelas rendas da Coroa, e Carlos I viu-se obrigado a buscar a paz com a Espanha e a França.

## O mundo de ponta-cabeça (1639-1659)

O fim da participação britânica dos conflitos europeus não significou estabilidade política, social e econômica nos Três Reinos. Carlos I ainda enfrentava graves problemas. Entre eles, estava o acentuado déficit fiscal de seu governo. Com escassos recursos financeiros, o monarca utilizava medidas cada vez menos populares para conseguir sustentar a onerosa estrutura estatal e arcar com as dívidas causadas pelas campanhas militares. Foi assim que, em 1634, Carlos I expandiu a cobrança do *ship money* (imposto do navio). A taxa era solicitada desde o medievo, mas se restringia às cidades portuárias e era recolhida, quase exclusivamente, em tempos de guerra. Agora, o rei determinava que as regiões não costeiras também contribuíssem para o financiamento das embarcações militares, mesmo quando não havia nenhuma ameaça de invasão.

Paralelamente, Carlos I exercia sua prerrogativa régia para administrar a Igreja Anglicana, endossando as políticas reformistas de William Laud (1573-1645). Ao ser nomeado arcebispo da Cantuária, em 1633, Laud se tornou uma das principais autoridades eclesiásticas do reino e desagradou a muitos protestantes, sobretudo puritanos, ao encabeçar transformações nas estruturas religiosas. O arcebispo restabeleceu os papéis e as funções sacerdotais, bem como reincorporou ritos e práticas de tradição católica, como o uso do altar e de vestes litúrgicas, assim como a valorização dos sacramentos. Ele também reforçou as cortes eclesiásticas, assumindo rigorosa conduta de supressão da heterodoxia puritana e procurou restabelecer as antigas propriedades da Igreja, contrariando diversos setores da *gentry*, pequena nobreza terratenente que havia lucrado com a destituição de monastérios no reinado de Henrique VIII.

Almejando a uniformidade doutrinal, Laud e Carlos I tentaram impor suas diretrizes religiosas em todas as partes do reino. As medidas provocaram reações. Na Inglaterra, foram denunciados os contornos "papistas" das reformas do arcebispo. Na Escócia, a situação desembocou em graves conflitos armados, conhecidos como as Guerras dos Bispos. A estrutura laudiana pretendia transformar por completo a organização da Kirk, impondo o sistema episcopal (com bispos nomeados por Carlos I) e uma versão anticalvinista do Livro de Oração Comum, o que resultou, em 1637, em Edimburgo, na revolta presbiteriana que deu origem a um acordo, o *National Covenant* (Pacto Nacional), em defesa da soberania da Igreja Escocesa. No documento, os signatários condicionam sua lealdade ao rei à preservação das leis, instituições e práticas locais.

Em meados de 1639, Carlos I respondeu reunindo o exército para invadir a Escócia. O rei, entretanto, contava com tropas inexperientes e escassos recursos financeiros. A campanha militar fracassou e, em abril de 1640, viu-se forçado a recorrer ao Parlamento. Após onze anos, convocava a assembleia para recobrar o controle sobre a Escócia. Os parlamentares se negaram a oferecer qualquer ajuda enquanto o governante não se comprometesse a garantir as liberdades e os direitos políticos das duas Câmaras. Sem conseguir o que desejava, o rei rapidamente dissolveu novamente o Parlamento[23].

Mesmo sem o apoio parlamentar, Carlos I organizou uma segunda campanha contra a Escócia, contando com o auxílio de Laud e do Conde de Strafford, Thomas Wentworth (1593-1641), que atuava como governador da Irlanda. Essa malsucedida empreitada militar teve consequências desastrosas para o governo carolino. O monarca foi forçado a ceder cidades importantes ao norte e aceitar um vexatório acordo de paz, pelo qual se comprometia a desistir

23. Vallance, Edward. *Revolutionary England and the National Covenant: State Oaths, Protestantism, and the Political Nation, 1553-1682*. Woodbridge: Boydell Press, 2005; Fissel, Mark Charles. *The Bishops' Wars: Charles I's Campaigns Against Scotland, 1638-1640*. Cambridge: Cambridge University Press, 1994.

de implementar o modelo episcopal na Escócia e a pagar pelas despesas da guerra. Assim, em novembro de 1640, o rei foi novamente obrigado a chamar o Parlamento para levantar recursos financeiros.

Dessa vez, a assembleia foi ainda mais incisiva, negando-se a colaborar com Carlos I enquanto não assegurasse a efetiva participação do Parlamento nas decisões políticas e iniciasse um processo de *impeachment* e execução de Strafford e Laud pelo crime de traição (que ocorreriam, respectivamente, em 1641 e 1645). Entre outras coisas, os parlamentares demandavam que o rei aceitasse os *Triennial Acts* (Atos Trienais), garantindo a periodicidade regular das reuniões da assembleia, interrompesse a cobrança de impostos arbitrários, como o *ship money* e extinguisse os tribunais que operavam sob a prerrogativa régia, como a *High Commission* e a *Star Chamber*[24].

Enquanto isso, em consequência das tensões político-religiosas das duas Guerras dos Bispos, a Irlanda passou a sofrer invasões escocesas e inglesas que buscavam subjugar a população católica local. Nesse contexto, um grupo de católicos de Ulster decidiu sublevar-se, tentando tomar o controle do Castelo de Dublin. Na Inglaterra, as notícias da Irlanda se misturavam a rumores de que uma suposta conspiração católica internacional, apoiada por Carlos I e William Laud, pretendia acabar com o protestantismo. Com o avançar do ano de 1641, o monarca ficou politicamente isolado e financeiramente limitado para tentar reforçar o seu poder em qualquer parte dos Três Reinos.

Buscando recobrar sua soberania e refrear as imposições do Parlamento, em janeiro de 1642, o rei decidiu invadir a assembleia com sua guarda, perseguindo e prendendo cinco dos líderes da oposição. Como reação, em março, os parlamentares aprovaram uma Portaria da Milícia, que legitimou a criação de um exército comandado pelas duas Câmaras do Parlamento. Ameaçado, Carlos I transferiu sua corte de Londres para Oxford. A Primeira Guerra Civil, entre as tropas do rei e do Parlamento, foi declarada em agosto daquele mesmo ano.

Quando o conflito armado eclodiu, ambas as facções esperavam concluí-lo rapidamente. De fato, os parlamentares declaravam que só pegavam em armas para defender a supremacia do sistema misto, isto é, do poder do rei no Parlamento. Porém, com o passar do tempo, outras alternativas de governo passaram a ser discutidas, sobretudo devido à radicalização de agitadores entre as fileiras do exército parlamentar.

24. Harris, Tim. *Rebellion: Britain's First Stuart Kings, 1567-1642*. Oxford: Oxford University Press, 2014.

As forças militares do Parlamento desenvolveram-se significativamente com a criação do *New Model Army* (Exército de Novo Tipo), em 1645. Após ter inicialmente sofrido algumas derrotas, a assembleia centralizou o poder nas figuras de Thomas Fairfax (1612-1671), que havia sido treinado nos Países Baixos, e Oliver Cromwell (1599-1658), que assumiu o controle da cavalaria. Sob essas novas lideranças, as tropas se profissionalizaram e receberam reforços, pois, diferentemente de outros exércitos, o *New Model Army* era composto por homens livres, que ascendiam na hierarquia interna por meio de seus méritos e habilidades, independentemente de suas origens sociais. Conforme vencia e se desenvolvia, o exército começou a se tornar um poder autônomo, por vezes entrando em atrito com os interesses do próprio Parlamento que lhe criara. O *New Model Army*, por exemplo, era contrário à posição parlamentar de dissolução das tropas após o fim da guerra, defendendo a manutenção de um exército permanente, prática inédita na Inglaterra seiscentista[25].

Em meio às fileiras do exército, mas também em diversos setores da sociedade, passaram a circular publicações que argumentavam a respeito de uma mudança radical da estrutura política. Exemplo disso é evidenciado na emergência do movimento *Leveller* (Nivelador) em meados dos anos 1640, cujos panfletos propunham reformas políticas, administrativas e jurídicas para diminuir as desigualdades sociais. Um de seus expoentes, John Lilburne (1614-1657), advogava pela supremacia da Câmara dos Comuns como representante da população, condenando a arbitrariedade do governo monárquico. Os *Levellers* também defendiam a tolerância religiosa, a liberdade, a equidade e a limitação dos poderes com base em leis aprovadas pelo conjunto da sociedade. Alguns de seus panfletos, buscando legitimidade na história, defendiam que a corrupção da política resultara da ocupação normanda das Ilhas Britânicas em 1066 e propunham um suposto retorno à Antiga Constituição de um passado anglo-saxão. Segundo essa lógica, o governo pessoal e arbitrário de Carlos I era consequência de uma tradição estrangeira que oprimia as liberdades naturais do povo inglês. Ao contrapô-la, os *Levellers* sugeriam não uma inovação, mas um retorno a um modelo de governo que consideravam superior, no qual os súditos gozariam de maior participação política[26].

25. Schwoerer, Lois G. *"No Standing Armies!": The Antiarmy Ideology in Seventeenth-Century England*. Baltimore: John Hopkins University Press, 2019.

26. Hill, Christopher. The Norman Yoke. *In*: *Id*. *Puritanism and Revolution*: *Studies in Interpretation of the English Revolution of the 17th Century*. Londres: Panther, 1968, p. 58-125; Pocock, John Greville Agard. *The Ancient Constitution and the Feudal Law*: *A Study of English Historical Thought in the Seventeenth Century*. Cambridge: Cambridge University Press, 1987; Goldie, Mark. The ancient Constitution and the languages of the political thought. *The Historical Journal*, v. 62, n. 1, 2019, p. 3-34.

As discussões a respeito das melhores alternativas para as crises nos Três Reinos vão ganhando força e radicalidade. Em meio ao contexto disruptivo, houve um sensível afrouxamento dos sistemas de censura, facilitando a impressão de diversos textos efêmeros, curtos e baratos, feitos para circular rapidamente, como panfletos, folhas volantes e livros de notícias [↗O mundo dos impressos]. Tais impressos comunicavam os avanços e as derrotas das tropas militares, discutiam as frequentes alterações no governo e, sobretudo, tentavam interpretar os eventos da época[27]. As variadas perspectivas desembocaram em uma verdadeira "guerra panfletária", na qual diversos sujeitos e grupos disputavam a opinião pública[28]. Mais acessível, a imprensa abriu espaço para publicações como o poema *The world turn'd upside down*, redigido pelo barqueiro John Taylor (1578-1653), em 1647. Versos jocosos que diziam que "todas as coisas estão claramente viradas ao contrário" e descreviam com estranheza um mundo no qual o povo se rebelava "contra Deus e o Rei"[29]. Regalista, Taylor criticava os conflitos como uma perversão da ordem natural das coisas. Outros de seus contemporâneos defendiam que as disputas da época eram sinais do cumprimento de profecias apocalípticas: a batalha do Parlamento contra Carlos I assumia os contornos de uma guerra contra o Anticristo, que indicava a proximidade da Segunda Vinda de Cristo[30].

Parlamentares, regalistas, militares e grupos radicais político-religiosos propagandeavam suas posições intensamente, visando legitimar seus movimentos. O debate público foi particularmente importante para a decisão do Parlamento de deixar de negociar com o rei. Depois da captura de Carlos I pelas tropas escocesas aliadas do Parlamento inglês, em meados de 1646, a Primeira Guerra Civil terminou. No entanto, ainda era necessário decidir os termos para o acordo de paz.

As discussões sobre o assunto se estenderam longamente, tendo seu ápice entre agosto e novembro de 1647, quando lideranças parlamentares, militares e radicais independentes se reuniram em Putney. Na ocasião, almejava-se a

27. Smith, Nigel. *Literature & Revolution in England, 1640-1660*. New Haven: Yale University Press, 1997; Raymond, Joad. *Pamphlets and Pamphleteering in Early Modern Britain*. Cambridge: Cambridge University Press, 2004.

28. Holstun, James (ed.). *Pamphlet Wars: Prose in the English Revolution*. Londres: Routldge, 2013.

29. Taylor, John. *The world turn'd upside down: or, a brief description of the ridiculous fashions of these distracted times*. Londres: John Smith, 1647, f. $2^r$-f. $2^v$

30. Capp, Bernard. *The Fifth Monarchy Men*. Londres: Faber and Faber, 2008.

concepção de uma nova constituição que, entre outras coisas, demandava a convocação de Parlamentos bianuais. Os *Levellers* propuseram uma série de medidas radicais que circularam com o título de *Agreement of the People* (Acordo do Povo). O rascunho dessa constituição visava estabelecer a justiça social, a liberdade de culto, o direito de voto para todos os homens livres e a abolição das penas capitais. Uma versão mais moderada do *Agreement* foi aprovada, mas não houve, de fato, um acordo com o rei[31]. Aproveitando a distração dos debates, Carlos I fugiu para a Escócia com o auxílio de apoiadores. O monarca estabeleceu um acordo com os escoceses, comprometendo-se a encabeçar uma reforma presbiteriana da Igreja em troca de suporte militar. Mais curta, a Segunda Guerra Civil culminou na vitória do exército parlamentar e na subsequente recaptura de Carlos I, em 1648.

Diversas petições de militares e civis solicitavam ao Parlamento que o rei fosse levado à justiça por seus crimes[32]. Temendo que parlamentares moderados aceitassem termos inconvenientes para o findar os conflitos armados e restaurar o trono de Carlos I, comandantes do exército arquitetaram um golpe. A milícia controlou a assembleia em dezembro de 1648, impedindo a entrada de 140 membros do Parlamento, dentre os quais 45 foram presos. A manobra – que ficou conhecida como Expurgo de Pride, porque o coronel Thomas Pride (1606-1658) controlou o acesso ao Palácio de Westminster – fez com que a assembleia ficasse reduzida a apenas 156 representantes. Foi esse o *Rump*, ou Rabo do Parlamento, que efetivamente decidiu encerrar qualquer negociação com o monarca e julgá-lo pelo crime de traição em janeiro de 1649[33].

Foi necessário grande esforço retórico, jurídico e político para dessacralizar a figura do soberano e levá-lo ao tribunal. As peças acusatórias dos apoiadores do tiranicídio descreviam Carlos Stuart como um "homem

31. *An agreement of the people for a firme and present peace, upon grounds of common-right and freedom*. Londres: s. n., 1647. Lilburne, John. *Foundations of freedom, or, an agreement of the people proposed as a rule for future government in the establishment of a firm and lasting peace*. Londres: R. Smithhurst, 1648. Lilburne, John; Walwyn, William; Prince, Thomas; Overton, Richard. *An agreement of the free people of England. Tendered as a peace-offering to this distressed nation*. Londres: John Partridge, R. Harford, G. Calvert, and G. Whittington, 1649; Ostrensky, Eunice. The Levellers' conception of legitimate authority. *Araucaria*, n. 39, 2018, p. 156-186.

32. Carlin, Norah. *Regicide or Revolution? What Petitioners Wanted, September 1648-February 1649*. Londres: Breviary Stuff, 2020.

33. Underdown, David. *Pride's Purge: Politics in the Puritan Revolution*. Oxford: Clarendon Press, 1971.

de carne-e-osso", evitando, assim, o uso do título régio Carlos I. Seu crime era descrito como o mais terrível ato cometido por um governante: ele havia travado uma guerra contra seu próprio povo, manchando todo o reino com o sangue de seus súditos. Ao violar, portanto, os direitos inalienáveis dos ingleses à vida, à liberdade e à propriedade, o monarca se convertia em um tirano. Com o veredito de culpado, foi sentenciado à morte por decapitação em frente à *Banqueting House*, no Palácio de Whitehall.

O regicídio não findou as várias crises enfrentadas pelos britânicos. Não havia unanimidade quanto ao futuro dos Três Reinos e, por isso, o debate político e religioso não perdeu força. A Proclamação da República não foi imediata. O *Rump* aboliu a monarquia apenas em maio de 1649 e, somente dois meses depois, declarou o início do regime republicano e extinguiu a Câmara dos Lordes. O movimento gerou problemas constitucionais e jurídicos, uma vez que todos os instrumentos legais dos Três Reinos estavam vinculados à autoridade régia. O Parlamento precisou, então, promulgar uma série de decretos para reorganizar a estrutura do governo.

As condutas do *Rump* sofreram críticas, sobretudo, entre os movimentos político-religiosos mais radicais do período. Os *Levellers*, por exemplo, esperavam que o *Rump* rapidamente se dissolvesse e convocasse novas eleições para o Parlamento. Como a assembleia se estendeu até 1653, os *Levellers* acusavam-na de assumir um comportamento tão arbitrário quanto o do rei que executara. Além disso, alguns grupos presbiterianos na Escócia e católicos na Irlanda continuaram se contrapondo ao Parlamento, apoiando a coroação do herdeiro do rei executado, Carlos II (1630-1685), que havia partido para o exílio nas Províncias Unidas.

O novo regime precisava concluir os conflitos militares iniciados no princípio dos anos 1640. Comandadas pelo general Oliver Cromwell, as tropas se dirigiram para a Irlanda ainda em 1649. Empregando violência extrema, vista depois por muitos como um verdadeiro massacre, a Inglaterra reconquistou a região em 1652. A partir de maio de 1650, Cromwell se ausentou da campanha na Irlanda para auxiliar nos conflitos com a Escócia. Lá, os tumultos se intensificaram, porque, sob a promessa de conservação do presbiterianismo, o Parlamento escocês nomeou Carlos II como rei. Apesar da inferioridade numérica de suas tropas, Cromwell foi bem-sucedido em sua empreitada. No fim de 1651, Carlos II foi obrigado a fugir para junto à família de sua mãe na França. Os conflitos na Escócia terminariam também em 1652.

Quando retornou à Inglaterra, Cromwell gozava de enorme prestígio por suas vitórias militares. Exercendo grande influência sobre o governo, o general pressionou o *Rump* para chamar eleições para um novo Parlamento a fim de estabilizar a unidade nos Três Reinos e reestruturar a Igreja oficial. Nessa altura, Cromwell foi visto por muitos como o eleito de Deus para liderar a Inglaterra na luta contra o Anticristo, podendo, assim, contar com amplo apoio de diversos setores da sociedade quando dissolveu o Parlamento em abril de 1653.

Com o fechamento do Rump, o cenário político se abriu para novas experimentações. Entre os sectários religiosos, por exemplo, circulava a ideia de eleger representantes pios para participar da assembleia. Alguns sugeriam que o próprio Cromwell escolhesse homens de fé para ocuparem os assentos do Parlamento. Cromwell acabou elegendo os 140 membros daquele que ficou conhecido como Parlamento Nomeado. Embora alguns parlamentares tenham sido selecionados a partir de indicações de congregações puritanas e comunidades religiosas independentes, eles não eram maioria. Mais do que teólogos e pastores, a assembleia estava apinhada de juízes de paz, xerifes, militares, advogados, diplomatas, comerciantes, bem como pelo círculo familiar e pessoal de Cromwell[34].

O novo Parlamento, contudo, teve curta duração. Com dificuldade de conciliar as posições políticas de seus membros, não conseguiu desenvolver nenhum projeto e foi dissolvido em 12 de dezembro de 1653. Apenas quatro dias depois, o exército implementou uma nova constituição, o Instrumento de Governo, que terminou por atribuir a Oliver Cromwell o posto vitalício de Lorde Protetor. Em linhas gerais, o Instrumento atribuiu ao Protetor a chefia do poder executivo, no qual seria auxiliado por um Conselho de Estado composto por vinte membros. Tal constituição também reforçava a responsabilidade do Parlamento sobre a legislação e garantia uma relativa tolerância religiosa. O catolicismo permaneceu proibido, mas independentes e sectários de diversas correntes protestantes, inclusive anglicanos, poderiam professar sua fé livremente, a menos que ameaçassem o governo.

Apesar de ter apaziguado algumas das tensões do período, o Protetorado provocou diversas críticas, sobretudo, pelo fato de Cromwell parecer um rei

---

34. Woolrych, Austin. The calling of Barebone's Parliament. *The English Historical Review*, v. 80, n. 316, 1965, p. 492-513; Liu, Tai. The calling of the Barebones Parliament reconsidered. *The Journal of Ecclesiastical History*, v. 22, n. 3, 1971, p. 223-236.

em tudo, exceto no nome. A coroa chegou a ser oferecida a ele em 1657, mas Cromwell declinou. Apesar disso, para partidários do regalismo, Cromwell era um usurpador da verdadeira dinastia régia. Na opinião de alguns republicanos, seu governo também era malvisto. Os *commonwealthmen* acusavam-no de ter corrompido os pressupostos da supremacia do Parlamento, pelo qual o povo lutara na década anterior, inaugurando uma tirania militar[35]. Entre os sectários religiosos, Cromwell logo passou a ser associado à figura de agente do Anticristo que, em vez de contribuir para o estabelecimento de uma comunidade teocrática, cooptou o poder para si.

Os grupos protestantes radicais também se incomodavam com as políticas externas do novo governo. Cromwell se aliou à França católica em algumas campanhas militares, sob a condição de que o reino deixasse de abrigar a família Stuart exilada, forçando-a a buscar refúgio nos Países Baixos espanhóis. Os Países Baixos protestantes, por sua vez, tornaram-se um rival. Lá, o regicídio foi condenado, pois Carlos I era genro do príncipe de Orange, Guilherme II (1626-1650). As inimizades foram ampliadas em 1652, quando eclodiu a I Guerra Anglo-Holandesa. Deflagrado por questões mercantis, já que ambas as potências disputavam domínios coloniais e rotas marítimas, o conflito, que duraria até 1654, também foi envolto em expectativas apocalípticas.

Cromwell conseguiu ficar no poder até sua morte, em setembro de 1658, em grande medida graças à colaboração de militares de alto escalão, em especial, do general John Thurloe (1616-1668) que, a partir de 1655, assumiu a liderança do Conselho de Estado. Thurloe desenvolveu uma política de forte repressão à dissidência política e religiosa, reforçando os instrumentos de censura da imprensa e fomentando a perseguição sistemática a opositores do governo.

Apesar das resistências, Oliver Cromwell conseguiu nomear seu filho Richard (1626-1712) como seu sucessor. O movimento desagradou a muitos: setores do exército, republicanos e sectários religiosos temeram o estabelecimento definitivo de uma dinastia com contornos monárquicos. Menos habilidoso que seu pai, Richard Cromwell rapidamente perdeu o controle da situação. O exército passou a exigir a dissolução do Parlamento e, sem conseguir conciliar as diversas pressões, Richard buscou uma solução na res-

35. Woolrych, Austin. The Cromwellian protectorate: a military dictatorship? *History*, v. 75, n. 244, 1990, p. 207-231; Hill, Christopher. *O eleito de Deus*: *Oliver Cromwell e a Revolução Inglesa*. São Paulo: Companhia das Letras, 2001; Peacey, Jason. Cromwellian England: a propaganda State? *History*, v. 91, n. 302, 2006, p. 176-199; Worden, Blair. *God's Instruments*: *Political Conduct in the England of Oliver Cromwell*. Oxford: Oxford University Press, 2012.

tauração do antigo *Rump*, em maio de 1659, mas encontrou novos entraves. Membros do Parlamento que haviam sido excluídos na altura do Expurgo de Pride exigiram que seus cargos também fossem recobrados a fim de compor a estrutura inicial do Parlamento antes das intervenções militares. Paralelamente, havia demandas por uma profunda reforma legislativa, pautada no republicanismo clássico, com a instalação de ampla liberdade de consciência e o fim da cobrança dos dízimos.

Em face das dificuldades do novo Protetor, as lideranças do exército passaram a disputar o poder. Nesse contexto, o general George Monck (1608-1670), que liderava o governo da Escócia desde 1655, foi à Londres com suas tropas, levando Richard a renunciar. Monck restaurou todos os membros do Longo Parlamento. O Expurgo de Pride foi invalidado e a assembleia recobrou a agenda de votações interrompida em 1648. Na ocasião, o Parlamento decidiu anular as decisões que desembocaram no regicídio, iniciando o processo de Restauração dos Stuart, sob o reinado de Carlos II.

## Restauração (1660-1685)

A recondução da Monarquia Stuart não foi um processo simples. Embora o novo rei tenha sido aclamado pela maioria da população, houve resistência à sua coroação. A Restauração não findou por completo as instabilidades dos últimos vinte anos. O novo governo precisou de grande empenho para se estabilizar. Não por acaso, um dos primeiros decretos de Carlos II foi o Ato de Perdão Livre e Geral, Indenização e Esquecimento, de agosto de 1660, que ordenava aos súditos que abandonassem as memórias do contexto revolucionário. Efetivamente, a proclamação do monarca ignorava o lapso temporal entre os governos do pai e do filho, declarando Carlos II como o legítimo herdeiro dos Três Reinos desde 30 de janeiro de 1649. Era preciso esquecer as contendas e sanar as ofensas mais graves. O perdão régio excluía, porém, os principais sujeitos responsáveis pela condenação de Carlos I, entre eles, Oliver Cromwell, que foi exumado e supliciado postumamente, no início de 1661.

O rei, contudo, não queria alimentar uma imagem de crueldade e vingança. Em oposição à sobriedade da República e do Protetorado, seu reinado foi permeado por festas. Os teatros, fechados durante o contexto revolucionário, reabriram, colaborando para uma atmosfera festiva. Aos olhos dos puritanos, esse era um sinal da devassidão e corrupção moral do monarca, proveniente de sua proximidade do mundo católico. Carlos II passara grande parte de sua vida na Europa católica e, em 1662, casou-se com uma princesa portuguesa, Catarina de Bragança (1638-1705). Temendo a arbitrariedade de um governo absoluto e o retorno do "papismo", alguns opositores da Restauração se sublevaram. Rumores de rebeliões e conspirações se difundiam pelos Três Reinos, sobretudo no norte da Inglaterra, justificando o recrudescimento das políticas de repressão e censura[36].

Embora Carlos II considerasse a ampliação da liberdade religiosa, seus Parlamentos mostraram-se menos tolerantes, pressionando o rei a decretar medidas restritivas. Propostas pelo jurista e Chanceler Edward Hyde, o Duque de Clarendon (1609-1674), essas normas ficaram conhecidas como Código de Clarendon. A primeira das novas imposições foi a Lei da Corporação, que tornou compulsória aos funcionários municipais a adoção da religião anglicana. Não conformistas (fossem puritanos, presbiterianos ou independentes) foram removidos de seus cargos. Em 1662, foi promulgada a Lei de Impressão, a fim de aumentar o controle sobre o mercado livreiro, proibindo a circulação de textos controversos. No mesmo ano, decretou-se a uniformidade religiosa. Dois anos depois, a Lei de Conventículos passou a proibir encontros religiosos com mais de cinco pessoas fora das estruturas e práticas da Igreja Anglicana. Em 1665, pastores não conformistas foram impedidos de exercer a docência e de se aproximarem de cidades oficialmente incorporadas à Igreja. Todavia, enquanto impunha restrições aos não conformistas, a administração carolina parecia mais tolerante com católicos e criptocatólicos. Não demorou para que rumores sobre complôs "papistas" voltassem a circular: a epidemia de peste, em 1665, e o incêndio de Londres, em 1666, foram associados à presença católica.

Além disso, entre 1660 e 1670, o descontentamento com relação às capacidades militares e políticas dos Três Reinos aumentou. O novo governo parecia inapto a garantir a soberania britânica no comércio marítimo e nos domínios coloniais, sofrendo graves derrotas na II Guerra Anglo-Holandesa. A contenda, ocorrida entre 1665 e 1667, gerou perdas financeiras e baixas militares tão grandes que levou à deposição de Clarendon de seu cargo de chanceler. Ao fim do conflito com as Províncias Unidas, os parlamentares denunciavam a má gestão dos recursos e das tropas como fatores responsáveis pelo fracasso militar e criticavam a crise econômica na qual as Ilhas Britânicas entraram depois de investir tanto na guerra.

---

36. Harris, Tim. *Restoration*: *Charles II and his Kingdoms, 1660-1685*. Londres: Penguin, 2006.

Ao fim dos anos 1660, a situação diplomática se tornava mais delicada. Apesar da recente guerra, o rei ofereceu ajuda à República das Províncias Unidas para deter as ofensivas espanholas e francesas, sob a condição de reverter concessões comerciais britânicas perdidas nos conflitos militares. A trégua foi, porém, breve. Carlos II acabou indo buscar recursos com a França de Luís XIV (1638-1715) para fazer uma nova guerra contra as Províncias Unidas. Para o Parlamento, a opção era perigosa, pois os franceses haviam apoiado os neerlandeses contra a Inglaterra, entre 1665 e 1667. Todavia, esperando conquistar maior independência das decisões parlamentares, o monarca concretizou o acordo com a França, em 1670. O Tratado de Dover garantia que Luís XIV forneceria recursos para Carlos II, mediante o apoio do rei britânico na conquista francesa da República Neerlandesa. Uma cláusula secreta previa que Carlos II receberia elevadas somas de dinheiro se admitisse a fé católica (o que acabou fazendo em seu leito de morte, em 1685).

A preocupação com o avanço dos católicos nas Ilhas Britânicas fez com que o Parlamento demandasse a implementação de medidas ainda mais restritivas. Em 1673, a assembleia aprovou um conjunto de leis penais intitulado Ato de Prova. O decreto revogava os direitos civis de dissidentes religiosos, especialmente os católicos. Com isso, o Parlamento restringia a participação de cargos públicos a anglicanos. Em 1678, depois do pânico promovido pelos supostos complôs católicos para assassinar Carlos II e acabar com o anglicanismo, a lei foi estendida para toda a nobreza. Além de interferir diretamente na corte carolina, a atualização do Ato gerava dúvidas quanto ao futuro da monarquia inglesa. Até àquela altura, Carlos II não havia tido herdeiros legítimos do sexo masculino, portanto, seu sucessor direto era seu irmão Jaime, o Duque de York (1633-1701), que havia se convertido ao catolicismo no fim dos anos 1660. Temendo o estabelecimento de uma dinastia "papista", Anthony Ashley Cooper, o Conde de Shaftesbury (1621-1683), propôs uma Lei de Exclusão para retirar pretendentes católicos da linha sucessória da Coroa. Sem unanimidade, a proposta foi amplamente debatida entre as décadas de 1670 e 1680, delineando o antagonismo entre um partido favorável à exclusão e à limitação dos poderes régios, os *whigs*, e outro, defensor da conservação das estruturas, os *tories*.

De acordo com Jonathan Scott e Gary De Krey, mais do que uma crise de sucessão, as várias tensões que atravessaram os anos 1660 e 1670 apontavam para uma crise da Restauração, na qual o governo monárquico mostrava-se inábil para estabilizar a política, uniformizar a religião e fortalecer as pretensões militares e mercantis[37]. Entre não conformistas e republicanos crescia a insatisfação pela falta de liberdade de consciência.

Enquanto o Parlamento temia que a plena indulgência subjugasse os reinos ao domínio papal, o monarca tentava resistir à cooptação de seus poderes por parte da assembleia. Em consequência, a partir de 1678, Carlos II prorrogou as convocações dos parlamentares com frequência. Em 1681, definitivamente deixou de chamar as reuniões, repetindo as estratégias de seus antecessores até a sua morte, em 1685. Esses impasses demonstravam que as reformas de Carlos II não superaram os desafios colocados desde a eclosão da Revolução de 1640. O clima de agitação fazia com que as autoridades temessem novas rebeliões e conflitos civis.

## Uma revolução moderna?

Com o falecimento de Carlos II, seu irmão Jaime II assumiu o trono. Sua ascensão foi malvista na Escócia, onde uma rebelião tentou depor o rei, defendendo a coroação de um filho ilegítimo, mas protestante, de Carlos II, o Duque de Monmouth (1649-1685). No restante dos Três Reinos, apesar de sua religião, Jaime II foi bem recebido, pois o monarca se comprometeu a respeitar a Igreja Anglicana, honrar as leis e convocar o Parlamento prontamente. No entanto, logo mudou de atitude, inspirando-se nos modelos monárquicos da Europa católica. Reforçou a centralização e burocratização do governo, minou prerrogativas parlamentares, defendeu a ampliação e a manutenção de exércitos permanentes e reformou a corte e a estrutura administrativa dos Três Reinos, admitindo uma série de oficiais e funcionários católicos. Próximo dos jesuítas, Jaime II também ordenou a realização de missões católicas e a instituição de colégios e seminários nas Ilhas Britânicas. O rei mirava o exemplo de Luís XIV que, embora reconhecesse a autoridade papal, defendia a autonomia da Igreja da França e o direito divino dos reis com base nos escritos de Jacques Bossuet (1627-1704).

Em 1687, o rei promulgou uma Declaração de Indulgência, acabando com a perseguição religiosa a dissidentes protestantes e católicos, promovendo a liberdade de consciência nos Três Reinos. No ano seguinte, Jaime II ordenou

---

37. Krey, Gary S. De. The first Restoration crisis: conscience and coercion in London, 1667-73. *Albion*, v. 25, n. 4, 1993, p. 565-580; Scott, Jonathan. *Algernon Sidney and the Restoration Crisis, 1677-1683*. Cambridge: Cambridge University Press, 1991.

a leitura pública da Declaração em todas as sedes da Igreja Anglicana. Ainda que a lei fomentasse a tolerância, a implementação da obrigatoriedade de sua leitura deixou evidente a disputa pela jurisdição do campo espiritual. Para os bispos anglicanos, o conteúdo da Declaração lhes impunha um problema teológico e político: estariam a proferir nos púlpitos o fim de seu monopólio sobre as consciências e a educação, assim como ofenderiam as disposições oficiais do reino, implementadas pela monarquia e pelo Parlamento desde o Ato de Supremacia do século XVI? A situação gerou oposição por parte dos bispos. Jaime II respondeu decretando a prisão de seus oponentes.

A perseguição gerou insatisfação em vários setores da sociedade. Os próprios juízes que arbitraram sobre o caso dos bispos decidiram pela sua absolvição, afrontando, portanto, a ordem de Jaime II. Paralelamente, críticos do monarca intensificaram os contatos com as Províncias Unidas na tentativa de buscar uma alternativa para a situação. Guilherme de Orange (1650-1702), genro de Jaime II pelo casamento com Maria II (1662-1694), decidiu intervir militarmente levando uma gigantesca frota à Inglaterra. O príncipe holandês recebeu grande apoio de voluntários britânicos que se juntaram ao seu exército. Líderes religiosos, aristocratas e parlamentares *whigs* também declararam sua aprovação. Isolado, Jaime II não teve condições de se contrapor a Guilherme, sendo obrigado a abdicar do trono e exilar-se na França.

O Parlamento ofereceu, então, a coroa a Guilherme III e Maria II. Porém, era preciso justificar a mudança de governo de forma legítima, visto que o casal sequer ocupava o lugar mais próximo da linha sucessória. Os debates se estenderam entre os anos de 1688 e 1689, com os *whigs* defendendo uma transformação radical da sociedade, fortalecendo as liberdades individuais e a proteção do bem comum; e os *tories* propondo uma posição mais moderada baseada na abdicação de Jaime II, que deixara o posto vacante. A partir dessa discussão, a Declaração de Direitos de 1689 foi promulgada. De maneira revolucionária, como apontado por Tim Harris e Steve Pincus, a Declaração alterou por completo a estrutura de poder dos Três Reinos. A partir dela, estabeleceu-se efetivamente a ideia de um pacto entre governantes e governados, substituindo a noção de direito divino dos reis. Limitada, a Coroa perdeu a prerrogativa para intervir na promulgação e extinção de leis e tributos. Enquanto isso, o povo ampliava seus direitos à liberdade[38].

38. Harris, Tim. *Revolution: The Great Crisis of the British Monarchy, 1685-1720*. Londres: Penguin, 2007; Pincus, Steve. *1688*. *Op. cit.*

Apesar dos casos de resistência jacobita desde o fim do século XVII, difundiu-se uma narrativa de que, sem derramamento de sangue, essa transição constituía um momento primoroso da história britânica, responsável pela libertação do povo de qualquer servidão e tirania. Ao longo do século XVIII, o exemplo da Revolução Gloriosa foi exaltado por autores como Edmund Burke (1729-1797) em comparação com a violência do caso francês. Tal perspectiva foi consolidada pela historiografia dos séculos XIX e XX, focada nos aspectos restaurativos da Revolução Gloriosa que, de forma consensual e por meio de movimentações entre a aristocracia, venceu as polarizações. Desse modo, os Três Reinos teriam triunfado com o estabelecimento da monarquia constitucional (ao invés do Absolutismo ou da República) e a manutenção do anglicanismo (no lugar do catolicismo ou do radicalismo protestante). Em contraposição, leituras marxistas interpretaram o evento como um golpe de Estado, privando-o de características populares e revolucionárias. Para autores como Christopher Hill, era a Revolução de 1640 que possibilitava recuperar as tradições radicais dos ingleses[39].

Propondo uma nova interpretação sobre os acontecimentos de 1688, o historiador Steve Pincus chegou a conclusões diferentes. A mudança de governo de Jaime II para Guilherme III e Maria II não seria apenas revolucionária, mas sim marcaria a "primeira revolução moderna". O processo que levou a 1688 e seus desdobramentos teria se caracterizado por ser popular, violento e polarizador. Esse caráter conflituoso teria se dado pela disputa entre dois projetos de Estado "modernizadores", que representavam uma mudança nas estruturas políticas e sociais britânicas anteriores: o de Jaime II, inspirado no sistema francês do absolutismo, galicanismo e domínio territorial; e o defendido pelos *whigs* (hoje lidos como liberais), inspirado na República dos Países Baixos com seu modelo de maior participação política, tolerância e imperialismo econômico. Foi esse segundo projeto que saiu vitorioso, em parte, porque a alternativa da manutenção ou volta a uma ordem anterior fora posta abaixo pelas reformas jacobitas.

Na perspectiva de Pincus, pode-se identificar aqui um modelo para se pensar a própria categoria de revolução: as revoluções modernas ocorreram não entre uma força conservadora e outra modernizante, ou como reação conservadora à mudança, mas como choque entre duas propostas de modernização com vetores opostos, cujo embate – violento – não deixou espaço para a volta dos modelos defendidos pela tradição. Nesse esquema, a Re-

39. Hill, Christopher. *O mundo de ponta-cabeça*. *Op. cit.*

volução Gloriosa não acontecera como mais uma revolta protestante contra um rei católico ou, menos ainda, como uma defesa de arranjos tradicionais quebrados por Jaime II, mas sim como a luta por um projeto de Estado que se contrapunha ao desenho centralizador jacobita, ao mesmo tempo que rechaçava a antiga estrutura monárquica inglesa defendida pelos *tories*. O ano de 1688 representaria, assim, algo novo e, portanto, revolucionário.

Dessa forma, Pincus antecipa para o fim do século XVII a caracterização de revolução que parte da historiografia sobre as revoltas modernas viu plenamente identificada somente na Revolução Americana e na Francesa: uma ruptura violenta, um movimento popular e um novo projeto modernizador [↗Revoluções atlânticas: Estados Unidos e França]. A emergência do que o historiador estadunidense chama de "Estado Moderno", contudo, somente se consolidaria nos anos 1720, após o fim da Dinastia Stuart [↗Sistemas políticos e estruturas de poder]. Seria preciso que, juntamente, houvesse a criação de um novo sistema financeiro, com a fundação do Banco da Inglaterra em 1694, para impulsionar o desenvolvimento econômico daquela que já era desde meados do século XVII uma "nação mercantil" [↗Capitalismo]. Foram essas as condições para que os Três Reinos pudessem competir com as outras potências europeias, em especial a França, sua potência rival no século XVIII, contra quem declarariam guerra já em 1689, e assim fomentar a criação do Império Britânico que dominaria o globo no século XIX[40].

Argumentação similar é proposta por Jonathan Scott, abrangendo um espaço ainda mais amplo, que engloba Ilhas Britânicas, Províncias Unidas e América Inglesa. Em sua interpretação, a interdependência comercial, política, social e religiosa entre as três regiões teria impulsionado a economia e a expansão imperial no Atlântico Norte. A experiência republicana nas Ilhas Britânicas e nas Províncias Unidas (ainda que com disputas que geraram as Guerras Anglo-Holandesas) na primeira metade do século XVII e, depois, o intercâmbio político-financeiro permitido pela criação de instituições bancárias supranacionais (ainda que sediadas em Londres) após a Revolução Gloriosa, teriam dado as bases para a Revolução Industrial no século XVIII. Nessa perspectiva, o palco da criação desse novo mundo teria sido o Atlântico Norte, que conectava a história inglesa, neerlandesa e norte-americana numa esfera global e imperial [↗O Atlântico e as modernidades alternativas][41].

---

40. Pincus, Steve. *1688. Op. cit.*, p. 6, 483.

41. Scott, Jonathan. *How the Old World Ended: the Anglo-Dutch-American Revolution, 1500-1800*. New Haven: Yale University Press, 2020.

Não obstante, essas novas histórias imperiais pouco se ocuparam do papel da escravidão e das populações indígenas e africanas nesse ambiente revolucionário, como advogado por Rediker e Linebaugh[42], e deram ainda menos atenção às conexões com o Atlântico Sul. Apesar das limitações, tais interpretações respondem a dois movimentos na historiografia que podem dar novamente relevância ao estudo das revoluções seiscentistas. O primeiro é a volta de sínteses que busquem explicar - ou ter como horizonte - processos de longa duração, não mais pensados a partir de modelos teóricos prévios, mas apoiados em trabalhos baseados em larga investigação empírica. O segundo é a superação do chamado nacionalismo metodológico que entendia os fenômenos históricos sob a chave exclusiva do nacional e do excepcionalismo britânico. Retomando discussões da historiografia *whig*-marxista de meados do século XX, esses trabalhos se distanciam dessas perspectivas ao proporem uma história global e não mais uma história do capitalismo. Entretanto, tais perspectivas globais sobre as Revoluções Britânicas aproximam-se de certos limites daquelas interpretações dos grandes processos e estruturas: o seu olhar continua sendo referenciado pela Europa ou, nesse caso, pelo Norte Global. Para que as revoluções seiscentistas voltem a ser discutidas para além do mundo anglo-americano, talvez seja necessário colocar o globo de ponta-cabeça.

## Bibliografia comentada

Gil Pujol, Xavier (org.). Dossiê: El revisionisme sobre la revolució anglesa. *Pedralbes*, n. 17, 1997.

> Uma das poucas reuniões de artigos disponíveis fora da língua inglesa sobre o revisionismo. Além de traduzir para o castelhano textos de historiadores chamados de revisionistas, como John Morrill, traz um balanço realizado por Xavier Gil acerca do debate historiográfico sobre a Revolução, produzido nas décadas de 1970 até 1990.

Hill, Christopher. *O Mundo de Ponta-Cabeça: ideias radicais durante a Revolução Inglesa de 1640*. São Paulo: Companhia das Letras, 1987 [1972].

> Apesar dos avanços historiográficos e das críticas revisionistas, continua sendo um clássico incontornável, tanto para o estudo dos grupos radicais quanto para uma "história vista de baixo" da Revolução Inglesa. Serve como porta de entrada para a dimensão cultural e social dos eventos dos anos 1640 e 1650.

42. Linebaugh, Peter; Rediker, Markus. *A hidra de muitas cabeças: marinheiros, escravos, plebeus e a história oculta do Atlântico Revolucionário*. São Paulo: Companhia da Letras, 2008.

Lima, Verônica Calsoni. *Revolução em papel e tinta: livros e panfletos radicais durante a Revolução Inglesa, 1640-1660*. Curitiba: UFPR, 2024.

> O trabalho discute o contexto revolucionário a partir da produção editorial de uma livraria situada na região central de Londres. A análise dos panfletos e livros publicados pelos livreiros Benjamin Allen, Hannah Allen e Livewell Chapman permite evidenciar alguns dos principais embates político-religiosos do período.

Ostrensky, Eunice. *As revoluções do poder*. São Paulo: Alameda, 2005.

> A partir das preocupações da Filosofia Política, o livro de Eunice Ostrensky analisa o pensamento político na época da Revolução de 1640. A obra recupera as reflexões filosóficas que fundamentaram a oposição ao rei, ao mesmo tempo que examina minuciosamente os discursos parlamentares, ressaltando os desdobramentos dos projetos republicanos.

Pincus, Steve. *1688: La primera revolución moderna*. Barcelona: El Alcantilado, 2013 [2009].

> Livro recente e de fôlego que, ao mesmo tempo que dialoga com as interpretações clássicas sobre os acontecimentos de 1688, propõe uma leitura que localiza a Revolução Gloriosa numa perspectiva da História Global. A organização dos capítulos permite alcançar uma compreensão da historiografia sobre 1688, seguir a narrativa factual e/ou explorar as questões conceituais sobre Revolução.

Recio Morales, Óscar. *Las Revoluciones Inglesas del Siglo XVII y la Transformación de las Islas Británicas*. Madri: Síntesis, 2015.

> Manual sobre os principais acontecimentos do século XVII nas Ilhas Britânicas. De forma bastante didática, o autor apresenta as tensões religiosas, políticas, econômicas, diplomáticas e sociais que atravessam as dinastias Tudor e sobretudo, Stuart. Além disso, o texto também faz uma síntese dos principais debates historiográficos acerca das duas Revoluções Britânicas.

Richardson, Roger Charles. *The Debate on the English Revolution*. Manchester: Manchester University Press, 1998 [1997].

> Uma ótima e abrangente introdução sobre a historiografia da Revolução Inglesa, abarcando as grandes linhas interpretativas sobre os eventos, desde as primeiras tentativas de explicá-los ainda no século XVII. Edição revisada e expandida, incorporando a produção historiográfica do revisionismo e do então incipiente pós-revisionismo.

Santos Junior, Jaime Fernando. A emergência do "moderno" conceito de revolução. *História da Historiografia*, v. 11, n. 26, 2018, p. 122-147.

Artigo recente que pensa o próprio desenvolvimento da concepção moderna de revolução entre os séculos XVII e XVIII. Na arqueologia desse conceito, o autor demonstra como a experiência e os debates da Revolução de 1688 foram essenciais para a construção da ideia de revolução como uma ruptura com as estruturas políticas e sociais.

Stone, Lawrence. *Causas da Revolução Inglesa*. Bauru: Edusc, 2000 [1972].

Livro chave para entender os debates (e embates) que se passaram nos anos 1960 em torno do caráter e das definições da Revolução de 1640. Nessa coletânea, temos capítulos historiográficos e mais teóricos sobre a categoria "revolução", bem como o estudo clássico que dá o título ao livro e que busca mapear as "causas da revolução".

Trevor-Roper, Hugh R. *A crise do século XVII: religião, a Reforma & mudança social*. Rio de Janeiro: Topbooks, 2007 [1967].

Coletânea de artigos publicados entre 1950 e 1960 escritos pelo talvez mais importante historiador conservador britânico do século XX. Ainda que com capítulos de temas variados, do Iluminismo à "Crise Geral do Século XVII" (que inspira o título), metade do livro é dedicado à "Revolução Puritana", trazendo um olhar que hoje diríamos transnacional sobre os fenômenos intelectuais e políticos de meados do século XVII.

# 21
# Revoluções atlânticas: Estados Unidos e França

*Daniel Gomes de Carvalho*
*Marcos Sorrilha Pinheiro*

## A Era das Revoluções

"Dê-me um ponto de apoio e eu moverei o mundo, disse Arquimedes. A Revolução Norte-americana fez na política o que era apenas teoria na mecânica"[1]. A passagem é do revolucionário Thomas Paine (1737-1809), para quem o ocaso do sistema monárquico-aristocrático dava unidade ao que ele chamou de "Age of Revolutions" [↗Ilhas Britânicas e revoluções do século XVII]. Em sua obra, o duplo-sentido de *Age* era intencional: referia-se tanto a uma nova "Era" quanto à "maioridade" atingida pelos povos por meio do uso de sua razão. Outro revolucionário, o francês Antoine Barnave (1761-1793), chamava as revoluções de "democráticas", referindo-se ao declínio dos privilégios e ao estabelecimento da igualdade jurídica.

No fim do século XVIII, muitos acreditavam estar vivendo uma nova era. Dois textos de 1790, *Les Révolutions de Paris et de l'Europe*, de Antoine Tournon (1754-1794), e *Les Révolutions de France et de Brabant*, de Camille Desmoulins (1760-1794), descreviam as revoluções de sua época como processos históricos entrelaçados. Em 1787, Guillaume-Crétien de Malesherbes (1721-1794) angustiava-se com o "espírito de insurreição que passou da América

1. Foner, Philip. *The Complete Writings of Thomas Paine*. Nova York: The Citadel Press, 1945, p. 353-354.

para os Países Baixos católicos", podendo chegar "às províncias da França". Os futuros girondinos Étienne Clavière (1735-1793) e Jacques Pierre Brissot (1754-1793), em *De la France et des États-Unis* (1787) estavam convencidos da "importância dos Estados Unidos para a felicidade da França"[2].

Entre os historiadores, foram os trabalhos pioneiros de Jacques Godechot e Robert Palmer que refinaram o conceito de "revoluções atlânticas". Assim, em 1959 e 1964, vieram à luz os dois volumes de *A Era das Revoluções Democráticas*[3], de Palmer, sustentando haver existido uma unidade no processo revolucionário atlântico, o que incluía os Estados Unidos, a Suíça, os Países Baixos (onde foram empregados, pela primeira vez, os neologismos "democrata" e "aristocrata"), a Polônia e a França. Valendo-se da noção de democracia de Alexis de Tocqueville (1805-1859), Palmer argumentou que as revoluções contribuíram para desnaturalizar antigas desigualdades, contestando o direito advindo da tradição e do costume.

Seja como for, a obra de Palmer sofreu um relativo ostracismo: enquanto uns acusaram-na de apologeta da OTAN, outros, ligados a uma historiografia conservadora, consideraram inadmissível atribuir a pecha de Revolução aos eventos de 1776. Cabe salientar que, entre a publicação do primeiro e do segundo volume do livro de Palmer, apareceram outros dois textos, com perspectivas distintas sobre o tema: *Sobre a Revolução* (1961), de Hannah Arendt[4], e *A Era das Revoluções, 1789-1848* (1962), de Eric Hobsbawm[5].

Para Arendt, a Revolução Norte-americana tinha como horizonte a liberdade, isto é, participação cidadã nas coisas públicas, ao passo que a Revolução Francesa "mudara de rumo", de modo que, nela, a busca pela "felicidade" era manifesta na ideia de "libertação", isto é, de que o Estado deve alforriar a sociedade da miséria e da ignorância. No sentido inverso de Palmer, o paradigma-Arendt tornou-se modelar na ideia de que existiria um abismo separando as duas revoluções.

Em Hobsbawm, a supressão do adjetivo "democráticas" foi proposital: para ele, trata-se de revoluções burguesas que lançaram os fundamentos da ordem liberal-capitalista. Assim, a ênfase de Hobsbawm recai sobre os efei-

---

2. Leuwers, Hervé. *La Révolution Française*. Paris: Presses Universitaires de France, 2020, p. 24.

3. Palmer, Robert R. *The Age of Democratic Revolution*. Princeton: Princeton University Press, 2014.

4. Arendt, Hannah. *Da Revolução*. Brasília: Editora Universidade de Brasília, 1988.

5. Hobsbawm, Eric J. *A Era das Revoluções*: *Europa, 1789-1848*. São Paulo: Paz e Terra, 2009.

tos da "dupla-revolução", isto é, político-legal (Revolução Francesa), e econômico-social (Revolução Industrial inglesa). Em nota de rodapé, ele admite – embora não justifique – a ausência dos Estados Unidos em sua equação.

Embora os objetos deste capítulo sejam os Estados Unidos e a França, vale registrar que, nessas três obras, é gritante a ausência da Revolução Haitiana, o que não se justifica pela falta de estudos, dado que o clássico *Os Jacobinos Negros*, de C. L. R. James, data de 1938[6]. Os três paradigmas, portanto, se irmanam no "silenciamento" do Haiti, conforme Michel Truillot em *Silenciando o Passado* (1995). A própria ideia de uma "história atlântica", a propósito, faz parte dessa disputa. Enquanto Walter Lippman e Ross Hoffman recorriam à ideia de "comunidade atlântica" para defender a existência de uma comunidade imaginada de povos que se ombreavam na liberdade[7], autores como Eric Williams[8], Peter Linebaugh, Marcus Rediker[9] e Paul Gilroy[10] lançaram seu olhar para outro Atlântico, o Atlântico negro, espaço tanto do tráfico de pessoas escravizadas quanto de experiências revolucionárias de resistência [↗África atlântica e Europa moderna]. Desse modo, embora a análise dos eventos de São Domingos escape dos limites deste capítulo, tentaremos mostrar adiante como os eventos da Revolução Francesa e da Revolução Haitiana são indissociáveis.

Seja como for, o paradigma das "revoluções burguesas", hegemônico nos anos 1970, sobreviveu mal às críticas das décadas de 1980 e 1990, que enfatizaram seu aspecto teleológico e uniformizador [↗Monarquia bourbônica e revoltas da Fronda]. Ao mesmo tempo, se há hoje uma retomada da crítica da ideia de Palmer a partir do paradigma da história global[11], termos como "revoluções atlânticas" ou "ocidentais" são empregadas com precaução, pois entende-se que o espaço das revoluções alberga, por exemplo, o Caribe (o Vodu, originário do Golfo do Benin, hoje figura ao lado do Iluminismo nas origens intelectuais das Revoluções), a Índia (onde os franceses enviaram tro-

---

6. James, Cyril Lionel Robert. *Os jacobinos negros: Toussaint L'Ouverture e a revolução de São Domingos*. São Paulo: Boitempo, 2000.

7. O'Reilly, William. Genealogies of Atlantic history. *Atlantic Studies*, v. 1, n. 1, 2004, p. 66-84.

8. Williams, Eric. *Capitalismo e escravidão*. São Paulo: Companhia das Letras, 2012.

9. Linebaugh, Peter; Rediker, Marcus. *A hidra de muitas cabeças: marinheiros, escravos, plebeus e a história oculta do Atlântico Revolucionário*. São Paulo: Companhia das Letras, 2008.

10. Gilroy, Paul. *O Atlântico negro: Modernidade e dupla consciência*. São Paulo: Editora 34, 2001.

11. Subrahmanyam, Sanjay; Armitage, David. *The Age of Revolutions in Global Context, c.1760-1840*. Nova York: Palgrave Macmillan, 2010.

pas para assistir ao sultão Tippoo, 1751-1799, rei do Mysore, que estava em luta contra os ingleses), a Colômbia (cabe destacar as relações guajiro-espanholas em Nova Granada[12]) e os Andes (sendo o movimento de Tupac Amaru II, por exemplo, fonte de concepções alternativas de autodeterminação).

Entre belgas, franceses ou neerlandeses esteve presente uma ideia de liberdade tributária da experiência colonial, o que levou Pierre Serna à máxima: "toda Revolução é uma guerra de independência"[13]. Isso não nos deve levar a pensar que a articulação entre os espaços revolucionários foi "horizontal": no Egito ou no Haiti, as Revoluções compreenderam também os próprios aspectos imperiais e imperialistas da moderna ideia de liberdade.

## A Revolução Americana

Se "a Revolução Americana pareceu um movimento conservador", conduzido "não para criar novas liberdades, mas para preservar as antigas"[14], também é verdade que "muitos norte-americanos eram suficientemente radicais para desejarem a influência da aristocracia diminuída, a escravidão abolida e um sistema de educação universal"[15]. Em outras palavras, se, ao fim do processo, verificou-se a manutenção da escravidão e de variadas formas de exclusão política, a Revolução contou com pelo menos nove mil pessoas negras nos campos de batalha e despertou expectativas que teriam papel fundamental no século XIX. Nos termos de Benjamin Rush (1745-1813): "a Guerra Norte-Americana terminou, mas esse está longe de ser o caso da Revolução Americana. Pelo contrário, nada além do primeiro ato de um grande drama acaba de encerrar"[16]. As ideias de Revolução como "retomada das liberdades perdidas" e como "ruptura em direção a um horizonte almejado", em vez excludentes, conviveram de forma criativa e contraditória.

---

12. Hylton, Forrest. "The sole owners of the land": Empire, war, and authority in the Guajira Peninsula, 1761-1779. *Atlantic Studies*, v. 13, n. 3, 2016, p. 315-344.

13. Desan, Suzanne; Hunt, Lynn; Nelson, William Max (eds.). *The French Revolution in Global Perspective*. Nova York: Cornell University Press, 2013, p. 165.

14. Wood, Gordon. *The American Revolution: A History*. Nova York: Modern Library, 2002, p. 51.

15. Israel, Jonathan. Radical Enlightenment – peripheral, substantial, or the main face of the Trans-Atlantic Enlightenment (1650-1850). *Diametros*, n. 40, 2014, p. 73-38, p. 77.

16. Nash, Gary B. *The Unknown American Revolution: The Unruly Birth of Democracy and the Struggle to Create America*. Nova York: Viking, 2005, p. 453.

Para entender o início dos conflitos, é preciso considerar a dinâmica populacional do século XVIII. Enquanto a população no chamado Velho Mundo saltava de 120 para 190 milhões de almas, as colônias continentais britânicas cresciam acima da média do restante do Império, o que era potencializado pelas terras disponíveis, que atraíam muitas pessoas. No século XVIII, migraram para a América do Norte 100 mil trabalhadores britânicos, 50 mil deportados condenados por crimes na Inglaterra, País de Gales, Irlanda e Escócia, 85 mil alemães, 35 mil escoceses, 108 mil irlandeses e 250 mil escravizados africanos.

O crescimento populacional levou fazendeiros, comerciantes e aventureiros, como Daniel Boone (1734-1820), a buscarem terras ao oeste, inclusive nos territórios franceses (Missouri, Ohio ou Kentucky), onde conflitos com indígenas e franceses foram frequentes. A leste do Mississipi, viviam cerca de 150 mil indígenas. Nos vales dos rios Ohio, os Delawares, Shawnees, Mingos e Hurons contavam 12 mil pessoas; Nova York abrigava duas mil pessoas das seis nações dos Iroqueses; nas Carolinas, 14 mil indígenas Cherokee, Creek, Chocktaw e Chicksaw.

Assim, em 1749, o governador da Virgínia, Robert Dinwiddie (1692-1770), concedeu meio milhão de acres à *Ohio Company* (da qual era sócio). Porém, o território, rapidamente disputado por imigrantes e especuladores, extrapolava os limites britânicos, ameaçando as populações indígenas do lado francês. Para piorar, em 1754, Dinwiddie exigiu que o governo francês reconhecesse a posse britânica. A recusa resultaria na Guerra dos Sete Anos ou Guerra Franco Indígena, que envolveria, a partir de outros fatores, muitos territórios na Europa, na Ásia e na África.

Dias antes da proclamação da guerra – e tendo em vista a ausência de qualquer sentimento de identidade nacional nas colônias britânicas – o proprietário do jornal *The Pennsylvania Gazette*, Benjamin Franklin (1706-1790), publicou um apelo pela unidade das colônias contra o inimigo comum: a França. Nele, uma serpente fracionada com os nomes das colônias britânicas do continente aparecia disposta com a seguinte frase estampada: Join, or Die (Fig. 21.1). A serpente fazia referência à forma como os colonos eram pejorativamente rotulados pelo parlamento britânico. Por isso mesmo, ela passou a ser usada como um elemento de propaganda política em prol da unidade em diversos panfletos que circularam durante o período. Essa mesma imagem seria reapropriada posteriormente pelo movimento independentista.

*Figura 21.1 – Join, or Die.* ***Cartoon*** **político elaborado por Benjamin Franklin, publicado no** ***The Pennsylvania Gazette*****, na Filadélfia, em 1754**

Devido à guerra, um número grande de tropas foi realocado dos territórios dominados no globo pela França e pela Inglaterra, abrindo espaço para insurreições na Europa, como foi o caso da Córsega de Pasquale Paoli (1725-1807). O deslocamento também favoreceu a concretização de planos expansionistas de potências da Grande Ásia, como aqueles de Nadir Shah Afshar (1688-1747); posteriormente, seu general, Ahmad Shah Durrani (1722-1773), levou seus domínios por amplas regiões, anexando a Caxemira e o Lahore, em 1757, nas atuais terras do Paquistão, da China e da Índia. Pode-se dizer o mesmo sobre o domínio da China na Mongólia Ocidental, durante o reinado do Imperador Qianlong (1711-1799), em 1760 [↗O Leste Asiático]. Seja como for, com o fim da guerra, em 1763, os ingleses obtiveram vastas porções de terra: a Espanha entregou o oeste da Flórida e a França desfez-se do Canadá e das terras entre os Montes Apalache e o Rio Mississipi. Ao mesmo tempo, membros das milícias locais tornaram-se comandantes e trocaram experiências com nativos, como o fez George Washington (1732-1799).

A guerra catalisou uma insatisfação generalizada contra a administração britânica. As nações indígenas enfrentavam uma massa de colonos que avançava em direção a suas terras, enquanto as milícias, sob pretexto de proteger esses territórios, promoveram diversos massacres. Cabe destacar, por exemplo, a sublevação liderada por Pontiac (1720-1769), reação às propagações de doenças e aos ataques ocorridos durante a guerra.

Essa instabilidade levou as autoridades britânicas a defenderem o uso de tropas regulares para controlar as fronteiras do império. Tal preocupação materializou-se na Proclamação Real (1763), que proibia os colonos das terras britânicas do leste a ultrapassarem os montes Apalaches. Esse foi o primeiro ato britânico a impactar diretamente as treze colônias, despertando imediata reação.

O uso de tropas também representou um problema fiscal, dado seu alto custo em um momento durante o qual, em virtude da guerra, o déficit britânico dobrou e os juros consumiam 60% do orçamento. Assim, a fim de aumentar a arrecadação, o primeiro-ministro da Inglaterra, George Grenville (1712-1770), propôs, em 1763, uma nova estratégia para a cobrança de impostos. Longe de ser uma mudança pontual, tratava-se de uma alteração na relação que existia entre a Inglaterra e suas colônias.

Às vésperas da Revolução, os ingleses possuíam 27 colônias na América. As chamadas Treze Colônias (New Hampshire, Massachusetts, Connecticut, Rhode Island, Nova York, Pensilvânia, Nova Jérsei, Delaware, Maryland, Virgínia, Carolina do Norte, Carolina do Sul e Geórgia), além das recém-adquiridas regiões de Nova Escócia, Terra Nova e Quebec, estavam longe de serem as mais lucrativas para a Inglaterra. As "joias da Coroa" eram Jamaica, Antigua, Barbados, Dominica, Granada, Montserrat, Nevis, St. Kiss, St. Vicent, Tortola e Tobago, produtoras de açúcar e marcadas pela escravidão.

A Inglaterra, como a maioria das Coroas da Europa, não tinha os recursos e os meios necessários para estabelecer sua hegemonia no Novo Mundo. Como consequência, na América do Norte, na Jamaica e nas Índias Orientais, delegavam-se as tarefas administrativas a grupos particulares, organizados em companhias de comércio.

A autonomia das colônias inglesas, portanto, não é decorrente de uma "brandura" da colonização, mas do desenvolvimento de instituições autônomas, de modo que, entre 1620 e 1660, toda colônia americana com um número expressivo de colonizadores passou a ter algum tipo de assembleia eleita[17]. Entre 1640 e 1650, as colônias maiores – Virgínia, Massachusetts, Maryland e

17. Greene, Jack P. *Pursuits of Happiness: The Social Development of Early Modern British Colonies and the Formation of American Culture*. Chapel Hill; Londres: University of North Carolina Press, 1988.

Barbados – haviam decidido, por iniciativa própria, adotar uma legislatura de duas câmaras, com a câmara baixa reunindo-se separadamente do governador e do conselho. O manifesto e a proliferação, na Inglaterra, da teoria republicana de governo misto durante e após a Guerra Civil Inglesa deram uma justificativa adicional a esse movimento [↗Ilhas Britânicas e revoluções do século XVII].

No século XVIII, com a expansão econômica e populacional, essas instituições ganham refinamento: as assembleias reuniam-se regularmente, estabeleciam comissões permanentes e cuidavam para serem as únicas promotoras de toda lei estatutária dentro de uma colônia. É nesse sentido que Edmund Burke (1729-1797) enxergava na relação entre a Inglaterra e as colônias uma "negligência salutar". Enquanto isso, cresciam as reivindicações para que fossem estendidos às colônias os mesmos direitos de propriedade e de participação cívica que cabiam aos proprietários na Inglaterra.

Nessa conjuntura, com o objetivo de angariar receitas (e em relativa sintonia com reformas que aconteciam nos Impérios Espanhol e Português), Grenville buscou reabilitar regulamentos pré-existentes, como os Atos de Navegação, de 1651, ampliando os instrumentos de fiscalização. O plano malogrou: o custo da nova estratégia superava a arrecadação, que foi prejudicada pela cumplicidade entre funcionários e comerciantes locais que se relacionavam desde longa data, levando à evasão fiscal ou subornos.

Para contornar esse problema, Grenville recorreu a outra legislação pré-existente, a *Sugar Act* (1733). Ao contrário do que diz o discurso nacionalista norte-americano, a medida diminuía o valor da alíquota paga sobre a importação do açúcar de seis para três décimos. Para cumpri-la, Grenville criou um posto de arrecadação, em Halifax. Esperava-se que, com impostos mais baixos e uma melhor fiscalização, a arrecadação subiria.

Diante da mudança, as primeiras a protestar foram as colônias da Nova Inglaterra (Connecticut, Massachussets, Rhode Island e New Hampshire), onde estavam 103 das 113 destilarias que importavam açúcar para fabricar bebidas alcoólicas. Os manifestantes diziam que a intervenção fiscal sobre um produto de exclusividade metropolitana colocava em risco a autossuficiência colonial. O direito, então, vem em apoio ao fato: argumentava-se que as cobranças somente poderiam ser feitas pelas instituições constituídas pelas próprias colônias, o que era violado pela administração se encontrar em Halifax. No Sul, outras câmaras legislativas rejeitaram a legislação, enquanto foram feitos boicotes contra o consumo de açúcar em Nova York e Rhode

Island. Um dos panfletos mais célebres publicados nesse contexto foi o *Rights of the British Colonies Asserted and Proved* (1764), de James Otis (1725-1783), que embora questionasse os impostos, não colocou em xeque a legitimidade do parlamento que os havia estabelecido.

Apesar dos protestos, a lei foi cumprida, o que levou Grenville a propor um novo imposto, o *Stamp Act* (1765). A lei, que autorizava qualquer documento escrito e impresso a ser taxado, já vigorava na Grã-Bretanha. O que mudaria seria somente sua cobrança nas colônias. Porém, como o *Stamp Act* não estava atrelado à produção ou a importação, qualquer pessoa estaria sujeita à cobrança, de modo que a lei impactou todas as colônias de maneira indiscriminada. Entre os estratos populares, ela seria chamada de a Lei da Morte, dado seu recolhimento na certidão de óbito.

Segundo o argumento jurídico mobilizado pelos revoltosos, o Parlamento tinha autoridade apenas sobre os impostos "externos", isto é, sobre o comércio norte-americano com o mundo; impostos "internos", que incidissem sobre a produção local, seriam inadmissíveis. O primeiro-ministro via as coisas de forma diferente. Para ele, os americanos, como súditos do rei, já estavam virtualmente representados em sua demanda. Além disso, na Inglaterra, apenas um a cada seis homens adultos tinha algum direito ao voto, ao passo que, entre os norte-americanos, cerca de dois terços dos homens brancos participavam de alguma das assembleias. A reivindicação, portanto, tornaria os americanos mais representados que os ingleses. Em outros termos, Grenville entendia que eles deveriam pagar impostos, pois eram britânicos; os colonos, por sua vez, entendiam que, por serem britânicos, deveriam participar da aprovação de leis que incidissem sobre eles. Os norte-americanos "fizeram uma descoberta, ou pensam que fizeram, de que temos a intenção de oprimi-los; nós fizemos uma descoberta, ou pensamos que fizemos, de que eles têm a intenção de levantar uma rebelião contra nós"[18], sintetizou Edmund Burke.

Como o *Stamp Act* impactou a vida das elites, a organização do protesto se deu de maneira mais institucionalizada: o *Stamp Act Congress* (1765) reuniu representantes de nove das treze colônias. As resoluções dos congressistas, que em momento algum questionam sua obediência à Coroa e ao Parlamento, reafirmavam a importância do consentimento das assembleias locais no que diz respeito aos novos impostos.

---

18. Florenzano, Modesto. Edmund Burke. *In*: Parada, Maurício (ed.). *Os historiadores: clássicos da história*. Petrópolis: Vozes/PUC-Rio, 2013, p. 258-282, aqui p. 242. v. 1: De Heródoto a Humboldt.

A insatisfação com a nova lei não foi sentida da mesma maneira nas colônias das Antilhas. Barbados e Port Royal recusaram-se a aderir às manifestações, com medo de que os boicotes impactassem nas suas exportações. Na Jamaica, que acabara de sair de uma insurreição em 1760, temia-se que essa onda em prol da liberdade entusiasmasse seus escravizados. De qualquer modo, a resistência teve impactos contundentes, notadamente a revogação do *Stamp Act* e a queda de Grenville. Em 1768, Phillis Wheatley (1753-1784), uma das primeiras poetas afro-americanas a publicar seus poemas, escreveu *To the King's excellent majesty*, elogiando o jovem rei George III (1738-1820) por revogar os impostos.

As tensões, porém, não amainaram: durante o mandato do primeiro-ministro William Pitt (1708-1778), o chanceler do Tesouro, Charles Townshend (1725-1767), lançaria mão de um novo plano para angariar recursos, os *Townshend Acts*, de 1767. Tais medidas viriam com respaldo do Parlamento que, um ano antes, aprovara o *Declaratory Act*, por meio do qual se legitimava a autoridade dos britânicos em criar impostos, mesmo sem o consentimento dos colonos. A primeira ação do chanceler foi a criação de taxas aduaneiras sobre produtos de luxo (vinho, chá e tecidos). O imposto, portanto, destinava-se a produtos para o consumo de pessoas com alto poder aquisitivo e seguia o rito colonial de restringir-se aos portos. Com tal medida, pensava Towshend, novas revoltas seriam evitadas. Mas não foi o que aconteceu.

Antes disso, no século XVIII, as colônias passaram por um processo chamado de "Grande Despertar" (1730-1755). Pregadores como George Whitefield (1714-1770) opunham-se à hierarquia religiosa tradicional, como na pregação dos *New Light Preachers*, marcada pelo apelo emocional e pelo uso da linguagem comum. Entre eles, a reivindicação de uma leitura crítica das escrituras teve como consequência uma expansão do letramento nas colônias: o número de publicações impressas expandiu-se em 85% entre 1738 e 1750. Já o número de universidades triplicou, saltando de três para nove: Harvard (1636); William & Mary (1693); Yale (1701); College of New Jersey (Princeton, 1746); King's College (1754); College of Philadelphia (1755); Dartmouth (1764); College of Rhode Island (1765); Queen's College (1768). Além disso, a anglicização inerente ao movimento foi responsável pela adoção, por parte das camadas médias, de hábitos britânicos como estratégia de diferenciação social, como o uso de tecidos finos e do consumo de chá, sobre os quais recaíam as novas alíquotas.

Para agravar, os atos Townshend ainda obrigavam os colonos a cederem espaços de sua casa para soldados britânicos (lei do aquartelamento) e previam maior controle aduaneiro em Boston. A primeira reação veio com o panfleto *Letters from a Pennsylvania farmer* (1767), de John Dickinson (1732-1808), para quem qualquer taxação deveria ter o consentimento daqueles sobre as quais ela incidiria. O vocabulário do "fazendeiro [farmer]" do panfleto trazia elementos de uma literatura republicana inglesa, produzida no contexto da Guerra Civil Inglesa 1642-1649 ) [↗Ilhas Britânicas e revoluções do século XVII].

Desse modo, as novas leis pareciam confirmar o que os autores republicanos diziam. A constituição de leis sem consentimento e, principalmente, a imposição de um exército permanente estrangeiro, eram vistas como provas cabais de que o Parlamento queria sujeitar as colônias à "escravidão", entendida no sentido político, isto é, como a sujeição arbitrária ao poder de outrem. Além disso, argumentavam que o *Stamp Act* privaria as pessoas do conhecimento ao aumentar os impostos sobre os textos e, "episcopalizando a América", tornaria as pessoas mais propensas à sujeição. A tradição republicana oferecia como soluções o império da lei e a participação ativa dos cidadãos-proprietários (entendidos como aqueles que gozavam da independência necessária para a vida política) na esfera pública, fomentando um discurso contra a corrupção do Parlamento.

Contudo, as fontes do republicanismo não eram apenas inglesas. Por exemplo, na Pensilvânia, em 1769, uma cidade seria batizada de Paoli. A razão: uma homenagem ao já mencionado Pasquali Paoli, que liderou um levante na Ilha da Córsega contra a dominação genovesa. Paoli escreveu uma Constituição de dez páginas, de modo que, a partir de 1766, todos os homens com mais de 25 anos poderiam votar e disputar as eleições legislativas na Dieta Geral. O movimento foi malogrado devido a uma invasão francesa, decorrente da venda da ilha para a monarquia bourbônica [↗Monarquia bourbônica e revostas da Fronda]. Paoli, então, partiu para o exílio em Londres, em 1769, e depois teria uma atuação importante na Revolução Francesa. Muitos enxergaram o movimento corso como um verdadeiro laboratório das constituições modernas, mesclando o modelo "pactista" da escolástica espanhola com o republicanismo e o Iluminismo [↗O Iluminismo]. Seja como for, após a queda de Paoli, o ex-paolista Carlo Buonaparte (1746-1785) aliou-se ao comandante francês da ilha, o que lhe permitiu enviar seus filhos, José (1768-1844) e Napoleão (1769-1821), para estudar na França.

Enquanto a Revolução Corsa malograva, na América a resposta aos *Townshend Acts* viria na forma de boicote, defendido, no campo das ideias, por

Samuel Adams, e protagonizado pelo grupo *Sons of Liberty*. A resistência levou a uma postura mais agressiva por parte dos ingleses, agora sob os auspícios do novo primeiro-ministro, o duque de Grafton (1735-1811). Em 1770, cinco pessoas foram massacradas por soldados britânicos em Boston após atacá-los com bolas de neve. Uma das vítimas foi o marinheiro afro-indígena Crispus Attucks (1723-1770). As mulheres também tiveram um papel decisivo para a organização dos boicotes, especialmente no que diz respeito ao chá e aos tecidos, com a ação de costureiras que adaptavam peças antigas.

As manifestações e o acirramento nas relações entre as colônias resultaram na suspensão dos *Townsend Acts* (com exceção da taxação sobre o chá) e na ascensão do primeiro-ministro Lord North (1732-1792), que permaneceria no cargo até 1782. Após a sua nomeação, a próxima lei que engendraria revolta seria a *Tea Act* (1773).

Ao contrário do mito, a lei do chá não aumentou os impostos sobre o chá das Índias; a lei reorganizava as finanças da Companhia das Índias Ocidentais, que sofria com uma grande quantidade de chá em seus estoques. Assim, ela facilitaria a entrada do produto nas colônias, barateando-o pelo aumento da oferta e, portanto, trazendo legitimidade ao imposto que, desde 1767, era boicotado. Assim, a revolta contra o *Tea Act* se deu por essa ser considerada uma ação que normalizaria o pagamento de uma taxação que não foi elaborada pelos representantes coloniais.

Na ocasião, várias colônias se recusaram a receber os navios que traziam chá. Em Massachusetts, os *Sons of Liberty* invadiram os navios atracados no Porto de Boston e jogaram toda a mercadoria no mar, gerando um prejuízo imediato de dez mil libras. O episódio ficaria conhecido como *The Boston Tea Party*. *Party*, nesse caso, significa "grupo" ou "bando", e não "festa", uma vez que ação foi protagonizada por 66 pessoas caracterizadas como indígenas mohawk, tidos como "guerreiros". O uso dos trajes se deu não apenas como estratégia de ocultamento das identidades, mas também como estabelecimento de um elemento de distinção entre os britânicos e os colonos, o que indica um afastamento da busca pelo reconhecimento enquanto cidadãos britânicos.

Em reação, o Parlamento promulgou os chamados "Atos Intoleráveis", como o fechamento do Porto de Boston, a possibilidade de os rebeldes serem julgados por tribunais externos à sua própria colônia e a concessão de liberdade religiosa nos territórios católicos, especialmente Quebec, o que foi visto como uma provocação aos puritanos. Diante da gravidade da situação, convocou-se um novo congresso para discutir a relação entre o Parlamento e as Colônias, conhecido posteriormente como o Primeiro Congresso Continental.

No outono de 1774, a Filadélfia recebeu 56 delegados de 12 colônias, a Geórgia em exceção, para a realização do Congresso. A maioria dos delegados eram advogados, comerciantes ou fazendeiros bem situados em suas próprias regiões. Unidos contra os Atos Intoleráveis, dividiam-se em dois posicionamentos: uns, representados por Massachusetts, defendiam que os americanos não deviam obediência ao Parlamento, afirmando a posição independente enquanto súditos do monarca; outros, representados por Nova York e Pensilvânia, entendiam que era preciso estabelecer a reconciliação com o Parlamento. Ninguém defendia o rompimento com a Coroa. Em vitória de Massachusetts, o Congresso manteve o boicote contra os produtos britânicos e estabeleceu que o diálogo se daria diretamente com o rei George III, por meio de petições.

O rei, não obstante, seguiu ao lado do Parlamento e enviou tropas para Massachussetts. Os primeiros conflitos ocorreram em abril de 1775, em Lexington e Concord que, depois, seriam considerados como as primeiras batalhas na Guerra de Independência. O ataque resultou na convocação do Segundo Congresso Continental, em maio, na Filadélfia, contando com representantes das treze colônias. Apesar de tudo, ainda havia espaço para conciliação, como se prova pela assinatura da *Olive Branch Petition* (5 de julho de 1775), que mantinha a lealdade ao rei. Ao mesmo tempo, formou-se o Exército Continental, liderado pelo general George Washington.

Enquanto os delegados estavam em recesso, no início de 1776, veio à luz um panfleto em defesa da independência, de autoria de Thomas Paine: *Common Sense*. Paine, inglês que há poucos meses chegara à Pensilvânia, argumentava que os "direitos dos ingleses" livres eram uma falácia, dado que a Inglaterra não era realmente livre. Sendo a corrupção inerente à própria existência da nobreza e da Coroa, o que os americanos reivindicavam acreditando serem "os direitos dos ingleses" eram, na verdade, demandas novas em relação à própria Inglaterra: "o que Atenas foi em miniatura", escreveu, a "América será em magnitude"[19]. Rapidamente o panfleto tornou-se, depois da Bíblia, o texto mais lido nas colônias.

19. Foner, Philip. *The Complete Writings of Thomas Paine. Op. cit.*, p. 353-371.

Enquanto isso, protestos ocorriam em todas as colônias, de modo que um total de 90 declarações de independências foram elaboradas e lidas em público. Assim, ao retornarem à Filadélfia, os congressistas criaram um comitê responsável pela elaboração de uma Declaração de Independência, formado por cinco pessoas, entre elas Franklin, John Adams (1735-1826) e Thomas Jefferson (1743-1826). A primeira Declaração de Independência, escrita por Jefferson, foi rejeitada, pois condenava abertamente o tráfico de pessoas escravizadas, chamado de "crime supremo". Após a exclusão desse conteúdo, uma segunda declaração foi aprovada em 4 de julho de 1776. A declaração consistia em uma enunciação de princípios, com 27 razões do levante contra a Coroa. A Declaração de Independência apresentava-se, a um só tempo, como uma afirmação dos direitos iluministas (vida, liberdade e propriedade) e uma retomada dos direitos britânicos (autodeterminação).

Os acontecimentos na América do Norte contribuíram para que a ideia de "declaração de direitos" entrasse na ordem do dia. No contexto da guerra contra a Inglaterra, na Irlanda, em 1778, após o desembarque do corsário escocês à serviço dos Estados Unidos, John Paul Jones (1747-1792), teve lugar um levante do exército local que culminou em uma declaração de independência por Henry Grattan (1746-1820), em 1782. Para conter a revolta, a Inglaterra prometeu à Irlanda o mesmo estatuto da Escócia. Enquanto isso, em Genebra, "os nativos", que apregoavam os princípios constitucionais, foram derrotados em 1782 por uma intervenção externa, liderada pela França de Luís XVI. O futuro girondino Étienne Clavière (1735-1793) e várias outras lideranças exilaram-se em Bruxelas, Londres ou Paris.

Na América, as batalhas, em curso desde 1775, ganharam nova dinâmica em 1778 com o início da cooperação com os franceses, desejosos de retomar os territórios perdidos na Guerra dos Sete Anos. O acordo contou com a participação de Franklin, representante dos Estados Unidos na França. Além da conhecida participação do Marquês de Lafayette (1757-1834), "o herói de dois mundos", os franceses trouxeram tropas coloniais, como os voluntários negros da Geórgia, entre eles Henri Christophe (1767-1820), futuro rei do Haiti.

Já o governo britânico, com homens espalhados por todo o império, utilizou mercenários alemães para lutar nas colônias e buscou alianças com indígenas e escravizados na Virgínia, o que foi feito também pelo Exército Continental. Aproximadamente 20% da população colonial seguiu leal ao rei. A Guerra de Independência, portanto, foi também uma guerra civil que resultou na morte de cerca de 1% da população do território. A rendição do exército britânico, em 1781, foi consolidada dois anos depois no Tratado de Paris.

O Congresso Continental foi dissolvido, e os Estados Unidos se converteram em uma Confederação, com uma câmara única e sem poder de tributação, o que garantia protagonismo aos legislativos estaduais. Nos Estados, a proporção de pequenos agricultores e artesãos nas assembleias subiu de 20% para 40%.

A guerra, porém, foi cara, o que fez com que muitas ex-colônias aumentassem impostos, despertando revoltas. A mais importante ocorreu em 1786, liderada por Daniel Shays (1747-1825), em Massachussetts. Em resposta a ela, um grupo liderado por James Madison (1751-1836) e Alexander Hamilton (1755-1804) convocou uma assembleia, a Convenção, que aconteceu na Filadélfia e foi presidida por George Washington, com o intuito de rever os Artigos da Confederação e formular uma Constituição.

Na Convenção, era consensual a necessidade de um governo forte para impedir a "anarquia popular". No fim, a Constituição afirmava o voto censitário, masculino e indireto, a unicidade do país, um legislativo bicameral e um executivo nacional, comandado por um presidente. Estabeleceu-se, também, um poder judiciário nacional com uma corte suprema e delinearam-se os processos a partir dos quais as futuras emendas seriam acrescentadas.

Um dos debates teve como objeto a escravidão. Considerando que 85% dos escravizados estavam no Sul, sua inserção no cálculo de proporção mudaria completamente a representação sulista na câmara. O resultado foi o Compromisso dos Três Quintos: a população de escravizados seria reduzida a três quintos e somada ao número de pessoas livres. Na Constituição, portanto, um escravizado valia 60% de uma pessoa livre. O acordo ainda excluía os indígenas da contagem. Embora tenham combatido nos dois lados do conflito, eles foram prejudicados no *Land Ordinance* (1785), que contribuiu para transformar sua terra em propriedade dos homens brancos. Não à toa, o porta-voz do povo Wea, que auxiliou os patriotas, disse: "nosso empenho em ajudá-los acabou causando a nossa ruína"[20].

Entre 1787 e 1788, a Constituição foi ratificada pelos Estados, com maioria apertada e comparecimento médio de 20% dos votantes. No contexto da campanha, apareceram os *Federalist Papers*, 85 artigos de jornal escritos por Madison, Hamilton e John Jay (1745-1829) em defesa da Constituição. Os federalistas, portanto, venceram, mas nem de longe de forma consensual. "Que direitos eles tinham de dizer 'nós, o povo'?", disse Patrick Henry (1736-1799).

---

20. Barnes, Celia. *Native American Power in the United States, 1783-1795*. Londres: Associated University Press, 2003, p. 46.

*Grosso modo*, os chamados “antifederalistas” (como Henry, George Mason, 1725-1792, e Richard Lee, 1732-1794) entendiam a elaboração de uma tributação central ou de um exército permanente como ameaças à liberdade. Em 1789, enquanto organizavam-se os Estados Gerais na França, George Washington tornou-se presidente.

## A Revolução Francesa

Em parte, esses limites da Revolução Americana explicam o porquê de a França ser o principal ponto de referência da fratura ideológica primordial da Europa no século XIX, qual seja, a oposição entre partidários da Revolução e do Antigo Regime. É sintomático que, enquanto nos Estados Unidos a memória dos *founding fathers* (pais fundadores) foi suficientemente domesticada para integrar a narrativa da nação, na França as diferenças gritantes entre os defensores de Robespierre (1758-1794), Brissot ou Danton (1759-1794) impediram um culto aos pais fundadores.

Às vésperas da Era das Revoluções, as monarquias europeias viviam uma Era das Reformas. Com efeito, em *O Antigo Regime e a Revolução*, Tocqueville afirmara que o momento mais perigoso para o mau governo é aquele em que começa a reformar-se, quando tudo aquilo que antes parecia natural e necessário revela-se contingente e passível de transformação.

Na Rússia, o *Nakaz*, da rainha Catarina II (1729-1796), representava um dos poucos exemplos de um texto jurídico redigido por uma mulher[21]. Apropriando-se do *Espírito das Leis*, de Montesquieu (1689-1755), e de *Dos delitos e das penas*, de Cesare Beccaria (1738-1794), o *Nakaz* continha elementos de tolerância religiosa e de uma espécie de sistema de proteção social. Apesar de não abolir a servidão e não restringir seriamente o poder monárquico, algumas versões do texto se radicalizavam conforme atravessavam fronteiras – por exemplo, na tradução inglesa de Tatischeff, aparece a palavra “Constituição”, ausente no original.

Na Prússia, o rei Frederico II (1712-1786) imbuiu o funcionário Samuel von Cocceji de tornar suas leis mais eficientes. O Código Frederiquiano, malgrado seus limites, rapidamente foi publicado em Edimburgo e adquirido por Thomas Jefferson. Na Suécia, Gustavo III (1746-1792) redigia às pressas um

21. Colley, Linda. *A Letra da lei: guerras, constituições e a formação do mundo moderno*. Rio de Janeiro: Zahar, 2022.

código com a ajuda de Carl Fredrik Scheffer. Apesar de afirmar que tanto o rei quanto o povo estariam "sujeitos à lei", na prática sua "Forma de Governo" pouco restringiu o poder monárquico.

No caso francês, a reforma encontrou maiores obstáculos. Luís XV (r.1715-1774) enfrentava uma dupla-oposição: de um lado, os parlamentos da França, contrários à instalação de tribunais superiores, fortaleciam os centros de lealdade alternativos ao rei, reivindicando-se como "la nation"; de outro, os jansenistas questionavam as interferências do rei e do papa na "primeira ordem", isto é, na Igreja Católica francesa. Desse modo, muitos membros da nobreza recorriam à linguagem do "contrato social" para se oporem ao avanço do poder central.

Seu sucessor, Luís XVI (r.1774-1792), enfrentou desafios ainda mais agudos, que podem ser sintetizados a partir de três aspectos: a disputa entre a heterogeneidade do reino e as tentativas de construção de um espaço nacional; o enfraquecimento dos mitos da monarquia e a laicização da figura real; e os problemas concernentes às finanças públicas.

Ocorre que, no século XVIII, os 25 milhões de franceses (a quinta parte da Europa) viviam uma prosperidade inédita no comércio (que quadruplicara) e na manufatura (que aumentara 60%), algo que não pode ser desvinculado das 700 mil pessoas escravizadas no Império colonial francês, especialmente em São Domingos (futuro Haiti), produtor de café e açúcar.

Às vésperas da Revolução, o tráfico no Haiti era responsável por 37% do tráfico atlântico (o próprio Estado francês subsidiou o tráfico de pessoas), o que significa que uma parcela significativa dos futuros revolucionários haitianos nasceu na África[22]. Parte dessa população escravizada trazia forte experiência militar adquirida no Reino de Daomé, no Congo e no Império iorubá de Oió, o que será fundamental na Revolução Haitiana[23]. Seja como for, dada a dependência francesa em relação à escravidão, não surpreende que os abolicionistas franceses, organizados na Sociedade dos Amigos dos Negros, de Brissot, defendiam uma abolição gradual, capitaneada pelas elites ilustradas, e não pelas próprias populações das colônias.

Enquanto isso, na França, as despesas da monarquia eram de 629 milhões de libras, contra 503 milhões de libras de receita. Os gastos da corte,

---

22. Morel, Marco. *A Revolução do Haiti e o Brasil escravista: o que não deve ser dito*. Jundiaí: Paco, 2017.

23. Thornton, John K. African soldiers in the Haitian revolution. *The Journal of Caribbean History*, v. 25, n. 1, 1991, p. 58.

embora exorbitantes (6%), não se equiparavam aos militares (26%) e às despesas com a dívida (50%), agravados pela derrota na Guerras dos Sete Anos e pela participação na Independência das Treze Colônias.

Considerando, porém, que a dívida inglesa era proporcionalmente maior, é evidente que a questão orçamentária, por si só, não explica a crise subsequente. Sucede que a França do Antigo Regime era uma complicada teia de costumes e códigos: o reino era um mosaico composto por bretões, occitanos, alsacianos e flamencos, cada qual com laços históricos distintos com a realeza. Dentro do clero (primeira ordem), da nobreza (segunda ordem) e do povo (terceira ordem), vigoravam distintos estatutos, a depender da localidade e do lugar social. Devido a essa conformação sociopolítica, os parlamentos, o clero, os corpos intermediários e as nobrezas podiam argumentar, com aparente boa-fé, que qualquer mudança nos impostos deve ser aprovada por uma assembleia para garantir as constituições do reino.

É por isso que as propostas de liberdade econômica do controlador geral das finanças, Anne Robert Turgot (1727-1781), as tentativas de enfraquecimento dos parlamentos, por parte de Jacques Necker (1732-1804), e o tratado de livre-comércio proposto por Charles Calonne (1734-1802) foram recebidos como despotismo por membros da nobreza. Por despotismo entendia-se precisamente a violação da autonomia e dos costumes locais. Luís XVI, por sua vez, buscava realizar as reformas sem romper com os representantes da ordem tradicional, enfrentando a situação com um verdadeiro baile de nomeações e destituições de ministros.

Em vista dessas dificuldades, em 1787, o monarca buscou apoio às reformas nos grupos tradicionais por meio da Assembleia dos Notáveis, de modo que a legitimidade nobiliárquica equilibrasse o peso dos parlamentos. A nobreza, contudo, era um grupo fragmentado em termos de posições e interesses – enquanto uns eram partidários da reforma e da modernização do Estado, outros, nostálgicos de uma suposta predominância local, resistiam às propostas de mudança. O consenso parecia impossível.

Em 1788, os notáveis exigiram a convocação da Assembleia dos Estados do Reino (que a historiografia chamaria de Estados Gerais da França), por meio da qual esperavam conseguir suas demandas. A exigência foi acompanhada por levantes nos Parlamentos de Paris, Dijon, Rennes, Pau, Rouen, Besançon, Grenoble e Bordeaux, denominados pela historiografia de Revolução Aristocrática ou Revolução Nobiliária.

Enfim, a monarquia cedeu e os Estados Gerais foram convocados em maio de 1789. Nos meses que antecederam a assembleia, foram publicados centenas de panfletos. Um deles, do abade Emmanuel Sieyès (1748-1836), redefinia a própria ideia de nação: em vez de corpos com estatutos distintos, tratava-se de um "corpo de associados vivendo sob uma lei comum e representados por uma mesma legislatura".

As convulsões, contudo, não eram apenas francesas. Nas Províncias Unidas, após o fiasco em uma guerra contra a Inglaterra, o grupo que seria conhecido como patriotas, liderados por Joan Derk van der Capellen tot den Pol (1741-1784), reivindicou um regime representativo. O *stathouder* Guilherme V de Orange (1748-1806), com apoio do cunhado, Frederico-Guilherme II da Prússia (1744-1797), esmagou a causa patriótica em 1787.

Nos Países Baixos austríacos, após diversas tentativas de reforma, o imperador José II da Áustria (1741-1790) enfrentou a resistência de grupos rebeldes que eram chamados de *vonckistas* pelos adversários (devido a Jan Frans Vonck (1743-1792), líder próximo dos grupos populares) e de "democratas" por si mesmos[24]. Com a morte de José II, o novo imperador, Leopoldo II (1747-1792), irmão de Maria Antonieta (1755-1793), organizou a repressão em 1790.

Robespierre, então advogado de Arras, lamentou: "os batavos foram testemunhas de um dos maiores atentados cometidos contra a humanidade"[25]. Robespierre esperava uma revolução pacífica, conduzida por Luís XVI: "nós estamos próximos de uma Revolução que deve trazer, entre nós, a restauração das leis e, por conseguinte, a reforma dos costumes". Não foi o que aconteceu.

Em maio, iniciam-se os Estados Gerais: 291 deputados na primeira ordem (208 simples párocos), 327 na segunda e 610 na terceira (com predominância dos grupos ligados às atividades jurídicas). Apesar do sucesso na duplicação de representantes, a principal reivindicação do Terceiro Estado, o voto por cabeça (e não por ordem, como na última Assembleia, em 1614), não estava decidida.

Em 10 de junho, Sieyès propôs que a nobreza se juntasse ao Terceiro Estado, ao que obteve o apoio do poderoso duque de Orleáns, o "Felipe Igualdade". Uma semana depois, o Terceiro Estado proclamou para si próprio uma Assembleia "una e indivisível". Madame de Staël (1766-1817) qualificou esse ato como "a própria Revolução", pois agora as instituições que governam

24. Tassier, Suzanne. *Vonckisme et la révolution brabançonne*. Bruxelas: Lamertin, 1930.

25. Leuwers, Hervé. *Robespierre*. Paris: Fayard, 2014, p. 86.

o povo não teriam sua legitimidade em Deus ou na tradição, mas no povo em seu presente constantemente renovado. Dois dias depois, o clero uniu-se à Assembleia. No dia 20, os deputados juraram dotar a França de uma Constituição. Dias depois, 47 membros da nobreza se uniram à Assembleia, que adotou o nome de "Constituinte". Poucos deputados reivindicavam o fim da monarquia.

A mobilização popular deu nova dinâmica aos acontecimentos: boatos de uma "conspiração aristocrática", alimentados pelos estômagos vazios e pelos invernos rigorosos, levaram os parisienses a queimarem a Arrecadação Geral de Impostos, tomar os depósitos de grãos e tornarem-se uma Comuna, o que aconteceu também em Lille, Mauberge e Cherburg. A tomada da prisão-fortaleza da Bastilha, em 14 de julho, foi mimetizada em Bordeaux, Caen e Estrasburgo, onde as prisões locais também foram tomadas. Enquanto isso, emigravam diversos príncipes, entre eles o irmão mais novo do rei, o conde de Artois.

À revolução citadina somou-se a mobilização dos campos, onde estava 80% da população: "tudo com que se deve ficar surpreso, quando se sabe o que sofriam os camponeses, é que tenham começado tão tarde", disse Jules Michelet (1798-1874), referindo-se aos encargos (reais e senhoriais) que incidiam sobre eles. Na primavera, a insurreição camponesa foi agravada por uma atmosfera de pânico nas regiões de Nantes, Maine, Franco-Condado, Champagne, Clermontois e Angoulême: o "Grande Medo".

Embora seja modesto o número de castelos queimados, o impacto da mobilização camponesa foi enorme: no dia 4 de agosto (lei do "Fim do feudalismo"), foram extintos sem indenização os direitos considerados pessoais (a mão-morta e as corveias), enquanto o acesso aos direitos considerados reais (banalidades, o dízimo e as taxas) passaram a exigir um resgate por parte dos camponeses, o qual só seria abolido em 1793. No dia 26, a Declaração de Direitos do Homem e do Cidadão estabeleceu que o tempo não cria direitos, a tradição não é fonte de autoridade e o fundamento de todo governo é a conservação dos direitos naturais e imprescritíveis do Homem.

A declaração, rapidamente disponível na Hungria, na Polônia, na Bélgica e nos Estados Unidos, não deixava claro se incluiria as mulheres e as populações negras das colônias. Mesmo assim, apesar de seus limites, encorajou reivindicações de cidadania por parte de diversos grupos. John Oswald (1771-1840), por exemplo, exigia a extensão dos direitos para os outros animais. Na Martinica, oficiais franceses receberam uma carta anônima, assinada por "nós, os negros", declarando: "nós sabemos que somos livres e morreremos pela liberdade". No caso das mulheres, após a Constituição de 1791 excluí-las dos direitos políticos, Olympe de Gouges (1748-1793) publicou a *Declaração dos Direitos da mulher e da cidadã*. O texto retirava do substantivo "homem" sua pretensa universalidade ("a mulher nasce livre e permanece igual aos homens", disse o Artigo 1) e considerava a Revolução incompleta enquanto as mulheres não fossem cidadãs plenas.

Os acontecimentos de outubro de 1789 foram emblemáticos nesse sentido: enquanto a assembleia discutia a plausibilidade do "veto real", as mulheres dos mercados de Paris marcharam em direção a Versalhes, obrigaram o rei a ratificar as medidas da Revolução e se comprometer a viver em Paris, nas Tulherias. "Os homens tomaram a Bastilha, as mulheres tomaram a realeza", disse Michelet.

Em novembro, a Assembleia nacionalizou os bens da Igreja Católica, que foram vendidos gradualmente até 1867. Enquanto isso, ganhava fôlego o projeto nacional: a Assembleia adotou uma política de tradução de leis para outros dialetos da França, foi extinta toda a nobreza hereditária, foram abolidos os privilégios nas forças armadas e o país foi dividido em 83 departamentos. Embora Marx (1818-1883) mencionasse, em *A Guerra Civil na França*, a "gigantesca vassoura da Revolução Francesa", os historiadores hoje enfatizam o caráter negociado dessa divisão departamental, de modo que províncias menores, por exemplo, permaneceram intactas.

Em 14 de julho de 1790, deu-se a primeira Festa da Federação, organizada por Lafayette. Tal era a atmosfera utópica que o deputado Claude Legrand (1762-1815), sem sucesso, propôs a abolição da "vã distinção" entre o dia e a noite. As sociedades revolucionárias (também referidas pelo termo de inspiração britânica, "clubes") estavam por toda parte. A Sociedade dos Amigos da Constituição, agora localizada na rua Saint-Honoré, em Paris – conhecida como "clube dos jacobinos" –, nesse momento incluía monarquistas constitucionais e os futuros girondinos.

Enquanto isso, os direitos sucediam como cascata. Protestantes e judeus igualavam-se juridicamente aos católicos. A Constituição Civil do Clero incorporou a Igreja às estruturas administrativas: párocos e bispos, como outros funcionários públicos, eram eleitos e deveriam prestar juramento à nação. Praticamente a metade do clero recusou o juramento. A fratura religiosa foi agravada quando a Igreja Católica, por meio da bula *Quod aliquantum* condenou a filosofia dos direitos do homem, associada por ela ao jansenismo e ao protestantismo.

Enquanto isso, a Assembleia (leis Allarde, Le Chapelier e Goudard) realizou o que Luís XVI não conseguiu: a instalação do livre comércio e do livre contrato, acompanhada da proibição de associações de trabalhadores e de patrões e das câmaras de comércio. As leis eram regidas pelo princípio de que se deveria evitar os intermediários entre o cidadão e o Estado.

Paralelamente, a campanha capitaneada por Vincent Ogé (1757-1791) e Julien Raimond (1744-1801) obteve a cidadania dos homens negros livres, em 1792. Apesar disso, nada se fez em relação à escravidão. Não é por acaso que, em 1791, no bosque Caiman, em São Domingos, uma cerimônia comandada por um sacerdote vodu oriundo da Jamaica, Dutty Bouckman (1767-1791), dava início a uma outra revolução. Nesse ano, 200 engenhos (de 793) e 1,2 mil cafezais (de 3.120) foram queimados. Logo, destacou-se a liderança do ex-escravizado Toussaint de Louverture (1743-1803), que acabaria à frente da ilha.

Na metrópole, o frágil equilíbrio entre o rei e a Revolução rompeu-se com a malograda fuga do monarca, em junho de 1791. Tentando evitar a radicalização da Revolução, a Assembleia forjou o mito de que a fuga foi um sequestro. Poucos acreditaram: Brissot, Jean Antoine Condorcet (1743-1794) e Paine fundaram a Sociedade Republicana, enquanto o Clube Jacobino conheceu sua primeira grande cisão com a evasão dos monarquistas. Também criticavam a monarquia os *Cordeliers*, liderados por Danton e Jean-Paul Marat (1743-1793) e proibidos de se reunir após a repressão no Campo de Marte durante a Segunda Festa da Federação.

Em setembro, a França tinha sua primeira Constituição, ancorada no voto censitário e masculino ("que importa ao cidadão que não haja mais brasões, se ele vê por todo lado a distinção do ouro?", protestou Robespierre, em defesa do voto universal). A nova Assembleia, porém, durou pouco. Os camponeses não conseguiam pagar os resgates e a inflação galopava. Fora da França, britânicos como Edmund Burke, Thomas Paine e Mary Wollstonecraft (1759-1797) debatiam o caráter da revolução enquanto os próprios jacobinos britânicos mobilizavam-se contra William Pitt.

Enfim, uma declaração pró-Luís XVI de Leopoldo II da Áustria e Frederico Guilherme II da Prússia, embora pouco concreta, foi recebida na França como uma ameaça de guerra. Um grupo de deputados "brissotinos" (liderados por Brissot) passou a defender uma guerra que consolidaria a Revolução e exportaria seus princípios – em 1842, Lamartine chamou o grupo de "girondinos", pois muitos provinham do departamento da Gironda. Apesar da oposição de Robespierre, em abril de 1792 foi declarada guerra contra o rei da Boêmia e da Hungria. O conflito duraria, com breves interrupções, 23 anos.

Parte da historiografia credita certa "inanição" das potências absolutistas à questão polonesa: em 1788, as elites da Polônia aproveitaram-se da guerra entre a Rússia e Turquia para formar a Grande Dieta (1788-1792) e anunciar um Estado Polonês independente, findando a dominação russa. Em maio de 1791, a Polônia do Rei Estanislau II (1732-1798) teve, antes da França, sua primeira constituição, obra de "patriotas" como Jan Potocki (1761-1815). A Constituição, apesar de seus limites, desencadeou a reação da aristocracia local e foi vista como perigosa pela Rússia, Prússia e Áustria. Em 1793, a repressão das potências eliminou os jacobinos de Varsóvia. A concentração dessas tropas na Polônia, assim, facilitou as vitórias da Revolução Francesa.

Seja como for, na França, os acontecimentos ganharam uma nova dinâmica com a guerra: a permanência da Revolução foi identificada com a sobrevivência da nação. Com a entrada dos ingleses na guerra contra a França, a Revolução tornou-se também uma guerra entre dois impérios. Um exemplo sintomático é Ilha de Java, antiga colônia holandesa na atual Indonésia, fundamental no comércio da Europa com a Ásia [↗O espaço índico]. Nesse contexto, a região tornou-se palco das disputas entre franceses e ingleses, com domínio sucessivo dos primeiros (1808-1811) e dos últimos (1811-1816), tendo à frente Thomas Raffles (1781-1826), conhecido por sua ação posterior em Singapura. Raffles desembarcou na região com mais de dez mil homens (muitos vindos da Índia) e ordenou o fuzilamento das lideranças javanesas. Na ilha, esses acontecimentos provocaram o colapso da antiga ordem e abriram caminho à Guerra de Java (1825-1830), que pavimentou as vias para a liderança de Pangéran Diponegoro (1785-1855) e sua guerra santa.

Na França, a guerra exigia maior ação do governo. Por proposição do girondino Roland, a Assembleia decretou a deportação para a Guiana de quem não prestasse juramento à Constituição. Ela também criou mecanismos para investigar os contrarrevolucionários, como o Tribunal Extraordinário (futuro Tribunal Revolucionário) e o Comitê de Salvação Pública, subcomitê da Convenção que tinha como função vigiar os generais e a administração dos departamentos. Foi utilizada, pela primeira vez, a guilhotina, apresentada como uma forma racional de execução, em contraste com as dispendiosas cerimônias do Antigo Regime (a Revolução, então, consagrou a pena individual e aboliu o opróbrio que recaia sobre a família dos condenados).

Em Paris, os *sans-culottes* ganharam protagonismo, chegando a ameaçar a rainha nas Tulherias. Os *sans-culottes* não eram um tipo de proletariado urbano: eles poderiam ser artesãos, pequenos patrões ou intermediários entre aprendiz e mestre. A ideia de *sans-culotte* designava uma aspiração política compartilhada por grupos fortemente enraizados em sua própria localidade e inseridos em redes familiares e corporativas. Textos da época referem-se à atriz Claire Lacombe (1765-1809?), líder do Clube das Mulheres Republicanas, como uma *sans-culotte* típica.

Em agosto de 1792, veio à luz um manifesto, escrito pelo duque de Brunswick (1764-1806), do exército prussiano, que ameaçava os parisienses de execução. Como ele havia sido recebido dias antes por Luís XVI, as seções de Paris acusaram o monarca de traição. O rei foi preso e a Comuna de Paris afastou os grupos monarquistas, tornando-se uma Comuna Insurrecional.

A França passou a ser governada por um conselho provisório que tinha, à testa, Danton e os girondinos. A nova república, sob inspiração americana, chamou-se Convenção, aboliu sem indenização os últimos direitos senhoriais, autorizou a prisão de contrarrevolucionários e, para escândalo de Roma, aprovou o divórcio. As novas eleições admitiram o sufrágio universal masculino, embora criados e desempregados, vistos como desprovidos de autonomia, continuassem excluídos.

Em setembro, a vitória sobre os prussianos em Valmy encorajou a ideia de uma virada na guerra, ao passo que as "vinganças populares" nas prisões de Paris dividiam os deputados: o que uns percebiam como um massacre "bárbaro", outros enxergavam como a legítima justiça do povo: "vocês querem uma Revolução sem Revolução?", disse Robespierre.

Então, reuniram-se os 721 deputados da terceira Assembleia da Revolução, dividida entre a montanha (jacobinos e outros grupos de esquerda), os girondinos e a "planície" ou "pântano". Em geral, os girondinos eram hostis à Comuna e menos favoráveis à intervenção do governo na economia. Não obstante, tanto montanheses quanto girondinos eram predominantemente originários das camadas médias urbanas, defensores da república, do voto universal e da propriedade privada.

A Assembleia anunciou um novo calendário e adotou o sistema métrico, que vinha ao encontro de suas pretensões universalizantes. Em novembro, nas Tulherias, foram encontradas evidências do jogo duplo do rei. Apesar das evidências não serem conclusivas, 691 dos 721 deputados consideraram Luís XVI culpado. Em seguida, os deputados discutiram a punição do monarca.

Para os jacobinos, o rei deveria ser morto: "vós não sois juízes", disse Robespierre, para quem a vida do rei, em um contexto de guerra, dava legitimidade aos monarquistas. Inversamente, os girondinos acreditavam que o regicídio poderia fortalecer os realistas. O deputado Thomas Paine dizia ser contrário à pena de morte, pois ela "punia um crime com outro". Já os advogados de Luís XVI argumentaram que nada anterior à Constituição de 1791 poderia ser utilizado contra ele. Enfim, vitória dos jacobinos: Luís XVI foi guilhotinado em janeiro de 1793.

Enquanto isso, a fome tomava Paris. Jacques Roux (1752-1794) e os enraivecidos (uma ala à esquerda dos *sans cullotes*) exigiam o confisco dos bens dos traidores e o controle dos preços. Para piorar, Charles Dumouriez (1739-1823), general girondino, traiu a nação e juntou-se aos austríacos em março. Para conter a radicalização, o girondino Élie Guadet (1758-1794) solicitou que a Convenção anulasse a Comuna. Foi o canto de cisne girondino. Entre 31 de maio e 2 junho, liderados por François Hanriot (1759-1794), as seções de Paris sitiaram a Convenção e exigiram a prisão dos girondinos. A Gironda, enfim, caiu por querer frear uma dinâmica revolucionária que ela própria acelerou.

A aliança "girondinos-pântano" foi substituída por outra, "jacobinos-pântano", sob pressão dos *sans-culottes*. À frente da Convenção, os montanheses apresentaram uma nova Constituição, a mais democrática da Revolução, que consagrava o direito ao trabalho e à instrução; porém, a Carta jamais seria aplicada. A Assembleia anterior, depurada da oposição girondina, permaneceria sem novas eleições. Ampliou-se o poder do Comitê de Salvação Publica.

Nesse ínterim, uma vasta revolta "federalista" contra o centralismo de Paris, expressão de uma espécie de "republicanismo provincial", teve lugar em sessenta departamentos. Em julho, Marat foi assassinado por uma jovem normanda, Charlotte Corday (1768-1793), simpatizante dos girondinos. Na Vendeia, após uma revolta camponesa contra a convocação militar, membros da nobreza local e sacerdotes refratários lideraram uma guerra contra o governo revolucionário, somando milhares de vidas perdidas nos dois lados. A guerra foi chamada de "genocídio" e "matriz do totalitarismo" pelo historiador Reynald Secher (1955-), leitura rejeitada por autores como Jean Clément Martin (1948-), que apontam a imprecisão dos dados utilizados por Secher e a complexidade do conflito.

A guerra externa, contudo, permanecia o desafio fundamental. Sob pressão dos *sans-culottes*, a Convenção estabeleceu a convocação em massa e foi desenvolvida uma produção de armas a partir de forjas e usinas confiscadas da Igreja e dos nobres emigrados. Para a mobilização ter sucesso, a Montanha fez diversas concessões aos *sans-culottes* (tabelamento de preços e salários), mas, ao mesmo tempo, buscou conter as demandas à esquerda, sendo mantida a pena de morte para os defensores da Lei Agrária.

Em setembro, uma lei de Merlin de Douai (1754-1838) considerava "suspeitos" todos que se mostrassem "partidários da tirania e do federalismo". A retórica da "conspiração" justificava uma situação de vigilância. Em outubro de 1793, foi suspensa Constituição em favor do que, à época, era chamado de "estado de exceção" (e não "Estado de exceção") ou "de sítio"[26]. A Convenção argumentava que as circunstâncias impossibilitavam a normalidade constitucional. "É impossível que as leis revolucionárias sejam executadas se o governo não for constituído revolucionariamente", disse Saint-Just (1767-1794). Em diálogo com Montesquieu (1689-1755), Robespierre expôs a primeira teoria do governo revolucionário: se a *república* tem por princípio a "virtude" e o *despotismo* tem por princípio o "medo", o governo revolucionário representaria, por sua vez, o "despotismo da virtude". O Clube das Mulheres Republicanas foi fechado e muitos girondinos guilhotinados. Um grupo liderado por Desmoulins e Danton, identificados como os "indulgentes", criticava o Comitê de Salvação Pública por usar o terror indiscriminadamente, e não apenas contra os aristocratas. Estima-se que 500 mil pessoas foram detidas, a maioria liberada em algumas horas ou dias. Objetivamente, os tribunais revolucionários pronunciaram 17 mil condenações à morte.

A partir dos textos de Benjamin Constant e de Georg Wilhelm Friedrich Hegel, por muito tempo se considerou o terror um "período" da Revolução que teve lugar, entre outubro de 1793 e junho de 1794. Alguns chegaram mesmo a considerá-lo uma necessidade para "realizar, de forma plebeia, a revolução burguesa" (Marx), ou uma "derrapagem" de uma revolução liberal original (François Furet). Hoje, a maioria dos historiadores sustenta outro ponto de vista. A França revolucionária, atravessada por correntes rivais e acuada por inimigos nas fronteiras, vivia uma situação em que nenhum grupo tinha sozinho o monopólio da violência. Desse modo, o terror não foi um "programa", uma "necessidade" ou uma "política de Estado"; trata-se de uma série de atos de violências exercidos em muitas direções e por grupos díspares, em meio a uma situação de ameaça à unidade nacional. Robespierre, embora

26. Simonin, Anne. *Le déshonneur dans la République*. Paris: Grasset, 2008.

uma importante autoridade moral e pessoalmente responsável por diversas mortes, jamais foi ditador da França – legalmente, era um deputado que fazia parte do Comitê de Salvação Pública e diversas vezes fora derrotado em suas propostas[27].

Em janeiro de 1794, a Convenção recebeu três deputados de São Domingos, entre eles Jean-Baptiste Belley (1746-1805), ex-escravizado oriundo do Senegal e primeiro deputado negro da França. Em fevereiro, a escravidão foi abolida sem qualquer forma de indenização. Para o Haiti, devido à própria Revolução, a abolição já era um fato consumado – no ano anterior, comissários franceses, liderados por Léger-Félicité Sonthonax, proclamaram o fim da escravidão. O mesmo, contudo, não poderíamos dizer de Guadalupe, Martinica e Guiana. Além disso, a abolição da escravidão era uma forma de tentar garantir o apoio da população caribenha na guerra contra a Inglaterra. O impacto da abolição foi global: no Brasil, por exemplo, o governador do Grão-Pará despachou navios para vigiar as fronteiras do Rio Oiapoque de modo a impedir a fuga de escravizados brasileiros para a Guiana. A documentação faz referência também a senhores de escravizados das colônias francesas que fugiram para o norte do Brasil[28].

Na França, em junho de 1794, após a ocupação da Bélgica, a ameaça de invasão, antes iminente, agora parecia distante. Enquanto o controle de preços promovia a escassez, ganharam força os movimentos abarcados pelo nome "descristianização", aos quais a maioria dos jacobinos se opunham, qualificando-os como contrarrevolucionários (a tentativa de promoção de uma festa cívica para "o Ser Supremo", por parte de Robespierre, foi uma resposta à descristianização e não, como já se disse, a tentativa de impor uma "religião de Estado").

Collot d'Herbois (1749-1796) e Billaud Varenne (1756-1819) exigiram a pena capital dos que queriam moderar o terror, em especial Danton e Desmoulins, que acabam mortos. Uma lei de junho de 1794 (22 Prairal) diminuía as possibilidades de defesa diante do tribunal revolucionário. Jacques-René Hébert (1757-1794), que acabaria guilhotinado, chamou os jacobinos de "canalhas" que ajudaram os *sans-culottes* apenas para "se colocarem no lugar dos aristocratas".

27. Martin, Jean-Clément. *La revolución francesa*. Barcelona: Crítica, 2019, p. 454-463.

28. Marin, Rosa Acevedo. A influência da Revolução Francesa no Grão-Pará. *In*: Cunha, José Carlos C. (org.). *Ecologia, desenvolvimento e cooperação na Amazônia*. Belém: Unamaz/UFPA, 1992, p. 34-59.

A Montanha, portanto, perdia suas bases populares, o que fez a Planície redescobrir sua força: os deputados desse grupo acusaram Robespierre de "aspirante a ditador". Junto a eles, antigos apoiadores da repressão, temendo pela própria cabeça, disfarçavam-se de indulgentes, acusando Robespierre agora de "tirano". Entre os novos opositores do chamado "tirano", encontrava-se Paul Barras, que atuou na repressão em Marselha, Jean-Lambert Tallien (1767-1820), envolvido nos sangrentos episódios de Bordeaux, e Joseph Fouché (1759-1820), apoiador da descristianização.

Após um período de reclusão voluntária, em 26 de julho, Robespierre disse ser contrário ao "odioso sistema de terror". No dia seguinte (o 9 Termidor), a Convenção o prendeu, junto a Saint-Just e Hanriot, que foram executados. A queda dos robespierristas, portanto, foi fruto de uma união circunstancial em um momento crise econômica, cimentada por um discurso que tornava Robespierre bode expiatório dos "excessos revolucionários".

O que restou da Assembleia, a Convenção Termidoriana, esvaziou as prisões, abandonou as leis do máximo e os projetos de redistribuição de terra. Igreja e Estado eram separados, tornando letra morta a Constituição Civil do Clero. Os deputados "termidorianos" eram compostos por montanheses "convertidos", moderados, girondinos sobreviventes e, principalmente, a planície. Nas ruas, ocorreram atentados contra antigos membros do governo (o "terror branco"). No campo intelectual, Augustin Barruel (1741-1820), Joseph de Maistre (1753-1821) e Louis de Bonald (1754-1840) davam forma ao pensamento contrarrevolucionário.

Novas manifestações populares, reivindicando a Constituição de 1793, resultaram no desarmamento dos *sans-culottes* e na proibição de qualquer reunião de cinco ou mais mulheres na rua. Enquanto isso, o irmão do rei guilhotinado, no exílio, autoproclamou-se Luís XVIII (1755-1824). Em 1795, a terceira Constituição da Revolução retornava o voto censitário, instaurava o bicameralismo e tornava o executivo atribuição de cinco diretores, de onde o nome Diretório. O discurso dominante era de que o governo necessitava de firmes diques tanto contra a monarquia quanto contra a democracia, de modo a proteger a propriedade e a liberdade. O Diretório, assim, é considerado um laboratório de uma república de extremo centro, que visava encerrar a Revolução pelo caminho da justa medida. Sempre que o centro não conseguia maioria nas eleições, eram feitos expurgos contra a esquerda e contra a direita. É a chamada "política de gangorra", que se expressou em quatro golpes sucessivos (Frutidor, Floreal, Prairal e Brumário).

Dessa forma, em 1795, para evitar uma possível volta dos monarquistas, determinou-se que dois terços dos novos deputados deveriam ser escolhidos entre os termidorianos. Permanecia, portanto, a lógica da salvação pública: os princípios legais poderiam ser transgredidos a bem da "necessidade". Na repressão contra a subsequente revolta monarquista, destacou-se o militar ex-jacobino Napoleão Bonaparte. Bonaparte também comandou a repressão contra o neojacobino Clube do Panteão, que exigia a volta da Constituição de 1793. O Diretório, assim, decretou pena de morte para quem fosse contrário à Constituição de 1795. Também foram mortos "Graco" Babeuf (1760-1797) e os líderes da Conspiração de 1796, que defendiam o fim da propriedade privada.

Para enfrentar as oposições, o Diretório poderia recorrer ao povo ou ao exército. Como o regime afastou-se do primeiro, o governo estava à mercê dos generais, que, no exterior, acumulavam vitórias, com o crescente destaque de Bonaparte. Foram criadas repúblicas-satélites, como a Batava (Países Baixos), a Cisalpina (Norte da Itália) e a Helvética (Suíça). Em geral, o domínio se estabelecia por meio de uma combinação de invasões externas e movimentos revolucionários internos. A republicanização da Europa também estimulou, em 1798, a Rebelião Irlandesa e a República Helênica de Rigas (Grécia).

O Egito, nominalmente parte do Império Turco, tinha uma posição estratégica, de modo que uma conquista francesa bloquearia a rota inglesa do comércio com as Índias. O Egito ainda possibilitaria aos franceses acesso a territórios neutros (potenciais aliados, portanto), como Meca, Iêmen, Oman, Sudão e Argélia. Além disso isso, Talleyrand, em seu *Ensaio sobre as Vantagens das Novas Colônias*, sublinhou que o clima egípcio seria perfeito para o plantio de açúcar, podendo substituir o Caribe, que ele já considerava perdido. Nesse ínterim, Napoleão, comparando-se a Júlio César (100 a.C.-44 a.C.), invadiu o Egito em maio de 1798. A experiência durou pouco: em 1801, seu sucessor, Jacques-François Menou (1750-1810), rendeu-se aos turcos e britânicos. Mesmo assim, a invasão, capítulo fundamental na história do orientalismo [↗Modernidade islâmica], iniciou a política da Grande Nação, que descartava a necessidade de um movimento interno para que ocorresse a invasão francesa e não se limitava às fronteiras do Império francês, portando objetivos globais.

Enfim, diante da instabilidade do Diretório, criticado pela corrupção e desordem, Sieyès, então diretor, encontrou em Napoleão um braço armado que anularia a Constituição de 1795 e traria a estabilidade. Consumado o golpe em 9 de novembro de 1799 (conhecido como 18 Brumário), um triunvirato de cônsules, com Napoleão à testa, passou a governar a França.

A vitória dos federalistas, nos Estados Unidos, e a ascensão de Napoleão, na França, marcaram o triunfo de projetos centralizadores dos dois lados do Atlântico. Nos dois casos, portanto, os planos vitoriosos nem de longe eram os mais democráticos postos à mesa. Enquanto nos Estados Unidos a escravidão era mantida, na França, a Constituição Napoleônica, que não tinha declaração de direitos, determinava que as colônias poderiam ter leis distintas da metrópole, de modo a abrir caminho para a volta da escravidão, consumada em 1802 (fato fundamental para o processo que levaria à independência do Haiti, em 1804)[29].

Contudo, uma Revolução não pode ser reduzida aos seus resultados legais imediatos. Não somente as propostas de Claire Lacombe, Olympe de Gouges e Toussaint de Louverture ressoam até os dias de hoje, mas também as próprias ideias revolucionárias de liberdade e Constituição, malgrados seus limites, são reapropriadas em prol de perspectivas mais democráticas. "Tal qual Ícaro jamais alcançado, mas sempre perseguido"[30], as experiências revolucionárias mais radicais não seriam facilmente sepultadas.

## Bibliografia comentada

Bailyn, Bernard. *As origens ideológicas da Revolução Americana*. Bauru: Edusc, 2003.

> Um clássico da história política dos Estados Unidos. Publicado ainda na década de 1970, teve sua tradução para o Brasil apenas no início do século XXI. Por meio de uma abordagem contextualista tributária de John Pocock e Quentin Skinner, Bailyn revisita os panfletos produzidos durante a Revolução Americana para entender quais foram as tradições políticas mobilizadas na formação de uma cultura revolucionária.

Biard, Michel; Linton, Marisa. *Terror: The French Revolution and its Demons*. Cambridge: John Wiley & Sons, 2021.

> Balanço histórico e historiográfico recente a respeito do "terror" e das construções a seu respeito. Como fizemos neste capítulo, o livro entende o terror menos como um sistema ou um programa do que como uma resposta improvisada aos eventos de seu período.

---

29. Carvalho, Daniel Gomes de. Napoleão Bonaparte e a Escravidão. *Café História*, 4 dez. 2023. Disponível em: https://www.cafehistoria.com.br/napoleao-e-a-escravidao/.

30. Soboul, Albert. *A Revolução Francesa*. Rio de Janeiro: Zahar, 1981, p. 549.

Cogliano, Francis. *Revolutionary America, 1763-1815: A Political History*. Nova York: Routledge, 2016.

> Com ênfase na perspectiva política da Revolução Americana e o uso de fontes diversas, Cogliano faz uma análise criteriosa das transformações ocorridas na sociedade colonial americana às vésperas da Revolução e dos acontecimentos que demarcaram a formação dos Estados Unidos em suas primeiras décadas.

Dunn, John. *A história da democracia: um ensaio sobre a liberação do povo*. São Paulo: Editora Unifesp, 2021.

> Esta obra de referência busca a partir dos métodos da história intelectual contextualista, estabelecer um panorama da história da democracia, privilegiando os espaços greco-romano, francês, inglês e norte-americano.

Lepore, Jill. *Estas verdades: história da formação dos Estados Unidos*. Rio de Janeiro: Intrínseca: 2020.

> O livro de Jill Lepore toma como premissa a expressão presente na Declaração de Independência, "estas verdades", para analisar o contexto de formação dos Estados Unidos, sua colonização e a formação de suas contradições. Trata-se do livro de fôlego mais atual sobre o tema.

Morin, Tania Machado. *Virtuosas e perigosas: as mulheres na Revolução Francesa*. São Paulo: Alameda, 2014.

> Trabalho oriundo de uma dissertação de mestrado defendida na Universidade de São Paulo, o excelente livro de Tania Machado Morin faz uma apresentação e um balanço histórico-historiográfico a respeito das mulheres na Revolução Francesa. O livro também apresenta uma boa análise iconográfica sobre a mesma questão.

Palmer, Robert Roswell. *The Age of the Democratic Revolution*. Princeton: Princeton University Press, 2014.

> A obra clássica e paradigmática de Palmer apresentou, pela primeira vez, a tese de que as revoluções no espaço do Atlântico Norte poderiam ser pensadas como parte de um processo histórico entrelaçado. A edição de Princeton de 2014 conta com um prefácio de David Armitage, que refaz o percurso do livro e defende a tese, corroborada neste texto, de uma retomada do "paradigma Palmer" por meio da história global.

Parkinson, Robert. *The Common Cause. Creating Race and Nation in the American Revolution*. Chapel Hill: University of North Carolina Press, 2016.

> O livro de Parkinson, lançado em 2016, despertou muito interesse nos historiadores americanos. Nele, o autor defende que a formação de um espírito de unidade entre as Treze Colônias, assim como uma identidade que dele é decorrente, foram possíveis somente por meio da mobilização de estereótipos e preconceitos contra as elites britânicas e, principalmente, contra escravizados e indígenas.

Subrahmanyam, Sanjay; Armitage, David. *The Age of Revolutions in Global Context, c.1760-1840*. Nova York: Palgrave Macmillan, 2010.

> Obra de referência para pensar a Era das Revoluções a partir do paradigma da História Global, organizada por dois dos maiores historiadores da atualidade. A obra conta com capítulos referentes, por exemplo, às ilhas asiáticas e à América do Sul, buscando descobrir as várias articulações possíveis no contexto revolucionário.

Wood, Gordon. *A Revolução Americana*. Rio de Janeiro: Objetiva, 2013.

> Gordon Wood é um dos principais historiadores da Revolução Americana da chamada geração *Founders Chic*. Suas obras são referência para o estudo do tema. Essa, em particular, é uma das poucas que ganhou uma tradução no Brasil. Trata-se de um manual sobre a Independência dos Estados Unidos, que aborda seus principais aspectos.

# Minibiografia das autoras e dos autores

**Adone Agnolin** é professor associado de História Moderna e de História das Religiões na Universidade de São Paulo (USP). Também é integrante do Comitê Editorial e codiretor da Revista Internacional *Civiltà e Religioni*, na Universidade de Pádua (Itália). É Bolsista de Produtividade do CNPq.

**Anadir dos Reis Miranda** é doutora em História pela Universidade Federal do Paraná (UFPR). Foi pesquisadora visitante na Universidade de Southampton (Inglaterra) e na biblioteca Chawton House.

**Andréa Doré** é professora de Teoria da História e de História Moderna na Universidade Federal do Paraná (UFPR). Foi professora convidada na École des Hautes Etudes en Sciences Sociales (EHESS, Paris), bem como *fellow* na John Carter Brown Library e na Huntington Library (Estados Unidos). É Bolsista de Produtividade do CNPq.

**André de Melo Araújo** é professor associado de História Moderna na Universidade de Brasília (UnB). Foi professor visitante nos Programas de Pós-graduação da Pontifícia Universidade Católica do Chile e da Universidade Federal Fluminense (UFF), além de *fellow* do Instituto de Estudos Avançados em Humanidades da Alemanha. É Bolsista de Produtividade do CNPq e sua pesquisa é apoiada pela FAPDF.

**Antônio David** é doutor em Filosofia pela Universidade de São Paulo (USP) e doutorando em História Social pela mesma instituição.

**Beatriz Polidori Zechlinski** é professora adjunta de História Moderna e História e Gênero da Pontifícia Universidade Católica do Paraná (PUCPR). É membro do Núcleo de Estudos de Gênero da UFPR.

**Bruna Soalheiro** é doutora em História Social pela Universidade de São Paulo e em *Histoire et civilisations* pelo Centre d'Études de l'Inde et de l'Asie du Sud, ligado à École des Hautes Études en Sciences Sociales (CEIAS-EHESS, Paris).

**Bruno Kawai Souto Maior de Melo** é professor de História Moderna na Universidade Federal de Pernambuco (UFPE). Foi pesquisador visitante no Centro de Humanidades (CHAM) da Universidade Nova de Lisboa. Sua pesquisa atual é apoiada pelo CNPq.

**Célia Cristina da Silva Tavares** é professora associada da Faculdade de Formação de Professores (FFP) da Universidade do Estado do Rio de Janeiro (UERJ). Integra o Grupo de Pesquisa Companhia das Índias – Núcleo de História Ibérica e Colonial na Época Moderna. Sua pesquisa atual é apoiada pelo Pronex (Faperj/CNPq).

**Cristine Tedesco** é doutora pela UFRGS e professora de História da Arte na Ártemis – História, Arte e Cultura. Foi bolsista Erasmus Plus na Università Ca' Foscari de Veneza.

**Daniel Gomes de Carvalho** é professor de História Moderna na Universidade de São Paulo (USP).

**Daniel Pimenta Oliveira de Carvalho** realiza estágio de pós-doutorado no Programa de Pós-graduação em História Social (PPGHIS) da Universidade Federal do Rio de Janeiro (UFRJ) com apoio do CNPq. É membro do grupo Sigillum: estudos sobre diplomacia na Época Moderna séculos XIV a XVIII.

**Elisa Frühauf Garcia** é professora de História da América Colonial e de História Indígena na Universidade Federal Fluminense (UFF). Foi *fellow* da Fundación Carolina, da Newberry Library, e do Max Planck Institute for Legal History and Legal Theory. É pesquisadora do CNPq e Cientista Nosso Estado da Faperj.

**Jacqueline Hermann** é professora titular de História Moderna da Universidade Federal do Rio de Janeiro (UFRJ), aposentada e exerce atividades como professora colaboradora do Programa de Pós-graduação em História da UFRJ. É Bolsista de Produtividade do CNPq.

**João de Azevedo e Dias Duarte** é professor de História Moderna na Pontifícia Universidade Católica do Rio de Janeiro (PUC-Rio). Foi pesquisador visitante na Brown University (Estados Unidos). Sua pesquisa atual é apoiada pela Faperj.

**José Carlos Vilardaga** é professor de História da América na Universidade Federal de São Paulo (Unifesp). Foi pesquisador visitante no Centro de Humanidades (CHAM) da Universidade Nova de Lisboa.

**José Rivair Macedo** é professor titular de História da África e dos Afro-Brasileiros na Universidade Federal do Rio Grande do Sul (UFRGS). É Bolsista de Produtividade do CNPq.

**Leonardo Marques** é professor de História da América Colonial na Universidade Federal Fluminense (UFF). Foi pesquisador visitante na School of Oriental and African Studies (SOAS, Londres), além de *fellow* da John Carter Brown Library. Sua pesquisa atual é apoiada pela Faperj.

**Luís Filipe Silvério Lima** é professor associado de História Moderna na Universidade Federal de São Paulo (Unifesp). Foi professor visitante na Universidade Federal do Paraná (UFPR) e na Universidade de São Paulo (USP), além de *fellow* da John Carter Brown Library (Estados Unidos). É Bolsista de Produtividade do CNPq.

**Marcos Sorrilha Pinheiro** é professor de História dos Estados Unidos da América na Universidade Estadual Paulista (Unesp). Foi pesquisador visitante na George Washington University.

**Marília de Azambuja Ribeiro Machel** é professora titular de História Moderna na Universidade Federal de Pernambuco (UFPE). Foi pesquisadora visitante no Centro de Humanidades (CHAM) da Universidade Nova de Lisboa. Sua pesquisa atual é apoiada pelo CNPq.

**Marina Bezzi** é professora de História Moderna na Universidade de Brasília. Foi Mercator Fellow na Herzog August Bibliothek, na Alemanha, e pesquisadora visitante no Lund Centre for the History of Knowledge, na Suécia, e no Centre for Early Modern Exchanges da University College London, na Inglaterra.

**Maximiliano Mac Menz** é professor associado de História Moderna na Universidade Federal de São Paulo (Unifesp). Foi pesquisador visitante no International Institute of Social History (Amsterdã) e na Universidade de Sevilha. Suas pesquisas são apoiadas pela Fundação de Amparo à Pesquisa do Estado de São Paulo (Fapesp).

**Monica Lima e Souza** é professora associada de História da África na Universidade Federal do Rio de Janeiro (UFRJ). Foi professora visitante na Universidad de la Republica Uruguay (Udelar).

**Otávio Luiz Vieira Pinto** é professor de História da África e de História da Ásia na Universidade Federal do Paraná. Foi pesquisador colaborador no projeto Networks & Neighbours (Reino Unido/Estados Unidos).

**Patricia Souza de Faria** é professora associada de História Moderna na Universidade Federal Rural do Rio de Janeiro (UFRRJ). Foi pesquisadora na Universidade de Évora e na École des Hautes Etudes en Sciences Sociales (EHESS, Paris).

**Rodrigo Faustinoni Bonciani** é professor associado de História na Universidade Federal de São Paulo (Unifesp). Coordena o Favelas.br (Arquivos digitais de Favelas brasileiras).

**Ronaldo Vainfas** é professor aposentado de História Moderna na Universidade Federal Fluminense (UFF). Membro da Cátedra de Estudos Sefarditas Alberto Benveniste da Universidade de Lisboa, foi Bolsista da Freie Universität Berlin e pesquisador convidado da Brown University. É Bolsista de Produtividade do CNPq e pesquisador emérito com Bolsa da UERJ-Faperj.

**Rui Luis Rodrigues** é professor de História Moderna na Universidade Estadual de Campinas (Unicamp), onde coordena o Modernitas – Núcleo de Estudos de História Moderna. Sua pesquisa atual é apoiada pela Fapesp.

**Silvia Patuzzi** é professora adjunta de História Moderna e de História e Linguagens Políticas na Universidade Federal Fluminense (UFF). Integra o Grupo de Pesquisa Companhia das Índias – Núcleo de História Ibérica e Colonial na Época Moderna. Sua pesquisa atual é apoiada pela Faperj.

**Suelen Siqueira Julio** é professora efetiva do Departamento de História do Colégio Pedro II (CPII, Rio de Janeiro). Foi pesquisadora no Centro de História da Faculdade de Letras da Universidade de Lisboa. Sua pesquisa atual é apoiada pela Pró-Reitoria de Pós-Graduação, Pesquisa, Extensão e Cultura do CPII.

**Thiago Henrique Mota** é professor de História da África na Universidade Federal de Viçosa (UFV) e no Programa de Pós-Graduação em História da Universidade Federal de Juiz de Fora. Foi pesquisador visitante, bolsista Marie-Curie, na Universidade Cheikh Anta Diop (Senegal) e bolsista Fulbright na Universidade da Pensilvânia (Estados Unidos). É Bolsista de Produtividade do CNPq e sua pesquisa atual é apoiada pela Fapemig.

**Thomás A. S. Haddad** é professor de História da Ciência na Universidade de São Paulo (USP). Foi Professor visitante na Brown University, bem como *fellow* da John Carter Brown Library e da Linda Hall Library (Estados Unidos). Sua pesquisa atual é apoiada pelo CNPq.

**Verônica Calsoni Lima** é professora de História Moderna na Universidade Federal do Triângulo Mineiro (UFTM). Foi *fellow* na Goldsmiths (University of London, Reino Unido), na Chetham's Library (Manchester, Reino Unido) e na Houghton Library (Harvard, Estados Unidos).

**Wolfgang Lenk** é professor associado de História Econômica na Universidade Federal de Uberlândia (UFU).

**EDITORA VOZES LTDA.**
**Rua Frei Luís, 100 – Centro – Cep 25689-900 – Petrópolis, RJ**
**Tel.: (24) 2233-9000 – E-mail: vendas@vozes.com.br**